MW00460646

DICCIONARIO
DE
SINÓNIMOS
Y
ANTÓNIMOS

DICCIONARIO
DE
SINÓNIMOS
Y
ANTÓNIMOS

Ⓐ *Editorial El Ateneo*

Diccionario de sinónimos y antónimos. - 1° ed.
Buenos Aires: El Ateneo, 2004.
448 p.; 18 x 11 cm.

ISBN 978-950-02-5338-3

1. Diccionario de Sinónimos 2. Diccionario de Antónimos
CDD 413.1

Derechos mundiales de edición en castellano
© 2004, Grupo ILHSA S.A. para su sello Editorial El Ateneo
Patagones 2463 - (C1282ACA) Buenos Aires - Argentina
Tel.: (54 11) 4943 8200 - Fax: (54 11) 4308 4199
E-mail: editorial@elateneo.com

1° edición: octubre de 2004
4° reimpresión: octubre de 2007

ISBN 978-950-02-5338-3

Diseño de cubierta: Claudia Solari
Diseño de interiores: Departamento de Arte de Editorial El Ateneo

Impreso en Verlap S.A.
Comandante Spurr 653, Avellaneda,
provincia de Buenos Aires,
en el mes de septiembre de 2007.

Queda hecho el depósito que establece la ley 11.723

Libro de edición argentina

PALABRAS PRELIMINARES

Ni prólogo formal ni ensayo lingüístico: estas líneas preliminares no llevan otro propósito que reunir algunas reflexiones acerca del porqué de la publicación de este nuevo **Diccionario de Sinónimos y Antónimos** por la editorial "El Ateneo".

Es frecuente leer —hasta en obras de carácter científico— apreciaciones sobre las excelencias de una lengua, fundadas en el número de vocablos registrados en sus repertorios lexicográficos. Pero no siempre exuberancia de voces disponibles equivale a general aprovechamiento de semejante patrimonio lingüístico por parte de sus usuarios ni garantiza justeza y claridad expresivas.

Para el caso de la lengua española, dentro de la proclamada abundancia léxica que se le atribuye, sus hablantes y escribientes se suelen expresar —salvo respetables excepciones— con general limitación de vocabulario. Por otra parte, es indiscutible la constante renovación del caudal lexicológico y la rápida caducidad de voces impuestas por modas efímeras o por los medios de comunicación de masas. Ese dinamismo, que determina un ritmo de transformaciones semánticas, contribuye también a la aparición de nuevos sinónimos, lo mismo que ayudan los giros metafóricos, alusiones y elusiones, de origen coloquial o de procedencia literaria.

Tal proceso debe ser registrado sistemáticamente en repositorios adecuados y específicos. Por eso, un **diccionario de sinónimos y antónimos** se concibe para abarcar las dos fases del ciclo sémico: aproximación y oposición. Empleado racionalmente, se constituye en indispensable instrumento de ajuste expresivo. Brinda posibilidad amplificadora de los campos de intercomunicación lingüística. Su adecuada consulta propende a un cabal encuadramiento de pensamiento y palabra, facilita la fluida proyección de la personalidad expresante.

Las frecuentes ediciones y reediciones de repertorios de este tipo descubren la existencia, en los medios cultos, de un convencimiento acerca de la utilidad de dichos instrumentos para lograr el afinamiento expresivo, enriquecer los vocabularios individuales y perfilar precisos mensajes comunicativos.

Nunca interrumpidas desde el siglo XVIII, las periódicas apariciones de nuevos modelos de colecciones de sinónimos con diversidad de metodologías ponen de manifiesto el permanente interés didáctico al respecto, la conciencia de la magnitud y riqueza de recursos lexicológicos y lexicográficos de la lengua de Cervantes, la dinámica de sus cambios y transformaciones. Sobre todo, la elasticidad semántica originada por la coexistencia de diversos niveles de lengua, producto de la sincronía de diferentes planos —sociales, profesionales, técnicos, geográficos, científicos, etc.— que genera nominaciones con significados próximos o parecidos para referir objetos, seres, acciones o cualidades, aunque la permuta entre ellas no siempre produzca efectos alternativos convincentes.

En todo acto de elección y sustitución de un término por su sinónimo, junto con el apoyo de un diccionario de clara y práctica metodología, concurre también cierta intuición del usuario para orientarse acerca de la conveniencia del cambio, al sopesar las circunstancias contextuales que enmarcarán a éste. En definitiva, para apreciar si el matiz introducido por el sinónimo es procedente o no, puesto que, como suele decirse, las sinonimias absolutas son escasas.

La preocupación por la precisión léxica estuvo presente en todos los tiempos y lugares donde cuajó y se desarrolló la cultura de la letra. Por lo que concierne a los idiomas neolatinos, cuando a la precisión se suman deseos de flexibilizar rigideces en la morfología oracional y dar, a la vez, firmeza e irradiaciones a la concreción de ideas, se impone una especial atención a la alternativa de elección entre una o más palabras afines, si las hubiere, para nominar, definir, calificar, describir o situar algo. Atención que, por otra parte, provenía de heredados ejercicios escolares de "versión" latina, que enseñaban que la colocación acertada de un término sustituto, capaz de insinuar un particular matiz semántico, tanto como exactitud podía añadir economía y belleza expresivas.

En el campo de las lenguas neolatinas, el estudio sistemático de la Sinonimia arranca del siglo XVIII. Se considera el ensayo **Justesse de la langue françoise** (1718) de Girard uno de los primeros trabajos divulgados sobre el tema. Posible origen, además, de un especial interés por imprimir listados —o diccionarios— que, en diversos idiomas, establecieran sentidos y sesgos de palabras de significado próximo o semejante

Al **Ensayo de los Synónimos** (1757) de Manuel Dendo y Avila, se lo tiene por primer repertorio impreso en España. Junto con el **Examen de la posibilidad de fixar la significación de los sinónimos de la lengua castellana** (1789) promovió entre lingüistas, lexicógrafos y creadores la inquietud por la Sinonimia. De ambos se habla como motivadores del auge hispano de dicha disciplina; florecimiento verificable en el hecho de que, a lo largo del siglo XIX, aparecieran en la Península ocho tratados específicos, entre los que figuran el encomendado por la Real Academia de la Lengua a José Joaquín de Mora (1855) y los dos tomos de Roque Barcia (1863-65), reimpresos en 1890, en edición póstuma que alcanzó a revisar y enriquecer el autor.

Desde entonces han proliferado y se han perfeccionado los **diccionarios de sinónimos.** Por ejemplo, según puede verificarse con el que ofrece Editorial "El Ateneo", se ha ampliado y acrecido el margen de sugestiones brindadas al consultante, acompañando la entrada de cada voz con la órbita de sus sinónimos —posibles por equivalencia, semejanza, analogía, proximidad o afinidad semánticas— y con una serie de antónimos que, por sentido opuesto o negación de significados, ayudan a descubrir y acotar matices.

Si como dijeron los clásicos: "Lo que bien se piensa, bien se enuncia", lo bien pensado puede cobrar fuerza y brillo con adecuado manejo del idioma. Para ello, un completo **diccionario de sinónimos y antónimos** resultará herramienta indispensable para profesionales y estudiantes, científicos y literatos; es decir, para todo aquel que enfrenta la aventura de comunicar ideas.

Raúl H. Castagnino

INTRODUCCION Y NORMAS PARA LA UTILIZACION DE ESTA OBRA

Se definen los sinónimos como "los vocablos y expresiones que tienen una misma o muy parecida significación". Sin embargo, esa definición se aplica a muy pocas palabras del idioma: aquellas que pueden considerarse "sinónimos totales o absolutos"; otro es el caso de los "sinónimos parciales", que son las palabras que pueden intercambiarse solamente en algunas frases u oraciones, pero no en otras. Estas forman largas series para cada una de las acepciones que tienen las palabras en los diccionarios. Esas series de palabras intercambiables en ciertos contextos para cada acepción de un término aparecen en este **Diccionario** separadas por el signo ‖.

Para incluir orientaciones acerca del uso de las palabras que aparecen como **entradas** simples o compuestas (identificadas con letra **negrita**), hemos indicado con abreviaturas (véase tabla) la función gramatical en la cual esa palabra puede ser reemplazada por alguno de los sinónimos de la serie. Ocurre frecuentemente que una misma palabra (entrada) tiene distintas funciones gramaticales en sus varias acepciones y para cada una tiene distintos sinónimos.

Los antónimos, palabras "que expresan ideas opuestas o contrarias", se agrupan entre paréntesis y en letra *bastardilla*, encabezados por la abreviatura **a.**, a continuación de las acepciones a las que se contraponen.

El uso de los diccionarios de sinónimos contribuye eficazmente al mejoramiento de la expresión escrita y oral. Su manejo apropiado es punto de partida para encontrarse con las palabras correctas, adecuadas y oportunas. Un camino sencillo y ameno para pensar con más claridad y precisión.

Al escribir suelen faltar las palabras adecuadas para expresar las ideas que están vagamente presentes en el que escribe. Surgen palabras que no satisfacen plenamente a quien está redactando. Ese es el momento en el cual este **Diccionario** presta su mayor servicio. Se puede ingresar en él por cualquier palabra que exprese aunque no con exactitud lo que uno desea escribir. Esa entrada guiará al usuario hacia otras voces parcialmente sinónimas o relacionadas, entre las cuales podrá estar la que desea utilizar. Si no está en la primera entrada, convendrá orientar la búsqueda a las entradas de cada uno de los sinónimos citados en la serie. Así se abrirá la consulta como un abanico. En la consulta de cada nueva entrada surgirán nuevas palabras, y con ellas nuevos conceptos, que quizá no estaban en la memoria del usuario. Encadenando de este modo las búsquedas, el lector podrá explorar el diccionario en una suerte de navegación sin rumbo prefijado en el mar de las palabras. Se enriquecerá el léxico con nuevas voces, y el espíritu con nuevas ideas y conceptos.

TABLA DE ABREVIATURAS

a.	antónimo
adj.	adjetivo
adv.	adverbio
amb.	ambiguo
com.	género común
conj.	conjunción
defect.	verbo defectivo
desp.	despectivo
f.	sustantivo femenino
intr.	verbo intransitivo
loc.	locución
loc. adj.	locución adjetiva
loc. adv.	locución adverbial
loc. conj.	locución conjuntiva
loc. prep.	locución prepositiva
m.	sustantivo masculino
n.p.	nombre propio
pl.	plural
prep.	preposición
prnl.	verbo pronominal
pron.	pronombre
s.	sustantivo
tr.	verbo transitivo

A

ababol. m. Amapola.

abacería. f. Almacén, despensa.

ábaco. m. Tablero numerador. ‖ Nomograma. ‖ Contador.

abadejo. m. Bacalao. ‖ Reyezuelo. ‖ Cantárida.

abadía. f. Monasterio.

abajar. tr. Bajar (**a.**: *elevar*). ‖ Humillar (**a.**: *enaltecer*).

abajeño, ña. adj. Sureño.

abajo. adv. Bajo, debajo (**a.**: *arriba, encima, sobre*).

abalanzarse. prnl. Arrojarse, lanzarse, precipitarse (**a.**: *retroceder*). ‖ Acometer, arremeter, atacar, embestir (**a.**: *contenerse, reprimirse*).

abaldonar. tr. Afrentar, baldonar, injuriar.

abalorio. m. Cuenta, rocalla.

abandonado, da. adj. Dejado, descuidado, desidioso, negligente (**a.**: *diligente, cuidadoso*). ‖ Desaseado, sucio, desaliñado. ‖ Desamparado, indefenso.

abandonar. tr. Desamparar, dejar, desasistir, desatender, descuidar (**a.**: *cuidar*). ‖ Renunciar, ceder, desistir. ‖ Dejar, marcharse (**a.**: *habitar, poblar*). ‖ prnl. Entregarse, confiarse.

abandono. m. Defección, deserción. ‖ Desistimiento, renuncia. ‖ Desamparo, soledad (**a.**: *amparo*). ‖ Dejadez, desatención, descuido, desidia, incuria, negligencia (**a.**: *cuidado, diligencia*). ‖ Desaliño, desaseo, suciedad (**a.**: *esmero, limpieza*).

abaratar. tr. Bajar, desencarecer, rebajar, depreciar (**a.**: *subir, encarecer*).

abarcar. tr. Rodear, ceñir, abrazar. ‖ Contener, incluir, comprender, englobar (**a.**: *excluir*). ‖ Acaparar.

abarquillar. tr. y prnl. Encorvar, curvar, combar.

abarrancar. intr. y prnl. Embarrancar, encallar, varar.

abarrotar. tr. Atestar, atiborrar, colmar, llenar (**a.**: *vaciar*).

abastecedor, ra. adj. y s. Proveedor, aprovisionador, suministrador. *Se endeudó con sus abastecedores.*

abastecer. tr. Proveer, suministrar, surtir, aprovisionar.

abastecimiento. m. Abasto, provisión, suministro, aprovisionamiento.

abasto. m. Abastecimiento. ‖ Abundancia, copia.

abatatarse. prnl. Turbarse, intimidarse.

abatido, da. adj. Alicaído, deprimido, desanimado, decaído, desalentado (a.: *animado*). ‖ Abyecto, ruin, despreciable (a.: *noble*).

abatimiento. m. Decaimiento, desfallecimiento, agotamiento, desaliento, desánimo, postración, aplanamiento (a.: *brío, ánimo, energía*). ‖ Abyección, humillación, apocamiento.

abatir. tr. y prnl. Vencer, derrotar, derrocar. ‖ Rebajar, humillar. ‖ Derribar, derrumbar, derruir, tumbar (a.: *levantar*). ‖ Bajar, arriar. ‖ Inclinar, tumbar. ‖ Matar. ‖ Desarmar, desmantelar, desmontar. ‖ Descaecer, decaer, desfallecer, desalentar, desanimar, postrar, aplanar, deprimir, desmoralizar (a.: *animar*). ‖ intr. Derivar, devalar.

abdicación. f. Dimisión, renuncia, cesión, resignación, abandono.

abdicar. tr. e intr. Ceder, renunciar, resignar, dimitir, abandonar, deponer (a.: *asumir*).

abdomen. m. Vientre, barriga, panza, tripa, andorga, mondongo, pandorga.

abecé. m. Abecedario, alfabeto. ‖ Rudimentos, nociones. *No conocía ni el abecé de aquel oficio.*

abecedario. m. Alfabeto, abecé.

abejar. m. Colmenar, abejera.

abejarrón. m. Abejorro.

abejero, ra. adj. Colmenero. ‖ m. Abejaruco. ‖ Colmenar.

abejón. m. Zángano. ‖ Abejorro.

abejoneo. m. Murmurio.

abejorro. m. Abejarrón, abejón.

abellacarse. prnl. Encanallarse, envilecerse, pervertirse (a.: *ennoblecerse*).

aberración. f. Descarrío, extravío, desvío, desviación, engaño, error, yerro, equivocación, ofuscación (a.: *acierto*). ‖ Absurdo, disparate. ‖ Anomalía, anormalidad.

abertura. f. Hendidura, hendedura, rendija, boquete, brecha, quebradura, grieta, raja, agujero, resquicio, rotura, resquebradura, resquebrajadura. ‖ Apertura, iniciación, comienzo. ‖ Hueco, puer-

ta, ventana. ‖ Franqueza, sencillez, sinceridad (a.: *reserva*). ‖ Ensenada.

abiertamente. adv. Francamente, sinceramente, claramente, paladinamente, patentemente, manifiestamente, sin rodeos, sin reservas, sin tapujos (a.: *ocultamente*).

abierto, ta. adj. Desembarazado, despejado, raso, llano. ‖ Dilatado, extendido. ‖ Sincero, franco, claro, espontáneo, comunicativo. ‖ Patente, claro (a.: *oscuro*). ‖ Hendido, rajado, resquebrajado.

abietíneo, a. adj. Abietáceo.

abigarrado, da. adj. Multicolor, policromo, chillón. ‖ Confuso, mezclado, heterogéneo, inconexo.

abigeato. m. Cuatrerismo.

abisal. adj. Abismal. *Fauna abisal.*

abisinio, nia. adj. Etiópico, etíope.

abismal. adj. Abisal. ‖ Hondo, profundo, insondable.

abismar. tr. Hundir, sumir, sumergir. ‖ Confundir, desalentar, abatir. ‖ prnl. Ensimismarse, abstraerse, sumirse. ‖ Admirarse.

abismo. m. Sima, precipicio, despeñadero, profundidad. ‖ Infierno, averno.

abjuración. f. Apostasía, retractación, reniego.

abjurar. tr. Apostatar, renegar. ‖ Desdecirse, retractarse.

ablación. f. Denudación, abrasión, corrosión, degradación. ‖ Extirpación, corte, separación, supresión, extracción, amputación.

ablandar. tr. y prnl. Suavizar, emblandecer, reblandecer, enmollecer, lentecer, relentecer. ‖ Mitigar, templar. ‖ Moderar, convencer, conmover. ‖ Desenfadar, desenojar, enternecer, desencolerizar (a.: *enfadar, enojar*). ‖ Laxar, molificar. ‖ prnl. Acobardarse.

ablepsia. f. Ceguera, ceguedad.

ablución. f. Lavatorio, lavado. ‖ Purificación.

abluente. adj. Diluyente, purificante.

abnegación. f. Generosidad, desinterés, desprendimiento, altruismo (a.: *egoísmo*).

abocar. tr. Acercar, aproximar. ‖ Verter, trasvasar. ‖ prnl. Conferenciar, reunirse.

abocetar. tr. Bosquejar, esbozar, bocetar.

abochornar. tr. y prnl. Avergonzar, sonrojar, ruborizar. ‖ Sofocar, ahogar.

abofado, da. adj. Fofo, hinchado.

abofetear. tr. Sopapear.

abogado, da. m. y f. Letrado, jurista, jurisperito, legista, jurisconsulto. ‖ Intercesor, medianero, mediador, defensor, patrocinador, patrono. ‖ Leguleyo, picapleitos, rábula.

abogar. tr. Defender, patrocinar. ‖ Mediar, interceder.

abolengo. m. Alcurnia, estirpe, prosapia, linaje.

abolición. f. Anulación, supresión, derogación, abrogación, revocación, rescisión, extinción. *Abolición de la esclavitud.*

abolir. tr. Abrogar, derogar, revocar, rescindir, anular, suprimir, extinguir.

abollar. tr. Repujar, hundir, estampar.

abominable. adj. Detestable, execrable, aborrecible, odioso. *Lo abominable nos causa escándalo* (a.: *amable, admirable*).

abominación. f. Aversión, aborrecimiento, odio, execración, repulsión.

abominar. tr. Condenar, maldecir, execrar. ‖ Detestar, aborrecer, odiar, derrenegar (a.: *amar*).

abonado, da. adj. Acreditado, fiable. ‖ s. Suscripto.

abonanzar. intr. Serenarse, despejarse, calmarse, aclararse, abrir, mejorar (a.: *aborrascarse, encapotarse, nublarse*).

abonar. tr. Acreditar, asegurar. ‖ Garantizar. ‖ Pagar. ‖ Fertilizar. ‖ Tomar en cuenta, acreditar. ‖ tr. y prnl. Suscribir.

abono. m. Fianza, garantía. ‖ Pago. ‖ Asiento (en el haber). ‖ Fertilizante. ‖ Suscripción.

abordable. adj. Accesible, tratable.

abordar. tr. e intr. Aportar, atracar, arribar. ‖ tr. Emprender, plantear, acometer.

aborigen. adj. y s. Autóctono, originario, vernáculo, natural, nativo. ‖ Indígena (a.: *forastero, extraño*).

aborrascarse. prnl. Oscurecerse, encapotarse, cargarse, cubrirse, nublarse (a.: *abonanzarse, despejarse*).

aborrecer. tr. Odiar, detestar, abominar, execrar (a.: *amar, apreciar, querer*). ‖ Aburrir, fastidiar, hastiar.

aborrecible. adj. Odioso, detestable, abominable, execrable.

aborrecimiento. m. Odio, rencor, aversión, repugnancia, antipatía (a.: *cariño, aprecio*).

abortar. intr. Malparir, mover, amover. ‖ Fracasar, frustrarse, malograrse (a.: *realizar*).

aborto. m. Parto prematuro, abortamiento, mal parto. ‖ Fracaso, frustración, interrupción, malogro. ‖ Monstruo, engendro.

abotagarse. prnl. Abotargarse, hincharse, inflarse, engordar.

abotonar. tr. Abrochar.

abovedado, da. adj. Embovedado, combado, alabeado, arqueado.

abra. f. Ensenada, bahía. ‖ Grieta, hendedura.

abrasador, ra. adj. Ardiente, caliente, cálido, caluroso, tórrido, agostador (a.: *glacial*).

abrasar. tr. Quemar, achicharrar. ‖ Secar, agostar, marchitar. ‖ Enardecer, encender, acalorar, consumir.

abrazadera. f. Cuchillero. ‖ Corchete, llave, manija.

abrazar. tr. Ceñir, rodear, envolver. ‖ Contener, comprender, incluir, abarcar. ‖ Adoptar, seguir, enrolarse.

abrevadero. m. Aguadero, aguaje.

abrevar. tr. Remojar, regar. ‖ intr. Beber, saciarse.

abreviar. tr. Acortar, reducir, compendiar, resumir (a.: *alargar*). ‖ tr. e intr. Acelerar, apresurar, aligerar, adelantar (a.: *retardar, atrasar*).

abreviatura. f. Sigla, cifra, monograma.

abriboca. adj. y s. Papanatas, bobo.

abrigar. tr. Tapar, cubrir, arropar (a.: *desabrigar*). ‖ Resguardar, cobijar, proteger, amparar.

abrigo. m. Gabán, sobretodo, tapado. ‖

Amparo, resguardo, refugio, protección, defensa, reparo, cobijo (a.: *desamparo*).

abrillantar. tr. Pulir, pulimentar, bruñir, lustrar.

abrir. tr. Descubrir, destapar, destaponar (a.: *cerrar, tapar*). ‖ Hender, rajar, taladrar, agrietar, cuartear, rasgar, cortar, horadar. ‖ Extender, desplegar, separar. ‖ Iniciar, inaugurar, comenzar, empezar (a.: *concluir, terminar, finalizar*). ‖ intr. y prnl. Serenar, aclarar, despejar, abonanzar. ‖ Relajar. ‖ Separar, extender, desistir.

abrochador. m. Abotonador.

abrochar. tr. Abotonar. ‖ Sujetar, cerrar.

abrogar. tr. Abolir, revocar, derogar, invalidar.

abroncar. tr. Avergonzar, abochornar. ‖ tr. y prnl. Disgustar, enfadar.

abroquelarse. prnl. Embroquelarse, broquelarse, cubrirse. ‖ Protegerse, parapetarse, defenderse, resguardarse, escudarse.

abrumar. tr. Agobiar, atosigar, molestar, fastidiar, hastiar, aburrir, importunar, cansar, apabullar.

abrupto, ta. adj. Escarpado, quebrado, escabroso, áspero, fragoso, accidentado (a.: *liso, llano*).

absceso. m. Tumor, apostema, flemón, hinchazón, entumecencia, furúnculo.

absenta. f. Ajenjo.

absolución. f. Perdón, remisión, indulto, redención, exculpación.

absolutismo. m. Dictadura, despotismo, tiranía, autoritarismo, totalitarismo. ‖ Arbitrariedad.

absoluto, ta. adj. Arbitrario, despótico, tiránico, dictatorial, autoritario, imperioso, dominante (a.: *condescendiente, democrático*). ‖ Omnímodo, completo, entero, total (a.: *relativo*).

absolver. tr. Perdonar, remitir, eximir, exculpar (a.: *sentenciar, condenar*).

absorbedero. m. Desagüe, imbornal, sumidero.

absorber. tr. Aspirar, chupar, sorber. ‖ Embeber, empapar (a.: *exhalar, rezumar*). ‖ Atraer, cautivar, hechizar (a.: *repeler*).

‖ Embargar, ocupar. ‖ Consumir, dilapidar, gastar. ‖ Incorporar, asumir.

absorto, ta. adj. Admirado, pasmado, atónito, suspenso, maravillado, cautivado, asombrado. ‖ Abismado, abstraído, ensimismado (a.: *distraído*).

abstención. f. Contención, privación. ‖ Abstinencia, dieta.

abstenerse. prnl. Privarse, inhibirse (a.: *intervenir, participar*).

absterger. tr. Desinfectar, limpiar, purificar.

abstinencia. f. Privación, abstención. ‖ Templanza, temperancia, moderación.

abstracción. f. Distracción, ensimismamiento.

abstracto, ta. adj. Vago, complejo, ideal (a.: *concreto*).

abstraerse. prnl. Ensimismarse, reconcentrarse, absorberse (a.: *distraerse*).

abstraído, da. adj. Absorto, ensimismado, meditabundo, preocupado.

abstruso, sa. adj. Recóndito, incomprensible, profundo (a.: *claro*). ‖ Difícil.

absurdo, da. adj. Ilógico, disparatado, irracional, desatinado, inadmisible, irrazonable (a.: *lógico, racional*). ‖ Estrafalario, extravagante. ‖ m. Disparate, desatino, dislate, despropósito, incoherencia.

abuelos. m. pl. Ascendientes, antepasados, antecesores.

abulia. f. Apatía, indolencia (a.: *actividad, interés, gana*).

abúlico, ca. adj. Apático, indolente (a.: *activo, enérgico*).

abultado, da. adj. Grueso, voluminoso, grande (a.: *enjuto*). ‖ Exagerado, extremado, hiperbólico.

abultamiento. m. Bulto. ‖ Cúmulo, montón.

abultar. tr. Exagerar, extremar, ponderar, encarecer, inflar, hinchar (a.: *disminuir, deshinchar*).

abundancia. f. Copia, exuberancia, plétora, profusión, sobreabundancia, superabundancia (a.: *carestía, escasez*). ‖ Riqueza, prosperidad, fertilidad, fecundidad (a.: *pobreza, miseria*).

abundante. adj. Copioso, numeroso, cuantioso, nutrido. ‖ Rico, fértil, fecundo, exuberante, opimo, pingüe, pródigo (**a.:** *pobre, estéril, escaso*).

abundar. intr. Pulular, rebosar.

abundoso, sa. adj. Abundante. ‖ Fértil.

aburrimiento. m. Fastidio, hastío, esplín, cansancio, tedio (**a.:** *distracción, entretenimiento*).

aburrir. tr. y prnl. Molestar, cansar, fastidiar, hastiar (**a.:** *divertir, distraer*).

abusar. intr. Excederse, extralimitarse (**a.:** *contenerse*). ‖ Forzar, violar, seducir.

abuso. m. Exceso, extralimitación, demasía, desafuero, desmán, arbitrariedad, tropelía, atropello, injusticia (**a.:** *uso, utilización*).

abyección. f. Bajeza, envilecimiento, degradación (**a.:** *nobleza*). ‖ Servilismo, humillación, abatimiento.

abyecto, ta. adj. Bajo, ruin, vil, despreciable, ignominioso, rastrero, servil. ‖ Abatido, humillado.

acá. adv. Aquí.

acabado, da. adj. Perfecto, consumado, completo (**a.:** *incompleto, inconcluso*). ‖ Gastado, destruido, malparado, consumido.

acabamiento. m. Cumplimiento, terminación, término, fin, conclusión. ‖ Muerte. ‖ Desgaste, ruina, agotamiento.

acabar. tr., intr. y prnl. Terminar, concluir, finalizar (**a.:** *empezar, principiar, comenzar, iniciar*). ‖ tr. y prnl. Ultimar, rematar, perfeccionar, pulir. ‖ Consumir, agotar, apurar, gastar. ‖ intr. y prnl. Morir, extinguirse, fallecer, fenecer.

acabóse. m. Colmo, desastre, calamidad. ‖ Desenlace.

academia. f. Colegio, escuela. ‖ Ateneo, gimnasio, aula, cátedra, universidad.

acaecedero, ra. adj. Posible, contingente.

acaecer. intr. Suceder, ocurrir, pasar, acontecer.

acaecimiento. m. Acontecimiento, suceso, sucedido, hecho, caso.

acallar. tr. Aplacar, aquietar, calmar, sosegar, apaciguar (**a.:** *excitar*). ‖ Silenciar.

acalorado, da. adj. Agitado, enardecido, entusiasmado, excitado. ‖ Enojado, enfadado.

acaloramiento. m. Ardor, enardecimiento, exaltación, entusiasmo. ‖ Sofocación, fatiga.

acalorar. tr. y prnl. Fatigar, sofocar. ‖ Enardecer, entusiasmar, exaltar, apasionar.

acampamiento. m. Acampada, campamento.

acanalado, da. adj. Canalado, estriado.

acanalar. tr. Estriar, rayar.

acantonamiento. m. Cantón. ‖ Emplazamiento.

acaparar. tr. Acumular, retener, almacenar, monopolizar, estancar, abarcar (**a.:** *entregar, soltar*).

acaramelar. tr. Caramelizar.

acariciar. tr. Halagar, mimar. *La caricia supone familiaridad.* ‖ Rozar, tocar, besar.

acarrear. tr. Trasportar, portear, conducir. ‖ Ocasionar, causar, producir.

acarreo. m. Trasporte, porte, conducción. ‖ Arrastre.

acaso. m. Casualidad, azar, suerte. ‖ adv. Quizá, tal vez.

acatamiento. m. Respeto, sumisión, obediencia.

acatar. tr. Respetar, reverenciar, honrar. ‖ Obedecer, someterse (**a.:** *desacatar, desobedecer, rebelarse*).

acatarrarse. prnl. Constiparse, resfriarse, enfriarse.

acaudalado, da. adj. Adinerado, rico, pudiente, opulento (**a.:** *pobre, menesteroso*).

acaudillar. tr. Conducir, guiar, dirigir, mandar, capitanear (**a.:** *seguir, obedecer*).

acceder. intr. Consentir, condescender, permitir, autorizar, transigir (**a.:** *disentir*). ‖ Aceptar, convenir, ceder (**a.:** *rechazar*).

accesible. adj. Alcanzable, asequible, transitable (**a.:** *inaccesible*). ‖ Comprensible, inteligible. ‖ Tratable, llano, sencillo, franco, amable.

accesión. f. Consentimiento. ‖ Ayuntamiento, cópula.

acceso. m. Entrada, paso, camino. ‖ Ataque, acometimiento, acometida. ‖ Ayuntamiento, cópula. ‖ Arrebatamiento.

accesorio, ria. adj. Accidental, secundario, subalterno, auxiliar, ocasional, complementario, supletorio, circunstancial (a.: *esencial, principal, fundamental*). ‖ m. Apéndice, anexo, complemento.

accidentado, da. adj. Turbado, agitado, perturbado. ‖ Quebrado, fragoso, áspero, escabroso, abrupto, escarpado. ‖ Revuelto, borrascoso.

accidental. adj. Secundario, contingente, casual, incidental, eventual (a.: *esencial*). ‖ Interino, provisional, ocasional, transitorio (a.: *estable, definitivo, permanente*).

accidentalmente. adv. Incidentalmente, incidentemente, eventualmente. ‖ Secundariamente. ‖ Interinamente, provisionalmente, transitoriamente. *Trabajaba accidentalmente como ascensorista.*

accidentarse. prnl. Desmayarse, desvanecerse.

accidente. m. Eventualidad, contingencia, casualidad. ‖ Contratiempo, desgracia, incidente, percance, peripecia, choque, trastorno. ‖ Desmayo, vahído, vértigo, indisposición, soponcio, patatús.

acción. f. Acto, hecho, actuación. ‖ Combate, batalla, encuentro, escaramuza, operación. ‖ Gesto, ademán. ‖ Efecto, influencia.

accionar. tr. Mover, activar, impulsar. ‖ intr. Gesticular, manotear.

acechanza. f. Acecho, espionaje, emboscada.

acechar. tr. Espiar, vigilar, atisbar, observar.

acecho. m. Acechanza, espionaje.

acecinar. tr. Cecinar, curar, ahumar.

acedar. tr. y prnl. Agriar, acidificar, avinagrar, acidular. ‖ Disgustar, desazonar.

acedera. f. Agrilla, vinagrera.

acederaque. m. Cinamomo.

acedía. f. Platija. ‖ Acidez. ‖ Hiperclorhidria.

acedo, da. adj. Ácido, agrio. ‖ Áspero, desapacible, ceñudo.

aceitar. tr. Lubricar.

aceite. m. Óleo, lubricante.

aceitera. f. Alcuza. ‖ pl. Vinagreras.

aceitoso, sa. adj. Oleaginoso, oleoso. ‖ Untuoso, graso, grasiento.

aceituna. f. Oliva.

aceleración. f. Aceleramiento. ‖ Prisa, apresuramiento, rapidez.

acelerador. m. Catalizador.

acelerar. tr. Apresurar, activar, avivar, aligerar, apurar, urgir (a.: *retrasar, atrasar, retardar, demorar*). ‖ Precipitar, adelantar.

acémila. f. Mula.

acendrado, da. adj. Puro, depurado, impecable, acrisolado. *Patriotismo acendrado.*

acendrar. tr. Limpiar, depurar, purificar, acrisolar.

acento. m. Deje, dejillo, dejo, tono, tonillo, entonación, canto.

acentuado, da. adj. Marcado, notorio, claro.

acentuar. tr. Recalcar, marcar, insistir, hacer resaltar, hacer hincapié, destacar, subrayar, realzar, intensificar (a.: *atenuar*). ‖ prnl. Tomar cuerpo, aumentar.

acepción. f. Significación, sentido, significado.

aceptable. adj. Admisible, pasable, tolerable (a.: *inaceptable*).

aceptación. f. Tolerancia, admisión, acogida, aprobación, aplauso, éxito, boga (a.: *recusación*).

aceptar. tr. Admitir, consentir, tomar, recibir (a.: *rehusar, rechazar*). ‖ Comprometerse, obligarse. ‖ Aprobar.

acequia. f. Canal, reguera, zanja.

acerado, da. adj. Incisivo, mordaz, penetrante, punzante. ‖ Afilado, resistente.

acerbo, ba. adj. Áspero, acre, desabrido, amargo (a.: *suave, dulce*). ‖ Desapacible, cruel, riguroso, doloroso.

acerca de. loc. prep. Sobre, respecto a, referente a, con respecto a, en relación a.

acercamiento. m. Aproximación, arrimo.

acercar. tr. Aproximar, arrimar (**a.:** *alejar, separar, apartar*).

acero. m. Espada. || Ánimo, brío, denuedo, resolución.

acérrimo, ma. adj. Tenaz, implacable. || Decidido, obstinado.

acertado, da. adj. Conveniente, oportuno, apropiado, adecuado, idóneo, atinado (**a.:** *desacertado, inadecuado, erróneo*).

acertar. tr. Adivinar, atinar, descifrar. || Resolver, dar solución, solucionar. || tr. e intr. Encontrar, hallar, dar con, tener acierto, topar (**a.:** *fallar, errar, equivocarse*).

acertijo. m. Adivinanza, enigma, charada, jeroglífico.

acervo. m. Patrimonio, caudal. *Acervo cultural.*

acezante. adj. Anhelante, ansioso.

acezar. intr. Jadear.

achabacamiento. m. Chabacanería, vulgaridad.

achacar. tr. Imputar, atribuir. || Acusar, inculpar (**a.:** *disculpar, defender*). || Colgar, endosar, enjaretar.

achacoso, sa. adj. Enfermizo, enclenque, achaquiento, valetudinario, delicado (**a.:** *sano*). || Senil, decrépito.

achaflanar. tr. Biselar. || Achatar.

achantar. tr. Acoquinar, apabullar, achicar. || prnl. Aguantarse, agazaparse, esconderse, ocultarse. || Acobardarse, achicarse, amilanarse (**a.:** *envalentonarse*). || Conformarse, tolerar.

achaparrado, da. adj. Rechoncho, apaisado.

achaque. m. Indisposición, afección, enfermedad, dolencia. || Defecto, vicio. || Excusa, pretexto, disculpa, efugio, motivo.

achaquiento, ta. adj. Achacoso, enfermizo, valetudinario.

achatar. tr. y prnl. Aplanar, aplastar. || tr. Despuntar, arromar.

achicar. tr. y prnl. Acortar, amenguar, menguar, mermar, disminuir, empequeñecer (**a.:** *agrandar*). || Descorazonar, acobardar, amilanar, atemorizar, intimi-

dar, acoquinar, arredrar. || tr. e intr. Desaguar, desagotar.

achicoria. f. Chicoria.

achicharrar. tr. Chicharrar, quemar, asar. || Tostar, chamuscar.

achinado, da. adj. Mestizo.

achique. m. Desagüe, desagote.

achira. f. Canácoro.

achisparse. prnl. Alumbrarse, alegrarse, ahumarse. || Embriagarse, emborracharse.

achuchar. tr. Azuzar. || Aplastar, estrujar. || Empujar. || intr. y prnl. Tiritar, estremecerse,

aciago, ga. adj. Desafortunado, infeliz, desgraciado, desdichado, infausto, malaventurado, desventurado, nefasto, fatídico. *La idea de aciago implica superstición* (**a.:** *feliz, afortunado, venturoso*).

acíbar. m. Áloe. || Amargura, sinsabor, disgusto.

acibarar. tr. Amargar, apesadumbrar, turbar.

acicalar. tr. Pulir, repulir, bruñir. || Adornar, aderezar, ataviar, componer, arreglar, maquillar.

acicate. m. Estímulo, incentivo, atractivo, aliciente. || Espuela, aguijón.

acicatear. tr. Estimular, incitar.

acidez. f. Hiperclorhidria, acedía, agrura.

acidia. f. Flojedad, pereza, negligencia, desgana.

acidificar. tr. Acedar, agriar.

ácido, da. adj. Agrio, acedo, acre. || Áspero, desabrido.

acidular. tr. Acedar.

acierto. m. Tino, tacto, tiento (**a.:** *desacierto*). || Destreza, habilidad (**a.:** *torpeza*). || Adivinación, clarividencia.

aclamar. tr. Vitorear, dar vivas, ovacionar (**a.:** *rechiflar*). || Proclamar.

aclaración. f. Esclarecimiento, explicación, interpretación, justificación, elucidación.

aclarar. tr. Alumbrar, iluminar, clarificar (**a.:** *oscurecer*). || Explicar, poner en claro, dilucidar, ilustrar, esclarecer. || intr. Clarear, amanecer. || Abonanzar, serenarse, despejarse, escampar.

aclimatar. tr. y prnl. Adaptar, acostumbrar.

acobardar. tr. y prnl. Intimidar, atemorizar, amedrentar, arredrar, acoquinar, amilanar (**a.:** *envalentonar*). ‖ Desanimar, desmayar, desalentar, descorazonar, achicar.

acodado, da. adj. Acodillado.

acogedor, ra. adj. Hospitalario. ‖ Amable, cortés, afable (**a.:** *intratable*).

acoger. tr. Admitir, aceptar, recibir (**a.:** *rehusar, repeler, rechazar*). ‖ Amparar, proteger, guarecer, cobijar, favorecer, ayudar (**a.:** *desamparar*). ‖ prnl. Refugiarse, apoyarse.

acogida. f. o **acogimiento.** m. Admisión, aceptación, aprobación. ‖ Recibimiento, recepción, bienvenida (**a.:** *expulsión*). ‖ Protección, hospitalidad.

acogotar. tr. Sujetar, dominar, vencer, oprimir. ‖ Atrapar.

acojinar. tr. Acolchar, colchar.

acolchado, da. adj. y s. Mullido. ‖ m. Cobertor.

acólito. m. Monaguillo, monago, monacillo. ‖ Ayudante, asistente, compañero, compinche. ‖ Partidario.

acometedor, ra. adj. Agresivo, arremetedor, impetuoso, belicoso. ‖ Emprendedor, resuelto, decidido (**a.:** *apocado, irresoluto*).

acometer. tr. Atacar, cerrar, embestir, arremeter, agredir (**a.:** *huir*). ‖ Emprender, intentar (**a.:** *evitar*).

acometida. f. o **acometimiento.** m. Ataque, asalto, agresión, embestida, arremetida, hostigamiento.

acomodadizo, za. adj. Acomodaticio, adaptable.

acomodado, da. adj. Conveniente, apto, oportuno, apropiado, arreglado, adecuado. ‖ Rico, pudiente, adinerado (**a.:** *pobre*). ‖ Moderado, barato (**a.:** *caro*).

acomodamiento. m. Comodidad, conveniencia (**a.:** *inconveniencia*). ‖ Transacción, ajuste, convenio, arreglo, conciliación, acuerdo, concierto, composición (**a.:** *desacuerdo*).

acomodar. tr. Ordenar, componer (**a.:** *desacomodar, desordenar*). ‖ Proveer.

‖ Referir, aplicar. ‖ Amoldar, adecuar, adaptar. ‖ Conciliar, concertar, coordinar. ‖ tr. y prnl. Colocar, instalar. ‖ tr. e intr. Convenir, agradar. ‖ prnl. Avenirse, conformarse (**a.:** *rebelarse*). ‖ Emplearse.

acomodaticio, cia. adj. Acomodadizo, complaciente, contemporizador, conformista. ‖ Dúctil, adaptable, flexible, elástico.

acomodo. m. Empleo, ocupación, colocación, puesto. ‖ Conveniencia, beneficio. ‖ Arreglo, ornato.

acompañamiento. m. Comitiva, séquito, cortejo, corte, escolta. ‖ Comparsa. ‖ Coro, armonía.

acompañar. tr. Agregar, juntar, añadir, adjuntar. ‖ Hacer compañía, asistir. ‖ Conducir, escoltar, seguir.

acompasado, da. adj. Rítmico, medido, regular (**a.:** *arrítmico, irregular*). ‖ Lento, pausado, reposado.

acompasar. tr. Compasar, medir, arreglar, proporcionar, acomodar, regular.

acondicionar. tr. Arreglar, preparar, disponer. ‖ Climatizar.

acongojar. tr. y prnl. Afligir, atribular, entristecer, apenar, apesadumbrar, desconsolar, angustiar.

aconsejable. adj. Conveniente.

aconsejar. tr. Advertir, prevenir, avisar, encaminar, recomendar, sugerir (**a.:** *disuadir*). ‖ prnl. Asesorarse.

aconsonantar. intr. Consonar.

acontecer. intr. Suceder, ocurrir, pasar, acaecer. *Los hechos históricos acontecen; las desdichas suceden; las casualidades acaecen; las dificultades ocurren.*

acontecimiento. m. Acaecimiento, suceso, sucedido, hecho, caso, evento, ocurrencia.

acopiar. tr. Juntar, reunir, allegar, acumular, amontonar, almacenar, acaparar (**a.:** *desperdigar*).

acopio. m. Acopiamiento, acumulación, provisión, almacenamiento, depósito, acaparamiento.

acoplamiento. m. Acopladura, unión, enlace, conexión, enganche.

acoplar. tr. Unir, ajustar, combinar, juntar, conectar, ensamblar, encajar (**a.:** *desunir, desacoplar*).

acoquinar. tr. y prnl. Acobardar, amedrentar, amilanar.

acorazar. tr. Blindar, revestir, proteger, fortificar.

acorazonado, da. adj. Cordiforme.

acordar. tr. Concordar, concertar, armonizar, conformar, conciliar. ‖ Convenir, pactar. ‖ Resolver, determinar. ‖ prnl. Recordar.

acorde. adj. Conforme, concorde, de acuerdo (**a.:** *discorde, disconforme*).

acordonar. tr. Cercar, circunscribir, rodear.

acorralar. tr. Arrinconar, rodear, estrechar, aislar, cercar. ‖ Confundir. ‖ Intimidar, acobardar.

acortar. tr. Abreviar, reducir, disminuir, achicar, mermar, aminorar. *Se acorta lo largo. Se achica lo grande* (**a.:** *alargar*). ‖ Limitar, restringir, coartar, cercenar.

acosar. tr. Perseguir, hostigar, estrechar. ‖ Importunar, molestar, asediar.

acostar. tr., intr. y prnl. Arrimar, acercar. ‖ Abarloar, atracar. ‖ prnl. Echarse, tenderse, tumbarse (**a.:** *levantarse*).

acostumbrado, da. adj. Ducho, práctico, avezado. ‖ Habitual, usual, corriente, normal.

acostumbrar. tr. y prnl. Habituar, avezar. ‖ intr. Soler, estilar, usar. ‖ prnl. Familiarizarse.

acotación. f. Nota, señal, observación, anotación. ‖ Cota.

acotar. tr. Amojonar, jalonar, cercar, delimitar, deslindar. ‖ Reservar, prohibir, podar, limitar, restringir. ‖ Anotar. ‖ Elegir, aceptar. ‖ Atestiguar, testificar.

acracia. f. Anarquismo, anarquía.

ácrata. com. Anarquista, libertario.

acre. adj. Picante, áspero, irritante (**a.:** *suave*). ‖ Agrio, acerbo, desabrido.

acrecentar. tr. y prnl. Aumentar, acrecer, agrandar, engrandecer (**a.:** *disminuir*). ‖ tr. Mejorar, enriquecer, enaltecer.

acrecer. tr. Aumentar, acrecentar, engrandecer.

acreditado, da. adj. Afamado, conocido, reputado, renombrado (**a.:** *desprestigiado*).

acreditar. tr. Probar, justificar, atestiguar, garantizar. ‖ Afamar, reputar, popularizar (**a.:** *desacreditar*). ‖ Abonar, tomar en cuenta (**a.:** *debitar, cargar*).

acreedor, ra. adj. y s. Digno, merecedor (**a.:** *deudor*).

acribillar. tr. Molestar, fastidiar. ‖ Agujerear, herir, picar.

acriminar. tr. Acusar, imputar, criminar, incriminar (**a.:** *defender*).

acrimonia. f. Acritud, aspereza, desabrimiento (**a.:** *dulzura, cordialidad, suavidad*).

acriollarse. prnl. Americanizarse.

acrisolado, da. adj. Intachable, acendrado, íntegro.

acrisolar. tr. Depurar, purificar, acendrar, aquilatar (**a.:** *malear, impurificar*).

acristianar. tr. Cristianizar. ‖ Bautizar, cristianar.

acritud. f. Acrimonia, aspereza, desabrimiento.

acróbata. com. Volatinero, equilibrista, funámbulo, trapecista.

acromatopsia. f. Daltonismo.

acta. f. Memoria, relación.

actitud. f. Postura, posición, porte, continente. ‖ Disposición, posición.

activador. m. Adyuvante, catalizador, acelerador.

activar. tr. Mover, avivar, excitar, acelerar, apresurar, apurar (**a.:** *parar*).

actividad. f. Movimiento, trajín. ‖ Eficacia, eficiencia. ‖ Prontitud, presteza, solicitud, diligencia, esmero, empeño, dinamismo (**a.:** *inactividad, quietud, pasividad*).

activo, va. adj. Operante, eficaz, enérgico (**a.:** *ineficaz*). ‖ Diligente, pronto, rápido, vivo, dinámico (**a.:** *inactivo, pasivo, apático*).

acto. m. Hecho, acción. ‖ Reunión, ceremonia.

actor, ra. adj. y s. Demandante, acusador, litigante, querellante.

actor, actriz. m y f. Cómico, comediante, artista, galán, histrión, estrella, divo.

actora. f. Actriz.

actuación. f. Desempeño, comportamiento. ‖ Ejecución. ‖ pl. Diligencias, autos.

actual. adj. Presente, contemporáneo (a.: *inactual, antiguo, pasado, futuro*). ‖ Efectivo, real.

actualidad. f. Moda, novedad, sazón. ‖ Ahora.

actualización. f. Modernización, puesta al día.

actualizar. tr. Modernizar, poner al día.

actuar. intr. Proceder, conducirse, obrar, portarse (a.: *abstenerse, inhibirse*). ‖ Trabajar, ejercer, representar.

acuario. m. Pecera.

acuático, ca. adj. Acuátil.

acuatizar. intr. Amarar, amarizar.

acuciar. tr. Estimular, aguijonear, pinchar, espolear, apurar, urgir, apremiar (a.: *aplacar, tranquilizar*). ‖ Desear, anhelar.

acucioso, sa. adj. Apremiante, urgente. ‖ Diligente, solícito, presuroso, activo.

acuchillar. tr. Apuñalar.

acudir. intr. Ir, presentarse, llegar, asistir, concurrir, comparecer (a.: *ausentarse*). ‖ Recurrir, apelar. ‖ Socorrer, auxiliar.

ácueo, a. adj. Acuoso.

acuerdo. m. Conformidad, consonancia, armonía, avenencia (a.: *desacuerdo*). ‖ Decisión. ‖ Parecer, opinión, consejo. ‖ Madurez, reflexión.

acumulación. f. Amontonamiento, acopio.

acumular. tr. Amontonar, acopiar, apilar, hacinar, aumentar (a.: *esparcir*).

acunar. tr. Cunar, cunear, brizar, mecer, balancear.

acuñar. tr. Batir, troquelar. ‖ Estampar.

acuoso, sa. adj. Ácueo, aguoso. ‖ Aguachento.

acurrucarse. prnl. Encogerse, contraerse, agacharse (a.: *erguirse*).

acusación. f. Inculpación, denuncia, delación, soplo (a.: *defensa*). ‖ Censura, reproche, recriminación (a.: *disculpar*).

acusado, da. adj. y s. Inculpado, reo. ‖ Claro, definido

acusar. tr. Culpar, inculpar, incriminar. ‖ Imputar, denunciar, delatar (a.: *exculpar, excusar*). ‖ Notar, tachar, achacar, tildar. ‖ Mostrar, revelar, manifestar, indicar, traslucir.

acusón, na. adj. y s. Soplón.

acústico, ca. adj. Auditivo. ‖ Sonoro.

acutí. m. Conejillo de Indias, cobayo, cavia, agutí, acure.

adagio. m. Proverbio, refrán, máxima, dicho, sentencia. ‖ Apotegma. ‖ Aforismo.

adalid. m. Caudillo, cabecilla, paladín, líder, guía (a.: *secuaz, cabecilla*).

adaptar. tr. Acomodar, ajustar, adecuar, amoldar. ‖ prnl. Avenirse, acomodarse, amoldarse. ‖ Familiarizarse, aclimatarse, acostumbrarse.

adarga. f. Escudo, broquel. ‖ Protección.

adecuado, da. adj. Acomodado, conveniente, idóneo, apropiado, oportuno, propio, apto (a.: *inadecuado, impropio*).

adecuar. tr. Acomodar, arreglar, proporcionar. ‖ prnl. Adaptarse.

adefagia. f. Voracidad, bulimia.

adefesio. m. Disparate, extravagancia, despropósito. ‖ Mamarracho, facha, esperpento, espantajo, birria.

adelantado, da. adj. Avanzado, anticipado. ‖ Precoz, aventajado (a.: *atrasado*). ‖ Excelente, superior.

adelantamiento. m. Adelanto, anticipo. ‖ Progreso, perfeccionamiento, mejora, medro, acrecentamiento (a.: *retraso, retroceso*).

adelantar. tr. Anticipar. ‖ Preceder, alcanzar, aventajar, dejar atrás. ‖ Acelerar, apresurar, abreviar. ‖ intr. y prnl. Avanzar. ‖ intr. Mejorar, medrar, progresar, perfeccionar (a.: *retrogradar*). ‖ prnl. Anticiparse, anteponerse, sobrepasar (a.: *atrasarse, retrasarse*).

adelante. adv. Delante (a.: *atrás, detrás*).

adelanto. m. Anticipo. ‖ Progreso, avance, perfeccionamiento, mejora, mejoramiento (a.: *retraso, retroceso*). ‖ Medra, acrecentamiento. ‖ Ventaja.

adelgazar. intr. Enflaquecer (a.: *engordar*). ‖ tr. Afinar, depurar.

ademán. m. Actitud, gesto, manoteo. ‖ pl. Modales, maneras.

además. adv. También, asimismo, encima. ‖ **además de.** loc. prep. A más de, encima de.

adenoso, sa. adj. Glanduloso.

adentrar. intr. y prnl. Penetrar, profundizar, introducirse, meterse (a.: *salir*).

adentro. adv. Dentro (a.: *afuera, fuera*). ‖ Interiormente.

adepto, ta. adj. y s. Adicto, partidario, simpatizante (a.: *opositor, adversario*). ‖ Iniciado, afiliado, asociado, secuaz.

aderezar. tr. Componer, hermosear, ataviar, adornar, acicalar. ‖ Disponer, aprestar, preparar, prevenir, aviar. ‖ Guisar. ‖ Condimentar, sazonar, adobar, aliñar. ‖ Arreglar, remendar, componer, recomponer, apañar, reparar, restaurar (a.: *romper*).

aderezo. m. Condimento, adobo, salsa. ‖ Atavío, adorno. ‖ Disposición, prevención.

adeudar. tr. Deber, endeudarse. ‖ Debitar (a.: *acreditar*).

adherencia. f. Pegajosidad, glutinosidad. ‖ Cohesión, conexión, enlace, unión (a.: *separación*). ‖ Adhesión.

adherente. adj. Adhesivo, pegajoso. ‖ Unido, anejo, anexo, pegado. ‖ com. Partidario, adepto, adicto, afiliado (a.: *enemigo, adversario*).

adherir. tr., intr. y prnl. Pegar (a.: *desprender, separar, despegar*). ‖ intr. y prnl. Apoyar, suscribir, ayudar. ‖ prnl. Unirse, afiliarse. ‖ Aprobar, consentir.

adhesión. f. Cohesión, adherencia. ‖ Aprobación, aceptación, consentimiento, asenso (a.: *reprobación, discrepancia*). ‖ Unión, apego, afección. ‖ Afiliación.

adhesivo, va. adj. Pegajoso, glutinoso, adherente, cohesivo, aglutinante. ‖ m. Cola, pegamento, goma, engrudo, mucílago.

adición. f. Suma (a.: *resta*). ‖ Aumento, añadidura, agregación, ampliación, aditamento (a.: *disminución, rebaja*). ‖ Yuxtaposición.

adicionadora. f. Sumadora.

adicionar. tr. Sumar, añadir, aumentar,

agregar (a.: *restar, quitar*). ‖ Suplementar, complementar. ‖ Yuxtaponer.

adicto, ta. adj. y s. Adepto, simpatizante, partidario, afecto, devoto (a.: *adversario, contrario*).

adiestrar. tr. Guiar, encaminar. ‖ Ejercitar, aleccionar, amaestrar, entrenar. ‖ Instruir, enseñar, capacitar.

adinerado, da. adj. Acaudalado, rico, pudiente, opulento, potentado, millonario (a.: *pobre, menesteroso*).

adiós. m. Despedida.

adiposidad. f. Gordura, obesidad. ‖ Carnosidad.

adiposo, sa. adj. Graso, grasiento, grueso, obeso, gordo (a.: *flaco, magro, enjuto*).

aditamento. m. Añadidura, adición, añadido. ‖ Complemento, apéndice, suplemento.

adivinación. f. Predicción, vaticinio, augurio. ‖ Presentimiento, premonición.

adivinanza. f. Acertijo, enigma.

adivinar. tr. Profetizar, vaticinar, agorar, augurar, presagiar, predecir, pronosticar. ‖ Acertar, atinar, descifrar. ‖ Atisbar, vislumbrar, conjeturar.

adivino, na. m. y f. Profeta, vate, augur, agorero, clarividente, pitonisa.

adjetivar. tr. Calificar.

adjetivo. m. Calificativo, epíteto, dictado. ‖ Apodo, título. ‖ Atributo.

adjudicar. tr. Conferir, entregar, dar, atribuir (a.: *quitar, expropiar*). ‖ prnl. Apropiarse, retener, quedarse, adueñarse. ‖ Obtener, ganar, conquistar.

adjunción. f. Zeugma, ceugma. ‖ Complemento.

adjuntar. tr. Acompañar, añadir. ‖ Remitir, enviar.

adjunto, ta. adj. Junto, unido, agregado, incluido. ‖ adj. y s. Auxiliar, ayudante.

adminículo. m. Objeto, utensilio. ‖ pl. Trebejos, útiles, enseres.

administración. f. Dirección, gobierno, ‖ Régimen, manejo. ‖ Gerencia, gestión. ‖ Jefatura, intendencia. ‖ Oficina, despacho.

administrar. tr. Regir, gobernar, dirigir. ‖

Disponer, organizar, ordenar. ‖ Dar, suministrar, conferir (a.: *negar*). ‖ prnl. Gobernarse, manejarse.

admirable. adj. Asombroso, notable, maravilloso, estupendo (a.: *despreciable*).

admiración. f. Sorpresa, maravilla, asombro, pasmo, estupor, entusiasmo (a.: *desdén, indiferencia*).

admirado. adj. Asombrado, estupefacto. ‖ Maravillado, deslumbrado. ‖ Respetado.

admirar. tr. y prnl. Maravillar, sorprender, extrañar, asombrar, suspender, pasmar. ‖ Entusiasmar.

admisible. adj. Aceptable, plausible, verosímil.

admisión. f. Aceptación, recepción (a.: *expulsión*). ‖ Tolerancia.

admitir. tr. Recibir, aceptar, tomar, acoger (a.: *rehusar, excluir, rechazar*). ‖ Permitir, consentir. ‖ Suponer, conceder, dar por cierto.

admonición. f. Amonestación, advertencia, apercibimiento, reconvención, reprimenda, regaño, represión.

adobar. tr. Remendar, reparar, componer, arreglar, apañar, amañar. ‖ Guisar, cocinar, condimentar, sazonar, aliñar, aderezar. ‖ Curtir.

adobe. m. Ladrillo.

adobería. f. Curtiduría, tenería.

adobo. m. Aliño, condimento, aderezo, salsa.

adocenado, da. adj. Vulgar, común, trivial, mediocre (a.: *destacado*). ‖ Chabacano.

adoctrinar. tr. Aleccionar, instruir, doctrinar, enseñar. ‖ Adiestrar, amaestrar.

adolecer. intr. Padecer, sufrir. ‖ Soportar.

adolescencia. f. Muchachez, mocedad. ‖ Pubertad, juventud (a.: *madurez*).

adolescente. com. Mancebo, muchacho, joven, imberbe, púber.

adonde o **adónde.** adv. Donde, dónde, hacia donde, hacia dónde.

adoptar. tr. Prohijar, ahijar, proteger (a.: *repudiar*). ‖ Tomar, acoger, aceptar, admitir, aprobar, adquirir. ‖ Seguir, abrazar.

adoración. f. Amor, cariño, devoción. ‖ Idolatría, veneración.

adorador, ra. adj. y s. Devoto, fiel. ‖ Admirador, enamorado, entusiasta.

adorar. tr. Idolatrar, querer, amar (a.: *despreciar, odiar*). ‖ Venerar, reverenciar. ‖ Admirar, exaltar. ‖ Rezar.

adormecer. tr. Acallar, calmar, sosegar, adormir, mitigar (a.: *excitar*). ‖ prnl. Adormilarse, adormitarse, adormirse, dormirse, amodorrarse, aletargarse (a.: *despertarse*). ‖ Entumecerse, inmovilizarse. ‖ Insensibilizarse.

adornar. tr. Engalanar, hermosear, ataviar, acicalar, embellecer (a.: *afear*). ‖ Exornar, ornamentar, ornar (a.: *deslucir*).

adorno. m. Atavío, aderezo, compostura. ‖ Decorado, decoración, ornato, ornamento, exorno. ‖ Tocado. ‖ pl. Arreos.

adosar. tr. Pegar, juntar, unir. ‖ Acoplar, apoyar. ‖ Arrimar, aproximar.

adquirir. tr. Conseguir, alcanzar, lograr, obtener, ganar (a.: *perder*). ‖ Apropiarse, posesionarse. ‖ Comprar (a.: *vender*). ‖ Contraer.

adrede. adv. Expresamente, intencionadamente, deliberadamente, a o de propósito, ex profeso, de intento, aposta, a sabiendas (a.: *involuntariamente*).

adscribir. tr. Atribuir, asignar. ‖ Agregar, afectar, destinar. ‖ prnl. Afiliarse, adherirse, inscribirse.

aduar. m. Horda, tribu. ‖ Villa, poblado, aldea.

aducir. tr. Alegar, razonar, argumentar. ‖ Expresar, manifestar. ‖ Probar, inferir.

adueñarse. prnl. Apoderarse, apropiarse, posesionarse, enseñorearse, capturar. ‖ Ocupar, tomar, prender.

adulación. f. Halago, lisonja, zalamería, carantoña, coba (a.: *difamación*).

adulador, ra. adj. y s. Lisonjeador, lisonjero, zalamero, adulón, pelotillero, alabancero (a.: *difamador*).

adular. tr. Lisonjear, halagar, roncear. ‖ Agasajar, loar, elogiar.

adulteración. f. Falsificación. ‖ Sofisticación. ‖ Fraude, engaño.

adulterar. tr. Falsificar, falsear, imitar. ‖ Sofisticar.

adunar. tr. Aunar, unir, reunir, juntar, congregar, unificar (**a.:** *separar*).

adusto, ta. adj. Seco, rígido, desabrido, hosco, huraño, esquivo, serio, severo (**a.:** *afable, tratable*). ‖ Retraído, taciturno.

advenedizo, za. adj. y s. Extraño, intruso, forastero. ‖ Importuno, entremetido.

advenimiento. m. Aparición, llegada, venida. ‖ Acaecimiento, acontecimiento.

adventicio, cia. adj. Extraño, casual, fortuito. ‖ Eventual.

adversario, ria. adj. y s. Contrario, enemigo, antagonista, competidor, rival (**a.:** *aliado*). ‖ Opositor, contendiente.

adversidad. f. Infortunio, desgracia, desventura, desdicha, desastre, fatalidad, infelicidad (**a.:** *dicha, felicidad, fortuna*). ‖ Calamidad.

adverso, sa. adj. Desfavorable, contrario, opuesto, contrapuesto, hostil (**a.:** *favorable, propicio*). ‖ Infortunado, aciago.

advertencia. f. Observación, aviso, consejo, prevención. ‖ Amonestación, apercibimiento, opinión, admonición. ‖ Prólogo, prefacio. ‖ Aclaración.

advertido, da. adj. Capaz, experto, despierto, listo (**a.:** *incapaz, torpe*). ‖ Avisado, sagaz, astuto.

advertir. tr. e intr. Observar, notar, reparar, darse cuenta, percatarse. ‖ tr. Prevenir, informar, noticiar, avisar, sugerir, aconsejar, indicar (**a.:** *engañar, ocultar*). ‖ Apercibir, amonestar.

adyacente. adj. Inmediato, contiguo, junto, próximo (**a.:** *separado, distante, apartado*). ‖ Yuxtapuesto, lindante, colindante. ‖ Limítrofe, fronterizo.

aeración. f. Aireación, ventilación, oreo, oxigenación.

aéreo, a. adj. Ligero, vaporoso, sutil.

aerodeslizador. m. Hidrodeslizador.

aeroestación. f. Aeropuerto, aeródromo.

aerolínea. f. Línea aérea, aerorruta, aerovía.

aerolito. m. Meteorito, uranolito, bólido.

aeromoza. f. Azafata.

aeronáutica. f. Aviación, navegación aérea.

aeronave. f. Globo, dirigible. ‖ Avión, aeroplano, helicóptero.

aeroplano. m. Avión.

aeropuerto. m. Aeródromo, aeroestación.

aerorruta. f. Aerolínea.

aeróstato o **aerostato.** m. Dirigible, globo.

aerovía. f. Aerolínea.

afabilidad. f. Amabilidad, cordialidad, cortesía, atención, urbanidad. agasajo. ‖ Benevolencia, sociabilidad, gentileza, expresividad.

afable. adj. Amable, atento, cortés, afectuoso, benévolo, sociable, expresivo, tratable, sencillo (**a.:** *descortés, huraño, adusto*).

afamado, da. adj. Famoso, acreditado, admirado, renombrado, reputado, conocido, ilustre, célebre (**a.:** *ignorado, desconocido, desacreditado*).

afán. m. Deseo, anhelo, ansia, entusiasmo (**a.:** *desaliento*). ‖ Ahínco, solicitud, fatiga, empeño, ardor, fervor (**a.:** *desgano*). ‖ pl. Trabajos, penalidades.

afanarse. prnl. Atarearse, ajetrearse, empeñarse, esforzarse, dedicarse (**a.:** *holgazanear*).

afanoso, sa. adj. Hacendoso, diligente, trabajador. ‖ Voluntarioso, esforzado.

afear. tr. Desfavorecer, deformar, estropear (**a.:** *embellecer*). ‖ Tachar, vituperar, censurar, reprender, reprochar.

afección. f. Afecto, inclinación, ternura, cariño, afición (**a.:** *antipatía*). ‖ Enfermedad, dolencia, achaque, padecimiento.

afectación. f. Amaneramiento, estudio, fingimiento, disimulo, doblez, presunción, artificio, ostentación, simulación, rebuscamiento (**a.:** *naturalidad, espontaneidad, sencillez*). ‖ Hipocresía.

afectado, da. adj. Fingido, forzado, estudiado, artificioso, amanerado, rebuscado (**a.:** *natural, sencillo*). ‖ Aquejado, delicado. ‖ Apenado, afligido, impresionado, conmovido. ‖ Destinado.

afectar. tr. Fingir, simular, aparentar. ‖ Aquejar, alterar. ‖ Anexar, agregar, vincular, adscribir, asignar (a.: *desvincular*). ‖ Atañer, concernir, referirse a, tocar a. ‖ Impresionar, conmover, emocionar. ‖ Dañar, perjudicar. ‖ Influir.

afectivo, va. adj. Sensible, cariñoso, afectuoso, afable, cordial.

afecto. m. Apego, inclinación, apasionamiento, rendimiento, simpatía, cariño, amor (a.: *antipatía, rencor*). ‖ Cordialidad, devoción.

afecto, ta. adj. Unido, anejo, anexo, agregado, adscrito, destinado. ‖ Apreciado, estimado, grato, querido. ‖ Adicto, partidario.

afectuoso, sa. adj. Amoroso, cariñoso, amable, amistoso, afable (a.: *hosco, arisco*).

afeitada. f. Rasuración, rasura.

afeitar. tr. Rasurar, rapar, raer. ‖ Hermosear, acicalar.

afeite. m. Cosmético, maquillaje, colorete.

afelpado, da. adj. Lanoso, aterciopelado, velludo.

afeminado, da. adj. Adamado, amadamado, amujerado, feminoide, amariconado, maricón, marica, homosexual (a.: *viril, varonil*).

aferrar. tr. Agarrar, asir, coger, asegurar. ‖ prnl. Insistir, obstinarse.

afianzar. tr. Dar fianza, responder. ‖ prnl. Afirmar, asegurar, consolidar, reforzar. ‖ Asir, agarrar, aferrar. ‖ prnl. Confirmarse, convencerse.

afición. f. Inclinación, apego, cariño, afecto, gusto, ahínco, empeño, afán (a.: *aversión, desapego*). ‖ Distracción, pasatiempo.

aficionado, da. adj. Diletante. ‖ Simpatizante, entusiasta, admirador.

aficionarse. prnl. Inclinarse, encariñarse, enamorarse, prendarse. ‖ Habituarse, acostumbrarse (a.: *desinteresarse*).

afijo. m. Prefijo, sufijo, infijo.

afilalápices. m. Sacapuntas.

afilar. tr. Amolar, dar filo, aguzar, afinar.

Se afila lo que corta, se aguza lo que punza. ‖ Cortejar, enamorar.

afiliado, da. adj. y s. Adepto, adicto, partidario, correligionario. ‖ Adherido, inscripto.

afiliar. tr. Asociar. ‖ prnl. Adherirse, asociarse, ingresar, inscribirse.

afín. adj. Parecido, semejante, análogo, parejo, similar (a.: *distinto, diferente, dispar*). ‖ Próximo, cercano, contiguo. ‖ Pariente, deudo, allegado, consanguíneo.

afinador. m. Templador.

afinar. tr. Perfeccionar, acabar, pulir. ‖ Sutilizar, precisar, aquilatar. ‖ Templar, entonar, armonizar, acordar (a.: *desafinar*). ‖ Adelgazar.

afincar. intr. y prnl. Establecerse, radicarse, fijarse, asentarse, arraigarse.

afinidad. f. Analogía, semejanza, parecido, similitud (a.: *disparidad*). ‖ Parentesco, consanguinidad. ‖ Agregación, alianza. ‖ Atracción, inclinación. ‖ Relación.

afirmación. f. Aserción, aserto, aseveración (a.: *negación, negativa*). ‖ Asentimiento, confirmación.

afirmado. m. Firme, pavimento.

afirmar. tr. Asegurar, afianzar, apoyar, consolidar, asentar, reforzar (a.: *debilitar*). ‖ Asentir, aseverar, atestiguar, asegurar, sostener, mantener, confirmar (a.: *negar, rectificar*). ‖ prnl. Ratificarse, reiterarse, asegurarse.

aflicción. f. Pena, pesar, pesadumbre, dolor, tristeza, sinsabor, congoja, desconsuelo, tribulación, amargura, abatimiento, angustia, enfado (a.: *alegría, júbilo, consuelo, dicha*).

afligir. tr. y prnl. Apesadumbrar, apenar, entristecer, amargar, acongojar, contristar, desconsolar, angustiar, abatir, atribular (a.: *alegrar, consolar*). ‖ Mortificar, atormentar.

aflojar. tr. Desapretar, distender, soltar, relajar (a.: *apretar, ceñir*). ‖ intr. Ceder, decaer, flaquear, debilitarse (a.: *aumentar*). ‖ Amainar, rendirse, entregarse.

aflorar. intr. Aparecer, asomar. ‖ Brotar. ‖ Surgir, manifestarse, mostrarse.

afluencia. f. Abundancia, copia, cantidad (a.: *insuficiencia, escasez*). ‖ Multitud, muchedumbre. ‖ Facundia. ‖ Exuberancia.

afluente. adj. Tributario, confluente, secundario.

afluir. intr. Concurrir, acudir. ‖ Desaguar, verter, desembocar, confluir.

afonía. f. Ronquera, carraspera (a.: *sonoridad*).

afónico, ca. adj. Ronco.

aforismo. m. Dicho, sentencia, máxima. ‖ Apotegma, refrán, axioma, proverbio.

afortunado, da. adj. Venturoso, dichoso, feliz, venturado, fausto (a.: *desafortunado, infeliz*). ‖ Acertado, oportuno.

afrancesado, da. adj. Galicista, agabachado.

afrecho. m. Salvado, cascarilla.

afrenta. f. Deshonra, deshonor, vergüenza, oprobio, vilipendio, baldón, bochorno. ‖ Agravio, insulto, ofensa, injuria, ultraje (a.: *homenaje, cortesía*).

afrentar. tr. Agraviar, ofender, injuriar, insultar (a.: *elogiar, alabar*). ‖ Deshonrar, ultrajar, vilipendiar.

afrontar. tr. Enfrentar, arrostrar, resistir, desafiar (a.: *evitar, eludir, esquivar*). ‖ Soportar, aguantar.

afuera. adv. Fuera (a.: *adentro, dentro*). ‖ f. pl. Contornos, alrededores, inmediaciones, cercanías, proximidades, suburbios.

afufar. intr. y prnl. Huir, escapar, desaparecer, desertar, fugarse.

agachada. f. Ardid, treta, trampa.

agachar. tr. Inclinar, bajar. ‖ prnl. Encogerse, doblarse, agazaparse, inclinarse, acurrucarse, agarbarse (a: *erguirse, levantarse, enderezarse*).

agalla. f. Branquia, amígdala. ‖ pl. Valor, ánimo, esfuerzo, arrestos, valentía (a.: *cobardía, miedo*). ‖ Astucia, codicia, cicatería.

ágape. m. Banquete, comida.

agareno, na. adj. y s. Árabe, sarraceno, ismaelita, moro, musulmán, islamita, mahometano, morisco, moruno.

agarrada. f. Altercado, riña, pendencia, disputa, contienda, porfía, reyerta.

agarradera. f. Agarradero, asa. ‖ pl. Influencia, valimiento, favor, recomendación.

agarradero. m. Asa, mango, asidero, agarradera. ‖ Amparo, recurso, protección.

agarrado, da. adj. Avaro, tacaño, mezquino, miserable, roñoso, apretado, cicatero, amarrete. ‖ Interesado.

agarrar. tr. Asir, coger, tomar, aferrar (a.: *soltar*). ‖ Atrapar, pillar. ‖ intr. Arraigar, prender, tomar. ‖ prnl. Asirse, reñir, pelearse.

agarrotar. tr. Apretar, oprimir. ‖ tr. y prnl. Entumecer.

agasajar. tr. Obsequiar, regalar, festejar. ‖ Halagar, lisonjear (a.: *ofender*).

agasajo. m. Halago, festejo (a.: *desdén*). ‖ Obsequio, regalo, presente, fineza.

agavanzo. m. Escaramujo.

agave. amb. Pita, pitera.

agavillar. tr. Engavillar. ‖ Capitanear, apandillar, acuadrillar.

agazaparse. prnl. Agacharse, doblarse, encogerse, acurrucarse (a.: *enderezarse*). ‖ Emboscarse, esconderse, achantarse, ocultarse, disimularse (a.: *mostrarse*).

agencia. f. Delegación, sucursal.

agenciar. tr. y prnl. Gestionar, procurar, conseguir, alcanzar, obtener, adquirir, proporcionar. ‖ prnl. Componérselas, arreglarse.

agenda. f. Dietario. ‖ Memorando, diario. ‖ Libreta.

agente. com. Policía, guardia, vigilante. ‖ Corredor, comisionista, representante, viajante. ‖ Apoderado, mandatario.

agible. adj. Hacedero, factible, posible, realizable.

agigantado, da. adj. Crecido, agrandado. ‖ Excesivo, enorme, desmedido.

ágil. adj. Ligero, pronto, expedito, vivo, diestro, rápido, dispuesto, veloz, dinámico, resuelto (a.: *tardo, lento, torpe*).

agilidad. f. Ligereza, rapidez, prontitud, viveza, presteza, destreza. ‖ Diligencia, dinamismo.

agio. m. Especulación, agiotaje.

agiotaje. m. Agio, especulación, acaparamiento. ‖ Monopolio, usura.

agitación. f. Movimiento, tráfago, trajín. ‖ Inquietud, intranquilidad, conmoción, turbación, perturbación, excitación, bullicio, convulsión, revuelo (a.: *calma, tranquilidad, sosiego, quietud*).

agitador, ra. adj. y s. Perturbador, provocador, sedicioso, insurgente, insurrecto.

agitar. tr. e intr. Alterar. ‖ Remover, sacudir, menear. ‖ Convulsionar, alborotar, trastornar (a.: *apaciguar, aquietar*).

aglomeración. f. Amontonamiento, acumulación, acopio, hacinamiento, montón. ‖ Gentío, muchedumbre, multitud, masa, turba. ‖ Asamblea, reunión.

aglomerado. m Conglomerado.

aglomerar. tr. y prnl. Amontonar, juntar, acumular, hacinar, acopiar, conglomerar (a.: *dispersar, separar*). ‖ Comprimir, aglutinar.

aglutinación. f. Unión, adhesión.

aglutinar. tr. Conglutinar, juntar, pegar, adherir. ‖ Aunar, reunir. ‖ Unir, comprimir, aglomerar.

agnación. f. Parentesco, consanguinidad.

agnición. f. Anagnórisis, reconocimiento.

agnominación. f. Paronomasia.

agobiar. tr. Abrumar, atosigar, oprimir, cansar, fatigar. ‖ Encorvar. ‖ Angustiar, apenar, apesadumbrar (a.: *despreocupar*).

agobio. m. Cansancio, fatiga, opresión, atosigamiento. ‖ Abatimiento, angustia, pesadumbre, pena.

agolparse. prnl. Amontonarse, aglomerarse, apiñarse, hacinarse.

agonía. f. Angustia, congoja, ansia, desasosiego. ‖ Expiración, coma.

agonizante. adj. Moribundo, expirante, agónico.

agonizar. tr. Extinguirse. ‖ Morir, perecer, expirar.

ágora. m. Plaza, foro, lugar de reunión.

agorar. intr. Adivinar, vaticinar, pronosticar.

agorero, ra. adj. Adivino, profeta, vate, augur, hechicero. ‖ Sombrío, fatídico.

agostador. adj. Abrasador.

agostar. tr. Abrasar, secar, marchitar. ‖ Consumir, gastar.

agotamiento. m. Cansancio, debilidad, enflaquecimiento, consunción, extenuación, fatiga, postración.

agotar. tr. Consumir, apurar, acabar, vaciar, gastar, secar, terminar. ‖ tr. y prnl. Debilitar, enflaquecer (a.: *fortalecer*). ‖ Extenuar, cansar, desgastar.

agraciado, da. adj. Hermoso, lindo, gracioso, bonito (a.: *feo*). ‖ Favorecido, beneficiado, premiado. ‖ Afortunado, venturoso (a.: *desgraciado*).

agraciar. tr. conceder, favorecer, premiar, otorgar, distinguir, laurear.

agradable. adj. Deleitoso, delicioso, sabroso, placentero, grato, placible, atractivo, atrayente, complaciente (a.: *antipático*).

agradar. intr. Placer, complacer, contentar, satisfacer, gustar, deleitar, cautivar, atraer, regocijar (a.: *desagradar, enfadar*).

agradecer. tr. Reconocer, corresponder. ‖ Retribuir.

agradecido, da. adj. Reconocido, obligado (a.: *desagradecido, ingrato*).

agradecimiento. m. Gratitud, reconocimiento, correspondencia (a.: *ingratitud*). ‖ Retribución, satisfacción.

agrado. m. Afabilidad, amabilidad, simpatía. ‖ Gusto, satisfacción, alegría, contento, placer, complacencia (a.: *desagrado*).

agrandar. tr. Ampliar, ensanchar, engrandecer, aumentar, acrecentar, acrecer, multiplicar, dilatar (a.: *achicar, disminuir*).

agrario, ria. adj. Rural, campesino, campestre, agrícola.

agravar. tr. Acrecentar, aumentar, cargar, gravar. ‖ Empeorar, oprimir (a.: *atenuar*).

agraviar. tr. Denostar, menospreciar, humillar, ofender, insultar, injuriar, afrentar, ultrajar (a.: *desagraviar, honrar*). ‖ prnl. Ofenderse, sentirse, resentirse.

agravio. m. Ofensa, insulto, escarnio, desprecio, injuria, denuesto, humillación, afrenta, ultraje (**a.:** *elogio*). ‖ Perjuicio, daño. ‖ Deshonra, deshonor.

agredir. tr. Atacar, acometer, arremeter, asaltar, embestir (**a.:** *huir, esquivar*).

agregado, da. adj. Afecto, adscrito, anexo, adjunto. ‖ m. Aditamento, añadidura. ‖ Compuesto, mezcla, conglomerado.

agregar. tr. Juntar, añadir, sumar, adicionar, aumentar, incorporar (**a.:** *sacar, restar*). ‖ Anexar, anexionar, adscribir, asociar (**a.:** *separar*). ‖ Yuxtaponer. ‖ prnl. Incorporarse, unirse, sumarse.

agremiar. tr. y prnl. Sindicar, asociar, unir. ‖ Federar, confederar.

agresión. f. Ataque, acometida, acometimiento, embestida, embate.

agresividad. f. Cólera, irritación, provocación, violencia.

agresivo, va. adj. Violento, provocador, insultante, colérico, pendenciero (**a.:** *manso*).

agresor, ra. adj. y s. Acometedor, atacante (**a.:** *víctima*).

agreste. adj. Inculto, silvestre, campestre, salvaje, abrupto, escarpado, escabroso. ‖ Áspero, rudo, incivil, grosero, tosco, rústico (**a.:** *educado, cortés*).

agriado, da. adj. Avinagrado, ácido, acidulado. ‖ Irritado, alterado.

agriar. tr. y prnl. Acedar, acidificar, avinagrar, acidular. ‖ Irritar, exacerbar, exasperar (**a.:** *suavizar*).

agrícola. adj. Agrario, rural, campesino.

agricultor, ra. m y f. Labrador, cultivador, labriego, campesino.

agrietar. tr. y prnl. Abrir, hender, rajar, resquebrajar, cuartear, quebrar.

agrifolio. m. Acebo.

agrio, gria. adj. Ácido, acedo. ‖ Acre, áspero, desabrido (**a.:** *suave*). Adusto, malhumorado. ‖ Mordaz, hiriente, punzante.

agripnia. f. Insomnio, desvelo.

agrisado, da. adj. Grisáceo.

agropecuario, ria. adj. Agrícola-ganadero, agrario, rural.

agrupación. f. Asociación, sociedad, grupo.

agrupar. tr. y prnl. Reunir, congregar, asociar, juntar (**a.:** *disgregar, separar*).

aguacero. m. Chaparrón, chubasco, lluvia, diluvio, nubada.

aguada. f. Aguaje. ‖ Acuarela.

aguaderas. f. pl. Angarillas.

aguadero. m. Abrevadero, aguada, aguaje.

aguaitar. tr. Acechar.

aguaje. m. Aguadero, abrevadero. ‖ Aguada. ‖ Estela.

aguamala. f. Medusa, aguamar.

aguamanil. m. Palangana, jofaina. ‖ Palanganero.

aguamar. m. Aguamala, medusa.

aguamarina. f. Berilo.

aguamiel. f. Hidromiel, hidromel.

aguantable. adj. Soportable, tolerable, llevadero (**a.:** *insufrible, intolerable*).

aguantar. tr. Sostener, resistir. ‖ Soportar, sufrir, tolerar, sobrellevar, conllevar. ‖ intr. y prnl. Contenerse, reprimirse, dominarse, callar, transigir (**a.:** *reaccionar*).

aguante. m. Fuerza, resistencia, vigor, energía (**a.:** *flojedad*). ‖ Sufrimiento, paciencia, tolerancia, resignación, dominio (**a.:** *intolerancia*).

aguapié. m. Torcedura, torcido. ‖ Aguachirle.

aguar. tr. Frustrar, perturbar, interrumpir, entorpecer, malograr, estropear. ‖ Diluir, rebajar.

aguardar. tr. e intr. Esperar. ‖ Retrasar, retardar, diferir, postergar.

aguardiente. m. Caña.

aguazar. tr. y prnl. Encharcar, empapar.

agudeza. f. Ingenio, sutileza, perspicacia, gracia (**a.:** *simpleza*). ‖ Chiste, ocurrencia (**a.:** *necedad*).

agudizar. tr. y prnl. Agravar, empeorar. ‖ Aguzar, afinar.

agudo, da. adj. Delgado, puntiagudo, aguzado, afilado (**a.:** *romo*). ‖ Sutil, perspicaz. ‖ Ocurrente, gracioso, ingenioso. ‖ Penetrante, vivo. ‖ Oxítono. ‖ Alto, aflautado.

agüero. m Predicción, presagio, pronóstico, augurio, vaticinio, anuncio, indicio, señal.

aguerrido, da. adj. Fogueado, belicoso, veterano (a.: *bisoño, novato*). ‖ Ducho, experimentado, avezado, acostumbrado (a.: *inexperto*).

aguijada. f. Picana.

aguijar. tr. Aguijonear, picar, pinchar, punzar. ‖ Estimular, incitar, animar, apresurar, inducir, espolear (a.: *desalentar*).

aguijón. m. Espina, púa, pincho. ‖ Rejo, rejón. ‖ Acicate, incitación, estímulo, incentivo, aliciente.

aguijonear. tr. Aguijar, picar, pinchar, avivar. ‖ Estimular, incitar, animar, apremiar (a.: *desalentar*).

aguileño, ña. adj. Aquilino, ganchudo, corvo.

aguinaldo. m. Gratificación.

aguja. f. Brújula, compás. ‖ Saeta, saetilla, manecilla. ‖ Obelisco.

agujerear. tr. Horadar, taladrar, perforar, barrenar (a.: *obturar*).

agujero. m. Orificio, perforación, taladro, abertura, boquete, hoyo, pozo.

agujetero. m. Alfiletero.

aguoso, sa. adj. Acuoso, ácueo.

agutí. m. Acutí.

aguzado, da. adj. Agudo, afilado, puntiagudo (a.: *romo*).

aguzar. tr. Afilar, afinar, adelgazar. ‖ Avivar, estimular, aguijar, excitar, incitar.

aherrojar. tr. Encadenar, esposar, sujetar. ‖ Oprimir, subyugar, dominar, someter, sojuzgar.

aherrumbrar. tr. y prnl. Herrumbrar, enmohecer, oxidar.

ahijar. tr. Adoptar, prohijar. ‖ Proteger, amparar. ‖ Achacar, imputar, atribuir.

ahínco. m. Empeño, tesón, insistencia, ansia, entusiasmo, perseverancia.

ahitar. tr., intr. y prnl. Saciar, hartar, empachar, atracar. ‖ Hastiar, fastidiar, enfadar.

ahíto, ta. adj. Saciado, harto, repleto, empachado, lleno, atiborrado. ‖ Hastiado, fastidiado, enfadado.

ahogar. tr. y prnl. Asfixiar, estrangular. ‖ Apagar, extinguir, sofocar (a.: *avivar*). ‖ Oprimir, fatigar, acongojar, angustiar, agobiar. ‖ Frustrar, malograr. *El agua nos ahoga, el calor nos sofoca, la falta de respiración nos asfixia.*

ahogo. m. Opresión, asfixia, fatiga, sofocación. ‖ Aprieto, apuro, congoja. ‖ Penuria, miseria, estrechez, pobreza, necesidad (a.: *bienestar, desahogo*).

ahondar. tr. e intr. Profundizar, escudriñar, penetrar, escarbar, sondear, insistir.

ahora. adv. En este instante, en este momento. ‖ Poco ha. ‖ Dentro de poco. ‖ Actualmente, hoy día, al presente, en la actualidad.

ahorcar. tr. colgar. ‖ Asfixiar, sofocar, acogotar, estrangular. ‖ Dejar, desistir, suspender.

ahorrar. tr. Economizar, guardar (a.: *gastar, malgastar, derrochar*). ‖ tr. y prnl. Evitar, excusar, reservar.

ahorrativo, va. adj. Ahorrador, económico. ‖ Avaro, tacaño, mezquino.

ahorro. m. Economía, frugalidad, previsión, reserva. ‖ Avaricia, mezquindad.

ahuecar. tr. Mullir, esponjar. ‖ Vaciar. ‖ intr. Marcharse, irse. ‖ prnl. Envanecerse, engreírse, esponjarse, hincharse, pavonearse.

ahusado, da. adj. Fusiforme, alargado, aguzado, puntiagudo.

ahuyentar. tr. Alejar, atemorizar, espantar (a.: *atraer*). ‖ Rechazar, repeler.

airado, da. adj. Irritado, enojado, encolerizado, furioso, enfurecido, furibundo, rabioso (a.: *apacible, tranquilo*). ‖ Depravado, pervertido, licencioso.

aire. m. Viento. ‖ Atmósfera. ‖ Apariencia, aspecto, figura. ‖ Garbo, gracia, gallardía, apostura, brío. ‖ Tonada, canción, melodía. ‖ Vanidad, petulancia.

airear. tr. Orear, ventilar, secar, refrescar. ‖ prnl. Oxigenarse. ‖ Resfriarse, acatarrarse.

airón. m. Penacho.

airoso, sa. adj. Garboso, gallardo, apuesto. ‖ Lucido, exitoso, victorioso (a.: *fracasado*).

aislado, da. adj. Solitario, solo, retirado,

apartado, incomunicado (**a.**: *acompaña-do*). || Independiente, suelto, separado.

aislamiento. m. Retiro, retraimiento, incomunicación, separación, apartamiento, recogimiento, soledad, reclusión.

aislante. adj. Aislador.

aislar. tr. Separar, incomunicar, apartar (**a.**: *comunicar*). || prnl. Retirarse, apartarse, retraerse, arrinconarse (**a.**: *relacionarse*). || Desvincularse.

ajar. tr. Deslucir, maltratar, manosear, marchitar, estropear. || Humillar, vejar.

ajedrezado, da. adj. Escaqueado, equipolado, escacado, cuadriculado.

ajenjo. m. Absintio.

ajeno, na. adj. Extraño, impropio (**a.**: *propio, personal*). || Ignorante. || Libre, exento. || Distante, lejano. || Diferente, distinto, diverso.

ajetrearse. prnl. Fatigarse, trajinar, zarandearse, azacanearse, afanarse, atarearse, agitarse.

ajetreo. m. Agitación, tráfago, trajín, traqueteo, zarandeo, fatiga (**a.**: *descanso, sosiego*).

ají. m. Pimiento, chile.

ajipuerro. m. Puerro silvestre.

ajonjolí. m. Alegría, sésamo.

ajuar. m. Menaje, moblaje, mobiliario. || Equipo.

ajumarse. prnl. Embriagarse, emborracharse, achisparse, alumbrarse.

ajustado, da. adj. Ceñido, apretado, estrecho. || Recto, preciso, escueto, estricto, conciso.

ajustar. tr. y prnl. Adaptar, acoplar, encajar, acomodar, amoldar (**a.**: *desajustar, dislocar*). || tr. Ceñir, apretar (**a.**: *soltar, aflojar*). || Contratar, concertar, convenir, pactar. || Compaginar. || prnl. Ceñirse, limitarse, avenirse, someterse, ajustarse.

ajuste. m. Arreglo, convenio, trato. || Precisión.

ajusticiar. tr. Ejecutar. || Condenar. || Ahorcar, colgar, agarrotar, decapitar, electrocutar.

ala. f. Hilera, fila. || Aleta. || Flanco. || Plano, alerón. || pl. Atrevimiento, osadía.

alabancioso, sa. adj. Jactancioso, presuntuoso, vanidoso, petulante, engreído.

alabanza. f. Elogio, encomio, loor, enaltecimiento, loa, apología, panegírico (**a.**: *censura, vituperio*).

alabar. tr. Celebrar, elogiar, encarecer, encomiar, enaltecer, ensalzar, loar. || prnl. Jactarse, preciarse, alardear, gloriarse, vanagloriarse, picarse, presumir.

álabe. m. Estera, estora. || Sobarbo. || Diente, leva, levador. || Curvatura, comba, alabeo.

alabeado, da. adj. Combado, curvado, abarquillado, curvo, arqueado. || Torcido.

alabear. tr. Combar, curvar, arquear. || prnl. Combarse, encorvarse, pandearse.

alabeo. m. Curvatura, encorvadura, encorvamiento, comba, curva, álabe.

alacena. f. Armario.

alacrán. m. Escorpión. || Arácnido, artrópodo.

alado, da. adj. Veloz, ligero, rápido, raudo, alígero (**a.**: *áptero*).

alajú. m. Alejur, alfajor.

alambicado, da. adj. Sutil, afectado, rebuscado, complicado.

alambicar. tr. Destilar, sublimar, alquitarar. || Sutilizar, refinar, quintaesenciar, aquilatar, examinar.

alambique. m. Alquitara, destilador.

alambrado, da. m. y f. Cerco, cercado.

álamo. m. Chopo.

alarde. m. Ostentación, gala, jactancia, presunción (**a.**: *modestia*).

alardear. intr. Alabarse, jactarse, preciarse, gloriarse, vanagloriarse, presumir de, ufanarse, hacer gala, darse bombo (**a.**: *reprocharse*).

alardoso, sa. adj. Ostentoso, jactancioso, alabancioso.

alargar. tr. Estirar, prolongar, dilatar, extender (**a.**: *acortar, abreviar*). || Prorrogar, retardar, retrasar, diferir. || prnl. Desviarse, alejarse, alongarse. || Explayarse.

alarido. m. Grito.

alarma. f. Rebato, aviso, señal. || Susto, sobresalto. || Inquietud, intranquilidad, zozobra, temor, terror, espanto, pavor, miedo (**a.:** *tranquilidad, sosiego*).

alarmar. tr. y prnl. Inquietar, asustar, sobresaltar, intranquilizar, atemorizar (**a.:** *tranquilizar*).

alba. f. Amanecer, albor, aurora, alborada, madrugada (**a.:** *crepúsculo*).

albacea. com. Testamentario. ‖ Custodio, fideicomisario.

albada. f. Alborada.

albañal. m. Caño, alcantarilla, cloaca, canal, desagüe, sumidero.

albañilería. f. Obra, fábrica, construcción.

albarda. f. Aparejo, cincha, montura, silla, basto.

albaricoque. m. Albérchigo, damasco.

albatros. m. Carnero del Cabo.

albayalde. m. Carbonato de plomo, cerusa, cerusita, blanco de plomo.

albear. intr. Blanquear.

albedrío. m. Gusto, voluntad, decisión, arbitrio. ‖ Antojo, capricho, gana.

albéitar. m. Veterinario.

alberca. f. Pozo, aljibe, cisterna, estanque, pila.

albérchigo. m. Prisco.

albergar. tr. y prnl. Hospedar, alojar. ‖ Cobijar, guarecer, refugiar, asilar, amparar (**a.:** *desalojar*).

albergue. m. Cobijo, refugio. ‖ Hospedaje, posada, parador, hostería, pensión, alojamiento. ‖ Cubil, guarida, manida.

albino, na. adj. Albo, blanquecino.

albo, ba. adj. Blanco, níveo, albino.

albollón. m. Desaguadero. ‖ Albañal, cloaca, alcantarilla.

albóndiga. f. Albondiguilla, almóndiga, almondiguilla.

albor. m. Alba, aurora, amanecer. ‖ Blancura, albura, pureza. ‖ Infancia, niñez. ‖ pl. Principios, comienzos, inicios (**a.:** *finales*).

alborada. f. Albada, alba. ‖ Amanecer, aurora, madrugada.

alborear. intr. Amanecer, clarear, aclarar (**a.:** *anochecer*).

alborotado, da. adj. Irreflexivo, atolondrado, precipitado.

alborotar. tr. y prnl. Inquietar, alterar, conmover, perturbar (**a.:** *apaciguar, calmar*). ‖ Amotinar, sublevar. ‖ intr. Gritar, escandalizar, vocear.

alboroto. m. Tumulto, revuelta, desorden, disturbio. ‖ Motín, asonada, sedición, sublevación. ‖ Vocerío, algazara, bulla, gritería, batahola, algarabía, bullicio (**a.:** *calma, quietud*).

alborozo. m. Regocijo, alegría, gozo, placer, contento, júbilo, algazara (**a.:** *aflicción, consternación*).

albricias. f. pl. Felicitación, parabién. ‖ Obsequio, regalo.

álbum. m. Porfolio.

albur. m. Contingencia, azar, eventualidad, casualidad, riesgo.

albura. f. Blancura. ‖ Albor.

alcací o **alcacil.** m. Alcaucí, alcaucil, alcarcil, arcacil.

alcahuete, ta. m y f. Encubridor. ‖ Proxeneta, tercero, enflautador. ‖ adj. y s. Chismoso, correveidile, soplón.

alcahuetear. intr. Chismorrear, soplar, contar.

alcahuetería. f. Tercería, lenocinio, proxenetismo, rufianería. ‖ Chisme, embuste.

alcaide. m. Carcelero, guardián.

alcaldada. f. Exceso, extralimitación, desafuero, tropelía, atropello, arbitrariedad, abuso.

alcana. f. Alheña, aligustre, ligustro.

alcance. m. Seguimiento, persecución. ‖ Distancia, radio. ‖ Importancia, trascendencia. ‖ pl. Capacidad, talento, inteligencia.

alcancía. f. Hucha, cepillo.

alcantarilla. f. Albañal, cloaca. ‖ Sumidero, desagüe, vertedero.

alcanzado, da. adj. Empeñado, endeudado, adeudado. ‖ Falto, escaso, necesitado. ‖ Aprehendido.

alcanzar. tr. Lograr, conseguir, obtener (**a.:** *perder*). ‖ Entender, comprender. ‖ Dar alcance. ‖ Igualar. ‖ intr. Tocar, atañer. ‖ Llegar, ascender, elevarse. ‖ Bastar, ser suficiente.

alcaparra. f. Capuchina.

alcaraván. m. Árdea, avetoro.

alcarcil. m. Alcaucil, alcachofa.

alcarraza. f. Cántaro.

alcatraz. m. Pelícano americano.

alcaucí o alcaucil. m. Alcachofa, alcarcil.

alcaudón. m. Picaza.

alcayata. f. Escarpia, clavo, tachuela.

alcázar. m. Fortaleza, fortificación, alcazaba, castillo, ciudadela. ‖ Palacio.

alcazuz. m. Regaliz, orozuz.

alce. m. Anta, ante, danta, dante.

alcoba. f. Dormitorio, aposento, cuarto, recámara. ‖ Habitación.

alcohólico, ca. m y f. Beodo, borracho, ebrio.

alcor. m. Colina, collado, altozano.

alcoránico, ca. adj. Coránico.

alcornoque. m. Torpe, estúpido, necio, tarugo, bodoque, bobo (**a.:** *inteligente*).

alcurnia. f. Ascendencia, linaje, estirpe, prosapia, abolengo.

alcuza. f. Aceitera.

aldaba. f. Llamador, aldabón, aldabilla. ‖ pl. Valimiento, protección, influencias, padrinos.

aldea. f. Villa, villorrio, poblado, caserío.

aldeano, na. m y f. Lugareño, pueblerino, paleto. ‖ Campesino, labriego. ‖ adj. Inculto, rústico.

alderredor. adv. Alrededor.

aleación. f. Liga, amalgama, fusión. ‖ Mezcla, combinación.

alear. tr. Ligar, amalgamar, fusionar, mezclar.

aleatorio, ria. adj. Incierto, fortuito, casual, eventual.

alebrarse. prnl. Alebrastarse, alebrestarse, alebronarse. ‖ Acobardarse.

aleccionar. tr. Adiestrar, enseñar, instruir, aconsejar.

alechugado, da. adj. Escarolado, rizado.

aledaño, ña. adj. Confinante, colindante, lindante, limítrofe (**a.:** *alejado, lejano*). ‖ m. pl. Confín, término, límite. ‖ Alrededores.

alegación. f. Discurso, exposición, cita, disculpa.

alegar. tr. Citar, invocar, aducir, mencionar.

alegato. m. Defensa, alegación. ‖ Exposición, razonamiento.

alegoría. f. Ficción, símbolo, emblema, imagen. ‖ Parábola.

alegrar. tr. y prnl. Animar, alborozarse, letificar, regocijar, complacer, placer (**a.:** *entristecer, disgustar, apenarse*). ‖ tr. Avivar, hermosear, animar.

alegre. adj. Gozoso, regocijado, contento, jubiloso, alborozado (**a.:** *triste*). ‖ Jovial, divertido, jocoso, jocundo, satisfecho (**a.:** *taciturno, pesimista*). ‖ Achispado, ajumado, alumbrado (**a.:** *sobrio*).

alegría. f. Contento, satisfacción, dicha, placer, gozo, contentamiento. ‖ Alborozo, júbilo, regocijo, euforia (**a.:** *aflicción, congoja, nostalgia*).

alejado, da. adj. Lejano, distante, retirado (**a.:** *cercano, próximo*). ‖ Distanciado, enemistada.

alejar. tr. y prnl. Apartar, retirar, desviar, separar (**a.:** *aproximar, acercar*). ‖ Aislar. ‖ tr. Ahuyentar. ‖ prnl. Irse, marcharse.

alejur. m. Alajú, alfajor.

alelado, da. adj. Embobado, atontado, turulato, lelo, bobo.

alemán, na. adj. Germano, tedesco, teutón, boche.

alentado, da. adj. Animoso, valiente, valeroso, esforzado (**a.:** *pusilánime*). ‖ Altanero, valentón.

alentar. intr. Respirar. ‖ tr. Animar, reanimar, confortar, incitar, excitar (**a.:** *desalentar, disuadir*).

alero. m. Tejaroz. ‖ Guardabarros, salvabarros.

alertar. tr. Avisar, prevenir, advertir, alarmar.

alesna. f. Lezna.

aleta. f. Alerón. ‖ Ala, plano. ‖ Pala, remo.

aletargar. tr. y prnl. Amodorrar, adormecer (**a.:** *despabilar*).

aleudar. tr. Leudar.

aleve. adj. Alevoso, traidor, pérfido, desleal, felón.

alevosía. f. Traición, perfidia, felonía, deslealtad (**a.:** *lealtad*).

alevoso, sa. adj. Aleve, traidor, pérfido, desleal, felón.

alfabeto. m. Abecé, abecedario.

alfajía. f. Alfarjía.

alfajor. m. Alajú, alejur.

alfalfa. f. Mielga.

alfaque. m. Bajío, escollo.

alfarería. f. Cerámica.

alfarero. m. Ceramista.

alfarjía. f. Alfajía.

alféizar. m. Derrame.

alfeñique. m. Enclenque, raquítico (**a.:** *robusto*).

alfilerazo. m. Pulla, indirecta. || Punzada, pinchazo.

alfiletero. m. Acerico, almohadilla.

alfócigo. m. Alfóncigo.

alfombra. f. Tapiz, tapete, moqueta, estera.

alforfón. m. Trigo sarraceno.

alforza. f. Pliegue, doblez, dobladillo.

algalia. f. Civeta.

algalia. f. Catéter, sonda.

algarabía. f. Gritería, bulla, greguería, vocerío, alboroto, bullicio, algazara, jaleo.

algarada o algara. f. Correría. || Tumulto, alboroto, asonada, revuelta, disturbio (**a.:** *quietud*).

algazara. f. Gritería, vocerío, algarabía, bulla, bullicio, gresca, alborozo, regocijo, jolgorio, jaleo, alboroto (**a.:** *silencio*).

álgido, da. adj. Glacial, helado, gélido, frío. || Culminante, crítico, grave.

algoritmo. m. Guarismo.

alguacil. m. Esbirro, corchete, polizonte.

alguien. pron. indef. Alguno, algún, cualquier, cualquiera (**a.:** *nadie*).

alguno; na. pron. indef. Alguien, algún, cualquiera (**a.:** *ninguno*). || adj. pl. Varios, ciertos.

alhaja. f. Joya, gema, presea. || Adorno. || Reliquia.

alhajar. tr. Enjoyar, adornar. || Amueblar, engalanar.

alharaca. f. Aspaviento. || Alboroto, bullicio, algazara.

alhármaga. f. Alharma, alárgama, alármega. alhámega, gamarza, arma.

alheña. f. Alcana, aligustre, ligustro. || Roya.

alhucema. f. Espliego, lavanda, lavándula.

aliaga. f. Aulaga, árgoma.

alianza. f. Unión, liga, confederación, coalición (**a.:** *discordia*). || Pacto, convención. || Anillo de boda, casamiento.

aliar. tr. Aunar. || prnl. Unirse, coligarse, confederarse, ligarse (**a.:** *desunirse*).

alias. m. Apodo, sobrenombre, mote.

alicaído, da. adj. Triste, desanimado, desalentado, decaído, abatido, aliquebrado (**a.:** *eufórico, contento*).

alicatar. tr. Azulejar.

alicate. m. Tenacilla.

aliciente. m. Atractivo, incentivo, estímulo, acicate (**a.:** *freno*).

alienable. adj. Enajenable, vendible.

alienado, da. adj. Loco, demente, vesánico, perturbado, enajenado (**a.:** *cuerdo*).

alienar. tr. Enajenar, vender, traspasar. || tr. y prnl. Enloquecer.

alienista. adj. y s. Psiquiatra, frenópata.

aliento. m. Hálito, respiración. || Soplo. || Vaho. || Emanación, exhalación. || Ánimo, esfuerzo, valor, denuedo, valentía (**a.:** *cobardía, temor*).

alifafe. m. Achaque, indisposición.

aligación. f. Aligamiento, ligazón, trabazón (**a.:** *desintegración*).

aligerar. tr. Abreviar, acelerar, apresurar. avivar (**a.:** *retardar*). || Aliviar, moderar, atenuar (**a.:** *agravar, cargar*).

aligustre. m. Alheña, alcana, ligustro.

alijar. tr. Aligerar, descargar.

alijo. m. Contrabando.

alimaña. f. Sabandija, bicho.

alimentar. tr. y prnl. Nutrir, sustentar, mantener (**a.:** *ayunar*). || Sostener, fomentar, avivar. || Aprovisionar, proveer (**a.:** *desabastecer*).

alimenticio, cia. adj. Sustancioso, nutritivo. || Alimentario.

alimento. m. Sustento, comida, manjar, manutención, sostén. || Fomento, pábulo, pasto.

aliñar. tr. Aderezar, condimentar. sazonar,

adobar. ‖ Componer, hermosear, ataviar, arreglar, acicalar.

aliño. m. Condimento, aderezo, adobo. ‖ Aseo, arreglo, pulcritud, compostura, limpieza (**a.:** *desaliño, desaseo*).

aliquebrado, da. adj. Alicaído, desalentado, triste, abatido, desanimado, decaído.

alisar. tr. Pulir, pulimentar, bruñir. ‖ Desarrugar (**a.:** *arrugar*).

alistar. tr. Inscribir, afilar, matricular. ‖ prnl. Sentar plaza, engancharse, enrolarse.

alistar. tr. y prnl. Prevenir, preparar, aparejar, disponer.

aliviar. tr. Aligerar, descargar. ‖ Suavizar, moderar, mitigar, disminuir, templar (**a.:** *reforzar*). ‖ prnl. Mejorar, reponer, recobrar (**a.:** *agravar, enfermar*).

alivio. m. Descanso, consuelo. ‖ Mejoría (**a.:** *empeoramiento*).

aljaba. f. Carcaj, carcax.

aljibe. m. Cisterna. ‖ Tanque. ‖ Pozo.

allá. adv. Allí, entonces, en tal momento, del otro lado, allende.

allanar. tr. Aplanar, nivelar, explanar, igualar. ‖ Irrumpir, penetrar, registrar, inspeccionar. ‖ Vencer, zanjar, resolver. ‖ prnl. Sujetarse, avenirse, conformarse, resignarse, prestarse, amoldarse, adaptarse, someterse (**a.:** *resistirse, sublevarse*).

allegado, da. adj. Próximo, cercano. ‖ Parcial, partidario. ‖ m. y f. Pariente, deudo (**a.:** *extraño*).

allegar. tr. Acercar, aproximar, arrimar. ‖ Recoger, juntar, reunir, acopiar.

allí. adv. Allá.

alma. f. Espíritu, mente, psique, ánima, ánimo (**a.:** *cuerpo, materia*). ‖ Aliento, ánimo, soplo, hálito, energía, esfuerzo. ‖ Persona, individuo, habitante. ‖ pl. Espíritus, espectros.

almacén. m. Abacería, tienda. ‖ Depósito.

almacenar. tr. Acumular, allegar, guardar, reunir, juntar, acopiar (**a.:** *distribuir*).

almáciga. f. Mástique.

almáciga. f. Plantario, semillero, vivero. ‖ Invernadero.

almácigo. m. Lentisco.

almácigo. m. Almáciga, semillero, plantario.

almadía. f. Armadía, maderada, balsa, jangada.

almadraba. f. Atunara.

almadreña. f. Madreña, zueco, chanclo.

almanaque. m. Calendario. ‖ Agenda, anuario.

almiar. m. Pajar, henil, hórreo.

almibarado, da. adj. Meloso, melifluo, dulzón, empalagoso. ‖ Pegajoso, amanerado.

almidonado, da. adj. Planchado, duro. ‖ Tieso, emperifollado.

alminar. m. Minarete, torre, atalaya.

almirante. m. Comandante.

almirez. m. Mortero.

almo, ma. adj. Criador, alimentador, propicio, vivificador. ‖ Excelente, venerable, benéfico.

almocafre. m. Azadilla, escardadera, escardillo, garabato.

almohada. f. Cabezal, cabecera. ‖ Almohadilla, cojín, almohadón.

almohadilla. f. Cojincillo, cojinete. ‖ Almohada. ‖ Acerico.

almohadillar. tr. Acolchar.

almohadón. m. Cojín.

almohaza. f. Rascadera.

almoneda. f. Subasta, licitación.

almorrana. f. Hemorroide.

almorzar. tr. Comer.

almuecín o **almuédano.** m. Muecín.

almuerzo. m. Desayuno, comida, ágape.

alnado, da. m. y f. Hijastro. ‖ Entenado.

alocado, da. adj. Aturdido, atolondrado, atarantado, atropellado, impulsivo (**a.:** *cuerdo, juicioso, prudente*).

alocarse. prnl. Enloquecer, aturdirse, atolondrarse.

alocución. f. Arenga, discurso, perorata, disertación, oración.

áloe o **aloe.** m. Acíbar, lináloe.

alojamiento. m. Hospedaje, hostería, mesón, posada, aposento, albergue, parador. ‖ Cobijo, refugio.

alojar. tr. y prnl. Hospedar, aposentar, albergar, guarecer, cobijar (**a.:** *desalojar, echar, expulsar*). ‖ Meter, introducir.

alondra. f. Terrera, cogujada, copetuda, calandria.

alongar. tr. Alargar, prolongar.

alopecia. f. Peladera, pelambrera, pelarela, pelona, calvicie, calva.

alosa. f. Sábalo.

alpaca. f. Paca, llama.

alpaca. f. Metal blanco.

alpestre. adj. Alpino. ‖ Montañoso, silvestre.

alpinismo. m. Montañismo, andinismo.

alpinista. com. Montañero, andinista.

alquería. f. Cortijo, granja.

alquilar. tr. Arrendar, subarrendar (**a.:** *desalquilar*).

alquiler. m. Arriendo, arrendamiento, renta, locación.

alquitara. f. Alambique, destilador.

alquitarar. tr. Alambicar, destilar. ‖ Apurar, sutilizar, quintaesenciar.

alquitrán. m. Brea, resina, pez, betún.

alrededor. adv. En torno, en derredor. ‖ Cerca de, poco más o menos, aproximadamente. ‖ m. pl. Cercanías, contornos, inmediaciones, afueras, proximidades, aledaños.

altanería. f. Altivez, soberbia, engreimiento, orgullo, arrogancia, desprecio (**a.:** *modestia, humildad*).

altanero, ra. adj. Altivo, soberbio, despreciativo, orgulloso, arrogante.

altar. m. Ara.

altarreina. f. Milenrama, artemisa bastarda, hierba meona.

altavoz. m. Altoparlante.

altea. f. Malvavisco.

alteración. f. Mudanza, cambio, variación (**a.:** *permanencia*). ‖ Sobresalto, perturbación, conmoción, inquietud (**a.:** *sosiego, paz*). ‖ Alboroto, motín, tumulto. ‖ Altercado, disputa.

alterado, da. adj. Revuelto, empañado, adulterado. ‖ Perturbado, conmocionado, inquieto.

alterar. tr. Cambiar, mudar, falsificar, trasformar, variar. ‖ Perturbar, irritar, inquietar, conmover, trastornar, turbar (**a.:** *cal-*

mar, serenar). ‖ Descomponer, pudrir, dañar, desnaturalizar. ‖ tr. prnl. Enfadar, irritar, encolerizar.

altercación. f. o **altercado.** m. Disputa, agarrada, pelotera, cuestión, bronca, cisco, discusión, polémica, debate, querella, riña, contestación.

altercar. intr. Disputar, porfiar, reñir, discutir (**a.:** *departir*).

alternancia. f. Sucesión.

alternar. tr. Turnar, sucederse. ‖ intr. Tratarse, codearse, convivir.

alternativa. f. Opción, elección, disyuntiva, dilema. ‖ pl. Azares, altibajos.

alternativo, va. adj. Alterno.

alteza. f. Altura, elevación, altitud. ‖ Sublimidad, excelencia.

altillo. m. Entrepiso. ‖ Desván. ‖ Altozano, otero.

altilocuente. adj. Altílocuo, grandílocuo, grandilocuente.

altimetría. f. Hipsometría.

altisonante. adj. Altísono, pomposo, rimbombante, hueco, hinchado, campanudo (**a.:** *preciso, sobrio*).

altitud. f. Altura, eminencia. ‖ Elevación, alteza, nobleza. ‖ Estatura.

altivez. f. Altanería, soberbia, engreimiento, orgullo, arrogancia, desprecio, desdén (**a.:** *humildad,, modestia*).

altivo, va. adj. Altanero, arrogante, despreciativo, orgulloso, soberbio.

alto. m. Detención, parada.

alto. m. Altura, elevación (**a.:** *depresión, valle*). ‖ Montón. ‖ Descanso, parada, etapa.

alto, ta. adj. Elevado (**a.:** *bajo*). ‖ Crecido, talludo. ‖ Encumbrado, eminente, prominente. ‖ Caro, costoso (**a.:** *barato*). ‖ Agudo, penetrante.

altoparlante. m. Altavoz.

altozano. m. Cerro, collado, altura, elevación, colina, cuchilla, otero.

altramuz. m. Calamocano, lupino.

altruismo. m. Abnegación, benevolencia, filantropía.

altruista. adj. Abnegado, filántropo, caritativo, generoso (**a.:** *egoísta*).

altura. f. Alto, elevación, altitud, peralto

(**a.**: *profundidad*). ‖ Estatura, alzada, talla. ‖ Eminencia, excelencia, superioridad, alteza. ‖ Cima, cúspide, pináculo, cumbre. ‖ pl. Cielo.

alúa. f. Cocuyo.

alubia. f. Judía, habichuela, poroto.

alucinación. f. Alucinamiento, ofuscación, confusión, ceguedad. ‖ Ilusión, visión (**a.**: *realidad*).

alucinar. tr. y prnl. Ofuscar, confundir. ‖ tr. Cautivar, atraer, ilusionar, seducir, deslumbrar, cegar, engañar.

alud. m. Avalancha.

aludir. tr. Mencionar, mentar, citar, referirse (**a.**: *callar, omitir*).

alumbrado. m. Iluminación.

alumbramiento. m. Parto.

alumbrar. tr. Iluminar, encender, aclarar (**a.**: *oscurecer*). ‖ Enseñar, instruir. ‖ intr. Parir, dar a luz. ‖ prnl. Embriagarse, achisparse.

alumno, na. m y f. Discípulo. ‖ Colegial, escolar, estudiante, educando.

alunado, da. adj. Lunático.

alusión. f. Mención, referencia, cita. ‖ Indirecta, insinuación.

alusivo, va. adj. Referente, tocante, concerniente, atinente.

aluvión. m. Avenida, inundación, avalancha, torrente, correntada. ‖ Gentío, muchedumbre, multitud.

álveo. m. Cauce, madre, lecho.

alvéolo. m. Cavidad, celdilla.

alverja o alverjana. f. Arveja, algarroba. ‖ Guisante.

alza. f. Subida, aumento, elevación, encarecimiento, carestía.

alzada. f. Apelación.

alzamiento. m. Sublevación, levantamiento, insurrección, rebelión, sedición (**a.**: *sujeción, sumisión*).

alzar. tr. Levantar, elevar, subir (**a.**: *bajar*). ‖ Ascender, encumbrar. ‖ tr. y prnl. Rebelar, sublevar, amotinar (**a.**: *someterse*). ‖ prnl. Apelar.

ama. f. Señora, dueña, propietaria, patrona (**a.**: *criada, empleada*). ‖ Nodriza.

amabilidad. f. Afabilidad, cordialidad, cortesía, gentileza.

amable. adj. Afable, atento, cortés, afectuoso, complaciente (**a.**: *descortés, intratable*).

amadamado. m. Afeminado (**a.**: *viril*).

amado, da. adj. y s. Querido, adorado, estimado, admirado, venerado (**a.**: *odiado*).

amador. m. Adorador, amante, galán.

amaestrar. tr. Adiestrar, ejercitar, aleccionar, instruir, enseñar, entrenar.

amagar. tr. e intr. Amenazar, conminar.

amago. m. Amenaza. ‖ Señal, indicio, síntoma, anuncio, asomo, barrunto.

amainar. intr. Aflojar, ceder, disminuir, debilitarse, flaquear, moderarse (**a.**: *embravecerse, encresparse*).

amalgama. f. Aleación. ‖ Mezcla.

amamantar. tr. Lactar, criar, atetar.

amancebamiento. m. Concubinato.

amancebarse. prnl. Amigarse, cohabitar.

amanecer. m. Alba, madrugada, alborada, aurora, amanecida (**a.**: *crepúsculo*).

amanecer. intr. Aclarar, clarear, clarecer, alborear, alborecer (**a.**: *anochecer*).

amanerado, da. adj. Afectado, rebuscado, estudiado (**a.**: *espontáneo, natural*).

amaneramiento. m. Afectación, estudio, rebuscamiento, artificio.

amansar. tr. Domar, domesticar, desembravecer, desbravar. ‖ Tranquilizar, apaciguar, sosegar, mitigar (**a.**: *excitar*).

amante. adj. y s. Aficionado, devoto, apasionado. ‖ adj. Cariñoso, afectuoso, tierno. ‖ com. Querido, concubino, galán.

amanuense. com. Escribiente, copista, empleado.

amañado, da. adj. Hábil, habilidoso, mañoso, diestro. ‖ Compuesto, falseado, fasificado.

amañar. tr. Urdir, acomodar, arreglar. ‖ prnl. Darse maña, arreglarse, componérselas, manejarse, apañarse.

amaño. m. Artificio, ardid, traza, treta, trampa, triquiñuela.

amapola. f. Ababol, adormidera.

amar. tr. Querer, estimar, adorar (**a.**: *odiar*). ‖ Apreciar, venerar, reverenciar.

amarar. intr. Acuatizar, amarizar. ‖ Posarse, descender.

amargado, da. adj. Malhumorado, resentido, pesimista. ‖ Desengañado, desilusionado.

amargar. tr. y prnl. Disgustar, afligir, apesadumbrar, apenar, atormentar, acibarar (**a.:** *consolar, endulzar*).

amargo, ga. adj. Acerbo, agrio, acre, acedo (**a.:** *dulce*). ‖ Áspero, desabrido. ‖ m. Amargor.

amargón. m. Diente de león.

amarguera. f. Matabuey.

amargura. f. Amargor, aflicción, pena, pesadumbre, pesar, tribulación. disgusto (**a.:** *alegría, dulzura*).

amarizaje. m. Amaraje.

amarizar. intr. Acuatizar, amarar.

amarra. f. Estacha, soga, cabo, cuerda, cable, maroma. ‖ pl. Protección, apoyo.

amarradero. m. Muelle, embarcadero, desembarcadero, malecón.

amarrar. tr. Atar, asegurar, trincar, sujetar (**a.:** *desatar, soltar*).

amarrete, ta. adj. Avaro, tacaño, mezquino, cicatero.

amartelar. tr. Enamorar.

amartillar. tr. Martillar, martillear. ‖ Armar, montar.

amasamiento. m. Amasadura. ‖ Masaje.

amasar. tr. Unir, amalgamar, sobar. ‖ Friccionar, masajear, frotar.

amasijo. m. Amasadura. ‖ Obra, tarea. ‖ Mezcla, confusión. ‖ Intriga, chanchullo.

amatorio, ria. adj. Erótico, amoroso.

amazacotado, da. adj. Pesado, indigesto. ‖ Informe.

ambages. m. pl. Rodeos, circunloquios. ‖ **sin ambages.** fr. adv. Preciso, directo, escueto, justo, estricto.

ambición. f. Codicia. Aspiración, ansia, apetencia, anhelo. ‖ Avidez, avaricia.

ambicionar. tr. Codiciar. ‖ Desear, ansiar, anhelar, apetecer, querer (**a.:** *desdeñar, despreciar*).

ambiente. m. Medio, clima, atmósfera. ‖ Ámbito, habitación. contorno. ‖ Situación, estado, circunstancia.

ambigüedad. f. Anfibología, equívoco, doble sentido, confusión, oscuridad (**a.:** *claridad, precisión*).

ambiguo, gua. adj. Anfibológico, equívoco. ‖ Incierto, impreciso, dudoso, oscuro, vago.

ámbito. m. Contorno, perímetro. ‖ Superficie, espacio, extensión. ‖ Esfera, círculo, órbita.

ambladura. f. Andadura.

ambos, bas. adj. pl. Los dos, uno y otro, entrambos.

ambulante. adj. Andarín, errante (**a.:** *sedentario*).

amedrentar. tr. y prnl. Atemorizar, aterrar, asustar (**a.:** *envalentonar*). ‖ Amilanar, intimidar, acobardar, arredrar, acoquinar, achantar.

amén de. loc. prep. Además de, así como también, a más de.

amenaza. f. Amago. ‖ Conminación. ‖ Indicio, señal.

amenazar. tr. e intr. Amagar. ‖ Conminar.

amenguar. tr. e intr. Disminuir, menoscabar, mermar, aminorar (**a.:** *aumentar*). ‖ tr. Deshonrar, rebajar, infamar, denigrar, difamar.

amenidad. f. Atractivo, gracia, deleite, encanto (**a.:** *fastidio, tedio*).

amenizar. tr. Divertir, encantar, deleitar (**a.:** *aburrir, hastiar*).

ameno, na. adj. Grato, agradable, deleitable, placentero, encantador, delicioso, deleitoso. ‖ Entretenido, divertido (**a.:** *aburrido, soso*).

americana. f. Chaqueta, saco.

amerizar. intr. Acuatizar, amarar.

amianto. m. Asbesto.

amigable. adj. Amistoso, afable.

amigar. tr. Amistar. ‖ Reconciliar (**a.:** *enemistar*). ‖ prnl. Amancebarse.

amígdala. f. Tonsila.

amigo, ga. adj. y s. Aficionado, inclinado, afecto, encariñado. ‖ Partidario, adicto (**a.:** *enemigo, adversario*). ‖ f. Concubina, querida.

amigote. m. Compinche.

amilanar. tr. y prnl. Acobardar, atemorizar, abatir, postrar, intimidar, amedrentar (**a.:** *alentar, animar*).

aminorar. tr. Minorar, disminuir, amenguar, mermar, acortar, achicar (**a.:** *aumentar, acrecentar, agrandar*). || Atenuar, mitigar, amortiguar, paliar (**a.:** *agravar*).

amistad. f. Afecto, inclinación, apego, cariño, devoción, fidelidad. || Camaradería, compañerismo, hermandad. || pl. Relaciones, amigos.

amistar. tr. Amigar. || Reconciliar, avenir.

amistoso, sa. adj. Amigable, afable.

amnistía. f. Indulto, perdón.

amo. m. Señor (**a.:** *criado, súbdito*). || Dueño, propietario. || Patrón (**a.:** *empleado*).

amodorramiento. m. Modorra, sopor, somnolencia. || Coma, letargo.

amodorrarse. prnl. Adormecerse, aletargarse, adormilarse (**a.:** *despabilarse, desvelarse*).

amojonamiento. m. Delimitación, señalamiento, deslinde.

amojonar. tr. Deslindar, delimitar, acotar, señalar.

amoladera. f. Asperón.

amolador. m. Afilador.

amolar. tr. Afilar, dar filo, aguzar. || tr. y prnl. Fastidiar, molestar, cansar, aburrir.

amoldar. tr. Ajustar, acomodar, adaptar, adecuar. || prnl. Conformarse, avenirse, allanarse, transigir (**a.:** *rebelarse*).

amollar. intr. Ceder, aflojar, desistir.

amonedar. tr. Acuñar, batir, monedar, monedear.

amonestación. f. Admonición, advertencia, aviso, exhortación. || Represión, reconvención, regaño, reprimenda.

amonestar. tr. Advertir, exhortar, avisar. || Reprender, reconvenir, regañar (**a.:** *elogiar*).

amontonamiento. m. Acumulación, aglomeración, montón, cúmulo.

amontonar. tr. Juntar, reunir, acopiar, allegar, apiñar, acumular. || Apilar (**a.:** *esparcir*). || prnl. Amancebarse, amigarse. || Enfadarse, encolerizarse, irritarse, enojarse, amoscarse.

amor. m. Cariño, afecto, pasión, adoración, veneración, idolatría, devoción, afición, apego, estima (**a.:** *aborrecimiento, odio, rencor*). || Esmero, deleite, gusto. || Blandura, suavidad. || Caridad. || Piedad.

amoratado, da. adj. Cárdeno, lívido, morado.

amorcillo. m. Cupido.

amorfo, fa. adj. Informe.

amorío. m. Devaneo, enamoramiento.

amoroso, sa. adj. Cariñoso, tierno, afectuoso. || Blando, suave. || Templado, apacible.

amortiguar. tr. y prnl. Atenuar, aminorar, mitigar, moderar, paliar, apagar, aplacar, templar (**a.:** *atizar, avivar, excitar*).

amortizar. tr. Pagar, liquidar, saldar, cancelar.

amoscarse. prnl. Mosquearse, amostazarse, picarse, escocerse, sentirse, resentirse, requemarse, enojarse, agraviarse, ofenderse.

amostazarse. prnl. Amoscarse, irritarse, enojarse.

amotinar. tr. y prnl. Alzar, sublevar, soliviantar, levantar, insubordinar, insurreccionar.

amovible. adj. Separable, inestable, removible (**a.:** *inamovible, fijo*).

amparar. tr. Favorecer, auxiliar, ayudar. || Proteger, defender, patrocinar, salvaguardar, escudar. || prnl. Guarecerse, cobijarse, abrigarse, defenderse.

amparo. m. Reparo, defensa, abrigo, asilo, refugio. || Protección, favor, patrocinio, apoyo, auxilio, socorro (**a.:** *abandono, desamparo*).

ampliación. f. Extensión, dilatación. || Agrandamiento, ensanche, amplificación (**a.:** *reducción*). || Desarrollo, profundización.

ampliar. tr. Agrandar, ensanchar, aumentar (**a.:** *achicar*). || Extender, dilatar. || Desarrollar, profundizar (**a.:** *condensar, resumir, sintetizar*).

amplificar. tr. Ampliar.

amplio, plia. adj. extenso, vasto, espacioso, capaz, dilatado (**a.:** *estrecho, reducido*). || Ancho, holgado. || Lato.

amplitud. f. Extensión, dilatación, vastedad.

ampo. m. Blancura, albura, albor.

ampolla. f. Vesícula, vejiga. || Vinajera.

ampuloso, sa. adj. Hinchado, rendundante, enfático, presuntuoso, pretencioso, pomposo (a.: *sencillo, natural*).

amputar. tr. Cortar, seccionar, mutilar, cercenar.

amueblar. tr. Amoblar. moblar, mueblar (a.: *desamueblar*).

amuleto. m. Talismán, guayaca, mascota.

amurallar. tr. Murar, cercar.

amurriarse. prnl. Amohinarse, entristecerse, apenarse, afligirse.

amustiar. tr. y prnl. Enmustiar, marchitar.

anacarado, da. adj. Nacarado, nacarino, nacáreo.

anacardiáceo, a. adj. Terebintáceo.

anacoreta. com. Ermitaño, eremita, cenobita, asceta.

anacrónico, ca. adj. Anticuado, desusado.

ánade. m. Pato.

anáfora. f. Epanáfora, repetición.

anagnórisis. f. Reconocimiento.

analectas. f. pl. Antología, crestomatía, florilegio.

anales. m. pl. Crónica, fastos, historia.

analfabeto, ta. adj. y s. Ignorante, iletrado, inculto (a.: *alfabeto, culto, sabio, instruido*). || Rudo, tosco, bruto.

analgésico, ca. adj. y s. Calmante, paliativo.

análisis. m Descomposición, distinción, separación. || Examen, estudio, observación.

analista. com. Psicoanalista.

analizar. tr. Distinguir, separar, descomponer, aislar. || Examinar, observar, estudiar.

analogía. f. Semejanza, parecido, similitud, afinidad (a.: *diferencia*). || Correspondencia, relación (a.: *antítesis, contraste*). || Morfología.

análogo, ga. adj. Semejante, parecido, similar, afín, equivalente, sinónimo (a.: *dispar, disímil, antitético*).

ananá o **ananás.** m. Piña.

anaquel. m. Estante, repisa, tabla, ménsula.

anaquelería. f. Estantería, vasar, vasera.

anarquía. f. Acracia, anarquismo. || Desorden, confusión, desgobierno, desorganización, caos (a.: *organización, orden, disciplina*).

anarquismo. m. Acracia, anarquía.

anarquista. adj. Ácrata, libertario.

anástrofe. f. Hipérbaton.

anatema. amb. Excomunión. || Maldición, imprecación. || Condena, reprobación.

anatematizar. tr. Excomulgar. || Maldecir, imprecar. || Condenar, reprobar.

anatomía. f. Disección.

anca. f. Grupa, cuadril, nalga, cadera.

ancestral. adj. Atávico.

ancho, cha. adj. Amplio, dilatado, extenso, vasto (a.: *estrecho, angosto*). || Holgado (a.: *apretado, ajustado*). || Ufano, satisfecho, orondo, orgulloso. || m. Anchura.

anchoa o **anchova.** f. Boquerón.

anchura. f. Ancho, latitud. || Libertad, soltura, holgura, desahogo (a.: *estrechez*). || Amplitud, extensión (a.: *angostura*).

ancianidad. f. Senectud, vejez, longevidad, edad provecta (a.: *infancia, niñez, juventud*).

anciano, na. adj. y s. Viejo, senil, longevo, provecto (a.: *criatura, niño, joven, muchacho*). || Vetusto.

ancla. f. Áncora, ferro.

ancladero. m. Fondeadero.

anclar. intr. Fondear, ancorar, echar anclas.

áncora. f. Ancla.

andada. f. Hábito, aventura.

andador, ra. adj. Andarín, andariego. || Callejero.

andamiaje. m. Andamiada.

andamio. m. Andamiaje, armazón. || Tarima, tablado.

andana. f. Línea, fila, hilera, hilada. || Batería. || Andanada.

andanada. f. Andana. || Descarga, salva. || Reprimenda, reconvención, rapapolvo, represión.

andanza. f. Correría, aventura. ‖ pl. Vicisitudes. ‖ Peripecias, aprietos, trances.

andar. intr. Ir, caminar, marchar, pasar, transitar, errar, vagar, pasear. ‖ Funcionar, marchar, moverse (a.: *detenerse*). ‖ Estar. ‖ tr. Recorrer. ‖ prnl. Usar, emplear.

andariego, ga. o **andarín, na.** adj. Andador, trotamundos (a.: *sedentario*).

andarríos. m. Aguzanieves.

andas. f. pl. Parihuelas, angarillas, camilla.

andén. m. Plataforma, apeadero, muelle. ‖ Pretil, parapeto.

andinismo. m. Montañismo.

andinista. m. y f. Montañista.

andorga. f. Vientre, barriga, panza, tripa.

andorrear. intr. Callejear, vagar.

andorrero, ra. adj. Andariego, callejero.

andrajo. m. Harapo, guiñapo, pingajo, pingo, jirón, arrapiezo (a.: *adorno, atavío*).

andrajoso, sa. adj. Harapiento, haraposo, pingajoso, roto, trapiento, desarrapado, astroso, zarrapastroso (a.: *atildado*).

andrógino, na. adj. Hermafrodita, bisexual.

andrómina. f. Embuste, mentira, engaño, enredo, paparrucha, fullería.

anécdota. f. Historieta, chascarrillo, cuento, hecho, suceso.

anegar. tr. y prnl. Ahogar, sumergir. ‖ Inundar, encharcar. ‖ prnl. Naufragar, sumergirse, zozobrar, hundirse.

anejar. tr. Anexar.

anejo, ja. adj. Anexo, dependiente, agregado, afecto, unido. ‖ m. Apéndice.

anestesia. f. Insensibilidad.

anestesiar. tr. Insensibilizar.

aneurisma. amb. Dilatación.

anexar. tr. Agregar, unir, anexionar, incorporar, añadir, anejar, adjuntar, asociar, acoplar (a.: *separar, independizar*).

anexión. f. Unión, agregación, incorporación, asociación, acoplamiento (a.: *secesión, separación*).

anexionar. tr. Anexar.

anexo, xa. adj. Anejo, afecto, unido,

agregado, adscrito, dependiente, incorporado, adjunto. ‖ Inherente, concerniente. ‖ m. Apéndice, dependencia, sucursal.

anfibio, bia. adj. y s. Batracio.

anfibología. f. Ambigüedad, imprecisión, indeterminación, confusión, oscuridad. ‖ Dilogía. ‖ Equívoco.

anfiteatro. m. Hemiciclo. ‖ Gradería.

anfitrión, na. m. y f. Huésped.

ánfora. f. Cántaro, jarrón.

anfractuosidad. f. Sinuosidad, desigualdad, escabrosidad, fragosidad.

anfractuoso, sa. adj. Sinuoso, fragoso, desigual, escabroso, quebrado, tortuoso.

angarillas. f. pl. Árganas, árguenas, camilla, parihuelas, andas. ‖ Vinagreras, aceiteras.

ángel. m. Gracia, encanto, atractivo, simpatía.

angelical o **angélico, ca.** adj. Candoroso, inocente (a.: *diabólico*).

angina. f. Amigdalitis.

anglicismo. m. Inglesismo.

angloamericano, na. adj. y s. Norteamericano, estadounidense, yanqui.

angostar. tr. e intr. Estrechar (a.: *ensanchar*). ‖ Ceñir, ajustar, apretar.

angosto, ta. adj. Estrecho, reducido, constreñido. ‖ Ceñido, ajustado, apretado (a.: *amplio, holgado*).

angostura. f. Estrechura, estrechez. ‖ Desfiladero.

angra. f. Ensenada, rada.

angular. adj. Básico.

ángulo. m. Rincón, codo, recodo, recoveco. ‖ Esquina, arista, cantón, canto, chaflán, bisel, sesgo, oblicuidad.

angurria. f. Insaciabilidad, avidez, voracidad. ‖ Avaricia, codicia. ‖ Hambre.

angurriento, ta. adj. Ávido, codicioso (a.: *generoso*). ‖ Hambriento, voraz.

angustia. f. Aflicción, dolor, tristeza, congoja, inquietud, ansiedad, tribulación, zozobra, desconsuelo, pesar, ansia (a.: *serenidad*). ‖ Agobio, desazón, pesadumbre.

angustiado, da. adj. Triste, afligido, acongojado, dolorido, atribulado, intranquilo, inquieto. ‖ Estrecho, reducido. ‖ Apocado.

angustioso, sa. adj. Penoso, triste, doloroso. ‖ Amenazador, alarmante, temible (**a.:** *tranquilizante*).

anhelar. tr. Desear, ansiar, pretender, ambicionar, codiciar, suspirar por, desvivirse por, aspirar (**a.:** *conformarse, desdeñar*). ‖ intr. Jadear.

anhelo. m. Aspiración, deseo, afán, ansia, pretensión, ambición.

anheloso, sa. adj. Anhelante.

anidar. intr. y prnl. Habitar, morar, residir. ‖ tr. Albergar, acoger, encerrar. ‖ intr. Hallarse, existir.

anilla. f. Anillo, argolla.

anillo. m Aro, argolla, anilla. ‖ Alianza, sortija.

ánima. f. Alma, espíritu.

animación. f. Agitación, movimiento, actividad, bullicio, vivacidad, calor (**a.:** *apatía, calma*). ‖ Concurso, afluencia, concurrencia.

animado, da. adj. Concurrido, movido, divertido, vivaz (**a.:** *desanimado, aburrido.*) ‖ Alentado, confortado, reanimado, animoso. ‖ Agitado, acalorado, excitado.

animadversión. f. Antipatía, desafecto, ojeriza, animosidad, inquina, tirria, hincha, enemistad, aversión, repugnancia, hostilidad (**a.:** *simpatía, afecto, atracción*).

animal. m. Bruto, bestia, alimaña, fiera. ‖ adj. Torpe, grosero, zafio, tosco. ‖ Ignorante, incapaz.

animalada. f. Necedad, sandez, desatino, despropósito. ‖ Grosería.

animar. tr. Alentar, esforzar, confortar, reanimar (**a.:** *desalentar, descorazonar*). ‖ Incitar, excitar, acicatear. ‖ tr. y prnl. Alegrar, letificar. ‖ prnl. Decidirse, atreverse, determinarse.

anímico, ca. adj. Psíquico.

ánimo. m. Valor, valentía, intrepidez, brío, energía, aliento, espíritu, fuerza, fortaleza. ‖ Intención, propósito, designio, voluntad, pensamiento. ‖ Alma, espíritu.

animosidad. f. Animadversión, desafec-

to, ojeriza, inquina, antipatía, hincha, tirria, enemistad (**a.:** *afecto, amistad*).

animoso, sa. adj. Valiente, valeroso, intrépido, esforzado, denodado, alentado, resuelto, decidido, determinado (**a.:** *temeroso, pusilánime, cobarde*).

aniñado, da. adj. Infantil, pueril.

aniquilación. f. Destrucción, ruina, exterminio, devastación, aniquilamiento. ‖ Desmaterialización.

aniquilar. tr. Destruir, exterminar, arruinar, desbaratar, anonadar, arrasar, devastar (**a.:** *crear, construir, producir, conservar, generar*).

aniversario, ria. adj. Anual. ‖ m. Cumpleaños.

anochecer. m. Anochecida, crepúsculo, ocaso (**a.:** *amanecer*).

anochecer. intr. Oscurecer (**a.:** *amanecer, clarear*).

anodino, na. adj. Sedante, sedativo, calmante, analgésico. ‖ Ineficaz, insustancial, insignificante, inofensivo (**a.:** *importante, sustancial*).

anomalía. f. Anormalidad, irregularidad. ‖ Rareza, singularidad.

anómalo, la. adj. Irregular, anormal (**a.:** *normal, común, regular*). ‖ Infrecuente, raro, extraño, insólito, singular (**a.:** *vulgar*).

anonadar. tr. Abatir, humillar, confundir, aplastar. ‖ tr. y prnl. Aniquilar, destruir, desbaratar, arruinar.

anónimo, ma. adj. Desconocido, ignorado.

anorexia. f. Inapetencia, desgana.

anormal. adj. Irregular, anómalo (**a.:** *normal, regular*). ‖ Desusado, infrecuente, contranatural, raro (**a.:** *común, corriente*). ‖ Morboso, patológico. ‖ Teratológico, deforme.

anormalidad. f. Irregularidad, anomalía, perturbación (**a.:** *regularidad, normalidad*). ‖ Rareza, singularidad.

anotar. tr. Apuntar. ‖ Asentar. ‖ Matricular. ‖ Comentar, glosar, acotar. ‖ tr. y prnl. Inscribir.

anquilosado, da. adj. Atrofiado, paralítico.

anquilosarse. prnl. Envejecer. ‖ Inmovilizarse, paralizarse.

ánsar. m. Ganso, ansarón, oca.

ansia. f. Aspiración, deseo, afán, anhelo. ‖ Aflicción, zozobra, congoja, angustia (**a.:** *tranquilidad*). ‖ Náusea, basca.

ansiar. tr. Apetecer, desear, aspirar a, anhelar, suspirar por, desvivirse por, querer, ambicionar, codiciar (**a.:** *desdeñar, despreciar*).

ansiedad. f. Impaciencia, inquietud, intranquilidad (**a.:** *tranquilidad, despreocupación*). ‖ Congoja, zozobra, angustia, tribulación, dolor. ‖ Ansia, anhelo.

ansioso, sa. adj. Deseoso, afanoso (**a.:** *indiferente*). ‖ Codicioso, ávido, avariento.

anta. f. Alce, ante, tapir.

antagónico, ca. adj. contrario, opuesto.

antagonismo. m. Oposición, contraposición, conflicto. ‖ Rivalidad, lucha, pugna (**a.:** *concordia*).

antagonista. com. Adversario, contradictor, contrario, rival, enemigo, contrincante (**a.:** *partidario*).

antaño. adv. Antiguamente, otrora (**a.:** *ahora, actualmente, hogaño*).

antártico, ca. adj. Austral, meridional (**a.:** *ártico, septentrional*).

ante. m. Anta, alce.

ante. prep. En presencia de, delante de (**a.:** *tras, detrás*). ‖ Respecto de.

antecámara. f. Antesala (**a.:** *recámara, trastienda*).

antecedente. adj. Anterior, precedente (**a.:** *consecuente*). ‖ m. Dato, noticia, referencia, informe. ‖ Precedente.

anteceder. tr. Preceder (**a.:** *seguir*).

antecesor, ra. m. y f. Predecesor (**a.:** *sucesor*). ‖ Ascendiente, antepasado (**a.:** *descendiente*). ‖ pl. Mayores, padres, abuelos, progenitores.

antecolombino, na. adj. Precolombino.

antedicho, cha. adj. Predicho, augurado, profetizado. ‖ Dicho, sobredicho, nombrado, mencionado.

anteguerra. f. Preguerra.

antehistórico, ca. adj. Prehistórico.

antelación. f. Anticipación, anterioridad (**a.:** *retraso, demora, dilación*).

antemano (de). m. adv. Antes, anticipadamente, por anticipado, por adelantado.

antena. f. Entena. ‖ Cuerno.

antenado, da. m. y f. Hijastro, entenado, alnado.

antenupcial. adj. Prenupcial.

anteojo. m. Catalejo. ‖ pl. Gemelos, prismáticos. ‖ Espejuelos, lentes, quevedos, gafas, antiparras.

antepasado. m. Antecesor, ascendiente (**a.:** *descendiente, heredero*). ‖ pl. Progenitores, ascendientes, mayores, abuelos.

anteponer. tr. Preferir, preponer.

anteporta o **anteportada.** f. Portadilla.

antepuerta. f. Guardapuerta. ‖ Contrapuerta.

anterior. adj. Antecedente, precedente, previo (**a.:** *posterior, ulterior*).

anterioridad. f. Antelación, anticipación.

anteriormente. adv. Antes, precedentemente, primeramente (**a.:** *después, posteriormente*).

antes. adv. Anteriormente (**a.:** *después*). ‖ Primero, primeramente. ‖ Antaño. ‖ adj. Anterior.

antesala. f. Antecámara. ‖ Recibidor, recibimiento.

antever. tr. Prever.

anticipación. f. Antelación. ‖ Adelanto, anticipo, avance. ‖ Ocupación, prolepsis, sujeción.

anticipar. tr. y prnl. Adelantar (**a.:** *diferir, demorar*).

anticipo. m. Adelanto, préstamo. ‖ Anticipación, avance.

anticuado, da. adj. Viejo, antiguo, desusado, obsoleto (**a.:** *nuevo, moderno, futurista*).

antídoto. m. Contraveneno, antitóxico.

antielectrón. m. Prositrón, positón.

antiestético, ca. adj. Deforme, feo (**a.:** *estético*).

antifaz. m. Careta, máscara, carátula.

antifebril. adj. Antitérmico, antipirético, febrífugo.

antiguamente. adv. Antaño, otrora, antes (**a.:** *actualmente*).

antiguo, gua. adj. Viejo, añoso (**a.:** *nuevo*). || Anticuado, vetusto, desusado (**a.:** *moderno, actual*). || Remoto, arcaico.

antihelmíntico, ca. adj. Vermífugo.

antinomia. f. Contradicción, oposición, antítesis, contraposición.

antiparras. f. Anteojos, gafas, lentes, espejuelos.

antipatía. f. Ojeriza, desafecto, desafección, inquina, animadversión, manía, tirria, aversión, repugnancia, repulsión, hostilidad (**a.:** *simpatía, afecto, atracción*). || Malquerencia, encono, rencor, aborrecimiento, rabia, odio.

antipirético, ca. adj. Antifebril, antitérmico, febrífugo.

antípoda. adj. Antitético.

antiséptico, ca. adj. Antipútrido. || Desinfectante.

antitérmico, ca. adj. Antifebril, febrífugo, antipirético.

antítesis. f. Oposición, contraposición, contraste (**a.:** *similitud, afinidad, concordancia*).

antitético, ca. adj. Opuesto, contrario, contrapuesto, antagónico (**a.:** *compatible, semejante, afín*).

antitóxico, ca. adj. Antídoto, contraveneno.

antojadizo, za. adj. Caprichoso, caprichudo, fantasioso, mudable, versátil, veleidoso, voluble, inconstante.

antojarse. prnl. Encapricharse. || Imaginarse, ocurrirse, pensar, sospechar.

antojo. m. Deseo, capricho, berretín, gusto, ocurrencia.

antología. f. Florilegio, crestomatía, analectas, selección.

antónimo. m. Contrario (**a.:** *sinónimo*).

antonomasia (por). m. adv. Por excelencia.

antorcha. f. Hacha, hachón, tea. || Guía, norte.

ántrax. m. Carbunco.

antro. m. Caverna, gruta, cueva. || Guarida, madriguera, covacha, escondrijo.

antropofagia. f. Canibalismo.

antropófago, ga. adj. Caníbal.

antropoide. adj. Antropomorfo.

antropomorfo, fa. adj. Antropoide.

antropopiteco. m. Pitecántropo.

anual. adj. Anuo, añal.

anubado, da o **anubarrado, da.** adj. Nublado, anublado, nuboso, encapotado, cerrado.

anublar. tr. y prnl. Nublar, oscurecer (**a.:** *despejar*). || Marchitar, amustiar.

anudar. tr. Juntar, unir, asegurar, atar, ligar, enlazar (**a.:** *desanudar, desatar*). || Continuar, reanudar. || prnl. Enmudecer.

anuencia. f. Consentimiento, aquiescencia, permiso, venia, asentimiento, asenso, aprobación, beneplácito, conformidad (**a.:** *denegación, oposición*).

anular. tr. Suprimir, revocar, abolir, abrogar, derogar, invalidar (**a.:** *convalidar*). || Borrar, tachar. || Desautorizar, incapacitar. || Cancelar. || prnl. Retraerse, postergarse, humillarse.

anunciante. m. Avisador.

anunciar. tr. Predecir, pronosticar, presagiar, augurar, vaticinar. || Advertir, prevenir, noticiar, avisar, informar, proclamar, hacer saber, comunicar, notificar (**a.:** *callar, ocultar*).

anuncio. m. Predicción, pronóstico, presagio, augurio, vaticinio. || Aviso, noticia, advertencia, notificación. || Cartel, proclama.

anverso. m. Cara (**a.:** *reverso, dorso, envés*).

anzuelo. m. Atractivo, aliciente, incentivo.

añadido. m. Postizo. || Añadidura.

añadidura. f. Aditamento, añadido, complemento, agregado.

añadir. tr. Agregar, sumar, adicionar, incorporar (**a.:** *quitar, restar, sacar*). || Aumentar, ampliar.

añagaza. f. Señuelo. || Ardid, artificio, artimaña, engaño, treta, trampa.

añal. adj. Anual.

añalejo. m. Cartilla, cuadernillo, epacta.

añasco. m. Enredo, embrollo.

añejo, ja. adj. Añoso, viejo, antiguo (**a.:** *nuevo, reciente*).

añicos. m. pl. Pedazos, trizas, fragmentos.

añil. m. Índigo.

añoranza. f. Nostalgia, morriña, melancolía (**a.:** *olvido*).

añoso, sa. adj. Viejo, vetusto, antiguo, añejo.

aojar. tr. Fascinar, atravesar, ojear, hacer (o dar) mal de ojo. || Desgraciar, malograr.

aónides. f. pl. Las musas.

aovado, da. adj. Oval, ovalado, ovado, ovoide, ovoideo.

aovar. intr. Ovar, poner, desovar.

apabullar. tr. Aplastar, chafar, estrujar. || Confundir, turbar, perturbar, aturdir, atolondrar.

apacentamiento. m. Pacedura.

apacentar. tr. Pastorear, dar pasto, apastar. || Instruir, enseñar, adoctrinar, educar. || prnl. Pacer.

apachico. m. Lío, bulto, envoltorio.

apacible. adj. Dulce, agradable, pacífico, manso, sosegado, tranquilo, reposado (**a.:** *desapacible, violento*). || Bonancible, sereno.

apaciguar. tr. Pacificar. || Despartir. || tr. y prnl. Tranquilizar, sosegar, calmar, aquietar, serenar, aplacar, mitigar, moderar, templar (**a.:** *inquietar, agitar*).

apadrinar. tr. Proteger, amparar, acoger. || Patrocinar, auspiciar.

apagado, da. adj. Sosegado, apocado. || Bajo, débil, mortecino, amortiguado (**a.:** *vivaz*).

apagar. tr. y prnl. Extinguir, sofocar (**a.:** *prender, encender*). || Aplacar, reprimir, contener, disipar (**a.:** *enardecer, inflamar*). || tr. Rebajar, amortiguar, debilitar. || Desconectar.

apagavelas. m. Matacandelas, apagador.

apalabrar. tr. Concertar, convenir, tratar, pactar, comprometer.

apalancar. tr. Levantar, mover, palanquear.

apalear. tr. Golpear, pegar, vapulear. || Varear.

apalear. tr. Palear.

apandar. tr. Pillar, llevarse.

apandar. intr. y prnl. Pandear, torcerse, encorvarse, alabearse, combarse.

apañado, da. adj. Hábil, mañoso, diestro. || Arreglado, ataviado, aderezado, compuesto, remendado. || Adecuado, apropiado, apto.

apañar. tr. Recoger, guardar. || Aderezar, ataviar, arreglar, componer, acicalar. || Remendar. || Asir, tomar. || Hurtar, apropiarse, adueñarse. || Abrigar, arropar. || prnl. Arreglarse, desenvolverse, manejarse, ingeniarse.

apaño. m. Apañadura, apañamiento. || Compostura, remiendo, arreglo, reparo. || Maña, habilidad, destreza, disposición.

apañuscar. tr. Apretar, ajar, estrujar.

aparador. m. Cristalera, trinchero. || Escaparate, vidriera.

aparar. tr. Aparejar, disponer, preparar.

aparatero, ra. adj. Aparatoso.

aparato. m. Apresto, prevención. || Pompa, ostentación, oropel, boato, fausto, magnificencia. || Artefacto. || Maquinaria, mecanismo, artilugio, artificio.

aparatoso, sa. adj. Pomposo, ostentoso, rimbombante, aparatero.

aparcadero o **aparcamiento.** m. Estacionamiento.

aparcar. tr. Estacionar. || Acomodar, instalar, disponer.

aparcero. m. Compañero, socio.

aparear. tr. Igualar, ajustar, emparejar. || tr. y prnl. Unir, juntar.

aparecer. intr. Mostrarse, dejarse ver, manifestarse, surgir, salir (**a.:** *desaparecer, ocultarse*). || Hallarse, encontrarse, estar, figurar. || Salir, producirse, brotar (**a.:** *desvanecerse, extinguirse*).

aparecido. m. Aparición, espectro, fantasma.

aparejado, da. adj. Adecuado, conveniente, apto, idóneo, dispuesto (**a.:** *inepto*)

aparejar. tr. Preparar, prevenir, disponer, aprestar, aprontar. || Imprimir.

aparejo. m. Preparación, avío, disposición. || Arreos, arneses, guarniciones. || Polea, polipasto, polispasto. || Imprimación. || pl. Herramientas, instrumental, herramental.

aparentar. tr. Simular, fingir, afectar. || Parecer, representar.

aparente. adj. Ilusorio, ficticio, engañoso (**a.:** *real, verdadero*). || Conveniente, oportuno, adecuado (**a.:** *inconveniente*).

aparición. f. Visión, fantasma, espectro, aparecido, sombra. || Presentación (**a.:** *desaparición*).

apariencia. f. Aspecto, figura, traza (**a.:** *realidad*). || Verosimilitud, probabilidad. || Ficción, simulación (**a.:** *verdad*). || Oropel, aparato, relumbrón. || pl. Indicios, señales.

aparrado, da. adj. Achaparrado, rechoncho.

apartadero. m. Desvío.

apartado, da. adj. Alejado, separado, distante, remoto, lejano (**a.:** *cercano*). || Párrafo, parte, división, sección.

apartamento. m. Vivienda, piso, apartamiento.

apartamiento. m. Alejamiento, retiro, aislamiento. || Apartamento. || Cavidad, seno, celdilla.

apartar. tr. y prnl. Separar, desunir, distanciar, dividir (**a.:** *unir*). || tr. Alejar, retirar, desviar, quitar (**a.:** *acercar*). || Escoger, separar, seleccionar. || Disuadir, distraer. || prnl. Aislarse, retraerse, recluirse. || Desviarse.

aparte. adv. Separadamente, por separado. || m. Párrafo. || adj. Diferente, singular.

apasionar. tr. y prnl. Enardecer, excitar, exaltar, inflamar, entusiasmar, arrebatar (**a.:** *desapasionar*).

apastar. tr. Apacentar, pastorear, dar pasto.

apatía. f. Incurria, indolencia, displicencia, dejadez, desidia, abandono, indiferencia, impasibilidad, escepticismo, insensibilidad (**a.:** *fervor, esfuerzo*). || Abulia, molicie, pereza, desgana, calma, cachaza, flema, pachorra (**a.:** *interés, vivacidad*).

apático, ca. adj. Impasible, indiferente, dejado, abandonado, insensible, displicente (**a.:** *animado*). || Abúlico, perezoso, indolente, desganado (**a.:** *enérgico, vehemente*).

apeadero. m. Poyo. || Parada, estación. || Andén.

apealar. tr. Manganear.

apear. intr. y prnl. Descabalgar, desmontar, descender, bajar (**a.:** *montar; subir*). || tr. Disuadir, convencer. || Sortear, superar, vencer. || Limitar, señalar, deslindar. || Apuntalar.

apechugar. intr. Soportar, aguantar, tolerar, admitir, aceptar, cargar, apencar.

apedrear. tr. Lapidar. || intr. Granizar.

apego. m. Afición, inclinación, afecto, ley, amistad, cariño, estima (**a.:** *desapego, frialdad, antipatía*).

apelar. intr. Recurrir, acudir (**a.:** *desistir*). || Referirse, remitirse, recaer.

apelativo. m. Apodo, sobrenombre, alias. || Apellido.

apelotonarse. prnl. Amontonarse.

apenado, da. adj. Contrito, triste, dolorido (**a.:** *contento, feliz*).

apenar. tr. y prnl. Afligir, entristecer, apesadumbrar, contristar, apesarar (**a.:** *alegrar; regocijar; alborozar*).

apenas. adv. Casi no, con dificultad. || Escasamente, levemente. || Luego que, tan pronto como, enseguida que.

apencar. intr. Apechugar.

apéndice. m. Suplemento, agregado, anexo, complemento. || Cola, prolongación, extremidad, rabo.

apeñuscarse. prnl. Apeñarse (**a.:** *desperdigarse*).

apeo. m. Apuntalamiento, sostén, soporte, apoyo.

apercibimiento. m. Percibimiento. || Aviso, advertencia. || Admonición, amonestación, consejo, reprimenda.

apercibir. tr. Prevenir, disponer, preparar, aparejar (**a.:** *descuidar*). || Amonestar, reprender. || Avisar, advertir. || prnl. Darse cuenta, notar, percatarse, percibir, observar (**a.:** *ocultar*).

apergaminado, da. adj. Enjuto, seco. || Acartonado, marchito, amojamado, acecinado.

apergaminarse. prnl. Acartonarse, marchitarse, amojamarse, acecinarse.

apero. m. Recado.

aperreado, da. adj. Duro, fatigoso, molesto, trabajoso. || Cansado, fatigado.

apersonarse. prnl. Personarse, presentarse, comparecer.

apertura. f. Inauguración, comienzo, principio, iniciación (a.: *cierre, clausura*). || Comprensión, aceptación.

apesadumbrar. tr. y prnl. Afligir, entristecer, apenar, apesarar, atribular, acongojar, angustiar, amargar (a.: *consolar*).

apesarar. tr. Apesadumbrar.

apestar. tr. Heder, oler mal (a.: *aromatizar*). || Corromper, viciar, inficionar, contagiar (a.: *curar*). || Fastidiar, hastiar, cansar, molestar, enfadar (a.: *agradar*).

apestoso, sa. adj. Fétido, hediondo, maloliente (a.: *aromático*). || Fastidioso, molesto, enfadoso, insufrible, insoportable, inoportuno (a.: *agradable*).

apetecer. tr. Desear, querer, ansiar (a.: *rechazar*). || intr. Gustar, agradar (a.: *desagradable*).

apetencia. f. Apetito, deseo, gana.

apetito. m. Apetencia, gana, necesidad. || Hambre, gazuza (a.: *inapetencia*). || Inclinación, deseo.

apetitoso, sa. adj. Gustoso, sabroso, delicioso, rico. || Apetecible.

apiadarse. prnl. Compadecerse, condolerse, dolerse (a.: *ensañarse*).

ápice. m. Punta, extremo. || Apogeo, culminación, cima, cumbre. || Minucia, insignificancia. || Tilde.

apilar. tr. Amontonar, juntar, allegar, acopiar, acumular.

apiñar. tr. Amontonar, agrupar. || prnl. Aglomerarse (a.: *dispersarse*).

apiolar. tr. Prender, sujetar. || Matar, asesinar.

apiparse. prnl. Hartarse, saciarse, atracarse.

apisonar. tr. Pisonear, repisar.

aplacar. tr. y prnl. Mitigar, moderar, suavizar. || Apaciguar, calmar, tranquilizar, sosegar (a.: *excitar, irritar*).

aplacible. adj. Agradable, grato, ameno, deleitoso, deleitable, delicioso.

aplanadora. f. Niveladora, apisonadora.

aplanamiento. m. Abatimiento, decaimiento, extenuación, postración.

aplanar. tr. Allanar, explanar, igualar, nivelar (a.: *amontonar*). || Pasmar, asombrar. || Aplastar. || prnl. Abatirse, postrarse, desalentarse, extenuarse (a.: *vigorizar*).

aplastar. tr. Chafar, estrujar, despachurrar, apabullar, aplanar, comprimir. || Derrotar, vencer, abatir, desbaratar. || Confundir, avergonzar, humillar, abrumar, apabullar (a.: *consolar*).

aplaudir. tr. e intr. Palmotear. || tr. Aprobar, alabar, loar, elogiar, encomiar. celebrar, ponderar (a.: *criticar*).

aplauso. m. Ovación, palmas (a.: *rechifla*). || Alabanza, loa, elogio, aprobación, encomio, celebración, ponderación (a.: *reprobación*).

aplazamiento. m. Prórroga, demora, suspensión, retraso, retardo, dilación.

aplazar. tr. Prorrogar, demorar, retrasar, diferir, posponer, postergar, suspender, dilatar (a.: *anticipar, adelantar*).

aplicación. f. Empleo, utilización, uso. || Asiduidad, esmero, atención, estudio, perseverancia, cuidado (a.: *negligencia*). || Superposición.

aplicado, da. adj. Cuidadoso, atento, perseverante, asiduo, estudioso, esmerado. || Superpuesto, sobrepuesto.

aplicar. tr. Superponer, sobreponer. || Destinar, adjudicar. || Atribuir, imputar, achacar. || Emplear, utilizar, usar. || prnl. Esmerarse, perseverar, esforzarse (a.: *descuidar*).

aplomo. m. Gravedad, serenidad, circunspección, sensatez. || Verticalidad.

apocado, da. adj. Tímido, encogido, pusilánime, corto, medroso, cobarde, temeroso (a.: *animoso, esforzado*).

apocalíptico, ca. adj. Espantoso, terrorífico, terrible, pavoroso.

apocamiento. m. Cortedad, timidez, encogimiento, pusilanimidad. || Abatimiento, postración (a.: *atrevimiento, resolución, acometimiento*).

apocar. tr. Aminorar, mermar, acortar,

achicar, reducir, limitar, estrechar (**a.:** *aumentar*). ‖ Humillar, rebajar, abatir. ‖ prnl. Amedrentarse, acobardarse, achicarse, acoquinarse (**a.:** *envalentonarse, agrandarse*).

apócope. f. Supresión, elisión.

apócrifo, fa. adj. Falso, fingido, supuesto, fabuloso, falsificado (**a.:** *auténtico*).

apoderado, da. adj. Representante, mandatario, procurador, delegado (**a.:** *poderdante, comitente*).

apoderar. tr. Conferir, facultar. ‖ prnl. Adueñarse, apropiarse, dominar, enseñorearse, ocupar (**a.:** *desocupar, ceder*).

apodíctico, ca. adj. Convincente, incontrovertible (**a.:** *dudoso*).

apodo. m. Mote, alias, sobrenombre.

apogeo. m. Auge, esplendor, plenitud, magnificencia, cumbre, cima, cúspide (**a.:** *destrucción, decadencia*).

apolillado, da. adj. Carcomido, roído.

apología. f. Panegírico. ‖ Elogio, encomio, alabanza (**a.:** *crítica, diatriba*). ‖ Justificación, defensa.

apólogo. m. Fábula, parábola, alegoría.

apoltronarse. prnl. Emperezarse, empoltronecerse. ‖ Arrellanarse, rellanarse, repantigarse, repanchigarse.

aponeurosis. f. Nervio. ‖ Tendón.

aporrear. tr. Golpear, apalear, vapulear (**a.:** *acariciar, mimar*). ‖ Machacar, importunar, molestar. ‖ prnl. Azacanearse, fatigarse, afanarse.

aportar. intr. Arribar, llegar. ‖ Acudir, acercarse.

aportar. tr. Llevar, conducir, traer. ‖ Dar, proporcionar, colaborar, contribuir.

aporte. m. Contribución, participación, aportación.

aposentar. tr. y prnl. Hospedar, alojar, albergar, residir.

aposento. m. Cuarto, estancia, habitación, pieza. ‖ Posada, hospedaje.

apósito. m. Cataplasma. ‖ Compresa.

aposta. adv. Adrede, de intento, deliberadamente, ex profeso, de propósito, con intención, expresamente, intencionadamente, a propósito (**a.:** *involuntariamente*).

apostar. tr. Jugar, poner, arriesgar. ‖ tr. y prnl. Colocar, situar, poner, emboscar.

apostasía. f. Abjuración, retractación, deserción, renuncia, abandono, defección (**a.:** *fidelidad, ortodoxia*).

apóstata. com. Renegado.

apostatar. intr. Renegar, abjurar, retractarse, abandonar, desertar.

apostema. m. Absceso.

apostilla. f. Nota, glosa, acotación, postila, postilla.

apostillar. tr. Anotar, glosar, acotar, marginar, postilar.

apóstol. m. Propagandista, propagador, predicador.

apostrofar. tr. Denostar, increpar, insultar, acusar (**a.:** *alabar*).

apóstrofe. amb. Dicterio, invectiva, improperio, increpación, insulto, denuesto (**a.:** *elogio*).

apostura. f. Gentileza, gallardía, garbo. ‖ Actitud, ademán, aspecto.

apotegma. m. Aforismo, máxima, sentencia, dicho, adagio.

apoteosis. f. Ensalzamiento, enaltecimiento, encumbramiento, deificación, divinización, glorificación (**a.:** *envilecimiento*).

apoyar. tr., intr. y prnl. Descansar, gravitar, estribar, cargar. ‖ tr. Confirmar, sostener, autorizar, secundar, reforzar (**a.:** *desaprobar*). ‖ Favorecer, ayudar, amparar, proteger, defender, patrocinar (**a.:** *atacar*). ‖ Basar, fundamentar, fundar.

apoyo. m. Sostén, soporte, sustentáculo, sustentación. ‖ Favor, ayuda, amparo, protección, auxilio, patrocinio, defensa.

apreciable. adj. Perceptible, considerable, sensible (**a.:** *inapreciable*). ‖ Estimable, ponderable.

apreciación. f. Evaluación, valoración, estimación, valuación, tasación. ‖ Juicio, opinión, dictamen, parecer.

apreciar. tr. Estimar, tasar, valuar, evaluar, valorar, justipreciar (**a.:** *menospreciar*). ‖ Considerar, reputar, preciar. ‖ Percibir, notar.

aprecio. m. Estimación, estima, consideración, afecto (**a.:** *desprecio, desdén*, *menosprecio*). || Apreciación, evaluación.

aprehender. tr. Prender, capturar, apresar, aprisionar, asir, coger (**a.:** *soltar*). || Percibir, concebir.

aprehensión. f. Captura. || Percepción.

apremiante. adj. Urgente, perentorio.

apremiar. tr. Oprimir, apretar. || Urgir, apurar, instar, acuciar, dar prisa. || Compeler, obligar (**a.:** *tranquilizar*).

apremio. m. Urgencia, premura, prisa. || Necesidad, apuro, aprieto.

aprender. tr. e intr. Estudiar, comprender (**a.:** *enseñar*). || tr. Memorizar (**a.:** *olvidar*). || intr. Instruirse, educarse (**a.:** *ignorar*).

aprendiz, za. m. y f. Principiante, novicio, novato, bisoño (**a.:** *idóneo, perito*).

aprendizaje. m. Estudio. || Memorización. || Educación, instrucción, enseñanza.

aprensión. f. Escrúpulo, recelo, desconfianza, temor. || Prejuicio. || Reparo, miramiento.

aprensivo, va. adj. Escrupuloso, receloso, remirado, temeroso, miedoso, pusilánime (**a.:** *animoso*).

apresar. tr. Aprehender, capturar, prender, aprisionar (**a.:** *liberar*). || Tomar, asir, sujetar (**a.:** *soltar*).

aprestar. tr. y prnl. Preparar, disponer, prevenir, aparejar. || Aderezar.

apresto. m. Prevención, preparativo, preparación, disposición (**a.:** *imprevisión*).

apresurar. tr. y prnl. Dar prisa, acelerar, activar, avivar, aligerar, apurar, precipitar (**a.:** *retrasar, retardar, demorar*).

apretado, da. adj. Arduo, difícil, peligroso. || Mezquino, miserable, agarrado, tacaño, cicatero, avaro (**a.:** *generoso*). || Ceñido, ajustado, estrecho (**a.:** *flojo, suelto*). || Necesitado, apurado.

apretar. tr. Estrechar, oprimir, abrazar. || tr. e intr. Acosar, importunar, oprimir, instar, apremiar, hostigar, obligar. || Afligir, angustiar. || tr. Comprimir, apretujar, prensar, apiñar. || Ceñir, ajustar. || intr. Exigir.

apretón. m. Opresión. || Conflicto, apuro, aprieto, apretura, ahogo, dificultad.

apretujar. tr. Estrujar, comprimir, apretar, prensar.

apretura. f. Apretón, aprieto.

aprieto. f. Conflicto, dificultad, apuro, apretura, ahogo, brete (**a.:** *holgura*).

apriorismo. m. Trascendentalismo.

aprisa. adv. Pronto, de prisa, aceleradamente, /rápidamente, prestamente.

aprisco. m. Corral, redil.

aprisionar. tr. Prender, capturar, apresar, encarcelar (**a.:** *liberar, libertar*). || Asir, coger, atar, sujetar (**a.:** *soltar, desatar*).

aprobación. f. Asentimiento, asenso, anuencia, aquiescencia, consentimiento, beneplácito, conformidad (**a.:** *denegación*). || Prueba, probación.

aprobar. tr. Asentir, consentir, dar por bueno, admitir, aceptar (**a.:** *desaprobar*). || Pasar.

aprontar. tr. Aprestar, preparar, disponer, prevenir. || Entregar, dar, aportar.

apropiado, da. adj. Adecuado, propio, acomodado, oportuno, conveniente, idóneo (**a.:** *impropio, indebido*).

apropiar. tr. Aplicar, acomodar. || prnl. Apoderarse, adueñarse, arrogarse, atribuirse (**a.:** *dejar*).

aprovechable. adj. Útil, utilizable (**a.:** *inservible, inútil*).

aprovechado, da. adj. Aplicado, diligente, estudioso. || Ventajista, aprovechador, ganguero.

aprovechamiento. m. Provecho, beneficio, utilidad, fruto. || Usufructo.

aprovechar. intr. Servir, valer. || tr. Utilizar, usar (**a.:** *desaprovechar, desperdiciar, malgastar*). || prnl. Prevalerse, valerse, servirse.

aprovisionar. tr. Abastecer, proveer, suministrar, surtir, avituallar.

aproximación. f. Acercamiento (**a.:** *alejamiento*).

aproximadamente. adv. Casi, cerca de, próximamente, poco más o menos (**a.:** *lejos*).

aproximado, da. adj. Aproximativo.

aproximar. tr. y prnl. Acercar, arrimar, juntar (**a.:** *alejar*). || prnl. Parecerse, asemejarse.

apterigógeno, na. adj. Tisanuro.

aptitud. f. Capacidad, idoneidad, suficiencia, disposición, competencia (**a.:** *incapacidad, ineptitud, inhabilidad*).

apto, ta. adj. Dispuesto, suficiente, capaz, idóneo, competente. ‖ Adecuado, conveniente, útil.

apuesto, ta. adj. Ataviado, adornado. ‖ Gallardo, airoso, arrogante, garboso, bizarro, galán, gentil (**a.:** *desgarbado*).

apuntación. f. Apunte, nota, anotación. ‖ Notación.

apuntador, ra. m y f. Apunte. ‖ Traspunte.

apuntalar. tr. Apear. ‖ Sostener, afirmar, asegurar, apoyar (**a.:** *derribar*).

apuntar. tr. Anotar, asentar. ‖ Inscribir. ‖ intr. Asestar. ‖ Señalar, indicar. ‖ Soplar. ‖ Insinuar, sugerir, referirse. ‖ intr. y tr. Dirigir, orientar. ‖ prnl. Avinagrarse, agriarse, acedarse.

apunte. m. Nota, anotación, apuntación. ‖ Croquis, tanteo, esbozo, boceto, esquicio. ‖ Apuntador.

apurado, da. adj. Necesitado, escaso, pobre. ‖ Dificultoso, arduo, apretado, peligroso. ‖ Exacto, esmerado, preciso. ‖ Apresurado.

apurar. tr. Purificar, depurar. ‖ Averiguar, desentrañar. ‖ Acabar, agotar, consumir. ‖ Apremiar, urgir, apretar. ‖ Incitar, obligar, instar. ‖ Apresurar, acelerar (**a.:** *detener*). ‖ prnl. Afligirse, atribularse, acongojarse, abrumarse, agobiarse, angustiarse (**a.:** *consolarse*).

apuro. m. Aprieto, escasez, necesidad (**a.:** *holgura*). ‖ Aflicción, conflicto, compromiso, dificultad, ahogo. ‖ Prisa, urgencia, apremio.

aquejar. tr. Acongojar, afligir, apesadumbrar, atribular, apenar (**a.:** *confortar, consolar*). ‖ Afectar.

aquelarre. m. Barahúnda, batahola, ruido, confusión. ‖ Conciliábulo.

aquerenciarse. prnl. Aficionarse, encariñarse, prendarse (**a.:** *desapegarse*).

aquí. adv. Acá (**a.:** *allí*). ‖ Éste, ésta.

aquiescencia. f. Asentimiento, asenso, anuencia, consentimiento, beneplácito, conformidad, aprobación, venia, permiso. *Tiene la aquiescencia de sus padres para hacer el viaje.*

aquiescente. adj. Conforme, tolerante, comprensivo.

aquietar. tr. y prnl. Apaciguar, pacificar, tranquilizar, sosegar, calmar, serenar (**a.:** *excitar, intranquilizar*).

aquifoliáceo, a. adj. Ilicíneo.

aquifolio. m. Acebo.

aquilatar. tr. Apreciar, graduar, estimar, valorar. ‖ Purificar, acendrar, acrisolar, apurar.

aquilino, na. adj. Aguileño.

aquilón. m. Bóreas, cierzo.

aquistar. tr. Conseguir, adquirir, conquistar.

ara. f. Altar.

árabe. adj. y s. Islamita, agareno, arábigo.

arábigo, ga. adj. Árabe.

aráceo, a. adj. Aroideo.

arana. f. Embuste, trampa, estafa, engaño.

arandela. f. Corona, herrón, vilorta.

arañar. tr. Rascar, arpar, rasgar, rasguñar, rayar.

arañazo. m. Rascuño, rasguño, uñada, uñarada, arpadura, uñetazo.

arañuela. f. Neguilla.

arar. tr. Labrar, surcar, barbechar, roturar.

araucano, na. adj. Mapuche.

arbitraje. m. Juicio, dictamen, decisión. ‖ Laudo.

arbitrar. tr. Juzgar, laudar. ‖ Allegar, disponer, reunir, procurar. ‖ prnl. Ingeniarse, manejarse, amañarse.

arbitrariedad. f. Extralimitación, desafuero, tropelía, atropello, injusticia, despotismo, iniquidad, ilegalidad, abuso.

arbitrario, ria. adj. Inmotivado, caprichoso, infundado. ‖ Injusto, ilegal, inicuo, despótico (**a.:** *justo, legal, imparcial*).

arbitrio. m. Albedrío, voluntad. ‖ Medio, recurso, procedimiento. ‖ Sentencia. ‖ pl. Derechos, impuestos, gabelas, tributos, gravámenes.

árbitro, tra. m. y f. Juez, componedor. ‖ Mediador, medianero.

árbol. m. Palo, mástil, asta. ‖ Eje.

arbolar. tr. Enarbolar, levantar, izar. ‖ prnl. Encabritarse.

arborescente. adj. Dendroide, dendroideo, arbustivo.

arca. f. Caja, cofre, baúl.

arcacil. m. Alcaucil, alcaucí, alcacil.

arcada. f. Basca, náusea.

arcaduz. m. Caño. ‖ Cangilón.

arcaico, ca. adj. Anticuado, antiguo, desusado, viejo (**a.:** *moderno*). ‖ Primitivo. ‖ Azoico, arqueozoico.

arcano, na. adj. Secreto, misterioso, oculto, recóndito. ‖ m. Secreto, misterio.

arcediano. m. Archidiácono.

archidiácono. m. Arcediano.

archidiócesis. f. Arzobispado, arquidiócesis.

archivar. tr. Guardar.

archivolta. f. Arquivolta.

arco. m. Meta, portería, valla. ‖ Aro, curva.

arda. f. Ardilla.

ardalear. intr. Arralar, ralear.

árdea. f. Alcaraván.

ardedura. f. Ardimiento. ‖ Fuego, llamarada.

arder. tr. e intr. Quemarse, abrasarse, consumirse, incendiarse. ‖ Resplandecer. ‖ prnl. Corromperse, pudrirse, descomponerse.

ardid. m. Treta, artificio, maña, amaño, astucia, añagaza, estratagema.

ardiente. adj. Abrasador, encendido. ‖ Férvido, ferviente, fervoroso, vehemente, ardoroso, activo, fogoso, apasionado (**a.:** *apagado*).

ardimiento. m. Valor, intrepidez, valentía, denuedo, vigor, ardor (**a.:** *cobardía*).

ardite. m. Insignificancia, nadería, fruslería, bledo, cornado, comino, ochavo.

ardor. m. Brillo, resplandor. ‖ Valor, ímpetu, intrepidez, denuedo. ‖ Afán, ahínco, empeño. ‖ Viveza, vehemencia, entusiasmo, actividad, calor, pasión, anhelo, ansia, quemazón.

ardoroso, sa. adj. Ardiente, encendido, caluroso. ‖ Fogoso, vehemente, entusiasta, apasionado, fervoroso, vigoroso.

arduo, dua. adj. Difícil, dificultoso, espinoso, apurado, apretado (**a.:** *fácil, sencillo, comprensible*).

área. f. Extensión, superficie. ‖ Campo, ámbito.

arena. f. Liza, palenque, cancha, palestra. ‖ Redondel, ruedo. ‖ pl. Arenillas, cálculos.

arenar. tr. Enarenar.

arenga. f. Alocución, discurso, oración, peroración. ‖ Perorata, prédica, soflama.

arenillas. f. pl. Cálculos, arenas.

arenisco, ca. adj. Arenoso.

areómetro. m. Densímetro.

arete. m. Arillo, pendiente, arracada, zarcillo, perendengue.

argadijo o argadillo. m. Devanadera.

argalia. f. Algalia, catéter, sonda.

argamandel. m. Andrajo, harapo, guiñapo, pingajo, pingo.

argamasa. f. Cemento, mezcla, mortero.

argentado, da. adj. Plateado.

argentar. tr. Platear.

argolla. f. Anilla, aro, ajorca.

argonauta. m. Marinero, nautilo.

argot. m. Jerga, jerigonza.

argucia. f. Sofisma, falacia, sutileza (**a.:** *raciocinio, razonamiento*).

argue o argüe. m. Cabrestante.

argüir. tr. Deducir. ‖ Descubrir, probar, mostrar, indicar. ‖ Reprochar, acusar. ‖ tr. e intr. Argumentar, objetar, alegar, replicar, discutir. ‖ Impugnar, refutar, disputar.

argumentación. f. Razonamiento.

argumentar. tr. Argüir, razonar, discutir, impugnar, contradecir, replicar, objetar, refutar, alegar.

argumento. m. Razonamiento. ‖ Indicio, señal. ‖ Asunto, materia, trama, fábula. ‖ Guión.

aria. f. Romanza, solo, canción.

aridez. f. Sequedad (**a.:** *humedad*). ‖ Esterilidad (**a.:** *fecundidad*). ‖ Monotonía, insipidez.

árido, da. adj. Seco (**a.:** *húmedo*). ‖ Estéril, improductivo, infecundo (**a.:** *fértil, fecundo*). ‖ Aburrido, fastidioso, cansado, monótono (**a.:** *entretenido*).

arillo. m. Arete.

ario, ria. adj. Indoeuropeo, indogermánico.

arisco, ca. adj. Áspero, intratable, huidizo, hosco, huraño (**a.:** *afable, suave, sociable*). ‖ Bravío, montaraz, cerril (**a.:** *dócil*).

arista. f. Raspa. ‖ Borde, canto. ‖ Esquina.

aristocracia. f. Nobleza (**a.:** *democracia*). ‖ Distinción.

aristócrata. com. Magnate, noble, patricio.

aristocrático, ca. adj. Fino, distinguido, noble (**a.:** *democrático, vulgar*).

aristocratizar. tr. y prnl. Ennoblecer.

aristotélico, ca. adj. Peripatético.

armada. f. Marina. ‖ Escuadra, flota.

armadía. f. Almadía, maderada.

armadura. f. Armas, arnés. ‖ Armazón, montura. ‖ Esqueleto.

armar. tr. Amartillar, montar. ‖ Disponer, formar (**a.:** *desarmar, separar, desmontar*). ‖ Promover, causar. ‖ Urdir, tramar, fraguar. ‖ prnl. Aviarse, proveerse.

armario. m. Estante, escaparate, alacena, aparador.

armas. f. pl. Armadura. ‖ Blasones. ‖ Escudo de armas.

armatoste. m. Artefacto, artilugio.

armazón. amb. Armadura, montura. ‖ Esqueleto, andamio.

armonía. f. Asonancia, consonancia (**a.:** *disonancia*). ‖ Conformidad, concordia, acuerdo, concordancia (**a.:** *discordia, disensión*). ‖ Unión, paz, concordia, concierto.

armonioso, sa. adj. Armónico. ‖ Agradable, bello (**a.:** *desafinado*).

armonizar. intr. y tr. Concertar, avenir, amigar, concordar (**a.:** *enemistar*).

arnés. m. Armadura. ‖ pl. Guarniciones, arreos, aparejos.

aro. m. Anillo, sortija, argolla. ‖ Cincho.

aroideo, a. adj. Aráceo.

aroma. m. Perfume, fragancia. ‖ Esencia, bálsamo.

aromar. tr. Aromatizar.

aromático, ca. adj. Perfumado, fragante, aromoso, oloroso, odorífero (**a.:** *fétido*).

aromatizar. tr. Perfumar, embalsamar, aromar.

arpadura. f. Arañazo, rasguño.

arpar. tr. Arañar, rasgar.

arpía. f. Bruja (**a.:** *hada*).

arpón. m. Garfio.

arquear. tr. Enarcar, encorvar, doblar, combar, curvar. ‖ intr. Nausear, basquear.

arquear. tr. Inventariar, fiscalizar.

arqueo. m. Tonelaje, capacidad, cabida. ‖ Inventario.

arqueozoico, ca. adj. Arcaico, azoico.

arquero. m. Guardameta, portero.

arquetipo. m. Prototipo, modelo, dechado, paradigma.

arquidiócesis. f. Arzobispado.

arquiepiscopal. adj. Arzobispal.

arquivolta. f. Archivolta.

arrabal. m. Suburbio, barrio. ‖ pl. Afueras, alrededores.

arracada. f. Pendiente, zarcillo, arete, arillo.

arracimado, da. adj. Racimado, en racimo. ‖ Apiñado, aglomerado.

arracimarse. prnl. Apiñarse, aglomerarse, apretujarse.

arraclán. m. Aliso negro.

arraigado, da. adj. Antiguo, inveterado, enraizado.

arraigar. intr. Prender, encepar, agarrar, enraizar (**a.:** *desarraigar, arrancar, extirpar*). ‖ prnl. Establecerse, afincarse, enraizarse, radicarse.

arralar. intr. Ralear.

arramblar. tr. e intr. Apoderarse, llevarse, saquear.

arrancaclavos. m. Desclavador.

arrancada. f. Arranque, viada. ‖ Acometida, embestida.

arrancado, da. adj. Arruinado, empobrecido, tronado.

arrancar. tr. Desarraigar, extirpar (**a.:** *plantar*). ‖ Extraer, sacar (**a.:** *clavar, poner*). ‖ Quitar, arrebatar. ‖ Sonsacar, sacar. ‖ intr. Partir, salir (**a.:** *llegar*). ‖ Provenir, traer origen, proceder. ‖ Comenzar, empezar, iniciarse (**a.:** *detener, finalizar*).

arranciarse. prnl. Enranciarse.

arranque. m. Impulso, arrebato, ímpetu, rapto, pronto, arrechucho, ataque. || Ocurrencia, salida. || Principio, inicio, comienzo, origen (**a.:** *fin, final*). || Energía, brío, pujanza.

arranquera. f. Pobreza, miseria, ruina.

arrapiezo. m. Andrajo, harapo. || Chiquillo, muchacho, rapaz, chaval, mocoso, chico.

arras. f. pl. Prenda, señal, garantía.

arrasar. tr. Allanar, alisar. || Asolar, devastar, arruinar, destruir, talar, rasar (**a.:** *construir*). || intr. y prnl. Despejarse, aclararse.

arrastrado, da. adj. Pobre, mísero, desastrado, penoso, azaroso. || Duro, aperreado, fatigoso. || Pícaro, bribón, pillo, tunante. || Maldito, ruin, condenado.

arrastrar. tr. Llevar, tirar. || Impulsar, obligar. || Acarrear, ocasionar. || Persuadir, convencer. || Llevar, soportar. || prnl. Reptar. || Humillarse, rebajarse.

arrastre. m. Acarreo, conducción, trasporte.

arrayán. m. Mirto, murta.

arrear. tr. Atizar, pegar. || Adornar, engalanar.

arrebañar. tr. Rebañar.

arrebatado, da. adj. Precipitado, impetuoso, irreflexivo. || Inconsiderado, violento, enfurecido, encolerizado, irritado (**a.:** *manso*). || Rojo, encendido.

arrebatador, ra. adj. Cautivador, seductor, encantador, atrayente.

arrebatamiento. m. Furor, furia, enajenamiento. || Éxtasis.

arrebatar. tr. Arrancar, quitar (**a.:** *devolver*). || Atraer, encantar, cautivar (**a.:** *repugnar*). || tr. y prnl. Embelesar, arrobar, extasiar. || prnl. Enfurecerse, irritarse, encolerizarse (**a.:** *apaciguarse*).

arrebatiña. f. Rebatiña.

arrebato. m. Arranque, rapto, pronto, ímpetu, arrechucho. || Furor, cólera, enajenamiento. || Éxtasis.

arrebol. m. Colorete, carmín.

arrebolar. tr. y prnl. Enrojecer, sonrojar.

arrebujar. tr. Arrugar. || tr. y prnl. Cubrir, envolver, tapar, arropar (**a.:** *destaparse*).

arreciar. intr. y prnl. Aumentar, crecer (**a.:** *amainar*).

arrecife. m. Banco, bajío, escollo.

arrechucho. m. Ímpetu, arranque, arrebato, pronto, impulso. || Indisposición, escalofrío.

arredrar. tr. y prnl. Retraer, retroceder. || Intimidar, atemorizar, amedrentar, acobardar, amilanar, asustar, acoquinar, achantar (**a.:** *enardecer*). || Apartar, separar.

arreglado, da. adj. Moderado, ordenado, metódico, cuidadoso, morigerado. || Aliñado, aderezado, compuesto.

arreglar. tr. Ajustar, conformar, acomodar. || Clasificar, ordenar, coordinar, alistar (**a.:** *desarreglar*). || Concertar, conciliar, avenir, acordar. || Componer, reparar, apañar, remendar (**a.:** *descomponer, estropear*). || Aliñar, aderezar, condimentar. || Aviar, ataviar. || Corregir, enmendar. || Castigar, sancionar. || prnl. Manejarse, desenvolverse.

arreglo. m. Orden, regla, acomodo, acomodamiento. || Conciliación, acuerdo, concierto, avenencia (**a.:** *ruptura*). || Compostura, reparación (**a.:** *descompostura*).

arregostarse. prnl. Aficionarse, engolosinarse, enviciarse, empicarse.

arrejada. f. Aguijada.

arrellanarse. prnl. Apoltronarse, repantigarse, repanchigarse.

arremeter. intr. Atacar, acometer, embestir (**a.:** *huir*). || Chocar, estrellarse (**a.:** *detenerse*).

arremetida. f. Arremetimiento, acometida, ataque, embestida.

arremolinarse. prnl. Remolinarse, remolinearse, aglomerarse, apiñarse, amontonarse (**a.:** *dispersarse*).

arrendador, ra. m. y f. Arrendatario.

arrendamiento. m. Arriendo, alquiler, locación, renta.

arrendar. tr. Alquilar (**a.:** *desalquilar*).

arrendatario. ria. m. y f. Arrendador, inquilino, locatario, casero.

arreo. m. Atavío, adorno, aderezo. || pl. Guarniciones, jaeces, aparejos.

arrepentido, da. adj. Compungido, contrito, pesaroso, sentido (**a.:** *impenitente*).

arrepentimiento. m. Compunción. || Contrición, atrición (**a.:** *contumacia*).

arrepticio, cia. adj. Endemoniado, espiritado, poseso.

arrequives. m. pl. Requives, adornos, atavíos. || Circunstancias, requisitos, exigencias.

arrestar. tr. Prender, detener, apresar (**a.:** *liberar, soltar*).

arresto. m. Detención, prendimiento, prisión. || pl. Arrojo, atrevimiento, valor, valentía, resolución, audacia, osadía, intrepidez, determinación.

arria. f. Recua.

arriar. tr. Bajar (**a.:** *izar*).

arriate. m. Macizo, terraza. || Paso, camino.

arriba. adv. Encima, a lo alto (**a.:** *abajo, debajo*). || Antes, anteriormente.

arribar. intr. Llegar (**a.:** *partir, marcharse*). || Convalecer, recobrarse, recuperarse. || Alcanzar, conseguir, lograr.

arribo. m. Llegada (**a.:** *partida, salida*). || Desembarco, aterrizaje.

arriendo. m. Arrendamiento, alquiler, renta.

arriesgado, da. adj. Aventurado, peligroso, expuesto, azaroso (**a.:** *seguro*). || Atrevido, osado, audaz, arriscado, imprudente, temerario, arrojado (**a.:** *prudente, acobardado, cauto*).

arriesgar. tr. y prnl. Arriscar, aventurar, exponer, comprometer, atreverse, osar (**a.:** *desistir*).

arrimar. tr. Acercar, aproximar (**a.:** *alejar*). || Dar, pegar (**a.:** *acariciar*). || Dejar, poner a un lado, dar de lado, abandonar, arrinconar, prescindir, arrumbar. || prnl. Apoyarse, acogerse, ampararse.

arrimo. m. Proximidad, cercanía. || Apoyo, sostén. || Ayuda, auxilio, amparo, favor, protección. || Apego, afición, inclinación.

arrinconado, da. adj. Retirado, distante, apartado. || Desatendido, olvidado, postergado, aislado.

arrinconar. tr. Retirar, apartar. || Desatender, postergar, dejar, abandonar. || Acorralar, acosar, estrechar. || prnl. Aislarse, retirarse, retraerse (**a.:** *exhibirse*).

arriscado, da. adj. Riscoso, escabroso. || Atrevido, osado, arriesgado, audaz, resuelto, temerario (**a.:** *apocado*). || Ágil, gallardo.

arriscar. tr. Arriesgar, aventurar, exponer. || prnl. Engreírse, envanecerse, entonarse. || Encresparse, enfurecerse, alborotarse.

arrobamiento. m. Arrobo, embelesamiento. || Éxtasis, enajenamiento, rapto.

arrobar. tr. Embelesar, encantar, cautivar, atraer. || prnl. Extasiarse, enajenarse, elevarse.

arrobo. m. Arrobamiento, éxtasis, enajenamiento.

arrodillarse. prnl. Hincarse, postrarse (**a.:** *erguirse*).

arrogancia. f. Altanería, altivez, soberbia, engreimiento, orgullo, desprecio, desdén (**a.:** *modestia, humildad*). || Jactancia. || Valor, bizarría, brío, valentía (**a.:** *miedo, cobardía*). || Gallardía, garbo.

arrogante. adj. Altanero, altivo, orgulloso, soberbio (**a.:** *humilde, modesto, cortés*). || Valiente, brioso, alentado (**a.:** *medroso*). || Gallardo, airoso, apuesto.

arrogarse. prnl. Apropiarse, atribuirse.

arrojado, da. adj. Intrépido, resuelto, valiente, osado, audaz, atrevido, decidido, arriesgado (**a.:** *cobarde, pusilánime*). || Imprudente, inconsiderado.

arrojar. tr. Lanzar, echar, disparar, tirar, despedir (**a.:** *recoger, recibir*). || Vomitar, provocar. || Expulsar, echar, exhalar. || prnl. Precipitarse, despeñarse, tirarse, lanzarse. || Arremeter, acometer, atacar, abalanzarse, agredir (**a.:** *retroceder*).

arrojo. m. Resolución, intrepidez, valor,

osadía, audacia, atrevimiento, arrestos, temeridad, coraje (**a.:** *pusilanimidad, cobardía*).

arrollar. tr. Enrollar, rollar, envolver. ‖ Atropellar, topar. ‖ Derrotar, vencer, destrozar, aniquilar, batir.

arropar. tr. prnl. Abrigar, cubrir, tapar, amantar, enmantar (**a.:** *desabrigar, destapar*).

arropía. f. Melcocha.

arrostrar. tr. Afrontar, resistir, desafiar, enfrentar (**a.:** *desistir, huir*).

arroyada. f. Crecida, inundación.

arroyo. m. Riachuelo, rivera, riacho. ‖ Calzada.

arroyuelo. m. Regato, regajal, regajo.

arruga. f. Pliegue, rugosidad, repliegue (**a.:** *lisura*).

arruinar. tr. y prnl. Demoler, destruir, devastar, asolar, arrasar, aniquilar. ‖ Empobrecer. (**a.:** *enriquecer*).

arrullar. tr. Enamorar. ‖ Adormecer, adormir. ‖ Zurear.

arrumaco. m. Carantoña, garatusa, fiesta, zalamería.

arrumazón. f. Rumazón, nublado.

arrumbar. tr. Arrinconar, apartar, retirar.

arsenal. m. Astillero, atarazana. ‖ Depósito, reserva, acopio.

arta. f. Llantén.

arte. amb. Oficio, profesión. ‖ Habilidad, destreza, maestría, ingenio, industria, disposición, virtud (**a.:** *desmaña*). ‖ Maña, astucia. ‖ Modo, manera.

artefacto. m. Máquina, mecanismo, aparato, dispositivo.

artejo. m. Nudillo, juntura, articulación.

artemisa o artemisia. f. Altamisa. ‖ Milenrama.

artería. f. Amaño, astucia, falsía, engaño, trampa, ardid.

artero, ra. adj. Mañoso, astuto, malintencionado, falso, tramposo (**a.:** *leal*).

artesa. f. Amasadera, duerna, masera.

artesanía. f. Artesanado. ‖ Menestralía.

artesano, na. m. y f. Menestral, obrero. ‖ Artífice.

ártico, ca. adj. Norte, septentrional, hiperbóreo, boreal, nórdico (**a.:** *antártico*).

articulación. f. Juntura, junta, unión, enlace. ‖ Coyuntura. ‖ Sinartrosis. ‖ Artejo, nudillo. ‖ Pronunciación.

articular. tr. y prnl. Unir, enlazar, trabar. ‖ tr. Pronunciar.

artículo. m. Mercancía, mercadería. ‖ Párrafo.

artífice. com. Artista, autor, creador. *Cada hombre es artífice de su destino.* ‖ Artesano. *El artesano trabaja en un taller.*

artificial. adj. Postizo. ‖ Falso, fingido, ficticio, afectado (**a.:** *espontáneo, voluntario*). ‖ Facticio (**a.:** *natural*). ‖ Artificioso (**a.:** *sencillo, ingenuo*).

artificiero. m. Pirotécnico.

artificio. m. Arte, ingenio, habilidad. ‖ Artefacto. ‖ Disimulo, doblez, cautela, falsedad, truco.

artificioso, sa. adj. Ingenioso, complicado, habilidoso, estudiado. ‖ Artificial, afectado, rebuscado, amanerado (**a.:** *espontáneo, natural*). ‖ Fingido, disimulado, astuto, cauteloso, engañoso, ficticio, artero.

artilugio. m. Mecanismo, artefacto, herramienta. ‖ Trampa, enredo, engaño, artimaña, ardid.

artimaña. f. Trampa. ‖ Artificio, astucia, engaño, artilugio, martingala, ardid, treta.

artista. com. Actor, comediante. ‖ Pintor. ‖ Escultor. ‖ Ejecutante. ‖ Artesano, artífice.

arveja. f. Alverja, guisante.

arzobispado. m. Arquidiócesis.

arzobispal. adj. Archiepiscopal, metropolitano.

arzobispo. m. Metropolitano, prelado.

as. m. Campeón.

asa. f. Agarradera, mango, asidero, manija.

asado. m. Churrasco.

asador. m. Espetón, varilla.

asadura. f. Entrañas. ‖ Hígado y bofes. ‖ Pachorra, apatía, sosería, cachaza, flema.

asalariado, da. adj. y s. Empleado, obrero, criado.

asaltante. adj. Atracador. ‖ com. Ladrón, salteador, bandolero, bandido.

asaltar. tr. Acometer, arremeter, embestir, atacar. ‖ Atracar. ‖ Sobrevenir, acudir, acometer, sorprender.

asalto. m. Acometida, arremetida, embestida, ataque. ‖ Atraco.

asamblea. f. Reunión, junta. ‖ Congreso, cónclave, concilio. ‖ Convención.

asar. tr. Tostar, soasar, torrar, abrasar. ‖ prnl. Acalorarse.

asaz. adv. Bastante, harto, muy, suficiente (a.: *poco, demasiado*).

ascendencia. f. Linaje, alcurnia, estirpe (a.: *descendencia*). ‖ Ascendientes, antepasados. ‖ Influencia, predominio.

ascender. intr. Subir, elevarse (a.: *descender, bajar, decaer*). ‖ Importar, montar, sumar, remontarse. ‖ Adelantar, progresar, mejorar (a.: *disminuir*). ‖ Aumentar. ‖ tr. Promover, elevar.

ascendiente. com. Antecesor, antepasado (a.: *descendiente, sucesor, heredero*). ‖ m. Influencia, prestigio, valimiento, autoridad, crédito, predominio.

ascensión. f. o **ascenso.** m. Subida, elevación (a.: *bajada, descenso*). ‖ Exaltación. ‖ Promoción.

ascenso. m. Promoción (a.: *degradación*). ‖ Subida, mejora.

ascensor. m. Montacargas.

asceta. com. Cenobita, anacoreta, ermitaño, eremita. *El asceta lleva vida austera; vida solitaria, el anacoreta.*

ascético, ca. adj. Austero, sobrio.

asco. m. Náusea, repugnancia. ‖ Repulsión, aversión. ‖ Asquerosidad.

ascua. f. Brasa.

aseado, da. adj. Limpio, curioso, pulcro, cuidadoso (a.: *desaseado, sucio*).

asear. tr. Limpiar, lavar (a.: *ensuciar, manchar*). ‖ Acicalar.

acechanza. f. Engaño, perfidia, insidia, asechamiento, asecho, trampa, traición, emboscada.

asedar. tr. Suavizar.

asediar. tr. Cercar, bloquear, sitiar. ‖ Importunar, acosar, molestar.

asedio. m. Cerco, bloqueo, sitio. ‖ Acoso.

asegurar. tr. Consolidar, afianzar, fijar, afirmar (a.: *derrumbar*). ‖ Garantizar. ‖ Afirmar, cerciorar, aseverar, certificar, confirmar, ratificar (a.: *dudar, negar*). ‖ Preservar, resguardar.

asemejarse. prnl. Semejar, parecerse, salir a (a.: *diferenciarse*).

asendereado, da. adj. Agobiado, fatigado. ‖ Frecuentado, trillado. ‖ Práctico, experto.

asenso. m. Asentimiento, aprobación, anuencia, aquiescencia, consentimiento (a.: *negativa*).

asentaderas. f. pl. Nalgas, posaderas, trasero.

asentado, da. adj. Sentado, juicioso, equilibrado. ‖ Estable, permanente (a.: *móvil, soluble*).

asentar. tr. y prnl. Sentar. ‖ Colocar. ‖ Afirmar, asegurar, fijar, instalar. ‖ tr. Fundar. ‖ Aplanar, alisar. ‖ Ajustar, convenir. ‖ Anotar, inscribir. ‖ prnl. Sedimentarse, posarse. ‖ Establecerse, sentarse (a.: *marcharse*).

asentimiento. m. Anuencia, asenso, aprobación (a.: *desaprobación*). ‖ Consentimiento, aquiescencia, permiso, beneplácito, venia, conformidad (a.: *denegación*).

asentir. intr. Afirmar, aprobar, convenir, consentir (a.: *disentir, impedir*).

aseo. m. Limpieza, curiosidad, pulcritud (a.: *desaseo, suciedad*). ‖ Adorno, compostura. ‖ Esmero, cuidado (a.: *desprolijidad*).

asequible. adj. Accesible, alcanzable (a.: *inasequible, imposible*). ‖ Llano, amable. ‖ Comprensible, entendible (a.: *incomprensible, abstruso, oscuro*).

aserción. f. Aserto, aseveración, afirmación.

aserrar. tr. Serrar.

aserrín. m. Serrín.

aserto. m. Afirmación, aserción, aseveración.

asesinato. m. Homicidio.

asesino, na. adj. Homicida.

asesor, ra. adj. Consultivo. ‖ Consultor, consejero.

asesorar. tr. Aconsejar, informar, orientar. ‖ prnl. Consultar.

asestar. tr. Apuntar, dirigir, orientar. ‖ Descargar.

aseveración. f. Afirmación, aserción, aserto. ‖ Confirmación, ratificación (a.: *negación*).

aseverar. tr. Afirmar, asegurar. ‖ Confirmar, ratificar (a.: *rectificar*).

aseverativo, va. adj. Afirmativo, confirmativo (a.: *negativo*). ‖ Enunciativo, declarativo.

asfixia. f. Ahogo, sofocación, estrangulación.

asfixiar. tr. y prnl. Ahogar, estrangular.

así. adv. De esta manera. ‖ También, igualmente. ‖ conj. Aunque. ‖ **así como.** loc. adv. Tan luego como. ‖ **así como así.** loc. adv. De cualquier manera. ‖ **así mismo.** loc. adv. Asimismo, también, además. ‖ **así que.** loc. adv. Enseguida, al punto que, en cuanto. ‖ loc. conj. Por lo cual, de modo que.

asidero. m. Asa, agarradera. ‖ Ocasión, pretexto, excusa. ‖ Apoyo, justificación.

asiduo, dua. adj. Frecuente, constante (a.: *discontinuo*). ‖ Puntual, perseverante.

asiento. m. Localidad. ‖ Sitio, plaza. ‖ Lugar, sede, domicilio, residencia. ‖ Poso, sedimento. ‖ Banco, escaño. ‖ Emplazamiento. ‖ Indigestión, empacho. ‖ Cordura, sensatez, madurez, juicio, prudencia. ‖ Estabilidad, permanencia. ‖ Sentamiento. ‖ Anotación. ‖ **tomar asiento.** Sentarse. ‖ Establecerse, instalarse.

asignación. f. Sueldo, remuneración, retribución, estipendio, honorarios. ‖ Partida, consignación. ‖ Destino.

asignar. tr. Fijar, señalar. ‖ Destinar. ‖ Dar, pensionar.

asignatura. f. Disciplina, materia.

asilar. tr. Recluir. ‖ tr. y prnl. Albergar (a.: *despedir, rechazar*).

asilo. m. Refugio, sagrado, retiro, albergue. ‖ Amparo, protección, apoyo, favor. ‖ Orfelinato, orfanato.

asimetría. f. Disimetría.

asimétrico, ca. adj. Irregular, desigual (a.: *simétrico, análogo*).

asimilación. f. Aprovechamiento, nutrición, digestión (a.: *rechazo, desnutrición*).

asimilar. tr. Comparar, cotejar, confrontar. ‖ Equiparar. ‖ Absorber, incorporar. ‖ prnl. Asemejarse, parecerse (a.: *diferenciarse*). ‖ Nutrirse.

asimismo. adv. Así mismo, de igual modo, del mismo modo, igualmente, también, además.

asir. tr. Agarrar, coger, tomar, apresar, prender (a.: *desasir, soltar, desprenderse*). ‖ intr. Arraigar, prender. ‖ prnl. Agarrarse, pelearse, reñir.

asistencia. f. Ayuda, cooperación, auxilio, apoyo, socorro, favor (a.: *abandono*). ‖ Concurrencia, concurso.

asistente. adj. y s. Concurrente, presente, espectador.

asistente, ta. adj. y s. Ayudante, auxiliar, colaborador.

asistir. intr. Estar presente, hallarse presente, concurrir, acudir (a.: *faltar*). ‖ tr. Ayudar, auxiliar, apoyar, socorrer, coadyuvar, favorecer (a.: *abandonar*). ‖ Cuidar, atender, servir (a.: *desasistir*).

asnilla. f. Caballete, puntual.

asno. m. Burro, borrico, rucio, pollino, jumento. ‖ Rudo, necio, ignorante, torpe.

asociación. f. Sociedad, agrupación, entidad, corporación, compañía.

asociado, da. m y f. Socio, consocio, miembro. ‖ adj. Agregado, añadido, mezclado.

asociar. tr. y prnl. Juntar, reunir, agrupar (a.: *separar, aislar*). ‖ Relacionar.

asolación. f. o **asolamiento.** m. Devastación, destrucción, ruina.

asolar. tr. Destruir, arrasar, devastar, arruinar (a.: *construir, reconstruir*). ‖ prnl. Posarse, sedimentarse, afincarse, radicarse.

asolearse. prnl. Broncearse, tostarse, curtirse.

asomar. intr. Aparecer. ‖ tr. y prnl. Mostrar.

asombradizo, za. adj. Espantadizo, asustadizo.

asombrar. tr. Sombrear, ensombrecer. ‖ Oscurecer. ‖ tr. y prnl. Admirar, maravillar, sorprender. ‖ Asustar, espantar.

asombro. m. Susto, espanto. ‖ Sorpresa, admiración, maravilla, pasmo, estupefacción (**a.:** *indiferencia*).

asombroso, sa. adj. Admirable, maravilloso, sorprendente, pasmoso (**a.:** *común, vulgar*).

asomo. m. Indicio, señal. ‖ Amago. ‖ Barrunto, atisbo, presunción, sospecha.

asonada. f. Motín, revuelta, sublevación, sedición. ‖ Disturbio, alboroto, tumulto.

asordar. tr. Ensordecer (**a.:** *acallar*).

aspaviento. m. Alharaca, ademán, gesto.

aspecto. m. Apariencia, aire, cara, semblante, presencia, planta, porte, facha, pinta, catadura. ‖ Cariz.

aspereza. f. Escabrosidad, rugosidad, desigualdad. ‖ Rigor, rigidez, dureza, rudeza, desabrimiento, ceño, hosquedad (**a.:** *amabilidad, blandura*).

asperger o asperjar. tr. Hisopear. ‖ Rociar.

áspero, ra. adj. Rugoso, rasposo, escabroso, desigual, basto, tosco (**a.:** *suave, satinado*). ‖ Rígido, riguroso, tempestuoso, rudo, desapacible, desabrido, acre (**a.:** *placentero, agradable*). ‖ Intratable, hosco, ceñudo (**a.:** *afable*). ‖ Cruel, violento. ‖ Escabroso, abrupto (**a.:** *liso, llano*).

asperón. m. Amoladera.

aspersorio. m. Hisopo, asperges.

áspid. m. Víbora.

aspiración. f. Designio, mira, propósito. ‖ Deseo, anhelo, pretensión, ansia. ‖ Inspiración (**a.:** *espiración*).

aspirante. com. Pretendiente, solicitante, candidato. ‖ Aprendiz.

aspirar. tr. Inspirar, inhalar, respirar (**a.:** *soplar*). ‖ Desear, pretender, anhelar, ambicionar, ansiar (**a.:** *desistir, renunciar*).

asquerosidad. f. Asco.

asqueroso, sa. adj. Sucio (**a.:** *limpio, aseado*). ‖ Repugnante, nauseabundo, repelente, repulsivo (**a.:** *atractivo*).

asta. f. Fuste. ‖ Palo, mástil. ‖ Lanza, pica. ‖ Cuerno.

astenia. f. Decaimiento, lasitud, flojedad.

asterisco. m. Estrella.

asteroide. m. Planetoide.

astil. m. Mango, asa.

astilla. f. Esquirla, fragmento.

astillar. tr. Fragmentar.

astillero. m. Arsenal, atarazana.

astrágalo. m. Chita, taba.

astral. adj. Sideral, sidéreo.

astringir. tr. Apretar, estrechar, contraer. ‖ Sujetar, constreñir.

astrólogo, ga. m. y f. Planetista.

astronauta. com. Cosmonauta.

astronáutica. f. Cosmonáutica.

astronáutico, ca. adj. Cosmonáutico.

astronave. f. Cosmonave, nave espacial.

astroso, sa. adj. Desastrado, desastroso, infeliz, infausto, desgraciado. ‖ Harapiento, andrajoso, roto, zarrapastroso, zaparrastroso (**a.:** *aseado, cuidadoso, elegante*). ‖ Vil, despreciable, abyecto.

astucia. f. Sagacidad, sutileza, picardía, agudeza (**a.:** *simpleza*). ‖ Ardid, treta, maña, añagaza, artimaña.

astuto, ta. adj. Sagaz, sutil, listo, vivo (**a.:** *simple*). ‖ Taimado, cuco, artero, zorro, ladino (**a.:** *cándido, ingenuo*).

asueto. m. Vacación, descanso, recreo.

asumir. tr. Hacerse cargo, tomar, ocupar (**a.:** *delegar, dejar, renunciar*).

asunción. f. Elevación, exaltación.

asunto. m. Tema, cuestión, materia. ‖ Argumento, trama. ‖ Negocio, trato. ‖ Incumbencia.

asustadizo, za. adj. Espantadizo, asombradizo, miedoso (**a.:** *impávido*).

asustar. tr. y prnl. Espantar, sobresaltar, intimidar, atemorizar, amedrentar, acobardar, aterrorizar (**a.:** *animar, envalentonar, tranquilizar*). *Un ruido asusta; un delito espanta.*

atabal. m. Timbal. ‖ Tamboril.

atabalear. intr. Tabalear, tamborilear.

atacar. tr. Atiborrar, atestar, apretar, recalcar (**a.:** *aflojar*). ‖ Acometer, arremeter, agredir, embestir, cerrar, asaltar (**a.**: *retroceder, desistir*). ‖ Impugnar, censurar, combatir, refutar, contradecir (**a.**: *defender*). ‖ Sobrevenir, venir. ‖ Afectar, irritar.

atadijo. m. Lío, paquete.

atado, da. adj. Temeroso, apocado, pusilánime. ‖ m. Lío, paquete.

atadura. f. Ligadura. ‖ Unión, enlace (**a.**: *desenlace*). ‖ Sujeción.

atafagar. tr. y prnl. Sofocar, aturdir. ‖ tr. Molestar, importunar.

ataguía. f. Encajonado, dique.

ataharre. m. Sotacola.

atajar. intr. Adelantar, acortar, abreviar (**a.**: *alargar*). ‖ tr. Contener, interrumpir, cortar, detener, parar (**a.**: *excitar, largar*). ‖ Interceptar. ‖ prnl. Correrse, avergonzarse, asustarse.

atalaje. m. Guarniciones, arreos, jaeces. ‖ Ajuar, equipo.

atalaya. f. Eminencia, torre. ‖ Vigía. ‖ m. Centinela, escucha.

atalayar. tr. Otear, vigilar.

atañer. intr. Tocar, concernir, afectar. ‖ Incumbir, corresponder.

ataque. m. Agresión, acometida, arremetida, asalto, embestida (**a.**: *defensa*). ‖ Acceso, accesión. ‖ Colapso, desmayo, soponcio, patatús. ‖ Pendencia, disputa.

atar. tr. Liar, ligar, amarrar (**a.**: *desatar, desligar, soltar*). ‖ Unir, juntar, sujetar. ‖ Anudar, enlazar. ‖ Relacionar, asociar. ‖ prnl. Embarazarse, atascarse, trabarse. ‖ Ceñirse, atenerse.

atardecer. m. Anochecer, crepúsculo (**a.**: *amanecer*).

atareado, da. adj. Ocupado (**a.**: *ocioso*).

atarearse. prnl. Afanarse, ajetrearse (**a.**: *desocuparse*).

atarjea. f. Canalón, conducto.

atarugar. tr. Atestar, atiborrar, henchir. ‖ tr. y prnl. Atracar, hartar. ‖ prnl. Turbarse, aturdirse, atascarse, atajarse.

atascadero. m. Atolladero. ‖ Impedimento, estorbo, embarazo.

atascamiento. m. Atasco, obstrucción, dificultad.

atascar. tr. Tapar, cegar, obstruir, atorar, atrancar (**a.**: *desatascar, destapar*). ‖ prnl. Atorarse, embotellarse, detenerse. ‖ Atarugarse, trabarse.

atasco o **atascamiento.** m. Obstrucción. ‖ Embotellamiento. ‖ Dificultad, inconveniente.

ataúd. m. Féretro, cajón, caja mortuoria.

ataujía. f. Damasquinado.

ataviar. tr. Componer, adornar, engalanar, aderezar, hermosear, acicalar (**a.**: *desarreglar*).

atavío. m. Compostura, adorno, acicalamiento. ‖ Vestido, atuendo, arreglo. ‖ pl. Adornos, arrequives.

atemorizar. tr. y prnl. Intimidar, amedrentar, acobardar, arredrar, asustar, espantar, acoquinar, achantar, amilanar, aterrar (**a.**: *envalentonar, animar*).

atemperar. tr. y prnl. Temperar, moderar, templar, suavizar (**a.**: *recrudecer*). ‖ Acomodar, ajustar, adaptar, adecuar.

atenacear o **atenazar.** tr. Tenacear, sujetar, amarrar. ‖ Torturar, afligir, martirizar (**a.**: *acariciar*).

atención. f. Curiosidad (**a.**: *indiferencia*). ‖ Cuidado, vigilancia, solicitud, esmero (**a.**: *descuido, distracción*). ‖ Consideración, miramiento, cortesía, urbanidad, afabilidad, cortesanía (**a.**: *desatención*). ‖ pl. Ocupaciones, negocios, quehaceres, trabajos. ‖ **llamar la atención.** Hacer notar. ‖ Reconvenir, reprender. ‖ Sorprender.

atender. tr. e intr. Escuchar. ‖ Fijarse, reparar. ‖ Cuidar, vigilar (**a.**: *descuidar, abandonar*). ‖ Considerar, tener en cuenta, tomar en cuenta, hacer caso (**a.**: *desacatar*). ‖ tr. Esperar, aguardar. ‖ Acoger, agasajar (**a.**: *ofender*).

atenerse. prnl. Sujetarse, amoldarse, ajustarse, remitirse, reducirse, ceñirse.

atentado. m. Ataque, agresión.

atentamente. adv. Alerta, dispuesto (**a.**: *descuidadamente*). ‖ Respetuosamente (**a.**: *descortésmente*).

atentar. tr. Delinquir, atacar.

atento, ta. adj. Fino, cortés, comedido, considerado, amable, afable, solícito, obsequioso, afectuoso, servicial, urbano, galán (**a.**: *descortés*). ‖ Alerta, interesado, cuidadoso. *El alumno está atento a la clase* (**a.**: *desatento, negligente*).

atenuación. f. Lítote. ‖ Disminución, aminoración. *El abogado solicitó la atenuación de la pena.*

atenuar. tr. Adelgazar. ‖ Minorar, aminorar, mitigar, suavizar, paliar, amortiguar, disminuir (**a.**: *acentuar, aumentar, fortalecer*).

ateo, a. adj. y s. Incrédulo, irreligioso.

aterciopelado, da. adj. Afelpado.

aterirse. prnl. Enfriarse, helarse.

aterrador, ra. adj. Terrible, horrible, espantoso, pavoroso, horripilante, terrorífico (**a.**: *agradable*).

aterrajar. tr. Roscar.

aterrar. tr. Abatir, derribar. ‖ Enterrar. ‖ tr. y prnl. Aterrorizar.

aterrorizar. tr. y prnl. Aterrar, espantar, horrorizar, horripilar.

atesorar. tr. Acumular, amontonar, guardar, ahorrar, economizar, almacenar, acopiar (**a.**: *dilapidar, malgastar*).

atestación. f. Testificación, testimonio, atestiguamiento.

atestado, da. adj. Abarrotado, atiborrado, colmado, repleto, saturado, lleno, henchido (**a.**: *vacío*). ‖ Terco, testarudo, tozudo (**a.**: *dócil*).

atestar. tr. Henchir, llenar, atiborrar, apretujar, abarrotar, colmar (**a.**: *vaciar*).

atestar. tr. Atestiguar.

atestiguar. tr. Testificar, testimoniar, atestar, declarar.

atetar. tr. Amamantar, lactar.

atezado, da. adj. Quemado, tostado.

atezar. tr. Alisar, lustrar. ‖ tr. y prnl. Ennegrecer. ‖ Broncear, tostar.

atiborrar. tr. y prnl. Henchir, llenar, abarrotar, atestar. ‖ Atracar, hartar, saciar.

atildado, da. adj. Compuesto, acicalado, peripuesto, arreglado, pulcro, elegante, emperifollado (**a.**: *sucio, desaseado*).

atildar. tr. Tildar, poner tilde. ‖ Tildar, censurar, tachar. ‖ tr. y prnl. Componer, asear, acicalar, arreglar, emperifollar.

atinado, da. adj. Acertado, oportuno, conveniente, adecuado (**a.**: *erróneo, inoportuno, inadecuado*).

atinar. intr. Acertar, hallar, encontrar, dar con (**a.**: *errar*). ‖ tr. e intr. Adivinar, acertar, descifrar.

atíncar. m. Bórax.

atinente. adj. Tocante, perteneciente, referente, relativo.

atirantar. tr. Poner tirante. ‖ Tesar, tensar.

atisbar. tr. Espiar, observar, acechar, vigilar. ‖ tr. Vislumbrar, divisar, entrever. *El cirujano atisba una esperanza de salvar a su paciente.*

atisbo. m. Indicio, vislumbre, sospecha, barrunto, asomo.

atizador. m. Espetón.

atizar. tr. Avivar, fomentar, estimular (**a.**: *sofocar*). ‖ Dar, propinar, pegar, asestar.

atleta. com. Deportista, gimnasta, luchador, púgil.

atmósfera. f. Ambiente, medio. ‖ Aire, cielo. ‖ Clima.

atoar. tr. Toar, remolcar.

atolondrado, da. adj. Irreflexivo, aturdido, precipitado, imprudente (**a.**: *juicioso, discreto*).

atolondramiento. m. Irreflexión, aturdimiento, precipitación, imprudencia.

atolondrar. tr. y prnl. Aturdir, precipitar.

atolladero. m. Atascadero, atasco. ‖ Dificultad, impedimento, embarazo, aprieto, apuro, brete.

atomizar. tr. Desintegrar, disgregar. ‖ Pulverizar.

átomo. m. Partícula, miaja, migaja.

atónito, ta. adj. Estupefacto, suspenso, asombrado, pasmado, espantado, turulato, patitieso, patidifuso, helado.

átono, na. adj. Inacentuado, débil.

atontar. tr. y prnl. Aturdir, atolondrar, atortolar, entontecer, alelar.

atorar. tr., intr. y prnl. Atascar, obstruir, cegar (**a.**: *desatascar*). ‖ prnl. Atragantarse.

atormentar. tr. y prnl. Martirizar, torturar (**a.**: *acariciar*). ‖ Afligir, apenar, atribular, acongojar, angustiar (**a.:** *confortar, consolar, tranquilizar*).

atornillar. tr. Enroscar. ‖ Presionar, obligar.

atoro. m. Atasco, aprieto, apuro.

atorrante. adj. Vagabundo, holgazán, vago.

atortolar. tr. y prnl. Aturdir, acobardar, acoquinar, confundir.

atosigar. tr. Emponzoñar, envenenar, intoxicar. ‖ Acuciar, apurar. ‖ prnl. Fatigarse, agobiarse, abrumarse (**a.:** *aliviarse*).

atrabiliario, ria. adj. Irritable, irascible, destemplado, malhumorado.

atracador, ra. m. y f. Asaltante.

atracar. tr. y prnl. Hartar, atiborrar, saciar, ahitar (**a.:** *hambrear*).

atracar. tr. e intr. Abordar. ‖ tr. Acercar, arrimar. ‖ Asaltar, robar.

atracción. f. Simpatía, afinidad (**a.:** *antipatía, repugnancia, repulsión*). ‖ Diversión, espectáculo.

atraco. m. Asalto, robo.

atracón. m. Hartazgo, panzada (**a.:** *privación, hambruna*).

atractivo, va. adj. Atrayente, seductor, hechicero, encantador (**a.:** *repelente*). ‖ m. Gracia, encanto, seducción, hechizo, fascinación. *La inteligencia es su mayor atractivo*. ‖ Incentivo, aliciente, cebo.

atraer. tr. Seducir, cautivar, encantar, hechizar, conquistar (**a.:** *desagradar*). ‖ Provocar, causar, ocasionar, motivar, acarrear. ‖ tr. y prnl. Captar, granjear, ganar (**a.:** *repeler, rechazar*).

atragantarse. prnl. Atorarse. ‖ Desagradar, fastidiar, molestar. ‖ Turbarse, cortarse (**a.:** *animarse*).

atrancar. tr. Aherrojar, trancar. ‖ tr. y prnl. Atascar, cegar, obstruir, tapar, atorar. ‖ prnl. Encerrarse.

atranco. m. Atasco, dificultad, obstrucción, atolladero.

atrapamoscas. f. Dionea.

atrapar. tr. Pillar, coger, apresar, aprehender, prender, capturar (**a.:** *liberar*). ‖ Conseguir, obtener, pescar. ‖ Engañar, engatusar.

atrás. adv. Detrás. ‖ Antes, anteriormente. ‖ Lejos.

atrasado, da. adj. Alcanzado, empeñado, endeudado. ‖ Retrasado, rezagado. ‖ Inculto, retrasado (**a.:** *docto*). ‖ Tardío.

atrasar. intr. y prnl. Retrasar (**a.:** *adelantar*). ‖ tr. y prnl. Retardar, demorar, dilatar, diferir (**a.:** *anticipar*). ‖ prnl. Endeudarse, empeñarse. ‖ Rezagarse, quedarse atrás.

atraso. m. Retraso, retardo, demora, dilación. ‖ Incultura, ignorancia. ‖ Deuda.

atravesado, da. adj. Avieso, ruin, malintencionado, malo (**a.:** *derecho, noble*). ‖ Cruzado, híbrido.

atravesar. tr. Cruzar, pasar. ‖ Traspasar, penetrar. ‖ Ensartar, espetar. ‖ tr. y prnl. Interponer.

atrayente. adj. Atractivo, encantador, seductor, sugestivo.

atreverse. prnl. Arriscarse, arriesgarse, osar, aventurarse, decidirse (**a.:** *acobardarse*). ‖ Insolentarse, descararse.

atrevido, da. adj. Audaz, osado, arrojado, arriscado, arriesgado, temerario, decidido (**a.:** *miedoso, pusilánime, timorato, temeroso*). ‖ Insolente, descarado, desvergonzado, fresco, descocado (**a.:** *prudente*).

atrevimiento. m. Audacia, osadía, arrojo, temeridad (**a.:** *cobardía*). ‖ Insolencia, descaro, desvergüenza, tupé, avilantez, desfachatez, descoco (**a.:** *educación, miramiento*).

atribución. f. Facultad, poder.

atribuir. tr. Achacar, imputar, culpar, inculpar, colgar. *Se atribuye a los chinos la invención de la pólvora*. ‖ Señalar, asignar. ‖ tr. y prnl. Adjudicar, conferir. ‖ prnl. Apropiarse, arrogarse (**a.:** *ceder*).

atribular. tr. Desconsolar, desolar, acongojar, atormentar, afligir, apenar, entristecer, apesadumbrar (**a.:** *consolar, confortar, aliviar*).

atributivo, va. adj. Copulativo.

atributo. m. Cualidad, propiedad. ‖ Símbolo, insignia, emblema. ‖ Modificador directo.

atrición. f. Arrepentimiento, compunción.

atril. m. Facistol.

atrio. m. Porche, pórtico, propileo. ‖ Zaguán. ‖ Claustro.

atrocidad. f. Crueldad, inhumanidad, salvajada. ‖ Necedad, enormidad, barbaridad, burrada. ‖ Temeridad, imprudencia. ‖ Exceso, demasía.

atrofia. f. Consunción (a.: *hipertrofia*).

atronar. tr. Asordar, ensordecer, retumbar. ‖ Aturdir, turbar.

atropelladamente. adv. Atrolondradamente, irreflexivamente.

atropellado, da. adj. Precipitado, ligero, irreflexivo, atolondrado, aturdido (a.: *pausado, tranquilo*). ‖ Derribado, empujado, hollado.

atropellar. tr. Empujar, arremeter, embestir, derribar. ‖ Arrollar. ‖ Agraviar, ultrajar. ‖ Conculcar (a.: *cumplir*). ‖ prnl. Apresurarse, precipitarse, apurarse.

atroz. adj. Fiero, cruel, inhumano, bárbaro, bestial. ‖ Grave, intenso. ‖ Feo, repelente. ‖ Enorme, desmesurado, grande, desmedido, inaudito (a.: *insignificante*).

atuendo. m. Atavío, vestido, arreglo. ‖ Aparato, ostentación, boato, pompa.

atufarse. prnl. Amoscarse, enojarse, enfadarse, irritarse (a.: *contentarse*). ‖ Avinagrarse, apuntarse.

atufo. m. Enfado, enojo, irritación.

atún. m. Tonina.

atunara. f. Almadraba.

aturdido, da. adj. Atolondrado, abombado, irreflexivo, precipitado, atropellado, ligero, imprudente (a.: *juicioso, precavido*).

aturdimiento. m. Turbación, perturbación. ‖ Atolondramiento, precipitación, aturrullamiento, irreflexión, atropellamiento, imprudencia (a.: *reflexión, serenidad*). ‖ Torpeza, inhabilidad.

aturdir. tr. y prnl. Asombrar, maravillar, desconcertar, pasmar, confundir. ‖ Atontar, turbar, atolondrar, azarar, aturrullar. ‖ Perturbar, consternar (a.: *serenar*).

aturrullar. tr. y prnl. Desconcertar, atolondrar, aturdir, turbar, azarar.

audacia. f. Atrevimiento, osadía, arrojo,

valor, intrepidez, coraje, temeridad (a.: *pusilanimidad*). ‖ Insolencia, descaro, desvergüenza, tupé, desfachatez, avilantez (a.: *comedimiento*).

audaz. adj. Atrevido, osado, arrojado, valiente, arriesgado (a.: *apocado, corto, temeroso*). ‖ Desvergonzado, descarado, insolente (a.: *prudente, discreto, educado*).

audible. adj. Oíble.

audición. f. Concierto, recital, lectura. ‖ Auscultación.

audiencia. f. Auditorio. ‖ Entrevista, reunión.

auditorio. m. Público, concurrencia, concurso, asistencia, audiencia.

auge. m. Elevación, prosperidad, encumbramiento (a.: *decadencia, ruina*). ‖ Apogeo, esplendor, plenitud, culminación, cima, cumbre, cúspide (a.: *ocaso*).

augur. m. Agorero, arúspice, adivino, profeta, vate.

augurar. tr. Predecir, pronosticar, profetizar, presagiar, adivinar, vaticinar, presentir

augurio. m. Predicción, presagio, pronóstico, agüero, profecía, vaticinio, anuncio. *Su capacidad es augurio de un buen futuro como profesional.*

augusto, ta. adj. Majestuoso, mayestático.

aula. f. Clase, cátedra.

áulico, ca. adj. Palaciego, cortesano.

aullido. m. Aúllo.

aumentar. tr. Sumar, añadir, adicionar, agregar, acrecentar, incrementar (a.: *disminuir, reducir*). ‖ Crecer, agrandar, ampliar (a.: *decrecer*).

aumento. m. Acrecentamiento, incremento, crecimiento (a.: *disminución, rebaja*). ‖ Adelantamiento, medra, avance (a.: *retroceso*).

aun. adv. Inclusive, hasta.

aún. adv. Todavía.

aunar. tr. y prnl. Unir, confederar, asociar, juntar, unificar (a.: *desunir, separar*). ‖ tr. Armonizar.

aunque. conj. Si bien, aun cuando, a pesar de que, no obstante que.

aupar. tr. Levantar, subir, alzar. ‖ Enaltecer, ensalzar, encumbrar, elevar.

aura. f. Céfiro, brisa (**a.:** *ciclon, vendaval*). ‖ Hálito, aliento, soplo. ‖ plauso, aceptación, favor, aprobación.

aura. f. Gallinazo, gallinaza.

áureo, a. adj. Dorado.

aureola o **auréola.** f. Corona, diadema, lauréola, nimbo. ‖ Gloria, celebridad, fama, renombre, prestigio. ‖ Halo.

auriga. m. Cochero, mayoral, automedonte.

aurora. f. Alba, alborada, amanecer, albor (**a.:** *anochecer*). ‖ Principio, comienzo.

ausencia. f. Falta, carencia, privación (**a.:** *presencia*). ‖ Alejamiento.

ausentarse. prnl. Marcharse, irse (**a.:** *aparecer, presentarse*).

auspiciar. tr. Predecir, augurar, adivinar. ‖ Proteger, favorecer, patrocinar, apadrinar.

auspicio. m. Agüero, augurio, presagio. ‖ Protección, favor, patrocinio.

auspicioso, sa. adj. Favorable.

austeridad. f. Continencia, templanza, temperancia, moderación, sobriedad (**a.:** *sibaritismo*). ‖ Severidad, rigor, rigidez, dureza, aspereza, rectitud (**a.:** *blandura, suavidad*).

austero, ra. adj. Agrio, áspero, acerbo. ‖ Severo, riguroso, rígido, recto. *La Justicia debe ser austera.* ‖ Sobrio.

austral. adj. Antártico, meridional, sur (**a.:** *norte, boreal, septentrional*).

austro. m. Sur, mediodía.

autarquía. f. Autosuficiencia, autonomía, independencia.

autárquico, ca. adj. Autónomo.

auténtico, ca. adj. Verdadero, positivo, cierto, seguro, genuino, real, legítimo (**a.:** *falso, falsificado*). ‖ Acreditado, autorizado, legalizado, fidedigno.

autillo. m. Cárabo.

auto. m. Automóvil. ‖ Acta, expediente, causa. ‖ Acto, hecho.

autocracia. f. Cesarismo, dictadura, despotismo.

autócrata. com. Dictador, déspota, tirano.

autóctono, na. adj. Nativo, aborigen, indígena, natural. *Ellos prefieren la comida autóctona.*

autodecisión. f. Autodeterminación.

autógrafo, fa. adj. Ológrafo. *Testamento ológrafo.* ‖ Firma.

autómata. m. Robot.

automático, ca. adj. Inconsciente, involuntario, maquinal, mecánico (**a.:** *consciente*).

automotriz. adj. Automotora.

automóvil. m. Coche, carro, auto.

autonomía. f. Autarquía, autogobierno, independencia, libertad (**a.:** *dependencia*).

autopsia. f. Necropsia, necroscopia.

autor, ra. m. y f. Creador. ‖ Causante. ‖ Inventor. ‖ Escritor. ‖ Compositor.

autoridad. f. Poder, mando, facultad, potestad, jurisdicción. ‖ Crédito, fe. ‖ Predicamento, prestigio, ascendiente. ‖ Poder público. ‖ Ostentación, fausto, aparato. ‖ Agente, delegado, representante.

autoritario, ria. adj. Despótico, arbitrario, imperioso, autocrático (**a.:** *dócil*).

autorización. f. Consentimiento, permiso, venia, aprobación, anuencia, licencia.

autorizar. tr. Facultar, dar poder. ‖ Consentir, aprobar, acceder, permitir (**a.:** *desautorizar, rechazar, denegar*). ‖ Legalizar, garantizar, legitimar.

autosuficiencia. f. Suficiencia, presunción.

autosuficiente. adj. Suficiente, presuntuoso, pedante.

autumnal. adj. Otoñal.

auxiliar. adj. y s. Ayudante, asistente, cooperador, colaborador, suplente, discípulo. ‖ Coadyuvante. ‖ Complementario, accesorio.

auxiliar. tr. Ayudar, socorrer, subvencionar, asistir, amparar (**a.:** *desamparar*). ‖ Secundar, apoyar, favorecer (**a.:** *entorpecer*).

auxilio. m. Ayuda, socorro, cooperación, asistencia, protección, amparo. ‖ Apoyo, favor. ‖ Limosna, subsidio, subvención.

aval. m. Firma, garantía.

avalancha. f. Alud.

avalar. tr. Garantizar, garantir.

avalúo. m. Valuación, tasa.

avance. m. Anticipo, adelanto. ‖ Progreso, adelanto (**a.:** *retroceso*). ‖ Avanzo, balance. ‖ Presupuesto.

avanzada. f. Vanguardia (**a.:** *retaguardia*).

avanzar. tr. e intr. Adelantar (**a.:** *retroceder*). ‖ intr. Prosperar, mejorar, progresar. ‖ Acometer (**a.:** *cejar*).

avaricia. f. Avidez, codicia. ‖ Tacañería, ruindad, cicatería, mezquindad, miseria, sordidez (**a.:** *generosidad, esplendidez, largueza*).‖ Ambición.

avariento, ta. adj. y s. Avaro, codicioso (**a.:** *manirroto*).

avaro, ra. adj. y s. Avariento, avaricioso, ávido, ambicioso, codicioso. ‖ Mezquino, tacaño, ruín, roñoso, cicatero, sórdido, miserable, amarrete, agarrado (**a.:** *desprendido, liberal*).

avasallar. tr. Dominar, señorear, sujetar, someter, sojuzgar, subyugar, tiranizar (**a.:** *libertar, emancipar*).

avechucho. m. Pajarraco.

avecinarse. prnl. Acercarse, aproximarse. ‖ Avecindarse (**a.:** *emigrar*).

avecindarse. prnl. Establecerse, domiciliarse, avecinarse.

avejentar. tr. y prnl. Envejecer, aviejar, revejecer (**a.:** *rejuvenecer*).

avenamiento. m. Drenaje.

avenar. tr. Drenar, canalizar.

avenencia. f. Convenio, concierto, conciliación, transacción, arreglo (**a.:** *desavenencia*). ‖ Unión, conformidad, armonía, compenetración, acuerdo (**a.:** *desacuerdo, discrepancia*).

avenida. f. Crecida, desbordamiento, inundación, creciente, riada, aluvión. ‖ Arroyada. ‖ Bulevar, calle.

avenir. tr. y prnl. Conciliar, concertar, convenir, arreglar, concordar. ‖ intr. Suceder. ‖ prnl. Entenderse, allanarse, amoldarse, congeniar, simpatizar (**a.:** *enemistarse, malquistarse*). ‖ Conformarse, resignarse. ‖ Armonizar.

aventador. m. Bieldo, abanico. ‖ Soplador, soplillo.

aventajar. tr. Anteponer, preferir (**a.:** *retrasar*). ‖ intr. Exceder, superar, sobrepujar, pasar, adelantar, sobrepasar, alcanzar, dejar atrás (**a.:** *achicarse*). ‖ prnl. Sobresalir.

aventar. tr. Airear, orear, ventilar. ‖ Expulsar, echar.

aventura. f. Andanza, peripecia, correría. ‖ Riesgo, azar, peligro. ‖ Casualidad, contingencia.

aventurado, da. adj. Arriesgado, peligroso, expuesto, azaroso, inseguro (**a.:** *seguro*).

aventurar. tr. y prnl. Arriesgar, exponer, comprometer. ‖ prnl. Atreverse, osar.

avergonzar. tr. y prnl. Encoger, correr, empachar, ruborizar, sonrojar, abochornar, sofocar (**a.:** *enorgullecer, alardear*).

avería. f. Daño, desperfecto, deterioro, rotura. *Hay una avería en la maquinaria.* ‖ Detrimento, menoscabo, perjuicio.

averiar. tr. y prnl. Dañar, deteriorar.

averiguación. f. Indagación, investigación, pesquisa, búsqueda, sondeo, encuesta (**a.:** *ocultación*).

averiguar. tr. Inquirir, indagar, investigar, buscar, ahondar. ‖ Curiosear, escudriñar.

averno. m. Infierno, báratro, tártaro, orco (**a.:** *cielo, edén, paraíso*).

aversión. f. Antipatía, repugnancia, repulsión, odio, animadversión, animosidad (**a.:** *simpatía, aprecio, estima*).

avestruz. m. Ñandú. ‖ Ignorante.

avezado, da. adj. Hábil, experto, experimentado, diestro, ducho, curtido (**a.:** *novel, inexperto*).

avezar. tr. y prnl. Acostumbrar, habituar, curtir.

aviación. f. Aeronáutica, aeronavegación.

aviador, ra. m. y f. Piloto, aeronauta.

aviar. tr. y prnl. Prevenir, preparar, disponer, arreglar, aprestar, alistar (**a.:** *desarreglar*). ‖ tr. Proporcionar, proveer, despachar, apresurar. ‖ Aderezar, condimentar. ‖ prnl. Manejarse, arreglarse. ‖ Acicalarse, arreglarse.

avidez. f. Codicia, ansia, voracidad, glotonería (a.: *indiferencia, desinterés*).

ávido, da. adj. Codicioso, ansioso, insaciable, voraz (a.: *desprendido, indiferente*).

aviejar. tr. y prnl. Avejentar, envejecer.

avieso, sa. adj. Torcido, irregular. || Atravesado, mal inclinado, malo, perverso, maligno, malvado, malintencionado (a.: *bienintencionado*).

avilantarse. prnl. Descararse, insolentarse, desvergonzarse, osar.

avilantez. f. Descaro, atrevimiento, audacia, osadía, insolencia, desvergüenza (a.: *mesura, educación*).

avinagrar. tr. y prnl. Acedar, agriar. || Acetificar. || prnl. Exacerbarse.

avío. m. Prevención, apresto. || Provisión. || pl. Utensilios, trastos, menesteres.

avión. m. Aeroplano, aeronave, aparato.

avisado, da. adj. Prudente, previsor, advertido, precavido, cauteloso, astuto. || Despierto, sagaz, listo (a.: *lerdo, tonto*).

avisador, ra. m. y f. Llamador.

avisar. tr. Advertir, noticiar, notificar, anunciar, participar, comunicar (a.: *ocultar*). || Aconsejar, advertir, prevenir (a.: *engañar*). || Amenazar.

aviso. m . Indicación, advertencia, anuncio, noticia, notificación. || Indicio, señal. || Amonestación, consejo, observación, castigo, escarmiento. || Prudencia, discreción, precaución, prevención, cautela, atención, cuidado.

avispado, da. adj. Vivo, despierto, agudo, listo, despabilado (a.: *bobo*).

avispar. tr. y prnl. Despabilar, despertar. || prnl. Inquietarse, desasosegarse (a.: *aquietarse*).

avispón. m. Tábano, moscardón.

avistar. tr. Descubrir, divisar, dar vista o ver. || prnl. Entrevistarse, reunirse, personarse.

avituallar. tr. Abastecer, proveer, suministrar, aprovisionar (a.: *desabastecer*).

avivar. tr. Vivificar, reavivar, revivificar, atizar, reanimar, vigorizar (a.: *apagar*). || Excitar, animar, enardecer, encender,

acalorar (a.: *apaciguar, detener*). || Despabilar, espabilar. || Estimular, activar, apurar (a.: *desanimar*).

avizorar. tr. Acechar, escudriñar, atisbar, observar, vigilar, espiar.

axila. f. Sobaco, islilla.

axilar. adj. Sobacal.

axioma. m. Postulado. *Los axiomas no requieren demostración.* || Principio, base, fundamento. || Apotegma, máxima, sentencia, aforismo.

axiomático, ca. adj. Incontrovertible, evidente, irrebatible, indiscutible, incuestionable (a.: *discutible, problemático*).

ayo, ya. m. y f. Pedagogo. || m. Preceptor. || f. Institutriz.

ayuda. f. Auxilio, asistencia, socorro. || Cooperación, contribución, colaboración. || Apoyo, favor, amparo, protección. || Lavativa, enema, clíster.

ayudante. com. Auxiliar, asistente, cooperador.

ayudar. tr. Cooperar, contribuir, colaborar, coadyuvar (a.: *impedir, estorbar*). || Asistir, auxiliar, socorrer, amparar (a.: *abandonar*). || Apoyar, favorecer, secundar (a.: *entorpecer*).

ayuno, na. adj. Ignorante, inadvertido, ajeno (a.: *conocedor, sabedor*). || Carente, falto. || m. Abstinencia, dieta (a.: *hartazgo*).

ayuntamiento. m. Municipio, concejo, municipalidad, cabildo. || Junta, reunión. || Cópula, unión.

ayuntarse. prnl. Aparearse.

azabache. m. Ámbar negro.

azafata. f. Camarera.

azafate. m. Bandeja, canastillo.

azagaya. f. Dardo, venablo, flecha, lanza.

azar. m. Casualidad, acaso, albur, contingencia, eventualidad, destino, fatalidad (a.: *seguridad, certeza*). *Ese bohemio vive al azar.*

azarar. tr. y prnl. Azorar. || prnl. Ruborizarse, sonrojarse.

azararse. prn. Turbarse, conturbarse, aturdirse, confundirse, azorarse (a.: *serenarse*).

azaroso, sa. adj. Aventurado, arriesgado,

expuesto, peligroso, incierto, inseguro (**a.:** *seguro, confiable*). ‖ Aciago, fatal, funesto, infausto, nefasto (**a.:** *fausto*). ‖ Turbado, temeroso.

azoado, da. adj. Nitrogenado.

ázoe. m. Nitrógeno.

azogue. m. Mercurio, hidrargirio.

azoico, ca. adj. Arcaico, arqueozoico. ‖ Nítrico.

azonzado, da. adj. Atontado (**a.:** *avivado*).

azor. m. Milano.

azorar. tr. y prnl. Conturbar, sobresaltar, aturdir. azarar, abatatar (**a.:** *tranquilizar*). ‖ Incitar, animar.

azotaina. f. Zurra, paliza.

azotar. tr. Vapulear, zurrar, fustigar, hostigar, golpear, flagelar. ‖ Castigar, dañar.

azote. m. Látigo. ‖ Azotazo, latigazo (**a.:** *caricia, mimo*). ‖ Calamidad, flagelo, castigo, desgracia, plaga.

azotea. f. Terrado, solana, terraza.

azúcar. amb. Sacarosa.

azucarar. tr. Endulzar, dulcificar, melar, almibarar (**a.:** *amargar*).

azucena. f. Lirio blanco.

azufrado, da. adj. Sulfuroso.

azulejo. m. Baldosa, mosaico.

azur. m. Azul.

azuzar. tr. Achuchar, incitar, excitar, estimular, irritar (**a.:** *frenar, tranquilizar*).

azuzón, na. adj. y s. Intrigante, cizañero, instigador, incitador.

baba. f. Saliva, espumarajo, babaza.

babador. m. Babero.

babel. f. Barahúnda, confusión.

babero. m. Babador, pechero.

babieca. adj. Bobo, simple, abobado, bobalicón, papanatas, pazguato, tontaina, tonto, imbécil, memo (**a.:** *listo, avisado, inteligente*).

babosa. f. Limaza, babaza.

baboso, sa. adj. Pegajoso, empalagoso, almibarado. || Chocho. || Bobo, tonto. || Enamoradizo.

bacalao. m. Abadejo.

bacanal. f. Orgía, saturnal, juerga, francachela (**a.:** *dieta*).

bacante. f. Ménade.

bache. m. Hoyo, depresión, pozo (**a.:** *montículo*).

bacilo. m. Microbio, virus, bacteria, microorganismo.

bacín. m. Orinal, tito, vaso de noche. || Bacineta.

bacteria. f. Bacilo.

bacteriología. f. Microbiología.

báculo. m. Bastón, callado. || Apoyo, arrimo, consuelo, ayuda. *Aquella sobrina era el báculo de su vejez.*

bada. f. Rinoceronte, abada.

badajada. f. o **badajazo.** m. Necedad, despropósito, majadería, sandez.

badajo. m. Espiga, lengua. || Hablador, necio, tonto.

badén. m. Zanja.

badila. f. Hurgón.

badulaque. m. Tonto, bobo, necio, majadero, botarate, leño.

bagaje. m. Equipaje, impedimenta. || Acervo, caudal, patrimonio.

bagatela. f. Nimiedad, menudencia, minucia, friolera, fruslería, insignificancia, pequeñez, chuchería, baratija, nadería, nonada, tontería (**a.:** *joya*).

bagazo. m. Cáscara, residuo, corteza.

bagual. adj. Bravo, indómito, cerril, salvaje.

bahía. f. Golfo, ensenada, rada, cala, abra, seno (**a.:** *península, cabo*).

bailar. intr. y tr. Danzar, bailotear.

bailarín, na. m. y f. Danzante.

baile. m. Danza.

baja. f. Disminución, decadencia, descenso, caída, mengua (**a.:** *alza*). || Merma, pérdida, quebranto, bajón, depreciación, desvalorización.

bajada. f. Descenso (**a.:** *subida*). || Cuesta, pendiente, declive.

bajamar. f. Reflujo (**a.:** *pleamar*).

bajar. intr.. tr. y prnl. Descender (**a.:** *ascender, elevar*). || Apear, descender. || intr. y tr. Disminuir, menguar, decrecer, decaer (**a.:** *crecer*). || tr. Abaratar, rebajar (**a.:** *encarecer*). || Arriar (**a.:** *izar*). || Agachar (**a.:** *erguir, levantar*). || tr. y prnl. Humillar, abatir.

bajel. m. Buque, barco, navío, nave, embarcación, nao.

bajeza. f. Indignidad, ruindad, vileza, envilecimiento, abyección, villanía, degradación (**a.:** *dignidad, nobleza*). || Abatimiento, humillación.

bajío. m. Banco, bajo. *La nave encalló en un bajío.*

bajo. prep. Debajo de.

bajo, ja. adj. Pequeño, chico (**a.:** *alto*). || Petizo. || Descolorido, apagado,.mortecino (**a.:** *vivo, intenso*). || Gacho. || Débil, apagado. || Inferior. || Vil, despreciable, vulgar, ruin, indigno, soez, mezquino, rastrero, abyecto. *Lo bajo deshonra.* || Grave (**a.:** *agudo*). || m. Banco, bajío.

bajón. m. Caída. || Descenso, disminución, merma, baja, menoscabo.

bala. f. Proyectil. || Fardo, paca, bulto. || Tampón. almohadilla.

baladí. adj. Insignificante, insustancial, superficial, trivial, fútil, nimio (**a.:** *importante*).

baladre. adj. Adelfa, hojaranzo, laurel rosa.

baladronada. f. Bravata, fanfarronada, fanfarronería.

balance. m. Arqueo.

balancear. tr., intr. y prnl. Oscilar. || Columpiar, mecer, acunar. || intr. Vacilar, dudar, titubear. || tr. Equilibrar, contrapesar (**a.:** *desequilibrar, desigualar*).

balanceo. m. Oscilación, mecimiento, vaivén. || Contoneo. || Vacilación, fluctuación.

balancín. m. Mecedora. || Contrapeso, tiento, chorizo. || Columpio.

bálano o **balano.** m. Glande.

balasto. m. Grava.

balazo. m. Tiro, disparo.

balbucear. intr. Balbucir, mascullar, barbotar, tartamudear, farfullar.

balbucir. intr. Balbucear.

balcón. m. Mirador, miranda, miradero, vistillas.

baldado, da. adj. Tullido, impedido, paralítico, inválido.

baldaquín o **baldaquino.** m. Dosel, pabellón.

baldar. tr. y prnl. Lisiar. || tr. Contrariar. || Tullir. || Perjudicar, dañar.

balde. m. Cubo, barreño.

balde (de). loc. adv. Gratis, graciosamente. || Sin motivo, sin causa.

balde (en). loc. adv. En vano, inútilmente.

baldear. tr. Fregar, limpiar, regar.

baldío, a. adj. Estéril, yermo, erial, infecundo (**a.:** *fértil*). || Inútil, vano, ocioso (**a.:** *útil, provechoso*).

baldón. m. Oprobio, injuria, afrenta, vituperio, deshonor, deshonra, vergüenza, ignominia, estigma. *El baldón denigra* (**a.:** *elogio*).

baldonar. tr. Abaldonar, injuriar, afrentar, vituperar.

baldosa. f. Azulejo, mosaico, tesela.

balear. tr. Tirotear.

baleo. m. Ruedo, felpudo. || Aventador.

baleo. m. Tiroteo, balacera.

baliza. f. Boya.

ballestilla. f. Radiómetro. || Fleme.

balompié. m. Fútbol.

balón. m. Garrafa. || Fardo, bala. || Pelota, esférico.

balonvolea. m. Voleibol.

balsa. f. Jangada, almadía. || Charco, estanque.

bálsamo. m. Consuelo, alivio, lenitivo. *La música era un bálsamo para él.*

baluarte. m. Bastión. || Fortaleza, fortificación. || Protección, defensa, amparo.

balumba. f. Confusión, desorden (**a.:** *orden*).

bambalina. f. Colgadura.

bambolear. intr. y prnl. Bambalear, tambalear, vacilar, balancear, oscilar.

bambolla. f. Aparato, ostentación, boato, pompa, fausto, apariencia.

banal. adj. Trivial, insustancial.

banana. f. o **banano.** m. Plátano.

banasta. f. Canasto.

banca. f. Escaño.

bancal. m. Tabla. || Terraza, rellano.

bancarrota. f. Quiebra. || Desastre, hundimiento, descrédito (**a.:** *éxito*).

banco. m. Escaño, asiento. || Cardumen, bandada. || Bajo, bajío. || Sotabanco.

banda. f. Tira, cinta, faja, lista. || Franja, cenefa.

banda. f. Partida, facción, cuadrilla, pandilla, bandería. || Manada. || Bandada, bando. || Charanga. || Crencha. || Baranda. || Lado, costado, margen.

bandada. f. Banda, muchedumbre, tropel. || Cardumen, banco.

bandazo. m. Tumbo, balanceo.

bandearse. prnl. Ingeniarse, apañarse, arreglarse. || Pasarse.

bandeja. f. Plato, fuente. || Batea.

bandera. f. Insignia, enseña, estandarte, pabellón.

bandería. f. Bando, parcialidad, partida, facción.

banderilla. f. Rehilete, palitroque.

banderola. f. Montante.

bandidaje. m. Bandolerismo.

bandido. m. Bandolero, malhechor, salteador, ladrón. || Granuja.

bando. m. Edicto. || Pregón.

bando. m. Facción, parcialidad, bandería, partido. *Bando es un partido; bandería, una parcialidad.* || Banda, bandada. || Cardumen, banco.

bandolerismo. m. Bandidaje.

bandolero. m. Bandido, malhechor, salteador, facineroso, forajido, ladrón. *La región estaba plagada de bandoleros.*

bandullo. m. Barriga, panza, vientre.

banquero. m. Cambista, especulador.

banqueta. f. Taburete.

banquete. m. Festín, ágape, comilona.

banquillo. m. Asiento, escaño, banco.

bañar. tr. Sumergir. || Mojar, humedecer. || Recubrir, cubrir.

bañera o **bañadera.** f. Baño.

baño. m. Inmersión, sumersión, remojón. || Bañera, pila. || Capa, mano. || Cuarto

de baño. || Retrete, escusado, letrina. || Barniz, tinte, pintura. || pl. Balneario.

baptisterio. m. Pila bautismal. *Son célebres las puertas de bronce del baptisterio de Florencia.*

baqueano, na. adj. y s. Experto, práctico. || m. Guía, rastreador.

baqueteado, da. adj. Acostumbrado, avezado, habituado, experimentado, ducho, práctico, experto (**a.:** *bisoño*). || Aguerrido, entrenado.

baquetear. tr. Incomodar, molestar, cansar. || Avezar.

baquía. f. Experiencia, destreza (**a.:** *torpeza*).

baquiano, na. adj. y s. Baqueano.

báquico, ca. adj. Dionisíaco. || Orgiástico. || Vinolento, vinoso.

bar. m. Taberna.

barahúnda. f. Baraúnda.

baraja. f. Naipe. || Riña, reyerta.

barajar. tr. Mezclar, entremezclar, revolver, confundir (**a.:** *ordenar*). || intr. Reñir, contender, alterar.

baranda. f. Barandilla, barandal, barra, pasamanos. || Borde.

barandal. m. Pasamano. || Barandilla, barra, borde.

barandilla. f. Antepecho, baranda.

baratija. f. Chuchería, fruslería, friolera, pequeñez, menudencia, minucia (**a.:** *alhaja, joya*).

barato, ta. adj. Económico, módico (**a.:** *caro, costoso*).

báratro. m. Infierno, averno, tártaro, orco.

baraúnda. f. Confusión, desorden, alboroto, bullicio, ruido (**a.:** *calma, tranquilidad*).

barba. f. Chiva, perilla.

barbacana. f. Aspillera, tronera, cañonera.

barbaridad. f. Atrocidad, enormidad, disparate, dislate, imprudencia, desconsideración, necedad, ciempiés. || Ferocidad, crueldad, inhumanidad, barbarie, fiereza (**a.:** *compasión, conmiseración*).

barbarie. f. Rusticidad, ignorancia, incultura, cerrilidad, salvajismo (**a.:** *civiliza-ción, cultura*). ‖ Fiereza, ferocidad, crueldad, inhumanidad.

barbarismo. m. Barbaridad, barbarie. ‖ Solecismo.

barbarizar. intr. Disparatar, desatinar, desbarrar.

bárbaro, ra. adj. Atroz, fiero, feroz, cruel, inhumano (**a.:** *humano, compasivo*). ‖ Arrojado, temerario, imprudente, alocado. ‖ Rudo, inculto, grosero, tosco, salvaje, cerril, bruto (**a.:** *culto*). ‖ Descortés, irrespetuoso, desconsiderado (**a.:** *cortés, amable*). ‖ Grande, excesivo, extraordinario. ‖ Excelente, magnífico.

barbecho. m. Añojal.

barbería. f. Peluquería.

barbero. m. Peluquero, fígaro, rapabarbas.

barbián, na. adj. Desenvuelto, gallardo, galán, arriscado.

barbijo. m. Barboquejo. ‖ Chirlo.

barbilampiño. adj. Carilampiño, imberbe (**a.:** *peludo, velludo, barbudo*).

barbilla. f. Mentón. ‖ Barba. ‖ Papada, perilla.

barboquejo. m. Barbiquejo, barbuquejo, barbijo.

barbotar o barbotear. intr. y tr. Mascullar, barbullar, farfullar, tartamudear.

barbullar. intr. Barbotar, barbotear, mascullar, farfullar, balbucear.

barca. f. Lancha, bote, batel.

barcaza. f. Gabarra, lanchón.

barco. m. Buque, vapor, navío, nave, bajel, embarcación, bastimento, nao.

bardo. m. Poeta, aedo, vate, rapsoda.

barítono, na. adj. Llano, grave. ‖ m. Cantante.

barloar. tr., intr. y prnl. Abarloar, arrimar.

barniz. m. Baño, tinte, tintura.

barquilla. f. Cabina, cesto. ‖ Molde.

barquinazo. m. Tumbo, vaivén, sacudida, vuelco.

barquino. m. Odre, bota, cuba.

barra. f. Barrote. ‖ Lista, raya, banda. ‖ Bajío, banco, bajo. ‖ Rejón, riel. ‖ Lingote.

barrabasada. f. Tropelía, atropello, de-

safuero. ‖ Barbaridad, disparate. ‖ Jugada, pasada, trastada.

barragana. f. Concubina, manceba, querida.

barranco. m. Barranca, barranquera, despeñadero, precipicio. ‖ Badén, dificultad, embarazo, impedimento.

barredura. f. Barrido. ‖ pl. Inmundicia, basura. ‖ Desperdicios, residuos.

barreminas. m. Dragaminas.

barrena. f. Broca, taladro, fresa.

barrenar. tr. Taladrar, agujerear, horadar, perforar. ‖ Conculcar, infringir, trasgredir, quebrantar, violar (**a.:** *cumplir, respetar*).

barreno. m. Explosivo, taladro. ‖ Vanidad, presunción.

barreño, ña. m. y f. Terrizo, lebrillo.

barrer. tr. Escobar. ‖ Desembarazar, despejar, expulsar, apartar. ‖ Arrastrar.

barrera. f. Valla. ‖ Obstáculo, impedimento, dificultad, embarazo, traba. ‖ Amparo, refugio.

barrial. m. Barrizal.

barrica. f. Barril, tonel.

barriga. f. Abdomen, vientre, panza, tripa, andorga. ‖ Comba, curvatura, convexidad.

barrigón, na. adj. y s. Panzón.

barrigudo, da. adj. Barrigón.

barril. m. Tonel, pipa, cuba, barrica.

barrilete. m. Cometa.

barrilla. f. Sosa. ‖ Mazacote, natrón.

barrio. m. Arrabal, suburbio, barriada.

barrizal. m. Lodazal, cenagal, fangal, barrial.

barro. m. Cieno, lama, légamo, limo, lodo, fango. ‖ Descrédito, ignominia, deshonra. ‖ Terracota, tiesto.

barrote. m. Travesaño.

barruntar. tr. Prever, conjeturar, presentir, suponer, sospechar, oler, olfatear.

barrunto. m. Presentimiento, sospecha, pálpito, corazonada (**a.:** *certeza*). ‖ Atisbo, vislumbre, conjetura, indicio.

bártulos. m. pl. Enseres, trastos, utensilios, trebejos, chirimbolos, chismes, cachivaches. ‖ Maletas, equipaje.

barullo. m. Confusión, desorden, alboroto, baraúnda, ruido, desbarajuste, lío, babel, jaleo (**a.:** *orden, silencio*).

barullón, na o **barullero, ra.** adj. Embrollador, embrollón, lioso, enredador.

basa. f. Base, fundamento. ‖ Asiento, pedestal.

basamento. m. Basa.

basar. tr. Asentar, cimentar. ‖ tr. y prnl. Fundar, apoyar, fundamentar.

basca. f. Náusea, arcada, ansia.

bascosidad. f. Inmundicia, suciedad, porquería, asquerosidad.

báscula. f. Balanza.

base. f. Asiento, apoyo, soporte. ‖ Fundamento, cimiento (**a.:** *cima, cúspide*). ‖ Origen, raíz, antecedente (**a.:** *consecuencia*). ‖ Hidróxido.

básico, ca. adj. Fundamental, primordial, esencial, principal, cardinal (**a.:** *accesorio, secundario, superfluo*).

basilisco. m. Arpía, trasgo.

basta. f. Hilván, baste.

bastante. adj. Suficiente, harto (**a.:** *insuficiente, escaso*). ‖ Considerable. ‖ adv. Considerablemente, asaz, muy.

bastar. intr. Alcanzar, llegar, ser suficiente (**a.:** *faltar, escasear*).

bastardear. intr. y tr. Degenerar. ‖ tr. y prnl. Estropear, dañar. ‖ tr. Falsear, falsificar, adulterar.

bastardilla. adj. Cursiva, itálica.

bastardo, da. adj. Espurio, ilegítimo (**a.:** *legítimo*). ‖ Falso, bajo, vil, infame, innoble. ‖ m. Boa.

baste. m. Hilván, basta.

bastidor. m. Chasis.

bastimento. m. Barco, embarcación. ‖ Provisión.

bastión. m. Baluarte. ‖ Amparo, defensa, protección.

basto, ta. adj. Tosco, rudo, grosero, ordinario, burdo, vulgar (**a.:** *delicado*).

bastón. m. Palo, vara. ‖ Cayado, báculo.

bastonazo. m. Garrotazo.

basura. f. Suciedad, inmundicia, porquería, barreduras, bazofia, desperdicios.

basurero. m. Basural, estercolero.

batacazo. m. Porrazo, porrada, trastazo, caída, costalada.

batahola o **bataola.** f. Alboroto, bulla, bullicio, jarana, jaleo, griterío, algarabía, vocería, tumulto (**a.:** *calma, silencio*).

batalla. f. Combate, lid, lucha, pelea, contienda, encuentro, choque. ‖ Justa, torneo.

batallador, ra. adj. Belicoso, guerrero, combatiente (**a.:** *pacífico*).

batallar. intr. Pelear, reñir, luchar, lidiar, contender, combatir. ‖ Disputar, altercar, debatir, porfiar, pugnar. ‖ Fluctuar, vacilar.

bataola. f. Batahola.

batata. f. Timidez, cortedad.

batea. f. Bandeja, azafate. ‖ Artesa.

batel. m. Barca, bote, lancha, piragua.

batelero, ra. m. y f. Barquero, lanchero.

bateo. m. Bautizo, bautismo.

batiborrillo. m. Baturrillo, mezcolanza, fárrago, revoltijo.

baticola. f. Grupera, ataharre.

batida. f. Reconocimiento, exploración, registro. ‖ Acoso, persecución.

batido, da. adj. Andado, trillado, frecuentado, conocido. ‖ Derrotado.

batidor. m. Escarpidor, carmenador. ‖ Explorador, descubridor.

batifondo. m. Bochinche, tumulto (**a.:** *tranquilidad*).

batintín. m. Gongo, tantán.

batir. tr. Golpear, percutir, azotar. ‖ Acuñar. ‖ Martillar. ‖ Explorar, reconocer, registrar. ‖ Derrotar, vencer, arrollar, rendir. ‖ Derribar, derruir, demoler, tirar, tumbar (**a.:** *construir, erigir*). ‖ Desarmar, desmontar (**a.:** *armar, montar*). ‖ prnl. Combatir, batallar, luchar, pelear, lidiar.

batracio. adj. Anfibio.

batuque. m. Batifondo.

baturrillo. m. Batiborrillo, revoltijo, fárrago.

batuta. f. Dirección.

baúl. m. Mundo. ‖ Arca, cofre. ‖ Vientre, barriga.

bautismo. m. Bautizo, bateo.

bautizar. tr. Cristianar. ‖ Llamar, apellidar.

bautizo. m. Bautismo, bateo.

bazo. adj. Moreno.

bazofia. f. Bodrio, comistrajo, guisote. || Basura, suciedad. || Sobras.

bazucar o **bazuquear.** tr. Revolver, agitar, sacudir, menear, traquetear (**a.:** *aquietar, parar*).

beatificación. f. Canonización.

beatitud. f. Bienaventuranza || Felicidad, satisfacción, dicha, placidez, bienestar (**a.:** *infelicidad*).

beato, ta. adj. y s. Feliz, bienaventurado (**a.:** *impío*). || Santurrón, mojigato.

bebé. m. Nene, rorro.

bebedero. m. Abrevadero. || Cantina, taberna, cervecería.

bebedizo, za. adj. Potable. || m. Filtro, medicina, narcótico.

bebedor, ra. adj. y s. Borrachín, borracho (**a.:** *abstemio*).

beber. intr. Brindar. || tr. Tomar, empinar, trincar, emborracharse.

bebible. adj. Potable.

bebida. f. Poción. || Copetín, licor, vino, trago, refresco.

bebido, da. adj. Chispo, achispado, borracho, embriagado, ebrio, beodo (**a.:** *sereno, lúcido, sobrio*).

becada. f. Chocha, gallineta.

becado, da. m. y f. Becario.

becerrada. f. Corrida, lidia.

becerro. m. o **becerra.** f. Ternero, novillo.

bedel. m. Celador.

beduino, na. adj. y s. Árabe. || Bárbaro.

befa. f. Burla, escarnio, ludibrio, mofa, irrisión (**a.:** *alabanza*).

befar. tr. Escarnecer, mofar, burlar.

bejuco. m. Liana.

belcebú. m. Demonio, diablo.

beldad. f. Belleza, hermosura (**a.:** *fealdad*).

beldar. tr. Bieldar, aventar.

belén. m. Confusión, desorden, lío, embrollo, enredo, barullo.

belfo. m. Labio.

bélico, ca. adj. Guerrero, belicoso, marcial.

belicoso, sa. adj. Bélico, marcial. || Agre-

sivo, batallador, pendenciero, pugnaz, peleador, combativo (**a.:** *pacífico*).

beligerante. adj. Contendiente (**a.:** *neutral*).

belitre. adj. Pícaro, pillo, villano, ruin.

bellaco, ca. adj. Villano, malo, ruin, bajo, perverso (**a.:** *bueno*). || Astuto, pícaro, pillo, tuno, taimado, zorro, sagaz (**a.:** *cándido*).

bellaquería. f. Pillería, ruindad, truanería, tunantería, perversidad, maldad.

belleza. f. Hermosura, beldad (**a.:** *fealdad*). || Atractivo, encanto.

bello, lla. adj. Agraciado, hermoso, lindo, bonito, guapo. || Bueno, excelente. || Peregrino, espléndido, fastuoso.

bencina. f. Gasolina, esencia.

bendecir. tr. Alabar, elogiar, encomiar, celebrar, enaltecer, engrandecer, ensalzar, loar (**a.:** *censurar, criticar, maldecir*).

bendición. f. Alabanza, elogio, enaltecimiento, celebración, encomio, loa, loor (**a.:** *maldición*). || Abundancia, prosperidad.

bendito, ta. adj. Santo, bienaventurado. || Feliz, dichoso. || Sencillo, simple, cándido, ingenuo, bonachón.

benefactor, ra. adj. Bienhechor, protector, favorecedor.

beneficiar. tr. Favorecer, hacer bien, ayudar, apoyar, secundar (**a.:** *perjudicar*). || Aprovechar, utilizar, explotar, mejorar.

beneficio. m. Favor, gracia, merced, servicio, bien (**a.:** *daño, mal*). || Ganancia, utilidad, rendimiento, provecho, fruto, lucro, producto (**a.:** *pérdida*).

beneficioso, sa. adj. Benéfico, favorable (**a.:** *perjudicial, nocivo*). || Provechoso, útil, lucrativo, productivo, fructífero, rentable, fructuoso (**a.:** *desventajoso*).

benéfico, ca. adj. Beneficioso (**a.:** *maléfico*).

benemérito, ta. adj. Digno, merecedor, meritorio (**a.:** *desacreditado, indigno*).

beneplácito. m. Aprobación, permiso, consentimiento, venia, asentimiento (**a.:** *negativa, desaprobación, disconformidad*).

benevolencia. f. Bondad, clemencia, generosidad, indulgencia, magnanimidad (**a.**: *malquerencia, animosidad*).

benevolente. adj. Favorable, benévolo.

benévolo, la. adj. Benigno, propicio, favorable (**a.**: *desfavorable*). ‖ Indulgente, tolerante, clemente, benigno, blando, bondadoso, complaciente, magnánimo (**a.**: *intolerante, malévolo*).

benignidad. f. Benevolencia (**a.**: *dureza, maldad*).

benigno, na. adj. Bondadoso, benévolo, indulgente, humano, clemente, propicio (**a.**: *maligno, malévolo, inhumano, intolerante*). ‖ Templado, apacible, suave, dulce, moderado (**a.**: *riguroso*).

benjamín. m. Menor.

beocio, cia. adj. Ignorante, estúpido, tonto, mentecato, necio (**a.**: *sagaz*).

beodez. f. Borrachera, ebriedad, embriaguez.

beodo, da. adj. y s. Borracho, ebrio, embriagado, bebido.

bereber. m. Moro.

berenjenal. m. Embrollo, enredo, maraña, confusión, apuro, lío.

bergante. m. Bandido, belitre, bribón, pícaro, sinvergüenza, granuja, pillo, bellaco.

berilio. m. Glucinio.

berilo. m. Aguamarina, esmeralda.

bermejo, ja. adj. Rubio, rojizo, rufo. ‖ Taheño.

bermellón. m. Rojo. ‖ Cinabrio.

berrear. intr. Chillar, gritar, vociferar, rabiar.

berretín. m. Capricho.

berrinche. m. Enojo, enfado, coraje, rabia, furor, rabieta, pataleta, berrenchín, cólera, ira, sofoco, sofocón. ‖ Llorera, llanto.

berza. f. Col, repollo.

besar. tr. Besuquear, rozar, tocar.

beso. m. Ósculo, caricia.

bestia. f. Animal, irracional. ‖ Com. Rudo, bruto, ignorante, bárbaro, cruel, salvaje. ‖ Estúpido, idiota, bobo, burro, torpe, ignorante.

bestial. adj. Brutal, irracional, feroz, cruel, tremendo, bárbaro (**a.**: *humano, racio-*

nal). ‖ Extraordinario, desmesurado, enorme.

bestialidad. f. Brutalidad, ferocidad, irracionalidad (**a.**: *bondad, benignidad*). ‖ Barbaridad, animalada.

besuquear. tr. Besar.

betarraga o **betarrata.** f. Remolacha.

betel. m. Buyo.

betún. m. Bola, alquitrán, asfalto, brea.

bezo. m. Labio.

bezudo, da. adj. Befo, belfo, hocicón, hocicudo, morrudo.

biaba. f. Paliza, tunda.

biblioteca. f. Librería.

bicha. f. Bicho. ‖ Culebra.

bichar. tr. Espiar, mirar, atisbar.

bicharraco. m. Bicho.

bichero. m. Cloque, arpón, gancho.

bicho. m. Sabandija, musaraña, bicharraco, bicha, alimaña.

bicípite. adj. Bicéfalo.

bicoca. f. Pequeñez, nadería, fruslería, bagatela, insignificancia. ‖ Ganga, mina, sinecura, prebenda, canonjía, breva.

bieldar. tr. Beldar, aventar.

bieldo. m. Aventador, horca, horcón, horqueta.

bien. m. Beneficio, favor, merced. ‖ Utilidad, provecho, regalo (**a.**: *daño, perjuicio*). ‖ Bienestar, felicidad. ‖ pl. Hacienda, riqueza, fortuna, capital, caudal.

bien. adv. Perfectamente, acertadamente, apropiadamente, felizmente (**a.**: *mal, desacertadamente*). ‖ Con gusto, de buena gana. ‖ Sin inconveniente, sin dificultad. ‖ Muy.

bienandanza. f. Felicidad, fortuna, dicha, suerte (**a.**: *malandanza*).

bienaventurado, da. adj. Beato, santo (**a.**: *réprobo*). ‖ Feliz, afortunado, dichoso (**a.**: *desdichado, infeliz*). ‖ Cándido, inocentón, incauto, bendito, ingenuo, crédulo, simple (**a.**: *malicioso, perverso*).

bienaventuranza. f. Gloria, vida eterna. ‖ Prosperidad, felicidad, dicha (**a.**: *pobreza, penuria*).

bienestar. m. Comodidad, regalo (**a.**: *malestar*). ‖ Abundancia, holgura, riqueza, desahogo (**a.**: *miseria, pobreza*).

bienhadado, da. adj. Afortunado, venturoso, dichoso, feliz (**a.:** *malhadado, desafortunado*).

bienhechor, ra. adj. y s. Benéfico, beneficioso. ‖ Favorecedor, protector, amparador, filántropo, benefactor.

bienmandado, da. adj. Obediente, dócil, sumiso (**a.:** *rebelde, desobediente*).

bienquistar. tr. y prnl. Congraciar (**a.:** *malquistar*).

bienquisto, ta. adj. Estimado, apreciado, considerado, querido, reputado (**a.:** *malquisto*).

bienvenida. f. Parabién.

bies (al). loc. adv. Al sesgo, oblicuamente.

bife. m. Bofetada, bofetón, cachetada.

bífido, da. adj. Hendido, bipartido.

bifurcación. f. Ramificación.

bifurcarse. prnl. Ramificarse, dividirse (**a.:** *juntarse*).

bigardo, da. adj. y s. Vago, vicioso, haragán, holgazán. ‖ Granuja, pillo.

bigornia. f. Yunque.

bigote. m. Mostacho.

bigotudo, da. adj. Abigotado.

bilioso, sa. adj. Colérico, atrabiliario, intratable, irritable, irascible, malhumorado.

bilis. f. Hiel, cólera. ‖ Desabrimiento, aspereza, irritabilidad, acrimonia (**a.:** *dulzura*).

billete. m. Boleto. ‖ Carta, esquela. ‖ Entrada, localidad.

billetera. f. o **billetero.** m. Cartera.

binar. tr. Edrar. ‖ intr. Doblar.

binóculo. m. Anteojos, prismáticos.

binza. f. Fárfara.

biografía. f. Vida, semblanza.

biombo. m. Mampara.

bioquímica. f. Química biológica.

birimbao. m. Trompa gallega.

birlar. tr. Quitar, robar, hurtar, escamotear, sustraer.

birreta. f. Gorro, bonete.

birrete. m. Birreta.

birria. f. Mamarracho, facha, adefesio, esperpento.

bisagra. f. Gozne, charnela.

bisar. tr. Repetir, reiterar.

bisbisar o **bisbisear.** intr. y tr. Musitar, farfullar, mascullar, susurrar.

bisel. m. Chaflán, corte.

biselar. tr. Abiselar, achaflanar.

bisexual. adj. Hermafrodita.

bisojo, ja. adj. Bizco, ojituerto, estrábico.

bisonte. m. Toro mexicano.

bisoñé. m. Peluca.

bisoño, ña. adj. y s. Inexperto, nuevo, novel, novato, bozal, principiante (**a.:** *experto, ducho, veterano*).

bisutería. f. Fantasía.

bizantinismo. m. Corrupción. ‖ Sutileza.

bizarría. f. Gallardía, valor (**a.:** *cobardía, temor*). ‖ Generosidad, esplendor, esplendidez, lucimiento.

bizarro, rra. adj. Valiente, esforzado, gallardo. ‖ Generoso, espléndido, lucido.

bizco, ca. adj. Bisojo.

bizcocho. m. Galleta.

bizma. f. Emplasto, pegote, cataplasma.

bizquera. f. Estrabismo.

blanco, ca. adj. Albo, cano (**a.:** *negro*). ‖ Pálido. ‖ Limpio (**a.:** *sucio*). ‖ Suelto. ‖ m. Objeto, objetivo, fin.

blancura. f. Candor, albura, blancor, ampo (**a.:** *negrura*).

blandear. intr. y prnl. Aflojar, ceder, contemporizar. ‖ tr. y prnl. Ablandar.

blandear. tr. Blandir, esgrimir, empuñar. ‖ prnl. Aflojar, ceder.

blandengue. adj. Blando, suave. ‖ Débil.

blandicia. f. Delicadeza, molicie. ‖ Adulación, halago.

blandir. tr. Enarbolar, esgrimir, agitar, mover.

blando, da. adj. Tierno, suave. ‖ Elástico, esponjoso, dúctil, maleable, flexible, flojo (**a.:** *duro, consistente, resistente*). ‖ Indulgente, benévolo, tolerante (**a.:** *intransigente, intemperante*). ‖ Abúlico, perezoso. ‖ Cobarde, flojo, pusilánime (**a.:** *valiente*). ‖ Suave, dulce, apacible, benigno (**a.:** *áspero, rudo, desapacible*). ‖ Muelle, cómodo. ‖ Templado.

blandura. f. Suavidad, lenidad, ternura, benignidad, afabilidad, dulzura (**a.:** *du-*

reza, rigor). ‖ Molicie, indolencia, regalo, deleite (**a.:** *ascetismo*).

blanquear. tr. Emblanquecer, blanquecer (**a.:** *ennegrecer*). ‖ Enjalbegar, encalar, enlucir.

blanquecino, na. adj. Blancuzco (**a.:** *negruzco*).

blasfemador, ra. adj. Blasfemo.

blasfemar. tr. Renegar, jurar, execrar, maldecir, vituperar (**a.:** *ensalzar, bendecir*).

blasfemia. f. Reniego, voto, juramento, execración, maldición, terno. ‖ Sacrilegio, grosería.

blasfemo, ma. adj. y s. Blasfemador, execrador, renegador. ‖ Blasfematorio.

blasón. m. Heráldica. ‖ Escudo, armas. ‖ Timbre, divisa. ‖ Gloria, honor.

blasonar. tr. Alardear, presumir, gloriarse, vanagloriarse, jactarse, pavonearse, alabarse, preciarse (**a.:** *abochornarse*).

bledo. m. Ardite, comino, pito.

blindaje. m. Coraza. ‖ Protección, defensa.

blindar. tr. Acorazar. ‖ Proteger.

blocao. m. Fortín, reducto.

blonda. f. Encaje.

blondo, da. adj. Rubio.

bloque. m. Agrupación, conjunto. ‖ Masa, pila.

bloquear. tr. Cercar, sitiar, asediar. ‖ Incomunicar, aislar. ‖ Congelar, inmovilizar.

bloqueo. m. Cerco, sitio, aislamiento (**a.:** *evasión*).

boa. f. Serpiente. ‖ Bufanda.

boardilla. f. Buhardilla.

boato. m. Ostentación, lujo, pompa, rumbo, suntuosidad, esplendor, fausto (**a.:** *pobreza, sencillez*).

bobada. f. Bobería, idiotez, simpleza, sandez, necedad, majadería, tontería, tontada (**a.:** *agudeza, ingenio*).

bobalicón, na. adj. y s. Bobo.

bobear. intr. Tontear.

bobería. f. Bobada.

bobina. f. Carrete.

bobinado. m. Devanado.

bobinadora. f. Devanadera.

bobinar. tr. Devanar.

bobo, ba. adj. y s. Cándido, babieca, papanatas, papamoscas. ‖ Simple, tonto, mentecato, gaznápiro, majadero, necio, memo, ganso, lelo, bobalicón (**a.:** *despierto, inteligente*).

boca. f. Abertura, agujero, desembocadura, entrada, salida. ‖ Brocal.

bocadillo. m. Emparedado, canapé, bocado, refrigerio.

bocado. m. Dentellada, mordisco. ‖ Bocadillo. ‖ Freno, embocadura.

bocanada. f. Buchada. ‖ Sorbo. ‖ Fumarada.

bocel. m. Moldura.

bocetar. tr. Abocetar, esbozar.

boceto. m. Apunte, bosquejo, esbozo, croquis, esquema, idea. ‖ Borrón, mancha, proyecto.

bocha. f. Bola. ‖ Cabeza.

bochinche. m. Barullo, alboroto, jaleo, tumulto (**a.:** *calma, tranquilidad*).

bochorno. m. Calor. ‖ Rubor, sonrojo, vergüenza (**a.:** *descaro*). ‖ Sofocación, sofoco.

bocina. f. Altavoz, megáfono.

bocón, na. adj. Jetón. ‖ Charlatán, fanfarrón.

bocoy. m. Barril.

boda. f. Casamiento, matrimonio, unión, enlace, desposorio, himeneo, nupcias, connubio (**a.:** *divorcio*).

bodegón. m. Taberna, figón. ‖ Bodega.

bodoque. m. Bobo, tarugo, alcornoque, torpe.

bodrio. m. Bazofia, guisote. ‖ Mamarracho. ‖ Lío.

bofe. m. Pulmón, asadura.

bofetada. f. Cachete, galleta, guantazo, trompada, manotazo, sopapo, mamporro, bofetón. ‖ Desaire, desprecio.

boga. f. Aceptación, fama, reputación. ‖ Moda. ‖ Auge, fortuna.

bogar. intr. Remar. ‖ Navegar (**a.:** *anclar*).

bohardilla. f. Buhardilla.

bohío. m. Cabaña, rancho, choza (**a.:** *mansión, palacio*).

bohordo. m. Tallo, vara.

boicotear. tr. Aislar, coaccionar (**a.:** *ayudar, cooperar*).

boicoteo o **boicot.** m. Coacción.

bojar o **bojear.** intr. Costear.

bojeo. m. Contorno, perímetro.

bol. m. Ponchera, tazón.

bola. f. Mentira, embuste, patraña. ‖ Balón, pelota. ‖ Canica.

bolada. f. Chiripa, casualidad.

bolazo. m. Embuste, disparate.

bolcarse. prnl. Abatatarse, equivocarse.

boleta. f. Pase, entrada, localidad. ‖ Libranza, libramiento. ‖ Vale, bono. ‖ Cédula, papeleta.

boletería. f. Taquilla.

boletero, ra. m. y f. Taquillero. ‖ Embustero.

boletín. m. Boleta, localidad. ‖ Noticiero, informativo. ‖ Libramiento, libranza.

boleto. m. Billete, entrada, localidad.

boliche. m. Cambalache, tenducho.

bólido. m. Asteroide, aerolito, meteorito.

bolillero. m. Bombo.

bollo. m. Abolladura. ‖ Puñetazo. ‖ Chichón. ‖ Jaleo.

bolo. m. Bobo, tonto. ‖ Mentira.

bolsa. f. Saco, talega, escarcela, bolso, cartera, monedero. ‖ Dinero. ‖ Lonja. ‖ Bolsón.

bolsillo. m. Faltriquera. ‖ Monedero. ‖ Dinero, bolsa.

bombazo. m. Estallido, explosión.

bombilla. f. Lámpara. ‖ Canuto.

bombo. m. Elogio, adulación, encomio. ‖ Bolillero. ‖ Tambor.

bombona. f. Garrafa.

bonachón, na. adj. Buenazo, bonazo, cándido, crédulo, bondadoso, bendito.

bonancible. adj. Sereno, tranquilo (**a.:** *tormentoso*).

bonanza. f. Calma, serenidad (**a.:** *tempestad*). ‖ Felicidad, prosperidad (**a.:** *desdicha, infortunio*).

bondad. f. Benignidad, benevolencia, caridad, generosidad, magnanimidad, compasión, indulgencia, tolerancia, clemencia (**a.:** *egoísmo, maldad, perversidad*). ‖ Amabilidad, dulzura, afabilidad, ternura (**a.:** *dureza, aspereza*).

bondadoso, sa. adj. Benévolo, benigno, indulgente, generoso, tolerante (**a.:** *malvado*). ‖ Amable, afable, sensible (**a.:** *egoísta, cruel*).

bonete. m. Gorro.

bonificación. f. Beneficio, deducción, descuento, rebaja (**a.:** *recargo*).

bonificar. tr. Mejorar, abonar, beneficiar. ‖ Rebajar, deducir, descontar (**a.:** *recargar*). ‖ Abonar, fertilizar.

bonitamente. adv. Disimuladamente, mañosamente, diestramente.

bonito, ta. adj. Lindo, agraciado, bello (**a.:** *feo*).

bono. m. Vale.

boñiga. f. Bosta, excremento.

boquear. intr. Agonizar, expirar, morir.

boquerón. m. Anchoa, anchova.

boquete. m. Brecha, agujero, orificio, abertura, perforación.

boquiabierto, ta. adj. Asombrado, pasmado (**a.:** *indiferente, frío*).

boquilla. m. Portalámparas. ‖ Mechero. ‖ Embocadura.

borbollón. m. Borbotón.

borde. m. Extremo, orilla. ‖ Arista, canto. ‖ Ribera, linde, margen (**a.:** *centro*).

bordear. tr. Orillar.

bordillo. m. Encintado.

bordón. m. Bastón. ‖ Estribillo, muletilla.

boreal. adj. Norte, septentrional (**a.:** *austral*).

borla. f. Pompón.

borra. f. Pelusa. ‖ Poso, sedimento.

borrachera. f. Embriaguez, beodez, ebriedad, mona, tranca, curda, turca, merluza, pítima, zorra (**a.:** *sobriedad*).

borracho, cha. adj. y s. Ebrio, bebido, beodo, embriagado, achispado, alcoholizado, calamocano, ajumado, curda, curdela (**a.:** *abstemio, sereno*).

borrajear. tr. Borronear, emborronar, garabatear.

borrar. tr. Testar, tachar, tildar. ‖ tr. y prnl. Esfumar, desvanecer, despintar, disipar, quitar, evaporar.

borrasca. f. Tormenta, temporal, tempestad, huracán (**a.:** *calma*). ‖ Riesgo, azar, peligro. ‖ Riña, discusión.

borrascoso, sa. adj. Tempestuoso, proceloso, tormentoso (**a.:** *apacible*). ‖ Desordenado, licencioso, desenfrenado. ‖ Agitado, violento.

borrico, ca. m. y f. Asno, burro, pollino, rucio, jumento. ‖ Rudo, necio, ignorante.

borrón. m. Mancha, tacha, defecto, imperfección. ‖ Borrador. ‖ Boceto, mancha, bosquejo.

borronear. tr. Borrajear, emborronar, garrapatear.

borroso, sa. adj. Confuso, nebuloso, desdibujado, impreciso (**a.:** *claro, definido, preciso, lógico*).

boscoso, sa. adj. Selvático.

bosque. m. Selva, monte, floresta.

bosquejar. tr. Esbozar, bocetar.

bosquejo. m. Esbozo, boceto, apunte, croquis, esquema, borrón, diseño, mancha.

bosta. f. Boñiga, estiércol.

bota. f. Cuba, tonel.

botador. m. Varal.

botar. tr. Arrojar, lanzar. ‖ intr. Saltar, brincar. ‖ Rebotar.

botarate. m. Alborotado, atolondrado, precipitado, irreflexivo, tarambana, informal, aturdido (**a.:** *juicioso, reflexivo*). ‖ Manirroto, derrochador.

botarel. m. Contrafuerte.

bote. m. Salto, brinco. ‖ Rebote. ‖ Hoyo, boche.

bote. m. Lata.

bote. m. Canoa, chalupa, batel, esquife.

botella. f. Frasco.

botica. f. Farmacia, droguería.

boticario, ria. m. y f. Farmacéutico.

botija. m. Niño. ‖ Gordo, panzón.

botijo. m. Porrón.

botín. m. Zapato. ‖ Presa, despojos.

boto, ta. adj. Romo, rudo, obtuso, torpe.

botón. m. Yema, brote. ‖ Capullo. ‖ Llamador, timbre.

bóveda. f. Cripta.

bovino, na. adj. y s. Bóvido, vacuno.

boxeador. m. Púgil.

boxeo. m. Pugilato.

boya. f. Baliza.

boyante. adj. Afortunado, rico, acaudalado, próspero, pudiente, adinerado (**a.:** *pobre*). ‖ Orondo, feliz, ufano (**a.:** *infeliz*).

boyuno, na. adj. Bovino.

bozo. m. Pelusa, vello.

bracear. intr. Nadar. ‖ Esforzarse, luchar.

bracero. m. Obrero, peón, jornalero, trabajador.

braga. f. Calzón. ‖ Metedor.

bragado, da. adj. Animoso, enérgico, resuelto, valiente (**a.:** *cobarde, pusilánime*). ‖ Malintencionado.

bragadura. f. Entrepiernas.

brahmán. m. Bracmán, brahmín.

bramante. m. Cordel, piolín.

bramar. intr. Aullar, vociferar. ‖ Mugir, rugir.

bramido. m. Aullido, mugido, rugido. ‖ Estruendo, fragor.

branquia. f. Agalla.

brasa. f. Ascua, rescoldo.

brasero. m. Calientapiés.

bravata. f. Bravuconada, amenaza, desafío, fanfarronada, bravura.

braveza. f. Bravura.

bravío, a. adj. Cimarrón, feroz, indómito, montaraz, salvaje (**a.:** *manso*). ‖ Áspero, escabroso, fragoso, abrupto (**a.:** *llano*).

bravo, va. adj. Animoso, valeroso, valiente, esforzado (**a.:** *cobarde*). ‖ Bravío, indómito, indomable (**a.:** *manso*). ‖ Feroz, fiero. ‖ Embravecido (**a.:** *calmo*). ‖ Abrupto, fragoso, escabroso. ‖ Violento, guapo, bravucón, matón (**a.:** *afable*).

bravucón, na. adj. Fanfarrón, guapo, matasiete, matón, valentón.

bravuconada. f. Bravata.

bravuconear. intr. Fanfarronear.

bravura. f. Ánimo, coraje, bizarría, valor, valentía. ‖ Fiereza, intrepidez, ferocidad, braveza (**a.:** *timidez, mansedumbre*). ‖ Bravata.

brazal. m. Brazaléte.

brazalete. m. Pulsera, ajorca. ‖ Brazal.

brazo. m. Rama, ramal, derivación. ‖ Valor, esfuerzo, poder. ‖ Rama.

brea. f. Alquitrán.

brear. tr. Maltratar, molestar. ‖ Chasquear.

brebaje. m. Bebistrajo, mejunje, pócima, potingue.

brecha. f. Boquete, abertura, rotura, fisura.

brega. f. Lucha, pendencia, reyerta, pugna, riña. || Burla, chasco, zumba. || Ajetreo, faena, trabajo, trajín (a.: *descanso, ocio*).

bregar. intr. Reñir, luchar, forcejear (a.: *ceder*). || Ajetrearse, afanarse, atarearse, esforzarse, trajinar.

breñal. f. Fragosidad, maleza.

brete. m. Cepo. || Calabozo, celda, prisión. || Aprieto, apuro, conflicto, atolladero. || Encierro, toril.

breva. f. Higo. || Ganga, bicoca.

breve. adj. Corto, efímero, pasajero, fugaz (a.: *largo, duradero, prolongado*). || Sucinto, conciso, sumario (a.: *profuso*). || Pequeño. || Grave. || Ligero. || Pronto.

brevedad. f. Concisión (a.: *prolijidad*). || Ligereza, prontitud (a.: *lentitud*).

breviario. m. Compendio, epítome.

bribón, na. adj. y s. Bellaco, pillo, canalla, pícaro, granuja (a.: *honorable*).

bribonada. f. Picardía, trastada, pillería, canallada.

brida. f. Rienda, ronzal, cabestro.

brillante. adj. Esplendente, resplandeciente, rutilante, fulgurante, refulgente, fúlgido, fulgente, reluciente, radiante, lustroso (a.: *mate, pálido*). || Admirable, sobresaliente (a.: *común*).

brillantez. f. Brillo. || Lucimiento, fama.

brillar. intr. Centellar, relucir, resplandecer, relumbrar, lucir, chispear, fulgurar, rielar (a.: *apagarse*). || Descollar, lucir, sobresalir.

brillo. m. Lustre, fulgor, resplandor, viveza, esplendor (a.: *opacidad*). || Lucimiento, gloria, notoriedad.

brincar. intr. Saltar, retozar. || Omitir.

brinco. m. Salto, cabriola, bote.

brindar. intr. y tr. Ofrecer, dedicar, invitar, convidar. || prnl. Ofrecerse.

brío. m. Ánimo, esfuerzo, fuerza, empuje, ímpetu, vigor, valor, energía, espíritu, resolución (a.: *decaimiento, flojera, desánimo*). || Garbo, gallardía.

briosamente. adv. Impetuosamente, resueltamente (a.: *débilmente*).

brioso, sa. adj. Animoso, pujante, vigoroso. || Gallardo, garboso.

brisa. f. Aura, céfiro.

británico, ca. adj. y s. Inglés.

brizna. f. Filamento, hebra, partícula, pizca.

broca. f. Barrena.

brocal. m. Antepecho, boca.

brocha. f. Escobilla, pincel.

broche. m. Corchete. || Alfiler, fíbula, imperdible, prendedor.

broma. f. Bulla, diversión, juerga. || Burla, chacota, chasco, chiste, chunga, mofa, guasa. || Fastidio.

bromear. intr. Divertirse, jaranear, reírse. || Chancear, embromar, chasquear, burlarse.

bromista. adj. y s. Burlón, guasón, jaranero, chancero, bufón (a.: *formal, serio*).

bronca. f. Altercado, disputa, riña, trifulca, reyerta, pelotera, agarrada. || Reprensión, reprimenda. || Alboroto, escándalo, tumulto (a.: *tranquilidad, calma*).

bronceado, da. adj. Tostado.

bronco, ca. adj. Destemplado, ronco. || Áspero, desapacible, intratable (a.: *suave*). || Quebradizo, tosco.

bronquina. f. Pendencia, riña.

broquel. m. Escudo, rodela. || Amparo, defensa, protección.

brotar. intr. Aparecer, brotar, manar, nacer, fluir, emerger, salir, surgir (a.: *desaparecer, morir*). || Germinar. || tr. Arrojar, causar, originar.

brote. m. Botón, pimpollo, renuevo, retoño, vástago, yema.

broza. f. Hojarasca, maleza. || Desperdicio.

bruces (de). m. adv. Bocabajo.

brujería. f. Hechicería, hechizo, maleficio, encantamiento.

brujo, ja. m. y f. Adivino, hechicero, mago, nigromante. || adj. Cautivador, encantador.

brujulear. intr. Adivinar, conjeturar.

bruma. f. Niebla, neblina.

brumoso, sa. adj. Nebuloso, neblinoso (a.: *despejado*). ‖ Oscuro, sombrío, incomprensible (a.: *claro, comprensible*).

bruno, na. adj. Moreno, negro, oscuro.

bruñir. tr. Abrillantar, lustrar, pulir.

brusco, ca. adj. Áspero, destemplado, descortés (a.: *atento, amable*). ‖ Súbito, repentino, imprevisto.

brutal. adj. Enorme, colosal, estupendo. ‖ Violento, inhumano, cruel, atroz (a.: *bondadoso, humano*).

brutalidad. f. Animalada, bestialidad, crueldad, rudeza, ferocidad (a.: *bondad, humanidad*). ‖ Grosería, torpeza, imprudencia.

bruto, ta. adj. Necio, incapaz. ‖ Vicioso, torpe, desenfrenado. ‖ Tosco, rudo, grosero, bárbaro. ‖ m. Animal, bestia.

bu. m. Coco, cuco.

buba. f. o **bubón.** m. Tumor.

bucanero. m. Filibustero, corsario, pirata.

búcaro. m. Florero, jarrón.

bucear. intr. Nadar, sumergirse. ‖ Explorar, investigar.

buchada. m. Buche, bocanada, sorbo.

buche. m. Papo. ‖ Estómago. ‖ Buchada.

bucle. m. Rizo, tirabuzón.

bucólico, ca. adj. Campestre, pastoril. ‖ f. Égloga.

buenamente. adv. Cómodamente, fácilmente (a.: *dificultosamente*). ‖ Voluntariamente.

buenaventura. f. Dicha. ‖ Adivinación, predicción, profecía.

bueno, na. adj. Benévolo, bondadoso (a.: *malo, malvado*). ‖ Exacto, verdadero. ‖ Adecuado, útil, conveniente, apropiado. ‖ Provechoso, sano, saludable (a.: *perjudicial*). ‖ Hábil. ‖ Apetecible, sabroso. ‖ Agradable, divertido. ‖ Gracioso, oportuno. ‖ Grande (a.: *pequeño, chico*).

bufanda. f. Tapaboca, tapabocas.

bufar. intr. Resoplar, soplar. ‖ Gruñir, refunfuñar.

bufete. m. Estudio, despacho, oficina, escritorio.

bufido. m. Resoplido, gruñido. ‖ Sofión, exabrupto.

bufo, fa. adj. Bufón. ‖ Cómico, grotesco, burlesco, gracioso, chocarrero, ridículo, risible.

bufón, na. adj. Chocarrero, chabacano. ‖ m. y f. Payaso, histrión, truhán.

bufonada. f. Chocarrería, burla.

buharda o **buhardilla.** f. Bohardilla, guardilla, desván (a.: *sótano*).

buharro. m. Corneja.

búho. m. Mochuelo, lechuzón, lechuza.

buhonero. m. Mercachifle.

buido, da. adj. Aguzado, afilado, punzante (a.: *romo, obtuso*). ‖ Acanalado, estriado.

bujarrón. m. Sodomita.

bujería. f. Baratija, chuchería.

bujía. f. Vela, candela, cirio.

bulbo. m. Cebolla.

bulevar. m. Avenida.

bulimia. f. Adefagia.

bulla. f. Algazara, gritería, bullicio, algarabía, alboroto, ruido, vocerío.

bullanga. f. Tumulto, asonada, alboroto, motín.

bullicio. m. Bulla, ruido, algarabía, holgorio.

bullicioso, sa. adj. Ruidoso, estrepitoso (a.: *silencioso*). ‖ Inquieto, desasosegado, revoltoso (a.: *tranquilo, calmo, sereno*). ‖ Alborotador, agitador.

bullir. intr. Hervir. ‖ Agitarse, hormiguear, pulular, rebullir.

bulo. m. Falsedad, mentira, bola, infundio, embuste (a.: *verdad*).

bulto. m. Volumen, tamaño, cuerpo. ‖ Abultamiento. ‖ Busto, estatua. ‖ Fardo, paquete, bala, lío. ‖ Hinchazón, tumor.

buque. m. Barco, vapor, navío, embarcación, nave, bajel. ‖ Cabida, capacidad.

burbuja. f. Ampolla, pompa.

burdel. m. Prostíbulo, lupanar, mancebía. ‖ Trifulca.

burdo, da. adj. Basto, tosco, grosero (a.: *fino, delicado*).

burgo. m. Aldea, pueblo.

burgués. m. Patrón. ‖ Propietario, rentista.

burguesía. f. Mesocracia.

buril. m. Punzón, cincel.

burilar. tr. Cincelar, esculpir, grabar, tallar.

burla. f. Mofa, chanza, broma, guasa, cachada, engaño, rechifla, sarcasmo, befa, chasco, remedo, escarnio, ludibrio. ‖ Cuchufleta, chirigota. ‖ Engaño, fraude. ‖ Morisqueta, mueca (**a.**: *seriedad*).

burlado, da. adj. Engañado.

burlador. adj. y m. Burlón, guasón. ‖ Seductor.

burlar. tr. y prnl. Chasquear. ‖ tr. Engañar, embaucar. ‖ Escapar, evitar. ‖ Esquivar, eludir. ‖ Frustrar, decepcionar. ‖ prnl. Reírse, mofarse, chancearse.

burlesco, ca. adj. Festivo, jocoso, chancero, chistoso, humorístico (**a.**: *serio, grave*).

burlón, na. adj. Guasón, zumbón, irónico, bromista, chancero, socarrón.

burrada. f. Desatino, dislate, disparate, necedad, tontería, barbaridad (**a.**: *agudeza*).

burro, rra. m. y f. Asno, borrico, jumento, pollino. ‖ Torpe, corto, rudo, ignorante, necio, tonto. ‖ Animal, bárbaro, salvaje. ‖ Obstinado, terco. ‖ m. Chibalete.

busca. f. Búsqueda, averiguación, exploración, rastreo, registro.

buscar. tr. Inquirir, investigar, averiguar, indagar, pesquisar, rastrear, registrar, rebuscar, perseguir, explorar.

buscavidas. adj. y s. Activo, diligente, trabajador. ‖ Curioso.

busilis. m. Dificultad, intríngulis, toque, quid, secreto. *Aquel negocio tenía sus busilis.*

búsqueda. f. Busca.

butaca. f. Asiento.

butifarra. f. Embutido.

cabal. adj. Ajustado, acabado, completo (a.: *incompleto, parcial*). ‖ Exacto, justo, entero (a.: *inexacto*). ‖ Íntegro, recto.

cábala. f. Conjetura, cálculo, suposición, pronóstico. ‖ Intriga, complot, maquinación, conspiración, enredo. ‖ pl. Gestiones, negociaciones, cabildeos.

cabalgadura. f. Caballería, montura, bestia.

cabalgamiento. m. Hipermetría, encabalgamiento.

cabalgar. tr. e intr. Montar, jinetear.

cabalmente. adv. Justamente, precisamente, perfectamente.

caballada. f. Yeguada. ‖ Potrada.

caballar. adj. Equino, ecuestre, hípico.

caballeresco, ca. adj. Noble, digno, honroso, valeroso.

caballerete. m. Presumido, petimetre, pisaverde, lechuguino, mozalbete.

caballería. f. Cabalgadura, bestia, caballo, montura.

caballeriza. f. Cuadra, establo.

caballero, ra. adj. Jinete (a.: *peatón*). ‖ m. Señor, noble, hidalgo (a.: *villano*).

caballerosidad. f. Nobleza, señorío, hidalguía, dignidad, pundonor (a.: *bajeza, indignidad*).

caballeroso, sa. adj. Noble, pundonoroso, digno, generoso, leal, espléndido (a.: *bellaco, indigno*). ‖ Cortés, galante.

caballete. m. Lomero, cumbrera. ‖ Caballón. ‖ Asnilla. ‖ Quilla.

caballito del diablo. m. Libélula.

caballitos. m. pl. Tiovivo, calesita.

caballo. m. Trotón, equino, corcel, potro, flete, pingo (a.: *yegua, potranca*).

caballón. m. Caballete.

cabaña. f. Barraca, rancho, choza, bohío (a.: *mansión*). ‖ Rebaño, ganado.

cabe. prep. Cerca de, junto a.

cabeceo. m. Balanceo, oscilación.

cabecera. f. Inicio, principio. ‖ Almohada. ‖ Encabezamiento, título. ‖ Capital.

cabecilla. m. Jefe, caudillo. *Aún no fue capturado el cabecilla de los rebeldes* (a.: *subordinado*).

cabellera. f. Cabello, pelambrera, greñas, melena.

cabello. m. Pelo, cabellera.

caber. intr. Entrar, encajar (a.: *sobrar*). ‖ Tocar, corresponder, pertenecer. ‖ Comprender, entender.

cabestrear. intr. Ramalear.

cabestrillo. m. Charpa, cabestro.

cabestro. m. Ramal, ronzal, cuerda, dogal, camal.

cabeza. f. Testa, cráneo, coco, casco, calabaza, mollera, chola, coca. ‖ Inteligencia, talento, cacumen, juicio, seso, cerebro, mente, caletre, chirumen. ‖ Persona, individuo. ‖ Res. ‖ Jefe, superior, director (a.: *inferior*). ‖ Capital, cabecera. ‖ Origen, manantial, principio, comienzo. ‖ Cumbre, cima (a.: *llano*). ‖ Encabezamiento, epígrafe.

cabezada. f. Cabezazo, caquetazo. ‖ Reverencia.

cabezal. m. Almohada. ‖ Larguero, travesaño.

cabezazo. m. Cabezada, testarazo.

cabezo. m. Cerro, montículo, colina, loma, alcor. ‖ Cima, cumbre.

cabezón, na. adj. Cabezudo, macrocéfalo. ‖ Cabezota, terco.

cabezota. m. o f. Cabezón. ‖ adj. Terco, testarudo, porfiado, obstinado, tozudo (a.: *condescendiente*).

cabezudo, da. adj. Cabezón, cabezota. ‖ Terco, tozudo, porfiado, contumaz, testarudo.

cabezuela. f. Capítulo.

cabida. f. Capacidad, espacio.

cabildo. m. Ayuntamiento, municipalidad, concejo.

cabillo. m. Pedúnculo, pedículo, rabillo, pezón.

cabina. f. Locutorio. ‖ Camarote, cuartucho.

cabizbajo, ja. adj. Triste, abatido. (a.: *alegre, ufano*).

cable. m. Cuerda, cabo, maroma. ‖ Cablegrama.

cabo. m. Punta, fin, extremo, extremidad (a.: *ensenada*). ‖ Mango. ‖ Fin, final, término. ‖ Angla. ‖ Lugar, parte, sitio. ‖ Hilo, hebra. ‖ Cuerda, calabrote, maroma. ‖ **llevar a cabo**. loc. Realizar, ejecutar.

cabrearse. prnl. Enojarse, irritarse (a.: *soportar, tranquilizarse*).

cabrero, ra. m. y f. Cabrerizo. ‖ adj. Enojado, furioso.

cabrestante. m. Malacate, torno.

cabria. f. Grúa, cabrestante.

cabrillear. intr. Rielar.

cabrío, a. adj. Cabruno, caprino.

cabriola. f. Corveta, pirueta, voltereta, brinco, salto.

cabrito. m. Chivito.

cabrón. m. Macho cabrío. ‖ Consentido.

cabronada. f. Canallada.

cabruno, na. adj. Caprino, cabrío.

cacahual. m. Cacaotal.

cacahué o cacahuete. m. Maní.

cacao. m. Teobroma, chocolate.

cacaotal. m. Cacahual.

cacarear. intr. Cloquear. ‖ Publicar, difundir. ‖ tr. e intr. Exagerar, vanagloriarse.

cacería. f. Caza, persecución.

cacerola. f. Olla.

cachada. f. Broma, burla.

cachafaz. m. Pillo.

cachar. tr. Burlar. ‖ Rajar, despedazar, fragmentar.

cacharro. m Utensilio.

cachaza. f. Calma, flema, lentitud, pachorra (a.: *prontitud, nerviosidad*). ‖ Apatía.

cachazudo, da. adj. Lento, calmoso, tardo, flemático, pachorrudo.

cachear. tr. Registrar.

cachetada. f. Bofetada.

cachete. m. Cachetada, bofetón, bife, soplamocos. ‖ Mejilla, carrillo.

cachicamo. m. Armadillo.

cachifollar. tr. Avergonzar, humillar. ‖ Deslucir, estropear.

cachipolla. f. Efímera.

cachiporra. f. Porra, clava, maza.

cachiporrazo. m. Porrazo, estacazo.

cachivaches. m. pl. Trastos, cacharros, trebejos.

cacho. m. Pedazo, trozo, porción.

cachondo, da. adj. Lujurioso, libidinoso.

cachorrillo. m. Pistolete.

cachorro, rra. m. y f. Cría, hijo.

cacique. m. Señor, jefe, tirano.

caco. m. Ladrón, ratero.

cacofonía. f. Disonancia (a.: *eufonía, armonía*).

cacumen. m. Agudeza, ingenio, talento, caletre, chispa, inteligencia (a.: *simpleza*).

cadalso. m. Patíbulo.

cadáver. m. Difunto, muerto, restos, despojos.

cadavérico, ca. adj. Pálido, demudado.

cadena. f. Serie, retahíla, sucesión, encadenamiento. ‖ Sujeción, cautiverio, esclavitud, atadura, traba. ‖ Cordillera, sierra.

cadencia. f. Ritmo, medida, consonancia.

cadencioso, sa. adj. Acompasado, rítmico.

cadera. f. Cuadril, anca.

caducar. intr. Chochear (**a.:** *rejuvenecer*). ‖ Prescribir, vencer, extinguirse (**a.:** *empezar, subsistir*).

caduco, ca. adj. Decrépito, viejo, anciano (**a.:** *lozano, juvenil*). ‖ Perecedero, efímero, transitorio (**a.:** *duradero*). ‖ Caedizo (**a.:** *perenne*).

caedizo, za. adj. Caduco.

caer. intr. y prnl. Bajar, colgar, pender. ‖ Perder el equilibrio, dar de bruces, venir a tierra (**a.:** *levantarse*). ‖ Desprenderse, separarse. ‖ intr. Sucumbir, morir, perecer. ‖ Sentar. ‖ Derrumbarse, desplomarse, hundirse (**a.:** *ascender, subir*). ‖ Entregarse, rendirse (**a.:** *resistir*). ‖ Pecar. ‖ Incurrir. ‖ Debilitarse, atenuarse, apagarse (**a.:** *fortalecerse*). ‖ Declinar. ‖ Fallar, fracasar (**a.:** *triunfar*). ‖ Aparecer, presentarse, descolgarse. ‖ Sobrevenir. ‖ Tocar, corresponder. ‖ Vencer, prescribir. ‖ Comprender, percatarse. ‖ Recordar. ‖ Quedar. ‖ Abalanzarse, precipitarse. ‖ prnl. Desconsolarse, afligirse, abatirse.

café. m. Cafeto. ‖ Reprensión, reto (**a.:** *aprobación, alabanza*).

cáfila. f. Muchedumbre, multitud, tropel, caterva.

cafre. adj. Bárbaro, cruel, brutal. ‖ Tosco, inculto.

cagado, da. adj. Medroso, pusilánime, cobarde (**a.:** *valiente*). ‖ f. Error, desacierto (**a.:** *acierto*).

cagar. intr. Defecar, hacer de cuerpo, deponer. ‖ prnl. Acobardarse.

cagatinta o **cagatintas.** m. Chupatintas, oficinista, escribiente.

cagón, na. adj. Medroso, cobarde.

caída. f. Descenso, bajón, desplome. ‖ Decadencia, fracaso, declinación, ruina. ‖ Desliz, falta, pecado, culpa. ‖ Desmoronamiento, derrumbe.

caído, da. adj. Lacio, flojo. ‖ Desfallecido, decaído, abatido, postrado, fracasado, amilanado, vencido (**a.:** *animoso, firme, esforzado*). ‖ Muerto.

caín. adj. Fratricida.

caja. f. Ataúd, féretro. ‖ Tambor. ‖ Baúl, cajón.

cajero, ra. m. y f. Pagador, tesorero.

cajón. m. Gaveta. ‖ Féretro, ataúd.

cala. f. Perforación, agujero, cavidad. ‖ Supositorio. ‖ Bodega. ‖ Tienta, sonda. ‖ Ensenada, abra.

calabacear. tr. Reprobar, suspender. ‖ Rechazar, desairar.

calabaza. f. Zapallo.

calabobos. m. Llovizna.

calabozo. m. Celda, mazmorra.

calado. m. Profundidad.

calafatear. tr. Taponar.

calamar. m. Chipirón.

calambre. m. Contracción, espasmo.

calamidad. f. Desastre, catástrofe, azote, plaga, flagelo, cataclismo, hecatombe. ‖ Desgracia, infelicidad, infortunio, desdicha, desventura (**a.:** *fortuna, ventura*).

calamitoso, sa. adj. Desastroso, perjudicial, aciago, funesto (**a.:** *beneficioso*). ‖ Infortunado, desgraciado, infeliz, desdichado (**a.:** *afortunado, feliz, venturoso*).

cálamo. m. Caña. ‖ Pluma. ‖ Flauta.

calandrajo o **calandraco.** m. Andrajo, harapo (**a.:** *atavío*).

calandria. f. Alondra.

calaña. f. Índole, calidad, especie, naturaleza. *No me juntaré con gente de esa calaña.* ‖ Muestra, modelo, patrón.

calar. tr. y prnl. Mojar, empapar, impregnar. ‖ Encasquetar (**a.:** *descubrirse*). ‖ tr. Perforar, agujerear, atravesar. ‖ Adivinar, descubrir, comprender, conocer. ‖ intr. Sumergirse (**a.:** *emerger*). ‖ prnl. Entrar, introducirse.

calasancio, cia. adj. Escolapio.

calavera. m. Perdido, tronera, mujeriego, juerguista. ‖ Perdulario, vicioso, libertino, crápula (**a.:** *virtuoso*).

calcáneo. m. Zancajo.

calcañal, calcañar o calcaño. m. Carcañal, talón.

calcar. tr. Copiar, imitar, remedar, reproducir.

calce. m. Calza, cuña. alza. ‖ Coyuntura, oportunidad.

calceta. f. Media.

calcinar. tr. Carbonizar. ‖ Abrasar, quemar.

calco. m. Copia, reproducción, plagio, imitación, remedo.

calculadora. f. Computador, computadora, ordenador.

calcular. tr. Contar, computar. *Se calculan el número y la extensión. Se computa el tiempo.* ‖ Evaluar, estimar. ‖ Suponer, conjeturar, deducir, creer. ‖ Reflexionar, pensar, meditar.

cálculo. m. Cómputo, cuenta. ‖ Conjetura, suposición. ‖ Piedra. ‖ Interés, egoísmo (**a.:** *desinterés*).

caldas. f. pl. Termas, baños termales.

caldear. tr. y prnl. Calentar (**a.:** *enfriar*). ‖ Acalorar, excitar. ‖ tr. Encandecer.

caldeo. m. Caldeamiento.

calderón. m. Suspensión, fermata.

caldo. m. Consumado, sopa.

calé. m. Gitano.

calendario. m. Almanaque.

calentador. m. Calorífero, calefactor (**a.:** *refrigerador, heladera*).

calentar. tr. y prnl. Caldear, templar (**a.:** *enfriar*). ‖ tr. Azotar, golpear. ‖ prnl. Acalorarse, enfervorizarse, irritarse, enfadarse (**a.:** *calmarse*).

calentura. f. Fiebre, temperatura (**a.:** *escalofrío*). ‖ Celo.

calenturiento, ta. adj. Febril, febricitante.

calesa. f. Carruaje, tílburi, calesín, birlocho.

caletre. m. Cacumen, meollo, mollera, magín, juicio, discernimiento, tino, talento, capacidad.

calibre. m. Diámetro, tamaño. ‖ Importancia.

calicanto. m. Mampostería.

calidad. f. Cualidad. ‖ Clase. ‖ Índole, naturaleza. carácter, genio. ‖ Nobleza. ‖ Especie.

calidez. f. Ardor, calor (**a.:** *frialdad, indiferencia*).

cálido, da. adj. Caliente, ardiente, caluroso, ardoroso, calinoso (**a.:** *frío*). ‖ Afectuoso, cordial.

caliente. adj. Ardiente, ardoroso, cálido (**a.:** *frío, gélido, glacial*). ‖ Enojado, excitado, enardecido (**a.:** *calmo*).

calificado, da. adj. Válido. ‖ Prestigioso, autorizado, caracterizado. ‖ Acreditado, capacitado. ‖ Noble.

calificar. tr. Caracterizar, reputar, llamar, considerar. ‖ Conceptuar, apreciar. ‖ Ennoblecer, acreditar, ilustrar (**a.:** *desacreditar*).

caligine. f. Niebla, calima, fosca. ‖ Oscuridad, tenebrosidad (**a.:** *diafanidad*).

caliginoso, sa. adj. Denso, oscuro. ‖ Brumoso, nebuloso, nuboso, fosco. ‖ Bochornoso.

cáliz. m. Copón. ‖ Copa, vaso.

callado, da. adj. Discreto, taciturno, reservado, silencioso, mudo (**a.:** *hablador, locuaz*). ‖ Tácito, sobrentendido.

callar. intr. y prnl. Enmudecer (**a.:** *hablar*). ‖ tr. Silenciar, reservar, ocultar, omitir (**a.:** *revelar, delatar, divulgar*).

calle. f. Vía, arteria, avenida, calleja, callejuela. ‖ Callejón, pasaje.

callejear. intr. Deambular, pindonguear, pendonear, vagar. ‖ Corretear.

callejón. m. Calleja, callejuela, pasaje.

callista. m. o f. Pedicuro.

callo. m. Dureza, callosidad, ojo de gallo.

callosidad. f. Dureza, callo.

calma. f. Tranquilidad, sosiego, reposo, descanso, quietud, paz, apaciguamiento (**a.:** *turbación, inquietud*). ‖ Cachaza, pachorra, flema, lentitud, serenidad (**a.:** *rapidez*). ‖ Bonanza (**a.:** *tempestad, borrasca, tormenta*).

calmante. adj. Sedante, sedativo, analgésico, paliativo. ‖ Narcótico.

calmar. tr. y prnl. Tranquilizar, sosegar, adormecer, apaciguar, aquietar, templar (**a.:** *excitar*). ‖ Mitigar, moderar, paliar, suavizar, aliviar, lenificar (**a.:** *agravar; intensificar*). ‖ intr. Abonanzar, mejorar, serenar.

calmo, ma. adj. Calmoso, tranquilo.

calmoso, sa. adj. Tranquilo, reposado, sereno, sosegado, calmo. ‖ Flemático, cachazudo, apático. ‖ Indolente, perezoso, tardo, lento (**a.:** *expeditivo, activo*).

caló. m. Germanía, jerga.

calofrío. m. Escalofrío.

calor. m. Actividad, entusiasmo, vehemencia, fervor, viveza, energía (**a.:** *frío*). ‖ Afecto, interés, cariño (**a.:** *desinterés, desapego*).

calorífero. m. Calientapiés, estufa (**a.:** *refrigerador*). ‖ Radiador.

caloroso, sa. adj. Caluroso, acalorado.

calumnia. f. Impostura, difamación, embuste, mentira, falsedad, patraña, falacia (**a.:** *verdad*).

calumniador, ra. adj. Difamador, infamador, maldiciente. ‖ Mentiroso, embustero, falaz.

calumniar. tr. Difamar, infamar, desacreditar.

calumnioso, sa. adj. Infamante, denigrante, infamatorio.

caluroso, sa. adj. Vivo, ardiente, cálido (**a.:** *frío, glacial*). ‖ Entusiasta, vehemente.

calva. f. Calvicie. ‖ Calvero, claro.

calvario. m. Gólgota. ‖ Vía crucis, penalidades, amarguras.

calvero. m. Claro, calva. ‖ Gredal, blanquizal.

calvicie. f. Alopecia, pelada, calva.

calvo, va. adj. Glabro, pelado, pelón, lampiño.

calza. f. Braga. ‖ Media. ‖ Calce, cuña.

calzada. f. Calle. ‖ Pista.

calzar. tr. Asegurar, ajustar, afianzar, trabar (**a.:** *descalzar*).

calzonazos. m. Bragazas. ‖ Condescendiente

cama. f. Lecho, tálamo, catre, yacija, camastro. ‖ Camada, cría, lechigada. ‖ Capa, camada.

camada. f. Cría, lechigada, cama. ‖ Capa,

lecho, hilada. ‖ Gavilla, caterva, pandilla, banda. ‖ Conjunto, serie.

camama. f. Embuste, falsedad, burla, treta, engañifa (**a.:** *veracidad, realidad, seriedad*).

camándula. f. Astucia, marrullería, fingimiento, hipocresía, disimulo (**a.:** *candidez, ingenuidad, sencillez*).

camandulero, ra. adj. Marrullero, astuto, hipócrita, embustero, truhán, disimulado, taimado.

cámara. f. Sala, aposento, habitación, antecámara, recámara. ‖ Neumático. ‖ Parlamento, cortes, ayuntamiento, junta.

camarada. m. o f. Compañero, colega (**a.:** *enemigo*).

camaradería. f. Compañerismo.

camaranchón. m. Bohardilla, desván, guardilla.

camarera. f. Azafata, doncella, criada, moza.

camarero. m. Criado, mozo, sirviente.

camarilla. f. Conciliábulo, conventículo.

camarín. m. Tocador. ‖ Camerino. ‖ Capilla.

camarógrafo, fa. m. y f. Operador.

camarón. m. Quisquilla, gámbaro.

cambalache. m. Boliche, trueque.

cambiable. adj. Convertible, mudable, variable, reformable (**a.:** *permanente, fijo, inmutable*).

cambiante. adj. Inestable, indeciso, tornadizo, mudable, variable (**a.:** *inmutable, fijo, permanente, invariable*). ‖ m. y f. Cambista. ‖ m. pl. Visos, aguas, tornasol.

cambiar. tr. e intr. Trocar, permutar, conmutar, canjear (**a.:** *conservar*). ‖ Mudar, variar, alterar. ‖ Trasladar. ‖ prnl. Trasformar, convertir, metamorfosear. ‖ tr. Intercambiar. ‖ intr. Virar (**a.:** *seguir*).

cambio. m. Alteración, variación, mudanza, mutación (**a.:** *fijación*). ‖ Traslado. ‖ Trueque, canje, permuta, sustitución, conmutación. ‖ Trasformación, evolución, metamorfosis (**a.:** *permanencia*). ‖ Vicisitud.

cambista. m. o f. Cambiante. ‖ Banquero.

cambrón. m. Espino cerval. || Zarza.

cambronera. m. Arto, zarzal.

camelar. tr. Galantear, requebrar. || Seducir, engañar.

camelo. m. Chasco, burla, engaño, engañifa. || Galanteo, requiebro. || Simulación, fingimiento.

camilla. f. Parihuela, angarillas.

caminante. com. Viandante, peatón, peón, transeúnte.

caminar. tr. e intr. Andar, marchar, ir, recorrer.

camino. m. Vía, senda, sendero, carretera, ruta. || Trayecto, recorrido, curso, trayectoria. || Viaje. || Manera, medio, modo, método, procedimiento, arbitrio. || Conducto.

camorra. f. Riña, bronca, pendencia, pelotera. || Mafia.

camorrista. adj. y s. Camorrero, pendenciero, reñidor, provocador (a.: bonachón).

camote. m. Batata. || Enamoramiento.

campamento. m. Acantonamiento, vivaque, campo.

campanario. m. Campanil.

campanear. intr. y prnl. Oscilar, balancear, contonearse. || tr. Espiar.

campaniforme. adj. Acampanado.

campanilla. f. Úvula, galillo. || Timbre.

campante. adj. Ufano, satisfecho, complacido, contento, alegre, orondo (a.: descontento, triste). || Tranquilo, despreocupado.

campanudo, da. adj. Altisonante, rimbombante, retumbante, hinchado, ampuloso, grandilocuente.

campaña. f. Campiña, campo, llanura (a.: sierra, montaña). || Cruzada. Campaña contra el alcoholismo.

campar. intr. Acampar. || Sobresalir, descollar, distinguirse.

campechano, na. adj. Franco, llano, simpático, sencillo, jovial, alegre, abierto (a.: hosco, esquivo). || Dadivoso, generoso (a.: egoísta, tacaño).

campeón, na. m. y f. Paladín, defensor, sostenedor. || m. Héroe.

campeonato. m. Certamen.

campero, ra. adj. Rural.

campesino, na. adj. Campestre, rural, agrario (a.: ciudadano). || m. y f. Labrador, agricultor, labriego. || Rústico, lugareño, aldeano, pueblerino, paleto (a.: culto, refinado).

campestre. adj. Campesino, silvestre, rural.

campiña. f. Campo, campaña.

campo. m. Afueras. || Campiña, prado, campaña. || Sembrados, cultivos. || Agro. || Ámbito, área, esfera, órbita. || Asunto, tema. || Cancha.

camposanto. m. Campo santo, cementerio, necrópolis.

camueso. m. Necio, ignorante, bruto, tarugo, alcornoque, torpe, leño.

camuflar. tr. Disfrazar, enmascarar, encubrir (a.: desenmascarar, desembozar).

can. m. Perro, cuzco, chucho. || Gatillo.

canal. amb. Cauce, conducto. || Caño, canalón, gárgola. || Acequia, reguera, zanja. || Estría, canaladura. || m. Estrecho, canalizo (a.: istmo).

canalizar. tr. Encauzar, encarrilar, encaminar, dirigir, orientar.

canalla. f. Chusma, gentualla, gentuza, marranalla, plebe, turba. || adj. Miserable, malvado, perverso, ruin, infame, sinvergüenza. || Bribón, pillo, pícaro, granuja (a.: honorable, honrado).

canallada. f. Infamia, maldad. || Bribonada, pillería.

canalón. m. Caño, desagüe.

canana. f. Cartuchera.

canapé. m. Diván, confidente, otomana, sofá, tumbona.

canasta. f. Canasto, banasta, cesta, cesto.

cancel. m. Mampara, biombo, contrapuerta.

cancelar. tr. Rescindir, anular, abolir (a.: implantar). || Saldar, liquidar (a.: deber). || Olvidar.

cancha. f. Pista, sendero. || Habilidad (a.: torpeza).

canción. f. Cantar, canto, cantilena. || Aire, tonada.

candela. f. Vela. || Lumbre.

candelero. m. Palmatoria.

candente. adj. Incandescente, rusiente, ígneo. ‖ Palpitante.

candidato, ta. m. y f. Aspirante, solicitante, pretendiente, postulante.

candidez. f. Candor, sinceridad, inocencia, ingenuidad, simplicidad, pureza (a.: *astucia, picardía*).

cándido, da. adj. Sencillo, candoroso, crédulo, sincero, simple, ingenuo, inocente, bienaventurado. ‖ Blanco, puro.

candor. m. Candidez, pureza, sencillez, inocencia, ingenuidad, simplicidad (a.: *hipocresía, disimulo, malicia*). ‖ Blancura (a.: *suciedad*).

candoroso, sa. adj. Cándido, ingenuo, sencillo, sincero, incauto.

canguelo. m. Miedo, temor.

caníbal. adj. Antropófago. ‖ Cruel, feroz, inhumano, salvaje.

canibalismo. m. Antropofagia. ‖ Ferocidad, crueldad.

canijo, ja. adj. Encanijado, enclenque, enteco, enfermizo (a.: *fornido, sano, vigoroso*).

canino, na. adj. Perruno. ‖ m. Colmillo.

canje. m. Cambio, trueque, permuta.

canjear. tr. Cambiar, trocar, permutar.

cano, na. adj. Blanco, canoso. ‖ Anciano, antiguo.

canoa. f. Bote.

canon. m. Regla, norma, precepto. ‖ Modelo, prototipo. ‖ Catálogo, lista.

canonicato. m. Canonjía.

canonjía. f. Canonicato. ‖ Sinecura, prebenda, ganga, bicoca.

canoro, ra. adj. Melodioso, armonioso, sonoro.

canoso, sa. adj. Cano.

cansado, da. adj. Fatigado, agotado (a.: *descansado*). ‖ Pesado, molesto, aburrido. ‖ Fatigoso. ‖ Harto, hastiado.

cansancio. m. Fatiga, lasitud, agotamiento, desfallecimiento, decaimiento (a.: *fortaleza*). ‖ Aburrimiento, fastidio, hastío, tedio (a.: *distracción, pasatiempo*).

cansar. tr. y prnl. Fatigar, agotar, moler (a.: *reposar, descansar*). ‖ Hartar, hastiar, abrumar, molestar, enfadar, importunar, incomodar.

cansera. f. Moledera, molestia, importunación.

cansino, na. adj. Lento, perezoso (a.: *rápido, veloz*).

cantaleta. f. Cantinela. ‖ Burla, chanza, vaya, zumba, chunga, guasa.

cantante. m. y f. Cantor, cantatriz, divo, diva.

cantar. tr. e intr. Gorjear, gorgoritear, entonar, modular, tararear, canturrear, salmodiar. ‖ Sonar. ‖ Rechinar. ‖ Confesar, reconocer, revelar (a.: *callar*). ‖ Ensalzar, celebrar.

cantar. m. Copla, canción, canto.

cantera. f. Pedrera.

cantero. m. Pedrero, picapedrero.

cántico. m. Canto, canción.

cantidad. f. Cuantía, abundancia, número, suma (a.: *escasez*). ‖ Importe, precio, monto, monta. ‖ Costo, coste. ‖ Parte, porción, cuota, cupo.

cantina. f. Taberna, bar.

cantinela. f. Cantaleta, cantilena, cantar.

cantizal. m. Cantal, cantera.

canto. m. Borde, orilla, margen. ‖ Esquina, remate, cabo, arista. ‖ Grosor, grueso. ‖ Piedra, guijarro, china.

canto. m. Himno. ‖ Canción, cantar, cantilena, cántico. ‖ División, capítulo. ‖ Tonada, cante.

cantón. m. Esquina, arista. ‖ Región, territorio. ‖ Acantonamiento.

cantor, ra. adj. Cantante.

canturrear o **canturriar.** tr. e intr. Tararear.

cánula. f. Tubo.

canuto. m. Cañuto, cerbatana.

caña. f. Cálamo. ‖ Canilla. ‖ Tuétano. ‖ Fuste. ‖ Galería, caño. ‖ Aguardiente.

cañada. f. Valle, hondonada, quebrada, vaguada (a.: *colina, meseta*).

cañaduz. f. Caña de azúcar.

cañaveral. m. Cañal, cañamelar, cañar, cañizal.

cañería. f. Tubería, conducto.

cañí. adj. Gitano, agitanado, calé, cíngaro.

cañizal. m. Cañaveral.

caño. m. Tubo, conducto. ‖ Albañal. ‖ Canalizo.

cañonera. f. Tronera.

cañón. m. Mortero, obús.

caos. m. Confusión, desorden, desconcierto, desorganización, lío (**a.:** *orden, disciplina, coherencia*).

caótico, ca. adj. Confuso, desordenado, desarreglado, desorganizado, embrollado.

capa. f. Manto, capote, abrigo. ‖ Pretexto, máscara, velo, excusa. ‖ Encubridor, tapadera. ‖ Baño, mano, revestimiento, cobertura. ‖ Tanda, tonga, tongada. ‖ Barniz, tinte. ‖ Caudal, hacienda, bienes. ‖ Estrato.

capacidad. f. Cabida, tonelaje. ‖ Aptitud, idoneidad. ‖ Inteligencia, talento, suficiencia, eficiencia, competencia (**a.:** *ineptitud, torpeza*). ‖ Extensión, espacio.

capacitancia. f. Reactancia.

capacitar. tr. Habilitar (**a.:** *incapacitar, descalificar*). ‖ Instruir, ilustrar, enseñar.

capacitor. m. Condensador.

capador. m. Castrador.

capadura. f. Castración, emasculación, esterilización, mutilación.

capar. tr. Castrar, emascular, esterilizar, mutilar. ‖ Disminuir, cercenar.

caparazón. m. Cubierta. ‖ Carapacho, concha, coraza. ‖ Protección, defensa.

capataz, za. m. y f. Caporal, encargado, mayoral. ‖ Contramaestre, obrajero.

capaz. adj. Espacioso, extenso, vasto, grande (**a.:** *pequeño*). ‖ Apto, idóneo, competente, hábil (**a.:** *inepto, obtuso*). ‖ Inteligente, talentoso.

capcioso, sa. adj. Artificioso, engañoso, insidioso, falaz, falso, felón (**a.:** *sincero, veraz, franco*).

capear. tr. Capotear. ‖ Sortear, eludir, esquivar, evadir.

capellada. f. Pala, cara. ‖ Puntera, punta (del zapato).

capibara. m. Capiguara, carpincho, chigüiro.

capicúa. adj. y m. Palíndromo.

capirotazo. m. Capirote, papirote.

capirote. m. Caperuza, capillo. ‖ Capirotazo.

capital. adj. Esencial, principal, importante, primordial, fundamental, básico. *Abocarse a este tema es capital* (**a.:** *secundario*). ‖ f. Metrópoli, cabeza. ‖ m. Caudal, bienes, hacienda, dinero, patrimonio, fortuna.

capitalino, na. adj. Metropolitano, urbano. ‖ Ciudadano.

capitanear. tr. Acaudillar, guiar, mandar, conducir, comandar (**a.:** *obedecer, seguir*).

capitulación. f. Pacto, convenio, ajuste. ‖ Rendición, entrega, subordinación, acatamiento.

capitular. tr. e intr. Pactar, convenir, concertar, ajustar. ‖ Rendirse, entregarse (**a.:** *resistir*). ‖ Disponer, ordenar, resolver. ‖ Ceder, transigir, acatar, resignar.

capítulo. m. Cabildo, ayuntamiento, asamblea, junta. ‖ Cabezuela. ‖ División, sección, parte.

caporal. m. Capataz, mayoral.

capota. f. Cubierta.

capote. m. Gabán.

capricho. m. Antojo, deseo (**a.:** *necesidad*). ‖ Fantasía. ‖ Humorada. ‖ Extravagancia. ‖ Rareza. ‖ Arbitrariedad (**a.:** *condescendencia*).

caprichoso, sa. adj. Antojadizo, caprichudo (**a.:** *consecuente*). ‖ Inconstante, veleidoso, mudable, voluble (**a.:** *constante*). ‖ Injustificado, arbitrario, inmotivado (**a.:** *justificado*).

caprino, na. adj. Cabruno, cabrío.

cápsula. f. Píldora, cartucho.

captar. tr. Percibir, aprehender, entender, comprender. ‖ Recoger. ‖ tr. y prnl. Atraer, granjear, conseguir, lograr, obtener, conciliar, conquistar (**a.:** *rehusar*).

captura. f. Apresamiento, aprisionamiento, detención, arresto (**a.:** *liberación*). ‖ Botín, presa, trofeo.

capturar. tr. Apresar, coger, prender, aprisionar, detener, arrestar, cautivar (**a.:** *libertar, soltar, excarcelar*).

capucha. f. Capuchón, capuz, caperuza.

capuchina. f. Alcaparra.

capuchón. m. Capucha, capuz. ‖ Caperuza, casquillo, contera, regatón.

capullo. m. Botón, pimpollo.

capuz. m. Capucho, capucha, caperuza.

caquexia. f. Cacoquimia. ‖ Tabes.

cara. f. Rostro, faz, semblante. ‖ Fisonomía. ‖ Aspecto, apariencia. ‖ Cariz, aspecto. ‖ Anverso, derecho, faz, haz (**a.:** *revés, reverso*). ‖ Lado, parte. ‖ Fachada, frente. ‖ Desfachatez, descaro.

carabina. f. Fusil.

carácter. m. Índole, condición, natural, genio, temperamento, naturaleza, idiosincrasia. ‖ Característica, particularidad. ‖ Voluntad, energía, firmeza, entereza (**a.:** *abulia, apatía*). ‖ Tipo, letra. ‖ Rasgo. ‖ Estilo.

característica. f. Atributo, particularidad, peculiaridad, singularidad, distintivo, propiedad.

característico, ca. adj. Peculiar, propio, típico, particular, singular, distintivo (**a.:** *genérico, indeterminado*).

caracterizado, da. adj. Autorizado, prestigioso, distinguido.

caracterizar. tr. Distinguir, señalar. ‖ tr. y prnl. Vestir, maquillar, personificar, representar.

caracú. m. Médula, tuétano.

caradura. adj. Fresco, sinvergüenza, descarado.

carambola. f. Trampa, embuste, enredo. ‖ Suerte, azar, casualidad, chiripa.

caramillo. m. Flautilla. ‖ Zampoña. ‖ Chisme, enredo, lío, embuste.

carantoña. f. Halago, lisonja, caricia, zalamería, arrumaco.

carapacho. m. Caparazón, concha, cubierta.

carátula. f. Careta, máscara, mascarilla, antifaz. ‖ Farsa, farándula.

caravana. f. Multitud, tropel.

carbón. m. Coque, hulla, lignito, antracita, turba.

carbunco. m. Ántrax.

carburante. m. Combustible, petróleo, gasolina.

carcaj. m. Aljaba, carcax, carcaza.

carcajada. f. Risotada, carcajeo (**a.:** *lamento*).

carcamal. adj. Vejestorio, vejancón.

cárcel. f. Prisión, presidio, penal, penitenciaría, chirona, gayola. ‖ Correccional, mazmorra, celda, calabozo.

carcelero, ra. m. y f. Guardián, guardia, celador, centinela, guardiacárcel, cancerbero.

carcoma. f. Polilla, gorgojo.

carcomer. tr. Corroer, roer, consumir.

carda. f. Cardencha, peine, escobilla, rastrillo. ‖ Cardado. ‖ Amonestación, reprensión.

cardal. m. Cardizal.

cardamina. f. Mastuerzo.

cardamomo. m. Grana del Paraíso.

cardar. tr. Desembrollar, peinar, desenredar.

cardenal. m. Purpurado, prelado. ‖ Equimosis, moretón, moradura, contusión, magulladura.

cardencha. f. Cardón, escobilla. ‖ Carda.

cardenillo. m. Verdete, verdín, orín, moho, herrumbre.

cárdeno, na. adj. Morado, lívido, amoratado.

cardinal. adj. Principal, capital, fundamental, esencial, importante, primordial, básico (**a.:** *complementario, secundario*).

cardizal. m. Cardal, herbazal.

cardumen. m. Banco (de peces).

carear. tr. Cotejar, encarar, confrontar, parangonar, comparar, compulsar.

carecer. intr. Faltar, escasear (**a.:** *abundar, tener*).

carencia. f. Falta, privación, ausencia, escasez, penuria (**a.:** *sobra, abundancia*).

carente. adj. Falto, desprovisto, privado, necesitado (**a.:** *sobrante*).

carestía. f. Falta, penuria, escasez, poquedad (**a.:** *abundancia*). ‖ Encarecimiento, alza, aumento (**a.:** *baratura, depreciación*).

careta. f. Máscara, carátula, antifaz.

carga. f. Peso. ‖ Tributo, impuesto, imposición, contribución, tasa, gravamen, gabela. ‖ Hipoteca, servidumbre. ‖ Obligación, molestia, cuidado. ‖ Embestida, acometida, arremetida, ataque.

cargado, da. adj. Pesado, tormentoso (**a.:** *despejado*). ‖ Fuerte, espeso, saturado, condensado, concentrado (**a.:** *liviano*). ‖ Agobiado, abrumado. ‖ Lleno, colmado, atestado, abarrotado, repleto (**a.:** *desembarazado, vacío*).

cargante. adj. Enojoso, fastidioso, molesto, pesado, irritante, inoportuno, impertinente.

cargar. tr. Achacar, imputar, atribuir (**a.:** *disculpar*). ‖ intr. Estribar, apoyar, descansar, gravitar. ‖ Apechugar. ‖ Acometer, embestir, atacar, arremeter (**a.:** *huir*). ‖ tr. y prnl. Fastidiar, enojar, importunar, molestar, irritar, incomodar. ‖ Imponer, gravar (**a.:** *desgravar*). ‖ Debitar, adeudar. ‖ Recaer. ‖ Inclinarse. ‖ prnl. Llenarse.

cargazón. f. Cargamento, carga. ‖ Pesadez. ‖ Nublado.

cargo. m. Dignidad, destino, plaza, empleo, puesto, función, oficio. ‖ Gobierno, obligación, dirección, custodia, cuidado. ‖ Imputación, reconvención, recriminación, falta, acusación, inculpación (**a:** *descargo*). ‖ Débito, deuda. ‖ **hacerse cargo.** Encargarse. ‖ Comprender, entender. ‖ Enterarse.

cargoso, sa. adj. Pesado, molesto, cargante, fastidioso. ‖ Gravoso, costoso, oneroso.

cariacontecido, da. adj. Apenado, pesaroso, apesadumbrado, triste.

cariarse. prnl. Picarse.

caricia. f. Cariño, halago, mimo, carantoña, fiesta, arrumaco (**a.:** *golpe, cachetada*).

caridad. f. Compasión, piedad, misericordia, filantropía, altruismo (**a.:** *egoísmo*). ‖ Limosna, socorro, auxilio (**a.:** *tacañería*).

caries. f. Tizón.

carilla. f. Página, plana, folio.

cariño. m. Afecto, amor, apego, inclinación, amistad, afección, ternura (**a.:** *aversión*). ‖ Caricia, mimo, halago. ‖ Delicadeza, cuidado, esmero (**a.:** *descuido*).

cariñoso, sa. adj. Afectuoso, amoroso, tierno (**a.:** *desamorado*).

carioplasma. m. Núcleo.

caritativo, va. adj. Humanitario, humano, filantrópico, altruista. ‖ Compasivo, misericordioso (**a.:** *egoísta*).

cariz. m. Aspecto, apariencia, cara, aire, matiz, traza. *El cariz de los sucesos resulta positivo.*

carmesí. adj. Escarlata, rojo, grana.

carmín. adj. Rojo, carmesí.

carnada. f. Carnaza, cebo, señuelo. ‖ Añagaza, engaño, trampa, ardid.

carnadura. f. Robustez. ‖ Encarnadura.

carnal. adj. Lascivo, sensual, lujurioso (**a.:** *casto*). ‖ Terrenal, mundano. ‖ Consanguíneo.

carnaval. m. Carnestolendas, mascarada.

carnaza. f. Carnada, cebo. ‖ Robustez.

carnear. tr. Matar, sacrificar.

carnero. m. Morueco, musmón.

carnestolendas. f. pl. Carnaval.

carnicería. f. Tablajería, chacinería. ‖ Mortandad, matanza, degollina.

carnicero, ra. adj. Carnívoro. ‖ Cruel, sanguinario, feroz, inhumano. ‖ m. Tablajero. ‖ Matarife.

carnívoro, ra. adj. Carnicero.

carnosidad. f. Gordura. ‖ Excrecencia, verruga.

caro, ra. adj. Costoso, salado, dispendioso (**a.:** *barato*). ‖ Amado, adorado, querido (**a.:** *odiado*). ‖ Gravoso, dificultoso (**a.:** *fácil, simple*).

carozo. m. Pepita, hueso, corazón.

carpa. f. Pabellón, tienda.

carpanta. f. Hambre, gazuza, avidez.

carpeta. f. Cubierta, forro, cartapacio, cartera.

carraca. f. Vejestorio, carcamal. ‖ Cacharro, armatoste, trasto.

carrada. f. Carretada.

carraleja. f. Cantárida.

carrera. f. Corrida. ‖ Curso, recorrido, órbita, trayecto, trayectoria. ‖ Raya, crencha. ‖ Vida. ‖ Camino, medio, modo. ‖ Conducta, senda, camino. ‖ Fila, hilera, serie. ‖ Profesión, estudio. ‖ Punto.

carrerista. m. Corredor. ‖ Burrero.

carrero. m. Carretero.

carreta. f. Carro, carromato.

carretada. f. Carrada.

carrete. m. Bobina, carretel.

carretera. f. Vía, camino, calzada, autopista, estrada, ruta.

carretero. m. Carrero, conductor.

carretilla. f. Quijada. || Buscapiés. || Volquete.

carril. m. Rodera. || Surco, huella, senda. || Raíl, riel, vía.

carrillo. m. Mejilla, cachete, pómulo, moflete. || Cara, quijada.

carrilludo, da. adj. Mofletudo.

carro. m. Automóvil. || Tanque. || Carromato, carretón, carreta. || Volquete.

carroña. f. Podredumbre. || Cadáver.

carruaje. m. Vehículo, coche, carricoche.

carta. f. Misiva, epístola, mensaje, esquela, pliego. || Mapa. || Naipe. || Documento, escrito. || Menú. || Constitución, estatuto.

carta blanca. f. Facultad, poder.

cartabón. m. Portapliegos, carpeta. || Regla, escuadra. || Marco.

cartaginés, sa. adj. Cartaginense, púnico.

cartapacio. m. Carpeta, portapliegos, portafolios, vade. || Cuaderno, libreta.

cartel. m. Pasquín. || Rótulo, letrero, pancarta, bando, cartelón. || Fama, reputación. *Es una actriz de gran cartel.*

cartera. f. Billetera, billetero, bolso, monedero, tarjetero. || Carpeta, cartapacio. || Ministerio, secretaría. || Tapa, golpe.

carterista. m. Ratero, ladrón.

cartílago. m. Ternilla.

cartilla. f. Abecé, abecedario, silabario. || Libreta, cuadernillo.

cartuchera. f. Canana, cinturón.

cartucho. m. Cucurucho, bolsa, envoltura. || Carga, detonante, explosivo.

carvajal. m. Robledal.

casa. f. Habitación, vivienda, residencia, morada, hogar, mansión, domicilio. || Familia, linaje, descendencia. || Escaque, casilla. || Empresa, compañía, firma, establecimiento.

casal. m. Finca, alquería, hacienda. || Pareja.

casamiento. m. Boda, enlace, nupcias, connubio, casorio, matrimonio (**a.:** *divorcio, separación*).

casar. m. Caserío, aldea, villorrio.

casar. tr. y prnl. Desposarse. || tr. Colocar. || Unir, juntar, nivelar, reunir (**a.:** *desunir*). || intr. Coincidir, corresponderse. || Concordar, armonizar.

casar. tr. Abolir, abrogar, anular, derogar.

casca. f. Hollejo. || Corteza. || Cáscara.

cascabel. m. Cascabillo. || Campanilla, timbre.

cascabelero. m. Sonajero. || Alocado, casquivano.

cascada. f. Salto, catarata, caída (**a.:** *géiser*).

cascado, da. adj. Decrépito, gastado, achacoso. || Ronco, bronco. || Cansado, fatigado. || Agrietado, rajado, hendido.

cascajal o **cascajar.** m. Pedregal.

cascajo. m. Grava, guijo, cascote.

cascanueces. m. Rompenueces.

cascar. tr. y prnl. Romper, hender. || Agrietar, rajar. || Debilitar, quebrantar. || tr. Pegar, golpear, zurrar (**a.:** *acariciar*). || intr. Machacar, insistir. || Charlar, parlotear. || Morir.

cáscara. f. Casca, corteza, cubierta, piel, vaina, mondadura, hollejo, pellejo.

cascarrabias. m. o f. Quisquilloso, irritable, irascible, colérico (**a.:** *flemático*).

casco. m. Cráneo, cabeza. || Yelmo, morrión. || Copa. || Pezuña, vaso, uña. || Tonel, pipa, cuba. || Pedazo, trozo, fragmento.

cascote. m. Escombro. || Guijo.

cásco, a. adj. Caseoso. || m. Cuajada, requesón.

caserío. m. Casar, villorrio, alquería, aldea, poblado.

casero, ra. adj. Doméstico, familiar. || Hogareño (**a.:** *callejero*). || m. y f. Propietario, dueño. || Colono, arrendatario. || Administrador. || Inquilino.

caseta. f. Casilla, garita.

casilla. f. Escaque. || Casillero, estante, compartimiento. || Garita, caseta. || Taquilla. || Retrete.

casillero. m. Clasificador, fichero, taquilla.

casino. m. Círculo, club.

caso. m. Suceso, acontecimiento, ocurrencia, incidente. ‖ Ocasión, lance, coyuntura, circunstancia. ‖ Asunto, tema, cuestión, situación. ‖ Eventualidad, contingencia, posibilidad. ‖ Casualidad, azar, acaso.

casquete. m. Contera, regatón, capuchón. ‖ Casco, solideo, gorro, birrete. ‖ Peluca, peluquín.

casquillo. m. Cápsula, cartucho.

casquivano, na. adj. Informal, alocado, irreflexivo (**a:** *reflexivo, serio*). ‖ f. Coqueta, frívola.

casta. f. Raza. ‖ Linaje, generación, progenitura, prole, progenie, descendencia. ‖ Abolengo, alcurnia, prosapia, estirpe. ‖ Especie, calidad. ‖ Ralea.

castañal o **castañar.** m. Castañeda.

castañazo. m. Puñetazo, puñete.

castañeta. f. Castañuela.

castañetear. intr. Tiritar.

castañuela. f. Crótalo, palillos, castañeta.

castellano. m. Español.

casticismo. m. Pureza, purismo, limpieza (en el habla).

casticista. com. Purista.

castidad. f. Pureza, honestidad, continencia. ‖ Virginidad, virtud.

castigar. tr. Penar, sancionar (**a:** *perdonar, absolver*). ‖ Mortificar, atormentar, afligir (**a:** *consolar*). ‖ Corregir, enmendar (**a:** *excusar*). ‖ Disminuir, aminorar. ‖ Reprender, amonestar, advertir, escarmentar (**a:** *premiar*). ‖ Dañar, perjudicar (**a:** *beneficiar*). ‖ prnl. Privarse, abstenerse.

castigo. m. Pena, sanción, condena, punición, correctivo. ‖ Mortificación, aflicción, pesadumbre (**a:** *galardón, recompensa*). ‖ Tormento. ‖ Amonestación, aviso, consejo, represión.

castizo, za. adj. Correcto, puro, genuino, propio (**a:** *exótico, modernista*).

casto, ta. adj. Virtuoso, abstinente, continente, honesto, puro, púdico, pudoroso, modesto, recatado, núbil, cándido, virginal (**a:** *impuro, sensual*).

castrar. tr. Capar, emascular, esterilizar (**a:** *fertilizar*). ‖ Podar. ‖ Enervar, debilitar.

casual. adj. Fortuito, contingente, inopinado, impensado, eventual, accidental, aleatorio, imprevisto, ocasional, incidental (**a:** *premeditado, esencial*).

casualidad. f. Azar, acaso, suerte, chiripa, albur, contingencia, eventualidad, ventura (**a:** *previsión*).

cata. f. Prueba, gustación, degustación. ‖ Ensayo.

catabolismo. m. Desasimilación.

cataclismo. m. Catástrofe, desastre, calamidad, hecatombe.

catador, ra. adj. Apreciador, conocedor, perito, entendido, experto. ‖ m. y f. Catavinos, degustador.

catadura. f. Aspecto, semblante, traza, facha, pinta. *Tuvo amigos de mala catadura.* ‖ Cata, degustación.

catafalco. m. Túmulo.

catalejo. m. Anteojo, telescopio.

catalizador. m. Acelerador.

catalogar. tr. Clasificar, registrar, inventariar.

catálogo. m. Lista, registro, memoria, inventario, repertorio, nomenclador.

cataplasma. f. Emplasto, tópico. ‖ m. y f. Pelmazo, importuno.

catar. tr. Probar, gustar, saborear, degustar. ‖ Ver, examinar, registrar. ‖ Mirar, observar. ‖ Desmelar, castrar.

catarata. f. Salto de agua, cascada. ‖ Torrente. ‖ Opacidad (del cristalino).

catarro. m. Constipado, resfriado, resfrío. ‖ Gripe.

catastro. m. Padrón, censo. ‖ Estadística.

catástrofe. f. Cataclismo, siniestro, desastre, tragedia, ruina. ‖ Desenlace.

catavinos. m. Catador. ‖ Borracho, ebrio.

cátedra. f. Aula, clase. ‖ Púlpito. ‖ Sillón, asiento. ‖ Asignatura, materia.

catedrático, ca. m. y f. Profesor, maestro (**a:** *alumno*).

categoría. f. Condición, jerarquía, clase, posición, esfera. ‖ Grupo, clasificación.

‖ Estamento, rango. ‖ **de categoría.** loc. adj. Valioso ‖ Importante.

categórico, ca. adj. Absoluto, decisivo, terminante, preciso, imperioso, concluyente, rotundo, tajante (**a.:** *dubitativo*).

catequesis. f. Catecismo.

catequizar. tr. Instruir, adoctrinar, enseñar, aleccionar. ‖ Persuadir, atraer, conquistar, convencer, engatusar.

caterva. f. Multitud, pandilla, muchedumbre, tropel, turba, sinnúmero, infinidad.

catilinaria. f. Invectiva, diatriba (**a.:** *desagravio*).

catinga. f. Hedor, hediondez, fetidez.

católico, ca. adj. Universal.

cauce. m. Álveo, lecho, madre. ‖ Zanja, acequia, canal. ‖ Modo, procedimiento, norma.

caucho. m. Goma elástica, hule.

caución. f. Garantía, prevención, fianza, cautela, precaución.

caudal. adj. Caudaloso. ‖ m. Capital, bienes, patrimonio, fortuna (**a.:** *penuria*). ‖ Abundancia, copia, cantidad (**a.:** *escasez, carencia*).

caudaloso, sa. adj. Copioso, acaudalado (**a.:** *pobre, insignificante*).

caudillaje. m. Caciquismo.

caudillo. m. Jefe, adalid, cabecilla, paladín. ‖ Guía, conductor.

causa. f. Motivo, razón, móvil. ‖ Fundamento, causalidad, origen, principio, génesis (**a.:** *consecuencia, efecto*). ‖ Litigio, pleito, proceso, caso, juicio.

causahabiente. com. Derechohabiente.

causalidad. f. Causa, origen, principio (**a.:** *eventualidad*).

causante. m. y f. Autor, ejecutor, culpable, actor, promotor.

causar. tr. Producir, originar, ocasionar, motivar, traer, acarrear, provocar, determinar (**a.:** *evitar, impedir*).

causticidad. f. Mordacidad, malignidad, acidez.

cáustico, ca. adj. Mordaz, dicaz, agresivo, agudo, punzante, irónico, incisivo, maligno. ‖ Corrosivo, mordiente, quemante. ‖ Acre.

cautela. f. Precaución, tacto, prevención,

reserva, circunspección, desconfianza, prudencia, cuidado, mesura (**a.:** *imprudencia, descuido, temeridad*). ‖ Astucia, maña, sutileza (**a.:** *ingenuidad*).

cauteloso, sa. adj. Cauto, astuto, prudente, precavido, reservado, recatado.

cauterio. m. Cauterización, corrección, remedio.

cautivador, ra. adj. Encantador, seductor.

cautivar. tr. Apresar, aprisionar, prender, capturar, aprehender (**a.:** *liberar, soltar*). ‖ Atraer, seducir, encantar, conquistar, embelesar, arrobar, hechizar, embrujar (**a.:** *repeler*).

cautiverio. m. Cautividad, esclavitud, prisión, confinamiento, reclusión (**a.:** *libertad*).

cautivo, va. adj. y s. Esclavo, prisionero, preso (**a.:** *libre*).

cauto, ta. adj. Precavido, previsor, astuto, prudente, circunspecto, sagaz, cauteloso (**a.:** *imprudente, temerario*).

cava. f. Bodega. ‖ Foso.

cavar. tr. Excavar. ‖ intr. Ahondar, penetrar, profundizar.

caverna. f. Cueva, antro, gruta. ‖ Concavidad, subterráneo.

cavernícola. adj. Troglodita. ‖ Reaccionario, retrógado.

cavernoso, sa. adj. Bronco, ronco, sordo (**a.:** *agudo*). ‖ Recóndito, lúgubre, profundo.

cavia. m. Cobayo.

cavidad. f. Hueco, oquedad, seno. ‖ Concavidad, excavación, hoyo, hundimiento, depresión.

cavilar. tr. e intr. Pensar, meditar, preocuparse, rumiar. *Se la pasa cavilando sobre el modo de vengarse.*

caviloso, sa. adj. Preocupado, pensativo, meditabundo, cogitabundo (**a.:** *despreocupado, indiferente*).

cayado. m. Bastón, báculo.

caza. f. Cinegética, venación. ‖ Cacería. ‖ Montería, cetrería, volatería. ‖ Persecución, acoso. ‖ Acecho, hostigamiento.

cazar. tr. Atrapar, pillar, pescar, prender, coger. ‖ Sorprender. ‖ Acosar, perseguir. ‖ Acechar, hostigar.

cazo. m. Cucharón.

cazuela. f. Cacerola, olla, puchero, vasija.|| Recipiente. || Paraíso, galería.

cazurro, rra. adj. Tosco, basto, zafio. || Taimado, ladino.

cebar. tr. Sobrealimentar, engordar. || Alimentar. || Fomentar, alimentar. || prnl. Encarnizarse, ensañarse.

cebo. m. Carnada, carnaza. || Señuelo. || Fomento, pábulo, atractivo, incentivo, aliciente.

cebolla. f. Bulbo.

cecear. intr. Zacear.

cecina. f. Tasajo, chacina.

cedazo. m. Cernedor, criba, harnero, tamiz.

ceder. intr. Someterse, allanarse, rendirse, doblegarse, transigir, claudicar (**a.:** *resistir*). || Replegarse, cejar, flaquear, aflojar (**a.:** *insistir*). || Disminuir, menguar, debilitarse, moderarse, mitigarse (**a.:** *aumentar*). || tr. Trasferir, traspasar. || Dar, dejar (**a.:** *impedir, quitar*).

cédula. f. Documento. || Papeleta, ficha.

cefalitis. f. Encefalitis.

céfiro. m. Brisa, aura, vientecillo, favonio (**a.:** *huracán*).

cegar. tr. Cerrar, tapar, obstruir, obturar, taponar (**a.:** *abrir, destapar, desatascar*). || Ofuscar, obcecar, alucinar. || Enceguecer.

ceguera. f. Ceguedad, invidencia, ablepsia (**a.:** *visión*). || Ofuscación, ofuscamiento (**a.:** *lucidez*).

cejar. intr. Retroceder, recular. || Aflojar, ceder, flaquear, desistir (**a.:** *persistir*).

cejijunto, ta. adj. Ceñudo.

celada. f. Casco, yelmo, almete.

celada. f. Asechanza, encerrona, emboscada, trampa.

celar. tr. Cuidar, vigilar, velar. || Recelar, sospechar, desconfiar.

celar. tr. Encubrir, esconder, ocultar, disimular (**a.:** *revelar, desenmascarar*).

celda. f. Calabozo. || Celdilla.

celdilla. adj. Alvéolo. || Hornacina, nicho.

celebración. f. Festejo. || Aplauso, ovación, aclamación. || Conmemoración, ceremonia, festividad, fasto, evocación.

celebrar. tr. Festejar, conmemorar. || Alabar, enaltecer, loar, elogiar, encarecer, encomiar, ensalzar, aplaudir (**a.:** *maldecir*). || Congratularse, felicitarse, alegrarse. || Oficiar.

célebre. adj. Afamado, renombrado, famoso, reputado, ilustre, insigne, glorioso, acreditado. || Sonado.

celebridad. f. Fama, nombradía, notoriedad, reputación, popularidad, aceptación, boga (**a.:** *anonimato, desprestigio*).

celeridad. f. Prontitud, rapidez, velocidad, presteza, diligencia, actividad, viveza. *El correo viene con celeridad* (**a.:** *lentitud*).

celeste. adj. Celestial, célico.

celestial. adj. Celeste, célico, paradisíaco, empíreo (**a.:** *terreno, infernal*). || Supremo, divino. || Encantador, perfecto, agradable, delicioso (**a.:** *aborrecible*). || Bobo, tonto.

celestina. f. Alcahueta, encubridora, proxeneta, tercera, trotaconventos.

celíbato. m. Soltería, nubilidad, misoginia.

célibe. adj. Soltero, núbil, mancebo, doncella (**a.:** *casado*).

célico, ca. adj. Celeste, celestial. || Perfecto, delicioso.

celo. m. Cuidado, esmero, entusiasmo, diligencia, devoción, interés, ardor (**a.:** *apatía, negligencia.*). || pl. Recelo, desconfianza, sospecha, suspicacia (**a.:** *confianza*). || Antagonismo, envidia, rivalidad (**a.:** *indiferencia*).

celosía. f. Persiana, enrejado, encañado. || Celotipia.

celoso, sa. adj. Escrupuloso, activo, cuidadoso, diligente, cumplidor (**a.:** *desidioso*). || Receloso, envidioso, desconfiado, suspicaz (**a.:** *confiado, despreocupado*).

célula. f. Celda, cavidad, seno. || Grupo.

cementerio. m. Camposanto, necrópolis, catacumbas, osario.

cemento. m. Argamasa, pegamento.

cena. f. Comida.

cenáculo. m. Reunión, tertulia, peña.

cenador. m. Glorieta.

cenagal. m. Barrizal, ciénaga, fangal, lodazal. || Apuro, aprieto.

cenagoso, sa. adj. Fangoso, barroso.

cenar. tr. Comer.

cenceño, ña. adj. Enjuto, delgado, flaco.

cencerro. m. Campanilla, esquila.

cenefa. f. Ribete, orla, orillo, borde, filete, vivo.

ceniciento, ta. adj. Cenizo, grisáceo.

ceniza. f. Pavesa, escoria, residuo. || pl. Escombros, restos.

cenizo. m. Ceniciento.

cenobio. m. Monasterio, convento. || Abadía, cartuja, claustro.

cenobita. m. o f. Monje o monja. || Ermitaño, anacoreta, eremita.

cenotafio. m. Mausoleo.

censo. m. Gravamen, impuesto, carga, tributo, contribución. || Catastro, empadronamiento, padrón.

censor. m. Crítico, corrector.

censura. f. Desaprobación, reprobación, condena, impugnación, corrección (a.: aprobación). || Murmuración, detracción. || Crítica, juicio, examen, dictamen. || Padrón, asiento, registro, matrícula.

censurable. adj. Reprobable, reprochable, condenable, vituperable, recusable (a.: intachable, probo).

censurar. tr. Juzgar, criticar, examinar. || Tachar, suprimir, cortar. || Desaprobar, reprobar, condenar, corregir, fustigar, murmurar, vituperar (a.: alabar). || Registrar, matricular.

centella. f. Exhalación, rayo, relámpago. || Chispa. || Destello, resplandor.

centellar o centellear. intr. Brillar, chispear, relumbrar, destellar, fulgurar, resplandecer, relucir. || Titilar.

centelleo. m. Brillo, fulgor, resplandor. || Titilación, fosforescencia.

centena. f. Centenar, ciento.

centenario, ria. adj. Quintañón, longevo. || Secular. || Antiguo, añoso, vetusto, veterano. || m. Siglo.

centinela. m. o f. Vigilante, guarda, custodio, guardián.

central. adj. Céntrico. || Principal, matriz, básico, fundamental (a.: accesorio).

centralismo. m. Unitarismo. || Concentración, centralización.

centralización. f. Concentración.

centralizar. tr. Concentrar, centrar, polarizar, monopolizar (a.: dispersar, esparcir).

céntrico, ca. adj. Central (a.: periférico). || Urbano. || Metropolitano. || Concurrido, frecuentado.

centro. m. Medio, eje, foco, corazón (a.: barrio). || Establecimiento, institución, organismo. || Ateneo, casino, círculo, club. || Objeto, fin, propósito.

centuria. f. Siglo.

ceñidor. m. Cinturón, cinto, faja.

ceñir. tr. Ajustar, apretar, oprimir (a.: aflojar). || Circunvalar, rodear, cercar. || Abrazar. || Abreviar, disminuir (a.: ampliar). || prnl. Moderarse, reducirse, ajustarse, limitarse, atenerse, amoldarse, circunscribirse (a.: explayarse).

ceño. m. Sobrecejo, sobreceño. || Aspecto, talante, cariz.

ceñudo, da. adj. Cejijunto, hosco (a.: amable).

cepa. f. Parra. || Raíz, principio, origen. || Raza, linaje, casta, tronco, familia, sangre.

cepillar. tr. Limpiar. || Alisar, pulir, desbastar.

cepillo. m. Escobilla, almohaza. || Alcancía, hucha, cepo.

cepo. m. Trampa, armadijo. || Alcancía, cepillo.

cera. f. Cerumen, cerilla.

cerámica. f. Barro, loza, porcelana, arcilla, terracota. || Alfarería.

ceramista. m. y f. Alfarero.

cerca. f. Cercado, cerco, valla, vallado, barrera, tapia, empalizada, palizada, estacada, seto.

cerca. adv. Próximo, próximamente, inmediatamente (a.: lejos).

cercanía. f. Proximidad, inmediatez, contigüidad (a.: lejanía). || pl. Inmediaciones, alrededores, contornos.

cercano, na. adj. Próximo, vecino, inmediato, limítrofe, contiguo (a.: *distante, lejano*). ‖ Afín, semejante, similar.

cercar. tr. Rodear, circuir, circundar, ceñir, circunvalar. *La plaza está cercada por edificios.* ‖ Tapiar, vallar. ‖ Asediar, sitiar, bloquear (a.: *liberar*).

cercenadura. f. Cercenamiento.

cercenar. tr. Cortar, acortar, mutilar, recortar. ‖ Restringir, reducir (a.: *aumentar, prolongar*). ‖ Disminuir, limitar, suprimir.

cerchar. tr. Acodar.

cerciorar. tr. y prnl. Asegurar, afirmar, certificar, comprobar, convencer, persuadir.

cerco. m. Aro, anillo. ‖ Perímetro. ‖ Cerca, vallado, muro, tapia. ‖ Cinturón. ‖ Corrillo. ‖ Marco. ‖ Halo, aureola, nimbo. ‖ Sitio, asedio, bloqueo. ‖ Giro, rotación.

cerda. f. Pelo, crin.

cerdo, da. m. y f. Cocho, cochino, chancho, gocho, gorrino, guarro, marrano, puerco. ‖ Marsopa. ‖ adj. Sucio, desaseado.

cereales. m. pl. Granos.

cerebro. m. Seso. ‖ Cabeza, meollo, mente, talento, inteligencia, juicio, capacidad.

ceremonia. f. Aparato, solemnidad, pompa, ostentación. ‖ Rito, costumbre. ‖ Etiqueta, cortesía, cumplimiento.

ceremonial. m. Ritual, rito, protocolo, etiqueta, aparato, pompa.

ceremonioso, sa. adj. Ritual, solemne. ‖ Amanerado, afectado (a.: *sencillo, natural*).

cerilla. f. Fósforo. ‖ Cera, cerumen.

cerillero. m. o **cerillera.** f. Fosforera.

cernedor. m. Cedazo, criba, harnero, tamiz.

cerner. tr. Cernir, cribar, tamizar. ‖ Observar, examinar. ‖ Lloviznar. ‖ prnl. Pender, amenazar. ‖ Elevarse, remontarse, sublimarse.

cernícalo. m. Grosero, ignorante, tonto, zopenco, zoquete.

cerote. m. Cerumen. ‖ Miedo.

cerrado, da. adj. Incomprensible, oculto,

oscuro, hermético (a.: *claro, evidente*). ‖ Nublado, encapotado, cubierto (a.: *despejado*). ‖ Callado, disimulado, silencioso, reservado, discreto (a.: *abierto, sociable*). ‖ Intransigente, obstinado. ‖ Torpe, tardo, obtuso, negado (a.: *sagaz*). ‖ m. Cercado, cerca.

cerradura. f. Cerramiento. ‖ Clausura, prisión, encierro, reclusión.

cerramiento. m. Cerradura. ‖ Cierre. ‖ Taponamiento, tapón, obstrucción, cegamiento.

cerrar. tr. Tapar, cegar, taponar (a.: *abrir*). ‖ intr. y prnl. Cicatrizar. ‖ Clausurar. ‖ Cercar, circunvalar, ceñir, rodear. ‖ Encoger, doblar, plegar (a.: *desplegar, extender*). ‖ Pegar, soldar. ‖ Juntar, aproximar. ‖ Terminar, acabar (a.: *comenzar*). ‖ tr. y prnl. Apiñar, agrupar. ‖ prnl. Encapotarse, nublarse. ‖ Obstinarse, obcecarse, empacarse. ‖ intr. Embestir, atacar, acometer, arremeter.

cerrazón. f. Obstinación, obcecación, terquedad. ‖ Oscuridad (a.: *claridad*).

cerril. adj. Áspero, escabroso (a.: *liso*). ‖ Salvaje, arisco, indómito, bravío (a.: *sosegado, dócil*). ‖ Grosero, rústico, tosco, huraño. ‖ Torpe, bozal, cerrero, montaraz.

cerro. m. Colina, collado, loma, alcor, montículo (a.: *llano, llanura*). ‖ Peñasco. ‖ Cuello, pescuezo, espinazo, lomo.

cerrojo. m. Pasador, pestillo, tranca.

certamen. m . Desafío, duelo, pelea, batalla, lucha. ‖ Discusión, polémica, argumentación. ‖ Concurso, competición.

certero, ra. adj. Seguro, cierto, acertado (a.: *errado*).

certeza. f. Certidumbre, convicción, evidencia, seguridad, certinidad (a.: *duda, indecisión*). *Tengo la certeza de que miente.*

certidumbre. f. Certeza.

certificado. m. Certificación.

certificar. tr. Afirmar, asegurar, aseverar, confirmar (a.: *contradecir, negar*). ‖ Afianzar, avalar, garantizar, responder.

cerúleo, a. adj. Azul celeste.

cerumen. m. Cera, cerilla.

cerval. adj. Cervuno, cervino. ‖ Espantoso, horroroso, pavoroso.

cerviz. f. Cogote, pescuezo, occipucio, nuca.

cesación. f. Interrupción, suspensión, paro (**a.:** *iniciación, principio*).

cesantía. f. Despido (**a.:** *empleo*).

cesar. intr. Acabarse, terminar, finalizar (**a.:** *empezar*). ‖ Suspender, parar, vacar, detenerse, interrumpirse (**a.:** *continuar*).

césar. m. Emperador.

cesarismo. m. Autocracia, dictadura, despotismo, tiranía (**a.:** *democracia*).

cese. m. Cesantía. ‖ Interrupción, pausa, huelga (**a.:** *prosecución*).

cesión. f. Renuncia, abandono, entrega, donación, traspaso (**a.:** *retención*). ‖ Préstamo.

césped. m. Tepe, hierba. ‖ Pradera, prado.

cesta o cesto. m. y f. Canasta, espuerta.

cesura. f. Pausa, corte.

cetrino, na. adj. Aceitunado, verdoso, verdeamarillento. ‖ Adusto.

cetro. m. Vara. ‖ Reinado, gobierno, mando. ‖ Supremacía, preeminencia. ‖ Corona, diadema.

ceugma. f. Zeugma.

chabacanería o chabacanada. f. Ordinariez, ramplonería.

chabacano, na. adj. Grosero, pedestre, ordinario, vulgar, ramplón, tosco, basto (**a.:** *delicado, fino*).

chácara. f. Chacra, alquería, granja.

chacha. f. Niñera, nodriza. ‖ Sirvienta, criada.

cháchara. f. Charla, palique, charlatanería, parloteo, parla.

chacharero, ra. adj. Charlatán.

chacho, cha. m. y f. Muchacho. ‖ f. Niñera.

chacina. f. Cecina.

chacolotear. intr. Chapalear.

chacota. f. Broma, chanza, burla. ‖ Diversión, jarana.

chacra. f. Granja.

chafaldita. f. Cuchufleta, burla.

chafalonía. f. Baratija.

chafar. tr. Aplastar, apabullar, estrujar. ‖ Ajar, aplastar, arrugar, deslucir (**a.:** *planchar, estirar*). ‖ Apabullar, avergonzar.

chafarote. m. Sable, machete, espada.

chafarrinada. f. Mancha, borrón.

chaflán. m. Ochava. ‖ Bisel, borde.

chaira. f. Trinchete, cheira. ‖ Eslabón.

chal. m. Pañoleta.

chalado, da. adj. Alelado, ido, chiflado, tocado, lelo, trastornado. ‖ Enamorado.

chalán, na. adj. Tratante, traficante.

chalana. f. Barca, barcaza, chata.

chalina. f. Corbata.

chalupa. f. Bote, canoa, lancha.

chambergo. m. Sombrero.

chambón, na. adj. Torpe, inhábil, chapucero (**a.:** *hábil, diestro*).

chambonada. f. Torpeza, desacierto, error (**a.:** *tino*).

chamizo. m. Tugurio, cuchitril, choza, casucha (**a.:** *palacio*).

chamuscar. tr. y prnl. Socarrar, quemar.

chamusco. m. o **chamusquina.** f. Alboroto, riña, trifulca.

chancear. intr. y prnl. Bromear, embromar, burlar.

chancero, ra. adj. Bromista, burlón, guasón.

chanchullo. m. Componenda, trampa, enjuague, combinación, amasijo.

chancleta. f. Zapatilla, pantufla, chinela. ‖ Torpe, bobo, tonto. ‖ Hembra, niña.

chanclo. m. Zueco, madreña, almadreña, zapato.

chanfle. m. Chaflán.

changüí. m. Ventaja.

chantaje. m. Extorsión, coacción.

chantar. tr. Espetar, cantar, decir, largar.

chanza. f. Broma, burla, chiste, chirigota, guasa.

chapa. f. Placa, hoja, plancha, lámina.

chapado, da. adj. Chapeado, enchapado.

chapalear. intr. Chapotear, chacolotear.

chapar. tr. Agarrar, apoderarse (**a.:** *soltar*). ‖ Laminar.

chaparro, rra. adj. Rechoncho.

chaparrón. m. Aguacero, chubasco.

chapear. tr. Chapar, enchapar.

chapeo. m. Sombrero.

chapín. m. Zapata.

chapotear. intr. Chapalear, salpicar.

chapucear. tr. Frangollar.

chapucería. f. Frangollo (a.: *habilidad, pericia*). || Embuste, falsedad, trapacería.

chapucero, ra. adj. Desmañado, chambón, frangollón, torpe, inhábil. || Embustero.

chapurrear. tr. o intr. Farfullar, champurrear. *Dice que habla bien en inglés pero sólo lo chapurrea.*

chapuzón. m. Zambullida, inmersión.

chaqueta. f. Saco, americana.

charada. f. Enigma, acertijo.

charanga. f. Banda, murga.

charca. f. o charco. m. Poza, lagunajo.

charla. f. Cháchara, palique, labia, parloteo, conversación (a.: *silencio*).

charlar. intr. Parlotear, hablar, departir, conversar.

charlatán, na. adj. Hablador, parlanchín, cotorra. || Embaucador, embaidor, engañador, impostor, embustero (a.: *parco, veraz*). || Curandero.

charlatanería. f. Locuacidad, habladuría, palabrería, charlatanismo, parlería, verba.

charlotear. intr. Charlar.

charnela. f. Bisagra, gozne.

charque o charqui. m. Cecina, tasajo.

charrán. adj. Pillo, tunante, canalla, granuja.

charrasca. f. Machete.

charretera. f. Galón, hombrera.

charro, rra. adj. Abigarrado, llamativo, cursi.

chascar. tr. Restallar.

chasco. m. Broma, burla, engaño. || Decepción, desencanto, desilusión, desengaño, fiasco (a.: *éxito*).

chasis. m. Bastidor, armazón.

chasquear. tr. Burlar, engañar. || Frustrar, desairar, decepcionar, desilusionar. || intr. Restallar. || Crujir.

chasquido. m. Crujido, estallido.

chata. f. Bacín. || Chalana. || Carro.

chatarra. f. Hierro viejo. || Escoria.

chato, ta. adj. Romo (a.: *puntiagudo*). || Plano, aplanado. || Ñato (a.: *narigón*).

chaval, la. m. y f. Muchacho, niño, joven, mozo.

chaveta. f. Clavija, pasador. || Juicio, seso.

cheira. f. Chaira.

chepa. f. Joroba, giba.

chicana. f. Embrollo, enredo. || Broma, chanza.

chicharra. f. Cigarra. || Zumbador, timbre. || Cotorra, charlatán.

chicharrar. tr. Achicharrar.

chichear. tr. e intr. Sisear, chistar.

chichón. m. Bollo, bulto, burujón.

chichonera. f. Gorro.

chico, ca. adj. Pequeño, corto, reducido, estrecho (a.: *amplio, grande*). || m. y f. Niño, pibe, muchacho. || f. Criada.

chicuelo, la. adj. y s. Chico, niño.

chiflado, da. adj. y s. Maniático, trastornado, desequilibrado, loco, lelo. || Enamorado.

chifladura. f. Manía, rareza, idea fija, tema, locura. || Capricho, fantasía, extravagancia. || Enamoramiento.

chiflar. intr. Silbar. || tr. Abuchear. || prnl. Trastornarse. || Enamorarse.

chiflido. m. Silbido.

chiflo. m. Pito, silbato.

chile. m. Ají, pimiento.

chillar. intr. Chirriar, rechinar. || Gritar, aullar, vociferar.

chillería. f. Vocerío, gritería. || Bronca, regaño, represión.

chillido. m. Grito, alarido.

chillón, na. adj. Gritón, chillador, berreador, vocinglero. || Estridente, agudo. || Llamativo, recargado (a.: *elegante*).

chimenea. f. Fogón, hogar.

china. f. Guijarro, guija.

chincharse. prnl. Fastidiarse, incomodarse.

chinche. f. Chincheta. || adj. Chinchorrero.

chinchorrería. f. Impertinencia, pesadez. || Chisme, patraña, mentira.

chinchorrero, ra. adj. Impertinente, cargante, chinchoso, chinche, fastidioso, molesto.

chinchorro. m. Bote, barquilla.

chiquero. m. Pocilga. || Choza, zahúrda.

chiquilicuatro. m. Zascandil, mequetrefe, chisgarabís, danzante.

chiquillada. f. Niñería, niñada, travesura.

chiquillo, lla. m. y f. Niño, criatura, chico, crío, arrapiezo.

chiribitil. m. Tabuco, buhardilla, tugurio, cuchitril, zaquizamí, zahúrda.

chirigota. f. Cuchufleta, chiste, cachada, chanza, broma.

chirimbolo. m. Cachivache, baratija, trasto, utensilio.

chiripa. f. Azar, suerte, casualidad, coincidencia (**a.:** *previsión*).

chirle. adj. Aguanoso. ‖ Insípido, soso, insustancial, insulso.

chirlo. m. Azote. ‖ Barbijo, cicatriz, costurón. ‖ Corte, cuchillada, tajo.

chirola. f. Moneda.

chirona. f. Cárcel, prisión, calabozo.

chirriar. intr. Rechinar.

chirrido. m. Estridencia, estridor.

chirumen. m. Cacumen, caletre, seso, magín.

chisgarabís. m. Mequetrefe, chiquilicuatro.

chisme. m. Cuento, habladuría, murmuración, chismografía, insidia. ‖ Baratija, trasto, cachivache.

chismorrear. intr. Comadrear, chismear, chismotear, murmurar.

chismorreo. m. Comadreo, murmuración, cotilleo.

chismoso, sa. adj. Cuentista, cuentero, murmurador, cizañero (**a.:** *veraz*).

chispa. f. Rayo, exhalación, centella. ‖ Destello. ‖ Miaja, pizca. ‖ Agudeza, gracia, ingenio. *Es una persona de mucha chispa.* ‖ Borrachera. ‖ Encendido (del motor).

chispazo. m. Destello.

chispeante. adj. Ingenioso, agudo, ocurrente, gracioso. ‖ Centelleante.

chispear. intr. Chisporrotear. ‖ Lloviznar.

chispo, pa. adj. Achispado, borracho, bebido, beodo, curda (**a.:** *sobrio*).

chisporrotear. intr. Chispear.

chistar. intr. Rechistar.

chiste. m. Gracia, agudeza, broma, chanza, cuchufleta, ocurrencia.

chistera. f. Sombrero de copa.

chistoso, sa. adj. Ocurrente, gracioso, donoso, chusco, agudo, ingenioso (**a.:** *serio*).

chita. f. Astrágalo, taba. ‖ Tejo.

chivato. m. Delator, soplón. ‖ Cabrito.

chivo. m. Cabrito, chivato.

chocante. adj. Raro, extraño, original, sorprendente, ridículo, singular (**a.:** *trivial*).

chocar. intr. Topar, tropezar. ‖ Pelear, reñir, combatir, disputar. ‖ Indisponerse, malquistarse. ‖ Extrañar, sorprender, fastidiar, molestar.

chocarrería. f. Chabacanada, chuscada, bufonada, grosería.

chocarrero, ra. adj. Bufón, chabacano, burlón.

chocha. f. Becada, gallineta.

chocho, cha. adj. Caduco, decrépito. ‖ Entusiasmado, encariñado.

choclo. m. Mazorca.

cholo, la. adj. Mestizo.

chopo. m. Álamo negro.

choque. m. Encuentro, topetazo, colisión, topada, encontronazo. ‖ Contienda, riña, combate, pelea, lucha, batalla. ‖ Discusión, disputa.

choquezuela. f. Rótula.

chorlito. m. Crédulo, cándido (**a.:** *sagaz, vivo*).

chorrear. intr. Gotear, salpicar, rociar, fluir. ‖ Robar.

chorro. m. Caño, surtidor. ‖ Ladrón, ratero. ‖ **a chorros.** loc. adv. Copiosamente, abundantemente.

choteo. m. Burla, pitorreo, rechifla.

choto. m. Chivo, cabrito.

choza. f. Cabaña, bohío, barraca, tapera (**a.:** *mansión*).

chubasco. m. Aguacero, chaparrón.

chúcaro, ra. adj. Arisco, montaraz.

chuchería. f. Fruslería, baratija.

chucho. m. Perro, can, cuzco. ‖ Escalofrío. ‖ Miedo.

chueco, ca. adj. Patituerto, estevado.

chulapo, pa. adj. Chulo, majo.

chuleta. f. Costilla.

chulo, la. adj. Majo, guapo. ‖ Valentón,

perdonavidas, bravucón. ‖ Presumido, ufano. ‖ m. Rufián.

chumbera. f. Cacto. ‖ Nopal, tunal, tuna.

chunga. f. Zumba, cachada, broma, guasa, burla.

chupada. f. Succión.

chupado, da. adj. Ebrio, borracho. ‖ Flaco, delgado.

chupar. tr. Succionar, sorber, mamar. ‖ Embeber, empapar. ‖ Consumir.

chupatintas. m. Escribiente, oficinista.

churrigueresco, ca. adj. Barroco, recargado.

chuscada. f. Gracia, ocurrencia, chiste, donaire, chocarrería.

chusco, ca. adj. Chistoso, gracioso, bromista, ocurrente, picaresco, donoso (a.: serio, soso).

chusma. f. Gentuza, morralla, canalla, hampa, chusmaje.

ciar. intr. Aflojar, cejar, ceder. ‖ Retroceder (a.: avanzar).

cicatear. intr. Escatimar, regatear.

cicatería. f. Tacañería, roñosería, roña, ruindad, mezquindad, avaricia (a.: magnanimidad, largueza).

cicatero, ra. adj. Tacaño, avaro, ruin, mezquino, miserable, roñoso, agarrado, amarrete (a.: dadivoso).

cicatriz. f. Costurón, escara. ‖ Huella, vestigio, señal.

cicatrizar. tr. e intr. Cerrar, curar, sanar. ‖ Olvidar.

cicerone. m. Guía, acompañante, baquiano.

ciclo. m. Período, época.

ciclón. m. Huracán, vendaval, tornado, tifón.

ciclópeo, a. adj. Gigantesco, titánico, colosal.

ciego, ga. adj. Invidente (a.: vidente). ‖ Ofuscado, obcecado, alucinado. ‖ Obstruido, obturado (a.: destapado).

cielo. m. Atmósfera. ‖ Firmamento, bóveda celeste. ‖ Empíreo, patria celestial, edén, paraíso (a.: infierno). ‖ Gloria, bienaventuranza. ‖ Dios.

ciempiés. m. Escolopendra. ‖ Chapucería,

desatino, disparate, barbaridad, despropósito, burrada.

ciénaga. f. Cenagal, lodazal, pantano, fangal, barrizal.

ciencia. f. Conocimiento, saber, sabiduría, erudición (a.: incultura). ‖ Habilidad, maestría (a.: impericia).

cieno. m. Légamo, lodo, lama, fango, barro, limo. ‖ Deshonra, descrédito.

cierre. m. Cerradura. ‖ Cerramiento. ‖ Clausura (a.: apertura, comienzo).

cierto, ta. adj. Seguro, indubable, positivo, real (a.: dudoso, fortuito). ‖ Verídico, verdadero (a.: inexacto). ‖ Algún. ‖ Sabedor, conocedor.

ciervo. m. Venado, cérvido, corzo, gamo.

cierzo. m. Norte, septentrión, aquilón, bóreas.

cifra. f. Guarismo, número, símbolo, signo. ‖ Clave, código. ‖ Monograma. ‖ Compendio, síntesis, resumen, suma. Esa antología es la cifra de la poesía romántica. ‖ Abreviatura, sigla.

cifrado, da. adj. Criptográfico, en clave (a.: claro, comprensible).

cifrar. tr. Reducir, compendiar, resumir, abreviar.

cigala. f. Camarón, langostino.

cigarra. f. Chicharra.

cigarrera. f. Petaca, pitillera.

cigarro. m. Tabaco, puro, habano, veguero, tagarnina. ‖ Cigarrillo, pitillo.

cigoñal. m. Cigüeñal.

cigüeña. f. Manivela, manubrio.

cilicio. m. Mortificación, suplicio, penitencia.

cilindro. m. Rodillo, rulo.

cima. f. Cúspide, cumbre, pináculo, pico, vértice, cabeza (a.: abismo). ‖ Apogeo, auge. ‖ Terminación, término, culminación, ápice, fin, complemento (a.: inicio, comienzo).

cimarrón. adj. Salvaje, montaraz, arisco, silvestre (a.: doméstico).

cimbel. m. Señuelo.

cimbra. f. Arco, curva.

cimbrar. tr. Asentar, establecer, afirmar, fundar. ‖ Cimbrear.

cimbreante. adj. Cimbreño, flexible (a.: *rígido, inflexible*).

cimbrear. tr. e intr. Vibrar, oscilar, agitar, ondular.

cimbronazo. m. Cintarazo.

cimentar. tr. Fundar, fundamentar (a.: *demoler*). ‖ Establecer, asentar, afirmar.

cimiento. m. Cimentación, fundación, fundamento. ‖ Principio, origen, base, raíz, causa (a.: *culminación*).

cincelar. tr. Esculpir, tallar, grabar, labrar.

cinchar. tr. Ceñir, fajar (a.: *aflojar, soltar*). ‖ intr. Esforzarse (a.: *desistir*).

cincho. m. Aro. ‖ Cinturón, cinto.

cincuentón, na. adj. Quincuagenario.

cine. m. Cinematógrafo.

cineasta. m. y f. Peliculero, director, productor (de cine).

cinegética. f. Montería.

cinegético, ca. adj. Venatorio.

cinemateca. f. Filmoteca.

cinematografiar. tr. Filmar, impresionar, rodar.

cinematógrafo. m. Cine.

cíngaro, ra. adj. Gitano.

cínico, ca. adj. Descarado, desvergonzado, caradura, sinvergüenza, insolente, atrevido, impúdico, procaz (a.: *respetuoso, decente*).

cinismo. m. Impudicia, impudor, desvergüenza, procacidad (a.: *decencia, pudor*). ‖ Desfachatez, descaro, tupé (a.: *respeto*).

cinta. f. Banda, tira, faja. ‖ Correa. ‖ Filete. ‖ Película, filme.

cinto. m. Cinturón, faja, apretador, ceñidor. ‖ Cintura, talle. ‖ Fortificación.

cintura. f. Cinto, talle.

cinturón. m. Cinto, cincho, faja, apretador, ceñidor. ‖ Cerco.

ciprés. m. Cipariso.

circo. m. Anfiteatro, arena, estadio.

circón. m. Jacinto.

circuir. tr. Rodear, cercar, circundar, circunvalar, envolver.

circuito. m. Recinto. ‖ Bojeo, contorno. ‖ Recorrido, vuelta.

circulación. f. Tránsito, tráfico, trasporte

circular. intr. Andar, caminar, pasar, deambular, transitar (a.: *detenerse*). ‖ Propagarse, difundirse, divulgarse.

círculo. m. Redondel, circunferencia. ‖ Rueda, disco. ‖ Circuito. ‖ Corro. ‖ Ambiente, esfera, medio. ‖ Casino, sociedad, club, centro.

circundar. tr. Cercar, rodear, circuir, circunvalar, ceñir.

circunferencia. f. Contorno, periferia. ‖ Círculo, ruedo.

circunlocución. f. Circunloquio, perífrasis, rodeo, ambages, giro.

circunloquio. m. Circunlocución.

circunnavegación. f. Periplo.

circunscribir. tr. y prnl. Limitar, ceñir, amoldar, concretar, ajustar, restringir, reducir (a.: *amplificar, desarrollar*).

circunscripción. f. Distrito, barrio, demarcación, zona. ‖ Término, jurisdicción.

circunspección. f. Prudencia, sensatez, cordura, reserva, discreción, mesura, cautela, atención (a.: *insensatez*). ‖ Seriedad, decoro, gravedad, compostura (a.: *ligereza*).

circunspecto, ta. adj. Prudente, cauteloso, discreto, mirado, mesurado, reservado, recatado (a.: *insolente*). ‖ Serio, grave, respetable.

circunstancia. f. Accidente, eventualidad. ‖ Particularidad, condición, requisito, pormenor, detalle. ‖ Situación, momento. ‖ Caso, coyuntura, ocurrencia, ocasión. ‖ Medio, ambiente, contorno.

circunstanciado, da. adj. Detallado, pormenorizado, especificado.

circunstantes. m. y f. pl. Presentes, concurrentes, asistentes, espectadores.

circunvalar. tr. Cercar, ceñir, circundar, rodear, circuir, encerrar.

circunvecino, na. adj. Próximo, contiguo, cercano, inmediato, vecino, lindante.

cirio. m. Bujía, vela, candela.

cirujano. m. Quirurgo, operador.

cisco. m. Carbonilla. ‖ Alboroto, reyerta, pendencia, zipizape, pelotera, riña (a.: *paz, orden*). ‖ Destrozo, trizas.

cisma. m. Discordia, desavenencia, desacuerdo, disensión (**a.:** *acuerdo, armonía*). || Escisión, rompimiento, separación, división (**a.:** *unión, asociación*).

cisterna. f. Aljibe, depósito, pozo.

cisura. f. Hendidura, grieta, rotura, fisura, incisión, corte, separación (quirúrgica). || Cicatriz.

cita. f. Mención, nota, alusión, referencia. || Encuentro, entrevista.

citar. tr. Aludir, mencionar, mentar, nombrar. || Alegar, invocar. || Convocar, emplazar, llamar. || Notificar. || Transcribir, enumerar.

ciudad. f. Urbe, población, localidad (**a.:** *campaña, campo*).

ciudadano, na. adj. Urbano. || Civil, cívico. || m. y f. Natural, vecino, residente. || Súbdito. || Elector.

ciudadela. f. Fortaleza, fuerte, alcázar.

cívico, ca. adj. Civil, ciudadano. || Patriótico.

civil. adj. Sociable, urbano, atento, cortés, afable (**a.:** *descortés, grosero*). || Ciudadano, cívico, paisano. || Laico, seglar.

civilidad. f. Sociabilidad, urbanidad. || Civismo.

civilización. f. Cultura, educación, instrucción, refinamiento, ilustración, progreso (**a.:** *incultura, barbarie, salvajismo*).

civilizar. tr. y prnl. Educar, ilustrar, instruir, pulir.

civismo. m. Ciudadanía, patriotismo. || Cortesía, amabilidad, educación, urbanidad, civilidad. *Sus modales demuestran civismo.*

cizaña. f. Discordia, enemistad, disensión, desavenencia (**a.:** *avenencia, unión*).

cizañero, ra. adj. Chismoso, insidioso.

clamar. intr. Quejarse, lamentarse, condolerse, gemir, gritar, exclamar, protestar, dar voces. || intr. y tr. Exigir, necesitar. || tr. Llamar, invocar, rogar, implorar.

clamor. m. Grito, voz, alarido. || Queja, gemido, lamento. || Griterío, alboroto (**a.:** *silencio*). || Estruendo.

clamoreo. m. Gritería, vocerío.

clan. m. Familia, tribu. || Pandilla.

clandestino, na. adj. Secreto, oculto, furtivo, encubierto, subrepticio (**a.:** *manifiesto, explícito*). || Ilegal, ilícito (**a.:** *legal, legítimo*).

claque. f. Alabarderos, mosqueteros.

claraboya. f. Tragaluz.

claramente. adv. Abiertamente, francamente, paladinamente, patentemente. || Lúcidamente, luminosamente.

clarear. intr. Alborear, amanecer, clarecer, apuntar el día. || Aclararse, disiparse. || prnl. Transparentarse, traslucirse.

claridad. f. Luz, luminosidad, resplandor (**a.:** *oscuridad*). || Trasparencia, diafanidad, limpidez. || Franqueza, sinceridad (**a.:** *falsedad, ambigüedad, hipocresía*). || Lucidez, perspicacia, agudeza (**a.:** *confusión*).

clarificar. tr. Iluminar, alumbrar (**a.:** *oscurecer*). || Aclarar, depurar, limpiar. || Esclarecer, dilucidar, elucidar (**a.:** *complicar*).

clarín. m. Trompeta.

clarividencia. f. Penetración, perspicacia, agudeza, sagacidad (**a.:** *ofuscación, ceguera*).

claro, ra. adj. Brillante, luminoso. || Iluminado, alumbrado (**a.:** *oscuro, sombrío*). || Transparente, cristalino, diáfano, límpido, puro (**a.:** *borroso*). || Ilustre, famoso, insigne, esclarecido. || Perspicaz, agudo, lúcido, despierto. || Evidente, inteligible, manifiesto, patente, indudable, cierto, comprensible (**a.:** *ambiguo, ininteligible, incomprensible*). || Franco, sincero. || Pálido (**a.:** *vivo*). || Ralo (**a.:** *tupido, espeso*). || Definido, preciso (**a.:** *confuso, indeterminado*).

clase. f. Aula. || Lección. || Categoría, condición, jerarquía, especie, tipo, género. || Calidad, cualidad, distinción. || Grupo, agrupación.

clásico, ca. adj. Principal, notable. || Corriente, usual (**a.:** *moderno, novedoso*).

clasificación. f. Taxonomía. || Ordenamiento, separación, encasillamiento.

clasificador. m. Casillero, taquilla, archivador, fichero.

clasificar. tr. Ordenar, catalogar, encasillar (a.: *confundir, mezclar*).

claudicar. intr. Cojear. ‖ Ceder, transigir, consentir, rendirse, someterse (a.: *resistir, rebelarse*).

claustro. m. Convento. ‖ Personal docente.

cláusula. f. Disposición, condición, estipulación. ‖ Frase, oración. ‖ Período.

clausura. f. Cierre. *Ayer concurrimos a la clausura del simposio* (a.: *apertura, inauguración*).

clausurar. tr. Cerrar, terminar, finalizar, poner fin (a.: *inaugurar*).

clava. f. Porra, cachiporra, maza.

clavado, da. adj. Cabal, exacto.

clavar. tr. Hincar, hundir, introducir. ‖ Sujetar, fijar, enclavar. ‖ tr. y prnl. Engañar, perjudicar (a.: *pagar*).

clave. f. Llave. ‖ Cifra, código. ‖ Nota, explicación. ‖ m. Clavicémbalo. ‖ adj. Esencial, capital.

clavicémbalo. m. Clave, clavicordio.

clavo. m. Cuidado. ‖ Pena, dolor, padecimiento. ‖ Daño, contrariedad, perjuicio (a.: *beneficio*).

clemencia. f. Indulgencia, tolerancia, benignidad, misericordia, piedad (a.: *brutalidad, inclemencia*).

clemente. adj. Indulgente, tolerante, benigno, misericordioso, piadoso (a.: *cruel, insensible*).

clepsidra. f. Reloj de agua.

cleptómano, na. m. y f. Ratero, ladrón.

clerecía. f. Clero.

clérigo. m. Eclesiástico, cura, sacerdote, presbítero, padre, tonsurado, capellán.

cliente, ta. m. y f. Parroquiano, comprador, consumidor.

clientela. f. Parroquia.

clima. m. Atmósfera. ‖ Ambiente, medio, temperatura.

climatizador. m. Acondicionador.

clímax. m. Gradación, escala.

clínica. f. Policlínica, sanatorio, hospital.

cloaca. f. Albañal, alcantarilla, sentina, sumidero.

clon. m. Payaso.

cloquear. intr. Clocar, cacarear.

club o clube. m. Sociedad, peña, círculo, asociación.

coacción. f. Fuerza, presión, violencia, compulsión, apremio.

coaccionar. tr. Apremiar, obligar, forzar (a.: *permitir*).

coadyuvar. intr. Ayudar, colaborar, secundar, cooperar, asistir, auxiliar, contribuir (a.: *dificultar, entorpecer*).

coagulación. f. Cuajamiento.

coagular. tr. y prnl. Cuajar, cortar, espesar (a.: *fluir, liquidar*).

coágulo. m. Cuajo, cuajarón, grumo.

coalición. f. Alianza, liga, unión, confederación (a.: *disgregación*).

coartada. f. Justificación (a.: *inculpación*).

coartar. tr. Coaccionar, coercer, refrenar, sujetar, embarazar, estorbar, impedir (a.: *autorizar, dejar*). ‖ Restringir, limitar, cohibir, circunscribir.

coautor, ra. m. y f. Colaborador, cómplice.

coba. f. Adulación. ‖ Broma.

cobarde. adj. Miedoso, medroso, temeroso, asustadizo, apocado, tímido, pusilánime (a.: *valiente, animoso, intrépido*).

cobardía. f. Temor, miedo, apocamiento, pusilanimidad, timidez, cortedad (a.: *bravura*).

cobayo. m. Conejillo de Indias.

cobertizo. m. Techado, hangar, tinglado.

cobertor. m. Colcha, cobija, cubrecama, sobrecama. ‖ Manta, frazada.

cobertura. f. Cubierta, cobertor, frazada.

cobija. f. Cubierta, cobertura, frazada.

cobijar. tr. Cubrir, abrigar, tapar (a.: *descubrir*). ‖ tr. y prnl. Albergar, refugiar, guarecer, hospedar. ‖ Amparar, proteger, ayudar (a.: *abandonar*).

cobijo. m. Albergue. ‖ Amparo, protección.

cobrador, ra. m. y f. Recaudador.

cobranza. f. Cobro, recaudación, percepción (a.: *pago*).

cobrar. tr. Percibir, recibir, recaudar (a.:

pagar). ‖ Cazar, capturar, aprehender. ‖ Tomar, sentir, experimentar. ‖ Adquirir, ganar, lograr (**a.:** *perder*). ‖ Recuperar, recobrar. ‖ Reintegrar, rembolsar. ‖ prnl. Indemnizarse, resarcirse, compensarse. ‖ Recuperarse, volver en sí (**a.:** *desvanecerse*).

cobro. m. Cobranza, recaudación (**a.:** *pago, desembolso*).

coca. f. Moño, rodete. ‖ Cabeza, testa. ‖ Coscorrón, cabezazo.

cocción. f. Cocimiento, cocedura, cochura, decocción.

cóccix. m. Coxis.

cocear. tr. Patear.

cocer. tr. Cocinar, hervir. ‖ intr. Bullir. ‖ prnl. Asarse, escalfarse. ‖ Tramarse, urdirse, maquinarse.

cochambre. amb. Suciedad, inmundicia, basura, porquería (**a.:** *limpieza*).

coche. m. Vehículo, carruaje, automóvil, vagón.

cochinada. f. Cochinería, inmundicia, porquería, suciedad (**a.:** *aseo*). ‖ Indecencia, grosería. ‖ Jugada, trastada, vileza.

cochinilla. f. Cucaracha, milpiés.

cochinilla. f. Grana.

cochinillo. m. Lechón, mamón.

cochino, na. m. y f. Cerdo, puerco, marrano. ‖ adj. Sucio, desaseado (**a.:** *limpio*). ‖ Indecoroso (**a.:** *respetable, digno*). ‖ Cicatero, tacaño, miserable (**a.:** *desprendido*).

cochitril. m. Pocilga, cuchitril, tugurio.

cochura. f. Cocción.

cocido. m. Olla, puchero, pote. ‖ Guisado (**a.:** *crudo*).

cocimiento. m. Cocción, infusión.

cocinar. tr. e intr. Guisar, cocer. ‖ Aderezar, adobar, condimentar.

cocinero, ra. m. y f. Guisandero, ranchero.

cocinilla o **cocinita.** f. Infiernillo, infiernillo.

coco. m. Micrococo.

coco. m. Cuco. ‖ Gesto, ademán. ‖ Mueca, mohín. ‖ Caricia, mimo.

cocotal. m. Cocal.

cocotero. m. Coco, palma de coco.

codearse. prnl. Tratarse, alternar, relacionarse.

codicia. f. Avaricia, ambición, avidez, ansia, apetencia, egoísmo, voracidad (**a.:** *desprendimiento*). ‖ Deseo, aspiración, afán.

codiciable. adj. Apetecible, envidiable, deseable (**a.:** *detestable, execrable*).

codiciar. tr. Apetecer, anhelar, desear, ambicionar, ansiar, envidiar (**a.:** *renunciar*).

codicioso, sa. adj. Ansioso, ambicioso, ávido, deseoso, avaricioso, avaro. ‖ Laborioso, trabajador, hacendoso, afanoso.

código. m. Cifra, clave. ‖ Reglamento, recopilación.

coeficiente. adj. Factor, multiplicador. ‖ m. Índice, porcentaje.

coercer. tr. Contener, coartar, refrenar, reprimir, cohibir, sujetar, constreñir, restringir, limitar (**a.:** *acicatear, incentivar*).

coercitivo, va. adj. Represivo, restrictivo, limitativo.

coetáneo, a. adj. Contemporáneo, coexistente. *San Martín y Bolívar fueron coetáneos.*

cofrade. m. o f. Congregante, hermano. ‖ Compañero, camarada, colega.

cofradía. f. Congregación, hermandad. ‖ Gremio, agrupación, asociación.

cofre. m. Arca, arcón, caja. ‖ Baúl.

coger. tr. Agarrar, aferrar, tomar, asir (**a.:** *soltar*). ‖ Alcanzar. ‖ Atrapar, prender, apresar, aprehender (**a.:** *liberar*). ‖ Recoger, recolectar, cosechar (**a.:** *esparcir*). ‖ Cobrar. ‖ Aceptar (**a.:** *rehusar*). ‖ Acoger, recibir. ‖ Adquirir, contraer. ‖ Captar, entender, adivinar. ‖ Hallar, encontrar, sorprender, pillar.

cogitabundo, da. adj. Meditabundo, pensativo.

cognado, da. adj. Pariente, familiar, consanguíneo.

cognoscible. adj. Conocible, inteligible, comprensible.

cogote. m. Cerviz, occipucio, nuca, pescuezo.

cogotera. f. Cubrenuca.

cohabitar. intr. Convivir. ‖ Amancebarse.

cohecho. m. Corrupción, soborno, compra.

coherencia. f. Conexión, relación, enlace. ‖ Cohesión, trabazón (a.: *incoherencia*).

cohesión. f. Adherencia, unión, adhesión. ‖ Coherencia, trabazón, conformidad.

cohete. f. Petardo, buscapiés.

cohibir. tr. y prnl. Coartar, embarazar, limitar (a.: *estimular*). ‖ Refrenar, reprimir, contener, sujetar (a.: *excitar*).

cohombro. m. Pepino.

cohonestar. tr. Excusar, disimular, disculpar, encubrir, atenuar.

cohorte. f. Legión, multitud, conjunto.

coima. f. Soborno. ‖ Comisión.

coincidencia. f. Simultaneidad, coexistencia.

coincidir. intr. Convenir, concordar (a.: *divergir, discordar*). ‖ Ajustarse, encajar, casar.

coito. m. Cópula, ayuntamiento, fornicación.

cojear. intr. Renguear, renquear. ‖ Adolecer.

cojín. m. Almohadón, almohada, colchoneta.

cojinete. m. Almohadilla. ‖ Chumacera, palomilla.

cojo, ja. adj. Rengo, renco, paticojo. ‖ Incompleto.

col. f. Berza, repollo, coliflor.

cola. f. Rabo (a.: *cabeza*). ‖ Punta, extremidad, apéndice, extremo. ‖ Resultas, consecuencias. ‖ Fila, hilera.

colaborador, ra. m. y f. Ayudante, coautor.

colaborar. intr. Cooperar, coadyuvar, participar, concurrir, secundar, ayudar, contribuir (a.: *entorpecer, dificultar, embarazar*).

colación. f. Refacción, refrigerio, piscolabis. ‖ Cotejo, confrontación.

colacionar. tr. Cotejar, confrontar, compulsar, comparar.

colador. m. Cedazo, filtro, tamiz.

coladura. f. Error, pifia, equivocación,

plancha, inconveniencia, desacierto, indiscreción.

colapso. m. Debilitamiento, postración. ‖ Patatús, desmayo, síncope. ‖ Destrucción, ruina, paralización. *El país sufrió un colapso institucional.*

colar. tr. Filtrar, destilar, purificar. ‖ prnl. Pasar. ‖ Equivocarse. ‖ Deslizarse, infiltrarse.

colateral. adj. Lateral.

colcha. f. Cubrecama, cubierta, cobertor, frazada.

colchón. m. Jergón, colchoneta.

colección. f. Reunión, conjunto. ‖ Cúmulo, surtido, montón. ‖ Serie (a.: *unidad*).

colecta. f. Cuestación, recaudación, suscripción.

colectar. tr. Recaudar, cobrar, recolectar.

colectividad. f. Comunidad, sociedad.

colectivo, va. adj. Común (a.: *individual*). ‖ m. Microómnibus.

colector, ra. adj. y s. Recaudador, cobrador, perceptor. ‖ Caño, canal. ‖ Coleccionista, recopilador, compilador.

colega. m. y f. Compañero, camarada, cofrade, consocio.

colegial, la. m. y f. Escolar, estudiante, alumno, educando (a.: *maestro, profesor*).

colegio. m. Escuela, instituto. ‖ Asociación, corporación.

colegir. tr. Deducir, inferir, concluir, sacar (a.: *inducir*). ‖ Suponer.

coleo. m. Coleada, coleadura, coletazo.

cólera. f. Bilis, hiel. ‖ Ira, rabia, enojo, furia, irritación, furor, enfado, arrebato, exasperación (a.: *calma, suavidad*).

colérico, ca. adj. Enojado, airado, enfurecido, iracundo, irritado, furioso, violento, rabioso, encolerizado, furibundo, irascible (a.: *tranquilo, manso*).

coleta. f. Trenza.

coletilla. f. Adición, añadidura.

colgado, da. adj. Suspenso, pendiente. ‖ Burlado, chasqueado.

colgadura. f. Cortina, tapiz.

colgajo. m. Arlo, ristra. ‖ Andrajo, pingajo, harapo.

colgante. adj. Pendiente, pinjante.

colgar. tr. Suspender. || Tender. || Abandonar. || Ahorcar. || Atribuir, imputar, achacar. || intr. Pender. || Depender.

colibrí. m. Pájaro mosca, picaflor, tominejo.

colicano, na. adj. Rabicano.

coligarse. prnl. Unirse, aliarse, confederarse, asociarse (a.: *desligarse, separarse*).

colina. f. Cerro, collado, alcor, loma, lomada, altura, elevación, cuchilla (a.: *valle*).

colindante. adj. Contiguo, limítrofe, lindante, confinante, vecino, adyacente.

coliseo. m. Circo, teatro.

colisión. f. Choque, encuentro, encontronazo. || Conflicto, pugna, enfrentamiento (a.: *pacificación*).

collado. m. Colina, alcor, altozano, cerro, cuesta, loma, lomada.

collar. m. Gargantilla. || Carlanca.

collarín. m. Sobrecuello, alzacuello.

colmar. tr. Llenar, rellenar (a.: *vaciar*). || Satisfacer. || Atestar, atiborrar, abarrotar, saturar. || Exceder, rebosar.

colmena. f. Abejar, panal. || Colmenar.

colmillo. m. Canino.

colmo. m. Acabóse. || Máximo, máximum, saturación, plenitud, exceso. *Mi tolerancia llegó al colmo.* || Límite, complemento.

colocación. f. Situación, posición, instalación, emplazamiento. || Empleo, cargo, ocupación, puesto, plaza, destino, acomodo.

colocar. tr. Poner, emplazar, instalar, situar, ubicar (a.: *sacar, desordenar*). || Emplear, ocupar, destinar. || Casar. || Invertir. || Vender (a.: *adquirir*).

colocutor, ra. m. y f. Interlocutor.

colonia. f. Posesión, dependencia. || Fideicomiso.

colonizador, ra. adj. y s. Poblador, colono.

colono. m. Arrendatario, arrendador. || Cultivador, labrador.

coloquial. adj. Conversacional.

coloquio. m. Conversación, plática, conciliábulo, diálogo, charla, conferencia.

color. m. Colorante, tinte, tono. || Carácter, matiz. || Animación, viveza. || Colorido, coloración, tonalidad, tono (a.: *decoloración*). || Motivo, pretexto. || Aspecto, semblante.

colorado, da. adj. Rojo, encarnado.

colorante. m. Tinte, color, pigmento.

colorear. tr. Iluminar, pintar.

colorete. m. Arrebol.

colorido. m. Color, animación, viveza. || Pretexto. || Color, coloración, tinte.

colosal. adj. Ciclópeo, grandioso, gigantesco, imponente, enorme (a.: *diminuto, mínimo*). || Excelente, extraordinario, estupendo, magnífico (a.: *malísimo*).

coloso. m. Gigante, cíclope, titán, hércules.

columbrar. tr. Divisar, entrever, percibir, distinguir, vislumbrar, descubrir. || Conjeturar, barruntar, sospechar (a.: *asegurar*).

columna. f. Pila, montón, cúmulo. || Pilar, pilastra, puntal, sostén, apoyo. || **columna vertebral.** Espina dorsal, raquis.

columpiar. tr. y prnl. Mecer, balancear, hamacar.

columpio. m. Balancín, mecedora.

coma. m. Sopor.

comadre. f. Partera, comadrona. || Alcahueta, celestina. || Vecina.

comadrear. intr. Chismear, chismorrear, murmurar, cotillear, alcahuetear (a.: *callar*).

comadreo. m. Murmuración, chismorreo, cotilleo, cotorreo.

comadrona. f. Partera, comadre, matrona.

comando. m. Mando.

comarca. f. País, territorio, región, paraje, lugar, sitio.

comarcano, na. adj. Cercano, inmediato, próximo, contiguo, circunvecino, limítrofe, confinante, adyacente.

comarcar. intr. Lindar, confinar.

comba. f. Curvatura, alabeo, arqueamiento, encorvadura.

combar. tr. y prnl. Curvar, arquear, encorvar, alabear.

combate. m. Pelea, contienda, refriega, batalla, acción. || Lucha, conflicto, pugna, choque.

combatiente. adj. y m. Contendiente, beligerante. || m. o f. Soldado. || Púgil, lidiador, luchador.

combatir. intr. Pelear, luchar, batallar, guerrear, lidiar, contender. || tr. Acometer, embestir. || Oponerse (**a.:** *autorizar, acceder*). || Batir, golpear, sacudir (**a.:** *aquietar*). || Contradecir, impugnar, refutar, controvertir, discutir, rebatir.

combativo, va. adj. Batallador, luchador (**a.:** *pacífico*). || Belicoso, agresivo (**a.:** *dócil, calmo*).

combinación. f. Mezcla. || Arreglo, plan, maniobra, maquinación.

combinado. m. Cóctel.

combinar. tr. Unir, juntar. || Concertar, armar, armonizar, arreglar, coordinar, organizar (**a.:** *desconcertar, desordenar*).

combustible. adj. Inflamable, comburente. || Alcohol, nafta, petróleo.

combustión. f. Ustión, ignición, quema, incendio, inflamación (**a.:** *apagamiento*).

comedero. m. Refectorio, comedor. || Pesebre.

comedia. f. Farsa, fingimiento, ficción.

comediante, ta. m. y f. Actor o actriz, cómico, artista. || Hipócrita, farsante, histrión, simulador.

comedido, da. adj. Atento, moderado, mesurado, discreto, prudente, circunspecto, mirado, cortés, considerado (**a.:** *imprudente, indiscreto*).

comedirse. prnl. Moderarse, contenerse. || Ofrecerse, brindarse (**a.:** *importunar*).

comensal. m. Huésped, invitado.

comentar. tr. Explicar, glosar, interpretar, exponer.

comentario. m. Explicación, comento, crítica, exégesis, glosa, interpretación, escolio, apostilla, paráfrasis.

comento. m. Comentario. || Embuste, mentira, patraña.

comenzar. tr. e intr. Empezar, emprender, principiar, inaugurar, iniciar (**a.:** *concluir, finalizar*).

comer. tr. Manducar. || Almorzar, cenar (**a.:** *ayunar*). || Tragar, engullir, devorar, embaular, yantar. || Corroer, roer, desgastar, carcomer. || Escocer, picar. || Gastar, consumir, derrochar, dilapidar, despilfarrar, acabar (**a.:** *conservar, guardar*). || intr. Alimentarse, atiborrarse. || prnl. Omitir.

comercial. adj. Mercantil, mercante.

comerciante. m. y f. Negociante, mercader, traficante, mercachifle, tratante.

comerciar. intr. Mercadear, tratar, negociar, traficar, especular. || Comprar, vender.|| Relacionarse.

comercio. m. Negocio, tráfico, compraventa, especulación. || Establecimiento, tienda, almacén, despacho. || Trato, comunicación, permuta.

comestible. adj. Alimenticio, nutritivo, nutricio. || pl. Vituallas, víveres, provisiones, bastimentos, avíos.

cometa. f. Barrilete. || Coima.

cometer. tr. Encomendar, encargar, confiar. || Incurrir, caer. *Ha cometido graves errores.* || Perpetrar, consumar (**a.:** *abstenerse*).

cometido. m. Comisión, encargo, misión. || Obligación, incumbencia, deber. || Trabajo, quehacer.

comezón. f. Picazón, prurito, picor, hormiguillo. || Desasosiego, desazón, inquietud.

comicidad. f. Gracia.

comicios. m. pl. Elecciones.

cómico, ca. adj. Divertido, festivo, gracioso, jocoso, bufo, risible, hilarante (**a.:** *dramático, patético, trágico*). || m. y f. Actor, comediante.

comida. f. Alimento, sustento, pitanza, condumio. || Almuerzo. || Cena. || Comilona.

comidilla. f. Chismorreo, murmuración.

comienzo. m. Principio, origen, nacimiento, iniciación, inicio, raíz (**a.:** *fin, final, término, muerte*).

comilón, na. adj. Tragantón, tragón, glotón. || f. Banquete, simposio, bacanal, cuchipanda.

cominería. f. Menudencia, insignificancia, minucia.

cominero, ra. adj. Chinchorrero, quisquilloso.

comino. m. Insignificancia, menudencia, pequeñez, bagatela, fruslería.

comisar. tr. Confiscar, decomisar.

comisión. f. Cometido, encomienda, encargo, mandato. || Comité, delegación, misión. || Retribución, corretaje.

comisionar. tr. Encargar, encomendar, delegar.

comisionista. m. y f. Representante, corredor, viajante.

comiso. m. Decomiso, confiscación.

comisura. f. Unión, juntura.

comité. m. Comisión, delegación, junta.

comitiva. f. Acompañamiento, compañía, cortejo, séquito, escolta.

como. adv. Conforme, según. || Aproximadamente. || conj. En calidad de, con carácter de, en concepto de. || Así que, en cuanto. || En el caso de que.

comodidad. f. Conveniencia, regalo, bienestar, desahogo, holgura. || Ventaja, oportunidad, facilidad. || Utilidad, interés, provecho (**a.:** *estorbo*).

comodín. m. Pretexto, excusa.

cómodo, da. adj. Conveniente, oportuno, favorable (**a.:** *inconveniente, inoportuno*). || Fácil, acomodado, adecuado, proporcionado. || Confortable (**a.:** *molesto*).

comodón, na. adj. Poltrón, perezoso, holgazán.

compacto, ta. adj. Consistente, macizo (**a.:** *esponjoso, permeable*). || Denso, apretado (**a.:** *espaciado, ralo*).

compadecer. tr. y prnl. Apiadarse, condolerse, deplorar, dolerse (**a.:** *burlarse*). || Compaginarse, armonizarse, conformarse, concordar, coincidir (**a.:** *discordar*).

compadraje. m. Compadrazgo.

compadrazgo. m. Compaternidad. || Compadraje, conchabamiento.

compadre. m. Compinche, compañero, camarada. || Fanfarrón, chulo, compadrito.

compadrear. intr. Alardear, presumir (**a.:** *humillarse*).

compaginar. tr. y prnl. Armonizar, compadecerse. || Ajustar. || Casar, conformarse, corresponder. || Coordinar, arreglar.

compañerismo. m. Camaradería, amistad (**a.:** *enemistad*).

compañero, ra. f. Esposo, socio, colega, camarada, amigo, compinche, condiscípulo.

compañía. f. Acompañamiento (**a.:** *soledad*). || Comitiva, séquito, cortejo. || Sociedad, corporación, empresa, junta. || Capitanía. || Conjunto, elenco, cuerpo (de actores).

comparable. adj. Semejante.

comparación. f. Símil. || Cotejo, parangón, compulsa, paralelo, confrontación.

comparar. tr. Confrontar, cotejar, colacionar, compulsar, parangonar (**a.:** *distinguir*). || Equiparar.

comparecencia. f. Presentación.

comparecer. intr. Presentarse, acudir, apersonarse (**a.:** *ausentarse*).

comparsa. f. Acompañamiento, séquito. || Tuna, estudiantina. || m. o f. Figurante, extra, partiquino.

compartimiento. m. Compartimento, departamento. || Casilla, división, sección, estante. || Participación.

compartir. tr. Repartir, distribuir, partir (**a.:** *mezquinar, retener*). || Participar. *Compartimos su alegría.* || Ayudar, colaborar.

compás. m. Brújula, aguja. || Ritmo, cadencia. || Regla, medida, norma.

compasar. tr. Ajustar, medir, arreglar, disponer, proporcionar.

compasión. f. Conmiseración, misericordia, lástima, piedad, caridad (**a.:** *sadismo, crueldad, mofa*).

compasivo, va. adj. Piadoso, benigno, misericordioso, caritativo (**a.:** *despiadado, cruel*).

compaternidad. f. Compadrazgo.

compatible. adj. Conciliable (**a.:** *incompatible, contrario*).

compatriota. m. o f. Compatricio, conterráneo, connacional, conciudadano, paisano.

compeler. tr. Obligar, coaccionar, forzar, constreñir, apremiar. ‖ Estimular, impulsar, impeler.

compendiar. tr. Abreviar, reducir, acortar, resumir, recapitular, extractar, sintetizar, condensar, epilogar (a.: *ampliar, alargar*).

compendio. m. Epítome, extracto, resumen, sumario, sinopsis, recopilación, síntesis, breviario, epílogo, recapitulación. ‖ Prontuario, manual, elementos.

compendioso, sa. adj. Breve, conciso, reducido, resumido, sumario, sucinto (a.: *prolijo, amplio*).

compenetrarse. prnl. Identificarse, comprenderse, avenirse, coincidir (a.: *discrepar*).

compensación. f. Indemnización, equivalencia, reparación, resarcimiento, recompensa. ‖ Equilibrio, contrabalanza, contrapeso, correspondencia. ‖ Represalia, desquite.

compensar. tr. Contrapesar, contrabalancear, equilibrar, equivaler, nivelar. ‖ Resarcir, indemnizar, recompensar, reparar.

competencia. f. Contienda, disputa. ‖ Rivalidad, competición, oposición. ‖ Incumbencia, jurisdicción, potestad, autoridad. ‖ Aptitud, idoneidad, suficiencia, capacidad, habilidad (a.: *insuficiencia, incapacidad*).

competente. adj. Bastante, oportuno, suficiente, adecuado. ‖ Apto, idóneo, capaz, entendido, hábil (a.: *incompetente, inhábil*). ‖ Conocedor, experto (a.: *lego, inexperto*).

competer. intr. Pertenecer, incumbir, concernir, tocar, corresponder.

competidor, ra. adj. Rival, émulo, antagonista, contrincante.

competir. intr. Rivalizar, contender, emular, luchar.

compilación. f. Colección, recopilación.

compilador, ra. adj. Recopilador, coleccionador, antologista.

compilar. tr. Reunir, juntar, coleccionar, recopilar, allegar, agrupar, recoger.

compinche. m. o f. Amigo, compadre, compañero, camarada. ‖ Amigote.

complacencia. f. Agrado, contentamiento, contento, satisfacción, alegría. ‖ Tolerancia, transigencia, condescendencia.

complacer. tr. Agradar, contentar, satisfacer, gustar, deleitar (a.: *molestar, disgustar*). ‖ prnl. Alegrarse, regocijarse (a.: *dolerse*).

complacido, da. adj. Satisfecho, contento, gustoso (a.: *molesto*).

complaciente. adj. Condescendiente, servicial, amable, accesible, benévolo. ‖ Tolerante. *Es complaciente con sus adversarios.*

complejo, ja. adj. Complicado, dificultoso, difícil (a.: *sencillo, fácil, comprensible*). ‖ Enredado, enmarañado, espinoso, intrincado, laberíntico. ‖ Compuesto (a.: *simple*). ‖ m. Conjunto, unión.

complemento. m. Suplemento, aditamento, apéndice. ‖ Integridad, plenitud. ‖ Perfección, colmo, remate. ‖ Modificador (en gramática).

completamente. adv. Cumplidamente, plenamente, totalmente, enteramente, del todo.

completar. tr. Integrar, llenar, colmar (a.: *descabalar*). ‖ Perfeccionar, acabar.

completivo, va. adj. Complementario, expletivo. ‖ Acabado, perfecto.

completo, ta. adj. Entero, íntegro, justo, cabal (a.: *incompleto*). ‖ Perfecto, acabado (a.: *imperfecto*). ‖ Lleno (a.: *vacío, falto*). ‖ Absoluto, rotundo, total.

complexión. f. Constitución, naturaleza, temperamento.

complicación. f. Complejidad, mezcla, concurrencia. ‖ Embrollo, lío, confusión, laberinto, enmarañamiento, enredo. ‖ Dificultad, molestia, impedimento, agravación.

complicado, da. adj. Complejo, peliagudo. ‖ Enmarañado, enredado, dificultoso, enredoso, enrevesado, oscuro, difícil (a.: *sencillo*). ‖ Múltiple.

complicar. tr. y prnl. Embrollar, enredar, embarullar, confundir (**a.:** *simplificar, facilitar*). ‖ prnl. Comprometerse, mezclarse, liarse, enredarse. ‖ Agravarse, empeorarse (**a.:** *mejorar*).

cómplice. m. Coautor, copartícipe, colaborador.

complicidad. f. Connivencia, cooperación, participación, encubrimiento. ‖ Confabulación.

complot. m. Conspiración, maquinación, conjura, conjuración, intriga, confabulación, trama.

complotar. intr. y prnl. Confabularse.

componenda. f. Arreglo, transacción, chanchullo, pastel, compostura, amaño, enjuague (**a.:** *desarreglo, desacuerdo*).

componente. adj. Integrante. ‖ Ingrediente.

componer. tr. Arreglar, acomodar, reparar, armar, apañar, remendar, restaurar (**a.:** *descomponer, desacomodar, romper*). ‖ tr. y prnl. Constituir, formar, integrar, constar. ‖ tr. Condimentar, preparar, aderezar. ‖ Tipiar, confeccionar. ‖ Adornar, engalanar, embellecer, hermosear (**a.:** *afear, desarreglar*). ‖ Versificar. ‖ prnl. Acicalarse, arreglarse, aderezarse, emperifollarse.

comportable. adj. Soportable, llevadero, tolerable, sufrible, aguantable.

comportamiento. m. Conducta, proceder, actuación.

comportar. tr. Soportar, tolerar, sufrir, aguantar, conllevar, sobrellevar. ‖ Implicar. ‖ prnl. Obrar, proceder, portarse, conducirse.

composición. f. Compostura, arreglo. ‖ Circunspección. ‖ Obra, producción. ‖ Galeradas. ‖ Ajuste, compaginación.

compostura. f. Remiendo, reparación, arreglo, restauración (**a.:** *desarreglo*). ‖ Aseo, adorno, aliño. ‖ Falsificación, adulteración. ‖ Ajuste, convenio, acuerdo, trato, transacción. ‖ Modestia, recato, decencia, decoro, pudor, mesura, circunspección, prudencia (**a.:** *inmodestia*).

compra. f. Adquisición.

comprador, ra. m. y f. Cliente. ‖ Halagador.

comprar. tr. Adquirir, mercar (**a.:** *vender*). ‖ Sobornar, cohechar, corromper, untar.

comprender. tr. Abarcar, contener. incluir, alcanzar (**a.:** *ignorar*). ‖ Abrazar, ceñir, abarcar, rodear, encerrar (**a.:** *excluir*). ‖ Entender, penetrar, percibir. ‖ Justificar.

comprensible. adj. Inteligible, accesible, asequible, claro (**a.:** *incomprensible, abstruso*). ‖ Justificable (**a.:** *injustificable*).

comprensión. f. Entendimiento, alcances. ‖ Inteligencia, perspicacia, agudeza, penetración. ‖ Benevolencia, tolerancia.

comprensivo, va. adj. Tolerante, benévolo (**a.:** *intransigente, intolerante*).

compresible. adj. Comprimible.

compresor. m. Prensa, apretador, torno, torniquete.

comprimido, da. adj. Aplastado, deprimido. ‖ m. Pastilla, tableta.

comprimir. tr. Apretar, prensar, estrujar, apretujar, oprimir (**a.:** *aflojar*). ‖ Reprimir, coartar, cohibir, contener. ‖ prnl. Moderarse, reducirse.

comprobación. f. Compulsa, cotejo, verificación, prueba.

comprobante. m. Recibo, documento, talón.

comprobar. tr. Cerciorarse, asegurarse, confirmar, verificar, patentizar. ‖ Compulsar, cotejar, probar, constatar.

comprometer. tr. Exponer, aventurar, arriesgar. ‖ Mezclar, enredar. ‖ Desacreditar. ‖ Contratar. ‖ Apalabrar, reservar. ‖ Dar, empeñar. ‖ prnl. Obligarse. ‖ Responsabilizarse.

compromiso. m. Obligación, deber, empeño. ‖ Convenio, acuerdo, pacto, contrato. ‖ Apuro, dificultad, brete, embarazo, aprieto, trance, conflicto.

compuesto, ta. adj. Mesurado, circunspecto, recatado. ‖ Arreglado, aliñado, adornado, acicalado (**a.:** *desarreglado, desaliñado*). ‖ Reparado, restaurado, arreglado (**a.:** *descompuesto*). ‖ Complejo (**a.:** *sencillo, simple*).

‖ m. Mezcla, mixtura, composición, agregado.

compulsa. f. Comprobación, cotejo.

compulsar. tr. Cotejar, confrontar, comparar.

compulsión. f. Apremio, forzamiento.

compunción. f. Arrepentimiento, contrición. ‖ Pesar, dolor, aflicción (**a.:** *alegría*).

compungido, da. adj. Arrepentido, contrito. ‖ Contristado, afligido, pesaroso, lloroso, atribulado, apenado, dolorido (**a.:** *consolado, risueño*).

compungir. tr. y prnl. Atribular, apenar.

computación. f. Cómputo.

computador, ra. m. y f. Ordenador. ‖ Calculadora.

computar. tr. Calcular, contar (**a.:** *descontar*).

cómputo. m. Cálculo, cuenta, computación. *Aguardemos el cómputo de los votos para saber el resultado de las elecciones.*

comulgar. intr. Compartir, participar, coincidir.

común. adj. General, colectivo, universal (**a.:** *particular, propio*). ‖ Acostumbrado, corriente (**a.:** *extraordinario, inusual*). ‖ Ordinario, vulgar, basto, tosco, grosero, bajo. ‖ Abundante, frecuente (**a.:** *escaso, poco*). ‖ m. Retrete, excusado.

comuna. f. Municipio, ayuntamiento.

comunal. adj. Común, general. ‖ Municipal.

comunicación. f. Oficio, escrito, aviso, comunicado, participación, parte, notificación. ‖ Trato, relación, correspondencia. ‖ Conexión, unión, enlace (**a.:** *aislamiento, incomunicación*).

comunicado. m. Comunicación, aviso, participación, notificación, parte, bando.

comunicar. tr. Impartir, hacer partícipe. ‖ Anunciar, participar, noticiar, notificar, avisar, informar, hacer saber, dar parte, manifestar, poner en conocimiento, difundir, trasmitir (**a.:** *encubrir*). ‖ Dar, infundir. ‖ Enseñar. ‖ tr., intr. y prnl. Re-

lacionar, tratar. ‖ prnl. Extenderse, propagarse, contagiarse.

comunicativo, va. adj. Sociable, expansivo, comunicable, tratable, abierto (**a.:** *reservado, callado*).

comunidad. f. Comunión, participación. ‖ Sociedad, agrupación, generalidad, familia, corporación, asociación, convento.

comunión. f. Relación, trato, participación.

comúnmente. adv. Corrientemente, usualmente, generalmente, frecuentemente (**a.:** *personalmente, desusadamente*).

conato. m. Empeño, esfuerzo. ‖ Propósito, intención, propensión, tendencia. ‖ Amago, tentativa, intento.

concatenación. f. Encadenamiento, enlace, eslabonamiento. ‖ Epanástrofe.

concausa. f. Factor, elemento.

concavidad. f. Depresión, seno, cavidad, hendedura, oquedad, hoyo (**a.:** *protuberancia, prominencia*).

concebir. tr. Comprender, entender, penetrar, percibir, alcanzar. ‖ Proyectar, imaginar, urdir, crear, idear, pensar, discurrir, forjar. ‖ Experimentar, sentir. ‖ Procrear, engendrar.

conceder. tr. Otorgar, adjudicar, asignar, conferir, dar, ofrecer (**a.:** *negar*). ‖ Admitir, aceptar, convenir (**a.:** *rechazar*). ‖ Atribuir. ‖ Asentir, dar por cierto.

concejal. m. Regidor, edil.

concejo. m. Ayuntamiento, municipio, municipalidad, cabildo.

concentración. f. Reunión, centralización, agrupación (**a.:** *dispersión*).

concentrar. tr. Reunir, agrupar, juntar, centralizar (**a.:** *desparramar*). ‖ prnl. Reconcentrarse, abstraerse, abismarse, ensimismarse.

concepto. m. Concepción, idea, noción, pensamiento. ‖ Sentencia, dicho, agudeza. ‖ Opinión, juicio. ‖ Crédito, fama, reputación.

conceptuar. tr. Juzgar, estimar, creer, reputar, considerar.

conceptuoso, sa. adj. Sentencioso, agudo, ingenioso. ‖ Favorable.

concerniente. adj. Relativo, referente, tocante.

concernir. intr. Atañer, importar, interesar, tocar a, referirse, tener que ver con, incumbir, competer, corresponder. ‖ Afectar, atañer.

concertar. tr. Pactar, ajustar, tratar. ‖ Componer, ordenar, arreglar (**a.:** *desordenar, desarreglar*). ‖ Coordinar. ‖ Acordar, convenir. ‖ intr. Concordar, armonizar.

concesión. f. Permiso, licencia, cesión, gracia, privilegio, favor, merced, autorización (**a.:** *negativa*).

concha. f. Caparazón, carapacho, coraza. ‖ Valva.

conchabar. tr. Contratar, asalariar. ‖ prnl. Confabularse, concertarse, unirse, juntarse. ‖ Emplearse.

conciencia. f. Conocimiento, discernimiento, percepción, juicio, noción, idea. ‖ Recato, circunspección.

concienzudo, da. adj. Cuidadoso, aplicado, atento, meticuloso, escrupuloso, esmerado (**a.:** *dejado, negligente*).

concierto. m. Orden, armonía, conformidad, consonancia. ‖ Acuerdo, trato, convenio, ajuste, pacto. ‖ Audición, recital. ‖ Espectáculo, función.

conciliable. adj. Compatible, avenible (**a.:** *inconciliable*).

conciliábulo. m. Conseja, conventículo.

conciliar. tr. Reconciliar, pacificar (**a.:** *enemistar*). ‖ Concordar, armonizar, ajustar, concertar, coordinar, acomodar. ‖ prnl. Avenirse, atraerse, captarse, ganarse, armonizarse.

conciliatorio, ria. adj. Transigente, amistoso.

concilio. m. Junta, reunión. ‖ Sínodo, asamblea, cónclave, congreso.

concisión. f. Brevedad, sobriedad, laconismo, parquedad, precisión (**a.:** *imprecisión, prolijidad*).

conciso, sa. adj. Lacónico, sucinto, breve, corto, preciso, resumido, sumario. *Dio una explicación concisa.*

conciudadano, na. adj. Paisano, compatriota, compatricio, connacional.

cónclave o **conclave.** m. Junta, reunión,

convención. ‖ Concilio, asamblea, sínodo.

concluir. tr. Acabar, terminar, finalizar (**a.:** *comenzar*). ‖ Consumir, agotar, apurar, gastar. ‖ Colegir, inferir, deducir.

conclusión. f. Fin, final, término, terminación, remate. ‖ Consecuencia, derivación, deducción, resolución, resultado.

concluyente. adj. Convincente, irrebatible, categórico, terminante, decisivo, contundente, rotundo, tajante, perentorio (**a.:** *incierto, objetable*).

concomerse. prnl. Agitarse, consumirse.

concomitancia. f. Concordancia, correspondencia, coincidencia.

concordancia. f. Conformidad, correspondencia, armonía, concierto, acuerdo (**a.:** *disconformidad, desproporción*).

concordar. tr. Concertar. ‖ Acordar, arreglar. ‖ intr. Convenir, coincidir.

concorde. adj. Acorde, conforme.

concordia. f. Conformidad, unión, armonía, paz (**a.:** *desavenencia, guerra*). ‖ Ajuste, convenio, acuerdo (**a.:** *desarreglo*).

concreción. f. Cálculo, piedra, acumulación.

concretar. tr. Precisar, puntualizar, determinar, resumir. ‖ tr. y prnl. Materializar, realizar, cuajar, cristalizar. ‖ prnl. Limitar, ajustar, ceñirse, atenerse, reducirse, circunscribirse.

concreto, ta. adj. Determinado, delimitado, preciso (**a.:** *impreciso, abstracto*). ‖ Abreviado, sucinto. ‖ m. Cemento.

concubina. f. Manceba, querida, barragana, amante, mantenida.

concubinato. m. Amancebamiento, abarraganamiento.

conculcar. tr. Hollar, pisar, pisotear, atropellar. ‖ Quebrantar, infringir, trasgredir, violar, vulnerar (**a.:** *acatar, respetar, observar*).

concupiscencia. f. Ambición, avidez, codicia. ‖ Incontinencia, sensualidad, liviandad, lascivia, lujuria (**a.:** *castidad, pudicia*).

concurrencia. f. Público, concurso, espectadores, auditorio, asistencia, afluencia.

‖ Coincidencia, convergencia, confluencia, reunión. ‖ Competencia, rivalidad. ‖ Ayuda, cooperación.

concurrente. adj. y s. Asistente, espectador, presente.

concurrido, da. adj. Animado, frecuentado, lleno (a.: *desierto*).

concurrir. intr. Asistir, reunirse, juntarse, acudir (a.: *faltar*). ‖ Coincidir, converger, confluir. ‖ Ayudar, cooperar, coadyuvar, contribuir. ‖ Convenir, acordar (a.: *disentir, discordar*).

concurso. m. Concurrencia, asistencia, público. ‖ Coincidencia, convergencia (a.: *discrepancia*). ‖ Ayuda, cooperación, auxilio, asistencia, contribución, colaboración. ‖ Competencia, competición, torneo, certamen.

concusión. f. Sacudimiento, sacudida, conmoción. ‖ Malversación, prevaricación, exacción.

condecir. intr. Armonizar, concordar, convenir, corresponder.

condena. f. Sentencia, pena, sanción, castigo (a.: *perdón, premio*). ‖ Anatema, reprobación.

condenación. f. Damnación. ‖ Condena, pena, sanción. ‖ Censura, desaprobación, reprobación, vituperio.

condenado, da. adj. Réprobo, reo (a.: *absuelto, bienaventurado*). ‖ Endemoniado, endiablado, perverso.

condenar. tr. Reprobar, desaprobar, censurar (a.: *aprobar, disculpar*). ‖ Castigar, sancionar, penar, sentenciar (a.: *perdonar*). ‖ Cerrar, incomunicar, tabicar, tapiar, cegar. ‖ tr. y prnl. Exasperar, molestar. ‖ prnl. Culparse, acusarse, inculparse (a.: *exculparse*).

condensador. m. Acumulador.

condensar. tr. y prnl. Cuajar, coagular, espesar, aglomerar. ‖ Concentrar, centralizar. ‖ tr. Abreviar, resumir, sintetizar, reducir, compendiar (a.: *ampliar, aumentar*). *Condensó su discurso conservando lo esencial.*

condescendencia. f. Complacencia, blandura, benevolencia, indulgencia, deferencia (a.: *intolerancia*).

condescender. intr. Tolerar, transigir, contemporizar, dignarse (a.: *negarse*).

condescendiente. adj. Complaciente, deferente, dúctil, amable.

condición. f. Índole, naturaleza, propiedad. ‖ Carácter, genio, natural. ‖ Estado, situación, posición, clase, categoría, calidad. ‖ Restricción, cláusula, estipulación, disposición, salvedad, reserva. ‖ pl. Cualidades, aptitudes.

condigno, na. adj. Correspondiente, respectivo.

condimentar. tr. Sazonar, adobar, salpimentar, aderezar, aliñar (a.: *desalar*).

condimento. m. Aliño, aderezo, adobo.

condolencia. f. Compasión, conmiseración. ‖ Pésame.

condolerse. prnl. Compadecer, apiadarse.

condonar. tr. Perdonar, remitir, indultar (a.: *penar*).

conducción. f. Acarreo, trasporte. ‖ Manejo, dirección, gobierno.

conducente. adj. Conveniente, procedente (a.: *improcedente*).

conducir. tr. Dirigir, guiar, pilotar. ‖ Regir, administrar, gobernar, llevar las riendas. ‖ Llevar, trasladar, trasportar. ‖ prnl. Comportarse, portarse, proceder, manejarse.

conducta. f. Comportamiento, proceder. ‖ Dirección, gobierno, mando.

conducto. m. Tubo, canal, caño, vía. ‖ Medio, órgano. ‖ Mediación, intervención. ‖ Desagüe.

conductor, ra. m. y f. Guía, jefe, caudillo, adalid, cabeza, mentor. ‖ Cochero, chófer, piloto, carrero, timonel (a.: *pasajero*).

condueño. m. y f. Condómino, copropietario.

conduplicación. f. Epanástrofe. ‖ Concatenación.

conectar. tr. Unir, enlazar. ‖ Encender, enchufar (a.: *apagar, interrumpir, desconectar*).

conejo. m. Gazapo, cobayo.

conexión. f. Enlace, relación, unión, correspondencia, ligazón, trabazón, encadenamiento, comunicación (a.: *inte-*

rrupción). ‖ Empalme, enchufe. ‖ pl. Amistades.

confabulación. f. Complot, conjura, conspiración, conjuración. ‖ Trama, intriga, maquinación, enredo. ‖ Contubernio, connivencia.

confabularse. prnl. Conspirar, complotar, tramar, conjurarse.

confalón. m. Gonfalón, bandera, estandarte, pendón.

confeccionar. tr. Hacer, fabricar, preparar, elaborar.

confederación. f. Unión, liga, alianza, coalición, federación.

confederar. tr. y prnl. Federar, aliar, unir. ‖ prnl. Coligarse, ligarse.

conferencia. f. Conversación, coloquio, plática. ‖ Disertación, discurso. ‖ Asamblea.

conferenciante. m. y f. Conferencista, disertante, orador.

conferir. tr. Conceder, otorgar, dar, asignar, adjudicar (**a.:** *desposeer*).

confesar. tr. Manifestar, declarar, admitir, reconocer, conceder (**a.:** *negar*).

confeso, sa. adj. Converso. ‖ m. Lego.

confiado, da. adj. Crédulo, cándido, ingenuo, inocente. ‖ Tranquilo, seguro. ‖ Esperanzado, fiado. ‖ Presumido.

confianza. f. Esperanza, seguridad, fe (**a.:** *recelo, desconfianza*). ‖ Familiaridad, llaneza, amistad, franqueza. ‖ Aliento, ánimo, vigor.

confiar. intr. Fiarse, esperar.‖ tr. Encargar, encomendar, entregar. ‖ prnl. Abandonarse. *Se confió a los médicos.* ‖ Franquearse, abrirse.

confidencial. adj. Reservado, secreto.

confidente, ta. adj. Fiel, seguro ‖ m. o f. Espía, cómplice. ‖ m. Diván.

configuración. f. Forma, figura, conformación, estructura. ‖ Aspecto, disposición.

configurar. tr. Conformar, formar, dar forma, estructurar.

confín. adj. Confinante, limítrofe. ‖ m. Límite, linde, término, raya, frontera.

confinamiento. m. Destierro. ‖ Encierro, reclusión.

confinante. adj. Lindante, limítrofe, colindante, fronterizo, lindero, aledaño.

confinar. intr. Limitar, lindar, colindar, rayar, confrontar. ‖ tr. Desterrar, relegar, extrañar (**a.:** *repatriar*). ‖ prnl. Encerrarse, recluirse, retraérse, aislarse.

confinidad. f. Cercanía, contigüidad, proximidad, inmediación.

confirmar. tr. Reafirmar, corroborar, aseverar (**a.:** *rectificar*). ‖ Convalidar, ratificar, revalidar (**a.:** *invalidar*). ‖ prnl. Afianzarse, afirmarse, asegurarse.

confiscación. f. Comiso, decomiso, incautación, embargo, requisa.

confiscar. tr. Decomisar, embargar, requisar, incautarse (**a.:** *reintegrar, devolver*).

confitería. f. Dulcería, pastelería. ‖ Café.

conflagración. f. Incendio. ‖ Conflicto, perturbación, guerra. *Temen una nueva conflagración mundial.*

conflicto. m. Pugna, lucha, conflagración, combate, batalla, choque (**a.:** *paz*). ‖ Disparidad, disidencia, antagonismo, disconformidad, desavenencia, desacuerdo, disputa, discordia. ‖ Dificultad, compromiso, apuro, apretura, aprieto, apretón, ahogo, reventón.

confluir. intr. Converger, reunirse, juntarse (**a.:** *separarse*). ‖ Concurrir, afluir.

conformación. f. Configuración, figura, forma, estructura (**a.:** *deformación*).

conformar. tr. Ajustar, concordar, acomodar, adaptar. ‖ Formar, configurar. ‖ prnl. Resignarse, avenirse, allanarse, acomodarse, adaptarse, contentarse (**a.:** *rebelarse, resistirse*).

conforme. adj. Acorde, ajustado, concorde. ‖ Contento, satisfecho, resignado.

conformidad. f. Semejanza. ‖ Concordia, acuerdo, armonía, correspondencia (**a.:** *disconformidad, discordia*). ‖ Aprobación, asentimiento, consentimiento, asenso, aquiescencia, consenso (**a.:** *negativa*). ‖ Resignación, sufrimiento, paciencia, tolerancia (**a.:** *rebeldía*).

confortable. adj. Consolador, alentador. ‖ Cómodo.

confortar. tr. y prnl. Vigorizar, fortalecer, tonificar. ‖ Animar, reanimar, alentar, consolar, reconfortar (**a.:** *desalentar, desanimar*).

confraternidad. f. Hermandad, fraternidad, amistad (**a.:** *discordia*).

confraternizar. intr. Fraternizar, hermanarse, avenirse.

confrontar. tr. Enfrentar, encarar, carear. ‖ Cotejar, compulsar, comparar, colacionar, parangonar. ‖ intr. Lindar, limitar, colindar, alindar, confinar. ‖ tr. Afrontar, arrostrar (**a.:** *rehuir; eludir*).

confundido, da. adj. Confuso.

confundir. tr. y prnl. Mezclar, desordenar, trastocar, trocar (**a.:** *ordenar*). ‖ Equivocar, trabucar. ‖ Alucinar, ofuscar. ‖ Desconcertar, desorientar. ‖ Turbar, perturbar. ‖ tr. Humillar, abatir, avergonzar, abochornar.

confusión. f. Desorden, desbarajuste, mezcla, mezcolanza, mesa revuelta, olla de gritos, campo de Agramante. ‖ Equivocación, error. ‖ Perplejidad, desasosiego, desconcierto, turbación (**a.:** *sosiego*). ‖ Abatimiento, humillación, vergüenza, bochorno.

confuso, sa. adj. Mezclado, desordenado, revuelto. ‖ Oscuro, dudoso, vago (**a.:** *claro, cierto*). ‖ Turbado, temeroso, perplejo, confundido. ‖ Avergonzado, abochornado, humillado (**a.:** *presuntuoso*). ‖ Impreciso, indefinido (**a.:** *preciso*). ‖ Indeciso, vacilante (**a.:** *decidido, resuelto*).

confutar. tr. Refutar, rebatir, impugnar, contradecir (**a.:** *sostener*).

congelar. tr., intr. y prnl. Helar (**a.:** *calentar*). ‖ tr. Bloquear, inmovilizar.

congénere. m. Semejante.

congeniar. intr. Avenirse, entenderse, concordar, simpatizar.

congénito, ta. adj. Connatural, ingénito, innato.

congestión. f. Acumulación, amontonamiento, exceso, saturación. ‖ Apoplejía.

conglomerar. tr. y prnl. Aglomerar, amontonar, juntar.

conglutinar. tr. Unir, pegar, aglutinar. ‖ prnl. Conglomerarse.

congoja. f. Desmayo, soponcio. ‖ Angustia, pena, desconsuelo, aflicción, tristeza, pesar, zozobra.

congosto. m. Desfiladero.

congratulación. f. Felicitación, enhorabuena, parabién, pláceme.

congratular. tr. y prnl. Felicitar, celebrar.

congregación. f. Comunidad, agrupación, reunión. ‖ Cofradía, hermandad.

congregante, ta. m. y f. Cofrade, hermano.

congregar. tr. y prnl. Juntar, unir, agrupar, reunir, convocar (**a.:** *disgregar, disolver*).

congreso. m. Junta, reunión, asamblea. ‖ Parlamento, cámara, cortes.

congruencia. f. Conveniencia, adecuación, oportunidad (**a.:** *incongruencia*). ‖ Ilación, conexión, armonía, coherencia, cohesión, trabazón.

congruente. adj. Conveniente, adecuado, oportuno. ‖ Enlazado, conexo, coherente, relacionado, acorde, conforme. *Sus obras y su vida no son congruentes.*

conjetura. f. Hipótesis, supuesto, presunción, suposición, figuración (**a.:** *confirmación, verificación*).

conjeturar. tr. Suponer, imaginar, calcular, presumir, sospechar, creer, figurarse.

conjugar. tr. Unir, juntar, enlazar, armonizar, coordinar. ‖ Cotejar.

conjunción. f. Unión, enlace, reunión, coincidencia.

conjuntamente. adv. Juntamente, simultáneamente, a la vez (**a.:** *aisladamente, personalmente*).

conjunto, ta. adj. Junto, agregado, contiguo. ‖ Mezclado, unido, incorporado. ‖ m. Total, totalidad. ‖ Cúmulo, copia, suma, reunión, colección.

conjura o **conjuración.** f. Conspiración, intriga, complot, confabulación, maquinación.

conjurado, da. adj. Conspirador.

conjurar. intr. y prnl. Conspirar, tramar, confabularse, maquinar. ‖ tr. Exorcizar. ‖ Alejar, evitar, impedir. ‖ Implorar, instar, suplicar, rogar.

conjuro. m. Exorcismo. || Ruego, impre-
cación.

conllevar. tr. Aguantar, soportar, tolerar,
sufrir, sobrellevar.

conmemoración. f. Memoria, rememoración, recordación (a.: *olvido*).

conmemorar. tr. Recordar, evocar, rememorar.

conmemorativo, va. adj. Conmemorato-
rio, rememorativo, memorativo.

conminar. tr. Amenazar, apercibir. || Inti-
midar, intimar, ordenar.

conmiseración. f. Compasión, lástima,
piedad, misericordia (a.: *impiedad, indiferencia*).

conmoción. f. Sacudida, sacudimiento,
perturbación, estremecimiento, choque.
|| Levantamiento, alteración, tumulto,
disturbio. || Terremoto, temblor de tie-
rra.

conmovedor, ra. adj. Emocionante, enternecedor, impresionante, patético (a.:
risible).

conmover. tr. y prnl. Sacudir, agitar, es-
tremecer (a.: *consolidar*). || Afectar, im-
presionar, emocionar, alterar, perturbar,
turbar. || Enternecer (a.: *endurecer*).

conmutación. f. Permuta, cambio, susti-
tución, trueque, canje. || Retruécano.

conmutador. m. Cortacorriente.

conmutar. tr. Cambiar, permutar, trocar,
canjear. || Sustituir, remplazar.

connatural. adj. Natural, nato, congénito, ingénito.

connaturalizarse. prnl. Acostumbrarse,
adaptarse.

connivencia. f. Confabulación, contuber-
nio. || Colusión, maquinación, disimu-
lo, tolerancia.

connotar. tr. Implicar.

connubio. m. Matrimonio, casamiento,
boda.

conocedor, ra. adj. Avezado, práctico,
competente, experimentado, experto,
perito. || Sabedor, versado, enterado, en-
tendido, informado, noticioso, instruido.

conocer. tr. e intr. Entender, saber, com-
prender (a.: *desconocer, negar*). || Per-

cibir, notar, distinguir, advertir, perca-
tarse. || intr. Distinguir, reconocer.

conocible. adj. Cognoscible.

conocido, da. adj. Acreditado, nombrado,
afamado, renombrado, distinguido, ilustre, notable, notorio, público, celebra-
do, reputado (a.: *desconocido*). || Sabi-
do (a.: *ignorado*). || Amigo, compañero.

conocimiento. m. Cognición, baquía. ||
Entendimiento, inteligencia, conciencia, discernimiento, comprensión (a.:
inconciencia). || Saber, ciencia, erudi-
ción (a.: *ignorancia*). || Sentido, sensi-
bilidad. || pl. Ideas, nociones.

conque. conj. En consecuencia, por consiguiente, así que, por tanto, de modo
que.

conquistar. tr. Tomar, apoderarse, rendir,
expugnar, ganar, adueñarse. || Congra-
ciarse, atraer, enamorar, seducir, persua-
dir, cautivar. || Conseguir, lograr.

consabido, da. adj. Acostumbrado, habitual, usual, corriente (a.: *infrecuente,
inusitado*).

consagrar. tr. Dedicar, bendecir, destinar,
emplear. || tr. y prnl. Acreditar, confir-
mar. || Ofrecer, dedicar. || prnl. Entre-
garse, sacrificarse.

consciente. adj. Conocedor (a.: *ignoran-
te*). || Cuidadoso, escrupuloso, serio.

consecución. f. Logro, obtención, adquisición.

consecuencia. f. Deducción, conclusión,
derivación. || Inferencia, ilación. || Re-
sultado, efecto, éxito, resulta, secuela
(a.: *causa, fundamento*). || Firmeza (a.:
inconsecuencia).

consecuente. adj. Consiguiente, siguien-
te. || Razonable. || Perseverante, cons-
tante.

conseguir. tr. Obtener, lograr, alcanzar, adquirir (a.: *malograr, perder*).

conseja. f. Cuento, fábula, patraña, leyen-
da. || Conciliábulo.

consejero, ra. m. y f. Consiliario. || Men-
tor, guía, maestro. || Consultor, asesor.

consejo. m. Parecer, sugestión, dictamen,
opinión, advertencia, aviso. || Acuerdo.
|| Asamblea, junta.

consenso. m. Asenso, consentimiento, conformidad, anuencia (a.: *denegación*).

consentido, da. adj. Mimado, malcriado. ‖ Autorizado, permitido (a.: *prohibido*).

consentimiento. m. Asentimiento, anuencia, aquiescencia, asenso, aprobación, beneplácito, consenso, conformidad. ‖ Autorización, venia, licencia, permiso.

consentir. tr. Admitir, aceptar, creer. ‖ tr. e intr. Permitir, tolerar, dejar, condescender, acceder, autorizar, otorgar (a.: *impedir, oponerse*). ‖ tr. Mimar, mal acostumbrar, malcriar, enviciar, viciar. *La tía consiente a sus sobrinos.* ‖ Aguantar, resistir. ‖ prnl. Resentirse, desencajarse.

conservar. tr. y prnl. Mantener, preservar. ‖ tr. Continuar, seguir. ‖ Guardar, retener, ahorrar (a.: *perder*). ‖ prnl. Durar, perdurar, persistir.

considerable. adj. Grande, vasto, cuantioso, numeroso, importante (a.: *pequeño, insignificante*). ‖ Apreciable, sensible, estimable. ‖ Grave (a.: *leve*).

consideración. f. Estudio, reflexión, meditación. ‖ Atención, miramiento, deferencia (a.: *desatención, desaire*). ‖ Urbanidad, respeto, estima, cortesía, aprecio (a.: *desdén*). ‖ Contemplaciones, miramientos. ‖ Acatamiento, reverencia, veneración.

considerado, da. adj. Respetuoso, mirado, atento, deferente, circunspecto, cortés. ‖ Estimado, respetado, apreciado.

considerar. tr. Pensar, reflexionar, meditar, examinar. ‖ Respetar, estimar, apreciar. ‖ tr. y prnl. Juzgar, conceptuar, tener por, reputar, creer, encontrar.

consigna. f. Orden, mandato.

consignar. tr. Enviar, remitir, expedir, mandar (a.: *recibir, percibir*). ‖ Anotar, inscribir. ‖ Asignar.

consiguiente. adj. Natural, normal, lógico. ‖ m. Consecuente. ‖ **por consiguiente.** loc. conj. Por ello, por tanto, por lo tanto, en consecuencia, así pues, conque, luego.

consiliario, ria. m. y f. Consejero.

consistencia. f. Duración, estabilidad, firmeza, solidez, resistencia, dureza (a.: *flojedad, inconsistencia*). ‖ Trabazón, coherencia.

consistente. adj. Sólido, resistente, duro, compacto, firme, fuerte (a.: *débil, frágil, delicado*). ‖ Denso. ‖ Coherente (a.: *incoherente*).

consistir. intr. Estribar, radicar, residir, basarse, cifrar.

consolar. tr. y prnl. Animar, confortar, calmar, tranquilizar, reanimar, alentar (a.: *desconsolar, angustiar*).

consolidar. tr. Afianzar, asegurar, reforzar, fortalecer, robustecer, fijar (a.: *debilitar*).

consomé. m. Consumado, caldo.

consonancia. f. Armonía, relación, proporción, conformidad (a.: *disonancia*). ‖ Similicadencia.

consonar. intr. Armonizar. ‖ Aconsonantar. ‖ Concertar, concordar.

consorcio. m. Asociación, sociedad.

consorte. m. o f. Cónyuge, esposo (sa), marido (mujer).

conspicuo, cua. adj. Ilustre, insigne, notable, sobresaliente, relevante, visible. *Un conspicuo hombre de letras* (a.: *humilde, invisible*).

conspiración. f. Conjura, conjuración, intriga, complot, maquinación, trama, confabulación.

conspirar. intr. Conjurarse, complotar, confabularse, maquinar, intrigar, tramar.

constancia. f. Firmeza, perseverancia, empeño, persistencia, tesón, tenacidad, continuidad (a.: *volubilidad*). ‖ Certeza (a.: *incertidumbre*). ‖ Testimonio, certificación.

constante. adj. Firme, fiel, perseverante, invariable, tenaz, tesonero, consecuente (a.: *voluble, veleidoso*). ‖ Durable, duradero, persistente. ‖ Continuo, incesante, ininterrumpido, seguido.

constar. intr. Componerse, constituirse, consistir. ‖ Ser cierto, estar, figurar.

constatar. tr. Comprobar, verificar.

consternación. f. Aflicción, angustia, abatimiento (a.: *dicha, júbilo*).

consternar. tr. y prnl. Afligir, abatir, conturbar, desolar, entristecer, apenar, acongojar, contristar.

constipado. m. Catarro, constipación, resfriado, enfriamiento, resfrío.

constitución. f. Complexión, contextura, físico, naturaleza, temperamento. ‖ Estructura, configuración, conformación, forma. ‖ Ordenanza, estatuto, carta magna.

constituir. tr. Formar, integrar, componer. ‖ Fundar, erigir, instituir, ordenar, establecer. ‖ Ser. ‖ prnl. Reunirse, presentarse. ‖ Convertirse, erigirse.

constreñimiento. m. Coacción, apremio, coerción, constricción, compulsión, forzamiento, exigencia, necesidad.

constreñir. tr. Compeler, impeler, obligar, forzar. ‖ Coartar, cohibir. ‖ Apretar, oprimir.

constricción. f. Constreñimiento.

construcción. f. Edificio, obra, fábrica. ‖ Edificación. ‖ Disposición, ordenamiento.

construir. tr. Edificar, fabricar, erigir, fundar, levantar, obrar (**a.:** *derribar, arrasar, demoler*). ‖ Dibujar.

consuelo. m. Alivio, calmante, descanso, aliento, lenitivo (**a.:** *desconsuelo, tristeza*). ‖ Gozo, alegría, júbilo.

consueta. m. Apuntador.

consuetudinario, ria. adj. Acostumbrado, usual, habitual, común, corriente, ordinario (**a.:** *desusado, insólito*).

consulta. f. Parecer, opinión, dictamen. ‖ Conferencia, junta.

consultar. tr. Deliberar, tratar, examinar. ‖ Aconsejarse, asesorarse (**a.:** *objetar*).

consultivo, va. adj. Asesor, dictaminador.

consultor, ra. adj. Asesor, consejero. ‖ Consultante.

consumación. f. Extinción, acabamiento, final (**a.:** *iniciación*).

consumado, da. adj. Acabado, realizado, terminado (**a.:** *inconcluso*). ‖ Perfecto, completo.

consumar. tr. Realizar, llevar a cabo, acabar, concluir, completar, terminar (**a.:** *empezar, intentar*).

consumición. f. Extenuación, consunción. ‖ Consumo, gasto.

consumido, da. adj. Flaco, extenuado, demacrado, macilento, chupado. ‖ Gastado.

consumidor, ra. adj. Cliente, parroquiano. ‖ Gastador. ‖ Voraz.

consumir. tr. Destruir, desgastar, acabar, agotar, extinguir. ‖ Gastar, usar, derrochar (**a.:** *guardar*). ‖ Extenuar, minar. ‖ tr. y prnl. Evaporar, desecar. ‖ Afligir, apurar, impacientar, desesperar.

consumo. m. Gasto, desembolso.

consunción. f. Consumición, consumo, gasto, derroche, desgaste. ‖ Agotamiento, extenuación, enflaquecimiento, adelgazamiento, tabes (**a.:** *vigor*).

consuno (de). loc. adv. Juntamente, de común acuerdo.

consustancial o consubstancial. adj. Connatural, inherente, propio.

contable. m. o f. Contador, tenedor de libros. ‖ adj. Computable, calculable.

contacto. m. Trato, comunicación, relación.

contado, da. adj. Raro, poco, escaso (**a.:** *numeroso*). ‖ Determinado, señalado, sumado.

contador, ra. m. y f. Tenedor de libros, contable. ‖ m. Medidor.

contagiar. tr. y prnl. Contaminar, inficionar, infectar, infestar, trasmitir (**a.:** *depurar, sanear, desinfectar*). ‖ Comunicar, trasmitir, pegar. ‖ Pervertir, corromper.

contagio. m. Contaminación, infección, trasmisión, infestación. ‖ Perversión, corrupción.

contagioso, sa. adj. Infeccioso. ‖ Pegadizo, pegajoso.

contaminación. f. Polución.

contaminar. tr. y prnl. Contagiar, inficionar, infectar, infestar. ‖ Pervertir, malear, mancillar, corromper. ‖ Impurificar, emponzoñar.

contar. tr. Referir, relatar, narrar. ‖ tr. o intr. Computar, calcular. ‖ Enumerar, numerar. ‖ tr. Considerar, tener en cuenta. ‖ intr. Disponer. ‖ Incluir (**a.:** *omitir*).

contemplaciones. f. Complacencias, miramientos, consideraciones, deferencias. *Lo castigaron sin contemplaciones.*

contemplar. tr. Mirar, observar. ‖ Considerar, meditar, atender, examinar.

contemporáneo, a. adj. Coetáneo, actual, moderno. ‖ Sincrónico, simultáneo. ‖ Actual, presente, coexistente, coincidente.

contemporización. f. Condescendencia, consentimiento, arreglo, transigencia, deferencia (**a.:** *incomprensión, intolerancia*).

contemporizar. intr. Atemperar, transigir, condescender, deferir, amoldarse, acomodarse, adaptarse.

contender. intr. Pelear, batallar, luchar, lidiar. ‖ Competir, rivalizar. ‖ Disputar, debatir, discutir, altercar.

contendiente. m. Beligerante, combatiente, pleiteante.

contener. tr. Incluir, comprender, abrazar, abarcar, entrañar, encerrar. ‖ Dominar, sujetar, detener, refrenar, parar, atajar. ‖ prnl. Controlarse, comedirse, dominarse, frenarse, reportarse, reprimirse.

contenido, da. adj. Circunspecto, reservado (**a.:** *sociable, expansivo*). ‖ Implícito, incluso. ‖ m. Asunto, tema.

contentamiento. m. Contento, alborozo, satisfacción, complacencia, júbilo, alegría.

contentar. tr. Satisfacer, complacer, agradar, alegrar (**a.:** *desagradar*). ‖ Endosar, traspasar. ‖ prnl. Conformarse. ‖ Desenfadarse, reconciliarse.

contento, ta. adj. Satisfecho, complacido, encantado, alegre, gozoso, jubiloso (**a.:** *pesaroso, disconforme*). ‖ m. Satisfacción, complacencia, alborozo, contentamiento, alegría, júbilo, regocijo.

contera. f. Regatón. ‖ Estribillo. ‖ Remate, fin.

conterráneo, a. adj. y s. Compatriota.

contestable. adj. Impugnable, rebatible, controvertible, discutible, refutable (**a.:** *irrebatible, indiscutible*).

contestación. f. Respuesta (**a.:** *pregunta*). ‖ Réplica. ‖ Polémica, oposición. ‖ Altercado, disputa, discusión.

contestar. tr. Responder, replicar. ‖ Comprobar, confirmar, corroborar.

conteste. adj. Conforme, acorde (**a.:** *disconforme*).

contexto. m. Texto. ‖ Argumento.

contextura. f. Estructura, textura, disposición, conformación. ‖ Constitución, complexión, naturaleza.

contienda. f. Combate, batalla, lucha, pelea, riña, refriega, pendencia, lid. ‖ Guerra (**a.:** *paz*). ‖ Disputa, discusión, debate.

contigüidad. f. Cercanía, proximidad, adyacencia, tangencia (**a.:** *lejanía, separación*).

contiguo, gua. adj. Inmediato, lindante, vecino, adyacente, próximo, pegado.

continencia. f. Moderación, sobriedad, templanza. ‖ Castidad, pureza, honestidad, abstinencia (**a.:** *impureza*).

continente. adj. Moderado, templado. ‖ Casto. ‖ m. Aspecto, apariencia, aire, traza. ‖ Recipiente, contenedor.

contingencia. f. Eventualidad, casualidad, posibilidad (**a.:** *necesidad*). ‖ Riesgo, accidente, peligro.

continuación. f. Prosecución, seguimiento, prolongación, continuidad, secuencia.

continuador, ra. adj. Sucesor, seguidor.

continuamente. adv. Incesantemente, ininterrumpidamente, sin intermisión, de una vez, a renglón seguido.

continuar. tr. e intr. Proseguir, seguir, persistir (**a.:** *desistir, terminar*). ‖ intr. Durar, permanecer. ‖ prnl. Prolongarse, seguir, extenderse.

continuidad. f. Persistencia, constancia, perseverancia, encadenamiento. ‖ Continuación.

continuo, nua. adj. Incesante, constante, persistente, prolongado, ininterrumpido, seguido (**a.:** *discontinuo*).

contornear. tr. Rodear, ceñir, circunscribir, doblar. ‖ Perfilar.

contorno. m. Perfil, silueta. ‖ Perímetro,

periferia, circunferencia. || Bojeo, circuito. || pl. Afueras, alrededores, cercanías, inmediaciones, proximidades, vecindad.

contorsión. f. Retorcimiento, retorsión, contracción, convulsión.

contra. m. Dificultad, inconveniente, estorbo, obstáculo (a.: *pro*). || f. Oposición. || prep. Hacia, en dirección a. || Enfrente, frente a. || A cambio de.

contrabajo. m. Violón.

contrabalancear. tr. Compensar, contrapesar, equilibrar.

contrabandista. adj. Matutero.

contrabando. m. Matute, alijo. || **de contrabando.** loc. adj. Clandestino. || loc. adv. Clandestinamente.

contrabasa. f. Pedestal.

contracción. f. Encogimiento. || Convulsión, crispamiento. || Sinéresis. || Espasmo.

contracifra. f. Clave, código.

contradecir. tr. o intr. Impugnar, objetar, rebatir, refutar, oponer, confutar, desmentir, rectificar (a.: *corroborar, confirmar*).

contradicción. f. Oposición, contrariedad, antinomia, contraposición, antítesis. *Lo que usted dice está en contradicción con los hechos.* || Réplica, refutación. || Contrasentido.

contradictorio, ria. adj. Contrario, opuesto, antagónico, encontrado, antitético, antinómico (a.: *conforme*).

contraer. tr. y prnl. Reducir, ceñir. || Encoger, estrechar, crispar (a.: *estirar*). || tr. Adquirir. || Asumir, hacerse cargo.

contrafuerte. m. Botarel, espolón, estribo, machón.

contrahacer. tr. Imitar, falsificar, adulterar. || Remedar, copiar.

contrahecho, cha. adj. Jorobado, corcovado, giboso. || Deforme.

contramarca. f. Contraseña.

contraorden. f. Revocación, cancelación.

contrapesar. tr. Contrabalancear, equilibrar, balancear. || Compensar, contrarrestar, subsanar, igualar.

contrapeso. m. Contrabalanza, equilibrio, compensación. || Balancín.

contrapilastra. f. Traspilastra.

contraponer. tr. Oponer, enfrentar (a.: *armonizar*). || Comparar, cotejar.

contraposición. f. Antagonismo, oposición, rivalidad, encuentro. || Comparación, cotejo.

contrariar. tr. Oponerse, dificultar, contradecir, estorbar, entorpecer, obstaculizar (a.: *facilitar*). || Disgustar, fastidiar, mortificar, desazonar, molestar (a.: *complacer*). || Decepcionar (a.: *contentar*).

contrariedad. f. Oposición (a.: *identidad*). || Contratiempo, dificultad, obstáculo, estorbo, percance. || Disgusto, desazón, decepción, fastidio (a.: *satisfacción*).

contrario, ria. adj. Opuesto, encontrado. || Dañino, dañoso, nocivo, hostil, perjudicial, desfavorable (a.: *favorable, propicio*). || Contradictorio (a.: *coincidente*). || Opuesto, refractario (a.: *partidario, incondicional*). || m. y f. Enemigo, adversario, antagonista, rival (a.: *amigo*).

contrarrestar. tr. Resistir, hacer frente, afrontar, oponerse, arrostrar (a.: *eludir*). || Compensar, contrabalancear.

contrasentido. m. Contradicción, disparate (a.: *acierto*).

contraseña. f. Santo y seña, consigna.

contrastar. intr. Diferenciarse, oponerse, discordar, diferir (a.: *semejarse, parecerse*). || Comprobar, ensayar, verificar.

contraste. m. Oposición, disparidad, desemejanza, diferencia (a.: *semejanza*). || Contratiempo. || Verificación, comprobación.

contrata. f. Contrato.

contratar. tr. Pactar, acordar, estipular, convenir, ajustar.

contratiempo. m. Percance, accidente, revés, contrariedad, obstáculo, dificultad, tropiezo.

contrato. m. Acuerdo, convenio, pacto, estipulación, compromiso, contrata.

contratorpedero. m. Cazatorpedero.

contravención. f. Infracción, incumplimiento, trasgresión, violación, quebrantamiento, falta (**a.:** *cumplimiento*).

contraveneno. m. Antídoto, antitóxico (**a.:** *tóxico, veneno*).

contravenir. tr. Conculcar, trasgredir, quebrantar, infringir, desobedecer, violar, vulnerar, traspasar, incumplir (**a.:** *obedecer, observar*).

contribución. f. Impuesto, tributo, gabela, carga, imposición, gravamen. || Ayuda, aportación, cooperación, aporte.

contribuir. intr. o tr. Tributar. || intr. Ayudar, asistir, auxiliar, participar, coadyuvar, cooperar, concurrir, colaborar, aportar (**a.:** *dificultar, boicotear*).

contribuyente. adj. Tributario.

contrición. f. Arrepentimiento, compunción, pesar, atrición, remordimiento.

contrincante. m. o f. Competidor, rival, opositor, émulo, adversario, antagonista (**a.:** *camarada*).

contristar. tr. y prnl. Afligir, entristecer, apenar, apesadumbrar (**a.:** *alegrar*).

contrito, ta. adj. Arrepentido, compungido. || Apenado, triste, dolorido, afligido, pesaroso, angustiado.

control. m. Comprobación, inspección, fiscalización, verificación, vigilancia. || Dominio, mando, preponderancia.

controlar. tr. Verificar, comprobar, inspeccionar, vigilar. || prnl. Contenerse, dominarse, moderarse.

controversia. f. Discusión, debate, polémica, disputa, desacuerdo (**a.:** *transacción*).

controvertible. adj. Dudoso, cuestionable, discutible.

controvertir. intr. y tr. Discutir, polemizar, disputar, debatir, cuestionar.

contubernio. m. Confabulación, connivencia. || Alianza.

contumacia. f. Obstinación, porfía, pertinacia. || Rebeldía.

contumaz. adj. Obstinado, pertinaz, porfiado, terco, tenaz, testarudo, tozudo. || Rebelde. *Es un testigo contumaz.*

contumelia. f. Improperio, afrenta, insulto, injuria, ofensa, ultraje.

contundente. adj. Decisivo, concluyente,

terminante, convincente, categórico, incontrastable, rotundo (**a.:** *objetable, discutible*).

contundir. tr. Golpear, magullar, tundir, lesionar.

conturbar. tr. y prnl. Turbar, perturbar, inquietar, intranquilizar, alterar, conmover.

contusión. f. Magulladura, equimosis, golpe, lesión.

convalecencia. f. Mejoría, recuperación.

convalecer. intr. Mejorarse, recuperarse, recobrarse (**a.:** *empeorar, recaer*).

convalidar. tr. Revalidar, confirmar, corroborar, ratificar (**a.:** *suprimir, revocar*).

convecino, na. m y f. Vecino

convencer. trl. Persuadir, catequizar (**a.:** *disuadir*). || Gustar, satisfacer.

convencimiento. m. Convicción, persuasión, seguridad, certeza (**a.:** *duda*).

convención. f. Pacto, acuerdo, convenio, concierto. || Asamblea, reunión, congreso. || Conveniencia, conformidad.

conveniencia. f. Conformidad, correlación, correspondencia. || Concierto, convenio, ajuste. || Acomodo, colocación, puesto. || Utilidad, interés, provecho, beneficio.

conveniente. adj. Acomodo, adecuado, proporcional, idóneo, oportuno, apropiado (**a.:** *inadecuado, improcedente*). || Útil, provechoso, beneficioso (**a.:** *perjudicial*). || Conforme, concorde. || Decente, decoroso, proporcionado.

convenio. m. Ajuste, pacto, estipulación, tratado, acuerdo, arreglo, compromiso, contrato, convención, consentimiento, transacción.

convenir. intr. Acordar, pactar, estipular, ajustar, quedar, concordar, aceptar, coincidir, estar de acuerdo. || Corresponder, pertenecer, cuadrar, ser apropiado. || Coincidir, concordar. || Aprovechar, valer, servir. || prnl. Ajustarse, concordarse (**a.:** *desarreglarse*). || Avenirse, asentir.

conventículo. m. Conciliábulo.

convento. m. Monasterio, abadía. || Comunidad.

convergencia. f. Coincidencia, concurrencia, afinidad, unión, reunión.

converger o convergir. intr. Encontrarse, unirse, juntarse, reunirse (a.: *divergir, discordar*). || Concurrir, coincidir. || Dirigirse.

conversación. f. Coloquio, diálogo, plática, conferencia, charla, parloteo, palique, cháchara.

conversacional. adj. Coloquial.

conversar. intr. Hablar, platicar, dialogar, departir, charlar (a.: *callar*). || Conferenciar, entrevistarse.

conversión. f. Trasmutación, mutación, metamorfosis, trasformación, cambio, mudanza. || Epístrofe.

converso, sa. adj. Confeso. || Convertido.

convertir. tr. y prnl. Cambiar, trasformar, trasmutar, metamorfosear, mudar, trocar.

convicción. f. Convencimiento, certeza, persuasión, seguridad (a.: *vacilación, incredulidad*). || pl. Creencias, ideas, opiniones.

convidado, da. m. y f. Invitado.

convidar. tr. Invitar. || Incitar, mover, inducir. || prnl. Ofrecerse.

convincente. adj. Persuasivo, decisivo, concluyente, suasorio (a.: *disuasorio, discutible*).

convite. m. Invitación || Banquete, ágape.

convivir. intr. Cohabitar.

convocación. f. Convocatoria.

convocar. tr. Citar, llamar, reunir, congregar (a.: *despedir*).

convocatoria. f. Llamamiento, citación, convocación, apelación.

convoy. m. Escolta, acompañamiento. || Tren. || Vinagreras, aceiteras, vinajeras.

convoyar. tr. Escoltar.

convulsión. f. Sacudida. || Agitación, tumulto, motín. || Sismo, temblor. || Síncope, estremecimiento, contorsión.

convulso, sa. adj. Agitado, trémulo, tembloroso, convulsionado.

conyugal. adj. Matrimonial, marital.

cónyuge. m. y f. Consorte, esposo, marido (mujer).

cooperar. intr. Colaborar, ayudar, coadyuvar, contribuir. || Secundar.

coordinar. tr. Ordenar, arreglar, organizar, clasificar, armonizar, conciliar, acomodar (a.: *desordenar, desconcertar*). || Concertar, aunar.

copa. f. Cáliz, copón. || Premio, trofeo, galardón.

copar. tr. Rodear, envolver, sorprender.

copete. m. Tupé, penacho, mechón, moño. || Colmo. || Presunción, altanería, orgullo. || Cumbre, cima, remate.

copetuda. f. Alondra.

copia. f. Abundancia, acopio, profusión, exuberancia. || Trascripción, traslado, trasunto, duplicado, plagio, reproducción, calco (a.: *original, modelo*). || Imitación, remedo.

copiadora. f. Multicopista. || Fotocopiadora, reproductora.

copiante. m. y f. Copista, amanuense, mecanógrafo.

copiar. tr. Trascribir, trasladar. || Reproducir, calcar. || Imitar, remedar, contrahacer, plagiar, trasuntar.

copioso, sa. adj. Abundante, cuantioso, rico, numeroso, considerable, opimo, pingüe (a.: *escaso*).

copla. f. Cantar, cante, trova, canción.

coplero, ra. m. y f. Poetastro, rimador, payador, cancionista.

copón. m. Cáliz.

cópula. f. Ligamento, unión. || Verbo copulativo. || Apareamiento, coito.

coqueta. adj. Casquivana, frívola.

coquetear. intr. Flirtear.

coráceo, a. adj. Coriáceo.

coraje. m. Valor, bravura, valentía, arrojo, ánimo (a.: *cobardía, miedo*). || Irritación, ira, cólera, enojo, furia, rabia, furor (a.: *sosiego, serenidad*).

corajudo, da. adj. Valeroso, esforzado, valiente. || Colérico, irascible, irritable.

corambre. f. Odre, cuero, pelleja.

coránico, ca. adj. Alcoránico.

coraza. f. Blindaje, armadura. || Caparazón, concha, carapacho.

corazón. m. Ánimo, valor, espíritu, intrepidez, esfuerzo. || Sensibilidad, sentimiento, amor. ‖ Centro, interior, riñón. medio. *El corazón del alcaucil.* ‖ Voluntad, amor, benevolencia.

corazonada. f. Arranque, impulso, pronto. ‖ Presentimiento, barrunto, pálpito.

corcel. m. Caballo, flete, bridón, pingo, trotón, potro.

corchete. m. Policía, alguacil, polizonte. ‖ Broche. ‖ Llave.

corcho. m. Tapón.

corchoso, sa. adj. Suberoso.

corcova. f. Joroba, giba, cifosis. ‖ Lordosis.

corcovado, da. adj. Jorobado, giboso, contrahecho. ‖ Torcido.

corcovo. m. Brinco, salto, respingo.

cordaje. m. Jarcia, cordelería.

cordal. m. Puente (en los instrumentos de cuerda).

cordel. m. Bramante, cuerda, guita, cabo. ‖ Piola, piolín, cinta. ‖ Apretadera.

corderaje. m. Borregada.

cordial. adj. Amable, afectuoso, afable, sencillo, llano, tratable, sociable (a.: *hosco, intratable*).

cordialidad. f. Afecto, amabilidad, cariño, afabilidad, cortesía, gentileza, sencillez, llaneza, sociabilidad. ‖ Franqueza, llaneza, sinceridad.

cordiforme. adj. Acorazonado.

cordillera. f. Cadena de montañas, sierra, sistema montañoso.

cordón. m . Cuerda. ‖ Bocel. ‖ Barrera. ‖ Encintado.

cordura. f. Sensatez, prudencia, discreción, juicio, seso, circunspección (a.: *locura, disparate*).

corea. m. Baile de San Vito.

coreo. m. Troqueo.

coriáceo, a. adj. Coráceo. ‖ Resistente.

corifeo. m. Portavoz, vocero. ‖ Cabeza, jefe.

corindón. m. Esmeralda oriental.

corito, ta. adj. Desnudo, en cueros, en carnes. ‖ Encogido, pusilánime, tímido, medroso.

coriza. f. Romadizo, catarro nasal.

cormofita. adj. Rizofita.

cornalina. f. Ágata.

cornamenta. f. Cuerna, cuernos, encornadura, astas.

corneja. f. Buharro.

cornisa. f. Coronamiento.

cornisamento. m. Entablamento, cornisamiento.

cornucopia. f. Cuerno de la abundancia.

coro (a). loc. adv. Unánimemente.

coro (de). loc. adv. De memoria.

corolario. m. Consecuencia, resultado, secuela, conclusión, deducción (a.: *causa, principio*).

corona. f. Diadema. ‖ Aureola, halo, laureola, nimbo. ‖ Reino, monarquía. ‖ Tonsura. ‖ Coronilla, vértice. ‖ Cima, cúspide. ‖ Coronamiento, coronación, remate. ‖ Galardón, premio, recompensa.

coronamiento. m. Coronación. ‖ Corona, remate, fin, término.

coronar. tr. Acabar, concluir, terminar, rematar, finalizar. ‖ Ungir, nimbar. ‖ Premiar, galardonar.

coronilla. f. Corona, vértice. ‖ Tonsura.

corporación. f. Cuerpo, asociación, entidad, compañía, comunidad, sociedad, gremio, sindicato. ‖ Academia, instituto.

corporal. adj. Somático, corpóreo, físico, orgánico, material.

corpóreo, a. adj. Material, físico (a.: *intangible*). ‖ Corporal.

corpulencia. f. Magnitud, volumen, mole, grandeza (a.: *pequeñez, endeblez*).

corpulento, ta. adj. Grueso, grandote, voluminoso, gordo, robusto, fornido, corpudo, fuerte, grande, enorme (a.: *esmirriado*).

corral. m. Apresco, chiquero, establo, pocilga, toril. redil.

correa. f. Cinto, cinturón, cincha. ‖ Pretina, tira, tirante. ‖ Guasca. ‖ Aguante, paciencia.

corrección. f. Enmienda, retoque, lima, rectificación, tachadura, modificación. ‖ Represión, censura, castigo, penitencia, correctivo, reprobación (a.: *conformidad, recompensa*). ‖ Cortesía, urbanidad, comedimiento, compostura, educación. *Se comporta con corrección* (a.: *descortesía*).

correccional. f. Reformatorio, penitenciaría.

correctivo. m. Castigo, sanción, reprimenda.

correcto, ta. adj. Impecable, intachable, irreprochable, perfecto. ‖ Escrupuloso, cabal. ‖ Cortés, educado, comedido, atento. ‖ Exacto, fiel. ‖ Puro, culto, castizo.

corredor. m. Pasillo, pasadizo. ‖ Galería. ‖ Comisionista, viajante.

correduría. f. Corretaje. ‖ Comisión, estipendio.

corregir. tr. Enmendar, limar, retocar, mejorar, modificar, rectificar, subsanar, salvar (**a.:** *ratificar*). ‖ Amonestar, advertir, reprender, castigar, apercibir. ‖ Moderar, templar, suavizar, atemperar, disminuir (**a.:** *empeorar*). ‖ prnl. Enmendarse, rectificarse.

correlación. f. Correspondencia, relación, analogía.

correligionario. m. Camarada, compañero.

correoso, sa. adj. Dúctil, maleable, elástico, flexible.

correr. intr. Trascurrir, pasar. ‖ Huir, escapar. ‖ Deslizarse, resbalar, fluir. ‖ tr. Devengar. ‖ Acosar, perseguir. ‖ Desplazarse. ‖ Apresurarse, apurarse (**a.:** *atrasarse, detenerse*). ‖ Soplar. ‖ Ir, pasar, extenderse. ‖ Dirigirse, orientarse. ‖ Circular, difundirse, propagarse, extenderse, divulgarse. ‖ Recorrer. ‖ Lidiar, torear. ‖ Echar, poner. ‖ tr. y prnl. Avergonzar, confundir, abochornar. ‖ prnl. Apartarse, retirarse. ‖ Exagerar, excederse, pasarse (**a.:** *moderarse*).

correría. f. Incursión, razia, irrupción. ‖ Excursión, cabalgada. ‖ Andanza, andada.

correspondencia. f. Conexión, relación, trato. ‖ Reciprocidad. ‖ Correo, carta, mensaje, misiva. ‖ Carteo. ‖ Sinonimia, equivalencia.

corresponder. intr. Adecuarse, adaptarse. ‖ Pertenecer. ‖ Responder. ‖ Caber, tocar. ‖ Proceder. ‖ Incumbir, tocar, atañer. ‖ Pagar, responder. ‖ Recompensar,

agradecer, devolver. ‖ prnl. Amarse, quererse, atenderse (**a.:** *odiarse, detestarse*). ‖ Comunicarse, escribirse.

correspondiente. adj. Adecuado, oportuno, conveniente.

corretaje. m. Correduría. ‖ Comisión.

corretear. intr. Callejear, vagar. ‖ Recorrer.

correveidile o **correvedile.** m. y f. Chismoso, cuentista, cuentero, alcahuete.

corrida. f. Carrera. ‖ Lidia, novillada.

corrido, da. adj. Experimentado, avezado, baqueteado, ducho. ‖ Avergonzado, confundido, cortado, abochornado. ‖ Humillado. ‖ Perseguido.

corriente. adj. Actual, presente. ‖ Aceptado, acostumbrado, admitido, sabido, común, habitual, usual, vulgar, ordinario (**a.:** *chocante, raro*). ‖ f. Curso (de agua), electricidad.

corrillo. m. Conciliábulo, conventículo. ‖ Círculo, corro.

corrimiento. m. Deslizamiento. *Hubo un corrimiento de la corteza terrestre a causa del terremoto.* ‖ Vergüenza, rubor, empacho, bochorno, confusión.

corro. m. Reunión, rueda.

corroborar. tr. Confirmar, robustecer, reafirmar, ratificar, apoyar (**a.:** *desmentir, rectificar*).

corroer. tr. Carcomer, socavar. ‖ Roer, desgastar, consumir.

corromper. tr. Echar a perder, dañar, pudrir, descomponer, alterar. ‖ Viciar, pervertir, depravar, malear. ‖ Sobornar, cohechar, untar, comprar. ‖ Incomodar, molestar, fastidiar. ‖ Exasperar, exacerbar. ‖ intr. Heder, apestar.

corrosión. f. Desgaste.

corrosivo, va. adj. Cáustico, mordiente. ‖ Mordaz, mordiente, incisivo, punzante.

corrupción. f. Descomposición, putrefacción (**a.:** *conservación*). ‖ Depravación, perversión (**a.:** *virtud*). ‖ Cohecho, soborno. ‖ Hedor, pestilencia.

corsario. m. Pirata, filibustero, bucanero.

cortacorriente. m. Conmutador. ‖ Interruptor.

cortado, da. adj. Ajustado, proporcionado. ‖ Desconcertado, turbado, indeciso.

cortadura. f. Corte, incisión, sección. ‖ Grieta, abertura, hendidura. ‖ Cañón, garganta, paso, tajo, desfiladero. ‖ pl. Recortes, sobrantes.

cortafrío. m. Tajadera, cincel, cortahierro, escoplo.

cortalápices. m. Sacapuntas.

cortante. adj. Tajante, terminante, concluyente, autoritario, incisivo.

cortapicos. m. Tijereta.

cortapisa. f. Traba, limitación, restricción, condición, dificultad, estorbo, inconveniente.

cortaplumas. m. Navaja.

cortar. tr. e intr. Tajar. ‖ tr. Atravesar, hender, surcar. ‖ Interrumpir, detener, suspender (a.: *avanzar, seguir*). ‖ Dividir, separar (a.: *juntar*). ‖ Suprimir, quitar (a.: *agregar*). ‖ Castrar, desmelar. ‖ Amputar, mutilar, cercenar, rebanar, sajar. ‖ Intersecar. ‖ Rapar, recortar, esquilar. ‖ Suspender, detener, atajar, interrumpir. ‖ prnl. Turbarse, abatatarse, embarullarse, correrse, avergonzarse, desconcertarse, aturdirse. ‖ Rajarse. ‖ Cuajarse, arrequesonarse, coagularse. ‖ Agrietarse, abrirse.

corte. m. Filo. ‖ Incisión, cortadura, tajo. ‖ Corta, tala. ‖ Supresión. ‖ Sección, extirpación, ablación, amputación. ‖ Pausa, incisión.

corte. f. Acompañamiento, cortejo, comitiva, séquito. ‖ Tribunal de justicia. ‖ pl. Parlamento, cámara, asamblea nacional. ‖ **hacer la corte.** Cortejar, galantear.

cortedad. f. Vergüenza, apocamiento, embarazo, encogimiento, empacho, timidez, pusilanimidad (a.: *descaro, cinismo, decisión*).

cortejar. tr. Galantear, enamorar, festejar, requebrar.

cortejo. m. Acompañamiento, comitiva, séquito, corte. ‖ Galanteo. ‖ Fineza, agasajo, regalo.

cortés. adj. Atento, amable, considerado, obsequioso, cumplido, fino, urbano, comedido, afable, correcto, educado (a.: *grosero*).

cortesano, na. adj. Cortés, atento, afable, amable, fino. ‖ Palaciego. ‖ f. Ramera, prostituta, meretriz.

cortesía. f. Urbanidad, educación, gentileza, finura, amabilidad, afabilidad, atención, cortesanía, tacto, comedimiento. ‖ Cumplimiento, cumplido. ‖ Regalo, obsequio. ‖ Gracia, merced, favor.

corteza. f. Costra, cáscara, cubierta, envoltura. ‖ Superficie, exterioridad, apariencia. ‖ Insensibilidad, tosquedad, grosería, rusticidad.

cortijo. m. Alquería, granja, rancho.

cortina. f. Visillo. ‖ Pantalla, tapadera, velo.

corto, ta. adj. Escaso, mezquino, reducido (a.: *abundante*). ‖ Breve, efímero, fugaz (a.: *prolongado*). ‖ Sucinto, sumario, compendioso, lacónico (a.: *extenso*). ‖ Tonto, de pocos alcances. ‖ Tímido, encogido, apocado, vergonzoso, pusilánime (a.: *osado, atrevido, resuelto*).

coruscar. intr. Brillar, resplandecer, fulgir.

corva. f. Jarrete.

corvejón. m. Jarrete, tarso.

corvo, va. adj. Curvado, alabeado, arqueado, combado, curvo. ‖ m. Garfio, gancho.

coscorrón. m. Cosque, cosqui, cabezazo, mamporro.

cosecha. f. Recolección, recogida.

cosechar. tr. e intr. Recoger, recolectar, juntar (a.: *sembrar*). ‖ tr. Ganarse, atraerse, concitarse.

coser. tr. Hilvanar, pespuntear, remendar (a.: *descoser*).

cosmético. m. Afeite.

cosmografía. f. Uranografía.

cosmógrafo, fa. m. y f. Uranógrafo.

cosmonauta. m. y f. Astronauta.

cosmonáutica. f. Astronáutica.

cosmonáutico, ca. adj. Astronáutico.

cosmonave. f. Astronave, nave espacial, aeronave.

cosmopolita. adj. Universal, mundial, internacional. *París es una ciudad cosmopolita* (**a.:** *local, regional*).

cosmopolitismo. m. Internacionalismo.

cosmos. m. Mundo, universo.

cospel. m. Tejo.

cosque o **cosqui.** m. Coscorrón.

cosquilloso, sa. adj. Quisquilloso, susceptible, puntilloso.

costa. f. Coste, costo, gasto. ‖ pl. Expensas, importe.

costa. f. Litoral, ribera, orilla, playa.

costado. m. Flanco, lado, banda.

costal. m. Saco, talega, talego.

costalada. f. o **costalazo.** m. Batacazo, rodada, trastazo, porrazo, golpazo.

coste. m. Costa, costo, precio.

costear. tr. Pagar, abonar, sufragar, satisfacer, mantener, sostener.

costero, ra. adj. Costanero. ‖ Lateral.

costilla. f. Cuaderna. ‖ pl. Espalda.

costo. m. Coste, costa, precio.

costoso, sa. adj. Caro, elevado, dispendioso, subido, gravoso, oneroso (**a.:** *módico, barato*).

costra. f. Corteza, cáscara. ‖ Postilla.

costumbre. f. Hábito, rutina. ‖ Uso, usanza, tradición, práctica.

costumbrista. adj. Folclore, folclorista.

costura. f. Cosedura, cosido. ‖ Labor. ‖ Sutura.

costurón. m. Cicatriz, chirlo.

cotejar. tr. Comparar, compulsar, confrontar, parangonar.

coterráneo, a. adj. y s. Conterráneo.

cotidiano, na. adj. Cuotidiano, diario.

cotilla. m. y f. Chismoso, cuentero.

cotillear. intr. Chismorrear, chismear.

cotilleo. m. Chisme, murmuración, habladuría.

cotizar. tr. y prnl. Valorar (**a.:** *desvalorizar, rebajar*).

coto. m. Término, límite. ‖ Vedado. *Coto de caza.* ‖ Hito, mojón. ‖ Postura, tasa.

coto. m. Bocio. ‖ Papera.

cotorra. f. Papagayo. ‖ Charlatán, parlanchín.

covacha. f. Cueva. ‖ Cuchitril.

coxal. m. Hueso innominado, hueso ilíaco.

coyote. m. Lobo.

coyunda. f. Matrimonio. ‖ Sujeción, dependencia. dominio, yugo.

coyuntura. f. Junta, juntura, articulación. ‖ Ocasión, sazón, circunstancia, tiempo, oportunidad, coincidencia.

coz. f. Patada. ‖ Injuria.

cráneo. m. Cabeza, calavera.

crápula. f. Libertinaje, vicio, disipación (**a.:** *honestidad*). ‖ Embriaguez, borrachera. ‖ m. Libertino, vicioso, depravado (**a.:** *honesto, virtuoso*).

crascitar. intr. Crocitar, croscitar, graznar.

craso, sa. adj. Grueso, gordo (**a.:** *delgado, magro*). ‖ Espeso. ‖ Burdo, grosero (**a.:** *leve*). ‖ Imperdonable.

cráter. m. Boca.

creación. f. Producción.‖ Invención. ‖ Mundo, universo.

creador. m. Dios. ‖ Hacedor, inventor, autor, productor, artista.

crear. tr. Criar, concebir, engendrar. ‖ Fundar, establecer, instituir. ‖ Producir, inventar. ‖ Componer. ‖ Descubrir.

crecer. intr. Aumentar, desarrollarse. ‖ Acrecentar, acrecer (**a.:** *disminuir*). ‖ Ascender (**a.:** *bajar*). ‖ Adelantar, progresar. ‖ prnl. Engreírse, envanecerse.

creces. f. pl. Aumento, ventaja, exceso, demasía.

crecida. f. Aumento, subida, desbordamiento, riada, avenida, creciente. *Aumento de los precios; desbordamiento de las aguas.*

crecido, da. adj. Grande, numeroso, cuantioso, importante. ‖ Alto, desarrollado.

creciente. f. Crecida.

crecimiento. m. Desarrollo, aumento, incremento. ‖ Progreso, adelanto.

crédito. m. Asenso, asentimiento. ‖ Reputación, fama, autoridad, prestigio, renombre. ‖ Confianza, responsabilidad, solvencia, fe. ‖ Cuenta abierta.

credo. m. Doctrina, programa. ‖ Creencias, convicciones.

credulidad. f. Candidez, sencillez, ingenuidad, tragaderas, tragaderos, creederas (**a.:** *duda, incredulidad*).

crédulo, la. adj. Confiado, candoroso, cándido, creyente (a.: *desconfiado*). ‖ Sencillo, incauto, ingenuo (a.: *suspicaz*).

creencia. f. Convicción, asentimiento, opinión, conformidad (a.: *duda*). ‖ Religión, secta, fe.

creer. tr. Tener fe, dar por cierto, dar crédito, dar oídos, prestar oídos, tragarse la píldora. ‖ Pensar, opinar, juzgar (a.: *vacilar, recelar*). ‖ Estimar, reputar, conceptuar, considerar, conjeturar.

creíble. adj. Posible, probable, verosímil, creedero, aceptable (a.: *inaceptable, inconcebible*).

crema. f. Natillas, nata. ‖ Diéresis.

cremación. f. Incineración, quema.

crematístico, ca. adj. Pecuniario, monetario.

crencha. f. Raya, carrera.

crepúsculo. m. Amanecer, aurora. ‖ Atardecer, entreluz, ocaso. ‖ Decadencia, declinación.

cresa. f. Queresa, moscarda.

crespo, pa. adj. Encarrujado, rizado, ensortijado. ‖ Irritado, alterado.

cresta. f. Tupé, copete. ‖ Cima, cumbre (a.: *llanura, llano*).

crestomatía. f. Antología, florilegio, compilación, selección.

crestón. m. Farallón.

cretinismo. m. Estupidez, idiotez.

cretino, na. adj. Necio, idiota, estúpido, majadero (a.: *inteligente*).

cría. f. Criatura. ‖ Camada, hijos.

criadero. m. Plantel, vivero. ‖ Mina, venero, yacimiento.

criadilla. f. Testículo. ‖ Patata. ‖ Turma, trufa.

criado, da. m. y f. Fámulo, familiar, sirviente, servidor, doméstico (a.: *señor, amo*). ‖ Mozo, moza, fregona, maritornes, sirvienta, mucamo. ‖ m. pl. Servidumbre, criados, servicio.

crianza. f. Amamantamiento, lactancia. ‖ Educación, instrucción. ‖ Urbanidad, atención, cortesía, modos.

criar. tr. Crear. ‖ Producir, engendrar. ‖ Amamantar, lactar. ‖ Educar, instruir, cuidar. ‖ Cultivar. ‖ intr. Procrear.

criatura. f. Niño, infante, chico, chiquillo, crío. ‖ Feto. ‖ Hechura.

criba. f. Harnero, cedazo, cribo, zaranda, cernedor, tamiz, cribadora.

cribar. tr. Tamizar, cerner, zarandar.

crimen. m. Delito, atentado.

criminal. adj. Criminoso. ‖ Penal. ‖ m. o f. Delincuente, malhechor, facineroso.

criminalista. adj. Penalista.

criminar. tr. Acusar, censurar, imputar.

criminoso, sa. adj. Criminal.

crin. f. Cerda.

crío. m. Criatura.

cripta. f. Bóveda.

criptográfico, ca. adj. Cifrado, en clave.

crisálida. f. Ninfa (en los insectos).

crisis. f. Mutación, cambio, vicisitud (a.: *normalidad, permanencia*). ‖ Peligro, riesgo. ‖ Dificultad, conflicto, aprieto.

crisma. f. Cabeza, testa.

crisol. m. Fusor. ‖ Prueba, ensayo.

crispar. tr. y prnl. Contraer, encoger. ‖ Exasperar, irritar (a.: *calmar*).

cristal. m. Espejo, vidrio, luna. ‖ Agua.

cristalino, na. adj. Claro, límpido, trasparente, diáfano, puro.

cristalizar. intr. y prnl. Concretarse, materializarse, precisarse, cuajar.

cristianar. tr. Bautizar.

cristianismo. m. Cristiandad.

cristianizar. tr. y prnl. Evangelizar.

cristiano. m. Persona, alma, viviente.

cristo. m. Crucifijo, Jesucristo.

criterio. m. Juicio, discernimiento, parecer (a.: *ofuscación*). ‖ Norma, pauta.

crítica. f. Juicio, opinión. ‖ Censura, condenación, reparo, desaprobación, reprobación (a.: *apología, conformidad*). ‖ Murmuración, detracción (a.: *encomio*).

criticable. adj. Reprensible, censurable, reprochable.

criticar. tr. Examinar, juzgar. ‖ Censurar, desaprobar, tildar, reprobar, condenar, vituperar, fustigar. ‖ Murmurar, despellejar, desollar.

crítico, ca. adj. Crucial, álgido, decisivo, culminante. ‖ Censor, juez, aristarco.

criticón, na. adj. Murmurador, censurador, motejador.

crocitar. intr. Crascitar, graznar.

crónica. f. Anales, fastos. ‖ Historia, cronicón. ‖ Artículo, nota.

crónico, ca. adj. Inveterado, arraigado, habitual, acostumbrado (a.: *agudo*).

cronista. com. Articulista, historiador. ‖ Analista.

cronología. f. Cómputo, historia.

cronómetro. m. Reloj.

croquis. m. Esbozo, boceto, bosquejo, diseño, tanteo, esquema, apunte, esquicio.

crótalo. m. Castañuela.

cruce. m. Encrucijada, intersección, crucero (a.: *paralelismo*). ‖ Paso. ‖ Cruzamiento. ‖ Empalme.

crucero. m. Travesía, viaje. ‖ Cruce.

crucial. adj. Crítico, decisivo (a.: *trivial*).

crucificar. tr. Sacrificar, atormentar, mortificar, perjudicar.

crucifijo. m. Cristo.

crucigrama. m. Palabras cruzadas.

crudeza. f. Aspereza, rigor, desabrimiento, rudeza (a.: *suavidad*). ‖ Inclemencia.

crudo, da. adj. Áspero, destemplado, riguroso, frío (a.: *bonancible*). ‖ Cruel, malo, despiadado. ‖ Descarnado, realista. ‖ Verde (a.: *maduro*).

cruel. adj. Feroz, brutal, desalmado, salvaje, sanguinario, despiadado, encarnizado, inhumano, bárbaro, sangriento (a.: *compasivo*). ‖ Riguroso, crudo, inclemente (a.: *suave*). ‖ Duro, violento.

crueldad. f. Ferocidad, sevicia, barbarie, inhumanidad, fiereza, brutalidad, atrocidad (a.: *benignidad, humanidad*). ‖ Dureza, rigor, aspereza, violencia.

cruento, ta. adj. Sangriento.

crujir. intr. Restallar, chascar, chirriar.

crup. m. Difteria.

cruz. f. Reverso (a.: *cara*). ‖ Peso, aflicción, carga, trabajo. ‖ Patíbulo. ‖ Condecoración. ‖ Calvario.

cruzada. f. Campaña. ‖ Expedición. ‖ Lucha.

cruzado, da. adj. Atravesado. *La ruta está cruzada por un puente.* ‖ Mestizo, híbrido.

cruzar. tr. Atravesar, pasar, trasponer. ‖ En-

trelazar. ‖ prnl. Encontrarse, interponerse.

cuaderno. m. Libreta, fascículo.

cuadra. f. Caballería, establo. ‖ Grupa, anca. ‖ Manzana (de casas).

cuadrado, da. adj. Perfecto, justo, cabal, exacto. ‖ m. Segunda potencia. ‖ Cuadro.

cuadrángulo. m. Cuadrilátero, rectángulo.

cuadrar. intr. Agradar, satisfacer (a.: *repugnar, desagradar*). ‖ Convenir, ajustarse, adecuarse, adaptarse. ‖ Casar, armonizar, concordar. ‖ Llevar, elevar al cuadrado. ‖ prnl. Plantarse, erguirse.

cuadricular. tr. Cuadrar, recuadrar.

cuadril. m. Anca, grupa, nalga. ‖ Cadera.

cuadrilátero, ra. adj. Cuadrángulo.

cuadrilla. f. Grupo. ‖ Banda, pandilla, gavilla.

cuadrisílabo, ba. adj. Cuatrisílabo, tetrasílabo.

cuadro. m. Cuadrado. ‖ Rectángulo. ‖ Lienzo, lámina, tela, pintura. ‖ Marco. ‖ Escena. ‖ Espectáculo, vista.

cuadrúpedo. m. Bestia.

cuajada. f. Requesón.

cuajado, da. adj. Lleno, tachonado, poblado.

cuajar. tr. y prnl. Condensar, coagular, espesar, concentrar, solidificar (a.: *liquidar*). ‖ intr. Gustar, agradar, cuadrar, llenar, satisfacer. ‖ intr. y prnl. Lograrse, tener efecto, concretarse, cristalizarse. ‖ prnl. Llenarse, poblarse, cubrirse.

cuajarón. m. Coágulo, grumo.

cuajo. m. Coágulo. ‖ Flema, calma, cachaza, pachorra.

cual. adv. Como.

cualidad. f. Carácter, naturaleza, propiedad, condición, atributo, peculiaridad. ‖ Calidad.

cuantía o **cuantidad.** f. Cantidad.

cuantioso, sa. adj. Numeroso, abundante, copioso, considerable (a.: *escaso*).

cuarta. f. Palmo.

cuartear. tr. Partir, dividir. ‖ Descuartizar. ‖ prnl. Agrietarse, abrirse, henderse, rajarse.

cuarteo. m. Esguince.

cuarteta. f. Redondilla.

cuarto. m. Habitación, aposento, pieza, estancia. ‖ pl. Dinero, plata, caudal. ‖ Extremidades.

cuasi. adv. Casi.

cuatí. m. Coatí.

cuatrerismo. m. Abigeato.

cuatrero. adj. Abigeo.

cuatrisílabo, ba. adj. Tetrasílabo.

cuba. f. Barril, tonel, pipa, casco, barrica.

cubero. m. Tonelero.

cubículo. m. Alcoba, dormitorio, aposento. ‖ Cuartucho.

cubierta. f. Cobertura, cobija, cobertor, colcha. ‖ Sobre. ‖ Envoltura, forro. ‖ Tapa. ‖ Techo, techumbre, tejado. ‖ Neumático. ‖ Simulación.

cubil. m. Guarida, cueva, madriguera. ‖ Escondrijo.

cubo. m. Balde.

cubo. m. Tercera potencia. ‖ Hexaedro regular.

cubrecama. m. Colcha, cobertor.

cubrir. tr. Ocultar, tapar (**a.:** *denunciar, descubrir*). ‖ Disimular, disfrazar, encubrir. ‖ Proteger, defender. ‖ Techar. ‖ Forrar. ‖ Bastar, alcanzar. ‖ Recorrer. ‖ Ocupar, completar, llenar. ‖ prnl. Vestirse (**a.:** *desnudarse*). ‖ Nublarse.

cucamonas. f. pl. Carantoñas, zalamerías.

cucaracha. f. Corredera.

cuchichear. intr. Bisbisear, secretear, murmurar, chismorrear, comadrear.

cuchillada. f. Puñalada. ‖ Tajo, corte, chirlo.

cuchipanda. f. Francachela, juerga.

cuchitril. m. Cochitril, pocilga. ‖ Tabuco, cuartucho, chiribitil, zaquizamí.

cuchufleta. f. Burla, chanza, broma.

cuco. m. Coco, bu, fantasma.

cuco, ca. adj. Bonito, mono, lindo. ‖ Astuto, sagaz. ‖ m. Cuclillo.

cucurucho. m. Cartucho.

cuello. m. Pescuezo. ‖ Garganta. ‖ Estrechamiento.

cuenca. f. Concavidad (**a.:** *convexidad*). ‖ Oquedad, cavidad, órbita. ‖ Valle.

cuenco. m. Concavidad.

cuenta. f. Cálculo, cómputo, operación. ‖ Factura, importe, adición. ‖ Motivo. ‖ Razón, explicación, satisfacción, justificación. ‖ Cargo, cuidado, obligación, incumbencia, responsabilidad.

cuentarrevoluciones. m. Tacómetro, cuentavueltas.

cuentero, ra. adj. Chismoso, murmurador.

cuentista. adj. Cuentero. ‖ Narrador, fabulador.

cuento. m. Conseja, fábula, historieta, anécdota, quimera, chascarrillo. ‖ Relato, narración. ‖ Chisme, habladuría. ‖ Embuste, patraña, mentira, infundio.

cuerda. f. Resorte. ‖ Cordel, piola, cabo, maroma, soga. ‖ Tendón. ‖ **cuerda dorsal.** Notocordio.

cuerdo, da. adj. Prudente, formal, juicioso, sensato, reflexivo, razonable, cabal (**a.:** *loco*).

cuerna. f. Cornamenta.

cuerno. m. Asta, pitón, cuerna. ‖ **cuerno de la abundancia.** Cornucopia.

cuero. m. Piel. ‖ Pellejo, odre, corambre. ‖ **en cueros** o **en cueros vivos.** loc. adv. Desnudo, sin ropas. ‖ Arruinado, pobre.

cuerpo. m. Tronco. ‖ Organismo (**a.:** *alma, espíritu*). ‖ Cadáver, despojos. ‖ Espesor, grosor, grueso. ‖ Tamaño, volumen, grandor, corpulencia, talle. ‖ Consistencia, densidad, espesor. ‖ Corporación, entidad. *El cuerpo médico de un hospital.* ‖ Bloque, masa. ‖ Sólido.

cuervo. m. Grajo

cuesta. f. Subida, pendiente, declive, repecho. ‖ **a cuestas.** loc. adv. Sobre los hombros o las espaldas. ‖ A su cargo, sobre sí.

cuestación. f. Recaudación, colecta.

cuestión. f. Pregunta, consulta. ‖ Asunto, tema, punto, problema, materia. ‖ Discusión, disputa, controversia, debate, polémica. ‖ Riña, reyerta, altercado, gresca, pendencia. ‖ **en cuestión de.** loc. prep. En materia de.

cuestionable. adj. Dudoso, discutible, problemático, controvertible (**a.:** *incuestionable, cierto*).

cuestionar. tr. Controvertir, debatir, disputar, polemizar, discutir.

cueva. f. Antro, guarida, caverna, covacha, gruta, cripta, espelunca. ‖ Sótano, subterráneo.

cuidado. m. Atención, solicitud, celo, esmero (a.: *desidia, negligencia*). ‖ Prudencia, precaución, cautela (a.: *despreocupación*). ‖ Sobresalto, inquietud, temor, zozobra. ‖ Cargo, incumbencia, obligación.

cuidadoso, sa. adj. Esmerado, celoso, escrupuloso, diligente (a.: *negligente, descuidado*).

cuidar. tr. e intr. Atender, proteger, velar, mirar, vigilar (a.: *desatender, descuidar*). ‖ Asistir. ‖ Conservar, guardar, mantener. ‖ Ocuparse. ‖ intr. Preocuparse.

cuita. f. Trabajo, zozobra, aflicción, pena, desventura, cuidado, pesar, angustia (a.: *ventura, dicha*).

cuitado, da. adj. Afligido, apenado, desventurado, infortunado, desgraciado, desdichado (a.: *venturoso, feliz*). ‖ Apocado, tímido, pusilánime (a.: *desvergonzado*).

culatazo. m. Retroceso, coz.

culebra. f. Serpiente. ‖ **culebra de cascabel.** Crótalo.

culebrilla. f. Herpe.

culminación. f. Cumbre, cúspide, pináculo (a.: *precipicio*). ‖ Máximo, perfección. ‖ Acabóse.

culminante. adj. Prominente, elevado, dominante, cimero. ‖ Superior, sobresaliente, destacado (a.: *inferior*). ‖ Álgido, crítico.

culpa. f. Falta, yerro, delito, pecado. ‖ Responsabilidad.

culpable. adj. Responsable (a.: *inocente*).

culpar. tr. y prnl. Achacar, acusar, imputar, inculpar. ‖ Responsabilizar.

culteranismo. m. Afectación, rebuscamiento (a.: *sencillez, claridad*).

culterano, na. adj. Gongorino, afectado.

cultivar. tr. Arar, labrar, laborar. ‖ Ejercitar, estudiar, trabajar, practicar. ‖ Producir, desarrollar, desenvolver. ‖ Dedicarse, entregarse, consagrarse.

cultivo. m. Labor, laboreo. ‖ Cultura.

culto. m. Adoración, veneración (a.: *irreverencia*). ‖ Liturgia.

culto, ta. adj. Instruido, ilustrado, cultivado, sabio, erudito, educado, civilizado (a.: *inculto*).

cultura. f. Educación. ‖ Instrucción, saber, ilustración, erudición. ‖ Civilización. ‖ Cultivo.

cumbre. f. Ápice, cima, cúspide, cresta (a.: *abismo*). ‖ Apogeo, culminación, auge. ‖ Plenitud, pináculo.

cumpleaños. m. Aniversario.

cumplidamente. adv. A satisfacción, ampliamente, enteramente, cabalmente, escrupulosamente, largamente.

cumplido, da. adj. Acabado, completo, listo, entero, cabal, concluido, perfecto. ‖ Largo, abundante. ‖ Cortés, fino, educado, atento, amable (a.: *descortés*). ‖ Holgado, lleno. ‖ m. Atención, cumplimiento, cortesía, fineza, obsequio, halago (a.: *insulto*).

cumplidor, ra. adj. Cuidadoso, exacto, puntual, diligente (a.: *negligente, descuidado*).

cumplimentar. tr. Felicitar. ‖ Cumplir, efectuar, realizar, evacuar.

cumplimiento. m. Desempeño, observancia, satisfacción. ‖ Cumplido, cortesía. ‖ Galantería.

cumplir. tr. e intr. Ejecutar, realizar, cumplimentar, llevar a cabo (a.: *claudicar*). ‖ Desempeñar, llenar, completar. ‖ intr. y prnl. Acabarse, terminar, finalizar, expirar, vencer, extinguirse. ‖ tr. Acatar, obedecer, observar, respetar (a.: *desobedecer, trasgredir*). ‖ prnl. Verificarse, efectuarse.

cúmulo. m. Montón, cantidad, infinidad, sinnúmero, aglomeración, multitud, muchedumbre, tropel.

cuna. f. Patria, suelo natal, terruño.. ‖ Familia, estirpe, linaje. ‖ Origen.

cunar. tr. Acunar, cunear, mecer.

cundir. intr. Extenderse, dilatarse, difundirse, propagarse, desarrollarse, esparcirse, divulgarse (a.: *limitarse, reducirse*). ‖ Aprovechar, lucir, rendir (a.: *de-*

rrochar). || Aumentar, crecer, dar de sí (**a.**: *decrecer*).

cuneta. f. Zanja, badén.

cuña. f. Calza, calce, tarugo, taco. || Palanca, influencia, padrino.

cuñado, da. m. y f. Hermano o hermana políticos.

cuño. m. Troquel. || Sello, impresión.

cuota. f. Cupo, prorrata, contribución, porción, parte.

cuotidiano, na. adj. Cotidiano, diario.

cupido. m. Amorcillo, Eros. || Enamoradizo.

cupo. m. Cuota, prorrata.

cúpula. f. Bóveda. || Domo (**a.**: *cripta*). || Torrecilla, torre.

cupulífero, ra. adj. Fagáceo.

cuquería. f. Astucia, picardía.

cura. m. Sacerdote, presbítero, eclesiástico, clérigo (**a.**: *laico, seglar*). || f. Curación.

curación. f. Cura, tratamiento, alivio.

curado, da. adj. Adobado. || Endurecido, curtido.

curador, ra. m. y f. Tutor.

curalotodo. m. Sanalotodo, panacea.

curandero, ra. m. y f. Manosanta, charlatán.

curar. tr., intr. y prnl. Sanar, recobrar la salud, restablecerse, reponerse (**a.**: *enfermar*). || intr. Cuidar, atender (**a.**: *descuidar*). || tr. Remediar. || Adobar, accinar. || Curtir.

curato. m. Parroquia.

curda. f. Borrachera, embriaguez, turca, mona, pítima. || m. Borracho, ebrio.

curiana. f. Cucaracha, corredera.

curiosear. intr. Averiguar, indagar, investigar, rebuscar, huronear. || intr. y tr. Fisgar, fisgonear, husmear, espiar, olfatear.

curiosidad. f. Rareza, novedad, singularidad (**a.**: *vulgaridad*). || Limpieza, aseo, pulcritud (**a.**: *suciedad*). || Deseo, gana. || Fisgoneo, indiscreción. || Esmero, cuidado, celo.

curioso, sa. adj. Indagador, preguntón, averiguador, observador. || Fisgón, indiscreto. || Interesante, notable. || Lim-

pio, aseado, pulcro. || Raro, extraño, singular (**a.**: *ordinario*). || Cuidadoso, esmerado (**a.**: *abandonado*).

currutaco, ca. adj. Petimetre, paquete.

cursado, da. adj. Experimentado, acostumbrado, experto, perito, versado.

cursar. tr. Frecuentar, acostumbrar. || Estudiar, seguir. || Dar curso, enviar (**a.**: *recibir*). || Tramitar.

cursi. adj. Afectado, presumido, remilgado, presuntuoso, ridículo, chabacano.

cursiva. adj. y f. Bastardilla.

curso. m. Camino, recorrido, rumbo, dirección. || Corriente. || Marcha, tendencia. || Trascurso. || Circulación, difusión. || Tramitación, trámite. || Desempeño. || Giro.

curtido, da. adj. Avezado, endurecido, acostumbrado, experimentado, ejercitado (**a.**: *bisoño, novato*). || Atezado, tostado.

curtiduría. f. Tenería, curtiembre.

curtir. tr. y prnl. Tostar. || Acostumbrar, endurecer, habituar, avezar, ejercitar (**a.**: *afeminarse*). || tr. Adobar, aderezar.

curva. f. Meandro, vuelta.

curvatura. f. Encorvadura, encorvamiento, redondez, alabeo, comba.

curvo. adj. Arqueado, curvado, alabeado, redondo, combado, corvo, encorvado, curvilíneo (**a.**: *derecho, recto*). || Torcido.

cúspide. f. Cima, ápice, cumbre (**a.**: *precipicio, abismo*). || Punta. || Apogeo, auge, plenitud, pináculo. || Vértice.

custodia. f. Escolta, guardia, defensa, amparo, protección. || Ostensorio. || Cuidado (**a.**: *descuido*).

custodiar. tr. Guardar, proteger, conservar, defender, velar, vigilar (**a.**: *descuidar, abandonar*).

cutí. m. Cotí, cotín.

cutícula. f. Película. || Epidermis.

cutis. m. Piel, epidermis, tez, pellejo.

cutre. adj. Tacaño, ruin, mezquino, miserable, avaro.

cuzco. m. Cachorro.

cuzcuz. m. Alcuzcuz.

D

dable. adj. Hacedero, factible, posible (**a.:** *imposible*).

dactilar. adj. Digital.

dactilografía. f. Mecanografía.

dactilógrafo, fa. m. y f. Mecanógrafo, tipiador.

dádiva. f. Don, obsequio, regalo, merced, presente.

dadivoso, sa. adj. Generoso, liberal, caritativo, desinteresado (**a.:** *tacaño, mezquino, interesado*).

dado, da. adj. Supuesto, aceptado, concedido. *Dados los antecedentes, el resultado era previsible.*

dador, ra. m. y f. Librador. || Portador.

daltonismo. m. Acromatismo.

dama. f. Señora, mujer.

damajuana. f. Bombona. || Garrafa.

damasquinado. m. Ataujía. || Incrustado, embutido, taraceado.

damasquinar. tr. Embutir, incrustar, taracear.

damería. f. Melindre, zalamería, remilgo. || Reparo.

damisela. f. Jovencita, damita, doncella.

damnación. f. Condenación.

damnificación. f. Daño, detrimento, perjuicio (**a.:** *mejora*).

damnificar. tr. Dañar, lesionar, perjudicar.

dandi. m. Petimetre, pisaverde.

danés, sa. adj. Dinamarqués.

danta. f. Anta. || Tapir.

dantesco, ca. adj. Terrible, espantoso.

danza. f. Baile. || Coreografía. || Chanchullo. || Altercado, gresca.

danzante. m. y f. Bailarín. || Necio, mequetrefe, botarate. || Entrometido, intrigante.

danzar. intr. Bailar, bailotear. || Saltar.

danzarina. f. Bailarina.

dañar. tr. y prnl. Damnificar (**a.:** *beneficiar*). || Deteriorar, estropear, echar a perder. || prnl. Lastimarse.

dañino, na. adj. Nocivo, malo, dañoso, funesto, perjudicial, pernicioso (**a.:** *sano*). || Malvado.

daño. m. Perjuicio (**a.:** *beneficio*). || Estropicio, menoscabo.

dañoso, sa. adj. Dañino.

dar. tr. Donar, regalar, ceder, entregar (**a.:** *quitar*). || Proporcionar, suministrar. *Dar trabajo a un obrero* (**a.:** *recibir*). || Conceder, facilitar, conferir, adjudicar, otorgar (a.: *negar*). ‖ Producir, redituar, rentar, rendir, procurar. ‖ Aplicar, poner. ‖ Asignar, imponer, poner. ‖ Asestar. ‖ intr. Topar, pegar, chocar. ‖ Caer, incurrir. ‖ Acertar, descubrir, atinar. ‖ Mirar, orientarse. ‖ prnl. Entregarse, consagrarse. ‖ Rendirse, ceder, someterse.

dardo. m. Venablo, jabalina, flecha, saeta.

data. f. Fecha.

datar. tr. Fechar. ‖ Abonar, acreditar.

dato. m. Antecedente, nota, detalle, apunte, pormenor. ‖ Documento, testimonio, fundamento. ‖ Señal, signo.

de. prep. Sobre, acerca de. ‖ Por.

deambular. intr. Andar, pasear, vagar, caminar (a.: *detenerse*).

debajo. adv. Abajo (a.: *arriba*). ‖ prep. Bajo. ‖ **debajo de.** loc. prep. Abajo.

debate. m. Discusión, polémica, controversia. ‖ Contienda, lucha.

debatir. tr. Altercar, controvertir, discutir, polemizar, contender, disputar, litigar (a.: *acordar*). ‖ Guerrear.

debe. m. Cargo, débito.

deber. m. Obligación (a.: *opción*). *El deber nos pone en relación con Dios, con el prójimo y con nosotros mismos.* ‖ tr. Tener obligación. *Debemos honrar a nuestros padres.* ‖ Adeudar (a.: *pagar*).

debidamente. adv. Justamente, cumplidamente.

débil. adj. Endeble, frágil, flojo. ‖ Apagado, decaído. *El enfermo quedó muy débil* (a.: *vigoroso*). ‖ Enfermizo, enclenque, raquítico (a.: *sano*). ‖ Inconstante, indiferente, voluble.

debilidad. f. Endeblez. ‖ Anemia, astenia, agotamiento, decaimiento, flaqueza, desfallecimiento, flojedad. ‖ Raquitismo.

debilitar. tr. Enervar, extenuar (a.: *vigorizar*). ‖ prnl. Consumirse, decaer, desfallecer.

débito. m. Deuda, cargo, debe (a.: *crédito, haber*).

década. f. Decenio.

decadencia. f. Ruina, declinación, ocaso,

descenso, caída (a.: *opulencia, apogeo, esplendor, auge*).

decaer. intr. Declinar, desmejorar, debilitarse, envejecer, flaquear (a.: *fortalecerse, mejorar*). ‖ Menguar, disminuir, arruinarse, ir a menos (a.: *prosperar*).

decaído, da. adj. Abatido, alicaído, desmejorado, debilitado. ‖ Disminuido, envejecido.

decaimiento. m. Abatimiento, desaliento. ‖ Debilitamiento. ‖ Envejecimiento.

decálogo. m. Tablas de la ley, mandamientos.

decantar. tr. Encomiar, propalar, ensalzar, ponderar, exaltar, engrandecer (a.: *criticar*). ‖ Verter, trasvasar. ‖ Aclarar.

decapitar. tr. Degollar, guillotinar, descabezar.

decencia. f. Aseo, limpieza (a.: *suciedad*). ‖ Pudor, honestidad, recato, honradez. *Vivir con decencia* (a.: *indecencia*). ‖ Honor, decoro, conveniencia, dignidad (a.: *indignidad, vileza*).

decenio. m. Década.

decentar. tr. Herir, dañar, menoscabar. ‖ Violar, desflorar. ‖ prnl. Ulcerarse.

decente. adj. Honesto, pudoroso, casto, decoroso, digno, justo. ‖ Aseado, limpio.

decepción. f. Desilusión, fracaso, desengaño, pesar, desencanto, chasco (a.: *aspiración*).

decepcionar. tr. Desilusionar, desengañar, defraudar.

deceso. m. Fallecimiento, defunción, muerte (a.: *nacimiento*).

dechado. m. Ejemplo, modelo, arquetipo, paradigma, tipo.

decidido, da. adj. Resuelto, intrépido, audaz, osado, emprendedor, valiente, denodado, determinado, animoso (a.: *indeciso, perplejo, vacilante*).

decidir. tr. y prnl. Resolver, disponer, determinar. *Decidir algo por su cuenta* (a.: *dudar, titubear*). ‖ tr. Dirimir. ‖ Impulsar.

decidor, ra. adj. Gracioso, chistoso, ocurrente.

decimonono, na. adj. Decimonoveno.

decimotercero, ra. adj. Decimotercio, tredécimo.

decir. tr. Expresar, comunicar, insinuar, hablar (a.: *callar*). || Afirmar, proponer, asegurar, manifestar, sostener, indicar, explicar, opinar (a.: *desdecir*). || intr. Armonizar, convenir. || m. Dicho, expresión.

decisión. f. Acuerdo, resolución, determinación, ultimátum. || Fallo, sentencia. || Firmeza, valentía, audacia (a.: *indecisión*).

decisivo, va. adj. Rotundo, terminante, decisorio, definitivo (a.: *provisional*).

decisorio, ria. adj. Decisivo.

declamación. f. Recitación.

declamar. tr. e intr. Recitar.

declamatorio, ria. adj. Grandilocuente.

declaración. f. Exposición, explicación, enunciación, revelación.

declarado, da. adj. Expuesto, manifiesto.

declarar. tr. Atestiguar, exponer, explicar, decir, manifestar. *Declarar la guerra.* || Decidir, determinar, resolver. || intr. Deponer, testificar. || prnl. Producirse.

declarativo, va. adj. Aseverativo, enunciativo.

declinación. f. Decadencia. || Caída, descenso, menoscabo. || Ocaso.

declinar. intr. Decaer, debilitarse. || Disminuir, menguar. || tr. Rehusar, rechazar, renunciar (a.: *aceptar*).

declive. m. Cuesta, pendiente, bajada, rampa, vertiente, inclinación, desnivel. || Caída, declinación.

decocción. f. Cocción, cocimiento.

decoloración. f. Desteñimiento. || Palor.

decolorar. tr. Descolorar, descolorirse, desteñir, despintar. || Palidecer.

decomisar. tr. Confiscar, incautarse (a.: *abastecer*).

decomiso. m. Confiscación, comiso, incautación.

decoración. f. Decorado, escenografía. || Adorno, ornamentación, ornato.

decorar. tr. Adornar, engalanar, hermosear, ornar, emperijilar, ornamentar. || Condecorar.

decoro. m. Decencia, respetabilidad, conveniencia, dignidad. || Pudor, honestidad, recato. || Gravedad, circunspección.

decorosamente. adv. Dignamente, decentemente, honrosamente.

decoroso, sa. adj. Digno. || Decente, honesto, honorable.

decrecer. intr. Decaer, bajar, disminuir, menguar, empequeñecer (a.: *crecer, aumentar, progresar*).

decreciente. adj. Menguante.

decrépito, ta. adj. Caduco, senil, vetusto, chocho (a.: *rejuvenecido*). || Viejo, anciano.

decrepitud. f. Chochez, senilidad, senectud, vetustez, vejez, ancianidad. || Declinación.

decretar. tr. Ordenar, disponer, resolver, dictar, determinar.

decreto. m. Edicto, resolución, orden, determinación.

decurso. m. Curso, trascurso, paso, sucesión, continuación.

dédalo. m. Laberinto, enredo, lío.

dedicación. f. Perseverancia, tesón. || Consagración, ofrecimiento.

dedicar. tr. Consagrar, ofrecer, ofrendar. || Aplicar, asignar, destinar. || prnl. Ocuparse. *Dedicarse al estudio.*

deducción. f. Consecuencia, inferencia, conclusión (a.: *inducción*). || Rebaja, descuento (a.: *aumento*).

deducir. tr. Colegir, derivar, inferir. || Rebajar, disminuir, restar, descontar (a.: *aumentar, añadir*).

defecar. intr. Evacuar.

defección. f. Deserción, deslealtad, abandono, huida, traición (a.: *lealtad, adhesión*).

defectivo, va. adj. Defectuoso.

defecto. m. Falla, tacha, lunar, imperfección, falta, deficiencia (a.: *perfección*).

defectuoso, sa. adj. Imperfecto, incorrecto, deforme (a.: *normal*).

defender. tr. y prnl. Amparar, auxiliar, proteger, apoyar, sostener, resguardar (a.: *agredir*). || Justificar, disculpar. *Defenderse de una acusación.*

defensa. f. Protección, amparo, apoyo,

resguardo, auxilio, socorro. ‖ Disculpa, justificación.

defensor, ra. m. y f. Paladín, valedor.

deferencia. f. Atención, consideración, respeto, miramiento (**a.:** *desconsideración, menosprecio, desatención*). ‖ Condescendencia.

deferente. adj. Atento, respetuoso, cortés, comedido, considerado, mirado.

deferir. intr. Condescender, adherirse, admitir. ‖ Comunicar, compartir.

deficiencia. f. Defecto, imperfección, alteración, anomalía, tacha (**a.:** *perfección*). ‖ Insuficiencia, falta (**a.:** *suficiencia*).

deficiente. adj. Imperfecto, anómalo, defectuoso, insuficiente, escaso, incompleto (**a.:** *perfecto, magistral*).

déficit. m. Descubierto, falta (**a.:** *superávit, excedente, sobrante*).

definición. f. Explicación, descripción. ‖ Declaración, dictamen, determinación.

definido, da. adj. Delimitado, explicado, determinado, preciso, descrito.

definir. tr. Determinar, puntualizar, fijar, precisar, delimitar, especificar. *Definir las características de un proyecto.* ‖ Decidir, resolver (**a.:** *vacilar, titubear, dudar*).

definitivo, va. adj. Concluyente, irrevocable, decisivo (**a.:** *provisional*). ‖ **en definitiva.** loc. adv. En resumen, en conclusión.

deflagrar. intr. Flagrar, arder, detonar.

deformación. f. Deformidad, distorsión (**a.:** *proporción, belleza*).

deformar. tr. Desfigurar.

deforme. adj. Contrahecho, desproporcionado, desfigurado.

deformidad. f. Deformación, imperfección, monstruosidad. ‖ Error, yerro.

defraudación. f. Estafa, hurto, fraude (**a.:** *donación*).

defraudar. tr. Estafar, timar, engañar, trampear. ‖ Malograr, frustrar. ‖ Decepcionar, desilusionar.

defunción. f. Deceso, fallecimiento, muerte, óbito (**a.:** *nacimiento*).

degenerado, da. adj. Pervertido, corrompido, depravado, corrupto (**a.:** *virtuoso*).

degenerar. intr. Empeorar, decaer, declinar, pervertirse (**a.:** *mejorar, sanar*).

deglutir. intr. Tragar, engullir, comer, ingerir.

degolladura. f. Escote. ‖ Sesgo. ‖ Degüello.

degollar. tr. Decapitar, guillotinar. ‖ Cortar. ‖ Destruir, arruinar.

degollina. f. Matanza, carnicería, decapitación.

degradación. f. Humillación, envilecimiento, bajeza, vileza (**a.:** *enaltecimiento*). ‖ Destitución, exoneración (**a.:** *ascenso*).

degradante. adj. Humillante, difamante, deshonroso, vergonzoso, infamante.

degradar. tr. Exonerar, deponer, destituir, rebajar, postergar. ‖ tr. y prnl. Envilecer, humillar, rebajar (**a.:** *ennoblecer*).

degustar. tr. Catar, paladear, probar, saborear.

dehesa. f. Coto. ‖ Campo, prado.

deidad. f. Divinidad (**a.:** *mortal*).

deificar. tr. Divinizar. ‖ Alabar, ensalzar, ponderar, exaltar, endiosar.

dejación. f. Cesión (**a.:** *resistencia*). ‖ Desistimiento, renuncia, resignación, abandono (**a.:** *insistencia*).

dejadez. f. Abandono, desidia, pereza, negligencia, descuido, incuria, desaliño, indolencia (**a.:** *voluntad, gana, ánimo*).

dejado, da. adj. Negligente, flojo, desidioso, indolente. ‖ Desaseado, sucio. ‖ Decaído, abatido.

dejar. tr. Desistir, soltar. ‖ Abandonar, desamparar, plantar. ‖ Apartarse, ausentarse, alejarse, retirarse, irse. ‖ Prestar, dar, legar. ‖ Consentir, tolerar, permitir. ‖ Omitir, descuidar, olvidar. ‖ Faltar, ausentarse. ‖ Producir, rentar, valer, redituar. *El negocio deja pocas ganancias.* ‖ Aplazar, diferir, retrasar. ‖ Proporcionar, reportar. ‖ Poner. ‖ Ceder, trasferir, traspasar. ‖ Legar. ‖ intr. Cesar. ‖ prnl. Descuidarse, abandonarse, desanimarse. ‖ Entregarse, someterse (**a.:** *rebelarse*).

dejo. m. Dejación. ‖ Acento, deje, tonillo. ‖ Gustillo, sabor, resabio.

delación. f. Acusación, soplo, denuncia.

delantal. m. Guardapolvo, mandil.

delante. adv. Adelante, enfrente (**a.:** *detrás, atrás*). ‖ **delante de.** loc. prep. Ante, en presencia de.

delantera. f. Fachada, frente, cara. ‖ Principio, origen.

delatar. tr. Acusar, denunciar, revelar, descubrir, soplar (**a.:** *tapar, encubrir*).

delator, ra. adj. Denunciante, acusador, acusón, soplón, confidente.

delectación. f. Deleite, regusto, complacencia, fruición, placer, agrado, gozo.

delegación. f. Sucursal, filial, agencia.

delegado, da. adj. Enviado, representante, comisionado, apoderado, agente, testaferro.

delegar. tr. Encargar, comisionar, encomendar, facultar, conferir (**a.:** *asumir*).

deleitable. adj. Exquisito, delicioso, ameno, grato, placentero, agradable, apacible, encantador, acogedor.

deleitar. tr. Agradar, complacer, gustar, encantar, embelesar, recrear. *La música deleita al oído* (**a.:** *hastiar*). ‖ prnl. Gozar.

deleite. m. Placer, gusto, goce, agrado, delicia, embeleso, encanto, delectación, fruición (**a.:** *dolor, insatisfacción*).

deleitoso, sa. adj. Sabroso, apetitoso, grato.

deletéreo, a. adj. Venenoso, mortífero, mortal (**a.:** *respirable*).

deleznable. adj. Fútil, despreciable (**a.:** *valioso*). ‖ Inconsistente, delicado, quebradizo, frágil, desmenuzable, disgregable. ‖ Escurridizo, resbaladizo.

delgadez. f. Flacura, escualidez (**a.:** *obesidad, gordura*). ‖ Finura.

delgado, da. adj. Esmirriado, enjuto, flaco, enteco, cenceño (**a.:** *gordo*). ‖ Fino, tenue, delicado (**a.:** *grueso*).

deliberación. f. Debate, discusión (**a.:** *arreglo*). ‖ Decisión, resolución (**a.:** *vacilación, duda*).

deliberadamente. adv. Adrede, intencionadamente, a propósito, premeditadamente.

deliberar. intr. Discutir, debatir, reflexio-

nar, considerar. *El tribunal está deliberando*. ‖ Meditar, opinar, resolver.

delicadez. f. Finura, exquisitez, atención, cortesía (**a.:** *aspereza*). ‖ Sensibilidad, ternura. ‖ Miramiento, escrupulosidad, esmero. ‖ Susceptibilidad.

delicado, da. adj. Fino, cortés, atento, refinado. ‖ Tierno, suave, sensible. ‖ Susceptible, suspicaz, quisquilloso. ‖ Frágil, quebradizo, primoroso. ‖ Exquisito, sabroso, apetitoso. ‖ Difícil, vidrioso, arriesgado. ‖ Débil, enfermizo, enclenque.

delicia. f. Gusto, deleite, placer, encanto.

delicioso, sa. adj. Grato, placentero, encantador, ameno, agradable (**a.:** *fastidioso*). ‖ Exquisito, sabroso (**a.:** *soso*).

delictuoso, sa. adj. Delictivo, criminal.

delicuescente. adj. Inconsistente. ‖ Decadente.

delimitar. tr. Limitar, fijar, definir, demarcar.

delincuente. m. y f. Malhechor, facineroso, criminal, forajido, bandolero.

delineamiento. m. Delineación.

delinear. tr. Diseñar, esbozar, bosquejar, dibujar. ‖ prnl. Perfilarse.

delinquir. intr. Infringir, trasgredir, contravenir, violar, vulnerar.

deliquio. m. Desmayo, desvanecimiento, desfallecimiento. ‖ Éxtasis.

delirar. intr. Desvariar. ‖ Fantasear, ilusionarse. ‖ Desbarrar, desatinar.

delirio. m. Alucinación, desvarío, enajenación, locura. ‖ Ilusión, quimera, fantasía, dislate, despropósito, aberración, desatino. ‖ Frenesí.

delito. m. Crimen, trasgresión, infracción, contravención, violación (de la ley), quebrantamiento.

demacrarse. prnl. Enflaquecer, adelgazar, desmejorar.

demanda. f. Reclamación, petición, súplica, solicitud, ruego. ‖ Empeño, busca, intento, empresa. ‖ Pedido, encargo. *La demanda era inferior a la entrega*. ‖ Pregunta, cuestión (**a.:** *réplica*). ‖ Queja.

demandar. tr. Pedir, exigir, solicitar, suplicar, rogar, emplazar. || Buscar, empeñarse, intentar. || Preguntar, inquirir, interrogar (**a.:** *replicar*). || Desear, apetecer.

demarcación. f. Límite, deslinde.

demarcar. tr. Limitar, amojonar, delimitar, determinar, deslindar.

demás. adj. Otro, restante. || **por demás.** loc. adv. Inútilmente, en vano. || Demasiado, muy, en demasía.

demasía. f. Exceso, sobra, colmo, exorbitancia (**a.:** *escasez, falta*). || Atrevimiento, insolencia, injuria, osadía, descaro (**a.:** *cortesía*). || Desmán, atropello, desafuero, abuso, injuria, desorden. || Maldad, delito.

demasiado, da. adj. Excesivo, de sobra, sobrado (**a.:** *escaso*). || adv. Excesivamente, en demasía.

demencia. f. Locura, insania, vesania, enajenación (mental), alienación.

demente. adj. Loco, orate, insano, alienado, perturbado (**a.:** *cuerdo*).

demérito. m. Desmerecimiento, desdoro, falta (**a.:** *mérito*).

demodular. tr. Detectar.

demoler. tr. Desmantelar, derribar, arrasar, deshacer. || Arruinar, destruir.

demoníaco. ca o **demoniaco, ca.** adj. Endemoniado, satánico, diabólico.

demonio. m. Diablo, Lucifer, Satán, Luzbel. || Travieso, malo, perverso.

demontre. m. Diablo, demonio.

demora. f. Dilación, tardanza, retraso, retardo, mora (**a.:** *adelanto, anticipación*).

demorar. tr. Retrasar, atrasar, retardar (**a.:** *adelantar*). || intr. y prnl. Detenerse, rezagarse, pararse.

demostración. f. Prueba, comprobación, verificación, manifestación. || Exhibición, manifestación.

demostrar. tr. Probar, verificar, evidenciar, patentizar. || Manifestar, exponer, mostrar.

demostrativo, va. adj. Probatorio, evidente, categórico (**a.:** *dudoso*).

demudado, da. adj. Pálido (**a.:** *sonrosado*).

demudarse. prnl. Alterarse, inmutarse, turbarse, desfigurarse.

demulcente. adj. Emoliente.

denegación. f. Negativa, repulsa, negación, rechazo, desestimación (**a.:** *concesión*).

denegar. tr. Negar, desaprobar, rehusar, rechazar (**a.:** *conceder, dar, sostener*).

denegrir. tr. Ennegrecer.

dengoso, sa. adj. Remilgado, afectado, delicado, lamido.

dengue. m. Remilgo, afectación, gazmoñería.

denigrante. adj. Humillante, oprobioso, vergonzoso, deshonroso, afrentoso, infamante, calumnioso, difamatorio.

denigrar. tr. Infamar, difamar, desacreditar, desprestigiar, injuriar, agraviar (**a.:** *alabar, honrar, enaltecer*).

denodado, da. adj. Audaz, esforzado, arrestado, intrépido, bravo, valiente, atrevido, animoso, decidido, resuelto (**a.:** *cobarde*).

denominación. f. Designación, nombre, título.

denominador. m. Divisor.

denominar. tr. Llamar, designar, nombrar, intitular. || Nominar, distinguir.

denostar. tr. Injuriar, agraviar, insultar, afrentar, ofender, denigrar, ultrajar (**a.:** *ensalzar, alabar*).

denotar. tr. Significar, implicar, anunciar, demostrar, indicar, revelar. *Sus palabras denotan ira*. || Connotar.

densidad. f. Peso específico. || Cohesión, consistencia, cuerpo (**a.:** *fluidez*).

densímetro. m. Aerómetro, galactómetro.

denso, sa. adj. Pesado (**a.:** *liviano, leve*). || Compacto, pastoso, tupido, viscoso, espeso, craso (**a.:** *fluido*). || Sustancioso, consistente.

dentario, ria. adj. Dental.

dentellada. f. Mordedura. || Mordisco, bocado.

dentera. f. Envidia. || Ansia, deseo, prurito.

dentista. m. y f. Odontólogo, sacamuelas.

dentro. adv. Adentro (**a.:** *fuera, afuera*). || **dentro de poco.** loc. adv. Pronto. ||

por dentro. loc. adv. Interiormente (a.: *exteriormente*).

denuedo. m. Ánimo, brío, arrestos, arrojo, intrepidez, valentía, valor, decisión, resolución, audacia, osadía (a.: *temor, cobardía*).

denuesto. m. Insulto, agravio, injuria, invectiva, ofensa, afrenta, dicterio, improperio (a.: *desagravio, elogio, alabanza*).

denuncia. f. Acusación, soplo, delación. ‖ Aviso, advertencia.

denunciante. m. y f. Delator, acusador, denunciador, soplón.

denunciar. tr. Delatar, soplar, acusar (a.: *encubrir, tapar*). ‖ Revelar, descubrir, publicar. *Denunciar una injusticia* (a.: *ocultar*). ‖ Pronosticar, predecir, vaticinar.

deontología. f. Ética.

deparar. tr. Dar, proporcionar, conceder, suministrar.

departamento. m. Distrito. ‖ Ramo. ‖ División, compartimiento.

departir. intr. Conversar, dialogar, hablar, platicar, charlar.

depauperar. tr. Empobrecer (a.: *enriquecer*). ‖ tr. y prnl. Debilitar, extenuar (a.: *fortalecer*).

dependencia. f. Subordinación, supeditación, sujeción (a.: *rebeldía*). ‖ Sucursal, agencia, filial, delegación. ‖ División, sección, oficina.

dependiente. adj. Empleado, subalterno, oficinista, subordinado. ‖ Servidor (a.: *independiente, autónomo*).

deplorable. adj. Lamentable, penoso, lastimoso, sensible, desagradable, malhadado, triste, desdichado.

deplorar. tr. Sentir, lamentar, dolerse, condolerse (a.: *celebrar, congratularse*).

deponer. tr. Destituir, despedir, exonerar, degradar, relevar, separar. ‖ Atestiguar, declarar, testificar (a.: *callar*). ‖ Evacuar, cagar, defecar.

deportación. f. Destierro, exilio, extrañamiento, ostracismo, proscripción, expatriación.

deportar. tr. Desterrar, proscribir, exiliar, expatriar, confinar (a.: *repatriar*).

deporte. m. Ejercicio, juego, diversión.

deposición. f. Degradación, destitución, exoneración, cesantía, separación, despido, expulsión (a.: *nombramiento*). ‖ Testimonio, declaración. ‖ Defecación, evacuación, heces.

depositar. tr. Colocar, guardar, poner. ‖ Encomendar, confiar. ‖ tr. y prnl. Sedimentar.

depósito. m. Receptáculo, tanque, almacén. ‖ Entrega, resguardo. ‖ Poso, sedimento.

depravación. f. Envilecimiento, libertinaje, perversión, degeneración, corrupción, vicio, desenfreno, inmoralidad (a.: *honestidad, decencia*).

depravado, da. adj. Disoluto, inmoral, vicioso, corrompido, pervertido, envilecido, libertino. ‖ Malvado.

depravar. tr. y prnl. Viciar, enviciar, corromper, malear, pervertir, envilecer (a.: *moralizar*).

deprecación. f. Ruego, impetración, súplica, petición, demanda. ‖ Oración, rezo.

depreciación. f. Rebaja, disminución, desvalorización.

depreciar. tr. Desvalorizar, bajar, rebajar (a.: *encarecer, valorizar*).

depredación. f. Saqueo, pillaje, robo, devastación, exacción, despojo. ‖ Malversación.

depredar. tr. Saquear, pillar, robar, rapiñar, devastar, despojar. ‖ Malversar.

depresión. f. Baja, descenso (a.: *alza*). ‖ Hundimiento, concavidad, cavidad (a.: *convexidad, elevación*). Hondonada (a.: *altura*). ‖ Humillación, degradación. ‖ Abatimiento, decaimiento, melancolía, postración, desaliento, desánimo (a.: *animación, excitación*).

depresivo, va. adj. Cóncavo, hueco. ‖ Deprimente, degradante, humillante.

deprimente. adj. Depresivo. ‖ Humillante.

deprimido, da. adj. Alicaído, desanimado, abatido.

deprimir. tr. Abollar, hundir. ‖ Desalentar, humillar, degradar. ‖ tr. y prnl. Abatir, desanimar. *La miseria deprime el ánimo* (a.: *alentar, animar*).

depuesto, ta. adj. Derrocado, destituido, relevado, exonerado (**a.:** *repuesto, reincorporado*).

depuración. f. Purificación, limpieza, refinación.

depurar. tr. Purificar, acendrar, limpiar, refinar (**a.:** *impurificar, ensuciar*). || Acrisolar, perfeccionar.

derecha. f. Diestra.

derechamente. adv. Rectamente, justamente, directamente. || Francamente, abiertamente.

derecho. m. Anverso, cara, frente (**a.:** *revés, envés*). || Opción, poder, facultad (**a.:** *deber*). || Razón, justicia. *El derecho es el objeto de la justicia.* || pl. Impuesto, tributo, gabela. || adv. Directamente, sin rodeos.

derecho, cha. adj. Recto (**a.:** *oblicuo*). || Directo, seguido. || Justo, legítimo, fundado. || Vertical, tieso, erguido (**a.:** *inclinado*). || Diestro (**a.:** *izquierdo*).

derivación. f. Consecuencia, deducción (**a.:** *causa, procedencia*).

derivar. intr. y prnl. Originarse, resultar, provenir, emanar, proceder, seguirse, deducirse, nacer. || Desviar. || tr. Encaminar, dirigir.

dermatitis. f. Dermitis.

derogación. f. Abolición, abrogación, anulación.

derogar. tr. Abolir, anular. *Derogar una ley.* || Revocar, abrogar, invalidar, suprimir.

derramado, da. adj. Manirroto, gastador, derrochón, malgastador, pródigo, despilfarrador.

derramamiento. m. Derrame, efusión, filtración.

derramar. tr. Esparcir, desparramar, diseminar. || Publicar, divulgar, difundir. || Verter, volcar, tirar. || prnl. Desembocar, desaguar. || Desmandarse, desbandarse. || Desbordarse, irse.

derrame. m. Derramamiento. || Pérdida. || Alféizar.

derredor. m. Circuito, contorno, rededor, alrededor. || **al,** o **en, derredor.** loc. adv. En torno, alrededor.

derrengar. tr. y prnl. Cansar, descaderar, deslomar. || Fatigar, rendir.

derretido, da. adj. Amartelado. || Fundido.

derretir. tr. Licuar, fundir (**a.:** *solidificar*). || prnl. Enamorarse. || Inquietarse, impacientarse.

derribar. tr. Tirar, tumbar, echar abajo (**a.:** *alzar, levantar*). || Demoler, derrumbar, derruir (**a.:** *construir*). || Postrar, abatir, debilitar (**a.:** *fortalecer*). || Derrocar, deponer. *Derribar un gobierno.*

derrocadero. m. Despeñadero, derrumbadero, precipicio.

derrocar. tr. Despeñar, precipitar. || Derribar, demoler, derruir. || Abatir, tumbar. || Deponer, destituir (**a.:** *reincorporar*).

derrochador, ra. adj. Pródigo, despilfarrador, dilapidador, malgastador, manirroto.

derrochar. tr. Dilapidar, disipar, malgastar, malbaratar, prodigar, despilfarrar, tirar (**a.:** *guardar, ahorrar*).

derroche. m. Despilfarro, dispendio, dilapidación, malbarato, prodigalidad. || Abundancia, profusión.

derrota. f. Camino, senda, sendero. || Rumbo, dirección, ruta, derrotero. || Descalabro, fracaso, revés.

derrotado, da. adj. Vencido, abatido, aniquilado, arruinado. || Roto, andrajoso, harapiento.

derrotar. tr. Vencer, desbaratar, aventajar, batir, superar, destrozar (**a.:** *perder*). || Estropear, arruinar.

derrotero. m. Rumbo, dirección, ruta, derrota.

derrubio. m. Escombro.

derruir. tr. Derribar, destruir, demoler, derrumbar (**a.:** *construir, edificar*). || Destrozar, deshacer.

derrumbadero. m. Despeñadero, sima, precipicio, voladero, derrumbe.

derrumbamiento. m. Derrumbe, desmoronamiento, caída, desplome. || Fracaso (**a.:** *triunfo*).

derrumbar. tr. Derribar, precipitar, despeñar. || Derruir, demoler, destruir, desplomar (**a.:** *reedificar, reconstruir*).

derrumbe. m. Derrumbamiento, alud, desmoronamiento, desprendimiento. ‖ Despeñadero, derrumbadero.

desaborido, da. adj. Insípido, insulso, desabrido, soso. ‖ Insustancial.

desabotonar. tr. Desabrochar, desanudar (a.: *abotonar*).

desabrido, da. adj. Insulso, soso, insípido, desaborido (a.: *sabroso*). ‖ Áspero, hosco, desapacible, destemplado, displicente, desagradable, seco (a.: *amable*).

desabrigar. tr. Destapar (a.: *abrigar*). ‖ Desamparar.

desabrimiento. m. Desazón, desagrado, brusquedad, aspereza, displicencia (a.: *gusto, simpatía*).

desabrochar. tr. Desabotonar (a.: *abrochar*).

desacatar. tr. Insubordinarse, desobedecer (a.: *acatar, obedecer, someterse*).

desacato. m. Irreverencia, irrespetuosidad, descomedimiento, desconsideración. ‖ Desobediencia, rebeldía, insubordinación. *Desacato a la autoridad* (a.: *disciplina*).

desacelerar. tr. Retardar, retrasar.

desacertado, da. adj. Equivocado, inadecuado, errado, desafortunado (a.: *acertado*).

desacierto. m. Torpeza, yerro, equivocación, error, pifia, desatino (a.: *tacto, acierto*).

desacomodado, da. adj. Cesante, desocupado, desempleado (a.: *empleado*). ‖ Incómodo, molesto, atribulado.

desaconsejar. tr. Disuadir (a.: *aconsejar, persuadir*).

desacordar. tr. Desafinar, disonar (a.: *acordar, templar*).

desacorde. adj. Disconforme, desconforme, discordante, discrepante, desavenido (a.: *acorde, conforme*). ‖ Destemplado, disonante, desafinado (a.: *afinado, templado*).

desacostumbrado, da. adj. Insólito, inusitado, desusado, extraño, inusitado, inusual (a.: *acostumbrado, corriente, habitual*).

desacostumbrar. tr. y prnl. Deshabituar.

desacreditado, da. adj. Desconceptuado, desprestigiado, desautorizado (a.: *acreditado, reputado*).

desacreditar. tr. Desprestigiar, difamar, menoscabar, desautorizar, denigrar (a.: *prestigiar, garantizar, acreditar*).

desacuerdo. m. Disconformidad, desconformidad, desavenencia, desunión, discordia, discordancia, discrepancia, diferencia, disentimiento, disensión, disputa, disenso, malquistamiento (a.: *acuerdo, pacto, concordancia, avenencia, conformidad*).

desafección. f. Antipatía, aversión, desafecto, desapego, animadversión, animosidad, inquina (a.: *afecto, amistad, voluntad*).

desafecto, ta. adj. Contrario, hostil, opuesto (a.: *afecto, adicto*). ‖ m. Antipatía, desamor, desafección, malquerencia, animadversión, aversión, animosidad.

desaferrar. tr. Soltar, desasir, desamarrar, desligar. ‖ Disuadir, convencer.

desafiar. tr. Retar, provocar (a.: *eludir*). ‖ Arrostrar, enfrentarse (a.: *rehuir*). ‖ Competir, contender, rivalizar.

desafinar. intr. y prnl. Desentonar, disonar, desacordar. *La orquesta desafina* (a.: *afinar, entonar*). ‖ tr. Destemplar.

desafío. m. Reto, provocación. ‖ Duelo, encuentro, rivalidad, competencia.

desaforado, da. adj. Desatinado, desatentado, violento, furibundo, desenfrenado. ‖ Desmedido, grande, desmesurado, enorme, descomunal, brutal.

desafortunado, da. adj. Infausto, infortunado, malaventurado, desgraciado, desdichado, aciago (a.: *afortunado, venturoso, feliz*). ‖ Desacertado.

desafuero. m. Abuso, desmán, tropelía, vejación, atropello, arbitrariedad, demasía, extralimitación, trasgresión.

desagotar. tr. Desaguar.

desagradable. adj. Repelente, irritante, desabrido, enojoso, pesado, penoso, fastidioso, antipático, molesto, enfadoso (a.: *agradable, placentero*). ‖ Desapacible.

desagradar. intr. Disgustar, desazonar, enfadar, fastidiar, enojar, molestar (**a.:** *agradar, gustar, complacer*).

desagradecido, da. adj. Ingrato, egoísta (**a.:** *agradecido, reconocido*).

desagradecimiento. m. Ingratitud, egoísmo (**a.:** *lealtad, gratitud*).

desagrado. m. Disgusto, repugnancia, descontento, desazón, fastidio, enojo, molestia.

desagravio. m. Reparación, excusa, satisfacción, compensación. *Acto de desagravio* (**a.:** *agravio, escarnio, ofensa, ultraje*).

desagregar. tr. Desarticular, disgregar, disociar, desunir, dispersar, desmembrar, desarticular (**a.:** *unir, centralizar*).

desaguadero. m. Desagüe, canal, sumidero, conducto, escurridero, alcantarilla.

desaguar. tr. Vaciar, desocupar, canalizar. ‖ Disipar, desperdiciar, consumir. ‖ intr. Desembocar, confluir, derramar, verter, afluir, achicar.

desagüe. m. Desaguadero, avenamiento, sumidero. ‖ Drenaje. ‖ Desembocadura.

desaguisado. m. Agravio, injusticia, atropello, vejación, descomedimiento. ‖ Desacierto, desatino, disparate, barbaridad. ‖ Destrozo, fechoría.

desahogado, da. adj. Atrevido, descarado, fresco, descocado, desenvuelto, desvergonzado. ‖ Desembarazado, amplio, despejado, holgado, espacioso, cómodo, libre. ‖ Desempeñado, desentrampado. ‖ Aliviado, descansado, desocupado.

desahogar. tr. Consolar, aliviar, despejar, desembarazar. ‖ tr. y prnl. Desfogar (**a.:** *ahogar, reprimir*). ‖ prnl. Reanimarse, reponerse, recobrarse (**a.:** *desanimarse*). ‖ Expansionarse, confiarse, espontanearse, franquearse (**a.:** *enmudecer*).

desahogo. m. Alivio, lenitivo, consuelo. ‖ Descanso, reposo, bienestar, libertad, holgura, expansión, distracción, esparcimiento. ‖ Frescura, atrevimiento.

desahuciado, da. adj. Incurable, insanable.

desahuciar. tr. Desesperanzar, desengañar

(**a.:** *esperanzar, consolar*). ‖ Despedir, desalojar, expulsar, echar, lanzar (**a.:** *acoger*).

desairado, da. adj. Desgarbado, ridículo, desgalichado. ‖ Burlado, desatendido, desdeñado, despreciado, desestimado, menospreciado.

desairar. tr. Menospreciar, relegar, desdeñar, despreciar (**a.:** *atender, apreciar*).

desaire. m. Ridiculez, torpeza. ‖ Desatención, desdén, disfavor, menosprecio, desprecio, descortesía, grosería (**a.:** *atención, delicadeza*).

desajustar. tr. Desarticular, desencajar, desacoplar, desunir, desmontar, desconcertar. ‖ prnl. Desavenirse.

desalado, da. adj. Presuroso, ansioso, rápido.

desalentado, da. adj. Abatido, deprimido, desanimado (**a.:** *animado, envalentonado*).

desalentador, ra. adj. Deprimente, depresivo, desmoralizante.

desalentar. tr. y prnl. Desanimar, abatir, acobardar, descorazonar, desmayar, arredrar, flaquear, atemorizar, amedrentar, acoquinar, amilanar.

desaliento. m. Decaimiento, descaecimiento, desánimo, abatimiento, descorazonamiento, postración, flaqueza. *Las dificultades le provocaron desaliento* (**a.:** *aliento, entusiasmo*).

desaliñado, da. adj. Desaseado, sucio, astroso (**a.:** *arreglado, compuesto, limpio*).

desaliñar. tr. Desarreglar, descomponer, ajar (**a.:** *arreglar, componer*).

desaliño. m. Negligencia, incuria, descuido, suciedad, desaseo, descompostura, desidia, dejadez, abandono (**a.:** *aliño, aseo, pulcritud, compostura, cuidado*).

desalmado, da. adj. Cruel, despiadado, inhumano, bruto, bárbaro, malvado, monstruo (**a.:** *humano, compasivo, clemente*).

desalojamiento. m. Desalojo, desplazamiento, lanzamiento.

desalojar. tr. Desocupar, irse, marcharse (**a.:** *ocupar, habitar*). ‖ Echar, expulsar, lanzar, sacar (a.: *alojar, albergar*). ‖ Desplazar, desaposentar, desalquilar.

desamor. m. Desapego, desafecto, aversión, antipatía, aborrecimiento, animadversión, odio, malquerencia (a.: *afecto, cariño*).

desamparado, da. adj. Abandonado, desatendido, desvalido, huérfano. ‖ Desabrigado. ‖ Solitario, inhabitado, desierto (a.: *poblado*).

desamparar. tr. Abandonar, dejar, irse, desatender (a.: *amparar, atender, proteger, asistir*).

desamparo. m. Desvalimiento, desatención, abandono, orfandad (a.: *protección, amparo*).

desandar. tr. Retroceder, recular, volver (a.: *proseguir, continuar*).

desangrar. tr. y prnl. Sangrar, debilitarse. ‖ tr. Arruinar, empobrecer. ‖ Desaguar, achicar.

desanimar. tr. Desalentar, acobardar, acoquinar, amilanar, descorazonar, arredrar (a.: *animar, alentar*).

desánimo. m. Desaliento, aplanamiento, abatimiento, agobio, postración, amilanamiento.

desapacible. adj. Desagradable, destemplado, duro, rudo, áspero (a.: *apacible, agradable, suave*). ‖ Estridente.

desaparecer. intr. Ocultarse, esfumarse, esconderse, eclipsarse, perderse (a.: *aparecer, manifestarse*). ‖ Fugarse, huir (a.: *regresar*).

desaparición. f. Eclipse, puesta, ocaso, ocultación. ‖ Muerte, pérdida, huida. ‖ Cesación, fin.

desapasionado, da. adj. Ecuánime, equilibrado, imparcial, impasible, objetivo, desinteresado (a.: *apasionado, parcial, subjetivo*).

desapego. m. Despego, desinterés, desafecto, tibieza, desvío, indiferencia, frialdad (a.: *apego, amor, afición, inclinación*).

desapercibido, da. adj. Desprovisto, desprevenido, descuidado, falto (a.: *provisto*). ‖ Inadvertido. *El hecho lo sorprendió desapercibido.*

desaplicado, da. adj. Desatento, haragán, vago, holgazán, perezoso (a.: *prolijo, aplicado*).

desapoderado, da. adj. Precipitado, arrebatado, atolondrado. ‖ Furioso, vehemente, violento.

desaprensivo, va. adj. Despreocupado, fresco, desvergonzado (a.: *preocupado, timorato, cuidadoso*).

desaprobación. f. Desautorización, crítica, censura (a.: *aprobación, asentimiento*).

desaprobar. tr. Reprobar, desautorizar, censurar, denegar, condenar, disentir, oponerse (a.: *admitir, autorizar*).

desaprovechar. tr. Desperdiciar, malbaratar, malgastar, tirar, malemplear, derrochar, desechar (a.: *aprovechar, ganar, guardar*).

desarbolar. tr. Desmantelar.

desarmado, da. adj. Indefenso.

desarmar. tr. Deshacer, desmontar, desunir, descomponer, desarticular. ‖ Confundir. ‖ Pacificar, moderar, aplacar, mitigar, templar.

desarraigar. tr. Arrancar, descepar, desenterrar (a.: *arraigar, prender*). ‖ Extinguir, suprimir, extirpar (a.: *afianzar*). ‖ Expulsar, desterrar (a.: *afincar*).

desarrapado, da o **desharrapado, da.** adj. Andrajoso, harapiento, roto, pingajoso.

desarreglado, da. adj. Descuidado, desordenado, desaliñado. ‖ Incontinente, licencioso.

desarreglar. tr. Desordenar, desorganizar, descomponer, alterar, perturbar, trasformar, desbaratar (a.: *arreglar, componer*).

desarreglo. m. Desorden, desbarajuste, desconcierto, desorganización, irregularidad, confusión, trastorno. ‖ Enredo.

desarrollar. tr. Desenrollar, desenvolver, desplegar. ‖ Perfeccionar, mejorar, fomentar, aumentar. ‖ Extender, amplificar, acrecentar, aumentar, ampliar. *El turismo desarrolla la industria hotelera.* ‖ Explicar, explayar, exponer. ‖ prnl. Crecer, progresar, adelantar.

desarrollo. m. Crecimiento, amplificación, incremento, aumento, adelanto, mejora, progreso, desenvolvimiento (**a.:** *reducción*). ‖ Explicación, exposición, ampliación, explanación.

desarropar. tr. Desabrigar, destapar.

desarticular. tr. Desacoplar, desencajar, desembragar, descoyuntar, desenganchar, desunir, separar (**a.:** *acoplar, unir, articular*).

desaseado, da. adj. Sucio, dejado, desaliñado (**a.:** *aseado, limpio*).

desasimilación. f. Catabolismo.

desasir. tr. y prnl. Soltar, desatar, desprender, liberar (**a.:** *asir, apretar*). ‖ prnl. Desinteresarse.

desasistir. tr. Desamparar, abandonar, desatender.

desasnar. tr. Instruir.

desasosegar. tr. y prnl. Inquietar, intranquilizar, desazonar (**a.:** *tranquilizar, sosegar, calmar*). ‖ tr. Perturbar, trastornar, turbar, agitar, alterar.

desasosiego. m. Inquietud, ansiedad, intranquilidad, zozobra, desazón, malestar.

desastrado, da. adj. Desgraciado, infeliz. ‖ Roto, sucio, desharrapado, zarrapastroso, desaliñado, haraposo, harapiento, andrajoso.

desastre. m. Calamidad, adversidad, devastación, asolamiento, infortunio, ruina, catástrofe, cataclismo, revés, desgracia. ‖ Bancarrota (**a.:** *ganancia*). ‖ Derrota (**a.:** *victoria, triunfo*).

desastroso, sa. adj. Desgraciado, infausto, calamitoso, lamentable. ‖ Asolador, devastador, destructor. *Los efectos del ciclón fueron desastrosos.* ‖ Desaliñado.

desatar. tr. y prnl. Desanudar, desligar, desenlazar, destrabar, desuncir, soltar, desceñir (**a.:** *atar, ligar, amarrar*). ‖ Desencadenar, desenfrenar, provocar. ‖ Desmandarse.

desatascar. tr. Desobstruir, desembarazar, despejar. ‖ Desatrancar, desatrampar.

desatención. f. Inatención, distracción (**a.:** *atención*). ‖ Incorrección, desaire, descortesía, descomedimiento, inurbanidad, grosería, desconsideración (**a.:** *cortesía, consideración*).

desatender. tr. Distraerse. ‖ Descuidar, olvidar, abandonar, desasistir. ‖ Desoír.

desatentado, da. adj. Desaforado, desatinado, descomedido, desconcertado, insensato, inconsiderado. ‖ Excesivo, violento, desordenado.

desatento, ta. adj. Distraído, desaplicado, descuidado (**a.:** *atento*). ‖ Descortés, inconsiderado, grosero (**a.:** *cortés, considerado*).

desatinado, da. adj. Atolondrado, atropellado, desatento (**a.:** *cauto*). ‖ Disparatado, absurdo, descabellado, ilógico, desacertado, irracional, insensato (**a.:** *razonable, lógico, sensato, atinado*).

desatino. m. Disparate, absurdo, despropósito, dislate, desacierto, barbaridad.

desatracar. tr. Zarpar, partir.

desautorizar. tr. Desmentir, negar. ‖ Descalificar, desacreditar, desprestigiar (**a.:** *aprobar*).

desavenencia. f. Discordia, discordancia, discrepancia, divergencia, desacuerdo, disentimiento, disconformidad, disgusto (**a.:** *avenencia, acuerdo, concordia*).

desavenido, da. adj. Discorde, disidente (**a.:** *concertado, concordante*).

desavenir. tr. Indisponer, encizañar, enemistar, malquistar, separar, desunir.

desazón. f. Desabrimiento, insipidez (**a.:** *sazón*). ‖ Disgusto, pesadumbre, sinsabor, descontento. *La noticia le causó gran desazón.* ‖ Inquietud, intranquilidad, congoja, desasosiego, malestar (**a.:** *sosiego, tranquilidad*).

desazonar. tr. Molestar, cansar, fastidiar, importunar, impacientar, enojar, enfadar, disgustar, fatigar. ‖ prnl. Inquietarse, intranquilizarse.

desbancar. tr. Suplantar, remplazar (**a.:** *secundar*).

desbandada. f. Estampida, escapada. ‖ Descalabro.

desbandarse. prnl. Dispersarse, desparramarse, desordenarse, desperdigarse. ‖ Desertar, huir, escapar. ‖ Apartarse, separarse (**a.:** *reunirse*).

desbarajuste. m. Disloque, desarreglo, desorden, desorganización, confusión, desconcierto (a.: *orden, ordenamiento*).

desbaratar. tr. Deshacer, destruir, desmoronar, arruinar, estropear, frustrar, trastornar. ‖ Malgastar, malbaratar, disipar, derrochar, despilfarrar (a.: *ahorrar*). ‖ intr. Disparatar, desatinar.

desbarrancarse. prnl. Despeñarse.

desbarrar. intr. Escurrirse, deslizarse. ‖ Disparatar, desatinar, equivocarse, fallar, desacertar, errar (a.: *atinar*).

desbastar. tr. Pulir, afinar, desasnar, instruir, educar, civilizar.

desbocado, da. adj. Descarado, deslenguado, malhablado, procaz, grosero, lenguaraz.

desbocarse. prnl. Dispararse. ‖ Desvergonzarse.

desbordamiento. m. Riada, desborde, inundación, crecida. ‖ Desenfreno. ‖ Derramamiento, derrame.

desbordar. intr. y prnl. Rebasar, sobrepasar (a.: *encauzarse*). ‖ Esparcirse, salirse, verter, inundar. ‖ Desenfrenarse, desmandarse (a.: *medirse*).

desbravar. tr. Amansar, domar, domesticar, desbravecer. ‖ Aplacar.

desbrozar. tr. Limpiar, desembarazar, descombrar.

descabalgar. intr. Apearse, desmontar, echar pie a tierra.

descabellado, da. adj. Absurdo, desatinado, disparatado, ilógico, irracional, insensato. *Un proyecto descabellado* (a.: *juicioso, sensato*).

descabezar. tr. Decapitar, despuntar, mochar, desmochar.

descaderar. tr. y prnl. Derrengar.

descaecer. intr. Decaer, desmejorar, enflaquecer (a.: *mejorar*).

descaecimiento. m. Postración, decaimiento, desánimo, postración, enflaquecimiento (a.: *aliento, fortaleza*).

descalabazarse. prnl. Descrismarse, descabezarse.

descalabrar. tr. y prnl. Herir, malherir, maltratar. ‖ tr. Dañar, perjudicar.

descalabro. m. Contratiempo, desventura, infortunio, quebranto, desgracia, percance, daño, pérdida. ‖ Derrota, adversidad, fracaso, revés, calamidad, catástrofe, hecatombe.

descalificar. tr. Desconceptuar, desautorizar, deshonorar, desacreditar. ‖ Inhabilitar, incapacitar (a.: *habilitar, autorizar*).

descamación. f. Exfoliación.

descaminar. tr. y prnl. Desviar, desencaminar, descarriar (a.: *encaminar*).

descamisado, da. adj. Pobre, mísero, desarrapado, indigente, harapiento, andrajoso (a.: *potentado*).

descampado, da. adj. Despoblado (a.: *poblado*). ‖ Descubierto, libre, llano, abierto.

descansado, da. adj. Tranquilo, ocioso, sosegado, desahogado, reposado (a.: *cansado, fatigado*). ‖ Cómodo, fácil.

descansar. intr. Reposar, dormir (a.: *trabajar*). ‖ Morir. ‖ Apoyarse, basarse, estribar, cargar, pesar. ‖ Confiar, fiarse.

descansillo. m. Meseta, descanso, rellano.

descanso. m. Respiro, pausa, tregua, alto, detención, reposo (a.: *trabajo, movilidad*). ‖ Alivio, desahogo. ‖ Descansillo, meseta, rellano. ‖ Asiento, apoyo, sostén.

descapotable. adj. Convertible.

descarado, da. adj. Desvergonzado, atrevido, fresco, descocado, procaz, deslenguado (a.: *vergonzoso*). ‖ Impúdico, irrespetuoso, insolente.

descarga. f. Andanada, disparo. ‖ Desembarco.

descargar. tr. Descerrajar, disparar. ‖ Alijar, aligerar, desembarcar (a.: *recargar*). ‖ Aliviar, desembarazarse (a.: *agravar*). ‖ Eximir, liberar. ‖ Atizar, propinar, dar, largar. ‖ Confesar, declarar.

descargo. m. Data, egreso, salida. ‖ Satisfacción, disculpa, excusa, justificación (a.: *acusación, cargo*).

descarnado, da. adj. Delgado. ‖ Desnudo, escueto. ‖ Crudo, realista. ‖ m. Descarnación, descarnadura.

descaro. m. Desvergüenza, cinismo, atrevimiento, tupé, insolencia, desfachatez,

descoco, osadía, procacidad (**a.**: *timidez*).

descarriar. tr. y prnl. Descaminar, desviar, desorientar, extraviar (**a.**: *orientar*).

descartar. tr. Apartar, eliminar, quitar, separar, suprimir, desechar, excluir, rechazar. *Descartar una idea.* ‖ Excusarse, rehuir.

descarte. m. Desecho. ‖ Eliminación.

descasar. tr. y prnl. Divorciar, separar (**a.**: *unir*). ‖ Desarticular, descoyuntar, desajustar.

descastado, da. adj. Indiferente, desamorado. ‖ Renegado, desagradecido, ingrato (**a.**: *reconocido, agradecido*).

descendencia. f. Prole, vástagos, sucesión, posteridad, hijos (**a.**: *ascendencia*). ‖ Casta, estirpe, progenie, linaje.

descender. intr. y tr. Bajar, desmontar, apearse, abajar (**a.**: *subir, ascender*). ‖ intr. Rebajarse, degradarse, caer. ‖ Decrecer, disminuir, menguar. ‖ Derivarse, proceder, originarse, provenir, venir.

descendiente. m. Hijo, vástago, sucesor (**a.**: *antecesor, antepasado*).

descenso. m. Bajada. ‖ Caída, decadencia, declinación, descendimiento, ocaso (**a.**: *ascenso, subida*).

descentrado, da. adj. Excéntrico. ‖ Desorientado, desviado.

descepar. tr. Descuajar. ‖ Arrancar, desarraigar, desraizar (**a.**: *plantar*).

descerrajar. tr. Violentar, forzar. ‖ Descargar, tirar, disparar.

deschavetado, da. Adj. y s. Chiflado.

descifrar. tr. Aclarar, interpretar, comprender, desentrañar, penetrar. *Descifrar un enigma.* ‖ Traducir, transcribir.

desclavar. tr. Desenclavar, desprender.

descoagular. tr. y prnl. Descuajar.

descocado, da. adj. Descarado, desvergonzado (**a.**: *vergonzoso*). ‖ Impúdico.

descoco. m. Descaro, desfachatez.

descoger. tr. Desplegar, desenvolver, desenrollar, extender.

descolgarse. prnl. Sorprender, destaparse, salir, espetar. ‖ Descender, bajar, venir. ‖ Sorprender, aparecer.

descolorar. tr. y prnl. Decolorar, desteñir.

descolorido, da. adj. Pálido, macilento.

descollante. adj. Destacado, sobresaliente, distinguido, predominante (**a.**: *insignificante*).

descollar. intr. Destacarse, sobresalir, distinguirse, resaltar, predominar, dominar, diferenciarse (**a.**: *humillarse*).

descombrar. tr. Desescombrar, limpiar, escombrar, despejar, desbrozar.

descomedido, da. adj. Desmedido, excesivo, desproporcionado, desmesurado, exagerado (**a.**: *mesurado*). ‖ Descortés, inconsiderado, desatento, grosero, desconsiderado (**a.**: *medido, cortés*).

descomedimiento. m. Descortesía, desatención, grosería, desconsideración.

descompaginar. tr. Desbaratar, malograr, desordenar, desarreglar, trastornar.

descomponer. tr. Desordenar, desarreglar, desorganizar, trastornar. ‖ Desencajar, desajustar, desunir, estropear (**a.**: *componer, arreglar*). ‖ Desbaratar, frustrar, malograr. ‖ Aturdir, turbar. ‖ Irritar, enfadar. ‖ prnl. Pudrirse, corromperse. ‖ Indisponerse, enfermar. ‖ Desconcertarse, alterarse.

descomposición. f. Putrefacción, corrupción. ‖ Desarreglo, descompostura.

descompostura. f. Indisposición. ‖ Insolencia, irrespetuosidad, desentono. ‖ Desaseo, desaliño.

descompuesto, ta. adj. Putrefacto, podrido. ‖ Estropeado. ‖ Aturdido. ‖ Alterado, irritado, enfadado.

descomunal. adj. Extraordinario, desmesurado, enorme, gigantesco, garrafal. *Un desorden descomunal.*

desconceptuado, da. adj. Desacreditado, desprestigiado.

desconceptuar. tr. Descalificar, desacreditar.

desconcertar. tr. Alterar, desordenar, turbar, descomponer, confundir, desbaratar (**a.**: *concertar, componer*). ‖ tr. y prnl. Dislocar, descoyuntar. ‖ Desorientar, confundir. ‖ prnl. Desavenirse, azorarse, turbarse.

desconcierto. m. Alteración, confusión, desbarajuste, desarreglo, desorganización, descomposición (**a.**: *orden, concierto*). ‖ Desorientación, confusión. ‖ Desunión, discordia.

desconectar. tr. Interrumpir, incomunicar (**a.**: *conectar*).

desconfiado, da. adj. Escéptico, receloso, incrédulo, escamado, suspicaz, malicioso, mal pensado (**a.**: *confiado*).

desconfianza. f. Incredulidad, prevención, duda, aprensión, temor, recelo, malicia, sospecha, suspicacia (**a.**: *fe, confianza*).

desconfiar. intr. Recelar, dudar, sospechar, maliciar, temer. *Desconfiar de las apariencias* (**a.**: *confiar, creer*).

desconforme. adj. Disconforme, discordante. ‖ Discrepante, improcedente, inadecuado.

desconformidad. f. Desacuerdo, discrepancia, incompatibilidad, diversidad (**a.**: *acuerdo, conformidad*).

desconocer. tr. Ignorar (**a.**: *conocer, saber*). ‖ Repudiar, negar.

desconocido, da. adj. Ignoto, ignorado, inexplorado, incógnito (**a.**: *conocido*). ‖ Anónimo. ‖ Cambiado, alterado, distinto, irreconocible. ‖ Ingrato.

desconocimiento. m. Ignorancia. ‖ Ingratitud.

desconsideración. f. Descortesía, descomedimiento, desatención (**a.**: *consideración, cortesía*). ‖ Ligereza, inconsciencia, irreflexión.

desconsiderado, da. adj. Inconsiderado, irrespetuoso, descortés. ‖ Irreflexivo, precipitado, inconsciente.

desconsuelo. m. Aflicción, angustia, pena, pesar, amargura (**a.**: *dicha, consuelo, júbilo*).

descontar. tr. Deducir, rebajar, restar (**a.**: *sumar, acreditar*). ‖ Presuponer.

descontentadizo, za. adj. Difícil, desabrido, áspero, chinche.

descontento, ta. adj. Contrariado, disgustado, resentido, quejoso (**a.**: *contento, satisfecho*). ‖ m. Disgusto, decepción, desagrado, enfado, irritación.

desconveniencia. f. Incomodidad.

desconvenir. intr. Disconvenir, discordar, disentir, discrepar.

descorazonar. tr. y prnl. Desalentar, desmoralizar, desanimar, acobardar, abatir (**a.**: *animar, alentar*). ‖ Afligir, desconsolar, desolar (**a.**: *consolar*).

descorchar. tr. Destapar, destaponar. ‖ Abrir.

descorrer. tr. Volver, retroceder. ‖ Plegar, encoger.

descortés. adj. Desatento, descomedido, desconsiderado, ordinario, incivil, descarado, grosero.

descortesía. f. Desatención, incorrección, descomedimiento, ordinariez, desconsideración, grosería (**a.**: *cortesía, consideración*).

descortezar. tr. Desasnar, educar. ‖ Descascarar, mondar, pelar, descascarillar.

descosido, da. adj. Incoherente. ‖ Parlanchín, hablador.

descoyuntar. tr. y prnl. Dislocar, luxar, desencajar.

descrecer. intr. Menguar, aminorar, disminuir.

descrédito. m. Desdoro, deshonor, vergüenza, desprestigio (**a.**: *crédito, prestigio*). ‖ Insolvencia.

descreído, da. adj. Incrédulo, ateo, escéptico (**a.**: *crédulo, creyente*).

descremar. tr. Desnatar.

describir. tr. Trazar, dibujar, representar, delinear. *Describir una circunferencia.* ‖ Reseñar, explicar.

descripción. f. Detalle, relación, explicación, cuadro.

descrismar. tr. Descalabrar.

descuajar. tr. Descoagular. ‖ Arrancar, extirpar, extraer. ‖ Desanimar, desalentar, abatir.

descuartizar. tr. Despedazar, destrozar, trozar, desmembrar.

descubierta. f. Exploración, reconocimiento, inspección.

descubierto, ta. adj. Espacioso, despejado (**a.**: *cubierto*). ‖ Encontrado, hallado, visto. ‖ m. Déficit, deuda (**a.**: *superávit*).

descubridor, ra. m. y f. Inventor. ‖ Explorador. ‖ Soplón.

descubrimiento. m. Hallazgo, invención. ‖ Revelación, encuentro.

descubrir. tr. Destapar, mostrar (**a.:** *cubrir, tapar*). ‖ Hallar, encontrar (**a.:** *ignorar*). ‖ Revelar, inventar, manifestar, desenmascarar, publicar, denunciar (**a.:** *ocultar*). ‖ Divisar, dominar.

descuento. m. Rebaja, disminución, deducción, reducción (**a.:** *aumento*). ‖ Compensación.

descuidado, da. adj. Negligente, dejado, desidioso, incurioso, desaliñado (**a.:** *cuidadoso, celoso*). ‖ Imprevisor, desprevenido.

descuidar. tr. Desatender, abandonar, olvidar, dejar (**a.:** *cuidar, atender*).

descuido. m. Inadvertencia, omisión, olvido. ‖ Negligencia, distracción, incuria, dejadez, abandono, desidia (**a.:** *cuidado, vela*). ‖ Desliz, tropiezo.

desdecir. intr. Desmerecer, descaecer. ‖ Desentonar, declinar. ‖ prnl. Retractarse. *El testigo se desdijo ante el juez* (**a.:** *ratificar*).

desdén. m. Desprecio, feo, indiferencia, desapego, menosprecio. ‖ Altivez, arrogancia (**a.:** *respeto*).

desdeñar. tr. Menospreciar, despreciar, desairar, desechar, desestimar (**a.:** *apreciar*).

desdeñoso, sa. adj. Altivo, arrogante, altanero, orgulloso, despreciativo, despectivo, indiferente (**a.:** *amable, cortés*).

desdibujado, da. adj. Confuso, impreciso, esfumado, borroso (**a.:** *claro*).

desdicha. f. Desgracia, infortunio, desventura, adversidad, fatalidad, mala suerte (**a.:** *dicha, felicidad*). ‖ Necesidad, miseria (**a.:** *bienestar*).

desdichado, da. adj. Cuitado, infortunado, infeliz, desgraciado, desafortunado (**a.:** *venturoso, dichoso*). ‖ Pobre, necesitado.

desdoblar. tr. Extender, desplegar. ‖ Desenvolver, desarrollar, desenrollar.

desdoro. m. Baldón, mancilla, desprestigio, mancha, mácula, descrédito, vergüenza (**a.:** *honra, prestigio*).

desear. tr. Querer, anhelar, codiciar, pretender, ambicionar, aspirar, ansiar, antojarse, apetecer (**a.:** *despreciar, rechazar*).

desecar. tr. Secar, desaguar (**a.:** *humedecer, mojar*).

desechar. tr. Excluir, rechazar, separar, apartar (**a.:** *aprovechar*). ‖ Expeler, arrojar, tirar. ‖ Desestimar, menospreciar, desdeñar.

desecho. m. Residuo, bazofia, desperdicio, piltrafa, sobras, restos, despojos. *Desechos industriales.*

desembarazado, da. adj. Desocupado, libre, despejado, expedito. ‖ Desenvuelto, desenfadado.

desembarazar. tr. Despejar, evacuar, desocupar, desbrozar (**a.:** *obstruir*). ‖ prnl. Librarse, evitar, eludir, soslayar.

desembarazo. m. Desenfado, desenvoltura, despejo, soltura, desempacho, desparpajo, destreza (**a.:** *inhabilidad*).

desembarcadero. m. Puerto, muelle.

desembarcar. tr. Descender, bajar (**a.:** *embarcar*).

desembocadura. f. Boca, delta.

desembocar. intr. Salir. ‖ Afluir, desaguar, verter. ‖ Terminar, acabar.

desembolsar. tr. Pagar, abonar, entregar, gastar (**a.:** *guardar*).

desembolso. m. Pago, entrega. ‖ Gasto, erogación, dispendio, coste.

desembrollar. tr. Desenredar, desenmarañar, esclarecer, aclarar (**a.:** *embrollar, enredar*).

desembuchar. tr. Confesar, declarar, cantar, hablar (**a.:** *callar*).

desemejante. adj. Diferente, desigual, dispar, distinto, disímil, diverso (**a.:** *semejante, análogo, similar, parecido*).

desemejanza. f. Diferencia, desigualdad, disimilitud, disparidad, discrepancia.

desempacar. tr. Desempaquetar, desembalar (**a.:** *envolver, embalar*).

desempacho. m. Desenvoltura, desenfado.

desempeñar. tr. Cumplir, ejercer, ocupar, ejecutar. ‖ Desentrampar. ‖ Rescatar (**a.:** *empeñar*).

desempleo. m. Desocupación. *La crisis económica agravó el desempleo.*

desencadenar. tr. y prnl. Desatar, liberar, desligar, soltar, librar, libertar. ‖ prnl. Estallar, desatarse.

desencajar. tr. Desquiciar, descoyuntar, desajustar. ‖ prnl. Demudarse, descomponerse, palidecer.

desencallar. tr. e intr. Desembarrancar.

desencantar. tr. Desilusionar, desalentar, decepcionar, desengañar.

desencanto. m. Desilusión, decepción, desengaño, chasco (a.: *ilusión*).

desencapotarse. prnl. Aclarar, despejarse (a.: *encapotarse, nublarse*). ‖ Desenfadarse.

desencoger. tr. y prnl. Desplegar, desenrollar, estirar, extender, desentumecerse (a.: *enrollar, encoger, entumecerse*).

desenfadado, da. adj. Desenvuelto. ‖ Libre, desembarazado.

desenfadar. tr. y prnl. Calmar, desenojar, apaciguar, aplacar (a.: *enojar*).

desenfado. m. Desempacho, desahogo, desenvoltura, desparpajo, despejo, desembarazo (a.: *mesura*). ‖ Descaro, frescura, insolencia.

desenfrenado, da. adj. Alocado, desquiciado, desatado. ‖ m. y f. Libertino, inmoral, disoluto.

desenfrenarse. prnl. Desatarse, estallar, desencadenarse. ‖ Desmandarse, extralimitarse.

desenfreno. m. Libertinaje, disipación, deshonestidad, inmoralidad (a.: *templanza, continencia, moralidad*).

desenganchar. prnl. Desprender, soltar (a.: *enganchar*).

desengañar. tr. Decepcionar, escarmentar, desilusionar, desencantar (a.: *embaucar, seducir, engañar*).

desengaño. m. Decepción, desilusión, chasco, contrariedad, desencanto (a.: *engaño, ilusión, aspiración*).

desenlace. m. Solución, terminación, resolución, desenredo. ‖ Final, fin, conclusión. *La historia tuvo un feliz desenlace* (a.: *comienzo*).

desenlazar. tr. Soltar, desasir, desatar. ‖ Resolver, desenredar, solucionar.

desenmarañar. tr. Desenredar, desembrollar (a.: *enmarañar, enredar*). ‖ Aclarar.

desenmascarar. tr. Descubrir (a.: *enmascarar, esconder*). ‖ Destapar.

desenojar. tr. y prnl. Desenfadar, desatufar, aplacar, calmar, desencapotar, apaciguar. ‖ prnl. Solazarse, divertirse, recrearse.

desenredar. tr. Desenmarañar, desanudar, desembrollar (a.: *complicar, enredar, embrollar*). ‖ prnl. Desenvolverse, arreglarse, componérselas.

desenrollar. tr. Desplegar, extender (a.: *enrollar*).

desenroscar. tr. Desatornillar.

desentenderse. prnl. Abstenerse, prescindir, despreocuparse, excusarse, inhibirse, zafarse (a.: *interesarse, obstinarse, preocuparse*).

desenterrar. tr. Exhumar, descubrir. ‖ Evocar, recordar.

desentonar. intr. y prnl. Desafinar, discordar. *La orquesta desentona.* ‖ prnl. Descomedirse, insolentarse.

desentono. m. Discordancia, disonancia (a.: *entonación*). ‖ Descomedimiento, insolencia, inconveniencia, descompostura (a.: *comedimiento*).

desentrañar. tr. Descifrar, dilucidar, descubrir, penetrar.

desentumecer. tr. Desentumir.

desenvainar. tr. Desenfundar, sacar. *Desenvainar la espada.*

desenvoltura. f. Desembarazo, soltura, desenfado, naturalidad, llaneza (a.: *embarazo, apocamiento*). ‖ Desvergüenza, desfachatez, descoco (a.: *comedimiento*).

desenvolver. tr. Abrir, desplegar, desenrollar (a.: *enrollar, envolver*). ‖ Desarrollar, exponer. ‖ Ampliar, acrecentar, incrementar. ‖ prnl. Manejarse, gobernarse, arreglarse.

desenvolvimiento. m. Desarrollo, ampliación, expansión.

desenvuelto, ta. adj. Resuelto, expeditivo, desenfadado.

deseo. m. Apetito, gana, hambre, avidez.

‖ Ansia, anhelo, aspiración, ambición (**a.**: *desinterés*). ‖ Antojo, capricho.

desequilibrado, da. adj. Loco, maniático, chiflado, tocado (**a.**: *equilibrado, sensato*).

deserción. f. Defección, abandono, huida. ‖ Abjuración, renuncia, apostasía.

desertar. tr. Abandonar, separarse, traicionar.

desértico, ca. adj. Desierto, despoblado.

desertor, ra. m. y f. Prófugo. ‖ Tránsfuga (**a.**: *leal, fiel*).

desesperación. f. Desesperanza, desmoralización, desaliento, despecho. ‖ Exasperación, consternación.

desesperar. tr., intr. y prnl. Desesperanzar, desanimar, descorazonar, desalentar (**a.**: *confiar, esperar*). ‖ tr. y prnl. Impacientar, irritar, enojar, exasperar.

desestimar. tr. Desdeñar, despreciar, menospreciar, subestimar (**a.**: *estimar*). ‖ Desechar, rechazar, denegar (**a.**: *aceptar*).

desfachatado, da. adj. Descarado, atrevido, desvergonzado, fresco, cínico.

desfachatez. f. Descaro, insolencia, tupé, desvergüenza, osadía (**a.**: *timidez*).

desfallecer. intr. Decaer, debilitarse, descaecer, flaquear, desmayar, flojear, desanimarse (**a.**: *reanimar*).

desfallecimiento. m. Desmayo, desvanecimiento, descaecimiento, mareo, decaimiento. ‖ Abatimiento, desaliento, debilidad, desánimo.

desfavorable. adj. Adverso, hostil, contrario, perjudicial (**a.**: *favorable, propicio*).

desfigurar. tr. Deformar, alterar, disfrazar, modificar, enmascarar, encubrir, disimular, falsear (**a.**: *arreglar*). ‖ prnl. Inmutarse, demudarse, alterarse.

desfiladero. m. Paso.

desfile. m. Parada, revista.

desflorar. tr. Desvirgar, violar, mancillar.

desfogar. tr. y prnl. Desahogar.

desgajar. tr. Arrancar, separar, romper, desgarrar. ‖ prnl. Desprenderse.

desgalichado, da. adj. Desgarbado. ‖ Desaliñado, descuidado.

desgana. f. Inapetencia, desgano, anorexia (**a.**: *gana, deseo, apetencia*).

desganado, da. adj. Inapetente (**a.**: *gustoso, hambriento*). ‖ Cansado, indolente (**a.**: *ganoso, ansioso*).

desgano. m. Desgana. ‖ Hastío, indolencia.

desgañitarse. prnl. Desgargantarse, gritar, vociferar. ‖ Enronquecer.

desgarradura. f. Desgarramiento.

desgarrante. adj. Lacerante.

desgarrar. tr. Rasgar, arrancar, romper, despedazar, destrozar.

desgarro. m. Rotura, rompimiento, desgarrón. ‖ Desvergüenza, descaro, desfachatez, frescura, descoco. ‖ Fanfarronada, bravata.

desgarrón. m. Rasgón, siete, rotura. ‖ Jirón.

desgastado, da. adj. Raído, usado.

desgastar. tr. Gastar. ‖ Corroer, debilitar, dañar. *El roce desgasta la madera.*

desgaznatarse. prnl. Desgañitarse. ‖ Enronquecer.

desgobierno. m. Desorden, desconcierto, desbarajuste, desorganización (**a.**: *orden*). ‖ Anarquía.

desgracia. f. Accidente, percance, contratiempo, desastre. ‖ Fatalidad, desventura, desdicha, infelicidad, infortunio, adversidad (**a.**: *felicidad, suerte, dicha*). ‖ Mala suerte, mala sombra, mala pata. ‖ Disfavor.

desgraciado, da. adj. Infeliz, desventurado, desafortunado, malaventurado, desdichado, infortunado. ‖ Infausto, fatídico, aciago. ‖ Desacertado.

desgraciar. tr. y prnl. Malograr, frustrar, estropear.

desgrasar. tr. Desengrasar.

desgreñar. tr. Despeinar, desmelenar, encrespar.

desguarnecer. tr. Desmantelar, desarmar. ‖ Despojar.

deshabitado, da. adj. Inhabitado, despoblado, abandonado, desierto, yermo, solitario.

deshabituar. tr. y prnl. Desacostumbrar.

deshacer. tr. Desarmar, desmontar (**a.**: *ha-*

cer, armar). ‖ Aniquilar, destruir, derrotar. ‖ Descomponer, dañar, desfigurar, romper, destrozar, desbaratar, estropear (**a.:** *organizar, crear*). ‖ Desintegrar, desorganizar, desmoronar, disgregar. ‖ Disolver, derretir, desleír, licuar, fundir, liquidar. ‖ prnl. Enflaquecer, extenuarse. ‖ Esfumarse, desvanecerse, desaparecer. ‖ Desvivirse, inquietarse, consumirse. ‖ Esforzarse.

desharrapado, da. adj. Desarrapado, andrajoso, harapiento, desastrado.

deshecho, cha. adj. Destrozado, pulverizado, destruido. roto. ‖ Violento, fuerte. *Temporal deshecho* (**a.:** *débil*).

desherbar. tr. Desyerbar, escardar.

deshilvanado, da. adj. Inconexo, incoherente.

deshinchar. tr. Desinflar. ‖ prnl. Desahogarse. ‖ Reducirse.

deshonestidad. f. Impudicia, indecencia, impudor, impureza, obscenidad. ‖ Desvergüenza, libertinaje, descoco, pornografía.

deshonesto, ta. adj. Inmoral, sicalíptico, impúdico, obsceno, desvergonzado, indecente, libidinoso, torpe. ‖ Venal (**a.:** *íntegro*).

deshonor. m. Deshonra, descrédito, ignominia, oprobio, afrenta, infamia.

deshonra. f. Descrédito, desdoro, deshonor, afrenta, desprestigio, oprobio, ultraje, indignidad (**a.:** *honra, prestigio, reputación, crédito*).

deshonrar. tr. Difamar, denigrar, desacreditar, envilecer, infamar, ultrajar, afrentar (**a.:** *alabar, acreditar*). ‖ Violar, desflorar.

deshonroso, sa. adj. Ignominioso, ultrajante, vergonzoso, indecoroso, infamante, afrentoso (**a.:** *honorable*).

desiderable. adj. Deseable, envidiable, apetecible, codiciable.

desiderativo, va. adj. Optativo.

desidia. f. Negligencia, inercia, incuria, dejadez, pereza, holgazanería (**a.:** *diligencia, presteza, celo*). ‖ Desaseo, desaliño (**a.:** *aseo, cuidado, esmero*).

desierto, ta. adj. Deshabitado, despoblado, inhabitado, desolado, solitario (**a.:** *poblado*). ‖ Vacío, yermo.

designación. f. Nombramiento, nominación, señalamiento, nombre.

designar. tr. Denominar, nombrar, llamar. ‖ Significar, denotar. ‖ Señalar, elegir, indicar, destinar.

designio. m. Pensamiento, objeto, plan, proyecto. ‖ Intención, idea, intento, voluntad, propósito, maquinación, mira, fin.

desigual. adj. Diferente, diverso, distinto, otro (**a.:** *igual, mismo, coincidente, semejante*). ‖ Quebrado, escabroso, áspero, barrancoso, accidentado. ‖ Arduo, dificultoso. ‖ Inconstante, cambiante, variable, mudable, voluble.

desigualdad. f. Diferencia, disparidad.

desilusión. f. Desesperanza. ‖ Decepción, desencanto, desengaño (**a.:** *quimera, ilusión*).

desinencia. f. Terminación, sufijo.

desinfectante. adj. Antiséptico (**a.:** *infeccioso*).

desinfectar. tr. Fumigar, desinficionar. *Desinfectar una escuela.*

desintegrar. tr. Disgregar, desunir, disociar. *Desintegrar los átomos* (**a.:** *integrar, asociar, fusionar*).

desinterés. m. Desasimiento, desprendimiento, desapego. ‖ Abnegación, liberalidad, generosidad, altruismo, magnanimidad, desprendimiento (**a.:** *interés, egoísmo*).

desinteresado, da. adj. Abnegado, desprendido, generoso, liberal, magnánimo, altruista (**a.:** *egoísta, tacaño*).

desistir. intr. Renunciar, ceder, cejar. ‖ Abdicar, dejar, abandonar (**a.:** *continuar, persistir, perseverar*).

deslavazado, da. adj. Insustancial, insulso. ‖ Deshilvanado, desordenado.

desleal. adj. Aleve, infiel, felón, traidor, pérfido, traicionero, alevoso, falso (**a.:** *leal, fiel*).

deslealtad. f. Infidelidad, felonía, perfidia, traición.

desleír. tr. y prnl. Disolver, diluir, licuar.

deslenguado, da. adj. Atrevido, malhablado, procaz, desbocado, descarado, desvergonzado, insolente.

desligar. tr. Desatar, soltar, desanudar, desenredar, desenlazar (a.: *ligar, atar*). ‖ Eximir, librar, absolver, dispensar. ‖ Picar (en música).

deslindar. tr. Demarcar, señalar, fijar, delimitar. ‖ Aclarar, distinguir, fijar, determinar, puntualizar, precisar.

desliz. m. Resbalón, traspié, deslizamiento, caída. ‖ Pecado, descuido, falta, error, lapso, culpa, yerro.

deslizante. adj. Corredizo.

deslizar. tr. Insinuar, introducir. ‖ prnl. Resbalar, escurrirse, patinar. ‖ Escabullirse, evadirse, escaparse.

deslucido, da. adj. Afeado, ajado (a.: *lustroso, brillante*). ‖ Desmañado.

deslumbramiento. m. Alucinamiento, obnubilación.

deslumbrar. tr. Encandilar, ofuscar, cegar, enceguecer. ‖ Maravillar, asombrar, fascinar, impresionar, pasmar, admirar.

deslustrar. tr. Empañar. ‖ Ajar, sobar. ‖ Desacreditar, deslucir.

desmadejado, da. adj. Abatido, desmazalado, desmalazado, flojo, decaído, débil, desfallecido, caído.

desmagnetizar. tr. Desimanar, desimantar.

desmamar. tr. Destetar, despechar.

desmán. m. Exceso, demasía, desorden. ‖ Abuso, atropello, maldad, tropelía.

desmandado, da. adj. Desobediente, díscolo, indócil.

desmandarse. prnl. Rebelarse, insubordinarse, desobedecer, sublevarse. ‖ Propasarse, desbocarse, excederse, descomedirse, insolentarse. ‖ Desbandarse.

desmantelar. tr. Desguarnecer. ‖ Desarbolar (en marina) ‖ Desamueblar, desarmar, deshabitar, abandonar.

desmañado, da. adj. Chambón, inhábil, chapucero, torpe, inepto, inútil.

desmaterialización. f. Aniquilación.

desmayar. intr. y prnl. Flaquear, acobardarse, desalentarse, desvanecerse, desanimarse, desfallecer, amilanarse (a.: *animarse*).

desmayo. m. Desaliento, desánimo. ‖ Desvanecimiento, colapso, soponcio.

desmazalado, da. adj. Desmalazado, desmadejado, flojo, decaído.

desmedido, da. adj. Desproporcionado, exagerado, excesivo, enorme, desmesurado, inmoderado, descomedido.

desmedrado, da. adj. Esmirriado, enclenque, escuálido (a.: *robusto, crecido*).

desmedrar. intr. y prnl. Decaer, desmejorar, debilitarse, enflaquecer, adelgazar, declinar.

desmedro. m. Deterioro, menoscabo, detrimento (a.: *aumento*).

desmejorar. intr. y prnl. Decaer, languidecer, enfermar, demacrarse (a.: *mejorar, sanar*).

desmelenar. tr. Desgreñar, despeinar.

desmembrar. tr. Descuartizar, despedazar. ‖ Dividir, separar, fragmentar, escindir, segmentar, desgajar (a.: *integrar, unir*).

desmemoriado, da. adj. Olvidadizo. ‖ Descuidado, distraído.

desmentida. f. Desmentido, rectificación, mentís.

desmentido, da. adj. Refutado, negado, impugnado (a.: *comprobado*).

desmentir. tr. Negar, impugnar, refutar, desvirtuar, rebatir (a.: *confirmar, ratificar*). ‖ Refutar, contradecir.

desmenuzar. tr. Analizar. ‖ Triturar, destrozar, picar, desmigajar.

desmerecedor, ra. adj. Indigno, imperfecto.

desmerecer. intr. Desvalorizarse, desacreditar. ‖ Decaer.

desmerecimiento. m. Demérito. ‖ Desdoro.

desmesurado, da. adj. Excesivo, exagerado, desmedido, enorme, desproporcionado. *Orgullo desmesurado.*

desmigajar. tr. Desmenuzar.

desmirriado, da. adj. Esmirriado, enclenque, flaco, consumido.

desmochar. tr. Despuntar, mochar, descabezar, podar. ‖ Mutilar.

desmontar. tr. Desarmar, desarticular (a.: *armar*). ‖ Cortar, talar (a.: *plantar*). ‖

Rozar. ‖ intr. y prnl. Descabalgar, apearse, bajar (a.: *montar. subir*).

desmoralizar. tr. y prnl. Amilanar, desanimar (a.: *animar*). ‖ Corromper, pervertir (a.: *moralizar*).

desmoronarse. prnl. Caer, derrumbarse, desplomarse (a.: *construir*). ‖ Fracasar (a.: *triunfar*).

desnaturalizar. tr. Falsificar, falsear, alterar.

desnivel. m. Depresión, cuesta, rampa, desigualdad (a.: *igualdad*).

desnudar. tr. y prnl. Desvestir, destapar, descubrir (a.: *cubrir, vestir*). ‖ Despojar, quitar (a.: *devolver*). ‖ Desprender.

desnudez. f. Pobreza, necesidad, indigencia, miseria. ‖ Destape.

desnudo, da. adj. Corito, en cueros, en pelo, nudo. ‖ Descubierto. ‖ Desmantelado, desguarnecido, pelado. ‖ Pobre, desprovisto, necesitado, falto, indigente, carente, mísero, arruinado. ‖ Patente, claro, sin rodeos.

desnutrido, da. adj. Débil, anémico, escuálido.

desobedecer. tr. Desmandarse, resistirse, rebelarse, indisciplinarse, insubordinarse (a.: *obedecer, acatar*).

desobediente. adj. Indócil, infractor, díscolo, rebelde, caprichoso, reacio, desmandado, indisciplinado, insumiso (a.: *obediente, dócil*).

desocupación. f. Inactividad, inacción, paro, ociosidad (a.: *actividad, ocupación, trabajo*).

desocupado, da. adj. Vago. ‖ Parado, inactivo, desempleado, ocioso, desacomodado, cesante. ‖ Desembarazado, vacío, expedito, vacante (a.: *lleno, ocupado*).

desocupar. tr. Desembarazar, sacar, vaciar, desalojar, evacuar (a.: *ocupar, llenar*).

desoír. tr. Desatender, desestimar, rechazar (a.: *oír, atender, escuchar*).

desolación. f. Devastación, ruina, destrucción. ‖ Aflicción, dolor, desconsuelo, pesar, tribulación, pesadumbre, angustia (a.: *alivio, desahogo*).

desolado, da. adj. Asolado, devastado, saqueado, yermo (a.: *reconstruido*). ‖

Apenado, apesadumbrado (a.: *contento, satisfecho*).

desolar. tr. Asolar, destruir, devastar, arrasar (a.: *construir*). ‖ prnl. Afligirse, angustiarse, apesararse, apenarse, desconsolarse (a.: *consolarse*).

desolladura. f. Despellejadura.

desollar. tr. Despellejar, cuerear, escorchar, pelar. ‖ Murmurar, criticar, censurar.

desopilante. adj. Festivo, divertido. *Comedia desopilante.*

desorden. m. Desarreglo, confusión, desconcierto, revoltijo, desorganización, desparramo, desgobierno, desbarajuste (a.: *organización, orden*). ‖ Alboroto, tumulto, barahúnda, motín, asonada, perturbación, disturbio (a.: *tranquilidad*). ‖ Caos, fárrago, mezcolanza, anarquía, anomalía (a.: *armonía, método*).

desordenado, da. adj. Alterado, confuso, inordenado, desarreglado, desmandado, desgobernado. ‖ Desenfrenado, pervertido.

desordenar. tr. Descomponer, desquiciar, desorganizar, revolver, desarreglar, alterar, trastornar, perturbar, desconcertar, desbaratar (a.: *ordenar, organizar*).

desorganizar. tr. Desordenar, desquiciar, desarreglar, perturbar, trastornar, alterar, desbarajustar, revolver (a.: *ordenar*).

desorientar. tr. y prnl. Extraviar, descaminar, despistar, perderse (a.: *orientar, encaminar*). ‖ Confundir, ofuscar, turbar, embarullar.

desove. m. Freza.

desoxidante. adj. Reductor.

desoxidar. tr. Desoxigenar.

despabiladeras. f. y pl. Tenacillas.

despabilado, da. adj. Insomne, desvelado, despierto (a.: *dormido*). ‖ Listo, vivo, astuto (a.: *atontado*).

despabilar. tr. y prnl. Desvelar (a.: *dormirse*). ‖ Avispar, avivar (a.: *atontar*). ‖ intr. y prnl. Aligerar, apremiar.

despachar. tr. Acabar, concluir, apurarse, acelerar. ‖ Resolver, tramitar, decidir. ‖ Enviar, mandar, remitir, expedir, remesar. *Despachar la correspondencia.* ‖ Vender, expender. ‖ Matar, asesinar.

despacho. m. Carta, comunicación, telegrama. ‖ Decisión, resolución, expediente. ‖ Venta, expendio, salida. ‖ Oficina, bufete, escritorio.

despachurrar. tr. Despanzurrar, estrujar, aplastar, destripar, reventar, escabechar.

despacio. adv. Lentamente, pausadamente, despaciosamente, poco a poco (**a.:** *rápidamente*). ‖ Silenciosamente.

despacioso, sa. adj. Espacioso, flemático, lento, pausado (**a.:** *rápido, veloz*).

despalmar. tr. Achaflanar.

despampanante. adj. Maravilloso, estupendo, fenomenal, llamativo. ‖ Desconcertante, sorprendente, asomboroso.

despanzurrar. tr. Despachurrar, espachurrar. ‖ Destripar.

desparejo, ja. adj. Diferente, dispar.

desparpajo. m. Descaro, desembarazo, tupé, desenvoltura, desfachatez, frescura, desenfado (**a.:** *modestia*).

desparramar. tr. Esparcir, desperdigar, diseminar, dispersar (**a.:** *juntar*). ‖ Dilapidar, malgastar, derrochar, despilfarrar (**a.:** *ahorrar*).

despatarrarse. prnl. Espatarrarse, esparrancarse.

despavorido, da. adj. Espantado, aterrorizado, aterrado, horrorizado (**a.:** *impávido, sereno*).

despectivo, va. adj. Despreciativo, desdeñoso. *Actitud despectiva* (**a.:** *respetuoso*).

despechar. tr. Destetar. ‖ Irritar, enfadar, indignar, importunar, enfurecer. ‖ Desesperar (**a.:** *serenar*).

despecho. m. Desesperación, desengaño. ‖ Indignación, furia, cólera, inquina.

despedazar. tr. Destrozar, desmembrar, descuartizar, romper, trozar, desgarrar.

despedida. f. Adiós, partida (**a.:** *bienvenida*). ‖ Despido (**a.:** *recibimiento*).

despedir. tr. Lanzar, arrojar, disparar, soltar, impulsar. ‖ Esparcir, difundir. ‖ Despachar, echar, expulsar, exonerar, largar. ‖ prnl. Ausentarse, marcharse (**a.:** *recibir*).

despegado, da. adj. Áspero, hosco, huraño, indiferente.

despegar. tr. Separar, desprender, apartar, desunir (**a.:** *pegar, unir, adherir*). ‖ Descoser. ‖ intr. Decolar. ‖ prnl. Desapegarse.

despego. m. Desapego, indiferencia, desafecto, frialdad, desabrimiento.

despeinar. tr. Desmelenar, desgreñar.

despejado, da. adj. Despabilado, inteligente, lúcido, listo, despierto, vivo. ‖ Espacioso, ancho, desembarazado. ‖ Sereno, claro, limpio (**a.:** *nuboso*).

despejar. tr. Desembarazar, desalojar. *Despejar el camino.* ‖ Desembrollar. ‖ prnl. Aclararse, serenarse, escampar (**a.:** *obscurecer*).

despejo. m. Soltura, desenvoltura. ‖ Inteligencia, viveza, talento (**a.:** *torpeza*).

despellejar. tr. Cuerear, desollar, pelar. ‖ Murmurar, criticar.

despenar. tr. Matar.

despensa. f. Proveduría, almacén. ‖ Alacena.

despeñadero. m. Barranco, sima, precipicio, abismo.

despeñar. tr. y prnl. Precipitar, arrojar. ‖ Desbarrancar.

desperdiciar. tr. Desaprovechar, derrochar, malgastar, disipar, despilfarrar. *Desperdiciar los mejores años.*

desperdicio. m. Desecho, residuo, resto.

desperdigar. tr. y prnl. Desparramar, diseminar, esparcir, dispersar (**a.:** *juntar, reunir*).

desperezarse. prnl. Desentumecerse, estirarse.

desperfecto. m. Avería, deterioro, daño, detrimento. ‖ Defecto, imperfección.

despertar. tr. Provocar, avivar, excitar, estimular (**a.:** *atenuar*). ‖ Recordar (**a.:** *olvidar*). ‖ Despabilarse, desvelarse (**a.:** *dormir*).

despiadado, da. adj. Cruel, desalmado, inhumano, bárbaro, impío, duro, inclemente (**a.:** *clemente, compasivo*).

despido. m. Separación (**a.:** *permanencia*).

despierto, ta. adj. Avisado, listo, espabilado, vivo, despejado (**a.:** *tardo, torpe*).

despilfarrar. tr. Malgastar, malbaratar, tirar, derrochar, dilapidar (**a.:** *ahorrar, guardar*).

despilfarro. m. Derroche, dilapidación, dispendio, malgasto.

despintar. tr. y prnl. Decolorar, alterar, desteñir, desfigurar. || prnl. Borrarse.

despistar. tr. y prnl. Desorientar, desconcertar, confundir.

desplacer. intr. Contrariar, disgustar, desagradar. || m. Desazón, disgusto, descontento, desagrado, pesadumbre.

desplante. m. Jactancia, desfachatez, insolencia. || Exabrupto.

desplazar. tr. Desalojar. || prnl. Trasladarse.

desplegar. tr. Extender, desdoblar, abrir, desenrollar (**a.:** *cerrar, plegar, enrollar*). || Desarrollar, desenvolver. || Aclarar, dilucidar.

despliegue. m. Desenvolvimiento, desarrollo, evolución.

desplomarse. prnl. Caerse, derrumbarse (**a.:** *levantarse*).

desplumar. tr. Pelar. || Desvalijar, estafar, despojar, arruinar.

despoblado, da. adj. Deshabitado, inhabitado, abandonado, solitario, yermo. || m. Desierto.

despojar. tr. Desposeer, confiscar, robar, quitar, arrebatar (**a.:** *restituir*). || prnl. Desprenderse, renunciar (**a.:** *retener*). || Desnudarse. *Despojarse de las ropas.*

despojo. m. Botín, saqueo, presa. || Expoliación. || pl. Sobras, desperdicios. || Restos mortales, cadáver.

despolvorear. tr. Desempolvar.

desposar. tr. y prnl. Casar, contraer nupcias (**a.:** *divorciar, separarse*).

desposeer. tr. Robar, quitar, expropiar, despojar, destituir (**a.:** *restituir*). || prnl. Desprenderse, desapropiarse, renunciar.

desposorio. m. Desposorios, esponsales.

déspota. m. Autócrata, dictador, tirano.

despótico, ca. adj. Absoluto, opresor, tiránico, dictatorial, arbitrario, abusivo. *Poder despótico.*

despotismo. m. Autocracia, absolutismo, opresión, dictadura, tiranía (**a.:** *democracia*).

despotricar. intr. Desbarrar, desatinar, disparatar, criticar.

despreciable. adj. Indigno, bajo, miserable, rastrero, abyecto, ruin, vil (**a.:** *apreciable, noble*).

despreciar. tr. Menospreciar. || Desairar, desdeñar, relegar. || Denigrar, vilipendiar.

despreciativo, va. adj. Despectivo. || Altivo, altanero, desdeñoso, despectivo.

desprecio. m. Desconsideración, subestimación, menosprecio, desdén, desaire, vilipendio (**a.:** *estima, respeto*).

desprender. tr. Desatar, separar, soltar, desenganchar, despegar, desasir, desunir (**a.:** *unir, prender, sujetar*). || prnl. Renunciar, desasirse, quitarse, despojarse. || Deducirse, seguirse, inferirse.

desprendido, da. adj. Desinteresado, magnánimo, generoso, liberal, dadivoso (**a.:** *mezquino*).

desprendimiento. m. Avalancha, alud, caída. || Desinterés, largueza, generosidad, liberalidad (**a.:** *tacañería, cicatería*).

despreocupación. f. Indiferencia, flema (**a.:** *preocupación, interés*).

despreocuparse. prnl. Desatenderse (**a.:** *preocuparse, atender*).

desprestigiar. tr. Desacreditar, difamar, denigrar, vilipendiar (**a.:** *acreditar, alabar, elogiar*).

desprevenido, da. adj. Desapercibido, descuidado, inadvertido, desprovisto (**a.:** *prevenido, advertido, previsor*).

desproporción. f. Desequilibrio, desarmonía (**a.:** *armonía, proporción*).

despropósito. m. Dislate, desatino, disparate, necedad.

desprovisto, ta. adj. Falto, desprevenido, carente, desguarnecido. *Desprovisto de alas.*

después. adv. Luego, posteriormente, seguidamente, ulteriormente (**a.:** *antes*). || Detrás (**a.:** *delante*).

despuntado, da. adj. Romo, mocho.

despuntar. intr. Descollar, sobresalir, distinguirse, destacarse. || Amanecer.

desquiciar. tr. y prnl. Desencajar, desajustar, perturbar, descomponer (**a.:** *ordenar*).

desquitarse. prnl. Resarcirse, recobrar. ‖ Vengarse.

desquite. m. Resarcimiento, reparación, revancha. ‖ Venganza.

destacar. tr. Subrayar. ‖ prnl. Descollar, distinguirse, sobresalir, despuntar, desprenderse, resaltar. *Actuación destacada.*

destapar. tr. Descorchar (a.: *tapar*). ‖ Abrir (a.: *cerrar*). ‖ Descubrir (a.: *ocultar*). ‖ Desabrigar, desarropar (a.: *abrigar*). ‖ prnl. Descolgarse, sobresalir.

destartalado, da. adj. Ruinoso, desvencijado, descompuesto.

destellar. intr. Centellear, chispear, fulgurar, brillar.

destello. m. Brillo, resplandor, relumbrón, centelleo. ‖ Indicio, vislumbre.

destemplado, da. adj. Desafinado, disonante. ‖ Desapacible. ‖ Alterado, inmoderado, descomedido.

destemplanza. f. Alteración (a.: *calma*). ‖ Inclemencia.

destemplar. tr. y prnl. Desafinar (a.: *templar*).

destemple. m. Disonancia, desentono, desafinación. ‖ Indisposición, destemplanza. ‖ Alteración, desconcierto.

desteñir. tr. y prnl. Despintar, descolorar, decolorar.

desterrar. tr. Expatriar, expulsar, deportar, extrañar. ‖ Apartar, alejar.

destetar. tr. Desmamar, despechar.

destierro. m. Exilio, ostracismo, deportación, extrañamiento, proscripción (a.: *repatriación*).

destilado. m. Condensado. *Agua destilada.*

destilador. m. Alambique.

destilar. tr. Alambicar. ‖ Filtrar. ‖ tr. o intr. Exudar, segregar, rezumar.

destinar. tr. Dedicar, aplicar, reservar. ‖ Designar.

destino. m. Hado, providencia, sino, fortuna, suerte, fatalidad. ‖ Fin, finalidad, aplicación. ‖ Empleo, cargo, puesto, colocación, ocupación (a.: *cesantía*). ‖ Paradero.

destituir. tr. Deponer, derrocar, despedir, exonerar, expulsar, remover, echar, degradar (a.: *designar, nombrar*). ‖ Desposeer.

destornillado, da. adj. Precipitado, chiflado, alocado, atolondrado.

destornillar. tr. Desatornillar, desenroscar. ‖ prnl. Atolondrarse, desconcertarse, alocarse.

destral. m. Hacha.

destreza. f. Habilidad, maña, soltura, primor, maestría, pericia (a.: *torpeza, impericia*).

destripar. tr. Despanzurrar, despachurrar.

destronar. tr. Derrocar, deponer. *Destronar al rey* (a.: *exaltar*).

destrozar. tr. Despedazar, fracturar, romper, destruir (a.: *componer, arreglar*). ‖ Batir, derrotar, arrollar, aniquilar, deshacer (a.: *cuidar*).

destrozo. m. Estropicio, estrago, rotura, destrucción.

destrucción. f. Aniquilación, ruina, devastación, demolición, asolamiento, derribo (a.: *construcción*).

destructor, ra. adj. Devastador, demoledor, asolador, destrozón (a.: *cuidadoso*). ‖ m. Torpedero.

destruir. tr. Arruinar, volar, aniquilar, arrasar, deshacer, romper, desbaratar, destrozar, exterminar, devastar, demoler, asolar (a.: *construir, crear, organizar*).

desuncir. tr. Desyugar, desenyugar.

desunión. f. Separación, desajuste. ‖ Desavenencia, discordia, desacuerdo, división, rompimiento.

desunir. tr. Apartar, separar, desconectar, dividir (a.: *unir, juntar*). ‖ Enemistar, malquistar, indisponer (a.: *avenir*).

desusado, da. adj. Desacostumbrado, raro, inusitado, anticuado, insólito, inusual, obsoleto, extraño (a.: *usual, habitual*).

desvaído, da. adj. Pálido, desvanecido, descolorido, rebajado, desteñido. ‖ Impreciso, vago. ‖ Desgarbado.

desvalido, da. adj. Desamparado, abandonado. *Infancia desvalida.*

desvalijar. tr. Robar, despojar, saquear.

desvalorizar. tr. Depreciar (a.: *valorizar, valorar*).

desván. m. Altillo, buharda, guardilla, buhardilla, bohardilla, boardilla, sobrado, zaquizamí.

desvanecer. tr. y prnl. Esfumar, amortiguar, atenuar. ‖ prnl. Desmayarse. ‖ Disiparse, evaporarse, desaparecer.

desvanecimiento. m. Vahído, mareo, desmayo, soponcio. ‖ Engreimiento, altanería, presunción (**a.:** *modestia, humildad*).

desvariar. intr. Delirar, disparatar.

desvarío. m. Delirio. ‖ Capricho, ilusión, quimera, dislate, disparate, desatino, monstruosidad (**a.:** *cordura, razón*).

desvelarse. prnl. Inquietarse, preocuparse, desvivirse (**a.:** *desinteresarse*). ‖ Despabilarse (**a.:** *adormecerse*).

desvelo. m. Insomnio. ‖ Esfuerzo, celo, cuidado, afán, inquietud.

desvencijado, da. adj. Destartalado, estropeado.

desventaja. f. Inferioridad, mengua, menoscabo, inconveniente (**a.:** *ventaja, conveniencia*).

desventajoso, sa. adj. Perjudicial, dañoso, inferior.

desventura. f. Desgracia, desdicha, infortunio (**a.:** *ventura, prosperidad, suerte, dicha*).

desventurado, da. adj. Desgraciado, desdichado. ‖ Cuitado, infeliz, mísero.

desvergonzado, da. adj. Sinvergüenza, deshonesto, descarado, descocado, procaz, desfachatado.

desvergüenza. f. Osadía, sinvergüencería, desfachatez, insolencia, impudicia, procacidad, descaro (**a.:** *vergüenza, pudor, timidez, recato*).

desvestir. tr. y prnl. Desnudar.

desviación. f. Desvío, descarrío. ‖ Anormalidad, irregularidad.

desviar. tr. y prnl. Alejar, apartar, desorientar, descarriar, separar (**a.:** *acercar*). ‖ Disuadir, desaconsejar. ‖ prnl. Perderse, extraviarse (**a.:** *encaminar*).

desvincularse. prnl. Desligarse (**a.:** *relacionarse*). ‖ Desentenderse.

desvío. m. Desviación, alejamiento. ‖ Derivación. ‖ Desapego, despego, desa-

mor, desafecto, frialdad, desagrado, retraimiento (**a.:** *afecto*).

desvirtuar. tr. Debilitar, anular. ‖ Contrarrestar.

desvivirse. prnl. Desvelarse, perecerse, esmerarse, afanarse (**a.:** *despreocuparse*).

desyerbar. tr. Desherbar, escardar.

desyugar. tr. Desuncir.

detallado, da. adj. Pormenorizado, minucioso. *Informe detallado.*

detallar. tr. Puntualizar, pormenorizar. ‖ Referir, relatar, narrar.

detalle. m. Menudeo, minucia, particularidad. ‖ Fragmento, pormenor, parte, porción (**a.:** *total, todo, conjunto*).

detallista. m. o f. Minorista.

detención. f. Parada, alto, detenimiento, estación. ‖ Dilación, tardanza, demora, retraso. ‖ Prolijidad, esmero, cuidado. ‖ Arresto, captura, prendimiento, apresamiento, aprehensión.

detener. tr. y prnl. Parar, atajar, contener, interceptar, paralizar (**a.:** *marchar*). ‖ tr. Arrestar, capturar, aprehender, prender, apresar (**a.:** *libertar*). ‖ Retener, guardar, conservar, entretener. ‖ prnl. Retardarse, demorarse, quedarse, retrasarse (**a.:** *adelantar*).

detenido, da. adj. Paralizado, estancado, en suspenso, estacionado. ‖ Preso.

detenimiento. m. Cuidado. *Leer con detenimiento* (**a.:** *rapidez*). ‖ Detención (**a.:** *desarrollo*).

detentar. tr. Usurpar.

deterger. tr. Limpiar.

deteriorar. tr. Estropear, dañar, averiar, menoscabar (**a.:** *reparar, mejorar*).

deterioro. m. Avería, estropeo, daño, rotura, desperfecto. ‖ Menoscabo, detrimento.

determinación. f. Resolución, designio, decisión. *Tomar una determinación* (**a.:** *abulia*). ‖ Audacia, intrepidez, osadía, valor, arrojo, denuedo (**a.:** *cobardía, temor*).

determinante. adj. Determinativo (en gramática).

determinar. tr. y prnl. Resolver, decidir (**a.:** *titubear*). ‖ tr. Fijar, puntualizar, precisar, delimitar, señalar, establecer, disponer, prescribir. ‖ Causar, ocasionar, motivar, originar, producir.

determinativo, va. adj. Determinante.

detersivo, va. o **detersorio, ria.** adj. Detergente.

detestable. adj. Abominable, odioso, aborrecible. ‖ Pésimo.

detestar. tr. Condenar, maldecir. ‖ Aborrecer, despreciar, abominar, odiar, execrar.

detonación. f. Estampido, disparo, estallido, explosión, tiro, balazo. ‖ Trueno.

detonante. adj. Detonador. ‖ Discordante.

detonar. intr. Estallar, explotar.

detractor, ra. adj. Calumniador, maldiciente, infamador, denigrador (a.: *panegirista*).

detrás. adv. Atrás (a.: *delante*). ‖ Después (a.: *antes*).

detrimento. m. Deterioro, avería, menoscabo, depreciación, desmedro. ‖ Daño, quebranto, lesión, pérdida, perjuicio (a.: *ganancia*).

detrito. m. Desecho, residuo.

deturpar. tr. Afear, manchar. ‖ Estropear, deformar.

deuda. f. Débito, adeudo (a.: *haber, activo*). ‖ Obligación, compromiso. *Tener muchas deudas.* ‖ Pecado, culpa.

deudo, da. m. y f. Pariente, familiar.

devanar. tr. Arrollar.

devaneo. m. Amorío (a.: *desamor*). ‖ Pasatiempo.

devastación. f. Asolación, destrucción, asolamiento, ruina (a.: *reconstrucción*).

devastar. tr. Destruir, arrasar, asolar, arruinar.

devenir. intr. Suceder, acaecer. ‖ Llegar a ser. ‖ m. Trasformación.

devoción. f. Fervor, piedad, recogimiento, religiosidad, unción (a.: *irreligiosidad*). ‖ Inclinación, apego, afecto, afición (a.: *frialdad*).

devolver. tr. Restituir, volver, reintegrar, retornar, reembolsar. *Juan devolvió el préstamo.* ‖ tr. e intr. Vomitar.

devorar. tr. Engullir, glotonear, tragar,

zampar, embaular. ‖ Consumir, destruir (el fuego). *El incendio devoró las instalaciones.*

devoto, ta. adj. Piadoso, fervoroso, religioso. ‖ Afecto, leal, apegado, adicto, aficionado, admirador, entusiasta, partidario, cultor (a.: *desafecto*).

dextrosa. f. Dextroglucosa, glucosa.

día. f. Fecha. ‖ Jornada. ‖ Ocasión, momento. ‖ Cumpleaños. ‖ **hoy día** u **hoy en día.** loc. adv. Actualmente.

diablo. m. Demonio, Satanás, Lucifer, Luzbel, Satán, Mefistófeles. ‖ adj. Astuto, sagaz, temerario, mañoso. ‖ Maligno, perverso (a.: *ingenuo*).

diablura. f. Travesura, chiquillada, imprudencia.

diabólico, ca. adj. Perverso, demoníaco, maligno, satánico, malo, luciferino (a.: *angelical, virtuoso*).

diadema. f. Corona, aureola.

diáfano, na. adj. Trasparente, traslúcido, claro, cristalino, luminoso, límpido. *Cielo diáfano* (a.: *borroso, opaco*).

diafonía. f. Trasmodulación.

diaforético, ca. adj. Sudorífico.

diagrama. m. Gráfico.

diálogo. m. Conversación, charla, coloquio, plática, interlocución, palique, parrafada (a.: *monólogo*). ‖ Entrevista, discusión.

diamantino, na. adj. Inquebrantable, duro, persistente.

diario, ria. adj. Cotidiano, cuotidiano. ‖ m. Periódico, gaceta.

diatriba. f. Invectiva, libelo.

dibujar. tr. Delinear, perfilar, trazar, diseñar, esbozar, bosquejar.

dibujo. m. Bosquejo, diseño, imagen. ‖ Croquis, apunte, esbozo, esquicio.

dicaz. adj. Mordaz.

dicción. f. Palabra, voz, expresión, vocablo, término. ‖ Pronunciación. *Dicción clara.*

diccionario. m. Léxico, lexicón, vocabulario, glosario, tesauro, enciclopedia.

diccionarista. com. Lexicógrafo.

dicha. f. Felicidad, ventura (a.: *desdicha*). ‖ Suerte, fortuna, prosperidad.

dicharachero, ra. adj. Bromista, chistoso, ocurrente, decidor.

dicho, cha. adj. Citado, antedicho, mencionado, susodicho. || m. Proverbio, refrán, máxima. || Agudeza, donaire, chiste, ocurrencia.

dichoso, sa. adj. Feliz, venturoso, bienhadado, afortunado, fausto (a.: *infeliz, infortunado*).

dictado. m. Inspiración, precepto.

dictador. m. Autócrata, déspota, tirano.

dictadura. f. Autocracia, absolutismo, autarquía, cesarismo, despotismo, tiranía (a.: *democracia*).

dictamen. m. Informe, parecer, opinión, juicio, sentencia, voto. *Dictamen favorable.*

dictaminar. intr. Informar.

díctamo. m. Orégano.

dictar. tr. Expedir, imponer, promulgar, mandar, pronunciar. || Inspirar, sugerir.

dictatorial. adj. Autoritario, despótico, arbitrario, absoluto.

dicterio. m. Insulto, improperio, denuesto. || Invectiva.

didáctico, ca. adj. Pedagógico.

diente. m. Adaraja. || Punta, resalto, saliente. || Colmillo, incisivo, canino. || Muela.

diéresis. f. Crema.

diestro, tra. adj. Derecho (a.: *siniestro*). || Hábil, ducho, mañoso, entendido, versado, experto, competente, capaz, perito (a.: *torpe, inhábil*). || m. Torero.

dieta. f. Ayuno, privación. || Estipendio, honorarios. || Asamblea, congreso.

diezmar. tr. Aniquilar, destruir. *La peste diezmó el ganado.*

difamación. f. Calumnia, maledicencia, detracción.

difamar. tr. Desacreditar, calumniar, denigrar (a.: *honrar, elogiar*).

diferencia. f. Desigualdad, disimilitud, distinción, desemejanza (a.: *semejanza, igualdad*). || Discrepancia, diversidad, divergencia, disparidad (a.: *coincidencia*). || Desacuerdo, discordia, desavenencia (a.: *acuerdo, concordia*). || Residuo, resto.

diferenciar. tr. y prnl. Distinguir (a.: *confundir*). || prnl. Diferir, discrepar (a.: *coincidir*).

diferente. adj. Distinto, disímil, diverso, desigual, dispar, desemejante, divergente, vario. *Diferente criterio* (a.: *parecido, igual*).

diferir. tr. Aplazar, retrasar, retardar, demorar, atrasar, dilatar, postergar, posponer (a.: *adelantar, apremiar, anticipar*). || prnl. Distinguirse, diferenciarse. || intr. Discrepar (a.: *coincidir*).

difícil. adj. Dificultoso, peliagudo, arduo, trabajoso, desigual, penoso, embarazoso, complicado, enrevesado, rudo, complejo (a.: *fácil, sencillo*). || Descontentadizo, áspero, desabrido, chinche. || Díscolo (a.: *dócil*).

dificultad. f. Entorpecimiento, impedimento, estorbo, traba, inconveniente, embarazo, óbice, obstáculo (a.: *facilidad*). || Conflicto, atolladero, contrariedad, brete, apuro, aprieto. || Duda, reparo, objeción.

dificultar. tr. Estorbar, complicar, embarazar, entorpecer, trabar, obstaculizar (a.: *facilitar*).

dificultoso, sa. adj. Difícil, complicado, arduo, embarazoso, trabajoso, enrevesado.

difumar. tr. Esfumar, desvanecer, difuminar.

difundir. tr. y prnl. Extender, derramar, esparcir (a.: *recoger*). || Divulgar, publicar, propagar, propalar, comunicar, trasmitir. *Difundir una noticia, un rumor.* || Contagiarse.

difunto, ta. adj. y s. Muerto, finado.

difusión. f. Divulgación, irradiación, propagación, publicación, trasmisión.

difuso. adj. Ancho, extenso, dilatado. || Prolijo.

digerible. adj. Digestible, asimilable.

digestivo, va. adj. Eupéptico. || Estomacal.

digital. adj. Dactilar. || f. Dedalera (planta).

dignarse. prnl. Servirse, acceder, condescender, consentir, tener a bien.

dignidad. f. Cargo, honor. || Decencia,

decoro, seriedad (**a.:** *indignidad, vileza*).

dignificar. tr. Honrar, realzar (**a.:** *desprestigiar*).

digno, na. adj. Merecedor, acreedor (**a.:** *indigno*). ‖ Adecuado, proporcionado, correspondiente. ‖ Decoroso, honrado, decente, honorable, íntegro.

dije. m. Joya.

dilación. f. Demora, detención, tardanza, retraso, retardo, aplazamiento (**a.:** *apuro, adelanto*).

dilapidar. tr. Derrochar, malgastar, disipar, malbaratar, despilfarrar. *Dilapidar una fortuna* (**a.:** *ahorrar, guardar, acumular*).

dilatación. f. Expansión. ‖ Diástole.

dilatado, da. adj. Vasto, espacioso, extenso, difuso, grande (**a.:** *pequeño*).

dilatar. tr. y prnl. Extender, ampliar, alargar, ensanchar, agrandar, prolongar (**a.:** *achicar, acortar, reducir*). ‖ Diferir, prorrogar, aplazar, retardar (**a.:** *adelantar*).

dilecto, ta. adj. Querido, amado, caro. *Amigo dilecto.*

dilema. m Disyuntiva, conflicto, alternativa.

diletante. m. Aficionado.

diligencia. f. Actividad, prisa, rapidez, prontitud (**a.:** *indolencia*). ‖ Cuidado, solicitud, esmero, atención, celo, aplicación (**a.:** *negligencia*). ‖ Trámite, gestión, procedimiento.

diligenciar. tr. Tramitar, gestionar, procurar.

diligente. adj. Activo, expedito, rápido, presto. ‖ Activo, cuidadoso, servicial, celoso, esmerado, solícito (**a.:** *desidioso*).

dilogía. f. Ambigüedad, equívoco, anfibología.

dilucidar. tr. Aclarar, explicar, elucidar, esclarecer, ilustrar (**a.:** *embrollar, confundir*).

diluir. tr. y prnl. Desleír, disolver.

diluviar. intr. Llover.

dimanar. intr. Derivarse, proceder, provenir, nacer, originarse, salir, venir.

dimensión. f. Magnitud, volumen, tama-ño, longitud, extensión, grandor, medida, anchura, formato. ‖ Duración.

diminuto, ta. adj. Minúsculo, pequeñísimo, insignificante, pequeño, chiquitín, exiguo (**a.:** *gigantesco*).

dimisión. f. Renuncia. *Presentar la dimisión.*

dimitir. tr. Renunciar, abdicar (**a.:** *aceptar, asumir*).

dinamarqués, sa. adj. Danés.

dinámico, ca. adj. Activo, enérgico, diligente, rápido, ligero (**a.:** *estático*).

dinastía. f. Familia, raza.

dinero. m. Moneda, pecunia, plata, guita, pasta, mosca, cacao, tela, cuartos. ‖ Numerario, efectivo. ‖ Caudal, capital, fondos, fortuna, bienes, peculio, hacienda.

dintel. m. Lintel, cumbrera.

diócesi o diócesis. f. Obispado.

dionea. f. Atrapamoscas.

dionisíaco, ca. adj. Báquico.

diorita. f. Diabasa.

Dios. n. p. m. Altísimo, Padre, Creador, Supremo Hacedor, Señor, Todopoderoso, Jehová. ‖ Divinidad, Providencia.

diploma. m. Credencial, despacho.

diplomacia. f. Tacto, cortesía, sagacidad, astucia, circunspección, política.

diplomático, ca. adj. Circunspecto, fino, sagaz, sutil, hábil, astuto (**a.:** *torpe, rudo*).

dipsómano, na. adj. y s. Borracho, alcohólico.

diputar. tr. Elegir, designar. ‖ Conceptuar, reputar.

dique. m. Malecón, presa, muelle. ‖ Obstáculo, freno.

dirección. f. Conducción, gobierno, manejo, gestión, administración, mando. ‖ Sentido, orientación, rumbo, derrotero, camino, trayectoria. ‖ Domicilio, señas.

directo, ta. adj. Derecho, recto, seguido (**a.:** *indirecto, sinuoso, desviado*).

director, ra. m. y f. Rector, directivo, dirigente, guía, conductor, jefe.

directriz. f. Orientación, norma, directiva, pauta.

dirigente. m. o f. Directivo, director.

dirigir. tr. Encaminar, conducir, enderezar, guiar, orientar. ‖ Administrar, mandar, gobernar, regir.

dirimir. tr. Resolver, zanjar, fallar. ‖ Anular, desunir, deshacer.

discapacitado, da. adj. y s. Lisiado, baldado, inválido.

discernimiento. m. Criterio, juicio, perspicacia, lucidez (a.: *inocencia*).

discernir. tr. Juzgar, distinguir, apreciar,
discriminar, diferenciar, percibir, comprender. ‖ Otorgar, conceder. *Discenir
un premio.*

disciplina. f. Doctrina, enseñanza. ‖ Asignatura, materia. ‖ Subordinación, dependencia, obediencia (a.: *anarquía*). ‖
Azote.

disciplinar. tr. Instruir, enseñar, aleccionar. ‖ Regularizar (a.: *subvertir*).

discípulo, la. m. y f. Alumno, educando,
estudiante, escolar colegial (a.: *maestro, mentor*). ‖ Epígono, seguidor, adepto. *Discípulo de Sócrates.*

díscolo, la. adj. Desobediente, perturbador, indócil, indisciplinado, rebelde,
avieso, revoltoso (a.: *dócil*).

disconformidad. f. Desconformidad, desacuerdo, discordancia, discrepancia,
disentimiento, discordia, desavenencia,
desunión, disensión (a.: *conformidad,
acuerdo*).

discontinuo, nua. adj. Interrumpido, intermitente, irregular (a.: *continuo, ininterrumpido*).

discordancia. f. Disentimiento, discrepancia, oposición, desacuerdo, discordia (a.: *concordancia, conformidad*).

discorde. adj. Discordante, contrario,
opuesto (a.: *coincidente*). ‖ Disonante,
inarmónico (a.: *armónico*).

discordia. f. Disconformidad, desavenencia, desacuerdo, discordancia, oposición, disentimiento, desunión, disensión (a.: *avenencia, armonía, concordia*).

discreción. f. Sensatez, cordura, prudencia, tacto, mesura, moderación, circunspección. ‖ Reserva, recato. ‖ **a discreción.** loc. adv. A voluntad, sin límites.

discrepancia. f. Diferencia, divergencia
(a.: *coincidencia*). ‖ Disentimiento, desacuerdo, disconformidad (a.: *concordancia, acuerdo*).

discrepar. intr. Diferenciarse, divergir, disentir, discordar (a.: *coincidir, convenir*).

discreto, ta. adj. Juicioso, circunspecto,
prudente, mesurado, sensato, moderado, cuerdo. ‖ Agudo, oportuno, ingenioso. ‖ Reservado, recatado.

discriminar. tr. Diferenciar, distinguir,
discernir. ‖ Separar, excluir. *Discrimi-
nación racial.*

disculpa. f. Descargo, justificación, excusa, defensa, exculpación, sinceramien-
to, explicación. ‖ Pretexto.

disculpar. tr. y prnl. Sincerarse, defender,
excusar, pretextar, justificar (a.: *culpar,
acusar*). ‖ tr. Perdonar, absolver, exculpar.

discurrir. intr. Andar, caminar, correr, pasar, trascurrir. ‖ Reflexionar, cavilar,
pensar, razonar, meditar. ‖ tr. Idear, fantasear, inventar. ‖ Inferir, calcular, conjeturar, suponer.

discursear. intr. Perorar, disertar. ‖ Aconsejar, amonestar.

discurso. m. Curso, trascurso, paso. ‖ Raciocinio, razonamiento, reflexión. ‖
Conferencia, charla, disertación, peroración, alocución. ‖ Arenga, soflama. ‖
Amonestación.

discusión. f. Debate, disputa, polémica,
discrepancia, controversia, altercado. ‖
Examen, estudio.

discutible. adj. Cuestionable, controvertible, dudoso, impugnable, disputable,
problemático (a.: *indiscutible, incuestionable*).

discutir. tr. o intr. Altercar, cuestionar, objetar, porfiar, debatir, ventilar, controvertir.

disección. f. Anatomía.

diseminación. f. Siembra. ‖ Propagación,
dispersión (a.: *concentración*).

diseminar. tr. y prnl. Desparramar, esparcir, desperdigar, sembrar, dispersar (a.:
recoger, juntar).

disensión. f. Disconformidad, desacuerdo, discordia, disentimiento. || Altercado, contienda, querella, disputa, riña.

disentimiento. m. Disconformidad, desavenencia, desacuerdo, discordia, disensión (a.: *acuerdo, conformidad*).

disentir. intr. Discrepar, discordar. *Disentir en religión, en política, en ideas* (a.: *coincidir, convenir, asentir*).

diseñar. tr. Dibujar, trazar, delinear. || Bosquejar.

diseño. m. Dibujo, esbozo, croquis, boceto, esquema, bosquejo.

disertación. f. Conferencia, discurso, lección.

disertar. intr. Conferenciar, exponer, perorar.

disfavor. m. Desaire, descortesía, desatención. || Descrédito, desgracia.

disforme. adj. Deforme, feo, amorfo, desproporcionado, monstruoso. || Informe, irregular.

disfraz. m. Embozo, tapujo, máscara.

disfrazar. tr. Desfigurar, enmascarar, embozar, encubrir, ocultar, simular. *Disfrazar las intenciones*.

disfrutar. intr. Gozar, complacerse. || tr. o intr. Tener, poseer, aprovechar, utilizar (a.: *carecer*).

disfrute. m. Goce, usufructo, aprovechamiento, utilización.

disgregar. tr. Desagregar, disociar, dispersar (a.: *agrupar, integrar, congregar*).

disgustar. intr. o tr. Desagradar, enfadar, desazonar, incomodar, molestar, contrariar, repugnar (a.: *agradar, gustar*). || tr. Apenar, afligir, apesadumbrar. || prnl. Enojarse.

disgusto. m. Desazón, hastío, repugnancia. || Pesadumbre, decepción, aflicción, pena, inquietud, sinsabor, contrariedad (a.: *alegría*). || Desavenencia, diferencia. || Enfado, fastidio.

disidencia. f. Desacuerdo, discrepancia, escisión, cisma, ruptura, discordia, desavenencia (a.: *acuerdo, unión*).

disímil. adj. Distinto, diverso, diferente (a.: *semejante, parecido*).

disimilitud. f. Desemejanza, diferencia.

disimulado, da. adj. Engañoso, fingido, hipócrita, solapado, subrepticio.

disimular. tr. Encubrir, esconder, ocultar, tapar (a.: *revelar, descubrir*). || Disfrazar, enmascarar, fingir, desfigurar. || Tolerar, disculpar, permitir, perdonar, dispensar.

disimulo. m. Astucia, fingimiento, disimulación, doblez, falsedad (a.: *candor*). || Indulgencia, tolerancia, condescendencia.

disipación. f. Libertinaje, crápula, licencia, disolución, depravación. *Vida disipada*. || Derroche. || Evaporación.

disipado, da. adj. Libertino, vicioso, licencioso, disoluto. || Evaporado.

disipar. tr. y prnl. Desvanecer, dispersar. || tr. Desperdiciar, dilapidar, malgastar, derrochar, despilfarrar, prodigar (a.: *ahorrar*). || prnl. Evaporarse, esfumarse, desaparecer, borrarse.

dislate. m. Disparate, desatino, barbaridad, despropósito, absurdo.

dislocación. f. Luxación.

dislocar. tr. y prnl. Descoyuntar, desencajar, desquiciar, desarticular.

disloque. m. Desbarajuste, colmo.

disminución. f. Baja, descenso, rebaja, decrecimiento, mengua, merma, menoscabo, reducción (a.: *ampliación, aumento, exceso*).

disminuir. tr. Empequeñecer, achicar, mermar, aminorar, acortar, rebajar, restar. || intr. Decrecer, menguar (a.: *aumentar, incrementar*).

disociar. tr. Desunir, separar, dividir (a.: *asociar, unir, fusionar*).

disolubilidad. f. Solubilidad.

disoluble. adj. Soluble.

disolución. f. Relajación, licencia, disipación. || Solución, dilución.

disoluto, ta. adj. Licencioso, libertino, vicioso, depravado. *Costumbre disoluta*.

disolvente. adj. Solvente.

disolver. tr. Desleír, diluir (a.: *solidificar*). || Separar, desunir, disgregar (a.: *reunir*). || Destruir, deshacer, aniquilar. || Resolver.

disonancia. f. Desacuerdo, discrepancia, inarmonía (**a.:** *armonía, melodía*).

disonar. intr. Desafinar (**a.:** *armonizar*). ‖ Discrepar, extrañar, chocar.

dispar. adj. Diferente, desigual, distinto (**a.:** *igual, semejante, similar*).

disparada. f. Huida, fuga. ‖ Corrida.

disparar. tr. Arrojar, tirar, lanzar, despedir. ‖ Correr, huir, partir. ‖ Desembuchar. ‖ prnl. Desbocarse, precipitarse.

disparatado, da. adj. Absurdo, ilógico, desatinado (**a.:** *razonable, lógico, sensato*).

disparatar. intr. Desbarrar, desvariar, desatinar.

disparate. m. Desatino, insensatez, dislate, absurdo, locura, despropósito, necedad (**a.:** *realidad*). ‖ Atrocidad, demasía, barbaridad, enormidad (**a.:** *cordura*).

disparejo, ja. adj. Desigual, diferente, disímil, dispar.

disparidad. f. Desemejanza, desigualdad, diferencia, discrepancia, diversidad (**a.:** *paridad, igualdad, semejanza*).

disparo. m. Tiro. ‖ Estampido, detonación.

dispendio. m. Despilfarro, derroche (**a.:** *ahorro*).

dispendioso, sa. adj. Caro, costoso (**a.:** *barato*). ‖ Despilfarrador, derrochador (**a.:** *económico*).

dispensa. f. Privilegio, exención, dispensación, excepción.

dispensar. tr. Conceder, otorgar, dar, distribuir. ‖ Perdonar, disculpar. ‖ tr. o intr. Eximir, relevar, excusar, exceptuar.

dispersar. tr. Desparramar, diseminar, esparcir, disgregar. *Dispersar una manifestación* (**a.:** *agrupar, juntar, congregar*). ‖ Desbaratar, derrotar, ahuyentar (**a.:** *ordenar, reunir*).

dispersión. f. Desparramo, desbandada, fuga (**a.:** *agrupamiento*).

disperso, sa. adj. Separado, disgregado, esparcido, desparramado.

displicencia. f. Indiferencia, desaliento, desagrado, desabrimiento (**a.:** *aliento, agrado*). ‖ Apatía, indolencia.

displicente. adj. Indiferente, indolente, apático, perezoso (**a.:** *voluntarioso*).

disponer. tr. Colocar, arreglar, ordenar, instalar, aderezar. ‖ Mandar, determinar, decidir, prescribir, resolver. ‖ tr. y prnl. Preparar. ‖ intr. Poseer.

disponible. adj. Libre, desocupado (**a.:** *ocupado*). ‖ Aprovechable, utilizable (**a.:** *inútil*).

disposición. f. Colocación, distribución, ordenación, arreglo. ‖ Aptitud, gusto, suficiencia, capacidad, vocación, idoneidad, ingenio. ‖ Mandato, decisión, resolución, orden. ‖ Preparativo, orden, prevención, providencia, medida, medio. ‖ Situación, estado.

dispositivo. m. Mecanismo, artificio, instrumento.

dispuesto, ta. adj. Apuesto, gentil, gallardo. ‖ Hábil, apto, capaz, idóneo, despejado, despierto, listo, habilidoso. ‖ Preparado, prevenido, pronto (**a.:** *inepto, apático*).

disputa. f. Discusión, altercado, cuestión, contienda, querella, riña, controversia, agarrada (**a.:** *conciliación*).

disputar. intr. Discutir, litigar, cuestionar, querellar, altercar, polemizar, reñir, controvertir (**a.:** *ceder*). ‖ tr. Competir, contender. *Disputar un campeonato.*

disquisición. f. Análisis, examen, razonamiento.

distancia. f. Trecho, espacio, separación, intervalo. ‖ Diferencia, desemejanza, disparidad. ‖ Desafecto, alejamiento, desvío, frialdad, desapego. ‖ Lejanía. ‖ **a distancia.** loc. adv. Lejos. ‖ Desde lejos.

distanciar. tr. y prnl. Apartar, separar, enemistar (**a.:** *acertar, amistar*).

distante. adj. Apartado, retirado, alejado, lejano, lejos, remoto (**a.:** *cercano, próximo*).

distar. intr. Diferenciarse, diferir (**a.:** *parecerse*).

distensión. f. Torcedura, esguince, distorsión.

dístico. m. Pareado.

distinción. f. Elegancia, cortesía, educación. ‖ Prerrogativa, excepción, honor, honra. ‖ Consideración, deferencia, miramiento. ‖ Diferencia.

distingo. m. Reparo, restricción, salvedad, limitación.

distinguido, da. adj. Elegante. ‖ Eminente, notable, ilustre, esclarecido, señalado (a.: *vulgar*). ‖ Educado.

distinguir. tr. Diferenciar, discriminar, separar. ‖ Caracterizar. ‖ Divisar, discernir, atisbar, notar. ‖ Preferir, honrar (a.: *despreciar*). ‖ prnl. Sobresalir, descollar, señalarse, resaltar, despuntar.

distintivo. m. Marca, nota, señal. ‖ Insignia, divisa, emblema. *Distintivo de la Marina.* ‖ adj. Específico.

distinto, ta. adj. Diverso, diferente, desemejante, dispar (a.: *igual, idéntico*). ‖ Claro, visible, preciso, inteligible (a.: *impreciso, confuso*).

distorsión. f. Esguince, dislocación, torcedura, distensión, luxación.

distracción. f. Pasatiempo, entretenimiento, diversión, recreo, esparcimiento, solaz (a.: *trabajo*). ‖ Omisión, desatención, olvido, inadvertencia, descuido. ‖ Defraudación, fraude.

distraer. tr. y prnl. Desatender, alejar, apartar, desviar. ‖ Entretener, recrear, divertir (a.: *aburrir*). ‖ tr. Defraudar, malversar, sustraer (a.: *reponer*).

distraído, da. adj. Desatento, abstraído (a.: *atento*). ‖ Entretenido (a.: *hastiado*).

distribución. f. Reparto, repartimiento, partición, división, repartición. ‖ Disposición, ordenación.

distribuir. tr. y prnl. Dividir, fraccionar, repartir, partir, prorratear (a.: *juntar*). ‖ Disponer, ordenar, arreglar, colocar.

distrito. m. Territorio, zona, demarcación, partido, municipio.

disturbio. m. Perturbación, alboroto, tumulto, desorden, motín, revuelta.

disuadir. tr. Desanimar, desaconsejar, desalentar, apartar (a.: *animar, persuadir, aconsejar*).

disyuntiva. f. Alternativa, dilema. *Estar en una disyuntiva.*

ditirambo. m. Alabanza, ponderación, encomio, elogio.

divagación. f. Digresión, rodeo, desviación.

divagar. intr. Vagar, errar, vagabundear. ‖ Desvariar, delirar (a.: *concretar, precisar*).

diván. m. Sofá, canapé.

divergencia. f. Diferencia, desacuerdo, disparidad, discrepancia (a.: *coincidencia*). ‖ Alejamiento.

divergir. intr. Discrepar, disentir (a.: *convenir*). ‖ Alejarse (a.: *acercarse*).

diversidad. f. Abundancia, multiplicidad (a.: *copia*). ‖ Desemejanza, variedad, diferencia, disparidad (a.: *homogeneidad*).

diversificar. tr. y prnl. Diferenciar, variar.

diversión. f. Distracción, pasatiempo, entretenimiento, recreo, juego, solaz, esparcimiento, divertimiento (a.: *aburrimiento*).

diverso, sa. adj. Distinto, otro, diferente, dispar (a.: *igual, semejante*). ‖ pl. Varios, variados, muchos.

divertido, da. adj. Alegre, jovial, festivo, jocoso. ‖ Ameno, entretenido. *Una función muy divertida.*

divertimiento. m. Diversión, recreación.

divertir. tr. y prnl. Alegrar, recrear, entretener, distraer, solazar (a.: *aburrir*).

dividendo. m. Utilidad, interés, renta.

dividir. tr. Partir, cortar, fraccionar, seccionar, separar, fragmentar, despedazar. ‖ Repartir, compartir, distribuir. ‖ Desavenir, indisponer, malquistar, enemistar, desunir.

divieso. m. Forúnculo, furúnculo.

divinamente. adv. Perfectamente, admirablemente.

divinidad. f. Deidad, Dios. ‖ Hermosura, preciosidad, beldad.

divinizar. tr. Deificar, endiosar. ‖ Exaltar, ensalzar.

divino, na. adj. Excelente, delicado, perfecto, fino, primoroso (a.: *humano, terrenal*).

divisa. f. Insignia, enseña, distintivo, emblema, señal, marca. ‖ Lema, mote. ‖ Moneda extranjera.

divisar. tr. Distinguir, percibir, columbrar, vislumbrar. *Divisar la costa.* ‖ prnl. Traslucirse (**a.:** *ocultarse*).

división. f. Partición, repartición, fraccionamiento, reparto, distribución. ‖ Corte, porción, escisión, parcela. ‖ Desunión, desavenencia, discordia, desacuerdo (**a.:** *unificación, concordia, acuerdo*). ‖ Dependencia, sección.

divisor, ra. m. Submúltiplo, divisorio (**a.:** *múltiplo*).

divo, va. m. y f. Cantante. ‖ Deidad.

divorciar. tr. Descasar, desunir, separar.

divulgación. f. Publicación, difusión, revelación.

divulgar. tr. Difundir, publicar, informar, propagar, pregonar, propalar (**a.:** *ocultar, encubrir*).

dobladillo. m. Repulgo. ‖ Doblez, pliegue.

dobladura. f. Doblez.

doblar. tr. Duplicar. ‖ Plegar. ‖ Arquear, encorvar, torcer, doblegar, combar (**a.:** *enderezar*). ‖ Contornear. ‖ Tocar a muerto. ‖ prnl. Ceder, doblegarse, someterse. ‖ Agacharse, inclinarse (**a.:** *erguirse*).

doble. adj. Duplo (**a.:** *medio, mitad*). ‖ Fuerte, resistente. ‖ Par. ‖ Robusto, recio, fornido. ‖ Falso, taimado, hipócrita (**a.:** *sincero*). ‖ m. Doblez, dobladura.

doblegar. tr. y prnl. Torcer, encorvar, arquear, doblar (**a.:** *enderezar*). ‖ Someter. *El cansancio lo doblegó* (**a.:** *resistir*).

doblez. m. Pliegue, repliegue, dobladillo. ‖ amb. Duplicidad, disimulo, simulación, mala fe, hipocresía, fingimiento (**a.:** *sinceridad*).

docencia. f. Enseñanza.

docente. adj. Didáctico, educativo, pedagógico, instructivo. ‖ com. Maestro, profesor (**a.:** *alumno, discípulo*).

dócil. adj. Obediente, dúctil, manso, sumiso (**a.:** *indócil, díscolo*). ‖ Apacible, suave, dulce, flexible.

docilidad. f. Mansedumbre. ‖ Dulzura. ‖

Flexibilidad, subordinación, sumisión (**a.:** *indisciplina*).

docto, ta. adj. Instruido, culto, entendido, sabio, ilustrado, erudito (**a.:** *ignorante*).

doctrina. f. Enseñanza, opinión, escuela, teoría, dogma, sistema. ‖ Ciencia, sabiduría.

doctrinar. tr. Adoctrinar, catequizar, aleccionar, instruir, educar, enseñar.

documentar. tr. Justificar, probar, dar fe, comprobar. ‖ Informar, enseñar, instruir.

documentario, ria. adj. Documental.

documento. m. Certificado, diploma, título, papel. *Documento de identidad.*

dogma. m. Creencia. ‖ Base, fundamento.

dolencia. f. Achaque, enfermedad, indisposición, padecimiento, mal, afección (**a.:** *salud*).

dolerse. prnl. Quejarse, lamentarse. ‖ Compadecerse, condolerse, apiadarse. ‖ Arrepentirse.

doliente. adj. Delicado, enfermo. ‖ Dolorido, apenado, quejoso, desconsolado, afligido, contristado.

dolo. m. Engaño, mala fe, fraude, simulación.

dolor. m. Mal. ‖ Aflicción, congoja, pena, pesar, desconsuelo, pesadumbre (**a.:** *gozo, deleite, placer*). ‖ Arrepentimiento, atrición.

dolorido, da. adj. Apenado, angustiado, desconsolado, doliente, atribulado, afligido, apesarado.

doloroso, sa. adj. Lamentable, lastimador, lastimoso, penoso, angustioso. ‖ Sensible.

doloso, sa. adj. Fraudulento, engañoso (**a.:** *verdadero*).

doma. f. Domadura. ‖ Sometimiento, represión.

domar. tr. Domesticar, amansar, domeñar, desembravecer, amaestrar. ‖ Sujetar, reprimir, subyugar, dominar, someter, reducir.

domeñar. tr. Dominar, someter, sujetar, avasallar, rendir.

domesticar. tr. Amansar, domar, amaestrar.

doméstico, ca. adj. Casero. ‖ Manso (**a.**: *salvaje*). ‖ m. y f. Sirviente, criado, servidor (**a.**: *amo, patrón*).

domiciliarse. prnl. Avecindarse, establecerse.

domicilio. m. Casa, hogar, morada, residencia, vivienda.

dominación. f. Dominio, señorío, imperio.

dominante. adj. Imperioso, déspota, absoluto, prepotente, avasallador, tirano, autoritario, dictador, dominador. ‖ Preponderante, sobresaliente, predominante, descollante.

dominar. tr. Señorear, imperar, reinar, sujetar, someter, supeditar, sojuzgar, avasallar, subyugar (**a.**: *obedecer, servir*). ‖ intr. Sobresalir, descollar, resaltar, predominar. ‖ Descubrir, abarcar, divisar, alcanzar. *Dominar un amplio panorama.* ‖ Poseer, saber. ‖ prnl. Reprimirse, contenerse, aguantarse.

dominguero, ra. adj. Endomingado. ‖ Festivo.

dominguillo. m. Tentemozo, tentetieso.

dominio. m. Propiedad, pertenencia. ‖ Autoridad, superioridad, imperio, potestad, poder, predominio. ‖ Soberanía, señorío. ‖ Ámbito, esfera.

domo. m. Cúpula.

don. m. Dádiva, donación, presente, regalo, donativo, ofrenda, gracia. ‖ Habilidad, talento, aptitud. ‖ Cualidad, prenda.

donación. f. Cesión, don, propina, dádiva, obsequio, regalo, donativo (**a.**: *hurto*). ‖ Legado, manda.

donador, ra. adj. Donante.

donaire. m. Gracejo, donosura, gracia. ‖ Chiste, agudeza, ocurrencia (**a.**: *sesera*). ‖ Gentileza, apostura, gallardía, garbo, soltura.

donar. tr. Dar, legar, regalar. *Donar una escuela* (**a.**: *quitar, robar*).

donativo. m. Dádiva, obsequio, regalo, presente, donación, limosna.

doncella. f. Criada, camarera (**a.**: *seño-*

ra). ‖ Mocita, moza, muchacha. ‖ Virgen.

doncellez. f. Virginidad.

donde. adv. Adonde.

dondequiera. adv. Doquier, doquiera.

donoso, sa. adj. Ocurrente, gracioso, chistoso (**a.**: *tonto*). ‖ Gallardo, gentil (**a.**: *desgarbado*).

donosura. f. Donaire.

doquier o **doquiera.** adv. Dondequiera.

dorado, da. adj. Feliz, esplendoroso, halagüeño, venturoso.

dorar. tr. Sobredorar. ‖ Paliar, atenuar, suavizar.

dormilón, na. m. y f. Perezoso, marmota.

dormir. intr. y prnl. Adormecerse, dormitar, adormilarse (**a.**: *velar*). ‖ Reposar, descansar. ‖ intr. Pernoctar. ‖ prnl. Descuidarse, confiarse.

dormitivo, va. adj. Somnífero, hipnótico, narcótico.

dorso. m. Espalda. ‖ Revés, reverso, envés (**a.**: *cara, frente*).

dosel. m. Tapiz. ‖ Colgadura, antepuerta, palio.

dosis. f. Toma. ‖ Porción, cantidad.

dotación. f. Asignación. ‖ Tripulación, equipo, personal, plantilla.

dotar. tr. Proveer, asignar, conceder, proporcionar, donar. ‖ Adornar.

dote. f. Excelencia, calidad, prenda, cualidad, don. ‖ Asignación, caudal, donación, regalo (**a.**: *indigencia*).

dozavo, va. adj. Duodécimo.

dragaminas. m. Barreminas.

dragar. tr. Ahondar, limpiar. *Dragar un río, un puerto.*

drama. m. Teatro, dramaturgia, dramática. ‖ Desgracia, tragedia.

dramático, ca. adj. Conmovedor, patético (**a.**: *ridículo*). ‖ Teatral.

dramaturgia. f. Teatro, dramática, drama.

drástico, ca. adj. Riguroso, radical, draconiano, enérgico (**a.**: *suave*).

drenar. tr. Avenar.

dría, dríada o **dríade.** f. Hamadría, hamadríada, hamadríade.

droga. f. Medicamento, medicina, remedio. ‖ Estupefaciente, narcótico, estimulante. || Mentira, engaño, trampa.

dualidad. f. Dualismo, duplicidad (a.: *sinceridad*). || Dimorfismo.

dualismo. m. Dualidad.

dúctil. adj. Condescendiente, blando, acomodadizo, acomodaticio (a.: *inflexible*). || Maleable, flexible. *Metal dúctil* (a.: *rígido*).

ducho, cha. adj. Experimentado, hábil, diestro, baqueano, versado, entendido, perito (a.: *inhábil, inexperto*).

duda. f. Perplejidad, incertidumbre, irresolución, vacilación, dubitación, indecisión (a.: *certeza, certidumbre*). || Problema, cuestión. || Escrúpulo, sospecha, recelo, aprensión.

dudar. tr. o intr. Vacilar, hesitar, fluctuar, titubear. || Desconfiar, sospechar (a.: *creer, confiar*).

dudoso, sa. adj. Inseguro, incierto, problemático (a.: *probable, seguro*). || Equívoco, ambiguo (a.: *cierto*). || Indeciso, irresoluto, vacilante, perplejo (a.: *firme*).

duelo. m. Desafío, pelea, encuentro, combate.

duelo. m. Aflicción, pena, dolor, pesar, desconsuelo (a.: *fiesta, regocijo*). || Luto.

duende. m. Trasgo, espectro, fantasma.

dueño, ña. m. y f. Señor, amo, patrón, patrono, empresario (a.: *operario, obrero, criado, sirviente*). || Propietario (a.: *inquilino*).

dulce. adj. Suave, dulzón, agradable, gustoso, deleitable, grato, deleitoso, placentero (a.: *ácido, amargo, desagradable, acerbo*). || Afable, manso, bondadoso, apacible, indulgente, complaciente, dócil (a.: *hosco, rudo*). || m. Golosina.

dulcedumbre. f. Dulzura, suavidad.

dulcería. f. Confitería, pastelería, repostería.

dulcificar. tr. Azucarar, endulzar, enmelar, edulcorar (a.: *amargar*). || Suavizar, ablandar, mitigar, atenuar, calmar, sosegar (a.: *irritar*).

dulzura. f. Dulzor. || Afabilidad, ternura, bondad, deleite, suavidad, dulcedumbre, mansedumbre, docilidad (a.: *acritud, aspereza*).

duna. f. Médano.

duodécimo, ma. adj. Dozavo. || Decimosegundo, doceno.

dúplica. f. Contrarréplica.

duplicar. tr. Doblar. *Duplicar el precio.*

duplicidad. f. Doblez, disimulo, falsedad, hipocresía, fingimiento (a.: *franqueza, sinceridad*).

durable. adj. Duradero.

duración. f. Permanencia, persistencia, estabilidad, tiempo, firmeza, seguimiento.

duradero, ra. adj. Durable, perdurable, permanente, estable, persistente, constante (a.: *momentáneo, breve, efímero, fugaz*).

durante. adv. Mientras.

durar. intr. Perdurar, continuar, subsistir, permanecer, persistir, vivir (a.: *acabar, alternarse*). || Alargarse, eternizarse, extenderse.

dureza. f. Solidez, rigidez, consistencia, reciura, tiesura, resistencia (a.: *blandura*). || Severidad, inclemencia, aspereza, rigor, rudeza, violencia (a.: *lástima*). || Callosidad, induración, callo.

durmiente. m. Traviesa.

duro, ra. adj. Recio, resistente, férreo, consistente, fuerte, tenaz, compacto (a.: *blando*). || Severo, riguroso, rudo, áspero, violento, inclemente, cruel, despiadado, inhumano (a.: *clemente, sensible*). || Penoso, trabajoso, cansado, insoportable, intolerable. *Una jornada muy dura.*

ebonita. f. Vulcanita.

ebriedad. f. Borrachera, embriaguez.

ebrio, bria. adj. Borracho, embriagado, beodo, bebido, achispado, curda (a.: *sobrio, abstemio*).

ebullición. f. Hervor. ‖ Efervescencia, agitación, inquietud, borbotón.

ebúrneo, a. adj. Marfileño.

eclesiástico. m. Clérigo, sacerdote, cura, presbítero, tonsurado.

echar. tr. Arrojar, lanzar, tirar, despedir, botar (a.: *recoger, levantar*). ‖ Destituir, deponer, despedir, expulsar. ‖ Poner, aplicar. ‖ Calcular, conjeturar. ‖ Pronunciar, decir, proferir. ‖ tr. y prnl. Inclinar, reclinar, recostar. ‖ prnl. Abalanzarse, precipitarse, arrojarse, lanzarse. ‖ Tenderse, tumbarse, acostarse.

eclipsar. tr. Oscurecer, deslucir, sobrepujar, aventajar, exceder, ensombrecer, empequeñecer. ‖ prnl. Ausentarse, desaparecer, evadirse, escaparse, huir, escabullirse, largarse (a.: *aclararse, aparecer*).

eclosión. f. Brote, surgimiento, dilatación, nacimiento. ‖ Indicio, manifestación.

eco. m. Repercusión, resonancia, difusión. ‖ Noticia, rumor. ‖ Repetición, imitación.

economía. f. Crematística, crematología, economía política. ‖ Ahorro. ‖ Escasez, estrechez, parquedad, miseria (a.: *despilfarro*).

económico, ca. adj. Ahorrativo. ‖ Miserable, avaro, mezquino. ‖ Barato.

economizar. tr. Ahorrar (a.: *gastar, dilapidar*). ‖ Guardar, reservar. *Aquel niño no economiza sus energías.*

ecuánime. adj. Sereno, juicioso, ponderado, paciente, equilibrado. ‖ Imparcial, justo, desapasionado (a.: *parcial, impaciente, injusto*). *Debe ser ecuánime para resolver el litigio.*

ecuestre. adj. Caballar, hípico.

ecuménico, ca. adj. Universal, mundial.

edad. f. Tiempo. ‖ Duración. ‖ Período, etapa. ‖ Época.

edén. m. Paraíso, elíseo.

edicto. m. Mandato, decreto. ‖ Bando. ‖ Citación, notificación, aviso.

edificación. f. Construcción, obra, edificio, inmueble (a.: *destrucción*).

edificante. adj. Ejemplar, loable, meritorio.

edificar. tr. Construir, erigir, levantar,

obrar, elevar, alzar, cimentar. ‖ Dar ejemplo, servir de modelo, ejemplarizar (**a.:** *engañar, corromper*).

edificio. m. Construcción, obra, fábrica.

edil. m. Concejal, regidor (municipal).

editar. tr. Publicar, imprimir, dar o sacar a luz.

educación. f. Enseñanza. ‖ Instrucción. ‖ Buena crianza, urbanidad, cortesía.

educando, da. adj. y s. Colegial, escolar, alumno, discípulo, estudiante.

educar. tr. Enseñar, instruir, adoctrinar (**a.:** *malcriar*). ‖ Desarrollar, afinar, perfeccionar, formar. ‖ Domar, amaestrar.

edulcorar. tr. Endulzar, azucarar, almibarar.

efebo. m. Adolescente, mancebo.

efectivamente. adv. Realmente, verdaderamente, en efecto, seguramente.

efectivo, va. adj. Real, verdadero, cierto, positivo, auténtico, indudable (**a.:** *imaginario, irreal*). ‖ Fijo, de plantilla (**a.:** *sustituto, interino*). ‖ m. Dinero, numerario. ‖ pl. Fuerzas militares.

efecto. m. Resultado, consecuencia, producto (**a.:** *causa, origen, fundamento*). ‖ Impresión, sensación. ‖ pl. Mercancía, mercadería. ‖ Títulos, valores. ‖ Muebles, enseres, bienes. ‖ **en efecto.** loc. adv. Efectivamente. ‖ En conclusión, así que.

efectuar. tr. Ejecutar, hacer, realizar, cumplir, verificar, consumar, llevar a cabo, llevar a efecto, llevar a término, poner por obra. ‖ prnl. Cumplirse, hacerse efectivo.

efervescencia. f. Hervor, ebullición, burbujeo. ‖ Agitación, exaltación, excitación, inquietud (**a.:** *frialdad, tranquilidad*).

eficacia. f. Actividad, energía, poder, virtud, vehemencia. ‖ Eficiencia (**a.:** *ineficacia, esterilidad, invalidación, fracaso*).

eficaz. adj. Activo, fuerte, enérgico, poderoso, fervoroso (**a.:** *ineficaz*). ‖ Eficiente (**a.:** *inepto*).

eficiente. adj. Eficaz, apto, capaz, competente (**a.:** *deficiente, incapaz*).

efigie. f. Imagen, representación, retrato, figura. ‖ Personificación.

efímero, ra. adj. Pasajero, fugaz, huidizo, perecedero, breve (**a.:** *perenne, perpetuo, duradero*). *El placer es efímero.*

efluencia. f. Efluvio, emanación.

efluvio. m. Emanación, exhalación. ‖ Irradiación.

efugio. m. Evasiva, escapatoria, salida, ardid, subterfugio, treta, excusa, pretexto, recurso.

efusión. f. Derramamiento. ‖ Expansión, afecto, ternura, cordialidad, cariño, desahogo (**a.:** *frialdad, ahogo*).

efusivo, va. adj. Cordial, afectuoso, vehemente, expansivo, expresivo (**a.:** *huraño*).

égida o **egida.** f. Protección, patrocinio, amparo, defensa. ‖ Escudo.

égloga. f. Pastoral, idilio.

egoísmo. m. Individualismo, personalismo, egotismo (**a.:** *altruismo*).

egregio, gia. adj. Ilustre, insigne, ínclito, esclarecido, preclaro, renombrado.

egreso. m. Descargo, gasto, salida (**a.:** *ingreso*).

eje. m. Árbol, barra.

ejecutante. adj. y s. Autor. ‖ Intérprete, músico.

ejecutar. tr. Realizar, efectuar, hacer, obrar, cumplir, poner por obra, llevar a cabo. ‖ Obedecer, cumplir, observar. ‖ Interpretar, tocar. *El músico ejecutó el concierto con virtuosismo.* ‖ Ajusticiar. *Ejecutaron al reo.*

ejecutorio, ria. adj. Firme, invariable.

ejemplar. adj. Edificante, arquetípico. ‖ m. Original, prototipo, norma. ‖ Espécimen. ‖ Unidad, copia. ‖ Modelo, dechado.

ejemplarizar. tr. Moralizar, edificar (**a.:** *corromper*).

ejemplificar. tr. Demostrar, probar.

ejemplo. m. Modelo, pauta, norma, dechado, regla, patrón, paradigma. ‖ Prueba, comprobación, muestra. ‖ **dar ejemplo.** Ejemplarizar.

ejercer. tr. e intr. Practicar, cultivar, profesar. ‖ tr. Usar, ejercitar.

ejercicio. m. Práctica. || Uso, ejercitación.

ejercitar. tr. Practicar, ejercer. || Adiestrar, amaestrar, instruir.

ejido. m. Campiña, campo.

elaborar. tr. Preparar, confeccionar. || Producir, realizar, hacer. || Concebir, idear.

elección. f. Opción. || Alternativa, deliberación, arbitrio. || Votación.

electrizar. tr. Exaltar, avivar, inflamar, entusiasmar, excitar, emocionar, magnetizar.

electroterapia. f. Galvanismo, galvanoterapia.

elefancía. f. Elefantiasis, mal de San Lázaro.

elefante, ta. m. y f. Proboscidio.

elegancia. f. Distinción, gusto, galanura, gallardía, gálibo (a.: *desgarbo, cursilería*).

elegíaco, ca o elegiaco, ca. adj. Lastimero, lamentable, triste, plañidero, quejumbroso, melancólico.

elegido, da. adj. Predilecto, preferido, favorito. || Selecto, escogido. || Predestinado.

elegir. tr. Escoger, optar, seleccionar.

elemental. adj. Primordial, fundamental, básico (a.: *accesorio*). || Rudimentario, sencillo (a.: *complejo, difícil*). || Obvio, evidente, claro.

elemento. m. Componente, parte, ingrediente. || Sustancia. || Medio, ambiente. *El aire es el elemento de los mamíferos.* || pl. Rudimentos, nociones, principios. || Medios, recursos.

elenco. m. Catálogo, índice. || Personal, nómina.

elevación. f. Altura, eminencia, prominencia, altitud. || Ascenso, ascensión, exaltación, superioridad. || Enajenamiento, arrobamiento.

elevado, da. adj. Alto (a.: *bajo*). || Eminente, prominente. || Sublime, noble, excelso. || Crecido, subido.

elevar. tr. Alzar, levantar, izar, subir (a.: *bajar, descender*). || Erigir, edificar, construir. || Enaltecer, encumbrar, engrandecer, ennoblecer (a.: *humillar*). || Promover, ascender. || tr. y prnl. Aumentar (a.: *disminuir, reducir*). || prnl. Trasportarse, enajenarse, remontarse. || Engreírse, envanecerse, ensoberbecerse.

elidir. tr. Eliminar, suprimir.

eliminar. tr. Suprimir, quitar, descartar, prescindir de, excluir (a.: *incorporar, incluir*). || Separar, alejar, apartar. || Expeler, expulsar.

elíptico, ca. adj. Ovalado, elipsoidal. || Sobreentendido, tácito (a.: *evidente, directo*).

elixir o elíxir. m. Panacea, pócima, remedio, medicamento.

elocuencia. f. Persuasión, convicción (a.: *concisión*). || Grandilocuencia, altisonancia.

elocuente. adj. Facundo, diserto (a.: *lacónico, parco*). || Convincente, persuasivo. *Los sofistas eran muy elocuentes.* || Expresivo, significativo.

elogiar. tr. Alabar, celebrar, encarecer, encomiar, loar, ponderar, ensalzar, enaltecer (a.: *denigrar, censurar*).

elogio. m. Alabanza, enaltecimiento, loa, encomio, ponderación, loor, ditirambo, panegírico, apología, bombo (a.: *amonestación, insulto*).

elucidar. tr. Aclarar, dilucidar, poner en claro, explicar.

eludir. tr. Evitar, rehuir, esquivar, soslayar, sortear (a.: *afrontar, desafiar, enfrentar*).

emanación. f. Efluvio, exhalación. || Irradiación. || Expresión, manifestación.

emanar. intr. Derivarse, dimanar, proceder, provenir, nacer, originarse, venir. || tr. Exhalar.

emancipar. tr. y prnl. Libertar, manumitir (a.: *sojuzgar, esclavizar*).

embadurnar. tr. Untar, embarrar, manchar (a.: *limpiar*). || Pintarrajear. || prnl. Ensuciarse.

embaír. tr. Embaucar, engañar, alucinar, ilusionar, camelar.

embajada. f. Mensaje, recado, comisión. || Legación.

embajador, ra. m. y f. Emisario, enviado. || Diplomático, plenipotenciario.

embalar. tr. Envolver, empaquetar, empacar (a.: *desenvolver*).

embalar. intr. y prnl. Acelerar.

embalsamar. tr. Perfumar, aromatizar. ‖ Momificar, preservar.

embalsar. tr. Represar.

embalse. m. Pantano, rebalse, represa.

embarazado, da. adj. Turbado, cohibido, confuso. ‖ adj. y f. Encinta, preñada, grávida.

embarazar. tr. Estorbar, retardar, dificultar, entorpecer, obstaculizar, impedir (a.: *facilitar, dejar, desembarazar*). ‖ Molestar, turbar. ‖ Preñar. ‖ prnl. Cohibirse.

embarazo. m. Impedimento, estorbo, dificultad, entorpecimiento, obstáculo, tropiezo. ‖ Preñez, gravidez. ‖ Encogimiento, timidez, turbación, empacho, cohibición.

embarazoso, sa. adj. Incómodo, molesto.

embarcación. f. Barco, buque, nave, navío, bajel, barca, bote, gabarra, remolque. ‖ Embarco, embarque.

embarcadero. m. Muelle.

embarco. m. Embarque, embarcación.

embargar. tr. Embarazar, impedir, estorbar. ‖ Confiscar, secuestrar. ‖ Suspender, paralizar. ‖ Absorber, ocupar.

embargo. m. Ejecución, confiscación, caución, incautación, comiso, retención ‖ **sin embargo.** loc. conj. No obstante, empero, con todo, a pesar de ello.

embarque. m. Embarco, embarcación.

embarrancar. intr. y prnl. Atascar, atollarse. ‖ tr. e intr. Varar, encallar.

embarrar. tr. y prnl. Enlodar. ‖ Embadurnar, manchar.

embarullar. tr. Enredar, revolver, confundir, embrollar, mezclar (a.: *ordenar*). ‖ prnl. Atropellarse, aturdirse, aturullarse.

embate. m. Acometida, embestida, ataque, arremetida. *El embate de las olas.*

embaucador, ra. adj. Engañador, impostor, embustero, charlatán, engañabobos (a.: *sincero*).

embaucamiento. m. Engaño, seducción, alucinación.

embaucar. tr. Engañar, seducir, encandilar, alucinar, embabucar, embaír (a.: *desengañar*).

embaular. tr. Tragar, engullir, embocar, zampar.

embeber. tr. Absorber. ‖ Empapar, impregnar (a.: *secar*). ‖ Embutir, encajar. ‖ Incorporar, incluir. ‖ Contener, encerrar. ‖ Reducir, estrechar. ‖ intr. Encogerse, tupirse. ‖ prnl. Embeberse, embelesarse, absorberse, abstraerse, enfrascarse. ‖ Imbuirse, impregnarse, empaparse.

embeleco. m. Embuste, engaño, mentira, superchería, engañifa, zalamería.

embelesar. tr. y prnl. Embobar, suspender, encantar, cautivar, arrebatar, arrobar, fascinar (a.: *desencantar*).

embellecer. tr. Hermosear, adornar, ataviar, acicalar, aderezar (a.: *afear*). ‖ Idealizar.

emberrenchinarse o **emberrincharse.** prnl. Encorajinarse, sulfurarse, encolerizarse.

embestida. f. Acometida, arremetida, ataque, embate, combate.

embestir. tr. e intr. Acometer, atacar, arremeter.

emblema. m. Símbolo, jeroglífico, empresa, representación, lema, alegoría. ‖ Bandera, insignia, enseña, escudo. ‖ Divisa.

embobar. tr. y prnl. Abobar, embelesar, admirar, suspender, asombrar, pasmar.

embocadura. f. Bocado. ‖ Desembocadura, boca, abertura. ‖ Boquilla.

embocar. tr. Tragar, engullir, embaular. ‖ Enfilar. ‖ Entrar, meter (a.: *sacar*).

émbolo. m. Pistón.

embolsar. tr. Entrujar. ‖ Cobrar (a.: *abonar*).

emborrachar. tr. y prnl. Embriagar. ‖ Atontar, adormecer, aturdir, perturbar.

emborronar. tr. Borronear, borrajear. ‖ Rasguear.

emboscada. f. Celada, zalagarda. ‖ Asechanza, celada, trampa, intriga, maquinación, encerrona.

embotar. tr. y prnl. Desafilar, mellar. ‖ tr. Debilitar, enervar. *El cansancio embo-*

ta la eficiencia. ‖ prnl. Aturdirse, atontarse, ofuscarse (a.: *serenarse*).

embotellar. tr. Acorralar, cercar. ‖ Inmovilizar, detener. ‖ Aprender, estudiar, memorizar.

embozar. tr. y prnl. Rebozar. ‖ Encubrir, envolver, disfrazar, ocultar, desfigurar (a.: *destapar*).

embozo. m. Disimulo, tapujo, rodeo, recato (a.: *desenvoltura*).

embravecer. tr. y prnl. Irritar, enfurecer, encolerizar (a.: *calmar, apaciguar, amansar*).

embriagar. tr. y prnl. Emborrachar. ‖ Marear, perturbar, atontar, aturdir, adormecer. ‖ Enajenar, extasiar, arrebatar, trasportar, embelesar.

embriaguez. f. Borrachera, ebriedad. ‖ Enajenación, enajenamiento, embeleso, éxtasis, arrebato (a.: *sobriedad*).

embrión. m. Germen. ‖ Principio, origen, rudimento. ‖ Feto.

embrionario, ria. adj. Rudimentario, elemental.

embrocar. tr. Abocar.

embrollador, ra. adj. Embrollón, lioso, barullón.

embrollar. tr. y prnl. Enredar, confundir, embarullar, enmarañar, revolver, desordenar.

embrollo. m. Enredo, confusión, barullo, maraña, lío (a.: *orden*). ‖ Embuste, mentira, trápala (a.: *verdad*). ‖ Conflicto, aprieto (a.: *aclaración*).

embrollón, na. adj. Embrollador, lioso, enredador.

embromar. tr. Engañar, burlar, chasquear, bromear, fastidiar.

embrujar. tr. Hechizar, encantar. ‖ Embelesar, cautivar.

embrujo. m. Hechizo, encantamiento, embrujamiento.

embrutecer. tr. y prnl. Atontar, entorpecer.

embuchado. m. Embutido.

embuchar. tr. Embutir. ‖ Engullir, tragar, embaular. ‖ Introducir.

embuste. m. Trápala, mentira, patraña,

embrollo, embeleco, farsa, engaño (a.: *verdad, verosimilitud*).

embustero, ra. adj. Mentiroso, embaucador, farsante, engañador, impostor, trolero.

embutido. m. Embuchado. ‖ Taracea, ataracea, marquetería.

embutir. tr. Llenar, rellenar, apretar, atiborrar, recalcar. ‖ Embuchar. ‖ Encajar, incrustar, engastar, incluir. ‖ Instruir, enseñar. ‖ Embocar, engullir. ‖ Taracear.

emerger. intr. Surgir, brotar, salir.

emético, ca. adj. Vomitivo.

emigración. f. Migración, trasmigración, éxodo (a.: *repatriación*).

emigrar. intr. Trasmigrar, expatriarse (a.: *inmigrar*).

eminencia. f. Elevación, altura. ‖ Saliente, resalte. ‖ Excelencia, sublimidad, superioridad (a.: *bajeza*).

eminente. adj. Alto, elevado, prominente, sobresaliente. ‖ Superior, distinguido, notable, ilustre, excelente, insigne, egregio, excelso.

emisario, ria. m. y f. Embajador, mensajero, enviado.

emisión. f. Producción, difusión.

emitir. tr. Arrojar, exhalar, despedir, lanzar (a.: *absorber, atraer*). ‖ Radiar, radiodifundir, trasmitir. ‖ Acuñar, poner en circulación. ‖ Manifestar, expresar, hacer público, exponer. *Emitir el voto* (a.: *callar, reservarse, ocultar*).

emocionar. tr. y prnl. Conmover, afectar, enternecer, alterar, turbar (a.: *tranquilizar*).

emoliente. adj. Demulcente, lenitivo.

emolumento. m. Gaje, gratificación, retribución, remuneración, obvención, propina, sueldo, jornal, paga, salario.

empacar. tr. Empaquetar, embalar, enfardar, encajonar.

empacarse. prnl. Obstinarse, emperrarse (a.: *ceder, conceder*). ‖ Turbarse, enojarse, irritarse.

empachar. tr. Estorbar, impedir, embarazar. ‖ tr. y prnl. Ahitar, hartar, indigestar. ‖ tr. Disfrazar, encubrir. ‖ prnl. Avergonzarse, cortarse, embazarse, embarazarse, turbarse (a.: *atreverse*).

empacho. m. Indigestión. ‖ Estorbo, embarazo, obstáculo, impedimento. ‖ Cortedad, vergüenza, encogimiento, turbación (a.: *osadía, desenfado*).

empadronamiento. m. Padrón, censo. ‖ Recuento.

empalagar. tr. y prnl. Hastiar, fastidiar, cansar, aburrir (a.: *entretener, divertir*). ‖ Empachar, ahitar.

empalagoso, sa. adj. Dulzón, dulzarrón. ‖ Fastidioso, zalamero, pesado, cargante, sobón, pegajoso.

empalizada. f. Estacada, palizada.

empalizar. tr. Vallar.

empalmar. tr. Unir, juntar, ligar, enlazar, entroncar (a.: *separar*). ‖ Ligar, combinar. ‖ intr. Unirse, combinarse. ‖ Suceder, seguir.

empalme. m. Ensambladura. ‖ Conexión, enchufe. ‖ Enlace.

empantanar. tr. y prnl. Inundar, encharcar. ‖ Atascar, estancar, paralizar, detener.

empañar. tr. Deslustrar, oscurecer, enturbiar. ‖ Desacreditar, manchar, deslucir. *Esa actitud puede empañar su prestigio.*

empapar. tr. y prnl. Absorber, embeber, impregnar (a.: *enjugar*). ‖ Mojar (a.: *secar*). ‖ prnl. Imbuirse, penetrarse, compenetrarse.

empapelar. tr. Revestir, envolver, cubrir. ‖ Procesar.

empapuciar, empapujar o **empapuzar.** tr. Hartar, ahitar, empachar.

empaque. m. Tiesura, estiramiento, seriedad, gravedad. ‖ Énfasis. ‖ Aspecto, aire, catadura.

emparejar. tr. Aparear, acoplar (a.: *desunir*). ‖ Nivelar, igualar (a.: *desnivelar*). ‖ Allanar, aplanar. ‖ intr. Alcanzar.

emparentar. tr. y prnl. Relacionar. ‖ intr. y prnl. Entroncar.

emparrado. m. Pérgola.

emparrillado. m. Enrejado. ‖ Zampeado. ‖ Peine.

empaste. m. Pasta, mezcla.

empecer. intr. Impedir, obstar. ‖ Perjudicar, dañar, damnificar.

empecinado, da. adj. Obstinado, pertinaz, terco, testarudo, tozudo.

empecinarse. prnl. Obstinarse, aferrarse, porfiar, encapricharse, emperrarse, encastillarse.

empedernido, da. adj. Cruel, implacable, inexorable, despiadado, insensible (a.: *benévolo, indulgente*). ‖ Incorregible.

empedrado. m. Adoquinado, pavimentado.

empedrar. tr. Adoquinar, pavimentar.

empegar. tr. Empecinar, empeguntar.

empelazgarse. prnl. Andar a la greña, disputar, reñir.

empellón. m. Empujón.

empeñar. tr. Pignorar, prendar (a.: *desempeñar, recobrar, rescatar*). ‖ Hipotecar. ‖ Comprometer. ‖ tr. y prnl. Obligar, precisar. ‖ Empezar, trabar. ‖ prnl. Endeudarse, entramparse. ‖ Obstinarse, insistir, porfiar, emperrarse.

empeño. m. Pignoración. ‖ Obligación, deber. ‖ Afán, ansia, anhelo. ‖ Tesón, constancia, obstinación, ahínco, porfía, tema. *Busco con empeño al que me agravió.*

empeorar. tr., intr. y prnl. Desmejorar (a.: *mejorar, progresar*). ‖ tr. e intr. Caer, decaer, declinar.

empequeñecer. tr. Disminuir, menguar, aminorar (a.: *aumentar, elevar*).

emperifollar. tr. y prnl. Acicalar, adornar, emperejilar, empaquetar.

empero. conj. Pero, mas, sino. ‖ Sin embargo, no obstante.

emperrarse. prnl. Obstinarse, empeñarse, encastillarse, porfiar, empecinarse (a.: *ceder, desistir, aflojar*).

empezar. tr. Comenzar, principiar, emprender, acometer, iniciar (a.: *terminar, acabar*). ‖ intr. Nacer, tener principio, originarse (a.: *extinguirse*). ‖ Iniciarse (a.: *finalizar, concluir*).

empinado, da. adj. Alto, elevado. ‖ Estirado, orgulloso, presumido.

empinar. tr. Erguir, alzar, levantar. ‖ Beber. ‖ prnl. Ponerse de puntillas. ‖ Encabritarse.

empingorotado, da. adj. Encopetado, ensoberbecido, engreído.

empíreo, a. adj. Celestial, divino. ‖ m. Cielo, paraíso.

empírico, ca. adj. Experimental.

emplasto. m. Parche, bizma, pegado. ‖ Cataplasma. ‖ Componenda.

emplazamiento. m. Situación, ubicación, colocación. *El emplazamiento de esa fortaleza es estratégico.* ‖ Cita, demanda.

emplazar. tr. Colocar, poner, situar, ubicar.

emplazar. tr. Aplazar. ‖ Demandar, citar.

empleado, da. m. y f. Dependiente, funcionario, oficinista (**a.:** *cesanteado*).

empleador, ra. m. y f. Patrón, patrono, dueño.

emplear. tr. Ocupar, colocar, acomodar, destinar. ‖ Usar, aplicar, servirse, valerse, destinar, utilizar. ‖ Invertir, gastar.

empleo. m. Destino, colocación, ocupación, puesto, acomodo, cargo, plaza. ‖ Uso, utilización, aplicación.

emplomar. tr. Soldar, cubrir, obturar, empastar.

empobrecer. tr. Depauperar, arruinar (**a.:** *enriquecer*). ‖ prnl. Decaer, venir a menos, declinar (**a.:** *medrar, engrandecer*).

empollar. tr. Encobar, criar, incubar. ‖ Meditar. ‖ Estudiar.

emponzoñar. tr. Intoxicar, envenenar. ‖ Inficionar, corromper, dañar, envilecer, echar a perder, viciar.

emporcar. tr. Ensuciar, manchar.

emporio. m. Mercado, centro comercial. ‖ Ciudad.

empotrar. tr. Embutir, encajar, incrustar, meter, encastrar.

emprendedor, ra. adj. Resuelto, decidido, activo, audaz (**a.:** *timorato*).

emprender. tr. Comenzar, empezar, principiar, iniciar, acometer, entablar (**a.:** *desistir, acabar*).

empresa. f. Proyecto, intento, designio. ‖ Símbolo, lema. ‖ Sociedad, compañía. ‖ Obra, proyecto. ‖ Divisa, emblema, enseña.

empresario, ria. m. y f. Patrono.

empréstito. m. Préstamo.

empujar. tr. Impeler, impulsar, propulsar. ‖ Excitar, incitar, impulsar, estimular (**a.:** *desanimar*).

empuje. m. Impulso, impulsión, propulsión. ‖ Fuerza, brío, arranque, resolución, ánimo, ímpetu (**a.:** *desaliento*). ‖ Carga, peso.

empujón. m. Envión, envite, empellón. ‖ Impulso, impulsión, propulsión.

empuñadura. f. Puño, mango, guarnición.

empuñar. tr. Asir, agarrar, apretar, coger. *Empuñó el arma.*

emulación. f. Rivalidad, competencia, antagonismo, competición.

emular. tr. Competir, rivalizar. ‖ Imitar. *Hay que emular los buenos ejemplos.*

émulo, la. m. y f. Competidor, rival. ‖ Imitador.

enaceitar. tr. Engrasar, lubricar.

enagua. f. Refajo, saya.

enaguazar. tr. y prnl. Aguacharnar, encharcar.

enajenado, da. adj. Alienado, demente.

enajenar. tr. Vender, traspasar (**a.:** *retener*). ‖ Ceder, trasmitir. ‖ tr. y prnl. Trasportar, extasiar, encantar. ‖ Perturbar, enloquecer, trastornar (**a.:** *tranquilizar*).

enaltecer. tr. Ensalzar, exaltar, elevar, honrar, engrandecer. ‖ Elogiar, alabar, encomiar (**a.:** *criticar*).

enaltecimiento. m. Elogio, alabanza, exaltación (**a.:** *reprobación*).

enamorar. tr. Galantear, requebrar, cortejar, hacer la corte. ‖ prnl. Prendarse, aficionarse, encariñarse, apasionarse.

enamoricarse o enamoriscarse. prnl. Engolondrinarse.

enano, na. adj. Diminuto, pequeñísimo (**a.:** *gigante*). ‖ m. y f. Pigmeo, liliputiense, gorgojo, gnomo, petizo, chaparro.

enarbolar. tr. Elevar, levantar, izar (**a.:** *arriar*). ‖ Arbolar. ‖ prnl. Encabritarse, empinarse. ‖ Encolerizarse, enfadarse, enfurecerse.

enarcar. tr. Arquear. ‖ prnl. Intimidarse, encogerse, achicarse.

enardecer. tr. Inflamar, excitar, avivar, entusiasmar (**a.:** *serenar, acobardar*).

encabezar. tr. Comenzar, iniciar. ‖ Acaudillar.

encadenamiento. m. Conexión, trabazón, enlace, relación, unión, concatenación. ‖ Eslabonamiento, ligadura, engarce.

encadenar. tr. Aprisionar, aherrojar. ‖ Inmovilizar, sujetar, atar. ‖ Avasallar, esclavizar (a.: *liberar*). ‖ tr. y prnl. Trabar, enlazar, unir, eslabonar, relacionar, ligar (a.: *desligar*).

encajar. tr. Ajustar, embutir, engastar, meter (a.: *desencajar, desarticular*). ‖ Descargar, asestar, dar. ‖ Endilgar, endosar. ‖ intr. Concordar, coincidir, casar. ‖ prnl. Atascarse, atollarse.

encajonar. tr. Meter, encajar, apretar, llenar, embutir.

encalabrinar. tr. y prnl. Irritar, excitar. ‖ prnl. Empeñarse, encapricharse, obstinarse.

encaladura. f. Encostradura, enyesadura, enjalbegado, estucado.

encalar. tr. Blanquear, enjalbegar.

encallar. intr. Varar, embarrancar. ‖ Atascarse, detenerse.

encalmar. tr. y prnl. Tranquilizar, serenar, apaciguar.

encaminar. tr. y prnl. Dirigir, guiar, orientar. ‖ Enderezar, encarrilar, encauzar (a.: *desviar*).

encandilar. tr. Deslumbrar, cegar. ‖ Alucinar, ilusionar, seducir, engañar, embaucar (a.: *desilusionar*).

encanecer. intr. Enmohecerse. ‖ Envejecer, avejentarse.

encanillar. tr. Encañar, encañonar.

encantador, ra. adj. Cautivador, atrayente, seductor, fascinador. ‖ m. y f. Hechicero, brujo, mago.

encantamiento. m. Encanto, hechizo, sortilegio, magia, brujería. ‖ Fascinación, atractivo, seducción.

encantar. tr. Hechizar, embrujar. ‖ Embelesar, cautivar, seducir, atraer, sugestionar, fascinar (a.: *aburrir, repeler*).

encanto. m. Encantamiento, hechizo, embrujamiento, sortilegio. ‖ Embeleso, seducción, fascinación.

encañonar. tr. Dirigir, apuntar.

encapotarse. prnl. Nublarse, oscurecerse, anubarrarse, aborrascarse (a.: *despejarse*).

encapricharse. prnl. Empeñarse, obstinarse (a.: *desistir*). ‖ Enamorarse, apasionarse.

encaramar. tr. Levantar, subir (a.: *bajar, agachar*). ‖ Alabar, encarecer, ensalzar, encumbrar. ‖ prnl. Trepar.

encarar. tr. Enfrentar. *Será mejor encarar el problema.* ‖ Afrontar, hacer frente, arrostrar. ‖ Apuntar, dirigir.

encarcelar. tr. Aprisionar, encerrar, recluir (a.: *excarcelar, soltar*). ‖ Empotrar.

encarecer. tr. Alabar, ponderar, exagerar, abultar, encomiar (a.: *denigrar, insultar*). ‖ tr., intr. y prnl. Aumentar, subir (a.: *abaratar*). ‖ Recomendar, encargar.

encarecimiento. m. Subida, alza, carestía. ‖ Instancia, empeño, insistencia. ‖ Ponderación, alabanza (a.: *denuesto*).

encargar. tr. Confiar, encomendar. ‖ Recomendar, aconsejar, prevenir. ‖ Pedir, ordenar. ‖ prnl. Hacerse cargo, responsabilizarse (a.: *renunciar*).

encargo. m. Encomienda, encomendamiento, recado, cometido, comisión. ‖ Pedido. ‖ Diligencia, trámite.

encariñarse. prnl. Aficionarse, prendarse, enamorarse, apegarse.

encarnado, da. adj. Colorado, rojo.

encarnadura. f. Carnadura.

encarnar. tr. Representar. ‖ Personificar, simbolizar.

encarnizado, da. adj. Encendido, ensangrentado. ‖ Reñido, sangriento, cruento, porfiado (a.: *piadoso*).

encarnizamiento. m. Crueldad, ferocidad, ensañamiento, saña (a.: *misericordia*).

encarnizarse. prnl. Cebarse. ‖ Encruelecerse, cebarse, ensañarse, enfurecerse.

encarpetar. tr. Guardar, archivar. *Van a encarpetar su proyecto.*

encarrilar. tr. Encaminar, dirigir, guiar, enderezar, encauzar (a.: *desviar*).

encartar. tr. Procesar, encausar, empapelar. ‖ Incluir, intercalar.

encasquetar. tr. Encajar, endilgar. || prnl. Obstinarse, empecinarse.

encastillar. tr. Apilar, amontonar. || prnl. Guarecerse, refugiarse. || Obstinarse, empeñarse, emperrarse.

encausar. tr. Procesar, enjuiciar, formar causa.

encauzar. tr. y prnl. Encaminar, encarrilar, enderezar (**a.:** *descarriar*). || tr. Dirigir, guiar.

encebadamiento. m. Enfosado (en veterinaria).

encéfalo. m. Masa encefálica, meollo, sesos, sesera. || Sesada.

enceguecer. tr. Cegar. || tr. y prnl. Ofuscar, obcecar, obnubilar.

encella. f. Formaje, molde.

encenagarse. prnl. Enlodarse. || Evilecerse.

encendedor. m. Mechero, chisquero.

encender. tr. Incendiar. || Inflamar, enardecer, excitar (**a.:** *calmar, sosegar*). || Prender (**a.:** *apagar*). || Conectar. || tr. y prnl. Suscitar, ocasionar. || prnl. Ruborizarse, enrojecer, sonrojarse.

encendido, da. adj. Encarnado. || Inflamado, abrasado, ígneo. || m. Ignición.

encerado. m. Pizarra, pizarrón.

encerrar. tr. Aprisionar, recluir (**a.:** *liberar*). || Incluir, contener, comprender, abarcar. || Guardar, custodiar. || prnl. Enclaustrarse. || Encastillarse, obstinarse.

encerrona. f. Celada, emboscada.

enchapar. tr. Chapear, laminar.

encharcar. tr. y prnl. Aguazar, enaguazar, enaguachar, empantanar.

enchufe. m. Prebenda, empleo, cargo, sinecura. || Conectador.

encierro. m. Reclusión, prisión, celda, cárcel, mazmorra. || Retiro, clausura, recogimiento, apartamiento, aislamiento.

encima. adv. Sobre sí (**a.:** *debajo*). || Además. || **encima de.** loc. prep. Sobre. || **por encima.** loc. adv. Superficialmente, de pasada. || **por encima de.** loc. prep. A pesar de, en contra de.

encinta. adj. Embarazada, preñada.

encintado. m. Bordillo.

enclaustrar. tr. y prnl. Encerrar, esconder.

enclavar. tr. Atravesar. || Fijar, encajar, clavar.

enclenque. adj. Enfermizo, débil, enteco, canijo (**a.:** *robusto, fornido*).

enclocar. intr. y prnl. Enllocar.

encobar. tr. e intr. Incubar, empollar.

encocorar. tr. y prnl. Molestar, fastidiar, enfadar, enojar, exasperar, crispar.

encoger. tr. y prnl. Contraer, replegar (**a.:** *estirar*). || Achicar. || prnl. Apocarse, acobardarse (**a.:** *atreverse*).

encogido, da. adj. Apocado, tímido, vergonzoso, corto.

encogimiento. m. Contracción, constricción. || Apocamiento, cortedad, timidez, empacho, vergüenza, cohibición (**a.:** *intrepidez, osadía*).

encolerizar. tr. y prnl. Enojar, irritar, enfurecer, sulfurar, exacerbar (**a.:** *sosegar*).

encomendar. tr. Encargar, confiar. || Recomendar, alabar. || prnl. Entregarse, confiarse.

encomiar. tr. Alabar, encarecer, loar, elogiar, ensalzar, celebrar.

encomiástico, ca. adj. Laudatorio, elogioso.

encomienda. f. Encargo, recado. || pl. Recuerdos, memorias.

encomio. m. Alabanza, elogio, encarecimiento. *Su actitud es digna de encomio* (**a.:** *insulto*).

enconar. tr. y prnl. Irritar, inflamar. || Avivar, irritar, exasperar, exacerbar.

encono. m. Animadversión, resentimiento, malquerencia, rencor, aborrecimiento, saña, odio.

encontrado, da. adj. Opuesto, contrario, antitético, contradictorio.

encontrar. tr. Hallar, dar con (**a.:** *perder*). || prnl. Tropezar, chocar, topar. || Oponerse, enemistarse, discordar, desavenirse. || Reunirse, verse. || Hallarse, estar. *A partir de hoy él se encuentra fuera del país.*

encontrón o **encontronazo.** m. Choque, colisión, topada, topetazo, tropiezo.

encopetado, da. adj. Empingorotado, ensoberbecido, engreído, vanidoso, presumido, fatuo, presuntuoso, petulante (a.: *tímido*). ‖ Linajudo.

encorajinarse. prnl. Enfadarse, irritarse, encolerizarse, emberrenchinarse, sulfurarse.

encorvadura. f. Curvatura, alabeo, corvadura.

encorvar. tr. Curvar, arquear, torcer, recorvar (a.: *enderezar*). ‖ Inclinar, doblar (a.: *erguir*).

encrasar. tr. Engrasar, abonar, fertilizar.

encrespar. tr. y prnl. Ensortijar, rizar, engrifar. ‖ Erizar. ‖ Enfurecer, irritar, embravecer (a.: *serenar*). ‖ Alborotar.

encrucijada. f. Crucero, cruzada, cruce. ‖ Emboscada, asechanza. ‖ Dilema, apuro. *La decisión de sus padres la puso en una encrucijada.*

encuadrar. tr. Enmarcar. ‖ Encajar, ajustar. ‖ Encerrar, incluir.

encubridor, ra. m. y f. Capa, tapadera. ‖ Alcahuete.

encubrir. tr. Ocultar, recatar, esconder, solapar, disimular, tapar, celar (a.: *descubrir, delatar*).

encuentro. m. Coincidencia. ‖ Hallazgo (a.: *pérdida*). ‖ Colisión, choque, topada, topetazo. ‖ Choque, refriega. ‖ Entrevista. ‖ Oposición, contradicción. ‖ Competición, partido.

encuesta. f. Averiguación, búsqueda, cuestionario, indagación.

encuitarse. prnl. Acuitarse, entristecerse, desasosegarse, afligirse, apesadumbrarse.

encumbrado, da. adj. Destacado, prominente. *Un científico encumbrado.*

encumbramiento. m. Altura, elevación. ‖ Ensalzamiento, exaltación, ponderación.

encumbrar. tr. y prnl. Levantar, alzar, elevar, erguirse. ‖ tr. Enaltecer, ensalzar, engrandecer, exaltar, ponderar. ‖ prnl. Envanecerse, engreírse, ensoberbecerse.

ende (por). loc. conj. Por lo tanto, por tanto.

endeble. adj. Débil, flojo, frágil, flaco, enclenque (a.: *vigoroso, tenaz, fuerte*).

endémico, ca. adj. Habitual.

endemoniado, da. adj. Demoníaco, energúmeno, poseso, poseído. ‖ Perverso, nocivo, malo, endiablado, dañino.

endemoniar. tr. Espiritar. ‖ prnl. Irritarse, encolerizarse, enfurecerse.

endentar. tr. Encastrar, engargantar, engranar, encajar.

endentecer. intr. Dentar.

enderezar. tr. y prnl. Destorcer (a.: *torcer*). ‖ Erguir, alzar, levantar, elevar. ‖ tr. Encaminar, dirigir, guiar, encarrilar, encauzar, enfilar. ‖ intr. Dirigirse.

endeudarse. prnl. Empeñarse, entramparse.

endiablado, da. adj. Endemoniado.

endilgar. tr. Encajar, endosar. *Le endilgaron el trabajo más duro.*

endiosar. tr. Deificar, divinizar. ‖ Ensalzar, exaltar. ‖ prnl. Ensoberbecerse, engreírse, envanecerse.

endomingado, da. adj. Dominguero, acicalado, emperifollado, engalanado.

endosar. tr. Endilgar, cargar, encajar. ‖ Traspasar, trasferir.

endrina. f. Amargaleja, andrina.

endulzar. tr. Dulcificar, edulcorar, almibarar, azucarar. ‖ Suavizar, mitigar, atenuar, sosegar, calmar.

endurecer. tr. Indurar. ‖ tr. y prnl. Robustecer, fortalecer (a.: *debilitar*). ‖ prnl. Encruelecerse, insensibilizarse.

endurecido, da. adj. Empedernido, insensible, inflexible, indiferente. ‖ Coriáceo.

endurecimiento. m. Dureza, callosidad, induración. ‖ Dureza, obstinación, tenacidad, pertinacia.

enebro. m. Cada, junípero.

enema. m. Ayuda, lavativa.

enemiga. f. Enemistad, inquina, malquerencia, mala voluntad, odio, animadversión.

enemigo, ga. adj. y s. Contrario, opuesto, hostil, refractario (a.: *amigo*). ‖ Adversario, antagonista, rival (a.: *allegado*).

enemistad. f. Aversión, animadversión, hostilidad, malquerencia, odio, rencor.

enemistar. tr. y prnl. Malquistar, indisponer, encizañar, desavenir.

energía. f. Fuerza, poder, potencia (a.: *debilidad*). ‖ Eficacia, actividad, dinamismo. ‖ Vigor, fibra, fortaleza. ‖ Tesón, firmeza, voluntad.

enérgico, ca. adj. Eficaz, activo, poderoso. ‖ Vigoroso, fuerte. ‖ Tenaz, tesonero, firme.

energúmeno, na. m. y f. Endemoniado, poseso. ‖ adj. Furioso, alborotado, enfurecido.

enervar. tr. y prnl. Debilitar, embotar (a.: *vigorizar*). ‖ tr. Abatir, anular.

enfadar. tr. y prnl. Enojar, irritar, fastidiar, incomodar, disgustar.

enfado. m. Desagrado, molestia, fastidio, disgusto (a.: *agrado*). ‖ Enojo, ira. ‖ Afán, trabajo.

enfadoso, sa. adj. Desagradable, pesado, cansado, engorroso, fastidioso, molesto, enojoso.

enfangar. tr. y prnl. Enlodar, embarrar. ‖ prnl. Envilecerse, deshonrarse.

énfasis. m. Ampulosidad, afectación, ceremonia.

enfático, ca. adj. Expletivo, insistente. ‖ Afectado, altisonante, petulante, engolado, ampuloso (a.: *sencillo, natural*).

enfermar. intr. y prnl. Debilitar, menoscabar, invalidar. ‖ prnl. Indisponerse, guardar cama.

enfermedad. f. Mal, dolencia, morbo, padecimiento, achaque, indisposición, destemple, afección (a.: *salud*).

enfermizo, za. adj. Achacoso, enteco, débil, delicado, enclenque, valetudinario, enfermo. ‖ Malsano, morboso, mórbido.

enfermo, ma. adj. Malo, doliente, paciente, achacoso, indispuesto, destemplado.

enfervorizar. tr. Entusiasmar, animar, alentar. *El fútbol enfervoriza a sus simpatizantes.*

enfilar. tr. Ensartar. ‖ Dirigir, orientar. ‖ tr., intr. y prnl. Dirigir.

enflaquecer. tr. e intr. Adelgazar, enmagrecer, desengrosar, enflacar (a.: *engordar*). ‖ tr. Debilitar, enervar. ‖ intr. Desmayar, flaquear, flojear.

enfoscarse. prnl. Enfrascarse, engolfarse. ‖ Encapotarse, nublarse.

enfrascarse. prnl. Engolfarse, concentrarse, sumirse (a.: *despreocuparse*).

enfrentar. tr. y prnl. Encarar (a.: *eludir*).

enfrente. adv. Delante, frente a, frontero (a.: *detrás*). ‖ En contra, en pugna. ‖ **enfrente de.** loc. prep. Frente a.

enfriamiento. m. Catarro, constipado, resfriado.

enfriar. tr. y prnl. Refrescar, refrigerar (a.: *calentar*). ‖ Entibiar, amortiguar, templar, disminuir. ‖ prnl. Resfriarse, acatarrarse.

enfundar. tr. Encamisar.

enfurecer. tr. y prnl. Irritar, enojar, sulfurar, encolerizar, exasperar (a.: *serenar*). ‖ prnl. Alborotarse, alterarse, encresparse.

enfurruñarse. prnl. Enojarse, enfadarse. ‖ Enfoscarse, nublarse.

engaitar. tr. Engatusar, engañar, seducir.

engalanar. tr. y prnl. Adornar, ataviar, hermosear, acicalar. *Con motivo de las fiestas patrias, engalanaron los edificios públicos.*

engallado, da. adj. Erguido, derecho. ‖ Arrogante, altanero, soberbio.

enganchar. tr. Agarrar. ‖ Colgar, suspender. ‖ Atraer, seducir. ‖ tr. y prnl. Alistar, reclutar. ‖ prnl. Sentar plaza.

engañador, ra. adj. Engañoso, mentiroso. ‖ Impostor.

engañar. tr. Seducir, atraer, ilusionar, engatusar, engaitar. ‖ Mentir, embaucar, burlar, trampear. ‖ Entretener, distraer. ‖ prnl. Equivocarse, confundirse, errar.

engañifa. f. Trampa, engaño.

engaño. m. Mentira, falsedad, fraude, superchería, farsa (a.: *verdad*). ‖ Error, equivocación.

engañoso, sa. adj. Ilusorio, falaz, mentiroso, aparente, engañador, capcioso, falso, fingido.

engarce o engace. m. Encadenamiento, eslabonamiento. ‖ Engaste, engarzo. ‖ Enlace, conexión, trabazón.

engargantar. intr. Engranar, endentar.

engargante. m. Engranaje.

engarzar. tr. Trabar, encadenar, eslabonar, engazar. || Engastar, engazar.

engastador, ra. adj. Enjoyelador.

engastar. tr. Encajar, embutir, engarzar, montar, alojar.

engaste. m. Engarce. || Montadura, guarnición.

engatusar. tr. Engañar, seducir, engaitar, embaucar, embelecar.

engendrar. tr. Procrear, reproducirse. || Generar, originar, ocasionar, causar, producir.

engendro. m. Feto. || Monstruo, aborto.

englobar. tr. Incluir, comprender, encerrar, reunir, abarcar, abrazar.

engolado, da. adj. Enfático, altisonante, presuntuoso, petulante, afectado (**a.:** *humilde*).

engolfarse. prnl. Enfrascarse, absorberse, consagrarse, dedicarse, concentrarse. || Enmararse.

engolosinar. tr. Cebar, atraer, incitar, estimular, tentar. || prnl. Arregostarse, regostarse, aficionarse, tomar gusto, enviciarse.

engomar. tr. Encolar, pegar.

engordar. tr. Cebar. || intr. Engrosar (**a.:** *enflaquecer*). || Enriquecer.

engorde. m. Ceba, recría.

engorro. m. Estorbo, embarazo, impedimento, molestia, fastidio (**a.:** *alivio*).

engorroso, sa. adj. Fastidioso, dificultoso, molesto, embarazoso.

engranar. intr. Endentar, engargantar. || tr. Enlazar, trabar, relacionar.

engrandecer. tr. Aumentar, acrecentar, ampliar, agrandar (**a.:** *disminuir*). || Realzar, elevar, enaltecer, ennoblecer. || Alabar, elogiar, ensalzar, ponderar (**a.:** *injuriar*).

engrandecimiento. m. Aumento, incremento. || Elevación, exaltación. || Ponderación, alabanza, loa.

engrasar. tr. Abonar, fertilizar, encrasar. || Untar, lubricar, lubrificar. || Pringar.

engreído, da. adj. Fatuo, petulante, pretencioso, infatuado, envanecido (**a.:** *modesto*).

engreír. tr. y prnl. Envanecer, infatuar, ensoberbecer, inflar.

engrescar. tr. Excitar, enzarzar, enredar.

engrosar. tr. Aumentar, acrecentar. || intr. Engordar (**a.:** *adelgazar*).

enguatar. tr. Acojinar, acolchar.

engullir. tr. Devorar, tragar, chascar, ingurgitar, embuchar.

enhebrar. tr. Enhilar. || Ensartar.

enhiesto, ta. adj. Erguido, levantado, derecho, tieso, erecto.

enhorabuena. f. Norabuena, felicitación, parabién, pláceme. || adv. Con bien, con felicidad.

enhoramala. adv. Noramala, nora tal.

enhornar. tr. Ahornar.

enigma. m. Adivinanza, adivinaja, quisicosa, acertijo. || Misterio, arcano.

enigmático, ca. adj. Misterioso, oscuro, secreto, incomprensible, arcano, inexplicable, impenetrable, insondable, indescifrable (**a.:** *evidente, comprensible*).

enjabonar. tr. Jabonar. || Adular. || Reprender.

enjalbegar. tr. Blanquear, encalar.

enjambre. m. Muchedumbre, multitud.

enjaretar. tr. Endilgar, encajar, endosar.

enjuague. m. Chanchullo, gatuperio, pastel, componenda, enredo, amaño, trampa.

enjugar. tr. y prnl. Secar. || tr. Sanear. || Cancelar, extinguir. || prnl. Adelgazar, enflaquecer.

enjuiciamiento. m. Instrucción, procesamiento.

enjuiciar. tr. Encausar, procesar. || Juzgar, sentenciar.

enjundia. f. Gordura, grasa, unto. || Sustancia, meollo. *Dio un discurso de mucha enjundia.* || Fuerza, vigor, energía, arrestos.

enjuta. f. Sobaco, embecadura.

enjuto, ta. adj. Delgado, seco, flaco, cenceño (**a.:** *fornido*).

enlace. m. Unión, conexión, trabazón, relación, encadenamiento, lazo, vínculo.

‖ Matrimonio, casamiento, boda, nupcias, himeneo. ‖ Empalme. ‖ Ligadura.

enlazar. tr. Juntar, trabar, atar. ‖ Unir, relacionar, encadenar.

enlodar. tr. y prnl. Enlodazar, embarrar, enfangar. ‖ tr. Manchar, envilecer, infamar, deshonrar (**a.:** *ponderar*).

enloquecer. intr., tr. y prnl. Trastornar, perturbar, enajenar.

enlosar. tr. Embaldosar, losar.

enlucir. tr. Guarnecer, enjalbegar, estucar, blanquear.

enlutar. tr. y prnl. Oscurecer. ‖ Entristecer, afligir.

enmarañar. tr. y prnl. Enredar (**a.:** *desenmarañar*). ‖ Desgreñar, encrespar. ‖ Confundir, embrollar, revolver, embarullar (**a.:** *aclarar*).

enmarcar. tr. Encuadrar. ‖ Encerrar, bordear, limitar.

enmascarar. tr. Encubrir, disfrazar, disimular, ocultar (**a.:** *desenmascarar*).

enmelar. intr. Endulzar, suavizar.

enmendar. tr. Corregir, reparar, modificar, rectificar. ‖ Resarcir, subsanar, reparar, indemnizar, satisfacer.

enmienda. f. Corrección. ‖ Resarcimiento.

enmohecer. tr. y prnl. Florecer, mohecer, herrumbrar.

enmudecer. intr. Callar, guardar silencio (**a.:** *hablar*). ‖ tr. Silenciar.

ennegrecer. tr., intr. y prnl. Denegrecer, denegrir, negrecer. ‖ intr. y prnl. Oscurecer, nublarse (**a.:** *disipar*). ‖ tr. Enturbiar, turbar.

ennoblecer. tr. Dignificar, realzar, elevar (**a.:** *denigrar, envilecer*).

enojar. tr. y prnl. Desazonar, molestar, disgustar, fastidiar, enfadar, irritar, encolerizar, ensañar, exacerbar, enfurecer, exasperar, sacar de quicio (**a.:** *calmar*).

enojo. m. Enfado, ira, cólera, indignación, irritación, coraje. ‖ Molestia, pena, trabajo, disgusto, pesar, incomodidad, fastidio.

enojoso, sa. adj. Enfadoso, fastidioso, molesto, desagradable (**a.:** *placentero*).

enólogo, ga. adj. Catador, mojón, catavinos.

enorgullecer. tr. y prnl. Envanecer, engreír, ensoberbecer.

enorme. adj. Desmedido, desmesurado, descomunal, excesivo, colosal, gigantesco, desproporcionado, extraordinario (**a.:** *diminuto*). ‖ Perverso, malo.

enormidad. f. Despropósito, desatino, atrocidad, barbaridad, exceso, disparate.

enraizar. intr. Arraigar.

enramada. f. Ramada, emparrado.

enrarecer. tr. y prnl. Rarefacer, rarificar.

enrarecimiento. m. Rarefacción.

enredadera. f. Convólvulo.

enredador, ra. adj. Revoltoso, travieso. ‖ Chismoso, embustero, lioso, trapisondista, embrollón.

enredar. tr. y prnl. Enmarañar, embrollar (**a.:** *desenredar, desentrañar*). ‖ Comprometer, mezclar. ‖ Complicar.

enredo. m. Maraña, embrollo. ‖ Travesura. ‖ Mentira, chisme, embuste, lío, intriga, engaño, trapisonda. ‖ Embrollo, confusión. ‖ Trama, intriga.

enrejado. m. Enverjado, emparrillado. ‖ Reja, verja.

enrevesado, da. adj. Intrincado, confuso, oscuro, enmarañado, revesado, enredado, complicado, difícil. *Un razonamiento enrevesado.*

enriquecer. tr. Adornar, dignificar, engrandecer. ‖ intr. y prnl. Prosperar, progresar, florecer (**a.:** *empobrecer*).

enriscado, da. adj. Riscoso, peñascoso, escabroso, rocoso.

enrojecer. intr. Ruborizarse, sonrojarse. ‖ tr. y prnl. Abochornar, confundir.

enrolar. tr. y prnl. Reclutar, alistar (**a.:** *licenciar*).

enrollar. tr. Arrollar, rollar, enroscar, envolver (**a.:** *desenrollar*).

enronquecer. intr. y prnl. Desgañitarse, ajordar.

enronquecimiento. m. Ronquera, afonía, carraspera.

ensalada. f. Mezcla, confusión, mezcolanza, galimatías. ‖ Guarnición, macedonia.

ensalzar. tr. Exaltar, engrandecer, enaltecer, glorificar (a.: *vituperar*). || Alabar, elogiar, ponderar, encomiar.

ensambladura. f. Ensamble, ensamblaje, trabazón, acopladura, unión, enlace.

ensamblar. tr. Unir, acoplar, empalmar. || Machihembrar.

ensanchar. tr. Enanchar, extender, dilatar, ampliar, agrandar (a.: *reducir*). || prnl. Envanecerse, engreírse, hincharse.

ensañamiento. m. Crueldad, ferocidad, saña, encarnizamiento, brutalidad. *Castigó al reo con ensañamiento.*

ensañar. tr. Enfurecer, irritar. || prnl. Encarnizarse, cebarse, enconarse.

ensarmentar. tr. Acodar, amugronar.

ensartar. tr. Enhilar, enfilar, enhebrar. || Atravesar, espetar.

ensayar. tr. Probar, reconocer, experimentar, examinar, comprobar. || Adiestrar, amaestrar, ejercitar. || Intentar, tratar, procurar. || prnl. Ejercitarse.

ensayismo. m. Ensayística.

ensayo. m. Prueba, experimento, reconocimiento. || Ejercicio, adiestramiento. || Tentativa, intento. || Ensaye.

enseguida. adv. o **en seguida.** loc. adv. Inmediatamente, al instante, al punto.

ensenada. f. Rada, bahía, abrigo.

enseña. f. Insignia, estandarte, bandera, divisa, pendón, banderín. || Distintivo, lema, emblema, trofeo.

enseñanza. f. Educación, instrucción, doctrina. || Advertencia, ejemplo. || Magisterio, docencia.

enseñar. tr. Instruir, educar, doctrinar, adoctrinar, aleccionar. || Amaestrar, adiestrar. || Mostrar, exhibir, exponer. || prnl. Habituarse, acostumbrarse, ejercitarse.

enseñorearse. prnl. Adueñarse, apoderarse, apropiarse, posesionarse. *Se enseñoreó del pueblo.* || Dominar, avasallar, sujetar.

enseres. m. pl. Muebles, utensilios, útiles, instrumentos.

ensimismado, da. adj. Abstraído, absorto, embebido.

ensimismarse. prnl. Abstraerse, reconcentrarse, absorberse, concentrarse, enfrascarse, embeberse (a.: *distraerse*).

ensoberbecer. tr. y prnl. Envanecer, engreír, infatuar (a.: *humillar, postrar*).

ensombrecer. tr. Oscurecer, dar sombra (a.: *alumbrar*). || prnl. Entristecerse, afligirse, acongojarse, apesadumbrarse (a.: *alegrarse*).

ensoñación. f. Ilusión, utopía, fantasía.

ensopar. tr. Sopetear. || Empapar, sopar, sopear.

ensordecedor, ra. adj. Atronador, estentóreo, estrepitoso, estridente.

ensortijar. tr. Rizar, enrizar, retortijar, enmarañar.

ensuciar. tr. Manchar, enmugrecer, desasear, emporcar (a.: *limpiar*). || Deslustrar, deslucir, enlodar, empañar, mancillar, deshonrar. || Turbar. || Defecar, cagar, evacuar.

ensueño. m. Ensoñación, sueño. || Quimera, fantasía.

entablado. m. Entarimado. || Tablado, tillado, estrado.

entablar. tr. Disponer, preparar. || Comenzar, trabar, iniciar. || Entablillar (una fractura).

entalamadura. f. Toldo, entoldado.

entallar. tr. Tallar, esculpir, grabar, burilar, cincelar.

entallar. tr. Ajustar, ceñir. *Entallar un vestido.*

entallecer. intr. y prnl. Tallecer.

entarimado. m. Entablado.

ente. m. Ser. || Entidad, organismo. || Esencia.

enteco, ca. adj. Enfermizo, débil, flaco, enclenque, canijo, esmirriado.

entelequia. f. Invención, ficción, irrealidad.

entenado, da. m. y f. Hijastro, alnado.

entendederas. f. pl. Entendimiento.

entender. tr. Comprender. || Deducir, pensar, juzgar, creer, inferir, interpretar. || intr. Saber, conocer, penetrar, percibir, discernir, concebir (a.: *desconocer, ignorar*). || prnl. Conocerse, comprenderse. || Estar de acuerdo.

entendido, da. adj. y s. Docto, perito, experto, diestro, hábil (**a.:** *inepto*).

entendimiento. m. Inteligencia, intelecto. ‖ Talento, capacidad, mente, entendederas, meollo, cabeza. ‖ Acuerdo, avenencia.

enterado, da. adj. Instruido, informado, sabedor, noticioso, impuesto, conocedor.

enteramente. adv. Cabalmente, totalmente, íntegramente, completamente, por entero, del todo.

enterar. tr. Informar, instruir, imponer, noticiar, hacer saber, comunicar. ‖ prnl. Informarse. ‖ Darse cuenta.

entereza. f. Integridad, rectitud. ‖ Fortaleza, firmeza, carácter, rectitud, serenidad, aplomo, temple, energía. *Soportó la desgracia con entereza* (**a.:** *endeblez, flojedad*). ‖ Severidad, inflexibilidad (**a.:** *blandura*).

enternecer. tr. Ablandar, reblandecer (**a.:** *endurecer*). ‖ tr. y prnl. Emocionar, conmover.

entero, ra. adj. Completo, cabal, íntegro, cumplido, exacto. ‖ Recto, justo, firme, enérgico. ‖ Sano, fuerte, robusto.

enterrador. m. Sepulturero.

enterramiento. m. Entierro, sepelio, inhumación. ‖ Sepulcro, sepultura.

enterrar. tr. Inhumar. ‖ Sepultar, soterrar. ‖ Arrinconar, relegar, olvidar.

entibación. f. Apuntalamiento, enmaderación.

entibar. intr. Estribar, apoyarse. ‖ tr. Apuntalar, fortalecer.

entibiar. tr. y prnl. Templar. ‖ Moderar, enfriar. *El tiempo entibió nuestra relación.*

entidad. f. Consideración, importancia, valor, sustancia. ‖ Colectividad, corporación, asociación. ‖ Ente, ser.

entierro. m. Enterramiento, inhumación, sepelio.

entintar. tr. Teñir, manchar.

entoldar. tr. Toldar. ‖ prnl. Engreírse, envanecerse, infatuarse, enorgullecerse. ‖ Encapotarse (el cielo).

entonación. f. Entono, tono, afinación,

entonamiento. ‖ Arrogancia, presunción.

entonar. tr. Tonificar, robustecer, vigorizar, fortalecer (**a.:** *debilitar*). ‖ Cantar. ‖ Afinar, templar (**a.:** *desafinar*). ‖ prnl. Envanecerse, engreírse, infatuarse, ensoberbecerse.

entonces. adv. A la sazón. ‖ En tal caso, siendo así. ‖ conj. Por consiguiente.

entono. m. Entonación. ‖ Arrogancia, engreimiento, presunción.

entontecer. tr., intr. y prnl. Atontar.

entornar. tr. Entrecerrar, entreabrir. ‖ tr. y prnl. Ladear, inclinar.

entorno. m. Ambiente.

entorpecer. tr. y prnl. Entumecer. ‖ Turbar, conturbar, embotar, atontar. ‖ tr. Estorbar, dificultar, obstaculizar, embarazar, retardar. *La lluvia entorpecerá la mudanza* (**a.:** *facilitar*).

entorpecimiento. m. Turbación, embotamiento, atontamiento. ‖ Estorbo, rémora, obstáculo, dificultad, embarazo, retraso, impedimento. ‖ Entumecimiento.

entrada. f. Ingreso. ‖ Acceso, paso (**a.:** *salida*). ‖ Billete, boleto. ‖ Principio, comienzo. ‖ Amistad, familiaridad. ‖ Pie, oportunidad.

entrambos, bas. adj. pl. Ambos.

entramparse. prnl. Empeñarse, endeudarse. ‖ Complicarse, enredarse.

entraña. f. Víscera. ‖ Núcleo. ‖ pl. Centro, interior, profundidad. ‖ Alma, corazón, sentimientos.

entrañable. adj. Íntimo, cordial, profundo, afectuosísimo, queridísimo.

entrañar. tr. Implicar, contener, suponer.

entrar. intr. Penetrar, meterse, pasar, introducirse (**a.:** *salir*).‖ Encajar, ajustar, caber. ‖ Desembocar, afluir, desaguar. ‖ Empezar, comenzar, dar principio. ‖ Invadir, irrumpir. ‖ Ingresar, incorporarse (**a.:** *egresar*). ‖ Intervenir. ‖ Caber. ‖ tr. Introducir, meter.

entreacto. m. Intermedio, intervalo.

entrecejo. m. Ceño, sobrecejo.

entrecerrar. tr. Entornar.

entrecortado, da. adj. Intermitente.

entrecubierta. f. Entrepuente.

entrecuesto. m. Solomillo.

entrecruzar. tr. Entrelazar, entretejer.

entredicho. m. Interdicto. ‖ Prohibición, censura, veda, veto. ‖ **poner en entredicho.** Dudar, reservar, abstenerse.

entrega. f. Fascículo. *Enciclopedia por entregas.* ‖ Rendición, capitulación.

entregar. tr. Dar, poner en manos, dejar, depositar, confiar (**a.:** *quitar*). ‖ prnl. Rendirse, someterse, capitular (**a.:** *resistir*). ‖ Dedicarse, consagrarse. ‖ Abandonarse. ‖ Conceder, otorgar (**a.:** *denegar*).

entrelazar. tr. Entretejer, trabar, enlazar, entrecruzar.

entrelinear. tr. Interlinear, entrerrenglonar.

entremés. m. Sainete.

entrenar. tr. y prnl. Ejercitar, adiestrar, preparar.

entrepaño. m. Anaquel, balda, estante. ‖ Lienzo (en arquitectura).

entrerrenglonar. tr. Entrelinear, interlinear.

entresacar. tr. Escoger, elegir, florear, seleccionar, sacar.

entretanto. adv. o **entre tanto.** loc. adv. Mientras, mientras tanto, ínterin.

entretejer. tr. Entrelazar, entrecruzar. ‖ Enlazar, trabar. ‖ Incluir, intercalar, interpolar.

entretener. tr. y prnl. Divertir, recrear, distraer, solazar (**a.:** *aburrir*). ‖ tr. Distraer, engañar. ‖ Dar largas, dilatar, alargar, retardar. ‖ Mantener, conservar.

entretenimiento. m. Recreo, diversión, distracción, solaz, recreación, pasatiempo. ‖ Manutención, conservación, sostenimiento.

entrever. tr. Divisar, distinguir, columbrar, vislumbrar. *A lo lejos entreveo unas sierras.* ‖ Conjeturar, adivinar, barruntar, sospechar.

entreverar. tr. Mezclar, confundir, mixturar, entremezclar.

entrevista. f. Conferencia, conversación, audiencia, interviú.

entristecer. tr. y prnl. Apenar, afligir, acongojar, apesadumbrar, contristar (**a.:** *alegrar*).

entrometerse o **entremeterse.** prnl. Inmiscuirse, mezclarse, injerirse.

entrometido, da o **entremetido, da.** adj. Intruso, indiscreto (**a.:** *discreto*).

entroncar. intr. Emparentarse. ‖ Empalmar, enlazar.

entronizar. tr. Ensalzar, exaltar. ‖ prnl. Engreírse, envanecerse.

entronque. m. Parentesco. ‖ Empalme.

entuerto. m. Agravio, desaguisado, injuria, afrenta, tuerto.

entumecer. tr. y prnl. Envarar, entorpecer, paralizar, agarrotar, adormecer, entumirse.

enturbiar. tr. y prnl. Empañar, oscurecer, ensombrecer (**a.:** *aclarar*). ‖ Alterar, turbar.

entusiasmar. tr. y prnl. Enfervorizar, exaltar, enardecer.

entusiasmo. m. Exaltación, pasión, fervor, frenesí (**a.:** *indiferencia*).

entusiasta. adj. Admirador, devoto, apasionado. ‖ Entusiástico, ferviente, fervoroso (**a.:** *impasible*).

enumeración. f. Cómputo, cuenta.

enunciación. f. Enunciado, declaración, discurso, exposición.

enunciar. tr. Exponer, formular, expresar, manifestar.

enunciativo, va. adj. Aseverativo, declarativo (en gramática).

envanecer. tr. y prnl. Engreír, infatuar, ensoberbecer, entonar, jactar, pavonear, vanagloriar.

envanecimiento. m. Soberbia, entono, arrogancia, presunción, humos, fatuidad, petulancia.

envarar. tr. y prnl. Entumecer, entorpecer.

envasar. tr. Embotellar, enlatar.

envase. m. Recipiente.

envejecer. tr. y prnl. Aviejar, avejentar, revejecer. ‖ prnl. Inveterarse.

envejecido, da. adj. Avejentado, aviejado (**a.:** *rejuvenecido*).

envenenar. tr. Intoxicar, emponzoñar, atosigar, tosigar, entosigar. ‖ Agriar, enconar, inficionar, amargar.

envergadura. f. Importancia, alcance, amplitud, anchura.

enverjado. m. Enrejado, verja.

envés. m. Revés, dorso, reverso (**a.:** *anverso*).

enviado, da. m. y f. Representante, delegado, mensajero, emisario, embajador.

enviar. tr. Mandar, remitir, expedir, remesar, despachar (**a.:** *recibir*).

enviciar. tr. y prnl. Pervertir, viciar, corromper. ‖ prnl. Aficionarse, engolosinarse.

envidia. f. Dentera, celos, rivalidad. ‖ Emulación, deseo.

envidiable. adj. Deseable, codiciable, apetecible.

envidiar. tr. Desear, codiciar, apetecer.

envilecer. tr. y prnl. Degradar, rebajar, humillar (**a.:** *ennoblecer*). ‖ Prostituir, corromper, pervertir.

envilecimiento. m. Bajeza, abyección.

envío. m. Remesa, expedición, remisión.

envión. m. Empujón, empellón, envite.

envite. m. Apuesta. ‖ Ofrecimiento. ‖ Envión, empujón.

envoltorio. m. Lío, atadijo, fardo.

envoltura. f. Cubierta, forro, cobertura.

envolver. tr. Mezclar, complicar, implicar, involucrar, comprometer. ‖ Cubrir. ‖ Arrollar, devanar (**a.:** *desenrollar, desenvolver*). ‖ Confundir, desorientar.

enyugar. tr. Uncir, acoyuntar.

enzarzar. tr. Malquistar, encizañar, azuzar. ‖ prnl. Liarse, enredarse. ‖ Reñir, pelearse, disputar.

épico, ca. adj. Heroico. ‖ Tremendo, excepcional.

epicúreo, a. adj. y s. Sensual, voluptuoso.

epidemia. f. Peste. ‖ Epizootia. ‖ Endemia, pandemia.

epidermis. f. Cutis, piel. *Cuida su epidermis de los rayos solares.*

epiglotis. f. Lengüeta, lígula.

epígrafe. m. Inscripción, letrero. ‖ Encabezamiento. ‖ Título, rótulo, rúbrica.

epilepsia. f. Morbo comicial, mal caduco, malo de corazón, gota coral.

epilogar. tr. Resumir, compendiar, recapitular.

epílogo. m. Recapitulación, compendio, sinopsis, resumen. ‖ Conclusión, terminación, colofón (**a.:** *principio, comienzo*).

episcopal. adj. Obispal.

episodio. m. Suceso, incidente. ‖ Digresión, anécdota.

epistemología. f. Gnoseología, teoría del conocimiento.

epistilo. m. Arquitrabe.

epístola. f. Carta, misiva, escrito, esquela, billete, documento.

epitalamio. m. Himeneo.

epíteto. m. Adjetivo, calificativo. *Le aplicó un epíteto injurioso.*

epítome. m. Compendio, resumen, sumario.

época. f. Era, período. ‖ Tiempo, temporada, estación.

equidad. f. Igualdad, justicia, rectitud, imparcialidad, ecuanimidad (**a.:** *injusticia, desigualdad, parcialidad*). ‖ Templanza, moderación.

équido, da. adj. y s. Solípedo.

equilibrado, da. adj. Ecuánime, sensato, prudente, ponderado, armónico (**a.:** *insensato, imprudente*).

equilibrar. tr. Contrabalancear, contrapesar. ‖ Nivelar, compensar.

equilibrio. m. Armonía, proporción. ‖ Ecuanimidad, mesura, sensatez, aplomo. ‖ Estabilidad (**a.:** *desequilibrio, inestabilidad*).

equilibrista. adj. y s. Funámbulo, acróbata, volatinero.

equimosis. f. Cardenal, moretón, moradura, magulladura.

equino, na. adj. Caballar, hípico. ‖ m. Caballo.

equipaje. m. Bagaje, equipo.

equipar. tr. Proveer, aprovisionar, abastecer, suministrar.

equiparar. tr. Comparar, parangonar.

equipo. m. Cuerpo, cuadro. ‖ Equipaje, bagaje, batería. ‖ Ajuar, indumentaria, vestuario.

equitativo, va. adj. Justo, imparcial, recto, proporcionado, ecuánime (**a.:** *injusto, arbitrario*).

equivaler. intr. Valer, igualar. || Significar, representar.

equivocación. f. Error, yerro, confusión, desacierto, inadvertencia, falta, errata (**a.:** *acierto*).

equivocado, da. adj. Erróneo, errado. || Desacertado. || Falso.

equivocar. tr. y prnl. Errar, marrar, pifiar, fallar. || prnl. Engañarse, confundirse (**a.:** *acertar*).

equívoco, ca. adj. Anfibológico, ambiguo, dudoso (**a.:** *inequívoco*). || Sospechoso, oscuro, dudoso. || m. Anfibología, ambigüedad. || Retruécano.

era. f. Época, tiempo, período, edad. *Era cristiana.*

erario. m. Fisco, tesoro público, hacienda.

erección. f. Fundación, institución, establecimiento. || Construcción, edificación, levantamiento. || Rigidez, tiesura.

erecto, ta. adj. Erguido, levantado, derecho, vertical. || Rígido, tieso.

eremita. m. Ermitaño, anacoreta, asceta, cenobita.

erguir. tr. Levantar, elevar, alzar (**a.:** *bajar, inclinar*). || Enderezar. || prnl. Engreírse, ensoberbecerse, engallarse.

erial. adj. y m. Yermo.

erigir. tr. Fundar, establecer, instituir, constituir. || Construir, levantar, edificar (**a.:** *derribar, demoler*).

eritrocito. m. Hematíe, glóbulo rojo.

erizado, da. adj. Hirsuto, erguido, rígido, crispado, difícil.

erizar. tr. Encrespar. || prnl. Inquietarse, azorarse, alarmarse, turbarse.

ermitaño. m. Eremita, anacoreta, asceta. || Solitario.

erogación. f. Gasto, desembolso (**a.:** *entrada*).

erogar. tr. Distribuir, repartir, dar.

erosión. f. Desgaste, corrosión, merma. *El efecto de la erosión en la costa.*

erótico, ca. adj. Amatorio, amoroso.

errabundo, da. adj. Errante, vagabundo.

errado, da. adj. Desacertado, equivocado (**a.:** *acertado*).

errante. adj. Ambulante, desorientado. || Errabundo, vagabundo, erradizo, nómada.

errar. tr. e intr. Equivocarse, engañarse, desacertar, fallar, marrar (**a.:** *acertar, atinar*). || intr. Faltar, pecar. || Vagar. || Divagar. || Vagabundear, deambular.

errátil. adj. Errante, incierto, variable.

erróneo, a. adj. Equivocado, desacertado, falso, inexacto, errado (**a.:** *acertado, exacto*).

error. m. Yerro, inadvertencia, confusión, equivocación, falta, desatino, desacierto, coladura, pifia, gazapo, errata (**a.:** *acierto*).

eructar. intr. Regoldar, erutar.

eructo. m. Regüeldo, eruto.

erudición. f. Sabiduría, saber, instrucción, ilustración (**a.:** *ignorancia*).

erudito, ta. adj. y s. Ilustrado, instruido, docto, sabio, leído, letrado.

esbelto, ta. adj. Gallardo, airoso, grácil, donoso, garboso, elegante (**a.:** *desgarbado, desgalichado*).

esbozar. tr. Bosquejar, abocetar. || Delinear, preparar.

esbozo. m. Bosquejo, esquema. || Boceto. || Borrador, esquicio.

escabel. m. Escañuelo. || Banquillo.

escabrosidad. f. Desigualdad. || Aspereza, dureza. || Tortuosidad.

escabroso, sa. adj. Abrupto, fragoso, desigual, áspero (**a.:** *llano, liso*). || Dificultoso, peligroso, inconveniente, difícil. || Libre, inconveniente, verde. || Intrincado.

escabullirse. prnl. Escaparse, escurrirse, deslizarse, desaparecer, eclipsarse, huir.

escala. f. Escalera. || Gradación, gama, sucesión. *Escala de colores.* || Tamaño. || Proporción, importancia. || Paraje, puerto. || Escalafón.

escálamo. m. Tolete, escalmo.

escalar. tr. Subir, trepar (**a.:** *descender, bajar*). || Asaltar. || Ascender, elevar, subir. *Escalar posiciones.*

escaldado, da. adj. Receloso, desconfiado, escamado, escarmentado.

escalofrío. m. Repeluzno, calofrío, chucho.

escalón. m. Peldaño, grada, estribo.

escama. f. Desconfianza, recelo, sospecha, suspicacia, malicia.

escamado, da. adj. Escaldado, receloso, escamón, desconfiado.

escamarse. prnl. Recelar, desconfiar, temer (**a.:** *confiar*).

escamondar. tr. Podar, mondar, purgar, limpiar.

escamotear. tr. Quitar, robar, hurtar, ocultar, esconder.

escampado, da. adj. Descampado, raso, despejado, desembarazado.

escampar. tr. Despejar, desembarazar. ‖ intr. Aclararse, despejarse.

escanciar. tr. Beber.

escandalizar. tr. Alborotar, perturbar. ‖ prnl. Irritarse, indignarse.

escándalo. m. Desenfreno, desvergüenza. ‖ Alboroto, tumulto, inquietud. ‖ Asombro, admiración, pasmo.

escandaloso, sa. adj. y s. Alborotador, ruidoso, revoltoso (**a.:** *tranquilo*). ‖ Desvergonzado, depravado, inmoral, pervertido, indecoroso, indignante (**a.:** *decente, decoroso*).

escantillón. m. Regla, plantilla, patrón, chantillón, ságoma.

escapar. intr. y prnl. Huir, evadirse, fugarse. ‖ Librarse. ‖ Escabullirse, escurrirse, deslizarse. ‖ Eludir, evitar. ‖ prnl. Salirse.

escaparate. m. Vidriera.

escapatoria. f. Huida, fuga, evasión, escape. ‖ Efugio, excusa, subterfugio, recurso, evasiva, pretexto. ‖ Salida, solución.

escape. m. Huida, evasión. ‖ Pérdida, fuga. *Escape de gas.* ‖ Salida, solución.

escápula. f. Omóplato.

escaque. m. Casa, casilla. ‖ Jaquel. ‖ pl. Ajedrez.

escaqueado, da. adj. Ajedrezado, escacado.

escara. f. Costra, postilla, lastimadura.

escaramujo. m. Agavanzo, galabardera, gavanzo, mosqueta silvestre.

escaramuza. f. Refriega, choque, encuentro. ‖ Riña, pendencia, disputa, contienda, gresca, trifulca, reyerta.

escarapela. f. Divisa, lazo, distintivo.

escarbadientes. m. Mondadientes, palillo.

escarbar. tr. e intr. Arañar, rascar, hurgar, remover. ‖ Mondar, limpiar. ‖ Escudriñar, investigar, curiosear, inquirir, averiguar.

escarceo. m. Cabrilleo. ‖ pl. Caracoleos. ‖ Divagaciones, ambages.

escarcha. f. Helada, rociada, rocío, rosada.

escarchar. tr. Congelar, cristalizar.

escardar. tr. Deshebrar, desyerbar, sachar, sallar, escardillar.

escardillo. m. Almocafre, escardadera, escardadora.

escarmentar. tr. Reprender, castigar, corregir (**a.:** *recompensar, premiar*). ‖ intr. Aprender, desengañarse.

escarmiento. m. Advertencia, aviso, desengaño. ‖ Castigo, pena, corrección, reprimenda (**a.:** *premio, recompensa*).

escarnecer. tr. Zaherir, maltratar, despreciar, insultar, afrentar. ‖ Burlarse, mofarse.

escarnio. m. Befa, burla, mofa, ludibrio, afrenta, injuria, ofensa, insulto.

escarpado, da. adj. Abrupto, escabroso, áspero, arriscado (**a.:** *llano, liso, suave*).

escarpia. f. Alcayata.

escasamente. adv. Apenas.

escasear. intr. Faltar. ‖ tr. Escatimar, cicatear, ahorrar.

escasez. f. Cortedad, mezquindad, tacañería. ‖ Penuria, pobreza, estrechez, miseria (**a.:** *riqueza, abundancia*). ‖ Exigüidad, parvedad, insuficiencia, poquedad, carencia, falta (**a.:** *abundancia, copia*). ‖ Carestía.

escaso, sa. adj. Corto, poco, limitado, insuficiente (**a.:** *abundante, suficiente, rico*). ‖ Falto, incompleto. ‖ Mezquino, tacaño.

escatimar. tr. Cercenar, escasear, disminuir, acortar, limitar, cicatear, regatear, miserear, tacañear (**a.**: *prodigar, derrochar*).

escena. f. Escenario, tablas. ‖ Teatro, arte dramático. ‖ **poner en escena.** Escenificar. ‖ Representar.

escenario. m. Tablas, tablado, escena. ‖ Lugar, ámbito, teatro. *La plaza fue escenario de la fiesta.* ‖ Ambiente, atmósfera, medio.

escepticismo. m. Pirronismo. ‖ Incredulidad, duda, desconfianza, incertidumbre.

escéptico, ca. adj. y s. Pirrónico. ‖ Incrédulo, indiferente, desconfiado (**a.**: *crédulo, confiado*).

escisión. f. Partición, rotura, cortadura, desgarro, división (**a.**: *unión*). ‖ Rompimiento, desavenencia, ruptura, cisma. ‖ Fisión.

esclarecer. tr. Aclarar, dilucidar (**a.**: *confundir*). ‖ Ennoblecer, afamar, ilustrar, ensalzar (**a.**: *difamar, desprestigiar*). ‖ intr. Amanecer, aclarar.

esclarecido, da. adj. Insigne, ilustre, famoso, preclaro, distinguido, eminente.

esclavitud. f. Servidumbre (**a.**: *libertad*). ‖ Sometimiento, sujeción, opresión (**a.**: *rebelión*).

esclavo, va. adj. y s. Siervo. ‖ Sumiso, obediente, subyugado. *Esclavo del deber.* ‖ Enamorado, apasionado. ‖ f. Pulsera.

escobajo. m. Raspajo, raspa.

escobilla. f. Cepillo, escobita, cardencha.

escocer. intr. Picar, arder. ‖ tr. y prnl. Doler, ofender. ‖ prnl. Escaldarse, sahornarse, escoriarse. ‖ Sentirse, resentirse, dolerse, requemarse.

escocia. f. Nacela, sima.

escoda. f. Trinchante.

escoger. tr. Elegir, preferir, seleccionar, optar por, florear.

escogido, da. adj. Elegido, preferido, seleccionado. ‖ Selecto, excelente. ‖ Perfecto, superior, preclaro.

escolar. adj. y s. Alumno, colegial, estudiante, educando.

escollera. f. Malecón, rompeolas.

escollo. m. Peligro, riesgo. ‖ Obstáculo, dificultad, tropiezo, impedimento. ‖ Arrecife, abrojo, abrollo, peñasco, valladar, rompiente.

escolopendra. f. Ciempiés.

escolta. f. Acompañamiento, séquito. ‖ Custodia, guardia, convoy.

escoltar. tr. Acompañar, seguir. ‖ Convoyar, custodiar.

escombrar. tr. Desescombrar, descombrar, despejar, desobstruir, limpiar.

escombro. m. Desecho, cascote, desperdicio. ‖ Zafra. ‖ Derrubio, en las minas.

esconder. tr. y prnl. Ocultar, encubrir, tapar, recatar (**a.**: *descubrir, destapar*). ‖ tr. Encerrar, contener, incluir, guardar.

escondidas (a). loc. adv. Ocultamente, secretamente.

escondite. m. Escondrijo, guarida, refugio, gazapera, madriguera.

escorchar. tr. Desollar, despellejar.

escordio. m. Ajote.

escoria. f. Cagafierro. ‖ Lava. ‖ Desecho, hez, horrura, desperdicio, inmundicia.

escorial. m. Grasero.

escorpena o **escorpina.** f. Diablo marino, rascacio, rescaza.

escorpión. m. Alacrán.

escorrentía. f. Aliviadero, en los diques.

escorzonera. f. Salsifí de España, salsifí negro.

escotadura. f. Escote, descote. ‖ Corte, entrante.

escotar. tr. Descotar. ‖ Amputar, seccionar, cercenar, cortar.

escote. m. Escotadura, descote.

escotillón. m. Trampa.

escozor. m. Escocimiento, quemazón. ‖ Resentimiento, resquemor, disgusto, desagrado, pesar, desazón.

escribano, na. m. y f. Notario. ‖ **escribano del agua** (insecto). Esquila, tejedera, girino.

escribir. tr. Componer, redactar. ‖ Anotar, apuntar. ‖ prnl. Cartearse, corresponderse.

escrita. f. Escuadro (pez).

escrito. m. Texto, nota, documento, misiva, carta, mensaje. ‖ Obra. ‖ Alegato, solicitud.

escritor, ra. m. y f. Autor.

escritorio. m. Escribanía. ‖ Despacho, oficina.

escritura. f. Grafía, letra. ‖ Escrito. ‖ Documento público, instrumento público, copia.

escrúpulo. m. Escrupulosidad, exactitud, esmero, precisión (**a.:** *incuria, dejadez*). ‖ Duda, recelo, aprensión, temor (**a.:** *confianza*).

escrupuloso, sa. adj. Receloso, aprensivo, miedoso. ‖ Minucioso, cuidadoso, puntilloso, exacto.

escrutar. tr. Indagar, examinar, reconocer, inspeccionar, observar, averiguar, escudriñar. ‖ Contar, computar.

escuálido, da. adj. Flaco, macilento, extenuado, chupado, esmirriado, delgado (**a.:** *fornido, robusto*).

escuchar. tr. Atender, dar oídos, hacer caso. ‖ Oír, percibir (sonidos).

escudar. tr. y prnl. Amparar, resguardar, defender, salvaguardar, proteger (**a.:** *desproteger, desamparar*). ‖ prnl. Excusarse, justificarse.

escudo. m. Broquel, égida. ‖ Amparo, salvaguardia, defensa, protección, patrocinio.

escudriñar. tr. Examinar, inquirir, averiguar, escrutar, rebuscar, escarbar. *Escudriñar el cielo.*

escuela. f. Colegio, academia, instituto, liceo, conservatorio, gimnasio. *Escuela de Medicina.* Enseñanza, instrucción. ‖ Método, sistema. ‖ Doctrina. ‖ Estilo, manera (en las artes).

escueto, ta. adj. Descubierto, libre, desembarazado. ‖ Despojado, desnudo (**a.:** *adornado*). ‖ Conciso, estricto, seco (**a.:** *ampuloso*).

esculpir. tr. Labrar, modelar, plasmar, tallar. ‖ Grabar.

escupir. intr. Esputar, expectorar, salivar, gargajear. ‖ tr. Revenirse, rezumar. ‖ Arrojar, despedir, lanzar.

escupitajo. m. Escupidura, esputo, salivajo, escupitina, salivazo, gargajo.

escurreplatos. m. Escurridor.

escurridizo, za. adj. Resbaladizo, resbaloso, deslizable. ‖ Huidizo.

escurridor. m. Colador. ‖ Escurreplatos.

escurrir. intr. y prnl. Gotear, destilar, chorrear. ‖ Deslizar, resbalar. ‖ tr. Apurar. ‖ prnl. Escapar, huir, escabullirse, escullirse.

escusado, da o **excusado, da.** adj. Reservado. ‖ m. Retrete, baño.

esdrújulo, la. adj. Proparoxítono (en gramática).

esencia. f. Naturaleza, ser. ‖ Base, fundamento. ‖ Extracto, concentrado, espíritu.

esencial. adj. Invariable, sustancial, permanente, natural (**a.:** *accidental*). ‖ Principal, indispensable, necesario, fundamental (**a.:** *innecesario, superfluo*).

esfera. f. Círculo. ‖ Ámbito, campo, órbita. ‖ **esfera celeste.** Cielo. ‖ **esfera terráquea o terrestre.** Globo terráqueo, globo terrestre.

esfigmómetro. m. Pulsímetro.

esforzado, da. adj. Alentado, animoso, valeroso, valiente, denodado, bizarro (**a.:** *cobarde, miedoso*).

esforzar. tr. Forzar, obligar. ‖ Alentar, animar. ‖ prnl. Batallar, procurar, pugnar por, luchar.

esfumar. tr. Esfuminar, difuminar (**a.:** *destacar, resaltar*). ‖ prnl. Disiparse, desvanecerse, desaparecer, perderse (**a.:** *aparecer, mostrarse*).

esfumino. m. Disfumino, difumino.

esgrimir. tr. Blandir, empuñar. *Esgrimir un arma.*

esgucio. m. Antequino (en arquitectura).

esguince. m. Desguince, cuarteo, regate, quiebro. ‖ Torcedura, distensión.

eslabonar. tr. y prnl. Unir, enlazar, relacionar, trabar, encadenar.

eslavo, va. adj. y s. Esclavón, esclavonio.

esmerado, da. adj. Cuidadoso, escrupuloso, aplicado.

esmerejón. m. Azor, milano.

esmero. m. Solicitud, cuidado, celo, escrupulosidad, pulcritud (**a.:** *descuido, negligencia*).

esmirriado, da. adj. Raquítico, flaco, esquelético, extenuado, débil.

esnob. com. Novelero.

esnobismo. m. Novelería.

esotérico, ca. adj. Oculto, reservado, misterioso, cabalístico, secreto (**a.:** *exotérico*).

espaciar. tr. Distanciar, separar, apartar (**a.:** *juntar, unir, cerrar*). || tr. y prnl. Esparcir, difundir, divulgar. || prnl. Extenderse, dilatarse. || Esparcirse, recrearse.

espacio. m. Extensión. || Ambito, área. || Distancia, trecho. || Intervalo, período, lapso.

espacioso, sa. adj. Amplio, dilatado, vasto, extenso (**a.:** *reducido, pequeño*). || Despacioso, lento, pausado, flemático, calmoso.

espada. f. Garrancha, hoja, tizona, colada, acero, estoque, sable. || m. Matador.

espadaña. f. Gladio, gladíolo, gradiolo, maza sorda.

espadar. tr. Espadillar, tascar.

espalda. f. Costillas. || Envés, revés, dorso, lomo.

espaldar. m. Espaldera, espalera. || Respaldo, protección, resguardo.

espaldilla. f. Omóplato.

espalto. m. Aspalto, en pintura.

espantadizo, za. adj. Asombradizo, asustadizo, pusilánime, medroso, tímido, timorato.

espantado, da. adj. Despavorido, aterrorizado, aterrado, asustado.

espantajo. m. Espantapájaros. || Estantigua, adefesio, esperpento. || Fantoche, figurón.

espantapájaros. m. Espantajo.

espantar. tr. y prnl. Asustar, aterrar, aterrorizar, horrorizar. || Admirar, maravillar, asombrar. || tr. Ojear, ahuyentar, echar.

espanto. m. Susto, sobresalto, miedo, temor, pavor, horror, terror. || Amenaza.

espantoso, sa. adj. Horrendo, horroroso,

hórrido, horripilante, pavoroso, aterrador, espantable. *Guerra espantosa*. || Enorme, intenso, asombroso, tremendo.

español, la. adj. y s. Hispano, hispánico. || Gachupín, godo, chupetón, gallego. || m. Castellano (idioma).

españolado, da. adj. Españolizado, hispanizado. *Acento españolado*.

esparavel. m. Atarraya, red, tarraya. || Manga (en albañilería).

esparcimiento. m. Solaz, diversión, distracción, entretenimiento, recreo, pasatiempo, alegría. *Lugar de esparcimiento*.

esparcir. tr. y prnl. Separar, desparramar, espaciar, diseminar, dispersar (**a.:** *agrupar, reunir*). || Divulgar, propagar, publicar, propalar, difundir (**a.:** *reservar*). || prnl. Solazarse, recrearse, distraerse, divertirse (**a.:** *aburrirse*).

espartizal. m. Atochal, atochar, espartal.

esparto. m. Atocha, atochón.

espasmo. m. Enfriamiento. || Pasmo, contracción, sacudida, convulsión.

espata. f. Garrancha.

especial. adj. Singular, particular, peculiar (**a.:** *general, común*). || Adecuado, propio, conveniente, a propósito (**a.:** *inadecuado*).

especialidad. f. Singularidad, particularidad, peculiaridad.

especie. f. Clase, grupo, categoría. || Pretexto, apariencia, color, sombra. || Caso, suceso, hecho, asunto. || Noticia. || Modo, tipo, naturaleza.

especificar. tr. Enumerar, detallar, pormenorizar, precisar, determinar.

específico, ca. adj. Propio, particular, *Tema específico* (**a.:** *genérico, general*). || m. Medicamento.

espécimen. m. Ejemplar. || Muestra, modelo.

especioso, sa. adj. Aparente, engañoso. || Precioso, perfecto.

espectáculo. m. Función, representación, diversión. || Escena, cuadro, visión, vista, panorama.

espectador, ra. m. y f. Presente, concurrente, asistente, circunstante.

espectral. adj. Misterioso, fantasmal, lúgubre.

espectro. m. Aparición, sombra, visión, fantasma.

especulación. f. Contemplación, meditación, reflexión. *Especulación filosófica*. || Lucro, ganancia, provecho, beneficio. || Negocio, comercio, tráfico.

especular. tr. Examinar, estudiar, observar. || intr. Meditar, reflexionar, considerar. || Comerciar, traficar, negociar, lucrar.

especulativo, va. adj. Teórico (**a.:** *práctico*). || Pensativo, reflexivo.

espejar. intr. Relucir, resplandecer, reflejar, reverberar.

espejismo. m. Ilusión, quimera, ficción.

espejo. m. Retrato, imagen. || Ejemplo, dechado, modelo.

espejuelo. m. Selenita. || Cebo, atractivo, engaño, señuelo. || Lentes, gafas, anteojos, antiparras, quevedos.

espelunca. f. Cueva, gruta, antro, caverna.

espeluznante. adj. Horripilante, pavoroso, terrorífico.

espeluznar. tr. y prnl. Despeluzar, despeluznar. || Horripilar, estremecer, aterrar, horrorizar.

espeque. m. Leva, palanca.

espera. f. Acecho, aguardo. || Plazo, prórroga, aplazamiento. || Calma, paciencia.

esperanza. f. Confianza, creencia (**a.:** *desesperanza, desesperación*). || Aliento, consuelo, expectativa, espera.

esperanzar. tr. Ilusionar, alentar, animar, confortar, reanimar, consolar.

esperar. tr. Confiar, creer (**a.:** *desconfiar*). || Aguardar.

esperma. amb. Semen.

espermatozoide. m. Zoospermo, espermatozoo, gameto masculino.

esperpento. m. Adefesio, estantigua, espantajo, mamarracho, birria, facha. || Desatino, absurdo, disparate.

espesar. tr. y prnl. Condensar, concentrar. || Tupir, cerrar, unir (**a.:** *aclarar, abrir*).

espeso, sa. adj. Denso, condensado. || Apretado, aglomerado, cerrado, tupido. || Grueso, macizo.

espesor. m. Grueso, grosor. || Densidad, condensación.

espesura. f. Espesor. || Bosque, fronda, matorral.

espetar. tr. Ensartar. || Atravesar, clavar. || Endilgar, encajar, endosar.

espía. com. Confidente, soplón. || Observador, confidente, agente secreto.

espiar. tr. Atisbar, acechar, observar, atalayar, vigilar.

espibia. f., **espibio** o **espibión.** m. Estibia (en veterinaria).

espicanardi f. o **espicanardo.** m. Azúmbar, nardo.

espichar. tr. Pinchar. || intr. Morir, fallecer.

espiga. f. Badajo. || Estaquilla, clavija. || Púa (en las plantas).

espigadilla. f. Cebadilla.

espigado, da. adj. Esbelto, alto.

espigar. tr. e intr. Rebuscar, buscar, recoger. || prnl. Crecer.

espigón. m. Aguijón, punta. || Rompeolas, dique, espaldón. || Mazorca, panoja.

espiguilla. f. Hierba de punta.

espina. f. Aguijón, pincho. || Astilla. || Pesar, pena. || Escrúpulo, recelo, cuidado. || **espina blanca.** Cardo borriqueño. || **espina dorsal.** Columna vertebral, raquis. || **espina santa.** Cambrones.

espinazo. m. Columna vertebral, espina dorsal.

espinela. f. Décima (en literatura).

espineta. f. Virginal (en música).

espinilla. f. Barrillo, granillo.

espinillera. f. Canillera, esquinela.

espino. m. Níspero espinoso, níspero silvestre, oxiacanta. || **espino cerval** o **hediondo.** Cambrón.

espinoso, sa. adj. Arduo, difícil, intrincado, comprometido, enredado, dificultoso, enrevesado, peliagudo (**a.:** *sencillo, fácil*).

espiral. f. Hélice, espira.

espirante. adj. Fricativo (en fonética).

espirar. tr. o intr. Exhalar (**a.**: *inspirar*). ‖ Despedir, expeler. ‖ intr. Respirar.

espíritu. m. Alma, mente, ánima. ‖ Energía, ánimo, valor, brío, aliento (**a.**: *desaliento, flaqueza*). ‖ Ingenio, vivacidad. ‖ Carácter, tendencia. ‖ Esencia, sustancia.

espiritual. adj. Anímico, psíquico. ‖ Inmaterial (**a.**: *material*). ‖ Místico.

esplendente. adj. Brillante, resplandeciente, esplendoroso, reluciente.

esplendidez. f. Abundancia, largueza, liberalidad, generosidad, rumbo. ‖ Magnificencia, ostentación, fausto, suntuosidad.

espléndido, da. adj. Generoso, liberal, rumboso (**a.**: *mezquino, tacaño*). ‖ Magnífico, suntuoso, ostentoso, soberbio. *Una fiesta espléndida* (**a.**: *modesto*). ‖ Resplandeciente.

esplendor. m. Resplandor, lustre, brillo. ‖ Nobleza, magnificencia, gloria, fama. ‖ Ostentación, pompa, fasto, boato. ‖ Auge, apogeo.

esplendoroso, sa. adj. Resplandeciente, esplendente (**a.**: *apagado, opaco*). ‖ Espléndido, magnífico.

espliego. m. Lavanda, lavándula, alhucema.

esplín. m. Tedio, hastío, aburrimiento, melancolía, tristeza.

espolear. tr. Aguijar, picar, dar espuela. *Espolear a la cabalgadura.* ‖ Incitar, estimular, acuciar, mover, acicatear.

espolón. m. Rostro, punta, de las embarcaciones. ‖ Tajamar. ‖ Malecón. ‖ Contrafuerte.

espolvorear. tr. Despolvorear, polvorear, polvorizar. ‖ Despolvorear, quitar el polvo.

esponjar. tr. Ahuecar, mullir. ‖ prnl. Envanecerse, engreírse, hincharse, infatuarse.

esponjoso, sa. adj. Poroso, mullido, fofo, fungoso (**a.**: *compacto, denso*).

esponsales. m. pl. Desposorio, boda, casamiento, matrimonio, nupcias.

espontaneidad. f. Naturalidad, franqueza.

espontáneo, a. adj. Automático, indeliberado. ‖ Voluntario (**a.**: *involuntario*). ‖ Maquinal, impensado. ‖ Abierto, expresivo, natural (**a.**: *afectado*).

esporádico, ca. adj. Ocasional, aislado, excepcional, suelto (**a.**: *frecuente, continuo*).

esposo, sa. m. y f. Marido y mujer, compañero, pareja. ‖ Cónyuge, consorte. ‖ f. Esposa, cara, mitad, media naranja, costilla, mujer. ‖ f. pl. Manillas.

espuela. f. Acicate, incentivo, aguijón, incitación, espolón, estímulo. ‖ **espuela de caballero.** Consólida real (planta).

espuerta. f. Sera, serón, esportilla, cuévano.

espuma. f. Nata, flor. ‖ Baba, esputo.

espumar. tr. Despumar. ‖ intr. Espumear.

espurio, ria. adj. Bastardo, ilegítimo, adulterino (**a.**: *legítimo*). ‖ Falso, adulterado, falsificado (**a.**: *auténtico*).

esputar. tr. Escupir, expectorar, gargajear.

esputo. m. Expectoración, escupido, escupidura, escupitajo, gargajo, gallo.

esquela. f. Carta, misiva, nota, billete, besalamano.

esquelético, ca. adj. Flaco, enjuto, delgado, seco, esmirriado.

esqueleto. m. Osamenta, osambre. ‖ Armadura, armazón. ‖ Croquis, esbozo, modelo, proyecto.

esquema. m. Boceto, croquis, esbozo. ‖ Bosquejo, guión, sinopsis, compendio.

esquematizar. tr. Sintetizar, compendiar, extractar, esbozar, reducir.

esquenanto. m. Esquinante, esquinanto, paja de camello, paja de esquinanto, paja de Meca.

esquicio. m. Apunte, croquis, boceto, bosquejo, esbozo.

esquila. f. Campano, cencerro. ‖ Trasquila.

esquilar. tr. Trasquilar, marcear.

esquilimoso, sa. adj. Melindroso, remilgado, dengoso, escrupuloso.

esquilmar. tr. Agotar, empobrecer, explotar, arruinar.

esquina. f. Cantón, cantonada, arista. ‖ Punta, vértice.

esquirla. f. Astilla.

esquivar. tr. Evitar, rehuir, eludir, rehusar, soslayar, obviar (**a.:** *afrontar, desafiar*). ‖ prnl. Retirarse, retraerse, excusarse, apartarse.

esquivez. f. Desapego, aspereza, desagrado, desdén.

esquivo, va. adj. Huraño, arisco, huidizo. ‖ Despegado, áspero, desagradable, desdeñoso.

estabilidad. f. Permanencia, duración. ‖ Firmeza, seguridad, equilibrio.

estabilizar. tr. y prnl. Normalizar, equilibrar (**a.:** *desequilibrar*).

estable. adj. Permanente, duradero, durable, arraigado, fijo (**a.:** *inestable, mudable*). ‖ Firme, seguro, sólido, consistente (**a.:** *inseguro*).

establecer. tr. Implantar, instaurar, instituir, fundar. ‖ Ordenar, estatuir, decretar, determinar. ‖ Entablar, organizar, emprender. ‖ prnl. Avecinarse, instalarse, domiciliarse.

establecimiento. m. Fundación, erección. ‖ Institución. ‖ Ley, estatuto, ordenanza. ‖ Almacén, tienda, comercio. ‖ **establecimiento de enseñanza.** Escuela, colegio, instituto, academia.

establo. m. Corte, presepio, cuadra, caballeriza.

estaca. f. Garrote, palo. ‖ Plantón.

estacada. f. Empalizada, palizada, valla, cercado, vallado. ‖ Palenque, palestra.

estación. f. Tiempo, temporada, época. *Estación veraniega.* ‖ Parada, detención. ‖ Estancia, morada, asiento. ‖ Emisora.

estacionamiento. m. Aparcamiento.

estacionar. tr. y prnl. Aparcar. ‖ prnl. Estancarse.

estacionario, ria. adj. Invariable, fijo (**a.:** *variable, inestable*). ‖ Detenido, inmóvil.

estada. f. Estadía, estancia, permanencia.

estadía. f. Detención. ‖ Estancia, permanencia, estada.

estadio. m. Etapa, fase.

estadista. m. Repúblico, hombre de Estado, gobernante, político.

estado. m. Situación. ‖ Nación, país. *Es-* *tado americano.* ‖ Orden, clase, jerarquía. ‖ Clase, condición. *Estado civil.* ‖ Resumen, relación, inventario, memoria. *Estado de cuentas.*

estadounidense. adj. Norteamericano, yanqui.

estafa. f. Engaño, fraude, timo, petardo, dolo, trapaza.

estafermo. m. Pasmarote, pasmón.

estafisagria. f. Albarraz, hierba piojenta, hierba piojera, uva tamínea, uva taminia.

estallar. intr. Explotar, detonar, reventar. ‖ Restallar, retumbar, chasquear. ‖ Sobrevenir, ocurrir. *Estallar una revolución.* ‖ Prorrumpir.

estallido. m. Explosión, detonación, estampido.

estampa. f. Lámina, grabado. ‖ Imprenta, impresión. ‖ Huella, señal, impresión, vestigio. ‖ Figura, aspecto, traza, porte. ‖ Imagen, efigie.

estampar. tr. Imprimir, grabar. ‖ Señalar, marcar. *Estampar una firma.* ‖ Inculcar. ‖ Estrellar, arrojar.

estampido. m. Detonación, estallido, explosión. ‖ Tiro, disparo, balazo.

estancar. tr. y prnl. Detener, suspender, paralizar, empantanar. ‖ tr. Monopolizar, impedir, inmovilizar.

estancia. f. Estación, estada, estadía, morada, permanencia. ‖ Aposento, habitación, sala, cuarto. ‖ Residencia.

estándar. m. Tipo, nivel, modelo ‖ adj. Común, ordinario (**a.:** *especial, extraordinario*).

estandarización o **estandardización.** f. Normalización, tipificación.

estandarizar o **estandardizar.** tr. Normalizar, tipificar.

estandarte. m. Insignia, bandera, pendón, oriflama. *Estandarte de guerra.*

estanque. m. Alberca, albufera, charca, laguna, pantano, espadaña.

estante. m. Anaquel, balda, repisa.

estantería. f. Anaquelería, vasar, vasera.

estantigua. f. Espantajo, esperpento, adefesio.

estaquilla. f. Espiga, clavija. ‖ Estaca.

estar. intr. Encontrarse, hallarse, parar, residir (**a.:** *faltar, ausentarse*). ‖ Existir, hallarse. ‖ Quedar, sentar.

estatificar. tr. Nacionalizar.

estatuir. tr. Establecer, determinar, ordenar, decretar, mandar, disponer (**a.:** *derogar, abolir, anular*). ‖ Demostrar, asentar, dar por cierto.

estatura. f. Talla, altura, alzada, corpulencia, medida.

estatuto. m. Reglamento, establecimiento, ordenanza, regla, norma.

estay. m. Traversa, en marina.

este. m. Oriente, Levante, Naciente, orto (**a.:** *Oeste, Occidente, Poniente*).

esteatita. f. Jabón de sastre, jaboncillo.

estela. f. Rastro, huella, señal. *Estela de humo, de espuma*. ‖ Lápida, mojón, monumento (funerario), pedestal.

estema. m. Ocelo (en zoología).

estenografía. f. Taquigrafía.

estenógrafo, fa. m. y f. Taquígrafo.

estentóreo, a. adj. Ruidoso, retumbante, fuerte, resonante.

estepilla. f. Jara blanca, estepa blanca.

estéril. adj. Machorra, mañera. ‖ Horra. ‖ Nulípara. ‖ Improductivo, infecundo, infructuoso, vano, ineficaz (**a.:** *fecundo, productivo, fructuoso*). ‖ Árido, yermo. ‖ Aséptico.

esterilidad. f. Infecundidad, improductividad. agotamiento, aridez (**a.:** *fecundidad, productividad*). ‖ Asepsia.

esterilla. f. Alfardilla.

estero. m. Estuario, restañadero. ‖ Aguazal, cenagal, bañado.

estertor. m. Sarrillo. ‖ Agonía, opresión.

estética. f. Calología.

esteva. f. Mancera, mangorrillo.

estiércol. m. Fimo, excremento, fiemo, hienda, bosta, boñiga, guano, sirle.

estigma. m. Marca, señal, huella, vestigio. ‖ Afrenta, desdoro, infamia, deshonra, baldón, mancha. ‖ Lacra, llaga.

estigmatizar. tr. Afrentar, infamar, deshonrar, anatemizar, execrar.

estilar. intr., tr. y prnl. Usar, acostumbrar, soler. *De nuevo se estila el sombrero.*

estilete. m. Punzón, estilo. ‖ Gnomon. ‖ Puñal, faca, facón.

estilo. m. Carácter, peculiaridad. ‖ Modo, manera, forma. ‖ Uso, costumbre, moda, práctica, usanza. ‖ Estilete, punzón ‖ Gnomon. ‖ Similar, parecido. ‖ **por el estilo.** loc. adj. Parecido, similar, semejante.

estima. f. Consideración, aprecio, estimación, respeto, afecto.

estimación. f. Aprecio, consideración, afecto, estima (**a.:** *desprecio, menosprecio*). ‖ Evaluación, valoración, tasación. *Hacer una estimación de las cosechas.* ‖ Admiración, celebridad, gloria.

estimar. tr. Evaluar, valorar, tasar, apreciar, justipreciar. ‖ Considerar, creer, reputar, conceptuar, conjeturar, opinar, juzgar (**a.:** *desestimar, despreciar*).

estimulante. adj. Incitante, excitante. ‖ m. Estímulo. ‖ Aperitivo.

estimular. tr. Aguijonear, picar, punzar. ‖ Excitar, avivar, incitar, animar, impulsar, empujar. *Estimular la enseñanza* (**a.:** *frenar, reprimir*). ‖ Despertar, provocar.

estímulo. m. Incitación, incentivo, aliciente, acicate, aguijón.

estío. m. Verano, canícula.

estipendio. m. Remuneración, paga, sueldo, salario, haberes, honorarios, retribución, jornal, soldada, asignación.

estipular. tr. Convenir, concertar, tratar, pactar, acordar. ‖ Contratar. ‖ Disponer, establecer. *Estipular las condiciones de un negocio.*

estirado, da. adj. Entonado, afectado, orgulloso, altivo, presumido, altanero, vanidoso. ‖ Alargado, tenso, dilatado, prolongado, extendido.

estirar. tr. Alargar, prolongar, extender (**a.:** *reducir, encoger*). ‖ Dilatar, prolongar. ‖ intr. y prnl. Crecer. ‖ Planchar. ‖ prnl. Desperezarse, desentumecerse.

estirón. m. Tirón. ‖ Crecimiento.

estirpe. f. Casta, linaje, progenie, alcurnia, prosapia, abolengo, sangre, ascendencia. ‖ Origen, raíz.

estival. adj. Veraniego, estivo. *Tempora-da estival* (**a.:** *invernal*).

estocada. f. Hurgón, horgonazo, cuchillada, punzada.

estofa. f. Calidad, condición, clase. || Ralea, calaña, laya, índole.

estoicismo. m. Fortaleza, conformidad, entereza, estoicidad, aguante.

estoico, ca. adj. Imperturbable, inalterable, impasible, insensible, fuerte, inmutable. *Carácter estoico.*

estolidez. f. Estupidez, necedad, insensatez, estulticia, tontería, idiotez.

estomacal. adj. Gástrico. || Digestivo, eupéptico.

estomagar. tr. Empachar, ahitar, indigestar. || Fastidiar, hastiar, enfadar, aburrir, cargar.

estomático, ca. adj. Bucal.

estoraque. m. Almea, azúmbar.

estorbar. tr. Embarazar, dificultar, obstaculizar, entorpecer, impedir (**a.:** *facilitar, colaborar*). || Incomodar, molestar.

estorbo. m. Dificultad, inconveniente, entorpecimiento, embarazo, engorro, obstáculo, óbice, rémora, traba, tropiezo, impedimento, molestia.

estrado. m. Tarima, entablado, entarimado, tablado.

estrafalario, ria. adj. Extravagante, estrambótico, excéntrico, raro, ridículo, grotesco.

estragar. tr. Viciar, corromper. || Dañar, estropear, arruinar.

estrago. m. Ruina, daño, destrucción, devastación, asolamiento.

estragón. m. Dragoncillo.

estrambótico, ca. adj. Extravagante, estrafalario, raro.

estrangular. tr. Oprimir, apretar. || Ahogar, ahorcar, asfixiar.

estraperlo. m. Mercado negro.

estratagema. f. Ardid, argucia, treta, engaño, artimaña.

estrategia. f. Habilidad, destreza, táctica. *Estrategia diplomática.*

estrato. m. Capa, lecho. || Clase.

estrechar. tr. Reducir, apretar. || Precisar,

obligar, forzar. || Perseguir, acosar, apurar, apremiar, arrinconar, acorralar. || prnl. Ceñirse, recogerse, apretarse.

estrechez. f. Escasez, pobreza, privación, indigencia, miseria (**a.:** *abundancia*). || Aprieto, apuro, apremio, dificultad. || Austeridad.

estrecho, cha. adj. Angosto (**a.:** *ancho*). || Ahogado, reducido. || Ajustado, apretado, ceñido (**a.:** *amplio, holgado*). || Riguroso, estricto, rígido. || Miserable, tacaño, mezquino. || Cercano, íntimo. || Apocado. || m. Paso, pasaje, canal.

estregadura. f. Fricción, estregamiento.

estregar. tr. Confricar, frotar, friccionar, refregar, restregar.

estrella. f. Hado, destino, sino, fortuna, suerte, signo. || As, astro. || **estrella fugaz.** Exhalación.

estrellamar. f. Hierba estrella.

estrellar. tr. Estampar, arrojar. || prnl. Chocar. || Fracasar.

estremecer. tr. y prnl. Conmover, sacudir, asustar, aterrar, sobresaltar, turbar, alterar.

estremecimiento. m. Conmoción, sacudida, sacudimiento, temblor. || Sobresalto.

estrenar. tr. Inaugurar, iniciar, debutar, comenzar.

estreñido, da. adj. Tacaño, mezquino, apretado, miserable, avaro. || Estíptico.

estrépito. m. Estruendo, fragor, ruido. || Aparato, ostentación.

estrepitoso, sa. adj. Estruendoso, ruidoso (**a.:** *silencioso*). || Ostensivo, espectacular, aparatoso, escandaloso.

estría. f. Canal, raya, ranura, surco. || Acanaladura.

estriar. tr. Acanalar, rayar.

estribar. intr. Entibar, restribar, apoyarse, descansar. || Consistir, radicar, residir.

estribillo. m. Contera. || Muletilla, bordón.

estribo. m. Estribera, codillo, estafa. || Entibo. || Apoyo, fundamento. || Contrafuerte. || Estribación. || **perder los estribos.** Impacientarse, encolerizarse.

estricto, ta. adj. Preciso, exacto, riguroso, estrecho, rígido (**a.**: *impreciso, amplio*).

estridente. adj. Chirriante, rechinante, agudo, desapacible (**a.**: *suave, armonioso*). ‖ Chillón. ‖ Agrio, áspero, destemplado, ruidoso.

estro. m. Inspiración, numen, vena.

estropajo. m. Fregador.

estropajoso, sa. adj. Trapajoso, balbuciente. *Voz estropajosa.* ‖ Andrajoso, roto, harapiento, desaseado.

estropear. tr. Lastimar, lisiar, lesionar. ‖ Ajar, maltratar, dañar, deteriorar, averiar (**a.**: *arreglar, reparar*). ‖ Malograr, frustrar, echar a perder (**a.**: *mejorar*).

estropicio. m. Destrozo, rotura, trastorno, deterioro, estrapalucio. ‖ Jaleo, algazara.

estructura. f. Contextura, organización, distribución, orden, configuración, conformación, disposición, forma. ‖ Armazón, esqueleto. *Estructura metálica.*

estruendo. m. Fragor, ruido, estrépito, estallido. ‖ Confusión, bullicio. ‖ Aparato, pompa, ostentación.

estruendoso, sa. adj. Estrepitoso, ruidoso. ‖ Ostentoso, escandaloso.

estrujar. tr. Apretar, prensar, exprimir, comprimir, apretujar (**a.**: *aflojar, soltar*). ‖ Magullar. ‖ Agotar, oprimir, aprovecharse.

estuario. m. Estero.

estuco. m. Estuque, escayola, marmoración, enlucido.

estudiado, da. adj. Fingido, afectado, rebuscado, amanerado (**a.**: *natural*).

estudiante. com. Alumno, colegial, educando.

estudiantina. f. Tuna.

estudiar. tr. e intr. Aprender, instruirse. ‖ tr. Meditar, analizar, examinar. ‖ Memorizar.

estudio. m. Aprendizaje. ‖ Análisis, observación, investigación. ‖ Taller. ‖ Tratado, monografía, ensayo, escrito. ‖ Aplicación, habilidad. ‖ Croquis, boceto.

estudioso, sa. adj. Aplicado, laborioso, investigador.

estufa. f. Calorífero. ‖ Incubadora. ‖ Invernáculo, invernadero. ‖ Autoclave. ‖ Brasero, calentador, hogar.

estulticia. f. Necedad, tontería, estupidez, imbecilidad.

estulto, ta. adj. Necio, estúpido, tonto, estólido.

estupefacción. f. Estupor, pasmo, admiración, asombro.

estupefaciente. adj. y s. Narcótico, anestésico.

estupefacto, ta. adj. Atónito, pasmado, asombrado, suspenso, turulato (**a.**: *indiferente, impasible*).

estupendo, da. adj. Admirable, asombroso, portentoso, pasmoso, sorprendente, formidable. *El jinete realizó una estupenda demostración de destreza.*

estúpido, da. adj. Necio, estólido, estulto, torpe, rudo, tonto, bobo, lelo (**a.**: *listo, inteligente*). ‖ Estupefacto.

estupor. m. Asombro, sorpresa, estupefacción, pasmo, admiración.

estuquista. m. Estucador.

esturión. m. Marón, marión, sollo.

esviaje. m. Oblicuidad, viaje (en arquitectura).

etapa. f. Tramo, recorrido. ‖ Fase.

etéreo, a. adj. Impalpable, sutil (**a.**: *material, corpóreo*). ‖ Puro, celeste, elevado, sublime.

eternamente. adv. Siempre, perpetuamente, perennemente, perdurablemente.

eternidad. f. Perpetuidad, perdurabilidad, perennidad.

eternizar. tr. y prnl. Perpetuar, inmortalizar.

eterno, na. adj. Eternal, sempiterno, eviterno, perdurable, perpetuo, inmortal, imperecedero (**a.**: *mortal, perecedero*).

ética. f. Moral. *Ética profesional.*

etiqueta. f. Ceremonial, protocolo. ‖ Ceremonia, cumplido, cumplimiento, cortesía. ‖ Marbete, rótulo, membrete.

etiquetero, ra. adj. Cumplimentero, ceremonioso.

etites. f. Piedra del águila.

étnico, ca. adj. Racial. *Características*

étnicas de un pueblo. ‖ Gentilicio (en gramática).

etrusco, ca. adj. y s. Tirreno, tusco.

etusa. f. Cicuta menor.

eufonía. f. Armonía.

euforbio. m. Gorbión, gurbión.

eupéptico, ca. adj. Digestivo, estomacal.

éuscaro, ra o **eusquero, ra.** adj. y s. Vasco, vascuence.

evacuar. tr. Desocupar, desembarazar, abandonar, desalojar, vaciar (**a.:** *invadir, ocupar*). ‖ Defecar, cagar, deponer. ‖ Cumplir, desempeñar, cumplimentar.

evadir. tr. Evitar, esquivar, eludir. *Evadir una responsabilidad* (**a.:** *afrontar, enfrentar*). ‖ prnl. Fugarse, escaparse, huir.

evaluación. f. Apreciación, cálculo, valuación, valoración, estimación, avalúo, justiprecio.

evaluar. tr. Valorar, estimar, valuar, tasar, apreciar.

evaporar. tr. y prnl. Vaporar, vaporear, volatizar. ‖ Disipar, desvanecer. ‖ prnl. Desaparecer, fugarse, huir, evadirse.

evasión. f. Fuga, huida (**a.:** *captura, aprehensión*). ‖ Evasiva.

evasiva. f. Efugio, escapatoria, subterfugio.

evento. m. Acontecimiento, suceso. ‖ Eventualidad.

eventual. adj. Casual, fortuito, inseguro, incierto, posible, circunstancial (**a.:** *fijo, seguro*).

eventualidad. f. Casualidad, contingencia, accidente, posibilidad.

evidencia. f. Certeza, certidumbre, convicción, seguridad. *La evidencia de un crimen.* ‖ **poner en evidencia.** Demostrar, evidenciar.

evidenciar. tr. Demostrar, mostrar, patentizar, poner en evidencia.

evidente. adj. Patente, visible, manifiesto, ostensible, palpable, claro, indudable, axiomático, incuestionable, indiscutible, innegable (**a.:** *dudoso, incierto*).

evitar. tr. Prevenir, precaver, impedir (**a.:** *causar*). ‖ Eludir, esquivar, sortear, re-

huir, soslayar (**a.:** *afrontar, enfrentar*). ‖ tr. y prnl. Ahorrar, excusar.

evocar. tr. Llamar, invocar, conjurar. ‖ Recordar, rememorar (**a.:** *olvidar*).

evolución. f. Desarrollo, trasformación, desenvolvimiento, curso (**a.:** *retroceso, involución*). ‖ Movimiento, cambio, variación, mudanza (**a.:** *estancamiento*). ‖ Giro, vuelta.

evolucionar. intr. Desarrollarse, desenvolverse.

evolucionismo. m. Trasformismo.

exacción. f. Retención, tributo, prestación, multa, impuesto. ‖ Concusión, coacción, exigencia.

exacerbar. tr. Enfadar, irritar, enojar, exasperar, encolerizar, enfurecer (**a.:** *tranquilizar, calmar*). ‖ Recrudecer, enconar, agravar (**a.:** *atenuar, mitigar*).

exactitud. f. Puntualidad, regularidad, precisión, rigor (**a.:** *inexactitud, imprecisión*). ‖ Veracidad, fidelidad.

exacto, ta. adj. Puntual, preciso, riguroso, justo (**a.:** *inexacto, erróneo, impreciso*). ‖ Cabal, escrupuloso, estricto. ‖ Fiel, igual, verdadero.

exageración. f. Hipérbole, ponderación, encarecimiento. ‖ Hipérbole (en gramática). ‖ Extremosidad.

exagerado, da. adj. Desmedido, excesivo, hiperbólico, aparatoso.

exagerar. tr. Abultar, encarecer, ponderar, extremar, desorbitar, aumentar, agrandar (**a.:** *reducir, atenuar*).

exaltación. f. Entusiasmo, exaltamiento, ensalzamiento, enaltecimiento. ‖ Glorificación.

exaltado, da. adj. Entusiasta, apasionado, fanático. ‖ Conmovido, irritado.

exaltar. tr. Elevar. ‖ Ensalzar, enaltecer, realzar, glorificar, encumbrar (**a.:** *rebajar, denigrar*). ‖ prnl. Entusiasmarse, acalorarse, arrebatarse, sobreexcitarse, conmoverse, apasionarse, enardecerse (**a.:** *tranquilizarse, moderarse*).

examen. m. Indagación, observación, análisis, estudio, reconocimiento, inspección. ‖ Prueba. *Examen de ingreso.*

examinar. tr. Investigar, inquirir, indagar,

observar, reconocer, analizar, estudiar, escrutar, escudriñar.

exangüe. adj. Desangrado. ‖ Aniquilado, debilitado, agotado, exánime. ‖ Muerto.

exánime. adj. Inánime, muerto, exangüe (**a.:** *vivo*). ‖ Debilitado, exangüe, desmayado (**a.:** *palpitante, animado*).

exasperación. f. Enojo, irritación, enfurecimiento.

exasperar. tr. y prnl. Enojar, irritar, exacerbar, exaltar, enfurecer (**a.:** *tranquilizar, calmar*).

excarcelar. tr. Desencarcelar, libertar, liberar.

excavar. tr. Cavar, socavar, profundizar, ahondar, dragar.

excedente. adj. Excesivo. ‖ m. Sobrante, residuo, resto, remanente, exceso.

exceder. tr. Sobresalir, descollar, aventajar, sobrepujar, superar, sobrepasar. ‖ intr. Sobrar, restar. ‖ prnl. Propasarse, extralimitarse, pasarse. *Excederse en la bebida.*

excelencia. f. Sublimidad, elevación. ‖ Virtud, perfección, eminencia, superioridad. ‖ **por excelencia.** loc. adv. Por antonomasia.

excelente. adj. Notable, superior, óptimo, descollante, sobresaliente, relevante, eminente, excelso, eximio, meritorio.

excelso, sa. adj. Eminente, altísimo, sublime, excelente, eximio, ilustre.

excentricidad. f. Extravagancia, rareza, manía, capricho.

excéntrico, ca. adj. Raro, extravagante. ‖ f. Leva, en mecánica.

excepción. f. Anormalidad, singularidad, rareza (**a.:** *norma, regla*). ‖ Exclusión, separación, eliminación, salvedad, omisión. ‖ **de excepción.** loc. adj. Extraordinario, excepcional.

excepcional. adj. Extraordinario, insólito, estupendo, singular, único, raro. *Un pianista excepcional* (**a.:** *común, usual*). ‖ Esporádico, extraño.

excepto. adv. Fuera de, salvo, a excepción de, menos, descontando (**a.:** *más, además de*).

exceptuar. tr. Excluir, separar, salvar, dejar a salvo (**a.:** *incluir*).

excerpta o excerta. f. Colección, recopilación, extracto.

excesivo, va. adj. Enorme, desmedido, desmesurado, inmoderado, exorbitante, extremo (**a.:** *insuficiente, escaso*). ‖ Superfluo, sobrante, demasiado, excedente, sobreabundante.

exceso. m. Sobra, sobrante, excedente. ‖ Demasía, abuso, desmán, desafuero, desorden. ‖ Extralimitación, abuso, desafuero, alcaldada, polacada, tropelía, atropello, arbitrariedad. ‖ Crimen, delito. ‖ Redundancia, pleonasmo. ‖ Derroche, despilfarro.

excitación. f. Agitación, exaltación (**a.:** *calma, tranquilidad*). ‖ Instigación, provocación.

excitar. tr. Estimular, provocar, mover, inducir, instigar, incitar, encender, provocar. ‖ tr. y prnl. Alterar, exaltar.

exclamar. intr y tr. Clamar, proferir, prorrumpir, lanzar.

excluir. tr. Separar, descartar, apartar, suprimir, exceptuar, eliminar (**a.:** *incluir, incorporar*). ‖ Echar, expulsar. ‖ Descartar, rechazar (**a.:** *comprender, abarcar*).

exclusivamente. adv. Solamente, sólo, únicamente.

exclusividad. f. Exclusiva, monopolio, privilegio, dispensa, franquicia, concesión.

exclusivo, va. adj. Único, solo, excepcional, absoluto. ‖ f. Exclusividad.

excomulgar. tr. Anatematizar, descomulgar, expulsar.

excomunión. f. Anatema, descomunión.

excoriación. f. Escoriación, escocedura, escaldadura.

excrementicio, cia. adj. Fecal.

excremento. m. Heces, defecación, deposición, bosta, estiércol, excreta, caca, mierda.

exculpar. tr. Perdonar, dispensar, remitir, excusar, justificar.

excursión. f. Correría, incursión. ‖ Gira, viaje, paseo.

excusa. f. Disculpa, exculpación, pretexto, rebozo, socapa, socolor, retrechería, efugio, justificación. ‖ Descargo, excepción.

excusado. m. Reservado, retrete, baño.

excusado, da. adj. Superfluo, inútil.

excusar. tr. y prnl. Perdonar, exculpar, disculpar, justificar, eximir. ‖ tr. Evitar, ahorrar. ‖ prnl. Declinar, eludir.

execración. f. Abominación, aborrecimiento. ‖ Maldición, imprecación, condenación.

execrar. tr. Condenar, maldecir, imprecar, vituperar, reprobar. ‖ Aborrecer, abominar. *Execrar el crimen.*

exégesis. f. Interpretación, explicación, exposición, comentario.

exégeta o exegeta. com. Intérprete, expositor.

exención. f. Excepción, franquicia, privilegio. ‖ Eximición, dispensa (a.: *obligación*).

exento, ta. adj. Desembarazado, libre, dispensado, franco, falto. *Quedar exento de culpa, de obligación.*

exequias. f. pl. Funeral, funerales, honras fúnebres, sufragios.

exhalación. f. Rayo, centella. ‖ Vaho, vapor. ‖ Estrella fugaz.

exhalar. tr. Despedir, desprender, emanar, expeler, arrojar (a.: *absorber*). ‖ Lanzar, emitir.

exhausto, ta. adj. Agotado, apurado (a.: *lleno, pletórico*). ‖ Extenuado, exangüe, rendido, deshecho (a.: *vigoroso, lozano*).

exhibición. f. Manifestación, presentación, exposición, muestra. ‖ Alarde, despliegue. *Exhibición de poderío.*

exhibir. tr. y prnl. Mostrar, presentar, exponer (a.: *ocultar, esconder*). ‖ tr. Lucir, ostentar.

exhortación. f. Ruego, súplica, invitación. ‖ Advertencia, aviso, consejo, admonición, amonestación, apercibimiento. ‖ Plática, sermón.

exhortar. tr. Invitar, rogar, suplicar. ‖ Aconsejar, amonestar, incitar, animar, persuadir, advertir, proponer, inducir.

exhumar. tr. Desenterrar (a.: *inhumar, sepultar*). ‖ Recordar, revivir, resucitar. *Exhumar un recuerdo.*

exigencia. f. Requerimiento, necesidad. ‖ Pretensión. ‖ Exacción.

exigir. tr. Mandar, ordenar, reclamar. ‖ Necesitar. ‖ Requerir, conminar, compeler. *Exigir obediencia.*

exiguo, gua. adj. Insuficiente, escaso, corto, pequeño, reducido, insignificante (a.: *abundante, suficiente, copioso*).

exilio. m. Destierro, extrañamiento, ostracismo, expatriación (a.: *repatriación*).

eximición. f. Exención, dispensa.

eximio, mia. adj. Relevante, excelente, superior, sobresaliente, egregio, excelso.

eximir. tr. y prnl. Dispensar, exentar, perdonar, relevar, excusar, exceptuar (a.: *obligar, exigir*).

existencia. f. Vida. ‖ pl. Mercancías.

existir. intr. Ser, vivir. ‖ Haber, hallarse, estar.

éxito. m. Resultado, consecuencia, fin, terminación. ‖ Triunfo (a.: *fracaso, derrota*).

éxodo. m. Emigración, migración, trasmigración (a.: *inmigración*).

exonerar. tr. Aliviar, descargar, eximir. ‖ Destituir, deponer (a.: *reponer, restituir*).

exorbitante. adj. Excesivo, desmesurado, demasiado, enorme, descomunal, exagerado (a.: *ínfimo, mínimo*).

exorcismo. m. Conjuro.

exordio. m. Introducción, preámbulo, prefacio, isagoge, introito, proemia.

exornar. tr. Adornar, hermosear, engalanar, ornar, embellecer, ornamentar.

exotérico, ca. adj. Accesible, asequible (a.: *esotérico*). ‖ Común, vulgar, corriente.

exótico, ca. adj. Extranjero, peregrino (a.: *vernáculo, autóctono*). ‖ Extraño, chocante, extravagante, raro (a.: *tradicional, típico*).

expandir. tr. y prnl. Extender, dilatar. ‖ Difundir, divulgar, propagar.

expansión. f. Dilatación, extensión (**a.:** *reducción*). || Desarrollo, crecimiento. || Difusión, divulgación. || Efusión, confianza, comunicación, desahogo (**a.:** *contención, represión*). || Recreo, solaz, esparcimiento, distracción, diversión.

expansionarse. prnl. Desahogarse, espontanearse, explayarse, franquearse. || Recrearse, solazarse, divertirse.

expansivo, va. adj. Comunicativo, franco, efusivo, abierto (**a.:** *retraído, reservado*). || Expansible.

expectación. f. Ansiedad, espera.

expectativa. f. Esperanza, espera. || Posibilidad, perspectiva.

expectoración. f. Esputo, flema, escupitajo, escupida, gargajo, pollo.

expectorar. tr. Escupir, esputar, esgarrar.

expedición. f. Envío, remesa. || Desembarazo, facilidad, presteza, prontitud, desenvoltura. || Excursión.

expediente. m. Arbitrio, recurso, medio. || Tramitación, curso. || Documentación. || Habilidad, desembarazo, desenvoltura.

expedir. tr. Despachar, cursar, dar curso. || Enviar, remitir, remesar, mandar. *Expedir la correspondencia* (**a.:** *recibir*).

expeditivo, va. adj. Diligente, pronto, rápido, resuelto, dispuesto, activo (**a.:** *lento*).

expedito, ta. adj. Libre, desembarazado, despejado. *Dejar el camino expedito.*

expeler. tr. Arrojar, echar, lanzar, despedir, expulsar, excluir.

expender. tr. Vender, despachar (**a.:** *comprar, adquirir*). || Gastar.

expensas. f. pl. Gastos, costas. *Vivir a expensas de otro.*

experiencia. f. Pericia, experimentación, habilidad, práctica, conocimiento (**a.:** *inexperiencia*). || Experimento, prueba. *Experiencia nuclear.*

experimentado, da. adj. Experto, conocedor, práctico, diestro, ducho, hábil, versado, entendido.

experimental. adj. Empírico. *Estudio, enseñanza experimental.*

experimentar. tr. Probar, ensayar. || No-

tar, percatarse. || Sentir, padecer, tener, sufrir. *Experimentar trastornos nerviosos.*

experimento. m. Experiencia, ensayo, prueba.

experto, ta. adj. y m. Práctico, experimentado, ejercitado, versado, perito, avezado, diestro (**a.:** *inexperto, inhábil, novato*). || m. y f. Entendido, perito conocedor.

expiación. f. Castigo, pena, reparación, enmienda.

expiar. tr. Purgar, pagar, reparar. *Expiar un crimen en la cárcel.*

expirar. intr. Morir, fallecer, fenecer (**a.:** *nacer*). || Terminar, acabar, concluir, finalizar (**a.:** *empezar, comenzar*).

explanar. tr. Allanar, aplanar, igualar, nivelar. || Declarar, explicar, exponer, desarrollar.

explayar. tr. Ensanchar, dilatar, extender. || prnl. Esparcirse, recrearse, divertirse, solazarse. || Confiarse, franquearse, espontanearse, desahogarse, expansionarse. || Extenderse, dilatarse (**a.:** *limitarse, contenerse*).

expletivo, va. adj. Enfático, completivo (en gramática).

explicación. f. Aclaración, exposición, declaración, interpretación. || Justificación, exculpación, satisfacción, disculpa.

explicar. tr. y prnl. Declarar, expresar. Aclarar, exponer, interpretar, esclarecer, explanar, desarrollar. || tr. Enseñar, profesar. || Exculpar, justificar, satisfacer. prnl. Comprender, darse cuenta, entender. || Expresarse.

explícito, ta. adj. Expreso, claro, manifiesto, determinado (**a.:** *implícito, sobrentendido*).

explorar. tr. Reconocer, examinar, investigar. || Sondar, sondear, tantear.

explosión. f. Estallido, estampido, estruendo, detonación. || Ataque, acceso.

explotar. tr. Aprovechar, utilizar (**a.:** *desaprovechar*). || Aprovecharse, abusar. intr. Explosionar, estallar, detonar, hacer explosión.

expoliar. tr. Despojar, robar, quitar, desposeer, usurpar.

expoliación. f. Despojo, exacción, robo, usurpación.

exponente. m. Prototipo, modelo.

exponer. tr. Manifestar, declarar, explicar, interpretar. ‖ Exhibir, mostrar, presentar (a.: *ocultar*). ‖ tr. y prnl. Arriesgar, aventurar, comprometer.

exposición. f. Explicación, interpretación, disquisición, declaración. ‖ Exhibición, presentación, muestra. ‖ Riesgo, peligro.

expósito, ta. adj. Echadillo, echadizo, inclusero, enechado, peño.

expresamente. adv. Claramente, manifiestamente, explícitamente. ‖ Adrede, de intento, de propósito, aposta, ex profeso, a propósito.

expresar. tr. y prnl. Manifestar, decir, hablar (a.: *callar*). ‖ tr. Interpretar, simbolizar. ‖ Exteriorizar, reflejar (a.: *omitir, silenciar*). ‖ Manifestar, mostrar, significar.

expresión. f. Habla, lenguaje. ‖ Palabra, dicción, voz, vocablo, término. ‖ Frase, locución. ‖ Manifestación, muestra. ‖ Viveza, vivacidad, brillo. ‖ Enunciado, enunciación.

expresivo, va. adj. Significativo, elocuente (a.: *inexpresivo, frío, seco*). ‖ Afectuoso, cariñoso, afable.

expreso, sa. adj. Claro, especificado, explícito, manifiesto (a.: *sobrentendido, tácito*). ‖ Antedicho, susodicho.

exprimidor, ra. adj. y s. Estrujador.

exprimir. tr. Estrujar, apretar. ‖ Explotar, agotar. ‖ Expresar.

ex profeso. loc. adv. Expresamente, de propósito, a propósito.

expuesto, ta. adj. Arriesgado, aventurado, peligroso, comprometido.

expugnar. tr. Tomar, conquistar, apoderarse.

expulsar. tr. Arrojar, echar, lanzar (a.: *admitir*). ‖ Expeler, despedir, desalojar (a.: *acoger, recibir*). ‖ Proscribir.

expurgar. tr. Limpiar, purificar, depurar.

exquisito, ta. adj. Sabroso, delicioso. ‖ Excelente, primoroso, delicado, selecto, distinguido, refinado, superior (a.: *tosco, vulgar*).

extasiar. tr. y prnl. Arrobar, embelesar, enajenar, arrebatar.

éxtasis. m. Rapto, trasporte, arrebatamiento, arrebato, embeleso, enajenamiento, ensimismamiento.

extemporáneo, a. adj. Intempestivo, inoportuno, inconveniente, impropio, inadecuado, improcedente (a.: *oportuno, adecuado*).

extender. tr. Desplegar, desdoblar, desenvolver, tender, desenrollar (a.: *arrollar, doblar*). ‖ Amplificar, ampliar, expandir (a.: *reducir, disminuir*). ‖ Esparcir, desparramar (a.: *concentrar*). ‖ tr. y prnl. Alcanzar, llegar. ‖ Difundir, divulgar, propagar. ‖ prnl. Explayarse. ‖ Prolongarse, durar.

extensión. f. Superficie. ‖ Amplitud, vastedad. ‖ Longitud. ‖ Duración. ‖ Importancia, alcance. ‖ Espacio. ‖ Tesitura, registro. ‖ **por extensión.** Detalladamente, desarrollado, ampliado.

extenso, sa. adj. Vasto, espacioso, dilatado, amplio, grande (a.: *reducido, exiguo*). ‖ Lato, prolongado. ‖ **por extenso.** loc. adv. Ampliamente, detalladamente.

extenuación. f. Agotamiento, debilidad, consunción.

extenuar. tr. y prnl. Debilitar, agotar (a.: *fortalecer, vigorizar*).

exterior. adj. Externo, extrínseco (a.: *interior*). ‖ m. Superficie, periferia, exterioridad. ‖ Traza, porte, apariencia, aspecto, facha, pinta.

exteriorizar. tr. Manifestar, mostrar, revelar, patentizar, sacar fuera, descubrir (a.: *ocultar, esconder*).

exterminar. tr. Aniquilar, extinguir, destruir. ‖ Asolar, devastar, desolar, arrasar.

exterminio. m. Aniquilamiento, matanza, aniquilación. ‖ Destrucción, devastación, ruina, estrago.

externo, na. adj. Exterior, extrínseco (a.: *interno*).

extinguir. tr. Apagar (**a.**: *avivar, encender*). ‖ Aniquilar, destruir. ‖ prnl. Cesar, acabar, morir, expirar.

extintor. m. Matafuego.

extirpar. tr. Arrancar, desarraigar, descuajar. *Extirpar un quiste*. ‖ Exterminar, extinguir, destruir.

extorsión. f. Despojo, usurpación. ‖ Chantaje. ‖ Daño, perjuicio.

extra. adj. Extraordinario, óptimo. ‖ m. Plus, relevante. ‖ com. Comparsa, figurante.

extracción. f. Origen, linaje, estirpe, nacimiento, clase, familia. *De extracción humilde*. ‖ Sorteo.

extractar. tr. Resumir, abreviar, condensar, compendiar. *Extractar un discurso* (**a.**: *ampliar, desarrollar*).

extracto. m. Resumen, compendio. ‖ Sustancia, esencia. *Extracto de carne*.

extraer. tr. Sacar, separar (**a.**: *poner, meter*). ‖ Arrancar, quitar.

extralimitación. f. Exceso, arbitrariedad, desafuero, tropelía, atropello, alcaldada.

extralimitarse. prnl. Excederse, propasarse, abusar, salirse.

extranjerismo. m. Barbarismo, extranjería, exotismo.

extranjero, ra. adj. Extraño, exótico. ‖ m. y f. Meteco, bárbaro, forastero, foráneo.

extrañamiento. m. Destierro, ostracismo, proscripción, exilio, deportación, expatriación.

extrañar. tr. Desterrar, deportar. ‖ tr. y prnl. Sorprender, admirar, chocar, asombrar. ‖ tr. Añorar, echar de menos. *Extrañar la patria*.

extrañeza. f. Rareza, novedad, singularidad. ‖ Sorpresa, admiración, asombro. ‖ Confusión, desconcierto.

extraño, ña. adj. Extranjero, exótico, forastero. ‖ Ajeno. ‖ Impropio, inadecuado, inoportuno. ‖ Sorprendente, chocante. ‖ Extraordinario, raro, singular, in-

sólito, extravagante (**a.**: *común, vulgar*). ‖ Desconocido (**a.**: *conocido*).

extraordinario, ria. adj. Singular, excepcional, raro, extraño, inigualable (**a.**: *ordinario, común*). ‖ Sorprendente, chocante.

extravagancia. f. Excentricidad, rareza, extrañeza.

extravagante. adj. Raro, chocante, estrafalario, estrambótico, excéntrico.

extravenarse. prnl. Trasvenarse.

extraviar. tr. y prnl. Perder (**a.**: *hallar, encontrar*). ‖ prnl. Desorientarse, descaminarse, perderse. ‖ Errar, desacertar, equivocarse. ‖ Descarriarse, pervertirse.

extravío. m. Pérdida. *Extravío de documentos*. ‖ Desorientación. ‖ Trastorno, molestia, perjuicio. ‖ Desorden, libertinaje.

extremado, da. adj. Exagerado, excesivo, extremo, extremoso.

extremarse. prnl. Esmerarse, desvelarse, aplicarse.

extremaunción. f. Santos óleos, unción.

extremidad. f. Extremo, punta, remate, fin. ‖ Miembro.

extremo, ma. adj. Último. ‖ Exagerado, extremado, excesivo, sumo. ‖ Intenso. ‖ Lejano (**a.**: *cercano*). ‖ Extremidad, remate, fin, punta (**a.**: *centro, medio, mitad*). ‖ Término, límite, colmo. ‖ pl. Extremosidades, exageraciones.

extrínseco, ca. adj. Externo, exterior, accidental, superficial (**a.**: *intrínseco, interno*).

exuberancia. f. Abundancia, plenitud, prodigalidad, profusión, copia, riqueza (**a.**: *escasez, pobreza*).

exuberante. adj. Abundante, copioso, pródigo, profuso, rico, fecundo, fértil.

exudar. intr. y tr. Rezumar, destilar.

exutorio. m. Fontículo, fuente.

exvoto. m. Milagro, presentalla, voto, ofrenda.

eyector. m. Expulsor.

fábrica. f. Manufactura, planta. ‖ Edificio, construcción. ‖ Fabricación.

fabricación. f. Elaboración, producción, industria.

fabricar. tr. Manufacturar, confeccionar, elaborar. ‖ Construir, edificar, producir. ‖ Inventar, crear, imaginar, forjar.

fábula. f. Apólogo. ‖ Mito, ficción, quimera, invención (**a.:** *realidad*). ‖ Falsedad, patraña (**a.:** *evidencia*). ‖ Rumor, hablilla, habladuría. ‖ Mitología.

fabuloso, sa. adj. Legendario, mítico, mitológico. ‖ Imaginario, inventado, fingido, ficticio, falso (**a.:** *real, verdadero*). ‖ Increíble, fantástico, excesivo, exagerado, extraordinario, ilusorio, inverosímil.

faca. f. Facón

facción. f. Parcialidad, bando, partido, bandería, banda. ‖ pl. Rasgos, rostro, cara.

faccioso, sa. adj. Rebelde, perturbador, sedicioso, sublevado, inquieto, revoltoso (**a.:** *sumiso*).

faceta. f. Cara, lado. ‖ Aspecto, cariz.

facha. f. Figura, aspecto, traza, apariencia, presencia, pinta. ‖ Mamarracho, esperpento, adefesio, birria.

fachada. f. Portada, frontis, frontispicio. ‖ Apariencia.

fachenda. f. Vanidad, petulancia, presunción, alarde, ostentación, jactancia, fatuidad.

fachendoso, sa. adj. Fatuo, vanidoso, petulante, presumido, jactancioso, presuntuoso, fachendón (**a.:** *modesto, humilde*).

fácil. adj. Accesible, sencillo, hacedero, factible, cómodo (**a.:** *difícil, complicado*). ‖ Probable, posible, practicable, abordable. ‖ Dócil, tratable, manejable (**a.:** *revesado*). ‖ Frágil, sensual, liviana, erótica. ‖ adv. Fácilmente.

facilidad. f. Aptitud, habilidad, desenvoltura, capacidad. disposición, comodidad (**a.:** *dificultad*).

facilitar. tr. Favorecer, allanar, simplificar, posibilitar (**a.:** *dificultar, enredar, entorpecer*). ‖ Proporcionar, entregar, proveer, suministrar (**a.:** *negar*).

facineroso, sa. m. y f. Delincuente, malvado, malhechor, criminal, asesino, bandido, forajido, desalmado, perverso (**a.:** *decente, honrado*).

facsímil o **facsímile.** m. Reproducción, copia, imitación (**a.:** *original*).

factible. adj. Hacedero, posible, realizable, probable, asequible, fácil, practicable (**a.:** *irrealizable*).

facticio, cia. adj. Artificial, artificioso, imitado, falsificado, calcado, falso. ‖ Ficticio.

factor. m. Autor, agente. ‖ Causa, concausa, coautor, elemento. ‖ Multiplicador, divisor, submúltiplo (**a.:** *producto*).

factoría. f. Fábrica, emporio, almacén, depósito.

factótum. m. Mandadero, recadero, criado.

factura. f. Bollo. ‖ Hechura, contextura, ejecución. ‖ Cuenta, cargo, estado, resumen.

facultad. f. Aptitud, capacidad. ‖ Poder, potencia, potestad, derecho, fuerza, atribución, virtud. ‖ Licencia, autorización, permiso, consentimiento.

facultar. tr. Autorizar, permitir, dar poder, dar atribuciones, delegar (**a.:** *desautorizar, prohibir*).

facultativo, va. adj. Potestativo. ‖ m. y f. Médico.

facundia. f. Elocuencia, verbosidad, labia, pico, locuacidad, verba, verborrea (**a.:** *dificultad, escasez*).

facundo, da. adj. Locuaz, verboso, elocuente.

faena. f. Quehacer, labor, trabajo, tarea, fajina. ‖ Trastada, jugada, mala pasada.

faenar. tr. Matar, sacrificar.

faja. f. Banda, tira. ‖ Lista, franja, zona, moldura. ‖ Cincha. ‖ Insignia, divisa. ‖ Corsé, ceñidor, tahalí.

fajar. tr. Envolver, ceñir, rodear. ‖ Golpear, pegar.

fajina. f. Faena, trabajo.

fajo. m. Haz, atado, gavilla, brazada.

falacia. f. Mentira, ficción, engaño, falsedad, fraude, embuste.

falaz. adj. Mentiroso, fingido, engañoso, ficticio, falso (**a.:** *sincero, veraz*). ‖ Embustero, engañador, artero, embaucador.

falda. f. Saya, refajo, halda. ‖ Regazo. ‖ Ladera.

faldero. adj. y m. Mujeriego.

falencia. f. Fraude, engaño, equivocación.

falible. adj. Engañoso, erróneo (**a.:** *infalible, exacto*).

falla. f. Defecto, tacha, imperfección, falta, deficiencia. ‖ Fractura, grieta, fisura. ‖ Hoguera, pira.

fallar. tr. Decidir, resolver, determinar, sentenciar.

fallar. intr. Frustrarse, fracasar, marrar, pifiar, faltar (**a.:** *acertar, lograr*). ‖ Flaquear.

fallecer. intr. Perecer, morir, fenecer, extinguirse, expirar, finar (**a.:** *nacer*).

fallecimiento. m. Deceso, muerte, defunción, óbito, expiración, tránsito (**a.:** *nacimiento*).

fallido, da. adj. Frustrado, malogrado, fracasado. ‖ Quebrado. ‖ Incobrable.

fallo. m. Sentencia, resolución, decisión, condena (**a.:** *revocación*). ‖ Laudo, veredicto, arbitrio.

fallo. m. Falta, error, deficiencia.

falsario, ria. adj. Mentiroso, falsificador, embaucador, falaz, mixtificador, embustero.

falsear. tr. Tergiversar, contrahacer, falsificar, corromper, adulterar, desnaturalizar. ‖ intr. Flaquear, ceder, flojear, debilitarse. ‖ Disonar, desafinar.

falsedad. f. Mentira, falacia, engaño, impostura, disimulo (**a.:** *verdad*). ‖ Falsía. ‖ Fingimiento, tergiversación, enredo.

falsía. f. Falsedad, doblez, hipocresía, deslealtad, infidelidad (**a.:** *lealtad*).

falsificar. tr. Falsear, contrahacer, adulterar. ‖ Corromper, alterar, desnaturalizar.

falso, sa. adj. Engañoso, ficticio, fingido, mentiroso, inexacto, falaz, sofístico, falsificado, adulterado, erróneo, mistificado, contrahecho, infundado, espurio, apócrifo, subrepticio (**a.:** *cierto, legítimo*). ‖ Alevoso, traidor, felón, desleal, perjuro, infiel, falsario, hipócrita (**a.:** *leal, sincero*). ‖ Endeble, débil, inestable, flojo.

falta. f. Defecto, deficiencia, imperfección, tacha. ‖ Privación, ausencia, carencia, escasez (**a.:** *abundancia*). ‖

Culpa, descuido, error, pecado, infracción, equivocación, yerro, desacierto. ‖
sin falta. Con seguridad, puntualmente.

faltar. intr. Necesitar, carecer, hacer falta (a.: *sobrar, quedar, restar*). ‖ Consumirse, fallar, acabarse. ‖ Ofender, agraviar, injuriar.

falto, ta. adj. Carente, desprovisto, necesitado, incompleto. ‖ Apocado. ‖ Ayuno.

faltriquera. f. Faldriquera, bolsillo, bolsa.

fama. f. Celebridad, nombre, nombradía, renombre, notoriedad, reputación, gloria. ‖ Honra, crédito, predicamento, prestigio. ‖ Voz, noticia, opinión.

famélico, ca. adj. Hambriento, trasijado (a.: *harto, inapetente*).

familia. f. Casta, parentela, estirpe, linaje, origen, progenie, prosapia. ‖ Hijos, prole.

familiar. adj. Conocido, sabido, corriente. ‖ Franco, afable, natural, sencillo. ‖ m. Pariente, allegado, deudo.

familiaridad. f. Llaneza, franqueza, confianza, intimidad.

familiarizar. tr. y prnl. Adaptar, acostumbrar, avezar, habituar.

famoso, sa. adj. Renombrado, acreditado, célebre, conocido, reputado, afamado, insigne, señalado, sonado (a.: *ignorado, desconocido*).

fámula. f. Criada, mucama, doméstica, sirvienta.

fámulo. m. Criado, lacayo, doméstico, mucamo, sirviente, servidor, mozo.

fanal. m. Farola, farol. ‖ Guardabrisa.

fanático, ca. adj. y s. Apasionado, entusiasta, exaltado (a.: *equilibrado*). ‖ Intolerante, sectario, recalcitrante, intransigente.

fanatismo. m. Apasionamiento, entusiasmo, exaltación. ‖ Intolerancia, intransigencia, sectarismo, obcecación (a.: *ecuanimidad, transigencia, tolerancia*).

fandango. m. Bulla.

fanerógamo, ma. adj. y f. Espermatofito, sifonógamo.

fanfarria. f. Baladronada, bravata, jactancia, fanfarronada, faroleo.

fanfarrón, na. adj. y s. Bravucón, matasiete, perdonavidas. ‖ Valentón, guapo. ‖ Presuntuoso, jactancioso (a.: *modesto*).

fanfarronada. f. Baladronada, jactancia, presunción, petulancia, fanfarria, fanfarronería.

fanfarronear. intr. Alardear, fanfarrear, farolear, bravear, baladronear, guapear, fachendear.

fanfarronería. f. Fanfarronada, fanfarria, bravata.

fangal. m. Lodazal, barrizal, cenagal, ciénaga.

fango. m. Barro, légamo, lodo, cieno, limo, pecina, tarquín.

fantasear. intr. Imaginar, soñar.

fantasía. f. Ensueño, imaginación, quimera (a.: *realidad*). ‖ Capricho, antojo. ‖ Presunción, entono, ostentación (a.: *sencillez*). ‖ Fantasmagoría. ‖ Cuento, fábula, narración, ficción.

fantasioso, sa. adj. Presuntuoso, vano, presumido, fatuo, fantasmón, ostentoso, entonado, vanidoso. ‖ Caprichoso, antojadizo. ‖ Soñador.

fantasma. m. Aparición, espectro, duende, sombra, visión, espantajo, quimera, aparecido.

fantasmagoría. f. Ilusión, ensueño, quimera, fantasía, figuración.

fantasmón, na. adj. Presuntuoso, vanidoso, fantasioso.

fantástico, ca. adj. Quimérico, fabuloso, imaginario, fantasmagórico, fantasmal (a.: *real*). ‖ Caprichoso, extravagante, fingido, ficticio (a.: *natural, normal*). ‖ Presuntuoso, entonado (a.: *sencillo*). ‖ Maravilloso, increíble (a.: *vulgar*).

fantoche. m. Títere, marioneta. ‖ Figurón, fatuo, fantasmón. ‖ Mamarracho. ‖ Mequetrefe.

faquín. m. Ganapán, changador, cargador, mozo de cuerda, esportillero.

farallón. m. Islote, peñón.

faramalla. f. Cháchara, habladuría, charlatanería.

farándula. f. Teatro, farsa, carátula. ‖ Trapacería, tramoya.

farandulero, ra. adj. Trapacero, hablador, farolero, farfullador. ‖ Comediante, histrión.

fardo. m. Bulto, paquete, lío, carga, envoltorio, atado.

farfalloso, sa. adj. Tartamudo, tartajoso.

farfantón. adj. Bravucón, fanfarrón, valentón, faramallero, matasiete.

fárfara. f. Binza, telilla.

farfullar. tr. o intr. Tartajear, tartamudear, mascullar, balbucear.

farináceo, a. adj. Harinoso.

fariseísmo. m. Hipocresía, fingimiento, simulación.

fariseo. m. Hipócrita, taimado.

farmacéutico, ca. adj. Oficinal, medicamentoso. ‖ m. y f. Boticario, farmacopola, farmacólogo.

farmacia. f. Botica. ‖ Farmacología.

fármaco. m. Medicamento, remedio.

farmacopea. f. Recetario.

faro. m. Fanal. ‖ Guía, norte.

farol. m. Farola, fanal, linterna.

farolear. intr. Fachendear, fanfarronear, presumir, darse tono, jactarse.

farolero, ra. adj. Fanfarrón, jactancia, ostentoso, fachendoso.

farolón, na. adj. y s. Farolero, ostentoso.

farra. f. Jarana, parranda, juerga.

fárrago. m. Revoltijo, maremágnum.

farragoso, sa. adj. Desordenado, confuso, mezclado, enmarañado.

farrear. intr. Parrandear. ‖ Burlarse.

farrista. com. Juerguista.

farsa. f. Enredo, tramoya, engaño, mentira, patraña, ficción, fingimiento, simulación (a.: *verdad*). ‖ Comedia, pantomima, payasada. ‖ Farándula, teatro.

farsante. adj. Simulador, hipócrita, impostor, embaucador, embustero, fariseo, mentiroso (a.: *veraz*). ‖ Histrión, comediante, bufo.

fascículo. m. Entrega, cuaderno, cuadernillo. ‖ Folleto.

fascinación. f. Embrujo, hechizo. ‖ Alucinación, deslumbramiento, ofuscación, seducción, embeleco.

fascinar. tr. Encantar, aojar, hechizar, cautivar, seducir, embrujar (a.: *desencantar, repeler*). ‖ Alucinar, engañar, encandilar, deslumbrar, ofuscar.

fase. f. Aspecto, faceta, apariencia, cariz. ‖ Período, etapa.

fastidiar. tr. y prnl. Hastiar, cansar, aburrir (a.: *deleitar*). ‖ Molestar, enfadar, enojar, disgustar (a.: *divertir, alegrar*).

fastidio. m. Disgusto, desazón, molestia, enfado. ‖ Aburrimiento, tedio, hastío, cansancio.

fastidioso, sa. adj. Cansador, tedioso, latoso, aburrido, pesado, cargante. ‖ Importuno, enfadoso, inoportuno. ‖ Descontentadizo, chinchorrero.

fasto, ta. adj. Feliz, fausto, afortunado, dichoso (a.: *nefasto, infeliz*). ‖ m. Lujo, suntuosidad, magnificencia.

fastos. m. pl. Anales, crónica.

fastuoso, sa. adj. Ostentoso, pomposo, espléndido, suntuoso, rumboso, lujoso (a.: *pobre, sencillo*).

fatal. adj. Inevitable, irrevocable, inexorable, predestinado (a.: *evitable*). ‖ Desgraciado, fatídico, adverso, funesto, nefasto, infeliz, aciago, malhadado (a.: *feliz, fausto*). ‖ Mortal. ‖ Pésimo.

fatalidad. f. Hado, destino, sino (a.: *suerte*). ‖ Desgracia, adversidad, infelicidad, infortunio, desdicha (a.: *fortuna, dicha*).

fatídico, ca. adj. Funesto, fatal, aciago, nefasto, desgraciado.

fatiga. f. Agitación, sofocación, ahogo. ‖ Cansancio, lasitud (a.: *descanso*). ‖ pl. Náuseas. ‖ Penalidades, trabajos, molestias.

fatigar. tr. y prnl. Cansar, rendir, agotar, extenuar (a.: *descansar*). ‖ Vejar, molestar, importunar, aburrir (a.: *distraer*).

fatigoso, sa. adj. Fatigado, agitado, jadeante. ‖ Cansador, trabajoso, penoso.

fatuidad. f. Vanidad, presunción, petulancia, engreimiento (a.: *modestia, humildad*). ‖ Necedad, tontería (a.: *discreción*).

fatuo, tua. adj. Presuntuoso, presumido, vano, petulante, engreído (a.: *sensato*). || Necio, tonto, impertinente.

fausto. m. Ostentación, boato, magnificencia, pompa.

fausto, ta. adj. Afortunado, feliz, venturoso, dichoso (a.: *infausto, desdichado*).

favor. m. Socorro, auxilio, amparo. || Protección, patrocinio, influencia, valimiento. || Beneficio, gracia, merced, servicio (a.: *perjuicio, disfavor*).

favorable. adj. Propicio, benévolo, acogedor, apacible (a.: *desfavorable, adverso*).

favorecedor, ra. adj. y s. Protector, bienhechor, defensor, padrino.

favorecer. tr. Ayudar, beneficiar, auxiliar, socorrer (a.: *perjudicar*). || Secundar, apoyar. || Proteger, patrocinar. || Agraciar, sentar bien.

favoritismo. m. Preferencia, predilección, privilegio (a.: *imparcialidad*).

favorito, ta. adj. Preferido, predilecto. || m. y f. Valido, privado.

faz. f. Rostro, semblante, cara. || Anverso, haz, fachada, derecho (a.: *reverso*). || Superficie. || Cariz, aspecto.

fe. f. Creencia, religión. || Confianza, crédito (a.: *incredulidad, desconfianza*). || Seguridad, aseveración, afirmación (a.: *inseguridad*). || Fidelidad, lealtad (a.: *infidelidad*).

fealdad. f. Deshonestidad, torpeza, maldad. || Deformidad, desproporción (a.: *belleza*).

febricitante. adj. Calenturiento, afiebrado.

febrífugo, ga. adj. Antitérmico, antipirético, antifebril.

febril. adj. y m. Ardoroso, violento, desasosegado, inquieto, agitado, vivo (a.: *tranquilo*). || Calenturiento, febricitante, afiebrado (a.: *frío*).

fecal. adj. Excrementicio.

fecha. f. Data.

fechar. tr. Datar.

fechoría. f. Travesura, picardía. || Trastada, mala pasada, jugarreta.

feculento, ta. adj. Harinoso, farináceo.

fecundar. tr. Fecundizar, fertilizar, engendrar, procrear, preñar.

fecundidad. f. Fertilidad, feracidad. || Abundancia. || Inspiración, numen.

fecundo, da. adj. Prolífico. || Productivo, ubérrimo, fructuoso, fértil, generoso, feraz (a.: *infecundo, improductivo*).

federación. f. Confederación, coalición, unión, liga, asociación.

federal. adj. Federativo. || m. o f. Federalista.

federar. tr. y prnl. Confederar, aliar, unir, coaligar.

federativo, va. adj. Confederativo.

fehaciente. adj. Fidedigno, cierto, evidente, indiscutible, probado.

felicidad. f. Dicha, ventura, contento, satisfacción, bienestar (a.: *disgusto, desventura*). *La felicidad es el estado permanente de la dicha.* || Suerte, fortuna, bienandanza, prosperidad.

felicitación. f. Enhorabuena, parabién, pláceme, congratulación.

feligrés, sa. m. y f. Parroquiano. || Compañero.

feligresía. f. Grey, parroquia.

felino, na. adj. Gatuno.

feliz. adj. Dichoso, venturoso, afortunado, fausto (a.: *infeliz, desdichado*). || Oportuno, acertado, atinado, eficaz (a.: *desacertado, inoportuno*).

felón, na. adj. y s. Desleal, traidor, alevoso, infame, pérfido, indigno, infiel.

felonía. f. Deslealtad, infidelidad, traición, infamia, perfidia, alevosía (a.: *lealtad*).

felpa. f. Paliza, tunda, zurra. || Represión, rapapolvo, reprimenda.

femenino, na. adj. Femenil, femíneo, afeminado, mujeril (a.: *masculino*).

fementido, da. adj. Alevoso, desleal, pérfido, falso, infidente.

fenecer. intr. y prnl. Morir, fallecer. || Acabarse, sucumbir, terminarse.

fenicio, cia. adj. y s. Sidonio. || Comerciante.

fenomenal. adj. Asombroso, colosal, tremendo, desmesurado, descomunal, extraordinario, desmedido, estupendo, sorprendente. || Tremendo.

fenómeno. m. Apariencia, manifestación. || Monstruo, coloso, engendro. || Portento, rareza, prodigio, maravilla.

feo, a. adj. Deforme, disforme, feúco, feúcho, feote, fiero, antiestético, grotesco, horrible, atroz, monstruoso (**a.:** *hermoso, lindo*). || Sucio, indecoroso, indelicado, censurable (**a.:** *loable*). || m. Desaire, grosería, afrenta.

feracidad. f. Fertilidad, fecundidad.

feraz. adj. Fértil, productivo, ubérrimo, infecundo, improductivo.

féretro. m. Ataúd, caja.

feria. f. Fiesta, certamen. || Mercado, exposición. || Descanso, vacación.

feriado, da. adj. Festivo, no laborable.

fermentar. intr. Leudar.

fermento. m. Levadura.

ferocidad. f. Fiereza, crueldad, inhumanidad, atrocidad. || Ensañamiento, bestialidad, salvajismo.

feroz. adj. Fiero, inhumano, cruel, despiadado, sanguinario. || Tremendo. || Indómito, salvaje.

férreo, a. adj. Duro, resistente, inflexible, fuerte, tenaz.

fértil. adj. Fecundo, feraz, opimo, ubérrimo, productivo, rico, abundante, fructífero (**a.:** *estéril*).

fertilidad. f. Fecundidad, feracidad (**a.:** *infecundidad, esterilidad*).

fertilizante. m. Abono.

fertilizar. tr. Fecundizar, fecundar, abonar.

férula. f. Palmeta. || Dictadura, tiranía.

ferviente. adj. Fervoroso, vehemente, ardiente, férvido, cálido, entusiasta (**a.:** *impasible*).

fervor. m. Devoción, piedad (**a.:** *tibieza*). || Celo, ardor, pasión, entusiasmo, afán (**a.:** *frialdad*).

fervoroso, sa. adj. Ferviente, devoto, piadoso.

festejar. tr. Agasajar, obsequiar, halagar. || Celebrar. || Cortejar, rondar, galantear.

festín. m. Banquete, convite, ágape, francachela, comilona, farra, orgía.

festival. m. Fiesta.

festividad. f. Conmemoración, fiesta, solemnidad.

festivo, va. adj. Chistoso, jocoso, agudo, ocurrente, humorístico (**a.:** *serio*). || Alegre, divertido, regocijado, gozoso, jovial. || Feriado.

festón. m. Colgante (en arquitectura). || Orilla, ribete.

fetiche. m. Ídolo, talismán, amuleto.

fetichismo. m. Idolatría.

fetidez. f. Hediondez, hedor, pestilencia, tufo, catinga (**a.:** *fragancia*).

fétido, da. adj. Hediondo, maloliente, pestilente, apestoso, mefítico.

feto. m. Engendro, aborto.

feudatario, ria. m y f. Tributario, vasallo (**a.:** *señor*).

feudo. m. Vasallaje.

fiado (al). loc. adv. A crédito.

fiador, ra. m. y f. Fianza, garante.

fiambrera. f. Fresquera.

fianza. f. Garantía, caución. || Fiador, garante. || Prenda, aval.

fiar. tr. Asegurar, avalar, garantir, garantizar, afianzar, responder. || tr., intr. y prnl. confiar (**a.:** *desconfiar*).

fiasco. m. Fracaso, chasco, decepción (**a.:** *éxito*).

fibra. f. Hebra, filamento. || Vigor, energía, resistencia, robustez, fortaleza, carácter, empuje, nervio.

fibroma. m. Tumor.

fibroso, sa. adj. Hebroso. || Duro, escleroso.

ficción. f. Fingimiento, simulación. || Fábula, invención, cuento, quimera, mito (**a.:** *realidad, verdad*).

ficha. f. Cédula, tarjeta, papeleta. || Pieza. || Pillo.

fichar. tr. Anotar, catalogar.

ficticio, cia. adj. Fingido, falso, convencional, inventado, imaginario, ilusorio, fabuloso (**a.:** *auténtico, cierto*). || Convencional, supuesto.

fidedigno, na. adj. Fehaciente, auténtico, verídico, veraz, verdadero (**a.:** *falso*).

fidelidad. f. Lealtad, fe. *La fidelidad es la observancia de la fe prometida* (**a.:**

infidelidad, deslealtad). ‖ Exactitud, veracidad, sinceridad. ‖ Puntualidad, constancia. ‖ Probidad, escrupulosidad.

fiebre. f. Calentura, temperatura, ardor. ‖ Excitación, actividad, agitación.

fiel. adj. Leal, perseverante, firme, constante. ‖ Puntual, exacto. ‖ Verdadero, verídico, sincero, confiable. ‖ Probo, honrado. ‖ Religioso, creyente (a.: *ateo*). ‖ m. Lengüeta (de la balanza).

fiera. f. Bestia.

fiereza. f. Ferocidad, crueldad, salvajismo (a.: *suavidad, dulzura*). ‖ Furia, saña, bravura.

fiero, ra. adj. Feroz, cruel, sanguinario, brutal, inhumano. ‖ Duro, intratable. ‖ Salvaje, agreste, montaraz, cerril, bravío (a.: *manso*). ‖ Horroroso, horrendo, terrible, tremendo. ‖ Excesivo.

fiesta. f. Festividad, conmemoración, asueto, función, solemnidad. ‖ Alegría, regocijo, diversión, placer, festejos (a.: *duelo, pena*). ‖ Chanza, broma. ‖ Agasajo, halago, caricia (a.: *perrería*). ‖ pl. Vacaciones.

fígaro. m. Barbero, peluquero.

figón. m. Bodegón, tasca, fonda.

figura. f. Forma, configuración. ‖ Aspecto, apariencia, tipo. ‖ Rostro, cara. ‖ Personaje. ‖ Efigie, imagen, estampa, dibujo, ilustración. ‖ Emblema, símbolo. ‖ Metáfora, tropo.

figuración. f. Fantasía, imaginación. ‖ Representación, símbolo. ‖ Dibujo, esquema. ‖ Ostentación, apariencia, fingimiento (a.: *realidad*).

figurado, da. adj. Fingido, simulado, imaginario (a.: *real, efectivo*).

figurante, ta. m. y f. Comparsa. ‖ Figurón, partiquino.

figurar. tr. Representar, configurar, delinear. ‖ Aparentar, fingir, simular. ‖ intr. Encontrarse, hallarse. ‖ prnl. Imaginarse, suponer, creer, presumir, sospechar, pensar.

figurín. m. Petimetre, lechuguino. ‖ Modelo, patrón, dibujo.

figurón. m. Jactancioso, fachendoso.

fijar. tr. Asegurar, consolidar, hincar, afirmar, sujetar, clavar. ‖ Pegar, encolar. ‖ Determinar, precisar, establecer. ‖ prnl. Atender, reparar, notar, darse cuenta.

fijeza. f. Firmeza, seguridad (a.: *inestabilidad, inseguridad*). ‖ Persistencia, continuidad.

fijo, ja. adj. Firme, asegurado, asentado, seguro, sujeto. ‖ Permanente, estable, inalterable, invariable, inmóvil (a.: *temporal, transitorio*). ‖ **de fijo.** loc. adv. Seguramente, sin duda, de seguro.

fila. f. Hilera. ‖ Ringle, ringlera. ‖ Cola.

filántropo. com. Benefactor, altruista.

filete. m. Cimbria, cinta, listel, listón. ‖ Lonja, solomillo. ‖ Bisté, bistec. ‖ Raya, línea, lista.

filfa. f. Mentira, bulo, embuste, engaño, engañifa, patraña.

filiación. f. Descendencia, procedencia. ‖ Señas.

filial. f. Sucursal.

filibustero. m. Bucanero, pirata, corsario.

filípica. f. Invectiva, censura, represión, reprimenda, felpa (a.: *apología*).

filmación. f. Rodaje.

filmar. tr. Rodar.

filo. m. Corte, arista, borde. ‖ **de doble filo.** loc. adj. Peligroso, arriesgado.

filón. m. Vena, veta. ‖ Negocio, recurso.

filosofar. intr. Discurrir, analizar, meditar.

filosofía. f. Serenidad, resignación (a.: *rebeldía*).

filtración. f. Infiltración. ‖ Malversación.

filtrar. tr. Destilar, pasar, colar. ‖ prnl. Escurrirse, desaparecer.

filtro. m. Bebedizo, brebaje. ‖ Colador, tamiz, manga.

fin. m. Término, remate, acabóse, conclusión, final, desenlace, terminación (a.: *comienzo, principio, origen*). ‖ Confín, límite. ‖ Muerte. ‖ Intención, intento, propósito, designio, mira, meta, objeto, objetivo, motivo, finalidad. ‖ **a fin de.** loc. prep. Para, con objeto de. ‖ **a fin de que.** loc. conj. Para que, con objeto de que. ‖ **a fin.** loc. adv. Por último. ‖ **sin fin.** loc. adj. Muchos, innumerables.

finado, da. m. y f. Difunto.

final. m. Conclusión, remate, fin, consumación, término, terminación (**a.:** *principio*). || Desenlace.

finalidad. f. Fin, objeto, designio, motivo, objetivo, propósito. || Utilidad.

finalizar. tr. Acabar, terminar, concluir, rematar. || intr. Extinguirse, acabarse.

financiar. tr. Costear, sufragar.

finar. intr. Expirar, fallecer, morir, perecer, fenecer.

finca. f. Propiedad, inmueble, heredad, casa de campo.

fincar. intr. Estribar, consistir.

finés, sa. adj. y s. Finlandés.

fineza. f. Atención, galantería, cortesía. || Obsequio, regalo, presente. || Finura, delicadeza, primor.

fingimiento. m. Simulación, doblez, ficción, engaño, hipocresía, falsedad, falsía. *Fingimiento pertenece a la conducta, ficción a la imaginación* (**a.:** *sinceridad*).

fingir. tr. Simular, aparentar.

finiquitar. tr. Saldar, rematar, cancelar, liquidar. || Acabar, concluir, terminar (**a.:** *iniciar*).

finlandés, sa. adj. y s. Finés.

fino, na. adj. Delicado, selecto, primoroso (**a.:** *ordinario*). || Delgado, sutil. || Agudo. || Liso, suave (**a.:** *basto*). || Tenue, débil. || Cortés, comedido, educado, atento, amable (**a.:** *grosero*). || Astuto, sagaz, hábil (**a.:** *chapucero*). || Acendrado, depurado (**a.:** *burdo*).

finta. f. Amago.

finura. f. Delicadeza, exquisitez, amabilidad, urbanidad, comedimiento, cortesía. || Sutileza, delgadez.

firma. f. Rúbrica. || Empresa, razón social.

firmamento. m. Cielo, espacio, bóveda celeste, éter.

firmante. adj. Signatario, infrascripto, suscripto.

firmar. tr. Signar, refrendar, suscribir, rubricar.

firme. adj. Estable, fijo, fuerte, sólido, seguro (**a.:** *inestable, inseguro*). || Cons-

tante, invariable, entero. || Inconmovible, inquebrantable, inalterable. || Definitivo. || m. Afirmado, pavimento.

firmeza. f. Estabilidad, seguridad, fortaleza, solidez (**a.:** *inestabilidad*). || Entereza, constancia, perseverancia, tesón (**a.:** *indecisión*).

fiscal. m. Acusador. || Crítico.

fiscalizar. tr. Inspeccionar, controlar, vigilar, indagar, criticar.

fisco. m. Erario, tesoro (público), hacienda (pública).

fisgar. tr. Fisgonear, husmear, indagar, olisquear, curiosear.

fisgón, na. adj. Husmeador, curioso, entremetido.

fisgonear. tr. Fisgar, husmear, huronear.

fisible. adj. Fisionable, escindible.

físico, ca. adj. Material, real, natural, corporal. || Complexión.

físil. adj. Fisible, fisionable.

fisión. f. Escisión, división, desintegración.

fisonomía o **fisionomía.** f. Cara, rostro, faz, figura, rasgos, semblante. || Aspecto.

fisura. f. Hendidura, grieta, rendija, rajadura, incisura.

fitología. f. Botánica.

fitopatología. f. Patología vegetal.

fláccido, da o **flácido, da.** adj. Lacio, flojo, flaco, blando, laxo, fofo.

flaco, ca. adj. Delgado, desmedrado, seco, enjuto, escuálido, magro (**a.:** *gordo*). || Flojo, endeble, débil. || m. Debilidad, flaqueza.

flagelar. tr. Azotar, castigar, pegar, fustigar. || Vituperar, zaherir.

flagelo. m. Azote, calamidad, aflicción.

flagrar. intr. Deflagrar, arder, llamear.

flamante. adj. Ardiente, centelleante, brillante, resplandeciente. || Nuevo, reciente, fresco (**a.:** *ajado, usado*).

flamear. intr. Llamear. || Ondear, ondular, tremolar.

flamenco. m. Picaza marina. || adj. Achulado, presumido, jacarandoso.

flamígero, ra. adj. Llameante, reluciente, resplandeciente.

flan. m. Cospel, tejo.

flanco. m. Costado, lado, ala, banda, margen.

flaquear. intr. Debilitarse, claudicar, decaer. || Ceder, desmayar, cejar, aflojar, desalentarse, desanimarse (a.: *resistir*). || Fallar.

flaqueza. f. Debilidad, delgadez, extenuación, fragilidad (a.: *gordura, fortaleza*). || Blandura, indulgencia, condescendencia. || Desliz.

flauta. f. Flautín, caramillo, pífano, quena.

flautín. m. Octavín.

flébil. adj. Lacrimoso, lamentable, triste.

flecha. f. Saeta, venablo, dardo. || Sagita.

flechar. tr. Asaetar. || Atraer, seducir, enamorar, conquistar, cautivar.

fleje. m. Zuncho, suncho.

flema. f. Apatía, cachaza, calma, lentitud, tardanza, pachorra, tranquilidad (a.: *nerviosidad, prontitud*). || Esputo, mucosidad.

flemático, ca. adj. Apático, lento, cachaciento, imperturbable, cachazudo, posma, calmoso, tranquilo (a.: *impulsivo, vehemente*).

flemón. m. Inflamación. || Tumor.

flequillo. m. Tupé.

flete. m. Caballo, pingo.

flexible. adj. Dócil, doblegable, manejable. || Adaptable, maleable, dúctil (a.: *inflexible, rígido*).

flirtear. intr. Coquetear, galantear.

flojear. intr. Aflojar, debilitarse (a.: *fortalecerse*). || Flaquear, acobardarse, ceder.

flojedad. f. Debilidad, laxitud, flaqueza, desaliento, desánimo, decaimiento. || Indolencia, negligencia, descuido.

flojo, ja. adj. Débil (a.: *fuerte*). || Escaso (a.: *abundante*). || Perezoso, tardo, negligente, lento, indolente, descuidado, holgazán. || Cobarde, pusilánime.

flor. f. Piropo, requiebro, galantería. || Pureza, doncellez, virginidad. || Fullería, trampa.

floración. f. Florecimiento, florescencia.

florear. tr. Escoger, entresacar. || Piropear.

florecer. intr. Prosperar, mejorar, progresar, medrar, brillar, desarrollarse (a.: *decaer*). || prnl. Enmohecerse.

floreciente. adj. Próspero, progresista, pujante, venturoso (a.: *insolvente*).

florecimiento. m. Floración. || Prosperidad, adelanto, desarrollo, progreso (a.: *decadencia*).

florero. m. Ramilletero, búcaro, tiesto.

florescencia. f. Floración, inflorescencia.

floresta. f. Bosque, selva, arboleda, espesura.

florete. m. Espadín, estoque.

florido, da. adj. Selecto, escogido, lucido. || Elegante, fino. || Ameno, galano.

florilegio. m. Antología, analectas, crestomatía. || Ramillete, selección.

florín. m. Gulden.

flota. f. Escuadra, armada. || Multitud.

flotar. intr. Nadar, sobrenadar (a.: *hundirse*). || Ondear, flamear, ondular.

flote. m. Flotación, flotadura.

fluctuación. f. Oscilación, variación. || Duda, irresolución, titubeo, vacilación (a.: *fijeza, resolución*).

fluctuar. intr. Oscilar, variar. || Vacilar, dudar, titubear (a.: *decidir*). || Ondear.

fluido, da. adj. Claro, límpido, corriente, fácil.

fluir. intr. Correr, salir, manar, brotar, segregar, chorrear, rezumar (a.: *detenerse*).

flujo. m. Abundancia. || Corriente, curso. || Derrame, efusión. || Influjo, montante.

fluorita. f. Espato flúor.

fluxión. f. Resfriado, constipado.

fobia. f. Aversión, repugnancia.

foca. f. León marino, lobo marino.

foco. m. Centro, núcleo. || Faro.

fofo, fa. adj. Esponjoso, fláccido, blando (a.: *duro, firme*).

fogata. f. Hoguera, falla, pira, fuego.

fogón. m. Hogar, hornilla, fuego.

fogonazo. m. Chispazo, destello, llama.

fogosidad. f. Ardor, ímpetu, ardimiento, entusiasmo, vehemencia, impetuosidad (a.: *pasividad*).

fogoso, sa. adj. Ardiente, arrebatado, ardoroso, impetuoso, entusiasta, brioso, vehemente (a.: *flemático, impasible*).

fogueado, da. adj. Aguerrido, baqueteado. ‖ Avezado, curtido, acostumbrado, entrenado, experimentado, hecho, ducho (a.: *inexperto*).

foguear. tr. y prnl. Aguerrir, baquetear. ‖ Acostumbrar, avezar, entrenar.

foja. f. Gallareta.

foja. f. Folio, hoja.

follaje. m. Fronda. ‖ Hojarasca. ‖ Palabrería.

folleto. m. Opúsculo. ‖ Fascículo.

follón. m. Gresca, trifulca, tumulto, alboroto, bronca, desbarajuste. ‖ adj. Perezoso, flojo, negligente, remolón, vago.

fomentar. tr. Promover, proteger, excitar, impulsar, provocar (a.: *reprimir*). ‖ Alimentar, avivar.

fonda. f. Posada, albergue, parador, mesón, hostería, venta, hospedería, bodegón.

fondeadero. m. Ancladero, anclaje, surgidero, amarradero, dársena, puerto.

fondear. intr. Anclar. ‖ tr. Sondear, escrutar, examinar.

fondo. m. Suelo. ‖ Profundidad, calado. ‖ Ambiente. ‖ Campo. ‖ Hondura, fondo, hondón. ‖ Obra viva. ‖ Lecho, cauce. ‖ Intimidad, interior. ‖ Índole, condición, carácter. ‖ pl. Caudal, capital, dinero.

fontana. f. Fuente, manantial.

fontanal o **fontanar.** m. Manantial, hontanar, fuente.

forajido, da. adj. y s. Facineroso, bandido, bandolero, salteador, criminal.

foramen. m. Agujero, hoyo, taladro.

foráneo, a. adj. Extranjero, forastero, extraño, ajeno (a.: *paisano*).

forastero, ra. adj. y s. Extraño, foráneo, ajeno (a.: *nativo, indígena*).

forcejear o **forcejar.** intr. Resistir, esforzarse, luchar, bregar, pugnar, oponerse.

forja. f. Fragua. ‖ Argamasa, mezcla.

forjado. m. Entramado, moldeado.

forjar. tr. Fraguar, fabricar. ‖ Inventar, imaginar, fingir, idear. ‖ Tramar, maquinar. ‖ Crear, formar, construir.

forma. f. Figura, configuración, conformación (a.: *deformidad*). ‖ Formato. ‖ Modo, manera, estilo. ‖ Aspecto, apariencia. ‖ Molde, patrón, horma, plantilla. ‖ pl. Modales, maneras.

formación. f. Creación, elaboración. ‖ Educación, adiestramiento. ‖ Alineación, orden, cuadro.

formal. adj. Explícito, preciso, expreso, determinado. ‖ Serio, juicioso, responsable, puntual (a.: *informal, alocado, irresponsable*).

formalidad. f. Requisito, norma. ‖ Seriedad, compostura (a.: *frivolidad*). ‖ Exactitud, puntualidad. ‖ Cordura, prudencia, mesura.

formalizar. tr. Fijar, concretar, determinar, precisar, establecer, legalizar, delimitar. ‖ prnl. Incomodarse, amoscarse, ponerse serio, enfadarse.

formar. tr. Crear, moldear, plasmar, fabricar, hacer (a.: *deformar*). ‖ Instituir, fundar, establecer, organizar. ‖ Educar, instruir, adiestrar, enseñar. ‖ tr. o intr. Constituir, componer, integrar. ‖ intr. Figurar. ‖ prnl. Desarrollarse, crecer.

formato. m. Forma, tamaño, dimensión.

formidable. adj. Espantoso, monstruoso, temible, terrorífico, tremendo. ‖ Imponente, enorme, colosal, gigantesco (a.: *insignificante*). ‖ Asombroso, extraordinario.

formón. m. Escoplo, sacabocados.

fórmula. f. Forma, modelo, pauta, regla, norma. ‖ Receta, prescripción.

formular. tr. Exponer, expresar, manifestar, enunciar, precisar. ‖ Recetar.

formulario. m. Recetario, prontuario.

formulismo. m. Ceremonia, costumbre, rutina.

fornido, da. adj. Fuerte, robusto, membrudo, forzudo, vigoroso, corpulento, recio (a.: *enclenque*).

foro. m. Curia, tribunales.

forraje. m. Pasto, heno.

forrar. tr. Cubrir, recubrir, revestir, acolchar, tapizar, entapizar, retobar.

forro. m. Revestimiento, cubierta, resguardo.

fortalecer. tr. Vigorizar, robustecer, tonificar, fortificar (a.: *debilitar*). ‖ Reforzar, consolidar. ‖ Confortar, animar, reconfortar, reanimar.

fortaleza. f. Fuerza. ‖ Solidez, robustez, resistencia. ‖ Vigor, entereza, firmeza, salud (a.: *debilidad*). ‖ Fuerte, castillo, fortificación, ciudadela, alcázar.

fortificación. f. Fortaleza, baluarte, fuerte, fortín. ‖ Entibación.

fortificar. tr. Fortalecer, reforzar (a.: *debilitar*). ‖ Entibar, apuntalar. ‖ Robustecer, vigorizar, entonar (a.: *extenuar*).

fortuito, ta. adj. Inopinado, eventual, casual, impensado, accidental, imprevisto (a.: *previsto, deliberado*).

fortuna. f. Acaso, azar, casualidad, suerte. ‖ Destino, estrella, sino, hado. ‖ Ventura, dicha (a.: *desgracia*). ‖ Éxito. ‖ Hacienda, caudal, bienes, riqueza, capital. ‖ Borrasca, tempestad.

forúnculo. m. Divieso, furúnculo.

forzado, da. adj. Artificioso, afectado, rebuscado (a.: *natural*). ‖ Forzoso.

forzar. tr. Obligar, compeler, constreñir. ‖ Violentar. ‖ Violar, deshonrar.

forzoso, sa. adj. Obligatorio, inexcusable, preciso, imprescindible, inevitable (a.: *voluntario, facultativo*).

forzudo, da. adj. Robusto, fornido, hercúleo, vigoroso.

fosa. f. Sepultura, huesa, hoyo.

fosco, ca. adj. Hosco (a.: *amable*). ‖ Oscuro, sombrío (a.: *claro*). ‖ f. Niebla, calígine.

fosforero, ra. m. o f. Cerillero.

fósforo. m. Cerilla, mixto.

fósil. adj. Viejo, anticuado (a.: *moderno*). ‖ Petrificado.

fosilización. f. Petrificación.

fosilizarse. prnl. Petrificarse. ‖ Anquilosarse.

foso. m. Zanja. ‖ Pozo, hoyo.

fotoconductividad. f. Fotorresistividad.

fotoconductor, ra. adj. Fotorresistente.

fotografía. f. Foto, retrato.

fotómetro. m. Exposímetro.

fotopila. f. Célula fotovoltaica, pila solar.

fotostato. m. Fotocopia, xerocopia.

fototipia. f. Autotipia. ‖ Fototipografía.

fracasado, da. adj. Frustrado, fallido, malogrado, abortado.

fracasar. intr. Fallar, frustrarse, malograrse, abortar, naufragar (a.: *triunfar, ganar*).

fracaso. m. Malogro, revés, frustración, fiasco (a.: *éxito, victoria, triunfo*). ‖ Quiebra, ruina, quebranto, descalabro.

fracción. f. División, fraccionamiento. ‖ Parte, pizca, fragmento, lote, trozo, porción, pedazo (a.: *conjunto, total, todo*). ‖ Quebrado.

fraccionar. tr. Dividir, partir, quebrar, fragmentar (a.: *unir, sumar*).

fraccionario, ria. adj. Quebrado (en matemática).

fractura. f. Rotura, quebradura. ‖ Falla, grieta.

fracturar. tr. Quebrantar, quebrar, romper, destrozar.

fragancia. f. Aroma, perfume, efluvio (a.: *hedor, fetidez*).

fragante. adj. Aromático, odorífero, oloroso, perfumado.

frágil. adj. Quebradizo (a.: *duro, tenaz, resistente*). ‖ Endeble, débil, delicado (a.: *fuerte*). ‖ Caduco, perecedero.

fragmentario, ria. adj. Incompleto, parcial (a.: *entero, completo*).

fragmento. m. Pedazo, astilla, parte, cacho, fracción, trozo, partícula, añico, porción (a.: *suma, totalidad*).

fragor. m. Estruendo, ruido, estrépito.

fragoroso, sa. adj. Ruidoso, estrepitoso, resonante, fragoso, estruendoso.

fragosidad. f. Escabrosidad, anfractuosidad, aspereza, espesura.

fragoso, sa. adj. Abrupto, escabroso, fragoroso, áspero, intrincado, quebrado, accidentado.

fragua. f. Forja, fogón.

fraguar. tr. Forjar. ‖ Idear, proyectar, calcular, imaginar. ‖ Urdir, tramar, maquinar. ‖ intr. Cuajar, trabar, endurecerse.

fraile. m. Religioso, monje.

francachela. f. Bacanal, comilona, cuchipanda. ‖ Juerga, jarana.

francés, sa. adj. y s. Galo, franco.

francmasón, na. m. y f. Masón.

francmasonería. f. Masonería.

franco, ca. adj. Liberal, generoso. || Sencillo, leal, sincero, campechano, llano, ingenuo, natural. || Desembarazado, despejado, libre, expedito. || Exento, exceptuado. || Claro, patente.

frangollar. tr. Chapucear.

frangollo. m. Chapucería. || Mezcolanza, revoltijo.

franja. f. Faja, lista, orla, tira, banda, ribete.

franquear. tr. Desembarazar, librar, despejar, abrir (a.: *cerrar, obstruir*). || Liberar, eximir. || Estampillar. || prnl. Confiarse, abrirse (a.: *desconfiar*).

franqueo. m. Estampillado, porte.

franqueza. f. Exención, libertad, franquicia. || Liberalidad, generosidad (a.: *tacañería*). || Sinceridad, llaneza, claridad, naturalidad, sencillez, veracidad (a.: *fingimiento, simulación*). || Confianza, familiaridad.

franquicia. f. Exención, libertad, privilegio, dispensa, eximición.

frasco. m. Botella.

frase. f. Expresión, dicho, locución, sentencia, oración, sintagma.

fraseología. f. Palabrería, verborrea.

fraternal. adj. Fraterno, unido.

fraternidad. f. Hermandad. || Unión, armonía. || Compañerismo.

fraternizar. intr. Confraternizar, simpatizar. || Tratarse, avenirse (a.: *odiarse*).

fraterno, na. adj. Fraternal, compañero.

fraude. m. Estafa, defraudación, engaño, trampa, falacia, engañifa, dolo, timo, fraudulencia (a.: *donación*).

fraudulento, ta. adj. Doloso, mentiroso, engañoso, falaz (a.: *legítimo*).

frazada. f. Manta.

frecuencia. f. Repetición, asiduidad, periodicidad (a.: *tardanza, dilación*).

frecuentar. tr. Concurrir, visitar (a.: *tardar*).

frecuentativo, va. adj. Reiterativo (en gramática).

frecuente. adj. Repetido, reiterado, asiduo, acostumbrado. || Usual, común, habitual, ordinario, corriente (a.: *desacostumbrado, extraordinario, insólito, infrecuente*).

frecuentemente. adv. A menudo, con frecuencia, reiteradamente, repetidamente, habitualmente.

fregado. m. Enredo, embrollo, lío. || Pelea, refriega, riña. || Lavado, limpieza.

fregar. tr. Lavar, frotar, restregar, limpiar, friccionar (a.: *enchanchar*). || Fastidiar, molestar (a.: *entretener*).

fregona. f. Criada, sirvienta.

freír. tr. Saltear, sofreír. || Exasperar, fastidiar, baquetear, importunar, molestar (a.: *entretener*).

fréjol. m. Frijol, poroto.

frenar. tr. Moderar, refrenar, reprimir, sujetar, parar, contener (a.: *acelerar*).

frenesí. m. Locura, furia, furor, enajenación, rabia, delirio, demencia. || Exaltación, excitación, paroxismo.

frenético, ca. adj. Loco, enajenado, furioso, exaltado (a.: *tranquilo*).

freno. m. Bocado. || Contención, coto, sujeción, dique, tope.

frenópata. m. Alienista, psiquiatra.

frente. m. Fachada, frontis, frontispicio (a.: *zaga*). || Faz, cara, rostro, semblante.

fresa. f. Frutilla.

fresar. tr. Agujerear.

fresco, ca. adj. Reciente, flamante, nuevo (a.: *viejo*). || Lozano, sano. || Sereno, impasible, tranquilo. || Desvergonzado, descarado, insolente, desenfadado, desaprensivo. || Espontáneo, natural. || Descansado. || m. Frescor, frescura, frío (a.: *calor*).

frescor. m. Frescura, fresca, fresco.

frescura. f. Frescor. || Desenfado, tupé, desfachatez. || Serenidad, tranquilidad.

frialdad. f. Frío. || Frigidez (a.: *pasión*). || Indiferencia, descuido, desafecto, desapego, insensibilidad (a.: *entusiasmo, fogosidad*).

fricación. f. Fricción, rozamiento.

fricativo, va. adj. Espirante (en gramática).

friccionar. tr. Frotar, restregar.

friega. f. Masaje, frotación, fricción. ‖ Tunda, zurra.

frigidez. f. Frialdad.

frígido, da. adj. Frío, destemplado. ‖ Insensible.

frigorífico. m. Nevera, heladera, refrigerador.

frío, a. adj. Frígido, gélido, helado, aterido. ‖ Indiferente, desafecto, desapegado, reservado, insensible, desapasionado (**a.:** *vehemente, apasionado*). ‖ Tranquilo, sereno, impasible, impávido, imperturbable. ‖ Desanimado. ‖ Inexpresivo. ‖ m. Frialdad, frigidez.

friolera. f. Fruslería, bicoca, bagatela, nadería, menudencia, pamplina.

frisar. intr. Acercarse, aproximarse, bordear.

friso. m. Zócalo.

frito, ta. adj. Aviado, listo. ‖ m. Fritura, fritada.

frívolo, la. adj. Ligero, superficial, veleidoso, inconstante, voluble, insustancial, vano, superficial, fútil, tornadizo (**a.:** *trascendente*).

fronda o frondosidad. f. Follaje, ramaje, espesura, boscaje.

frondoso, sa. adj. Espeso.

frontera. f. Confín, límite, linde, raya.

fronterizo, za. adj. Colindante, confinante, frontero, limítrofe, rayano, lindante.

frontispicio. m. Frontis, fachada, cara, delantera. ‖ Frontón. ‖ Portada.

frontón. m. Fastigio, frontis, vista, fachada, frontispicio. ‖ Cancha.

frotación. f. Frotamiento, fricción, refregón, frote, frotadura.

frotar. tr. Estregar, fregar, refregar, restregar, friccionar, ludir.

fructífero, ra. adj. Fructuoso, beneficioso, productivo, provechoso, lucrativo (**a.:** *improductivo*). ‖ Fértil (**a.:** *estéril*).

fructificar. intr. Frutar, dar fruto, frutecer. ‖ Producir.

fructuoso, sa. adj. Fructífero.

frugal. adj. Sobrio, parco, moderado (**a.:** *voraz, glotón*).

frugalidad. f. Templanza, parquedad, morigeración, sobriedad, moderación (**a.:** *gula, voracidad*).

fruición. f. Complacencia, goce (**a.:** *aburrimiento*).

frumentario, ria. adj. Cerealista, triguero.

frunce. m. Arruga, fruncido, pliegue.

fruncir. tr. Arrugar, plegar, plisar (**a.:** *alisar*). ‖ prnl. Enfoscarse.

fruslería. f. Bicoca, pequeñez, bagatela, nimiedad, futilidad, minucia, friolera, nonada, futesa, nadería, insignificancia.

frustración. f. Fracaso, desengaño.

frustrar. tr. Defraudar, malograr. ‖ prnl. Fracasar, fallar, estrellarse (**a.:** *lograr, realizar*).

frutar. intr. Fructificar, frutecer.

fruto. m. Fruta. ‖ Obra, producción, producto. ‖ Provecho, utilidad, beneficio, ganancia.

fucilar. intr. Relampaguear.

fuego. m. Incendio. ‖ Hogar. ‖ Lumbre, brasa, yesca, llama, hoguera. ‖ Ardor, pasión, vehemencia, entusiasmo.

fuelle. m. Arruga, pliegue. ‖ Bandoneón.

fuente. f. Manantial, fontanar, surtidor, hontanar, venero, fontana. ‖ Principio, antecedente, origen, fundamento, causa (**a.:** *finalidad*).

fuera. adv. Afuera (**a.:** *dentro*). ‖ **fuera de.** loc. prep. Excepto, salvo. ‖ **fuera de que.** loc. conj. Además, aparte de que.

fuero. m. Jurisdicción, ley, poder. ‖ Privilegio, exención. ‖ pl. Arrogancia, presunción, humos, jactancia.

fuerte. adj. Sólido, resistente, duro (**a.:** *frágil*). ‖ Robusto, hercúleo, vigoroso, fornido, recio, forzudo (**a.:** *débil, endeble*). ‖ Animoso, varonil, enérgico, valiente, firme, tenaz, esforzado. ‖ Versado, perito, sobresaliente. ‖ Poderoso. ‖ Intenso. ‖ Duro. ‖ Malsonante, grosero, grueso. ‖ Fortificado. ‖ m. Fortaleza, alcázar, fortificación, ciudadela, bastión.

fuerza. f. Energía, pujanza, vigor, potencia. *Con la fuerza se resiste; con el vigor y la energía se obra.* ‖ Resistencia, fortaleza. ‖ Autoridad, poder. ‖ Eficacia. ‖ Violencia, ímpetu, impetuosidad.

‖ Esfuerzo. ‖ Coacción. ‖ Brío, impulso, empuje, pujanza, vigor (**a.:** *debilidad*). ‖ Corriente, electricidad. ‖ Auge, apogeo. ‖ **a la fuerza** o **por fuerza.** loc. adv. Necesariamente, obligatoriamente. ‖ Violentamente.

fuga. f. Huida, escapada, evasión (**a.:** *captura*). ‖ Retirada. ‖ Escape, pérdida.

fugarse. prnl. Escapar, huir, evadirse.

fugaz. adj. Huidizo. ‖ Efímero, breve, pasajero, transitorio, perecedero, caduco, fugitivo (**a.:** *permanente, perenne*).

fugitivo, va. adj. y s. Prófugo, evadido. ‖ adj. Fugaz, breve, efímero.

fulano, na. m. y f. Mengano, perengano, zutano.

fulero, ra. adj. Feo, desagradable.

fulgente. adj. Brillante, rutilante, resplandeciente, fúlgido, fulgurante (**a.:** *mate*).

fulgor. m. Resplandor, destello, brillo, brillantez, centelleo (**a.:** *oscuridad*).

fulguración. f. Fulgor.

fulgurante. adj. Fulgente.

fulgurar. intr. Brillar, fulgir, resplandecer, centellear, fucilar, refulgir (**a.:** *ensombrecer*).

fulgúreo, a. adj. Fulgente, refulgente.

fúlica. f. Gallineta, polla de agua.

fuliginoso, sa. adj. Holliniento. ‖ Ennegrecido, denegrido, oscurecido, ahumado, tiznado.

fullería. f. Trampa, tahurería, engaño, dolo, fraude, estafa.

fullero, ra. adj. Tahúr, tramposo, estafador.

fulminante. adj. Instantáneo. ‖ Repentino, rapidísimo, galopante.

fulminar. tr. Lanzar, arrojar. ‖ Dictar, imponer. ‖ Matar.

fumaria. f. Palomilla.

fumoso, sa. adj. Humoso, humeante, fuliginoso.

funámbulo, la. m. y f. Volatinero, equilibrista, acróbata, trapecista.

función. f. Oficio, empleo, ejercicio, actividad, cargo, papel. ‖ Misión. ‖ Espectáculo, representación, diversión. ‖ Ceremonia, solemnidad.

funcional. adj. Práctico, utilitario.

funcionar. intr. Andar, marchar, caminar, moverse, actuar (**a.:** *descomponerse, parar*).

funda. f. Manguita, cubierta, envoltura, vaina.

fundación. f. Establecimiento, institución, creación. ‖ Erección, constitución, implantación. ‖ Legado.

fundamental. adj. Básico, primordial, cardinal, principal, esencial (**a.:** *accesorio, secundario*).

fundamentar. tr. Apoyar, basar, fundar, cimentar.

fundamento. m. Cimiento, base, apoyo, basa, sostén, soporte. ‖ Razón, causa, motivo. ‖ Origen, raíz, principio. ‖ Seriedad, formalidad, sensatez.

fundar. tr. Erigir, instituir, levantar, establecer (**a.:** *suprimir, liquidar*). ‖ Apoyar, basar, fundamentar.

fundible. adj. Fusible.

fundición. f. Fusión. ‖ Hierro colado.

fundir. tr. y prnl. Liquidar, licuar, derretir (**a.:** *solidificar*). ‖ prnl. Unirse, juntarse, fusionarse. ‖ Arruinarse, hundirse (**a.:** *prosperar*).

fundo. m. Heredad, finca, hacienda.

fúnebre. adj. Funerario, funéreo, funeral. ‖ Luctuoso, lúgubre, sombrío, funesto. ‖ Tétrico, macabro (**a.:** *alegre*).

funeral. adj. Funerario, fúnebre. ‖ m. pl. Exequias.

funesto, ta. adj. Aciago, desgraciado, infortunado, infausto, fatal (**a.:** *favorable*). ‖ Doloroso, triste, desastroso, desdichado (**a.:** *afortunado, feliz*).

fungoso, sa. adj. Esponjoso, fofo.

furia. f. Furor, ira, cólera, rabia, saña. ‖ Violencia, ímpetu, actividad, impetuosidad (**a.:** *tranquilidad, serenidad*). ‖ Auge, furor. ‖ pl. Euménides, Erinias.

furibundo, da. adj. Airado, frenético, colérico, enfurecido, furioso, rabioso, iracundo (**a.:** *sosegado*). ‖ Violento, impetuoso.

furioso, sa. adj. Airado, iracundo, colérico, rabioso, frenético, furibundo. ‖ Violento, impetuoso.

furor. m. Furia, cólera, arrebato, ira. *Furor denota la agitación violenta interior.* || Ímpetu, violencia. || Entusiasmo, inspiración.

furtivamente. adv. Ocultamente, sigilosamente, a escondidas, a hurtadillas.

furtivo, va. adj. Oculto, sigiloso, subrepticio, escondido.

furúnculo. m. Divieso.

fusible. adj. y m. Fundible.

fusiforme. adj. Ahusado.

fusil. m. Mosquete, carabina, rifle.

fusilar. tr. Ejecutar, balear. || Plagiar, copiar.

fusión. f. Licuación, liquidación. || Unión, mezcla, unificación, compenetración. || Fundición, solución.

fusionar. tr. Fundir, liquidar, licuar. || Unir, juntar, unificar (**a.:** *separar, desunir, disociar*).

fusta. f. Látigo, vara, rebenque.

fuste. m. Caña, escapo. || Vara, asta, palo. || Fundamento, nervio, sustancia, importancia.

fustigar. tr. Azotar, flagelar. || Censurar, criticar, vituperar, desaprobar (**a.:** *justificar, excusar*).

fútbol. m. Balompié.

futesa. f. Friolera, nonada, fruslería, bagatela, nadería, insignificancia, nimiedad, pequeñez.

fútil. adj. Baladí, insignificante, frívolo, insustancial, trivial (**a.:** *valioso, esencial, importante*).

futilidad. f. Puerilidad, poquedad, fruslería, futesa, bagatela (**a.:** *importancia*).

futuro, ra. adj. Venidero, ulterior, posterior, acaecedero (**a.:** *anterior, retrospectivo*). || m. Porvenir, mañana. || m. y f. Novio, prometido.

G

gabán. m. Abrigo, sobretodo, capote.

gabela. f. Tributo, contribución, impuesto. ‖ Carga, gravamen.

gabinete. m. Ministerio, gobierno. ‖ Aposento, alcoba, sala, recibidor.

gaceta. f. Periódico.

gacetilla. f. Artículo, noticia.

gachas. f. pl. Puches, papas, poleadas, papilla. ‖ Polenta.

gacho, cha. adj. Inclinado, encorvado, doblado.

gachón, na. adj. Gracioso, expresivo, salado, atractivo, donairoso.

gachonería. f. Gracia, atractivo, gracejo, donaire.

gafa. f. Grampa. ‖ Gaucho. ‖ pl. Anteojos, antiparras, lentes.

gaje. m. Emolumento, estipendio, salario. ‖ Obvención, gratificación, propina, ganancia. ‖ Prenda, señal. ‖ pl. Consecuencias, molestias.

gajo. m. Rama.

gala. f. Vestido, adorno, ornato (a.: *andrajos, harapos*). ‖ Gracia, gallardía, garbo, bizarría. ‖ **de gala.** loc. adj. Lujoso, elegante. ‖ **hacer gala.** Presumir, alardear.

galaico, ca. adj. Gallego.

galán. adj. Airoso, apuesto, garboso, galano, gentil, majo. ‖ m. Pretendiente, novio, galanteador.

galano, na. adj. Adornado, acicalado, compuesto, elegante, gallardo (a.: *desaliñado*). ‖ Gracioso, ingenioso, ameno.

galante. adj. Atento, obsequioso, cortesano, galanteador, lisonjeador, cortés, amable (a.: *desatento, descortés*). ‖ Amoroso, rendido, erótico.

galantear. tr. Enamorar, cortejar, piropear, hacer la corte, festejar, lisonjear, requebrar.

galantería. f. Amabilidad, cortesía, atención, gracia, gentileza. ‖ Flor, requiebro, piropo, lisonja (a.: *desaire*). ‖ Generosidad, bizarría, liberalidad. ‖ Elegancia, galanura.

galanura. f. Gracia, elegancia, gallardía, gentileza, donosura, donaire.

galápago. m. Tortuga, quelónido.

galardón. m. Premio, recompensa, lauro, distinción (a.: *sanción*).

galardonar. tr. Premiar, recompensar, laurear, honrar, distinguir.

galbana. f. Holgazanería, desidia, pereza, indolencia, dejadez.

galeno. m. Médico, facultativo.

galería. f. Corredor, pasillo, paso, pasadizo, pasaje. || Túnel. || Paraíso, gallinero. || Pinacoteca.

galicista. adj. Afrancesado.

gálico, ca. adj. Galo, francés.

galillo. m. Campanilla, úvula. || Garganta, gañote, gaznate.

galimatías. m. Jerigonza, jerga, guirigay, algarabía, embrollo.

galladura. f. Engalladura, embrión.

gallardete. m. Banderola, flámula, grímpola, insignia.

gallardía. f. Gentileza, elegancia, galanura, aire, garbo, apostura, esbeltez (a.: *desgarbo*). || Bizarría, arresto, ánimo, valor, arrojo, valentía (a.: *cobardía, temor*).

gallardo, da. adj. Apuesto, garboso, desembarazado, airoso, galán, gentil, galano. || Bizarro, valeroso, arrojado, animoso, valiente, esforzado.

gallear. intr. Envalentonarse, ensoberbecerse, jactarse, presumir. || Matonear, amenazar. || Descollar, sobresalir.

gallego, ga. adj. y s. Galaico, galiciano.

galleta. f. Bizcocho. || Bofetada, cachete (a.: *caricia*).

gallina. com. Medroso, cobarde.

gallinero. m. Paraíso.

gallito. m. Bravucón, presumido, compadrón.

gallo. m. Esputo, gargajo. || Mandón, mandamás.

galo, la. adj. Francés, gálico.

galón. m. Trencilla.

galopín. m. Pícaro, pillo, taimado, bribón. || Granuja.

gama. f. Gradación, escala, serie, sucesión.

gamberro, rra. adj. Truhán, libertino, disoluto. || Grosero, desvergonzado.

gambeta. f. Esguince.

gamón. m. Asfódelo.

gamopétalo, la. adj. Monopétalo.

gamosépalo, la. adj. Monosépalo.

gamuza. f. Rebeco, antílope, rupicabra. || Bayeta, paño.

gana. f. Deseo, ansia, voluntad (a.: *desgana, apatía*). || Apetito, hambre (a.:

inapetencia). || Afán, empeño, aridez, anhelo.

ganadero, ra. adj. Pecuario. || m. Hacendado, criador, estanciero.

ganado. m. Hacienda. || adj. Devengado (a.: *perdido*).

ganancia. f. Lucro, fruto, rédito, utilidad, beneficio, rendimiento, provecho (a.: *pérdida, perjuicio*).

ganancioso, sa. adj. Beneficiado.

ganar. tr. Lograr, adquirir, obtener, conseguir (a.: *perder*). || Triunfar, vencer, superar. || Conquistar, tomar, dominar. || Alcanzar, llegar. || intr. Prosperar, mejorar. || Superar, aventajar. || tr. y prnl. Captar, granjear, conquistar, atraer.

gancho. m. Garfio, arpón, garabato. || Atractivo, encanto.

gandul, la. adj. Perezoso, holgazán, haragán, tumbón (a.: *trabajador*). || Vagabundo, vago.

gandulear. intr. Holgazanear, haraganear, vagabundear (a.: *esforzarse, trabajar*).

ganga. f. Escoria. || Breva, bicoca, provecho, ocasión, pichincha.

gangoso, sa. adj. Nasal.

gangrena. f. Corrupción.

gangueo. m. Gangosidad, nasalización, nasalidad.

ganguista. adj. Ganguero, ventajero, ventajista.

ganoso, sa. adj. Afanoso, deseoso, ansioso, ávido, anheloso.

gansada. f. Majadería, estupidez, tontería, sandez.

ganso, sa. adj. Holgazán, gandul, perezoso. || Torpe, lerdo, rudo, necio, incapaz (a.: *capaz*). || m. y f. Ansar, oca.

gañido. m. Aullido, quejido.

gañir. intr. Aullar. || Quejarse, resollar.

gañote. m. Garganta, gaznate, gañil, garguero.

garabatear. intr. y tr. Garrapatear, borrajear.

garabato. m. Garrapato. || Garfio, gancho. || Almocafre.

garaje. m. Cochera.

garante. adj. Fiador, garantizador, fianza, avalista.

garantía. f. Seguridad, protección (a.: *desconfianza*). || Arras, prenda, hipoteca. || Fianza, señal. || Caución, aval.

garantir o garantizar. tr. Asegurar, avalar, proteger. || Responder, avalar, afianzar, salir fiador.

garañón. m. Semental.

garatusa. f. Arrumaco, fiesta, caricia, halago, zalamería.

garbanzo. m. Chícharo.

garbo. m. Gallardía, gracia, elegancia, desenvoltura. || Donaire. || Desinterés, largueza, rumbo, generosidad (a.: *tacañería*).

garboso, sa. adj. Airoso, gallardo (a.: *desgarbado*). || Magnánimo, dadivoso, rumboso (a.: *tacaño*).

garduña. f. Fuina.

garfio. m. Gancho.

gargajear. intr. Escupir, esputar.

gargajo. m. Esputo, flema, escupida, escupitajo.

garganta. f. Gola, gorja, cuello, garguero, gaznate, gañote. || Desfiladero, angostura, hoz. || Fauces. || Degolladura.

garguero. m. Garganta, gañote, gaznate.

garita. f. Gaseta, casilla. || Retrete, letrina, excusado, común.

garito. m. Casa de juego, timba.

garlito. m. Celada, asechanza, trampa, red, lazo.

garlopa. f. Cepillo.

garra. f. Zarpa, mano, uña. || pl. Dominio.

garrafa. f. Damajuana, castaña. || Bombona, redoma, vasija.

garrafal. adj. Exorbitante, extraordinario, enorme, grave, monumental, descomunal, mayúsculo (a.: *mínimo, leve*).

garrapatear. intr. Garabatear, emborronar, borronear.

garrapato. m. Garabato, gancho. || Rasgo, trazo, borrón.

garrido, da. adj. Apuesto, gallardo, elegante, galano (a.: *desgarbado*).

garrocha. f. Pica, pértiga, vara.

garrón. m. Calcañar. || Espolón.

garrote. m. Palo, bastón, estaca.

garrotillo. m. Crup, difteria.

garrucha. f. Polea, roldana, aparejo.

gárrulo, la. adj. Hablador, charlatán, parlanchín. || Vulgar, pedestre, ramplón.

garúa. f. Llovizna.

garzo, za. adj. Azulado, azulino.

garzón. m. Jovenzuelo, mozo.

gas. m. Fluido.

gasolina. f. Nafta, bencina, gasoleno, carburante.

gastado, da. adj. Deslucido, raído, usado (a.: *nuevo*). || Debilitado.

gastador, ra. adj. Manirroto, pródigo, derrochador, despilfarrador (a.: *ahorrador*).

gastar. tr. Expender, consumir, usar (a.: *aumentar*). || Desgastar, deteriorar (a.: *renovar, reparar*). || Desembolsar (a.: *ahorrar, economizar*). || Usar, llevar. || prnl. Envejecer, estropearse.

gasto. m. Consumo, dispendio. || Desembolso, egreso. || Uso, empleo.

gatear. intr. Trepar, subir, encaramarse. || Arrastrarse, andar a gatas.

gatillo. m. Disparador, percusor.

gato, ta. m. y f. Micho, minino, morrongo. || m. Talego. || Ratero, ladrón. || Cric, crique.

gatuperio. m. Embrollo, chanchullo, lío, enjuague, intriga.

gauchada. f. Servicio, favor (a.: *trastada*).

gaucho. adj. Servicial (a.: *egoísta*).

gaudeamus. m. Fiesta, regocijo. || Festín, francachela, jolgorio.

gaveta. f. Cajón, naveta, cajoncillo.

gavilán. m. Esparver, esparvarán.

gavilla. f. Haz, fajo. || Pandilla, cuadrilla.

gayo, ya. adj. Alegre, vistoso.

gayola. f. Jaula, cárcel.

gazapo. m. Mentira, embuste. || Error, equivocación, yerro, errata.

gazmoño, ña. adj. Mojigato, timorato. || Santurrón, beatón.

gaznápiro, ra. adj. Palurdo, bobo, torpe, zoquete, necio, ceporro, tonto, patán, simple, simplón.

gaznate. m. Garganta, gañote, garguero.

gazuza. f. Hambre, gana, apetito (a.: *saciedad*).

gélido, da. adj. Helado, frío, glacial (a.: *tórrido*).

gema. f. Yema, botón, brote. ‖ Piedra preciosa.

gemebundo, da. adj. Quejoso, llorón, gemidor.

gemelo, la. adj. Mellizo. ‖ Igual, idéntico (a.: *distinto*). ‖ m. pl. Anteojos, prismáticos.

gemido. m. Quejido, lamento, queja, plañido (a.: *risa*).

gemir. intr. Lamentarse, quejarse, clamar, plañir, gimotear. ‖ Aullar.

genealogía. f. Ascendencia, linaje, estirpe.

generación. f. Procreación. ‖ Formación, producción. ‖ Casta, clase, origen, género. ‖ Descendencia, sucesión, familia.

general. adj. Común, ecuménico, universal (a.: *específico, particular, especial*). ‖ Usual, común, frecuente, corriente, vulgar (a.: *excepcional*). ‖ Global. ‖ Impreciso, vago, genérico, indistinto.

generalidad. f. Mayoría (a.: *algunos*). ‖ Vaguedad, imprecisión.

generalizar. tr. y prnl. Divulgar, difundir, propagar, extender. ‖ intr. Pluralizar, universalizar.

generar. tr. Engendrar, procrear. ‖ Producir, causar.

género. m. Clase, especie, orden, grupo, tipo. ‖ Modo, manera, suerte. ‖ Mercancía, artículo. ‖ Tela, tejido.

generosidad. f. Magnanimidad, desinterés, desprendimiento, dadivosidad. ‖ Largueza, liberalidad, esplendidez.

generoso, sa. adj. Magnánimo, noble. ‖ Desprendido, dadivoso, desinteresado, rumboso, liberal, magnífico, pródigo (a.: *avaro, mezquino, tacaño*). ‖ Abundante, fértil.

génesis. f. Origen, principio, fuente, formación, creación, germen (a.: *fin, muerte*).

genial. adj. Extraordinario, inesperado, notable, sobresaliente (a.: *vulgar, común*). ‖ Placentero, alegre, divertido, deleitoso.

genialidad. f. Originalidad, singularidad, extravagancia, rareza (a.: *vulgaridad*).

genio. m. Carácter, índole, condición, temple, natural. ‖ Disposición, aptitud, inventiva, talento, ingenio. ‖ Ánimo, brío, energía. ‖ Espíritu, duende, elfo.

genital. m. Testículo.

gente. f. Personal. ‖ Familia. ‖ Nación, pueblo. ‖ Gentío, muchedumbre.

gentil. adj. Pagano. ‖ Gracioso, apuesto, galano, gallardo, majo, airoso, donoso. ‖ Amable, cortés, agradable.

gentileza. f. Gracia, aire, galanura, garbo, soltura, desembarazo, bizarría, donaire (a.: *afectación*). ‖ Ostentación, gala. ‖ Urbanidad, cortesía, amabilidad (a.: *grosería, descortesía*).

gentilicio, cia. adj. Étnico (en gramática).

gentilidad. f. Paganismo, gentilismo (a.: *cristianismo*).

gentío. m. Muchedumbre, multitud, concurrencia (a.: *soledad*).

gentuza. f. Gentualla, plebe, chusma, canalla, morralla.

genuino, na. adj. Puro, fidedigno, propio, natural, legítimo, real, auténtico, verdadero (a.: *falso, ilegítimo*).

geométrico, ca. adj. Exacto, preciso.

gerencia. f. Dirección.

germanía. f. Caló, jerga.

germano, na. adj. Alemán, tedesco.

germen. m. Embrión, semilla, rudimento. ‖ Brote. ‖ Origen, principio.

germinar. intr. Nacer, brotar. ‖ Crecer, desarrollarse. ‖ Principiar, originarse.

gesta. f. Hazaña.

gestación. f. Preñez, engendramiento, embarazo. ‖ Preparación, elaboración. ‖ Germinación.

gesticulación. f. Mímica.

gestión. f. Diligencia, trámite. ‖ Administración.

gestionar. tr. Tramitar, diligenciar, procurar, negociar.

gesto. m. Mueca, visaje, expresión, mohín. ‖ Rasgo, actitud. ‖ Aspecto, cara, semblante, aire, apariencia.

giba. f. Corcova, joroba, chepa. ‖ Abultamiento. ‖ Molestia, incomodidad, carga.

giboso, sa. adj. Corcovado, jorobado, contrahecho.

gigante. adj. Gigantesco, enorme, desmesurado, descomunal, ciclópeo, colosal. ‖ m. Coloso, titán (**a.:** *enano*).

gigantesco, ca. adj. Enorme, desmesurado, colosal. ‖ Excesivo, grandioso.

gimotear. intr. Lloriquear, hipar, gemiquear, plañir, gemir (**a.:** *reír*).

gimoteo. m. Lloriqueo, sollozo, gemido, quejido, lamento.

gineceo. m. Pistilo.

gira. f. Excursión, viaje.

girar. intr. Rodar, dar vueltas, rotar. ‖ Versar. ‖ Desviarse, torcer, volver. ‖ Librar.

girasol. m. Mirasol.

giro. m. Vuelta, revolución, rotación. ‖ Aspecto, cariz, dirección, curso. ‖ Libranza, letra de cambio. ‖ Expresión, locución, frase.

gitanada. f. Gitanería. ‖ Zalamería, adulación, halago.

gitano, na. adj. Cíngaro, calé, cañí, flamenco. ‖ Agitanado. ‖ Zalamero, adulador.

glabro, bra. adj. Calvo, lampiño.

glacial. adj. Helado, gélido (**a.:** *ardiente, tórrido*). ‖ Frío, desafecto, indiferente (**a.:** *cálido, afectuoso*).

glaciar. m. Helero, ventisquero.

gladíolo o **gladiolo.** m. Espadaña.

glasear. tr. Abrillantar (**a.:** *deslucir*).

global. adj. Total, general (**a.:** *parcial*).

globo. m. Esfera. ‖ La Tierra, mundo, orbe. ‖ Aeróstato. ‖ Globo terráqueo o terrestre. *Esfera terrestre.*

gloria. f. Bienaventuranza, cielo, paraíso (**a.:** *infierno*). ‖ Fama, honor, celebridad, reputación, renombre. ‖ Esplendor, magnificencia, majestad. ‖ Placer, gusto, delicia. ‖ Aureola.

gloriar. tr. Glorificar. ‖ prnl. Presumir, preciarse, alabarse, jactarse, vanagloriarse. ‖ Complacerse, alegrarse (**a.:** *lamentarse*).

glorieta. f. Cenador, pabellón, rotonda.

glorificar. tr. Alabar, honrar, ensalzar, exaltar (**a.:** *degradar, rebajar*).

glorioso, sa. adj. Insigne, ilustre, famoso, eminente. ‖ Bienaventurado.

glosa. f. Explicación, interpretación, comentario, exégesis, anotación, nota, aclaración, escolio. *La glosa explana el texto; el comentario lo interpreta.*

glosario. m. Vocabulario, léxico, tesauro, diccionario.

glosopeda. f. Fiebre aftosa.

glotología. f. Lingüística.

glotón, na. adj. y s. Comilón, tragaldabas, tragón, voraz, goloso (**a.:** *inapetente*).

glotonería. f. Gula, voracidad (**a.:** *templanza*).

glutinoso, sa. adj. Pegajoso, viscoso, gelatinoso.

gnómico, ca. adj. Sentencioso, aforístico.

gnomo. m. Duende, enano, genio.

gnomon o **nomon.** m. Estilo, estilete.

gnoseología. f. Epistemología, teoría del conocimiento.

gnosticismo o **nosticismo.** m. Docetismo.

gobernalle. m. Timón, gobierno

gobernar. tr. Regir, mandar. ‖ Dominar, manejar, administrar. ‖ Sustentar, alimentar. ‖ tr. y prnl. Conducir, guiar.

gobierno. m. Gobernación. ‖ Régimen, dirección, administración, mando, manejo (**a.:** *sumisión*). ‖ Gabinete, ministerio. ‖ Gobernalle, timón.

goce. m. Disfrute, posesión. ‖ Placer, deleite.

gocho. m. Cerdo, puerco, chancho.

gola. f. Garganta, garguero. ‖ Gorguera. ‖ Cimacio (en arquitectura). ‖ Canal.

golfo. m. Seno, bahía, ensenada (**a.:** *península*).

golfo, fa. m. y f. Pilluelo, pillo, vagabundo.

gollería. f. Golosina, exquisitez. ‖ Superficialidad, superfluidad, melindrería.

golondrina. f. Andorina, copeteda.

golosina. f. Dulce, gollería.

goloso, sa. adj. y s. Glotón.

golpe. m. Encuentro, choque, porrazo, topetazo, encontronazo. ‖ Percusión. ‖

Latido. || Acceso. || Multitud, abundancia, copia, muchedumbre. || Desgracia, revés, contratiempo. || Sorpresa. || Ocurrencia, salida. || Intermitencia. || Tapa, cartera.

golpear. tr. Pegar, azotar, sacudir, sopapear, cascar (**a.:** *acariciar*). || Percutir, cutir, asestar. || Maltratar.

golpeteo. m. Martilleo, percusión.

goma. f. Caucho.

gomoso, sa. adj. Pegajoso, glutinoso. || m. Petimetre, lechuguino.

gongorismo. m. Culteranismo.

gordo, da. adj. Craso, graso, pingüe, mantecoso (**a.:** *magro*). || Abultado, voluminoso. || Grueso, corpulento, rollizo, obeso, robusto (**a.:** *delgado, flaco*). || Importante, grande. || m. Sebo, manteca, grasa.

gordura. f. Obesidad, corpulencia, adiposidad. || Grasa, unto, sebo.

gorgorito. m. Gorjeo, trino.

gorgotear. intr. Borbotar, borbollar.

gorguera. f. Gola. || Gorjal. || Involucro (en botánica).

gorjear. intr. Trinar.

gorjeo. m. Gorgorito, trino.

gorra (de). m. adv. De balde, de garrón.

gorrero, ra. m. y f. Gorrón, vividor.

gorrino, na. adj. Cerdo, cochino, puerco.

gorrión, na. m. y f. Pardal.

gorrón, na. adj. Gorrista, gorrero, pegote, parásito, aprovechado, vividor. || f. Prostituta.

gotear. intr. Chorrear, escurrir. || Lloviznar.

gotero. m. Cuentagotas.

gótico, ca. adj. Ojival. || Noble, ilustre.

gozar. tr. e intr. Tener, usufructuar, poseer. || intr. Regocijarse, solazarse, divertirse, complacerse, recrearse, disfrutar.

gozne. m. Charnela, bisagra, gonce.

gozo. m. Alegría, complacencia, placer, gusto, goce, contento, satisfacción, júbilo, regocijo (**a.:** *aflicción, pena, tristeza*).

gozoso, sa. adj. Contento, complacido, satisfecho, alegre, jubiloso.

grabado. m. Clisé. || Estampa, lámina,

ilustración, viñeta. || Litografía, aguafuerte, fotograbado.

grabador. m. Magnetófono. || Litógrafo. || Tallador, estampador.

grabar. tr. Labrar, burilar, esculpir, tallar, cincelar. || Impresionar. || Fijar, inculcar.

gracejo. m. Gracia, chiste, soltura, donaire.

gracia. f. Beneficio, merced, favor, don, indulto. || Perdón. || Benevolencia, afabilidad, agrado. || Garbo, sal, donaire, despejo, salero, ángel, atractivo, encanto. || Chiste, agudeza, ocurrencia. || Nombre. || **de gracia.** loc. adv. Gratuitamente. || **gracias a.** loc. prep. Por causa de.

grácil. adj. Sutil, delgado, tenue, delicado.

gracioso, sa. adj. Atrayente, bonito, encantador, agraciado (**a.:** *insulso, soso*). || Garboso, donairoso, saleroso (**a.:** *desgarbado*). || Chistoso, agudo, ocurrente, salado, jocoso, divertido. || Gratuito.

grada. f. Peldaño, escalón. || pl. Gradería. || Escalinata.

gradación. f. Gama, progresión, sucesión, serie. || Grado, jerarquía. || Clímax (en literatura).

gradería. f. Gradas, escalinata.

grado. m. Gusto, voluntad.

grado. m. Grada, escalón. || Valor, calidad, medida. || Gradación. || Graduación, jerarquía, categoría (militar). || Generación. || Instancia, parte, sucesión, título.

graduación. f. Grado, categoría.

gradual. adj. Escalonado, paulatino, sucesivo, graduado, progresivo (**a.:** *brusco, abrupto*).

gradualmente. adv. Progresivamente, paulatinamente, poco a poco, sucesivamente.

graduar. tr. Regular. || Clasificar, medir. || prnl. Recibirse, doctorarse, licenciarse.

gráfico, ca. adj. Expresivo, claro, vivo. || m. Esquema, representación.

grafito. m. Lápiz plomo, plombagina, plumbagina, mina.

gragea. f. Píldora, confite, pastilla.

grajear. intr. Graznar, crascitar.

grajo. m. Cuervo.

gramófono. m. Fonógrafo.

grampa. f. Grapa.

grana. adj. Granate, rojo.

granado, da. adj. Notable, principal, ilustre. ‖ Maduro, sazonado. ‖ Escogido.

grande. adj. Espacioso, amplio, dilatado (a.: *chico, pequeño, reducido*). ‖ Magno. ‖ Intenso, fuerte. ‖ Importante, famoso. ‖ Bueno. ‖ m. Prócer, noble, magnate.

grandeza. f. Grandor, extensión, tamaño, magnitud. ‖ Grandiosidad, magnificencia. ‖ Nobleza, magnanimidad, elevación. ‖ Majestad, gloria, esplendor, poder.

grandilocuente. adj. Altisonante, pomposo.

grandioso, sa. adj. Imponente, extraordinario, estupendo, colosal, gigantesco.

grandor. m. Tamaño, magnitud, volumen.

graneado, da. adj. Moteado.

granero. m. Hórreo, troj, troje, silo, depósito, bodega.

granizo. m. Pedrisco, piedra.

granja. f. Alquería, cortijo, hacienda, chacra.

granjear. f. Adquirir, obtener, conseguir. ‖ prnl. Captarse, atraerse, conquistar (a.: *contrariar*).

granjería. f. Ganancia, beneficio, provecho, utilidad.

grano. m. Semilla. ‖ Partícula. ‖ Barrillo. ‖ Forúnculo. ‖ pl. Cereales.

granuja. m. Pillo, pilluelo, bribón, pícaro.

gránulo. m. Granito.

granza. f. Grava.

grapa o **grampa.** f. Gafa, laña, arpón, gancho.

grasa. f. Sebo, lardo, pella, unto. ‖ Adiposidad, gordura. ‖ Suciedad, mugre, porquería, pringue. ‖ Manteca.

grasiento, ta. adj. Pringoso, grasoso. ‖ Mugriento. ‖ Aceitoso, graso, craso.

graso, sa. adj. Pringue, mantecoso, untuoso. ‖ Gordo (a.: *magro*).

grasoso, sa. adj. Graso, grasiento.

gratificación. f. Recompensa, propina. ‖ Plus, sobresueldo, premio, galardón.

gratificar. tr. Recompensar, premiar, galardonar (a.: *quitar*). ‖ Complacer, agradar, satisfacer.

gratis. adv. Gratuitamente, de balde, graciosamente.

gratitud. f. Agradecimiento, reconocimiento (a.: *ingratitud, desagradecimiento*). ‖ Correspondencia.

grato, ta. adj. Agradable, placentero, deleitoso, gustoso (a.: *ingrato, desagradable*). ‖ Lisonjero, satisfactorio.

gratuito, ta. adj. Infundado, arbitrario (a.: *justificado, fundado*). ‖ adv. Gratis, de balde, regalado (a.: *pagado*).

grava. f. Guijo, cascajo.

gravamen. m. Carga, obligación. ‖ Tributo, impuesto, gabela, canon, contribución.

gravar. tr. Cargar, hipotecar (a.: *eximir, dispensar*). ‖ Pesar (a.: *aligerar*).

grave. adj. Pesado (a.: *liviano*). ‖ Importante, trascendental, considerable (a.: *leve, ligero*). ‖ Serio, circunspecto, reservado, formal, solemne (a.: *informal*). ‖ Difícil, arduo, espinoso, molesto, dificultoso. ‖ Bajo. ‖ Llano, paroxítono (en gramática).

gravedad. f. Pesantez, peso, pesadez, pesadumbre (a.: *levedad*). ‖ Seriedad, formalidad, compostura, circunspección. ‖ Enormidad, exceso. ‖ Magnitud, importancia. ‖ Gravitación.

gravidez. f. Preñez, embarazo.

grávido, da. adj. Cargado, lleno. ‖ f. Embarazada, preñada, encinta.

gravitar. intr. Descansar, apoyarse, cargar, estribar. ‖ Recaer, pesar. ‖ Pender.

gravoso, sa. adj. Oneroso, costoso, caro (a.: *barato, módico*). ‖ Molesto, pesado, intolerable, insufrible, inaguantable. ‖ Aburrido, fastidioso.

graznar. intr. Crascitar.

grecismo. m. Helenismo.

gremio. m. Sindicato.

greña. f. Melena. || Riña.

greñudo, da. adj. Melenudo, porrudo (**a.:** *rapado*).

gresca. f. Bulla, algazara, vocerío. || Pendencia, riña, altercado, disputa, reyerta, trifulca, alboroto, bronca (**a.:** *tranquilidad*).

grey. f. Rebaño. || Feligresía.

griego, ga. adj. Heleno. || Helénico. || Incomprensible.

grieta. f. Quiebra, rendija, abertura, hendidura, fisura, resquebrajadura, rajadura.

grifa. f. Marihuana, cáñamo de la India.

grifo. f. Llave, espita, canilla.

grilletes. m. pl. Grillos, esposas, cepo.

grima. f. Desazón, inquietud, repugnancia, disgusto, desagrado, irritación (**a.:** *gusto*).

grímpola. f. Gallardete.

gringo, ga. adj. Extranjero. || m. Algarabía, griego, italiano, chino.

gripe. f. Trancazo, influenza.

gris. adj. Borroso, apagado, indefinido, ceniciento. || Triste, lánguido.

grita. f. Griterío, bulla, vocerío (**a.:** *silencio*). || Abucheo, protesta.

gritar. intr. Vocear, desgañitarse, vociferar, chillar, clamar (**a.:** *susurrar*).

griterío. m. o **gritería.** f. Grita, vocerío, vinglería, algarabía, bulla, clamoreo.

grito. m. Clamor, vociferación, alarido. *Grito es una emisión forzada de la voz.*

grosería. f. Descortesía, desatención, incorrección, descomedimiento (**a.:** *delicadeza*). || Patanería, zafiedad, ordinariez, tosquedad. || Incultura, irrespetuosidad.

grosero, ra. adj. Descortés, desatento, descomedido, torpe (**a.:** *delicado, cortés, atento*). || Patán, ordinario, rústico, basto.

grosor. m. Grueso, espesor, cuerpo.

grotesco, ca. adj. Ridículo, chocante, extravagante. || Rústico.

grúa. f. Cabrestante, cabria, guinche.

grueso, sa. adj. Abultado, corpulento, voluminoso, gordo (**a.:** *fino*). || m. Espesor, grosor, cuerpo.

grumo. m. Coágulo, cuajarón.

gruñido. m. Bufido.

gruñir. intr. Rezongar, bufar, refunfuñar (**a.:** *bromear*). || Chirriar, rechinar.

gruñón, na. adj. Regañón, rezongón, protestón.

grupa. f. Anca, cuadril.

grupo. m. Conjunto, colección, tanda. || Corrillo, reunión, peña. || Caterva.

gruta. f. Caverna, cueva, antro, cavidad.

guachapear. intr. Chapotear, chapaletear, chapalear.

guacho, cha. adj. Huérfano.

guadaña. f. Dalle, hoz, segur.

guajolote. m. Pavo.

gualdo, da. adj. Amarillo.

guampa. f. Asta, cuerno.

guano. m. Abono, estiércol.

guantada. f. o **guantazo.** m. Bofetada, manotada, manotazo.

guante. m. Manopla, mitón, guantelete. || **echar el guante.** Coger, prender.

guantelete. m. Manopla.

guapear. intr. Alardear, fanfarronear.

guapeza. f. Valentía, ánimo, resolución, arrojo, valor, intrepidez, bizarría. || Fanfarronería; valentonada. || Ostentación.

guapo, pa. adj. Valiente, arrojado, resuelto, intrépido (**a.:** *cobarde*). || Fanfarrón, matón, bravucón. || Agraciado, ostentoso, bonito, chulo, galán (**a.:** *feo*).

guarango, ga. adj. Grosero, descortés (**a.:** *cortés, educado*).

guarda. m. Guardián, vigilante. || f. Protección. || Tutela, custodia. || Observancia, cumplimiento. || Guarnición, guardamano. || Rodete, adorno.

guardabrisa. m. Fanal.

guardabrisas. m. Parabrisas.

guardacadena. m. Cubrecadena.

guardacantón. m. Guardarruedas.

guardador, ra. adj. Tacaño, mezquino, miserable, amarrete. || m. y f. Tutor, curador, custodio.

guardafangos. m. Guardabarros.

guardameta. m. Portero, arquero.

guardapolvo. m. Delantal.

guardar. tr. Custodiar, cuidar, defender,

vigilar, preservar, proteger, velar (**a.:** *descuidar, abandonar*). ‖ Obedecer, acatar, respetar (**a.:** *infringir*). ‖ Conservar, ahorrar, retener, mantener. ‖ Reservar. ‖ Cumplir, observar (**a.:** *descuidar*). ‖ prnl. Cuidarse, precaverse, recelarse. ‖ Evitar, abstenerse.

guardarropa. m. Ropero.

guardia. m. y f. Defensa, custodia, amparo, protección, guarda, vigilancia. ‖ Centinela, guardián.

guardián. m. Custodio, vigilante, guardia, guarda.

guardilla. f. Buharda, desván, buhardilla, boardilla, sotabanco.

guardoso, sa. adj. Miserable, mezquino, tacaño.

guarecer. tr. Acoger, albergar, asilar, cobijar, refugiar. ‖ Amparar, proteger, defender, preservar. ‖ prnl. Albergarse, refugiarse, acogerse, cobijarse, resguardarse, ampararse.

guarida. f. Cubil, cueva, madriguera. *Guarida es el lugar de refugio.* ‖ Albergue, amparo, asilo.

guarismo. m. Cifra, signo. ‖ Número.

guarnecer. tr. Adornar, vestir, revestir, ornar. ‖ Dotar, equipar, proveer.

guarnición. f. Adorno. ‖ Engaste. ‖ Guardamano, guarda. ‖ Guardia. ‖ pl. Arreos, jaeces, arneses.

guarrería. f. Porquería, suciedad. ‖ Indecencia.

guasa. f. Burla, chanza, cachada, broma, chunga, chiste, pitorreo. ‖ Sorna, ironía. ‖ Sosería, pesadez.

guasón, na. adj. Burlón, bromista, zumbón, chancero.

gubernamental. adj. Gubernativo, ministerial.

gubia. f. Formón.

guedeja. f. Cabellera, melena. ‖ Mechón.

guerra. f. Contienda, conflagración, lid (**a.:** *paz*). ‖ Conflicto, pelea, hostilidad, lucha (**a.:** *armonía, concordia*). ‖ Pugna, disidencia, desavenencia, beligerancia, competencia.

guerrear. intr. Batallar, combatir, pelear (**a.:** *reconciliarse*).

guerrero, ra. adj. Bélico. ‖ Belicoso, marcial. ‖ m. Soldado, militar.

guerrilla. f. Partida. ‖ Escaramuza.

guía. m. o f. Conductor, adalid. ‖ Mentor, maestro, director, consejero, preceptor. ‖ Cicerone. ‖ f. Norma, pauta, regla. ‖ Itinerario.

guiar. tr. Conducir, llevar, dirigir, encaminar. ‖ Orientar, educar, aconsejar, conducir. ‖ Atraer, arrastrar. ‖ Manejar, conducir.

guija. f. Guijarro, canto.

guijarral. m. Pedregal.

guijarro. m. China, pedrusco, canto.

guijo. m. Grava, cascajo, balasto.

guillado, da. adj. Maniático, tocado, lelo, chiflado, ido.

guilladura. f. Chifladura, manía, chaladura (**a.:** *cordura*).

guillarse. prnl. Trastornarse, chiflarse, enloquecerse.

guillotinar. tr. Decapitar.

guindar. tr. Izar. ‖ Ahorcar. ‖ prnl. Descolgarse, bajarse.

guiñada. f. Guiño.

guiñapo. m. Andrajo, harapo, trapo (**a.:** *gala*).

guiñar. tr. Bizcar, hacer guiños.

guión. m. Estandarte, pendón. ‖ Argumento.

guirigay. m. Galimatías, jerigonza. ‖ Gritería, confusión, alboroto.

guirnalda. f. Corona, diadema.

guisa. f. Modo, modalidad, manera. ‖ Antojo, voluntad. ‖ **a guisa de.** loc. prep. A modo de, como.

guisante. m. Arveja.

guisar. tr. Cocinar, cocer, sazonar. ‖ Ordenar, disponer, componer, arreglar, preparar.

guiso. m. Guisado, estofado, potaje. ‖ Bodrio, frangollo.

guisote. m. Comistrajo, bodrio, mazacote, batiburrillo, frangollo.

guita. f. Piolín, cordel, bramante. ‖ Dinero, plata, pasta, cuartos.

gula. f. Glotonería, voracidad (**a.:** *sobriedad, frugalidad*).

gulden. m. Florín.

gurrumino, na. adj. Raquítico, desmedrado, enclenque. || Ruin, mezquino. || m. y f. Niño, chiquillo.

gusanear. intr. Hormiguear.

gusano. m. Lombriz. || Oruga, larva.

gustar. tr. Probar, paladear, saborear, degustar, catar. *Gusta lo que halaga los sentidos.* || intr. Agradar, placer, complacer, satisfacer (**a.:** *desagradar*). || Apetecer, desear, querer.

gustillo. m. Regusto.

gusto. m. Sabor. || Placer, agrado, deleite, delicia, satisfacción (**a.:** *disgusto, desagrado*). || Afición, inclinación, voluntad. || Grado, voluntad (**a.:** *desgana*). || Antojo, capricho, arbitrio.

gustoso, sa. adj. Sabroso, rico, apetitoso (**a.:** *soso*). || Agradable, divertido, grato, placentero (**a.:** *fastidioso*). || Complacido.

habano. m. Cigarro, puro.

haber. m. Hacienda, bienes, caudal, capital. ‖ Paga, retribución, mensualidad, sueldo.

haber. tr. Poseer, tener (**a.:** *carecer*). ‖ intr. Acaecer, ocurrir, suceder, sobrevenir. ‖ Verificarse, efectuarse. ‖ Existir. ‖ Hallarse, estar.

habichuela. f. Judía, alubia.

hábil. adj. Diestro, mañoso, habilidoso, ducho, experto, capaz, canchero (**a.:** *torpe, inhábil*). ‖ Apto, adecuado, idóneo.

habilidad. f. Destreza, maestría, arte, pericia. ‖ Capacidad, disposición, aptitud, competencia, industria, práctica.

habilitar. tr. Capacitar, facultar, investir, proveer.

habitación. f. Vivienda, residencia, morada, mansión, domicilio, casa. ‖ Aposento, cuarto, pieza, estancia. ‖ Hábitat.

habitáculo. m. Cabina. ‖ Hábitat.

habitante. m. o f. Morador, inquilino, residente, vecino. ‖ Ciudadano, individuo, persona, alma.

habitar. intr. Morar, alojarse, residir, domiciliarse, vivir. ‖ tr. Ocupar, poblar.

hábitat. m. Ambiente, habitación, medio.

hábito. m. Costumbre (**a.:** *excepción*). ‖ Práctica, destreza, uso, usanza. ‖ Vestido, traje.

habitual. adj. Acostumbrado, maquinal, usual, familiar, corriente, ordinario (**a.:** *excepcional, inusual, raro*).

habituar. tr. y prnl. Acostumbrar, avezar, aficionar, familiarizar, adaptar (**a.:** *extrañar*).

habla. f. Idioma, lenguaje, lengua, dialecto.

hablador, ra. adj. y s. Cotorra. ‖ Charlatán, parlanchín, parlero. ‖ Indiscreto, chismoso.

habladuría. f. Hablilla, chisme, rumor, murmuración, cuento.

hablar. intr. Decir. ‖ Perorar, conferenciar, discursear. ‖ Conversar, platicar, departir, charlar (**a.:** *callar*). ‖ Criticar, despotricar, murmurar. ‖ Recordar. ‖ Ser novios. ‖ tr. e intr. Tratar. ‖ prnl. Comunicarse, tratarse.

hablilla. f. Cuento, chisme, murmuración, habladuría, rumor, mentira.

hacedero, ra. adj. Factible, posible, realizable (**a.:** *irrealizable*).

hacendado. m. Estanciero.

hacendoso, sa. adj. Solícito, diligente, trabajador, laborioso, cuidadoso.

hacer. tr. Producir, perfeccionar, fabricar, forjar, construir, elaborar (**a.:** *deshacer, destruir*). ‖ Arreglar, confeccionar, componer (**a.:** *desarreglar, descomponer*). ‖ Ejecutar, perpetrar, realizar, disponer, practicar, trabajar. ‖ Causar, ocasionar, motivar. ‖ Obligar, forzar. ‖ Imaginar, suponer, creer. ‖ Verificar, efectuar. ‖ intr. Importar, convenir. ‖ prnl. Crecer, aumentar. ‖ Habituar, acostumbrar, trasformar, avezar. ‖ Fingirse, simular, urdir, aparentar. ‖ Trasformar, volver. ‖ Conseguir, apropiarse.

hacha. f. Hachón, vela, velón, cirio.

hacha. f. Segur, destral, hachuela.

hachero. m. Candelero. ‖ Leñador.

hachón. m. Tea, antorcha, hacha, velón.

hacienda. f. Heredad, finca, predio. ‖ Fortuna, caudal, bienes. ‖ Ganado. ‖ Fisco.

hacinamiento. m. Aglomeración, acumulación, amontonamiento.

hacinar. tr. y prnl. Apilar, amontonar, aglomerar, juntar (**a.:** *esparcir*).

hado. m. Destino, signo, sino, fortuna, fatalidad, suerte, estrella.

hagiografía. f. Santoral.

halagar. tr. Lisonjear, alabar, agasajar, festejar (**a.:** *desdeñar*). ‖ Adular, incensar. ‖ Agradar, deleitar.

halago. m. Agasajo, festejo, fiesta, mimo. ‖ Lisonja, alabanza, adulación, zalamería (**a.:** *injuria*).

halagüeño, ña. adj. Lisonjero, adulador, halagador, satisfactorio. ‖ Prometedor, risueño, sonriente. ‖ Suave, dulce.

haleche. m. Boquerón.

halieto. m. Pigargo, quebrantahuesos.

hálito. m. Aliento. ‖ Vaho, vapor, emanación. ‖ Soplo, brisa.

halo. m. Aureola, nimbo, corona. ‖ Prestigio, fama.

hallar. tr. Encontrar. *Se halla lo que está oculto* (**a.:** *perder, extraviar*). ‖ Inventar. ‖ Averiguar, descubrir. ‖ Notar, ver, observar. ‖ prnl. Estar, encontrarse.

hallazgo. m. Invención. ‖ Encuentro. ‖ Descubrimiento.

hamaca. f. Mecedora, columpio, dormilona.

hamacar. tr. Hamaquear, mecer.

hamadríada o hamadríade. f. Dríada, dríade, ninfa.

hamaquear. tr. Mecer, columpiar.

hambre. f. Apetito, bulimia, gazuza (**a.:** *hartura, saciedad*). ‖ Escasez, hambruna. ‖ Apetencia, deseo, afán, anhelo, ansia.

hambriento, ta. adj. Famélico (**a.:** *inapetente*). ‖ Deseoso, codicioso. ‖ Necesitado, miserable.

hampa. f. Canalla, bribonería.

hampón. m. Maleante, delincuente, pillo, granuja. ‖ Valentón, fanfarrón, bravucón.

hangar. m. Cobertizo, tinglado, barracón.

haragán, na. adj. Holgazán, maula, perezoso, vago, tumbón, gandul, poltrón (**a.:** *trabajador, laborioso*).

haraganear. intr. Holgazanear, holgar, vagar, gandulear (**a.:** *trabajar*).

haraganería. f. Holgazanería, vagancia, ociosidad, pereza, ocio.

harapiento, ta. adj. Andrajoso, roto, astroso, harapo, pingajoso, guiñaposo (**a.:** *galano*).

harapo. m. Andrajo, calandrajo, guiñapo, pingajo (**a.:** *atavíos*).

harem o harén. m. Serrallo, gineceo.

harinoso, sa. adj. Farináceo.

harnero. m. Cernedor, zaranda, criba, cedazo. ‖ Alpistero.

hartar. tr. y prnl. Saciar, atracar, satisfacer, ahitar, atiborrar (**a.:** *hambrear*). ‖ Cansar, incomodar, fastidiar, hastiar (**a.:** *deleitar*). ‖ tr. Llenar.

hartazgo. m. Atracón, repleción, saciedad, panzada, tripada.

harto, ta. adj. Ahíto, lleno, repleto, saciado, satisfecho. ‖ Cansado, fastidiado, hastiado. ‖ adv. Bastante, sobrado, asaz.

hasta. prep. Para. ‖ A. ‖ adv. Inclusive, incluso, aun, también.

hastiar. tr. y prnl. Fastidiar, aburrir, cansar, hartar (**a.:** *divertir*).

hastío. m. Repugnancia, disgusto (**a.:** *deleite*). ‖ Tedio, fastidio, esplín, aburrimiento, cansancio (**a.:** *placer*).

hatajo. m. Hato, montón, cúmulo. || Conjunto, copia, abundancia.

hato. m. Manada, rebaño. || Pandilla, gavilla, corrillo. || Lío, fardo. || Montón, hatajo, cúmulo. || Redil, aprisco. || Impedimenta, provisiones, víveres.

haz. m. Fajo, atado, manojo, gavilla.

haz. f. Cara, rostro, faz. || Anverso, superficie (a.: *fondo*).

hazaña. f. Proeza, gesta, heroicidad (a.: *cobardía*).

hazmerreír. m. Mamarracho, esperpento. || Bufón.

hebdomadario, ria. adj. Semanal. || m. Semanario.

hebra. f. Hilo, fibra. || Vena, filón. || Filamento.

hebraico, ca. adj. Hebreo, judaico.

hebreo, a. adj. Israelita, judío, semita.

hecatombe. f. Sacrificio, holocausto, inmolación. || Matanza, mortandad, carnicería.

heces. f. pl. Excremento.

hechicería. f. Brujería, encantamiento, maleficio, magia negra. || Hechizo, sortilegio.

hechicero, ra. adj. Fascinante, seductor, encantador, cautivador, cautivante, embelesador. || adj. y s. Brujo, mago, nigromante.

hechizar. tr. Encantar, aojar, embrujar. || Cautivar, seducir, embelesar, fascinar. || Sugestionar.

hechizo. m. Encantamiento, brujería, embrujo, sortilegio, conjuro, maleficio, magia, mal de ojo. || Bebedizo. || Atractivo, encanto, seducción, fascinación. || adj. Postizo, artificioso.

hecho, cha. adj. Perfecto, maduro, acabado, cumplido, dispuesto, pleno. || Acostumbrado, familiarizado. || Convertido, envuelto, trasformado. || Conformado, dispuesto, proporcionado. || m. Acción, acto, acontecimiento, suceso, caso, acaecimiento.

hechura. f. Disposición, imagen, figura, forma. || Confección, contextura, corte, factura. || Obra. || Complexión, constitución.

heder. intr. Apestar (a.: *perfumar*). || Enfadar, cansar, molestar, fastidiar, ser intolerable (a.: *divertir*).

hediondez. f. Hedor, fetidez, tufo, pestilencia.

hediondo, da. adj. Fétido, hediento, apestoso, maloliente. || Sucio, repugnante, pestilente, asqueroso. || Molesto, enfadoso, insufrible.

hedor. m. Hediondez, fetidez, pestilencia, catinga.

hegemonía. f. Supremacía, predominio, superioridad (a.: *sujeción*).

heladera. f. Nevera, refrigerador.

helado, da. adj. Glacial, gélido, congelado. || Frío, yerto, tieso. || Suspenso, atónito, turulato, pasmado, estupefacto. || Esquivo, desdeñoso. || m. Sorbete, refresco.

helar. tr. y prnl. Congelar (a.: *descongelar, derretir*). || tr. Pasmar, sobrecoger. || Acobardar, desalentar. || Aterirse.

helénico, ca. adj. Griego, heleno.

helenismo. m. Grecismo.

heleno, na. adj. y s. Griego, helénico.

helero. m. Glaciar, nevero, ventisquero.

hélice. f. Espiral, voluta.

heliograbado. m. Heliografía.

helminto. m. Gusano.

helvecio, cia o **helvético, ca.** adj. y s. Suizo.

hematíe. m. Eritrocito, glóbulo rojo.

hematites. f. Oligisto rojo.

hematoma. m. Contusión.

hembra. f. Mujer (a.: *macho*). || Matriz, molde.

hemiciclo. m. Semicírculo.

hemisférico, ca. adj. Semiesférico.

hemisferio. m. Semiesfera.

hemorroide. f. Almorrana.

henchir. tr. Llenar, atestar, rellenar, colmar (a.: *vaciar, desocupar*). || prnl. Llenarse, hartarse.

hendedura. f. Abertura, fisura, hendidura, ranura, corte, grieta.

hender. tr. y prnl. Agrietar, abrir, rajar, resquebrajar, partir. || tr. Atravesar, surcar, cortar, romper.

hendidura o **hendedura.** f. Grieta, quiebra, ranura, corte, raja, resquicio, resquebrajadura.

hendija. f. Rendija, hendidura.

hendir. tr. y prnl. Hender.

heñir. tr. Amasar, sobar.

hepatita. f. Baritina.

heraldo. m. Faraute. || Mensajero, enviado.

herbolario. m. Botarate, alocado, insensato. || Herbario, herboristería.

hercúleo, a. adj. Vigoroso, fuerte, robusto, fornido (a.: *débil, delicado*).

heredad. f. Predio, hacienda, finca, campo, propiedad. || Bienes, posesiones.

heredar. tr. Suceder. || Recibir.

hereje. com. Heterodoxo, apóstata, herético. || Desvergonzado, procaz, descarado.

herejía. f. Heterodoxia, apostasía. || Insulto, agravio. || Disparate, error, equivocación. || Cisma.

herético, ca. adj. Hereje.

herida. f. Lastimadura, lesión. || Cuchillada, puñalada. || Ofensa, injuria, agravio. || Pena, dolor, aflicción.

herir. tr. Golpear, batir, percutir, contundir, pegar. || Chocar, dar con. || Pulsar, tocar, tañer. || Lesionar, lastimar (a.: *acariciar*). || Agraviar, ofender (a.: *alabar*). || Alcanzar, afectar. || Afligir, conmover, apenar, atormentar. || Acuchillar.

hermafrodita. adj. y s. Bisexual, bisexuado, andrógino.

hermanar. tr. y prnl. Unir, armonizar, juntar. *La acción de hermanar supone identidad de existencia.* || Confraternizar, fraternizar.

hermandad. f. Fraternidad, confraternidad. || Cofradía, congregación. || Amistad, unión. || Correspondencia, armonía.

hermosear. tr. Embellecer, realzar (a.: *afear*).

hermoso, sa. adj. Bello, lindo, bonito. || Magnífico, espléndido, excelente, perfecto, grandioso. || Generoso, noble. || Apacible, despejado, sereno (a.: *brumoso*). || Robusto, saludable.

hermosura. f. Belleza, proporción, perfección, excelencia (a.: *fealdad*). || Beldad.

hernia. f. Protrusión, quebradura.

héroe, heroína. m. y f. Protagonista. || m. Semidiós.

heroicidad. f. Heroísmo. || Hazaña, proeza, acto heroico, gesta.

heroico, ca. adj. Épico. || Intrépido, valiente, esforzado.

heroísmo. m. Valentía, valor, heroicidad (a.: *cobardía*).

herramienta. f. Instrumento, utensilio. || Arma blanca, puñal, navaja, faca, facón.

herrín. m. Herrumbre, orín.

herrón. m. Arandela.

herrumbre. f. Óxido, orín, herrín, robín, moho. || Roya.

hervidero. m. Muchedumbre, multitud, hormiguero, abundancia.

hervir. intr. Bullir, borbollar, burbujear. || Fermentar. || Picarse. || Agitarse. || Abundar (a.: *escasear*). || tr. Cocer.

hervor. m. Ebullición. || Hervidero. || Ardor, fogosidad, viveza, inquietud.

hervoroso, sa. adj. Impetuoso, fogoso, ardiente, ardoroso.

hesitación. f. Duda, perplejidad, irresolución, indecisión, vacilación.

hesitar. intr. Dudar, vacilar.

heteróclito, ta. adj. Dispar, heterogéneo. || Irregular, extraño.

heterodoxo, xa. adj. Hereje, disidente, disconforme, discordante (a.: *ortodoxo*).

heterogéneo, a. adj. Diferente, mezclado, distinto, diverso, vario, dispar (a.: *homogéneo*).

hético, ca. adj. Tísico. || Flaco, débil, enfermo, extenuado (a.: *sano, gordo*).

hexaedro. m. Cubo.

hexagonal. adj. Sexagonal.

hexágono, na. adj. y s. Seisavo, sexángulo.

hez. f. Lía, sedimento, precipitación, madre, poso. || Escoria, desecho. || Chusma, hampa. || pl. Excrementos.

hibernar. intr. Invernar.

híbrido, da. adj. Mestizo, bastardo, cruzado (a.: *puro*).

hidalgo, ga. adj. Generoso (**a.:** *mezquino*). ‖ Distinguido, noble (**a.:** *plebeyo*). ‖ m. y f. Hijodalgo, caballero.

hidalguía. f. Caballerosidad, nobleza, generosidad (**a.:** *vileza*).

hidrargirio. m. Azogue, mercurio, hidrargiro.

hidrato. m. Base, hidróxido.

hidráulica. f. Hidrostática.

hidroavión. m. Hidroplano.

hidrofobia. f. Rabia.

hidromiel o hidromel. m. Aguamiel.

hidrópico, ca. adj. Insaciable, sediento.

hidroponía o hidropónica. f. Acuicultura, hidrocultivo.

hiel. f. Bilis. ‖ Cólera. ‖ Amargura, desabrimiento, pena, disgusto, aspereza (**a.:** *dulzura*). ‖ pl. Trabajos, adversidades, disgustos.

hielo. m. Helada. ‖ Frialdad, desamor, desafecto, indiferencia. ‖ Témpano, iceberg.

hierba. f. Yerba, yuyo. ‖ Césped.

hierbabuena. f. Menta, poleo.

hierro. m. Fierro. ‖ Arma.

higa. f. Burla, desprecio.

hígado. m. Valentía, ánimo.

higiene. f. Profilaxis. ‖ Limpieza, aseo (**a.:** *suciedad*). ‖ Desinfección, asepsia.

higrometría. f. Higroscopia.

hijastro, tra. m. y f. Entenado.

hijo, ja. m. y f. Descendiente. ‖ Natural, oriundo, originario, nativo, nacido. ‖ m. Resultado, obra, consecuencia, fruto, producto. ‖ Renuevo, retoño, vástago.

hila. f. Hebra. ‖ pl. Apósito.

hilacha. f. o hilacho. m. Hila. ‖ Residuo, vestigio, resto. ‖ Índole, carácter, hilaza.

hilada. f. Fila, hilera. ‖ Tendel, cuerda.

hilado. m. Hilaza, hilo. ‖ Hilatura, hilandería.

hilar. tr. Discurrir, inferir.

hilarante. adj. Regocijante, desopilante, jocoso (**a.:** *conmovedor*).

hilaridad. f. Risa, algazara (**a.:** *dolor, llanto*).

hilaza. f. Hilado, hila. ‖ Carácter, hilacha, índole.

hilera. f. Fila, ringlera, sarta, cola.

hilo. m. Hebra, hila, fibra. ‖ Filamento, alambre. ‖ Lino. ‖ Curso, ilación. ‖ Chorrillo.

hilván. m. Basta, costura, puntada.

hilvanar. tr. Embastar, unir. ‖ Coordinar. ‖ Bosquejar, forjar, esbozar, trazar, proyectar, preparar, tramar.

himeneo. m. Boda, casamiento, nupcias, enlace. ‖ Epitalamio (**a.:** *divorcio*).

himno. m. Canto, cántico, alabanza, loor.

hincapié (hacer). loc. intr. Insistir, persistir.

hincar. tr. Clavar, introducir, plantar. ‖ prnl. Arrodillarse.

hincha. f. Antipatía, encono, ojeriza, enemistad, inquina, tirria. ‖ m. Partidario, entusiasta.

hinchado, da. adj. Tumefacto. ‖ Vanidoso, vano, ensoberbecido, presumido, presuntuoso, infatuado, ufano. ‖ Hiperbólico, pomposo, ampuloso, redundante, grandilocuente, enfático (**a.:** *conciso, seco*). ‖ f. Hinchas, partidarios.

hinchar. tr. Inflar, abultar, henchir (**a.:** *deshinchar, desinflar*). ‖ Exagerar, aumentar, extremar (**a.:** *disminuir, reducir*). ‖ prnl. Envanecerse, engreírse, ensoberbecerse.

hinchazón. f. Tumefacción, tumescencia. ‖ Presunción, envanecimiento, engreimiento, vanidad, soberbia. ‖ Grandilocuencia.

hinojos (de). loc. adv. De rodillas.

hipar. intr. Gimotear, lloriquear. ‖ Ansiar, codiciar, desear. ‖ Resollar, fatigarse, jadear.

hipérbaton. m. Transposición. ‖ Anástrofe.

hipérbole. f. Exageración, ponderación (**a.:** *empequeñecimiento*).

hiperbóreo, a. adj. Ártico.

hiperclorhidria. f. Acedía, acidez.

hipermetría. f. Cabalgamiento, encabalgamiento (en literatura).

hipertermia. f. Fiebre, temperatura.

hípico, ca. adj. Caballar, ecuestre, equino.

hipnótico, ca. adj. Somnífero.

hipnotizar. tr. Magnetizar. ‖ Asombrar, fascinar, sugestionar.

hipocampo. m. Caballo de mar.

hipocondríaco, ca. adj. Melancólico, triste (**a.:** *optimista, alegre*).

hipocresía. f. Fingimiento, ficción, simulación, doblez, fariseísmo, falsedad (**a.:** *franqueza, sinceridad*).

hipócrita. adj. Falso, farisaico, simulador, fariseo, farsante. || Fingido, engañoso.

hipodérmico, ca. adj. Subcutáneo.

hipófisis. f. Glándula pituitaria.

hipotaxis. f. Subordinación (en gramática).

hipoteca. f. Carga, gravamen.

hipotecar. tr. Empeñar, gravar.

hipótesis. f. Suposición, conjetura, supuesto, presunción (**a.:** *comprobación*).

hipotético, ca. adj. Problemático, dudoso, incierto, supuesto (**a.:** *cierto, comprobado*).

hirsuto, ta. adj. Erizado, híspido (**a.:** *suave*). || Áspero, intratable.

hiriente. adj. Ofensivo (**a.:** *lisonjero*).

hisopo. m. Aspersorio.

hispano, na. adj. y s. Español, hispánico, ibérico.

híspido, da. adj. Hirsuto, erizado, peliagudo, espinoso.

historia. f. Relato, narración, cuento. || Crónica, cronicón, relación, fastos. || Chisme, enredo, habladuría (**a.:** *leyenda*).

historiador, ra. m. y f. Cronista, historiógrafo, analista.

histórico, ca. adj. Averiguado, comprobado, cierto, verdadero.

histrión. m. o **histrionisa.** f. Actor, cómico, comediante. || m. Bufón, payaso, mimo.

hito. m. Mojón, coto, poste, pilón, señal, término. || Jalón.

hocicar. tr. Hozar. || Besuquear. || Tropezar, caer. || intr. Fisgar.

hocico. m. Morro, boca, jeta. || Cara, rostro.

hocicón, na u **hocicudo, da.** adj. Bezudo, jetudo, morrudo, picudo.

hogaño. adv. Actualmente, hoy, en esta época, en este año.

hogar. m. Fogón, chimenea. || Casa, morada, lares, domicilio.

hoguera. f. Fogata, pira, candelada.

hoja. f. Folio, página. || Chapa, plancha. || Lámina. || Pliego. || Espada, tizona.

hojalata. f. Lata.

holandés, sa. adj. y s. Neerlandés.

holandeta u **holandilla.** f. Mitán.

holgado, da. adj. Ancho, desahogado, sobrado, espacioso (**a.:** *apretado, estrecho*). || Desocupado, ocioso. || Amplio, grande, cómodo.

holganza. f. Descanso, quietud, reposo (**a.:** *actividad*). || Ociosidad, holgazanería, pereza, poltronería (**a.:** *laboriosidad*). || Placer, regocijo, diversión, gozo, contento.

holgar. intr. Descansar, reposar. || Haraganear, estar ocioso, vagar. || Sobrar. || pml. Alegrarse, regocijarse. || Divertirse, entretenerse (**a.:** *entristecerse*). || Felicitarse, congratularse.

holgazán, na. adj. y s. Perezoso, haragán, poltrón, gandul, vago, tumbón, indolente, negligente, remiso, remolón (**a.:** *trabajador, laborioso*).

holgazanear. intr. Gandulear, holgar, haraganear, ociar, vagabundear.

holgazanería. f. Haraganería, pereza, ociosidad, desidia, holganza.

holgorio. m. Jolgorio, regocijo, parranda, fiesta, jarana, diversión, jaleo, bullicio, juerga, algazara.

holgura. f. Amplitud, anchura (**a.:** *estrechez*). || Desahogo, bienestar, comodidad (**a.:** *escasez, pobreza*).

hollar. tr. Pisar, pisotear. || Conculcar, profanar. || Abatir, atropellar, humillar, menospreciar, despreciar (**a.:** *encumbrar*).

hollejo. m. Cáscara, pellejo.

holocausto. m. Sacrificio, ofrenda. || Abnegación.

holoturia. f. Cohombro de mar.

hombre. m. Especie humana, género humano, ser humano, humanidad. || Varón (**a.:** *mujer*). || Macho (**a.:** *hembra*). || Marido (**a.:** *esposa*).

hombría. f. Valentía, entereza, valor (**a.:** *pusilanimidad*). || **hombría de bien.**

Probidad, honradez, integridad, honorabilidad.

homenaje. m. Sumisión, respeto, veneración (**a.:** *desacato*). ‖ Celebración, exaltación. ‖ Don, favor, merced.

homicida. adj. Asesino, matador, criminal.

homicidio. m. Asesinato, crimen, muerte.

homilía. f. Sermón. ‖ Plática, conferencia.

homogéneo, a. adj. Uniforme, similar (**a.:** *heterogéneo*). ‖ Unido.

homologar. tr. Igualar, equiparar. ‖ Confirmar, registrar, aprobar, verificar.

homólogo, ga. adj. Equivalente, similar, sinónimo.

homomorfismo. m. Isomorfismo.

homónimo, ma. adj. y s. Tocayo.

homosexual. adj. y s. Sodomita, pederasta.

homotermal. adj. Homotermo, homotérmico.

hondero. m. Pedrero, fundibulario.

hondo, da. adj. Profundo. ‖ Bajo, hundido (**a.:** *elevado*). ‖ Intenso, extremado, profundo (**a.:** *leve*). ‖ Recóndito, misterioso, arcano, abstruso. ‖ m. Fondo, hondón.

hondonada. f. Hoyada, hondón.

hondura. f. Profundidad. ‖ Depresión, hondonada.

honestidad. f. Decencia, decoro, honra. ‖ Recato, pudor, castidad (**a.:** *desvergüenza*).

honesto, ta. adj. Decente, decoroso. ‖ Recatado, casto, pudoroso, púdico (**a.:** *desvergonzado, impúdico*). ‖ Honrado, íntegro, probo, recto (**a.:** *deshonesto, ímprobo, vil*). ‖ Justo, equilibrado, razonable.

hongo. m. Seta.

honor. m. Honra, prez, pundonor, dignidad (**a.:** *deshonor, infamia*). ‖ Honestidad, recato, castidad. ‖ Prestigio, reputación, fama, celebridad, renombre. ‖ Distinción. ‖ pl. Ceremonial, agasajo.

honorabilidad. f. Dignidad, honradez, decencia, probidad (**a.:** *indignidad*).

honorable. adj. Digno, distinguido, respetable, venerable (**a.:** *indigno*).

honorario, ria. adj. Honorífico. ‖ m. pl. Sueldo, emolumentos, gajes, paga, estipendio, salario.

honorífico, ca. adj. Honroso (**a.:** *degradante*). ‖ Honorario, distinguido, preeminente.

honra. f. Honor, dignidad, probidad, rectitud (**a.:** *deshonra, infamia, ruindad*). ‖ Honestidad, pudor, recato. ‖ Reputación, distinción, renombre, fama, gloria, prestigio. ‖ pl. Exequias, funerales.

honradez. f. Hombría de bien, probidad, integridad, rectitud (**a.:** *venalidad*).

honrado, da. adj. Probo, íntegro, sano, recto, leal, decente, honesto. ‖ Apreciado, estimado, respetado, ennoblecido, enaltecido.

honrar. tr. Respetar, reverenciar, venerar. ‖ Enaltecer, ensalzar, distinguir, favorecer, realzar.

honrilla. f. Amor propio, pundonor, puntillo.

honroso, sa. adj. Decoroso, decente, honesto. ‖ Honorífico, señalado. ‖ Estimable, preciado.

hontanar. m. Manantial, fontanal, fontanar, venero.

hopo. m. Copete. ‖ Cola, nabo.

hora. f. Momento, tiempo, instante. ‖ adv. Ahora.

horadar. tr. Agujerear, taladrar, perforar, barrenar.

horca. f. Patíbulo, dogal. ‖ Horqueta, horquilla, bieldo, aventador.

horda. f. Malón, turba.

horizontal. adj. y s. Nivelado, tendido, plano, yacente, llano (**a.:** *vertical*).

horizonte. m. Posibilidades, porvenir, perspectivas. ‖ Confín.

horma. f. Molde.

hormigón. m. Argamasa, concreto, mezcla.

hormiguear. intr. Abundar, bullir, agitarse, pulular.

hormigueo. m. Picor, prurito.

hormiguero. m. Hervidero, enjambre. ‖ Muchedumbre, afluencia.

hormiguillo. m. Cosquilleo, picazón, prurito, hormigueo.

hornacina. f. Nicho, hueco, concavidad.

hornada. f. Promoción, pléyade.

hornilla. f. Anafe, parrilla, cocinilla.

horóscopo. m. Predicción, augurio, pronóstico, vaticinio, adivinación, profecía. || Agorero.

horquilla. f. Horca, bieldo, horqueta.

horrendo, da. adj. Aterrador, horrible, atroz, horroroso, terrible, hórrido, horripilante, espantoso, pavoroso, monstruoso, tremebundo (**a.:** *maravilloso, admirable*).

hórreo. m. Granero, troj.

horrible. adj. Horrendo, horroroso, aterrador, horripilante, espantoso, pavoroso, monstruoso. *Horrible hace relación a la deformidad; horrendo, a la magnitud; horroroso, a la atrocidad.*

horripilar. tr. y prnl. Aterrar, horrorizar, espantar, aterrorizar, espeluznar (**a.:** *tranquilizar*).

horro, rra. adj. Manumiso, manumitido, liberto. || Libre, desembarazado, exento.

horror. m. Aversión, repulsión, fobia. || Espanto, pavor, pavura, terror. || Atrocidad, monstruosidad.

horrorizar. tr. y prnl. Espantar, horripilar, aterrar, espeluznar.

horroroso, sa. adj. Repugnante, repulsivo, deforme, feísimo, monstruoso (**a.:** *bellísimo, admirable*). || Horrible, horrendo, terrorífico, horripilante, hórrido, espantoso, pavoroso, aterrador, espeluznante.

hortaliza. f. Verdura, legumbre.

hortelano, na. m. y f. Horticultor, labrador. || adj. Hortense.

hosco, ca. adj. Ceñudo, áspero, antipático, intratable, huraño, reservado, adusto (**a.:** *afable, gentil, comunicativo*).

hospedaje. m. Alojamiento, mesón, albergue, posada.

hospedar. tr. y prnl. Alojar, albergar, aposentar (**a.:** *desalojar*). || tr. Acoger. || intr. Pernoctar.

hospicio. m. Asilo.

hospital. m. Nosocomio, policlínico, sanatorio, clínica.

hospitalario, ria. adj. Acogedor, protector.

hospitalidad. f. Acogida, amparo, asilo.

hostal. m. Hostería, posada, mesón, parador.

hostelero, ra. m. y f. Posadero, mesonero, hospedero, fondista, huésped.

hostería. f. Posada, mesón, parador, hostal, fonda, albergue.

hostia. f. Forma, oblea, eucaristía.

hostigar. tr. Azotar, fustigar, castigar (**a.:** *defender*). || Acosar, perseguir, hostilizar.

hostil. adj. Adversario, contrario, desfavorable, enemigo (**a.:** *amigo, favorable, partidario*). || Adverso.

hostilidad. f. Enemistad, odio, enemiga, ojeriza, oposición. || pl. Agresión, ataque, acometida.

hostilizar. tr. Molestar, hostigar, provocar. || Agredir, acometer, atacar.

hoy. adv. Actualmente, ahora, hogaño.

hoya. f. Hoyo, concavidad. || Sepultura, fosa, huesa, hoyo.

hoyo. m. Concavidad, agujero, cavidad, hueco. || Sepultura, hoya. || Hondonada.

hoz. f. Segur, segadera.

hozar. tr. Hocicar.

hucha. f. Alcancía. || Ahorros.

hueco, ca. adj. Cóncavo, vacío. || Esponjoso, fofo, mullido (**a.:** *compacto, macizo*). || Insustancial, huero. || Presumido, vano, fatuo, presuntuoso, orondo, hinchado, vanidoso. || Retumbante, rimbombante. || m. Cavidad, concavidad. || Discontinuidad, interrupción, espacio, intervalo. || Vacante.

huelga. f. Paro. || Holgorio, holganza, ocio, vagancia.

huelgo. m. Aliento, resuello, respiración. || Holgura, anchura.

huella. f. Holladura, pisada. || Vestigio, señal, indicio, rastro.

huérfano, na. adj. y s. Desamparado, desprotegido, abandonado, solo. || Carente, falto.

huero, ra. adj. Vacío, insustancial, vacuo, vano.

huerto. m. Huerta, vergel, cigarral.

huesa. f. Sepultura, fosa, hoya, hoyo.

hueso. m. Cuesco, carozo, pepita (**a.:** *carne, pulpa*). ‖ Dificultad, trabajo.

huesoso, sa. adj. Óseo.

hueste. f. Tropa, ejército, partida, batallón.

huevo. m. Óvulo, testículo.

huida. f. Fuga, evasión, éxodo, deserción, escabullimiento, escape (**a.:** *persecución, captura*).

huir. intr. Escapar, fugarse, evadirse (**a.:** *quedarse, perseguir*). ‖ intr. Apartarse, evitar, rehuir, esquivar, eludir.

hulla. f. Hornaguera. ‖ Carbón.

humanidad. f. Género humano, hombre. ‖ Mundo. ‖ Benignidad, benevolencia, compasión, piedad, misericordia, caridad, filantropía (**a.:** *crueldad*). ‖ Corpulencia, mole. ‖ pl. Bellas letras, literatura, humanismo.

humanitario, ria. adj. Humano, compasivo.

humanizarse. prnl. Ablandarse, apiadarse, desenojarse, suavizarse, dulcificarse (**a.:** *endurecerse*). ‖ Civilizarse.

humano, na. adj. Benigno, benévolo, filantrópico, compasivo. generoso, indulgente, caritativo. misericordioso, humanitario, bondadoso (**a.:** *inhumano, cruel*).

humectar. tr. Humedecer.

humedecer. tr. y prnl. Humectar, mojar, impregnar, remojar, rociar (**a.:** *secar*).

humildad. f. Modestia, timidez (**a.:** *orgullo, altanería, soberbia*). ‖ Pobreza. ‖ Sumisión, acatamiento, rendimiento. ‖ Plebeyez.

humilde. adj. Dócil, obediente, respetuoso, sumiso, rendido (**a.:** *altivo*). ‖ Modesto, oscuro. ‖ Pobre, bajo (**a.:** *poderoso*).

humillación. f. Burla, desprecio, ofensa, vileza, degradación (**a.:** *engrandecimiento, glorificación*).

humillante. adj. Degradante, vergonzoso,

denigrante. ‖ Injurioso, vergonzoso (**a.:** *noble*).

humillar. tr. y prnl. Abochornar, someter, abatir, doblegar, sojuzgar, rebajar, degradar, avergonzar (**a.:** *ensalzar, enaltecer*). ‖ tr. Bajar, inclinar. ‖ prnl. Arrastrarse, prosternarse (**a.:** *encumbrarse*).

humo. m. Vapor. ‖ pl. Soberbia, altivez, orgullo, vanidad, presunción.

humor. m. Genio, índole, talante, condición, carácter. ‖ Gracia, agudeza, ingenio, jovialidad, humorismo. ‖ Bilis, flema. ‖ Secreción, serosidad.

humorada. f. Antojo, capricho, extravagancia, fantasía.

humorismo. m. Agudeza, humor (**a.:** *mordacidad, sarcasmo*).

humorista. adj. Burlón, ironista.

humorístico, ca. adj. Festivo, gracioso, chistoso, jocoso.

humus. m. Mantillo, tierra vegetal.

hundimiento. m. Caída, desmoronamiento, desplome, derrumbe. ‖ Naufragio.

hundir. tr. Aplanar, aplastar (**a.:** *levantar, elevar*). ‖ Derrotar, destrozar. ‖ Arruinar, destruir, derribar. ‖ Enterrar, sepultar. ‖ Confundir, avergonzar, vencer. ‖ Sumir, sumergir. ‖ intr. y prnl. Naufragar. ‖ Desaparecer, esconderse (**a.:** *aparecer*).

huracán. m. Ciclón, vendaval, ráfaga, tornado (**a.:** *céfiro, brisa*).

huraño, ña. adj. Arisco, áspero, hosco, insociable, esquivo, intratable, retraído (**a.:** *sociable, afable*).

hurgar. tr. Menear, remover. ‖ Manosear, palpar, tocar. ‖ Incitar, pinchar, excitar, conmover. ‖ tr. e intr. Curiosear, fisgar.

hurgón. m. Badila.

hurguete. m. Fisgón.

hurón. adj. y s. Huraño. ‖ m. Fisgón.

huronear. tr. Fisgar, curiosear, fisgonear. husmear, escudriñar.

hurtadillas (a). loc. adv. Furtivamente, disimuladamente, a escondidas (**a.:** *abiertamente*).

hurtar. tr. Robar, sustraer, sisar, soplar, limpiar, quitar, birlar (**a.:** *restituir*). ‖ Plagiar. ‖ Desviar, eludir, esquivar, apartar (**a.:** *desafiar*). ‖ prnl. Ocultarse, sustraerse, zafarse (**a.:** *presentarse*).

hurto. m. Robo, sustracción, ratería, rapiña.

husmear. tr. Olfatear, rastrear, oler, oliscar. ‖ Indagar, curiosear, escudriñar, fisgar, fisgonear, huronear.

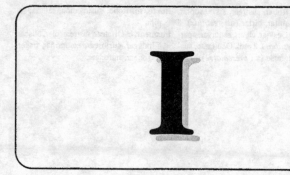

ibérico, ca. adj. Español, ibero, hispano, hispánico, peninsular.

iberoamericano, na. adj. y s. Hispanoamericano.

iceberg. m. Témpano.

ictericia. f. Morbo regio.

ictiófago, ga. adj. Piscívoro.

ida. f. Ímpetu, arranque, impulso.

idea. f. Imagen, concepto, representación (a.: *fonema*). ‖ Opinión, juicio, noción. *La noción es una idea imperfecta y vaga.* ‖ Designio, plan, intención, propósito. ‖ Ingenio, imaginación, inventiva, habilidad, aptitud. ‖ Esquema, proyecto, esbozo. ‖ Manía, obsesión, prejuicio, tema, capricho. ‖ pl. Creencias, convicciones, opiniones.

ideal. adj. Perfecto, excelente, puro, sublime, elevado, ejemplar, maravilloso. ‖ Imaginario. ‖ m. Modelo, dechado, prototipo, arquetipo. ‖ Ilusión, ambición, deseo, sueño, objetivo.

idear. tr. Imaginar, trazar, inventar, proyectar. ‖ Concebir, pensar, discurrir.

ideario. m. Ideología, doctrina.

idéntico, ca. adj. Igual, equivalente, semejante (a.: *distinto*).

identidad. f. Igualdad, homogeneidad, equivalencia, semejanza (a.: *inexactitud, desigualdad*).

identificar. tr. Reconocer. ‖ prnl. Solidarizarse, compenetrarse (a.: *discrepar*).

ideología. f. Ideario, doctrina.

idioma. m. Lengua, lenguaje, habla, dialecto.

idiosincrasia. f. Índole, temperamento, carácter, personalidad.

idiota. adj. y s. Estúpido, tonto, imbécil, bobo, necio. ‖ Ignorante, inculto.

idiotez. f. Tontería, necedad, majadería. ‖ Idiotismo.

idiotismo. m. Modismo. ‖ Idiotez.

ido. adj. Lelo, chiflado.

idólatra. adj. y s. Gentil, pagano, fetichista. ‖ Adorador.

idolatrar. tr. Adorar, amar.

idolatría. f. Fetichismo, paganismo. ‖ Adoración, veneración, apasionamiento (a.: *antipatía*).

ídolo. m. Deidad, fetiche, tótem, icono.

idoneidad. f. Aptitud, capacidad, competencia, suficiencia, disposición (a.: *incapacidad, ineptitud*).

idóneo, a. adj. Capaz, apto, dispuesto, hábil, calificado, suficiente. ‖ Conveniente, útil, adecuado, competente

iglesia. f. Cristiandad, grey, congregación. ‖ Secta. ‖ Templo, basílica, catedral.

ignaro, ra. adj. Ignorante.

ígneo, a. adj. Ardiente, incandescente, pírico, encendido.

ignición. f. Combustión, incendio, incandescencia, ustión, quema. ‖ Encendido.

ignominia. f. Deshonor, baldón, deshonra, vergüenza, afrenta, oprobio (a.: *honor, prestigio, honra, dignidad*). ‖ Canallada, infamia.

ignorante. adj. y s. Ignaro, asno, burro, nesciente, indocto, lego, iletrado, inculto, analfabeto (a.: *culto, instruido*). ‖ Profano. ‖ Tonto, zote, necio, idiota, intonso.

ignorar. tr. Desconocer (a.: *saber, conocer*). ‖ Desentenderse.

ignoto, ta. adj. Desconocido, ignorado, incógnito.

igual. adj. Idéntico, par (a.: *diferente, distinto*). ‖ Constante, invariable, regular, uniforme (a.: *desigual, heterogéneo, variable*). ‖ Liso, llano, parejo, unido, plano. ‖ Equivalente. ‖ **por igual.** loc. adv. Igualmente. ‖ **sin igual.** loc. Sin par, extraordinario.

igualar. tr. Equiparar, equilibrar, compensar (a.: *desempatar*). ‖ Allanar, nivelar, aplanar, explanar (a.: *desnivelar*).

igualdad. f. Uniformidad, identidad. ‖ Ecuanimidad, ponderación, equidad, imparcialidad. ‖ Ecuación. ‖ Equivalencia, equilibrio, paridad. ‖ Semejanza, isocronismo.

igualmente. adv. Indistintamente, por igual. ‖ También, asimismo, además (a.: *tampoco*).

ijar. m. o **ijada.** f. Vacío, hipocondrio.

ilación. f. Inferencia, deducción, consecuencia. ‖ Enlace, trabazón, nexo, conexión, coherencia.

ilegal. adj. Ilícito, ilegítimo. ‖ Prohibido (a.: *legal, lícito*).

ilegible. adj. Indescifrable, ininteligible, incomprensible (a.: *legible, comprensible*).

ilegítimo, ma. adj. Bastardo, adulterino.

‖ Falsificado, adulterado, apócrifo, fraudulento (a.: *legítimo, genuino, auténtico*). ‖ Ilegal, ilícito (a.: *legal, lícito*).

íleo. m. Volvo, vólvulo, ileon.

ileso, sa. adj. Indemne, incólume, intacto (a.: *lesionado, herido*).

iletrado, da. adj. y s. Ignorante, inculto, analfabeto.

ilíaco, a. adj. Aquifoliáceo.

ilícito, ta. adj. Indebido, ilegal (a.: *lícito, legal*). ‖ Prohibido, clandestino.

ilimitado, da. adj. Indefinido, indeterminado (a.: *limitado, determinado*). ‖ Incalculable, infinito (a.: *finito*).

iliterato, ta. adj. Ignorante, iletrado.

ilógico, ca. adj. Irrazonable, contradictorio (a.: *lógico, razonable*). ‖ Descabellado, absurdo, inverosímil.

ilota. m. y f. Esclavo, siervo, paria.

iluminación. f. Alumbrado, luz. ‖ Esclarecimiento, ilustración.

iluminar. tr. Alumbrar (a.: *oscurecer*). ‖ Ilustrar, enseñar, esclarecer, aclarar. ‖ Inspirar. ‖ Colorear, pintar.

ilusión. f. Alucinación, imaginación, visión. ‖ Quimera, sueño, engaño, ficción (a.: *desilusión, desengaño, decepción*). ‖ Esperanza, confianza.

ilusionar. tr. Engañar, seducir, encandilar, deslumbrar. ‖ prnl. Deslumbrarse.

ilusionista. m. y f. Prestidigitador, mago.

iluso, sa. adj. Idealista, visionario. ‖ Cándido, soñador. ‖ Engañado, seducido.

ilusorio, ria. adj. Aparente, quimérico, inexistente, engañoso, ficticio, falaz, falso, irreal, fantástico (a.: *real, verdadero*).

ilustración. f. Esclarecimiento, comentario, aclaración, explicación, exégesis. ‖ Instrucción, saber, cultura, erudición. ‖ Estampa, lámina, dibujo, grabado, figura. ‖ Iluminismo. ‖ Progreso, avance.

ilustrado, da. adj. Docto, instruido, culto, versado, erudito, sabio, letrado. ‖ Esclarecido.

ilustrar. tr. Instruir, enseñar. ‖ Aclarar, esclarecer, dilucidar, explicar.

ilustre. adj. Linajudo, noble, preclaro, esclarecido, conspicuo, blasonado. ‖

Insigne, célebre, afamado, renombrado, prestigioso, famoso, ínclito, egregio, eximio, distinguido, eminente.

imagen. f. Figura, retrato, efigie, reproducción, estampa, representación, estatua. ‖ Idea, símbolo, concepto. ‖ Semejanza, simulacro.

imaginación. f. Fantasía. ‖ Ilusión, imagen. ‖ Figuración, fantasía, espejismo. ‖ Ficción, ensueño, quimera, utopía.

imaginar. tr. y prnl. Representar, crear, inventar, forjar, concebir. ‖ Presumir, sospechar, figurarse, suponer, pensar, conjeturar. ‖ tr. Idear, inventar.

imaginaria. f. Guardia, vela.

imaginario, ria. adj. Irreal, ficticio, inventado, quimérico, utópico, fantástico, fabuloso, supuesto (a.: *real, verdadero*).

imaginero. m. Escultor, estatuario.

imán. m. Piedra imán, calamita, magnetita. ‖ Atractivo, gracia. ‖ Aliciente.

imanar o **imantar.** tr. Magnetizar.

imbécil. adj. y s. Idiota, estulto, alelado, tonto, estólido, estúpido, bobo, necio, lelo, mentecato, majadero (a.: *astuto*).

imbecilidad. f. Idiotez, necedad, estulticia, estupidez, tontería, bobería. *La imbecilidad es patológica.* ‖ Majadería.

imberbe. adj. Lampiño, barbilampiño, desbarbado (a.: *barbudo*).

imbibición. f. Absorción, embebecimiento.

imborrable. adj. Indeleble, fijo, duradero.

imbricado, da. adj. Superpuesto, montado.

imbuir. tr. Infundir, inculcar, persuadir, inclinar (a.: *desaconsejar*).

imitación. f. Copia, facsímil, reproducción. ‖ Remedo, calco, falsificación, parodia, plagio.

imitador, ra. m. y f. Émulo, mimo, parodista.

imitar. tr. Seguir, remedar, copiar, reproducir, plagiar (a.: *crear*).

imitativo, va o **imitatorio, ria.** adj. Mimético.

impaciencia. f. Desasosiego, ansiedad, inquietud, intranquilidad, nerviosismo. ‖ Espera, exasperación.

impacientar. tr. y prnl. Desasosegar, perturbar, inquietar, incomodar, intranquilizar, irritar. ‖ prnl. Desesperarse, repudrirse. ‖ Exasperarse.

impaciente. adj. Vehemente, apasionado. ‖ Ansioso, inquieto, nervioso, intranquilo (a.: *tranquilo, sereno, paciente*).

impacto. m. Choque. ‖ Impresión, huella. ‖ Balazo.

impagable. adj. Inapreciable, inestimable.

impalpable. adj. Ligero, tenue, sutil, incorpóreo, etéreo, inmaterial, intangible (a.: *corpóreo, tangible*).

impar. adj. Inigualado, desigual, único, sin par. ‖ Non (a.: *par*).

imparcial. adj. Recto, justo, neutral, equitativo, ecuánime, objetivo. *El imparcial juzga por lo que siente; el justo, por lo que debe* (a.: *parcial, injusto*).

imparcialidad. f. Equidad, igualdad, ecuanimidad, rectitud, neutralidad, justicia.

impartir. tr. Repartir, dar, comunicar.

impasibilidad. f. Imperturbabilidad (a.: *nerviosismo*).

impasible. adj. Imperturbable, inmutable, indiferente, insensible, impávido, impertérrito, inconmovible (a.: *vehemente*).

impávido, da. adj. Imperturbable, impasible, sereno, impertérrito. ‖ Denodado, valiente. ‖ Fresco, descarado, caradura.

impecable. adj. Intachable, limpio, pulcro, irreprochable, perfecto (a.: *incorrecto*).

impedido, da. adj. Imposibilitado, inválido, tullido, paralítico, baldado. ‖ Entumecido, anquilosado. ‖ Incapacitado.

impedimenta. f. Bagaje, equipaje.

impedimento. m. Obstáculo, escollo, estorbo, traba, dificultad, embarazo, tropiezo, engorro.

impedir. tr. Estorbar, imposibilitar, entorpecer, embarazar, dificultar, obstar, obstaculizar, empecer. *Se impide la inicia-*

ción de un acto (**a.:** *facilitar, posibilitar*).

impeler. tr. Empujar, mover, impulsar. ‖ Incitar, excitar, instigar, estimular (**a.:** *sujetar*).

impenetrable. adj. Indescifrable, inexplicable, hermético, ininteligible, incomprensible. ‖ Callado, secreto, oscuro, difícil. ‖ Impermeable.

impenitencia. f. Contumacia, obstinación, testarudez, persistencia.

impenitente. adj. Empedernido, contumaz, recalcitrante, incorregible, obstinado, persistente, testarudo (**a.:** *arrepentido*).

impensado, da. adj. Inesperado, repentino, súbito, imprevisto, fortuito, casual, inopinado, insospechado.

imperar. intr. Dominar, regir, gobernar, mandar. ‖ Predominar, prevalecer (**a.:** *obedecer*).

imperativo, va. adj. Imperioso, perentorio. ‖ Dominante, autoritario (**a.:** *sumiso*).

imperceptible. adj. Indiscernible, inapreciable. ‖ Invisible, minúsculo (**a.:** *manifiesto, perceptible*).

imperdonable. adj. Inexcusable, irremisible.

imperecedero, ra. adj. Perdurable, eterno, perpetuo, inmortal, perenne (**a.:** *perecedero, mortal*).

imperfección. f. Defecto, mota, falta, tacha, lunar, vicio, deficiencia, falla (**a.:** *perfección*). ‖ Deformidad, fealdad.

imperfecto, ta. adj. Incompleto, inacabado, defectuoso, inconcluso, tosco, incorrecto.

impericia. f. Inhabilidad, torpeza, insuficiencia, inexperiencia, ineptitud, incompetencia (**a.:** *pericia, aptitud, maña*).

imperio. m. Dominio, poder, autoridad (**a.:** *vasallaje*). ‖ Altanería, soberbia, orgullo (**a.:** *humildad*). ‖ Nación, potencia.

imperioso, sa. adj. Imperativo, despótico, autoritario, tiránico, dominador. ‖ Arrogante, altanero, soberbio, orgulloso. ‖

Indispensable, imprescindible, ineludible, urgente.

impermeable. m. Gabardina.

impersonal. adj. Común, vulgar, adocenado (**a.:** *propio*).

impertérrito, ta. adj. Imperturbable, inalterable, impávido, inconmovible, inmutable, impasible, sereno, denodado, valeroso, acérrimo.

impertinencia. f. Despropósito, disparate, inconveniencia. ‖ Inoportunidad, pesadez, inconveniencia, necedad, desconsideración (**a.:** *oportunidad, conveniencia*). ‖ Orgullo, presunción, fatuidad. ‖ Insolencia, descaro, atrevimiento. ‖ Melindre.

impertinente. adj. Importuno, inoportuno, improcedente. ‖ Molesto, chinche, fastidioso, cargante, pesado, insolente, descarado, atrevido. ‖ Indiscreto. ‖ Presumido, despectivo. ‖ Afectado, pedante. ‖ Melindroso.

imperturbabilidad. f. Impasibilidad, impavidez, serenidad.

imperturbable. adj. Impasible, inalterable, impávido, impertérrito, sereno, tranquilo (**a.:** *nervioso, susceptible*).

impetrar. tr. Rogar, solicitar, pedir, suplicar, implorar.

ímpetu. m. Fuerza, violencia (**a.:** *placidez, tranquilidad*). ‖ Brío, impetuosidad, impulso.

impetuoso, sa. adj. Vehemente, fogoso, arrebatado, precipitado, impulsivo, irreflexivo. ‖ Violento, fuerte.

impiedad. f. Irreligión, irreligiosidad.

impío, a. adj. Irreligioso, irreverente, descreído, incrédulo, impiadoso, inclemente (**a.:** *religioso, creyente, piadoso*).

implacable. adj. Inexorable, cruel, duro, inflexible, despiadado, riguroso, inhumano, vengativo.

implantar. tr. Establecer, instaurar, introducir, instituir, fundar. ‖ Fijar, insertar. ‖ Injertar.

implemento. m. Utensilio.

implicación. f. Contradicción, discrepancia, oposición.

implicar. tr. Envolver, enredar, comprometer. || Suponer, significar, entrañar, contener. || intr. Impedir, obstar.

implícito, ta. adj. Virtual, incluido, tácito, sobrentendido (a.: *explícito, manifiesto*).

implorar. tr. Rogar, instar, suplicar, pedir, invocar, impetrar (a.: *exigir, mandar*).

impolítico, ca. adj. Descortés, incorrecto, inurbano, grosero, incivil. || Imprudente, indiscreto (a.: *discreto*).

impoluto, ta. adj. Inmaculado, limpio, pulcro, puro (a.: *sucio, manchado*).

imponderabilidad. f. Ingravidez, impesantez.

imponderable. adj. Inestimable, excelente, inapreciable, inmejorable, único, insuperable (a.: *mejorable*).

imponente. adj. Pavoroso, terrorífico. || Grandioso, soberbio, majestuoso, impresionante, impactante.

imponer. tr. Gravar, cargar. || Exigir, obligar. || Infligir, aplicar. || intr. Amedrentar, sobrecoger, aterrar. || Dominar. || tr. y prnl. Instruir, informar, enterar.

impopular. adj. Odiado, desprestigiado (a.: *afamado*).

importancia. f. Valor, cuantía, alcance, magnitud, significación, ascendiente, autoridad, consideración, interés, monta. || **darse importancia.** Presumir, fanfarronear. || **de importancia.** loc. adj. Importante, considerable.

importante. adj. Valioso, sustancial, principal, considerable, interesante, señalado, conveniente, calificado (a.: *insignificante, baladí, intrascendente*). || Fundamental, esencial, trascendental, crucial, cardinal, decisivo.

importar. intr. Convenir, atañer, interesar. || tr. Sumar, montar, costar, valer, subir, elevarse, alcanzar. || Introducir (a.: *exportar*).

importe. m. Cuantía, valor, valía, precio, coste, costo.

importunar. tr. Incomodar, molestar, aburrir, fastidiar, cansar, machacar, cargar, enfadar, jorobar (a.: *alegrar*).

importuno, na. adj. Intempestivo, extemporáneo, majadero, inoportuno, impertinente. || Molesto, fastidioso, enfadoso, cargante.

imposibilidad. f. Impedimento, impotencia (a.: *perspectiva, posibilidad*).

imposibilitado, da. adj. Tullido, baldado, paralítico, inválido. || Anquilosado.

imposibilitar. tr. Impedir, inhabilitar, obstaculizar. || prnl. Tullirse, baldarse.

imposible. adj. Irrealizable, utópico, impracticable, quimérico (a.: *posible, factible, hacedero*). || Inaguantable, intratable, insufrible, insoportable. || Inadmisible, inadecuado, inverosímil.

imposición. f. Coacción, exigencia, coerción, mandato. || Gravamen, carga, tributo, impuesto. || Obligación.

impostor, ra. adj. y s. Calumniador, difamador, infamador, trapacero. || Engañador, mentiroso, embaucador, falsario.

impostura. f. Calumnia, imputación, difamación (a.: *verdad*). || Engaño, falacia, mentira, falsedad, superchería, engañifa, embuste. || Fingimiento, doblez (a.: *sinceridad*).

impotencia. f. Incapacidad, ineptitud (a.: *potencia, aptitud, autoridad*). || Esterilidad (a.: *fertilidad*).

impotente. adj. Incapaz, indefenso, inerme, inepto (a.: *apto, capaz*). || Estéril.

impracticable. adj. Irrealizable, imposible. || Intransitable, infranqueable, inaccesible.

imprecación. f. Maldición, apóstrofe, execración, anatema. *La imprecación supone debilidad o miedo* (a.: *alabanza*).

imprecar. tr. e intr. Maldecir, anatematizar, execrar.

impreciso, sa. adj. Ambiguo, confuso, vago, indefinido (a.: *claro, preciso*).

impregnar. tr. Empapar, humedecer, embeber, saturar, humectar, mojar.

impremeditación. f. Irreflexión, imprudencia, imprevisión, ligereza, descuido, precipitación.

imprescindible. adj. Indispensable, necesario, obligatorio, insustituible, forzoso, esencial (a.: *prescindible*).

impresión. f. Tirada, edición. ‖ Huella, rastro, impronta, señal, marca, vestigio. ‖ Efecto, emoción, sensación.

impresionable. adj. Sensible, emocionable, emotivo, susceptible, sugestionable (**a.:** *impasible, imperturbable*).

impresionar. tr. Conmover, turbar, afectar, mover, emocionar (**a.:** *serenar*). ‖ Convencer.

imprevisión. f. Impremeditación. ‖ Descuido, ligereza, imprudencia, inadvertencia, precipitación, negligencia (**a.:** *cuidado*).

imprevisor, ra. adj. Confiado, descuidado (**a.:** *prevenido, previsor*).

imprevisto, ta. adj. Impensado, inesperado, inopinado, repentino, casual, fortuito (**a.:** *forzoso, previsto, esperado*). ‖ Repentino, súbito.

imprimir. tr. Estampar, tirar, editar. ‖ Fijar, retener.

ímprobo, ba. adj. Trabajoso, agotador, abrumador, excesivo, fatigoso, penoso (**a.:** *leve, reposado*).

improcedente. adj. Inoportuno, infundado, impropio, impertinente, inadecuado (**a.:** *oportuno, adecuado, congruente*).

improductivo, va. adj. Infecundo, estéril, infructífero, infructuoso (**a.:** *fértil, productivo, fecundo*). ‖ Baldío, yermo.

impronunciable. adj. Inefable, indecible. ‖ Irreproducible.

improperio. m. Insulto, injuria, invectiva, denuesto, dicterio, ofensa (**a.:** *adulación*).

impropio, pia. adj. Inadecuado, improcedente, extemporáneo, inconveniente (**a.:** *propio, correcto, oportuno*). ‖ Ajeno, extraño. ‖ Falso. ‖ Chocante, disonante.

improrrogable. adj. Inaplazable, impostergable.

improvisación. f. Repente, repentización, in promptu, espontaneidad.

improvisador, ra. adj. Repentista.

improvisar. tr. Repentizar (**a.:** *ensayar, preparar*).

improviso (de). loc. adv. De repente, repentinamente, súbitamente.

imprudencia. f. Imprevisión, impremeditación, irreflexión, ligereza, descuido (**a.:** *prudencia, previsión, cuidado*). ‖ Temeridad, audacia. ‖ Indiscreción.

imprudente. adj. Alocado, irreflexivo, precipitado, atolondrado (**a.:** *sensato*). ‖ Temerario, audaz (**a.:** *cauto, prudente*). ‖ Indiscreto, irrespetuoso.

impudencia. f. Atrevimiento, descaro, descoco, desvergüenza, desfachatez, procacidad, impudor, cinismo, impudicia (**a.:** *honestidad, decencia*).

impúdico, ca. adj. Desvergonzado, cínico. ‖ Deshonesto, lujurioso, libidinoso, cínico, libertino (**a.:** *púdico, honesto*).

impudor. m. Deshonestidad, impudencia, libertinaje, impudicia, lujuria. ‖ Cinismo, desvergüenza, desfachatez.

impuesto. m. Tributo, gravamen, carga, contribución, gabela, tributación. ‖ adj. Aleccionado, enterado.

impugnación. f. Objeción, refutación, contradicción.

impugnar. tr. Contradecir, objetar, refutar, rebatir, confutar, replicar, redargüir, atacar, combatir (**a.:** *abogar, defender, sostener*).

impulsar. tr. Empujar, impeler, incitar, estimular, instigar (**a.:** *contener, frenar*).

impulsivo, va. adj. y s. Impetuoso, irreflexivo, fogoso, vehemente (**a.:** *imperturbable, flemático, tranquilo*). ‖ Alborotado, violento.

impulso. m. Empujón, envión, impulsión, empuje. ‖ Instigación, incentivo, incitación, estímulo, promoción.

impuro, ra. adj. Contaminado, mezclado, viciado, sucio, adulterado (**a.:** *puro, limpio, depurado*). ‖ Deshonesto, impúdico.

imputación. f. Acusación, cargo, inculpación, denuncia, atribución (**a.:** *defensa*).

imputar. tr. Atribuir, delatar, achacar, acusar, denunciar, inculpar.

imputrescible. adj. Incorruptible.

inabordable. adj. Inaccesible, inalcanzable.

inacabable. adj. Interminable, inagotable, inextinguible.

inaccesible. adj. Inalcanzable, inabordable, inasequible (a.: *accesible*). ‖ Impracticable, escarpado, intransitable, abrupto (a.: *practicable, transitable*). ‖ Incomprensible, impenetrable (a.: *comprensible, fácil*).

inacción. f. Inactividad, descanso, inercia, quietud, inmovilidad, pausa, reposo, ocio, paro (a.: *acción, actividad, movimiento*).

inacentuado, da. adj. Átono.

inaceptable. adj. Inadmisible.

inactividad. f. Inacción, ociosidad (a.: *trabajo, diligencia*).

inactivo, va. adj. Ocioso, perezoso, parado, desocupado, quieto (a.: *diligente, activo*). ‖ Inerte, quieto, inmóvil.

inadecuado, da. adj. Impropio, inapropiado, inconveniente, improcedente, desproporcionado (a.: *adecuado, apropiado*).

inadmisible. adj. Falso. ‖ Intolerable, inaceptable. ‖ Increíble.

inadvertencia. f. Distracción, negligencia, descuido, imprevisión, omisión, olvido (a.: *atención, cuidado*).

inadvertido, da. adj. Desapercibido, imprevisto. ‖ Distraído, descuidado.

inagotable. adj. Inacabable, interminable, inextinguible. ‖ Abundante, continuo.

inaguantable. adj. Insoportable, odioso, intolerable, insufrible.

inalterable. adj. Permanente, fijo, invariable, indestructible, estable (a.: *variable, inestable*). ‖ Imperturbable, flemático, impasible, impertérrito, inconmovible, impávido (a.: *vehemente, impulsivo*).

inamovible. adj. Fijo, firme (a.: *variable*).

inane. adj. Vano, fútil, inútil, endeble, vacuo, insustancial.

inanimado, da. adj. Insensible, exánime, muerto.

inapagable. adj. Inextinguible.

inapelable. adj. Irrevocable, incuestionable. ‖ Irremediable, inevitable.

inapetencia. f. Anorexia, disorexia, desgana, desgano (a.: *apetencia, gana*).

inapetente. adj. Desganado (a.: *hambriento*).

inaplazable. adj. Improrrogable.

inapreciable. adj. Imperceptible, indiscernible, invisible. ‖ Imponderable, inestimable, insuperable, óptimo, valiosísimo.

inaprovechable. adj. Inservible (a.: *útil*).

inarmónico, ca. adj. Discorde, discordante, disonante (a.: *armonioso*).

inasequible. adj. Inaccesible, inalcanzable, inasible, incomprensible (a.: *accesible, fácil*).

inatacable. adj. Invulnerable, inmune. ‖ Inexpugnable. ‖ Irreprochable.

inaudito, ta. adj. Inconcebible, raro, asombroso, extraño, increíble, pasmoso (a.: *normal, corriente*). ‖ Monstruoso, atroz, escandaloso.

inauguración. f. Apertura, estreno, principio (a.: *cierre, clausura*).

inaugurar. tr. Iniciar, comenzar, principiar, estrenar, abrir.

incalculable. adj. Inmenso, ilimitado, imponderable, infinito, inestimable, enorme, inconmensurable, incontable (a.: *calculable*).

incalificable. adj. Inaudito, vergonzoso, inconcebible, indignante, vituperable, vil, execrable (a.: *loable*).

incandescencia. f. Ignición, combustión.

incandescente. adj. Ardiente, inflamable.

incansable. adj. Infatigable, resistente, persistente, activo, laborioso. ‖ Obstinado, tenaz.

incapacidad. f. Ineptitud, incompetencia, rudeza, inhabilidad, nulidad, torpeza (a.: *capacidad, competencia, aptitud*). ‖ Insuficiencia.

incapacitar. tr. Inhabilitar, recusar, descalificar (a.: *capacitar*).

incapaz. adj. Insuficiente, pequeño. ‖ Inepto, inhábil, torpe, incompetente, negado, inútil, impotente (a.: *capaz, hábil, apto*).

incautarse. prnl. Confiscar, decomisar, requisar, embargar.

incauto, ta. adj. Crédulo, cándido, imprevisor, inocente, simple, ingenuo (**a.**: *cauto, cauteloso, prudente*).

incendiar. tr. Encender, inflamar, prender fuego, quemar.

incendiario, ria. adj. Escandaloso. ‖ Subversivo, perturbador, sedicioso, violento.

incendio. m. Conflagración, quema, fuego, siniestro.

incensar. tr. Sahumar. ‖ Halagar, lisonjear, adular, alabar, elogiar (**a.**: *difamar, calumniar*).

incensario. m. Turíbulo, botafumeiro.

incentivo. m. Atractivo, cebo, aliciente, estímulo, acicate, aguijón.

incertidumbre. f. Duda, indecisión, perplejidad (**a.**: *convicción, seguridad*). ‖ Inseguridad, vacilación, hesitación (**a.**: *certeza, certidumbre*).

incesante. adj. Continuo, constante, perenne, persistente, seguido, ininterrumpido (**a.**: *discontinuo, intermitente, periódico*).

incidencia. f. Emergencia, suceso, episodio.

incidente. m. Incidencia, cuestión, litigio. ‖ Disputa, riña, lance, peripecia (**a.**: *avenencia*).

incidir. tr. Cortar, romper, hendir. ‖ Grabar, inscribir. ‖ intr. Incurrir, caer. ‖ Sobrevenir, ocurrir. ‖ Repercutir.

incienso. m. Lisonja.

incierto, ta. adj. Dudoso, inseguro, nebuloso, problemático (**a.**: *cierto, seguro, evidente*). ‖ Mudable, indeciso, irresoluto, vacilante, inconstante. ‖ Contingente, eventual. ‖ Impreciso, borroso. ‖ Desconocido, ignorado, ignoto (**a.**: *conocido*).

incinerar. tr. Quemar, cremar, calcinar.

incipiente. adj. Naciente, nuevo, principiante (**a.**: *veterano*).

incisión. f. Corte, cortadura, hendedura, tajo, raja, hendidura.

incisivo, va. adj. Cortante, tajante. ‖ Punzante, mordaz, satírico, cáustico, agudo.

inciso, sa. adj. Cortado, dividido.

incitación. f. Estímulo, instigación, estimulación, provocación, incentivo (**a.**: *represión*).

incitar. tr. Instigar, inducir, provocar, excitar, animar, alentar, estimular, mover (**a.**: *desalentar, disuadir*).

incitativo, va. adj. Incentivo, estimulante, instigador.

incivil. adj. Grosero, maleducado, desatento, descortés, ineducado.

inclemencia. f. Rigor, dureza, severidad, aspereza, saña, crueldad (**a.**: *clemencia, benignidad*). ‖ Insensibilidad.

inclinación. f. Declive, pendiente. ‖ Oblicuidad. ‖ Propensión, tendencia, vocación, predisposición. ‖ Afección, afecto, cariño. ‖ Afición, gusto, vocación (**a.**: *desvío*). ‖ Reverencia.

inclinado, da. adj. Propenso, proclive, aficionado.

inclinar. tr. Desviar, torcer, ladear. ‖ Predisponer, incitar, persuadir, mover. ‖ prnl. Parecerse, asemejarse. ‖ Tender, propender, aficionarse. ‖ Decidirse (**a.**: *desistir*).

ínclito, ta. adj. Ilustre, conspicuo, esclarecido, renombrado, egregio, famoso, afamado, célebre, insigne, perínclito, preclaro.

incluir. tr. Abarcar, comprender, encerrar, englobar, contener (**a.**: *excluir, omitir*). ‖ Insertar, encerrar, introducir, adjuntar, añadir, agregar, meter (**a.**: *sacar, separar*).

inclusero, ra. adj. Expósito.

inclusive o incluso. adv. Hasta, aun (**a.**: *exceptuado, excluido*).

incoar. tr. Comenzar, iniciar, abrir, empezar, principiar.

incoercible. adj. Incomprensible. ‖ Incontenible, irrefrenable.

incógnito, ta. adj. Desconocido, arcano, ignorado, oculto, ignoto (**a.**: *conocido*). ‖ **de incógnito.** loc. adv. Encubiertamente, secretamente.

incoherente. adj. Ininteligible, confuso, disgregado, inconexo, incongruente (**a.**: *coherente, congruente*).

incoloro, ra. adj. Descolorido, desteñido.

incólume. adj. Indemne, ileso, sano, intacto, salvo (**a.:** *lesionado, herido*).

incombustible. adj. Calorífugo, ignífugo, ininflamable. || Desapasionado.

incomodar. tr. y prnl. Desagradar, molestar, disgustar, enfadar, fastidiar, enojar, irritar (**a.:** *agradar, gustar, ayudar*).

incomodidad. f. Molestia, enojo, embarazo, fastidio.

incómodo, da. adj. Embarazoso, dificultoso, desagradable, molesto, violento, fastidioso. *Lo incómodo estorba* (**a.:** *cómodo, grato*).

incomparable. adj. Impar, único, imparangonable.

incompatibilidad. f. Oposición, disconformidad, repugnancia (**a.:** *atracción, conformidad*).

incompatible. adj. Antagónico, inconciliable, contrario, opuesto, irreconciliable (**a.:** *compatible, coincidente*).

incompetencia. f. Ineptitud, incapacidad (**a.:** *aptitud, destreza, capacidad, idoneidad*).

incompetente. adj. Inepto, inhábil, incapaz, inútil, nulo.

incompleto, ta. adj. Inconcluso, inacabado, trunco, falto, truncado. || Fragmentario, parcial (**a.:** *completo, íntegro, entero*). || Imperfecto, defectuoso, deficiente, insuficiente.

incomprensible. adj. Ininteligible, abstruso, incognoscible, inconcebible, inexplicable (**a.:** *comprensible, inteligible*). || Oscuro, insondable, embrollado, enigmático, misterioso, inimaginable, arcano (**a.:** *claro*).

incomprensión. f. Ofuscación, desacuerdo (**a.:** *comprensión*).

incomunicación. f. Aislamiento, retraimiento (**a.:** *relación, trato*).

incomunicar. tr. y prnl. Aislar, retirarse, recogerse, retraerse (**a.:** *comunicar, relacionar*). || tr. Bloquear, acordonar.

inconcebible. adj. Inimaginable, increíble, inexplicable, incomprensible. || Sorprendente, extraordinario, extraño (**a.:** *normal*).

inconciliable. adj. Incompatible, irreconciliable (**a.:** *conciliable, coincidente*). || Disconforme, discordante.

inconcluso, sa. adj. Inacabado, incompleto (**a.:** *concluido, terminado*).

inconcuso, sa. adj. Indudable, claro, innegable, evidente, incontrovertible, incontestable, firme, seguro, indiscutible (**a.:** *dudoso, oscuro*).

incondicional. adj. Absoluto (**a.:** *condicional, relativo, limitado*).

inconexo, xa. adj. Incoherente, incongruente, inadecuado, desligado, aislado (**a.:** *coherente, ligado*).

inconfesable. adj. Vergonzoso, indecible, infando, nefando.

inconfundible. adj. Característico, peculiar.

incongruente. adj. Inadecuado, impropio, inconveniente (**a.:** *apropiado, oportuno*).

incongruo. adj. Incoherente, inconexo, deshilvanado.

inconmensurable. adj. Inmenso, infinito, inmensurable, ilimitado.

inconmovible. adj. Firme, estable, sólido. || Impasible, impertérrito, inmutable, insensible, inalterable.

inconquistable. adj. Inexpugnable. || Inflexible, insobornable.

inconsciencia. f. Irresponsabilidad, irreflexión (**a.:** *reflexión*).

inconsciente. adj. Maquinal, automático, mecánico. || Aturdido, irreflexivo.

inconsecuente. adj. Inconstante, voluble, informal, ligero, veleidoso, veleta (**a.:** *consecuente, constante*). || Ilógico, fortuito.

inconsiderado, da. adj. Irreflexivo, precipitado, desatento, atolondrado, imprudente. || adj. y s. Irrespetuoso, descortés, descomedido.

inconsistente. adj. Frágil, débil, flojo, blando (**a.:** *fuerte, resistente*). || Fútil, endeble (**a.:** *consistente, firme*).

inconsolable. adj. Desconsolado, abatido, angustiado, apenado, apesadumbrado, desesperado.

inconstancia. f. Inestabilidad, ligereza, versatilidad, volubilidad, veleidad, inconsecuencia. *La inconstancia proviene del corazón; la volubilidad del alma.*

inconstante. adj. Inestable, mudable, desigual, vario, variable. || Voluble, volario, veleidoso, versátil, inconsecuente, informal, tornadizo, ligero, veleta (a.: *constante, perseverante*).

incontable. adj. Innumerable, innúmero, infinito, incalculable. || Numerosísimo.

incontenible. adj. Irrefrenable, irreprimible.

incontestable. adj. Indudable, indiscutible, indubitable, inconcuso, innegable, incontrovertible, incuestionable, irrebatible, incontrastable, probado, irrefutable.

incontinencia. f. Deshonestidad, lubricidad, liviandad, lascivia, lujuria, desenfreno (a.: *honestidad*).

incontinenti. adv. En seguida, pronto, inmediatamente, prestamente, al instante, prontamente, seguidamente.

incontrastable. adj. Invencible, inexpugnable. || Incontestable, irrebatible, incuestionable, indiscutible. || Irreductible, pertinaz.

incontrovertible. adj. Irrebatible, incontestable, indiscutible, incuestionable, indisputable, incontrastable, innegable (a.: *controvertible, discutible*).

inconveniencia. f. Inoportunidad, incomodidad, desconveniencia. || Disconformidad, inverosimilitud. || Falta, despropósito, grosería, incorrección, descortesía. || Imprudencia, indiscreción.

inconveniente. adj. Descortés, incorrecto, deshonesto, indecoroso, grosero. || Inoportuno, desacertado, perjudicial (a.: *conveniente, oportuno*). || m. Impedimento, dificultad, estorbo, traba, obstáculo (a.: *facilidad*). || Daño, perjuicio, desventaja.

incordio. m. Fastidio, molestia.

incorporación. f. Ingreso, admisión, recepción, agregación (a.: *expulsión, separación*).

incorporar. tr. Admitir, unir, anexar, juntar, asociar, agregar, integrar, afiliar, añadir (a.: *sacar, extraer*). || prnl. Levantarse, erguirse (a.: *tenderse*). || Integrarse, unirse, amalgamarse, asociarse, agremiarse.

incorpóreo, a. adj. Inmaterial, irreal.

incorrección. f. Falta, defecto, error (a.: *corrección*). || Grosería, inconveniencia, descomedimiento, descortesía (a.: *cortesía*).

incorrecto, ta. adj. Defectuoso, inexacto, imperfecto. || Erróneo, equivocado (a.: *justo, preciso*). || Descortés, grosero, incivil, descomedido (a.: *cortés*).

incorregible. adj. Obstinado, recalcitrante, testarudo, pertinaz.

incorruptible. adj. Íntegro, probo, insobornable, justo, incorrupto (a.: *corruptible, coimero, venal*). || Virtuoso, puro, honrado, incólume, recto.

incorrupto, ta. adj. Puro, casto, íntegro (a.: *corrompido*).

incredulidad. f. Descreimiento, ateísmo, irreligiosidad, impiedad, escepticismo (a.: *fe*). || Recelo, desconfianza, suspicacia (a.: *confianza*).

incrédulo, la. adj. y s. Descreído, ateo, hereje, impío (a.: *creyente*). || Escéptico, suspicaz, desconfiado, receloso (a.: *crédulo, confiado*).

increíble. adj. Inverosímil, inconcebible, inimaginable, imposible, inaudito, inadmisible (a.: *creíble, verosímil*).

incrementar. tr. Acrecentar, acrecer agregar, ampliar, aumentar (a.: *disminuir, reducir*).

incremento. m. Aumento, desarrollo, acrecentamiento, crecimiento.

increpar. tr. Reprender, sermonear, regañar, reñir, censurar. || Insultar.

incriminar. tr. Acriminar, inculpar, imputar, acusar (a.: *disculpar*).

incrustación. f. Taracea, ataujía, marquetería, embutido, damasquinado.

incrustar. tr. Meter, introducir, embutir.

incubar. tr. e intr. Empollar, enclocar, encobar. || tr. y prnl. Preparar.

incuestionable. adj. Incontestable, indiscutible, indudable, irrefragable, indisputable, evidente, irrebatible, irrefutable, innegable, incontrovertible, axiomático (a.: *cuestionable, discutible*).

inculcar. tr. Infundir, imbuir (a.: *disuadir*).

inculpabilidad. f. Inocencia.

inculpado, da. adj. y s. Acusado, procesado, reo.

inculpar. tr. Culpar, imputar, acusar, achacar, acriminar, incriminar, atribuir (a.: *disculpar, excusar*). || Delatar, colgar.

inculto, ta. adj. Yermo, abandonado, baldío, agreste (a.: *cultivado*). || Ignorante, analfabeto, rústico, palurdo, grosero, indocto, ineducado (a.: *culto, educado*).

incultura. f. Ignorancia, analfabetismo, barbarie (a.: *sabiduría*). || Grosería (a.: *educación*).

incumbencia. f. Competencia, jurisdicción, cargo.

incumbir. intr. Concernir, competer, tocar, atañer, corresponder, interesar.

incumplimiento. m. Inobservancia, descuido, omisión.

incumplir. tr. Quebrantar, inobservar, vulnerar, conculcar, infringir, contravenir, violar.

incurable. adj. Desahuciado, insanable. || Incorregible. || Irremediable.

incuria. f. Apatía, abandono, negligencia, indolencia, descuido, desidia, dejadez, despreocupación (a.: *cuidado, esmero*).

incurrir. intr. Caer, cometer, merecer.

incursión. f. Correría, malón, invasión, irrupción, exploración, corso.

indagación. f. Averiguación, búsqueda, investigación, busca, pesquisa. || Inquisición, indagatoria.

indagar. tr. Inquirir, averiguar, husmear, investigar, buscar, pesquisar, inspeccionar, escrutar.

indebido, da. adj. Ilícito, ilegal, prohibido, injusto, injustificado (a.: *debido, justificado*). || Clandestino.

indecencia. f. Deshonestidad, liviandad, obscenidad, cochinada, indecentada, grosería (a.: *decencia, decoro*).

indecente. adj. Deshonesto, cochino, indecoroso, indigno, inconveniente, impúdico, obsceno.

indecible. adj. Inefable, inenarrable, grandioso, indescriptible, prodigioso, inexplicable. || Inconfesable.

indecisión. f. Duda, vacilación, irresolución, perplejidad, indeterminación, titubeo, hesitación (a.: *decisión, resolución*).

indeciso, sa. adj. Dudoso, perplejo, fluctuante, vacilante, irresoluto, titubeante (a.: *resuelto, decidido*).

indeclinable. adj. Firme, ineludible, insoslayable, inevitable.

indecoroso, sa. adj. Indecente (a.: *decente*). || Grosero, insolente, irrespetuoso. || Obsceno, deshonesto, inconveniente (a.: *honesto, moral*).

indefectible. adj. Inevitable, preciso, forzoso. || Infalible, seguro.

indefendible. adj. Refutable, insostenible.

indefenso, sa. adj. Inerme, desarmado, desguarnecido (a.: *defendido, guarnecido*). || Desamparado, desvalido, abandonado (a.: *protegido, amparado*).

indefinido, da. adj. Indeterminado, inmenso, ilimitado (a.: *limitado*). || Impreciso, confuso, incierto, vago (a.: *definido, preciso*).

indeleble. adj. Inalterable, permanente, fijo, imborrable. *Lo indeleble es lo que no se borra.*

indeliberado, da. adj. Impensado, irreflexivo, impremeditado, involuntario, instintivo, espontáneo, maquinal.

indemne. adj. Ileso, intacto, incólume (a.: *lesionado*).

indemnización. f. Resarcimiento, compensación, reparación, satisfacción.

indemnizar. tr. Compensar, reparar, resarcir.

independencia. f. Libertad, autodeterminación, autonomía, soberbia, emancipación. || Entereza, resolución. || Imparcialidad.

independiente. adj. Imparcial, neutral. || Libre, soberano, autónomo.

independizar. tr. y prnl. Emancipar (a.: *someter, esclavizar*).

indescifrable. adj. Ilegible. || Incomprensible, obscuro, ininteligible, impenetrable, inexplicable, inexpresable (**a.**: *descifrable, inteligible*).

indescriptible. adj. Indecible, inenarrable, sublime, inefable (**a.**: *explicable*).

indestructible. adj. Imperecedero, inalterable, inconmovible, permanente, fijo, firme, irrompible (**a.**: *frágil, perecedero*).

indeterminación. f. Indecisión, fluctuación, irresolución, vacilación (**a.**: *decisión, precisión*).

indeterminado, da. adj. Indefinido, vago, ilimitado, impreciso, incierto, confuso (**a.**: *determinado, definido*). || Indeciso, irresoluto, perplejo.

indicación. f. Señal, pista, indicio, huella, vestigio. || Observación, aviso.

indicar. tr. Mostrar, avisar, advertir, señalar. || Significar, denotar. || Aconsejar, sugerir.

índice. m. Lista, tabla. || Indicador, indicio. || Catálogo.

indicio. m. Asomo, barrunto, atisbo. || Evidencia. || Señal, síntoma, manifestación, signo. || Vestigio, rastro, vislumbre, huella, reliquia.

indiferencia. f. Frialdad, insensibilidad, desapego, displicencia, desinterés, pasividad, apatía (**a.**: *amor, curiosidad, interés*).

indiferente. adj. Indistinto. || Insensible, displicente, desinteresado, apático, impasible (**a.**: *entusiasta*).

indígena. adj. y s. Originario, natural, nativo. || Aborigen, autóctono.

indigencia. f. Pobreza, miseria, inopia, carencia (**a.**: *opulencia*).

indigente. adj. y s. Pobre, necesitado, menesteroso.

indigestarse. prnl. Empacharse.

indigestión. f. Empacho, cargazón.

indignación. f. Ira, irritación, enojo, enfado (**a.**: *pasividad*).

indignar. tr. y prnl. Irritar, enfadar, enojar, sublevar.

indignidad. f. Bajeza, canallada, vileza, ruindad, villanía, infamia (**a.**: *nobleza, honor*).

indigno, na. adj. Bajo, abyecto, bellaco,

rastrero, vil, ruin, despreciable (**a.**: *noble*). || Impropio, inadecuado, inmerecido, incorrecto (**a.**: *adecuado, correcto*). || Degradante, vergonzoso.

indirecta. f. Alusión, insinuación, sugerencia.

indisciplina. f. Rebeldía, indocilidad, insumisión, insubordinación (**a.**: *disciplina, obediencia*).

indisciplinado, da. adj. Desobediente, indócil, díscolo, insubordinado, rebelde, revoltoso (**a.**: *dócil*).

indiscreción. f. Intromisión, impertinencia, curiosidad.

indiscreto, ta. adj. y s. Curioso, fisgón, entrometido, inoportuno, imprudente, importuno, intruso (**a.**: *discreto, oportuno*). || Hablador, charlatán, lengua larga.

indisculpable. adj. Injustificable, inexcusable (**a.**: *disculpable, justificable*).

indiscutible. adj. Cierto, seguro, evidente, innegable, incontestable, irrebatible, irrefutable, incontrovertible, incuestionable, indudable (**a.**: *discutible, refutable*).

indisoluble. adj. Insoluble. || Firme, indivisible (**a.**: *separable*).

indispensable. adj. Esencial, necesario, preciso, vital, imprescindible, irreemplazable, obligatorio, forzoso, inexcusable, insustituible (**a.**: *innecesario, accesorio*).

indisponer. tr. y prnl. Desavenir, enemistar, encizañar, malquistar (**a.**: *amistar*). || prnl. Enfermar (**a.**: *sanar*).

indisposición. f. Destemple, malestar, desazón, dolencia, mal, achaque (**a.**: *salud*).

indispuesto, ta. adj. Enfermo, destemplado (**a.**: *sano*). || Contrariado, molesto (**a.**: *feliz*).

indisputable. adj. Indiscutible, innegable, irrebatible, incontestable, incuestionable, incontrovertible, indudable.

indistinto, ta. adj. Indiscernible, impreciso, confuso, imperceptible. || Igual.

individual. adj. Personal, particular (**a.**: *común, colectivo*).

individualidad. f. Carácter, personalidad, idiosincrasia.

individualismo. m. Particularismo, egoísmo (**a.:** *altruismo*).

individualizar o **individuar.** tr. Particularizar, concretar, especificar.

individuo. m. Alma, ente, hombre, persona. *Un individuo es un ser aislado; una persona es una parte de la sociedad.* ‖ Sujeto, prójimo, socio, miembro (**a.:** *sociedad*). ‖ Ejemplar, espécimen.

indivisible. adj. Inseparable.

indiviso. adj. Entero (**a.:** *divisible*).

indócil. adj. Desobediente, malmandado, remiso, díscolo, terco, reacio, indisciplinado, rebelde (**a.:** *dócil, obediente*).

indocto, ta. adj. Ignorante, iletrado, inculto (**a.:** *culto, docto*).

indoeuropeo, a. adj. y s. Ario.

índole. f. Idiosincrasia, temple, genio, humor, carácter, condición, natural, naturaleza.

indolencia. f. Apatía, incuria, pachorra, negligencia, dejadez, poltronería, flojera, pereza, desidia (**a.:** *actividad*).

indolente. adj. Perezoso, calmoso, dejado, poltrón, negligente, apático, flojo.

indomable. adj. Indomesticable, indómito. ‖ Rebelde (**a.:** *disciplinado, gobernable*).

indómito, ta. adj. Indomable, fiero. ‖ Bravío, chúcaro, salvaje, cerril, arisco, montaraz.

indubitable. adj. Indudable (**a.:** *discutible*).

inducción. f. Instigación, incitación, persuasión. ‖ Consecuencia, inferencia (**a.:** *deducción*).

inducir. tr. Instigar, convencer, incitar, mover, tentar, persuadir. ‖ Inferir, colegir, deducir, desprender.

indudable. adj. Indubitable, cierto, innegable, incuestionable, seguro, inequívoco, evidente, indiscutible (**a.:** *discutible, dudoso*).

indulgencia. f. Benevolencia, benignidad, condescendencia, tolerancia (**a.:** *intolerancia*). ‖ Perdón, remisión, clemencia.

indulgente. adj. Benévolo, benigno, clemente, condescendiente, tolerante.

indultar. tr. Perdonar, remitir (**a.:** *condenar*). ‖ Amnistiar, eximir, absolver, condonar.

indulto. m. Perdón, remisión, gracia, amnistía (**a.:** *castigo, multa*).

indumentaria. f. Ropa, vestimenta, traje, vestido, prendas, ropaje.

industria. f. Destreza, arte, maña, traza, oficio, habilidad, maestría. ‖ Fabricación, elaboración, producción, manufactura.

industrial. m. Fabricante.

industriar. tr. Fabricar, manufacturar. ‖ Adiestrar, instruir. ‖ prnl. Ingeniarse.

industrioso, sa. adj. Diestro, experto, hábil, habilidoso, práctico, mañoso, ingenioso, emprendedor (**a.:** *torpe, inhábil*).

inefable. adj. Indescible, inenarrable, sublime, indescriptible.

ineficaz. adj. Inútil, infructuoso, estéril (**a.:** *eficaz, útil*). ‖ Inepto, incapaz, improductivo.

inelegante. adj. Cursi, chabacano, desgarbado (**a.:** *vistoso, elegante*).

ineluctable. adj. Ineludible.

ineludible. adj. Inevitable, forzoso, insoslayable, obligatorio, ineluctable (**a.:** *eludible, evitable*). ‖ Necesario, fatal.

inenarrable. adj. Indescriptible, inefable, indecible.

ineptitud. f. Incapacidad, impericia, inhabilidad, insuficiencia, inutilidad, incompetencia (**a.:** *habilidad*).

inepto, ta. adj. y s. Incapaz, torpe, incompetente, inexperto, inhábil, inútil (**a.:** *apto, capaz*).

inequívoco, ca. adj. Claro, indudable, seguro, indiscutible, evidente (**a.:** *discutible*).

inercia. f. Inacción, apatía, negligencia, desidia, flojedad (**a.:** *actividad, diligencia*).

inerme. adj. Desarmado, indefenso.

inerte. adj. Exánime. ‖ Inactivo, ineficaz. ‖ Apático, desidioso, flojo.

inescrutable. adj. Enigmático, incomprensible, incognoscible, arcano, indescifrable, impenetrable, misterioso, insondable (**a.:** *escrutable, descifrable*).

inesperadamente. adj. Impensadamente, inopinadamente.

inesperado, da. adj. Accidental, casual, imprevisto, impensado, insospechado, repentino, inopinado (**a.:** *esperado, previsto*).

inestable o **instable.** adj. Mudable, inseguro, variable, vario (**a.:** *estable, inalterable*). ‖ Inconstante, voluble, veleidoso, versátil, voltario, tornadizo, ligero. ‖ Movedizo, vacilante, inseguro (**a.:** *firme, seguro*).

inestimable. adj. Inapreciable, valioso (**a.:** *desdeñable*).

inevitable. adj. Ineludible, fatal, forzoso, insoslayable.

inexactitud. f. Falsedad, error, equivocación.

inexacto, ta. adj. Erróneo, equivocado, falso (**a.:** *exacto, verdadero, correcto*). ‖ Impreciso, vago.

inexcusable. adj. Indisculpable, injustificable.

inexistente. adj. Irreal, imaginario, ilusorio, aparente, engañoso.

inexorable. adj. Inflexible, despiadado, implacable, duro.

inexperiencia. f. Impericia, torpeza (**a.:** *maestría, pericia*).

inexperto, ta. adj. y s. Ingenuo, candoroso. ‖ Bisoño, principiante, novicio, novato (**a.:** *experto, experimentado*). ‖ Inhábil, inepto, torpe.

inexplicable. adj. Incomprensible, inconcebible, extraño, misterioso, arcano, indescifrable (**a.:** *comprensible*).

inexplorado, da. adj. Ignoto, desconocido (**a.:** *explorado*).

inexpresivo, va. adj. Seco, frío (**a.:** *expresivo, vehemente*). ‖ Reservado, enigmático, impasible.

inexpugnable. adj. Inconquistable. ‖ Irreductible, inquebrantable.

inextinguible. adj. Inapagable. ‖ Inacabable, duradero, interminable, imperecedero.

inextricable. adj. Enmarañado, intrin-

cado, embrollado, enredado, confuso, impenetrable.

infalible. adj. Seguro, indefectible, cierto (**a.:** *falible, dudoso*).

infamante. adj. Degradante, deshonroso, afrentoso, oprobioso, ignominioso, vergonzoso (**a.:** *honroso*).

infamar. tr. Difamar, desacreditar, denigrar, deshonrar, vilipendiar, afrentar, mancillar (**a.:** *honrar, acreditar*).

infame. adj. y s. Depravado, vil, perverso, malvado, indigno, ignominioso, protervo, despreciable, ruin, miserable, canalla, malvado.

infamia. f. Ignominia, vilipendio, vileza, indignidad, deshonra, afrenta, descrédito (**a.:** *decencia*). ‖ Canallada, perversidad, bajeza, traición.

infancia. f. Niñez, puericia, minoridad. *Infancia equivale a pocos años* (**a.:** *vejez*).

infando, da. adj. Vergonzoso, indigno, nefando.

infante. m. Niño, criatura, nene, menor, chico, chiquillo, chiquitín, pequeño. ‖ Príncipe.

infantil. adj. Aniñado. ‖ Pueril. ‖ Inocente, candoroso, ingenuo.

infatigable. adj. Incansable, perseverante, tenaz, voluntarioso, trabajador.

infatuación. f. Fatuidad, engreimiento, petulancia (**a.:** *humildad*).

infatuar. tr. y prnl. Engreír, envanecer, ensoberbecer, inflarse, pavonearse.

infausto, ta. adj. Aciago, desventurado, desgraciado, fatídico, desdichado, malaventurado, infeliz, infortunado, funesto (**a.:** *feliz, afortunado*).

infección. f. Contaminación, contagio, epidemia. ‖ Corrupción, perversión.

infectar. tr. y prnl. Contagiar, inficionar, contaminar, infestar (**a.:** *desinfectar, descontaminar*). ‖ Corromper, pervertir (**a.:** *purificar*).

infecto, ta. adj. Inficionado, infectado, putrefacto, contaminado, pestilente, contagiado.

infecundo, da. adj. Estéril, improductivo (**a.:** *fecundo, fértil*).

infelicidad. f. Desdicha, infortunio (**a.:** *dicha, ventura*).

infeliz. adj. y s. Desgraciado, desdichado, infortunado, desventurado (**a.:** *feliz, dichoso*). ‖ Apocado, cuitado. ‖ Aciago (**a.:** *afortunado*).

inferencia. f. Consecuencia, deducción, ilación.

inferior. adj. Bajo, malo, peor, menor (**a.:** *mejor, superior*). ‖ m. o f. Dependiente, subordinado, subalterno.

inferioridad. f. Subordinación, dependencia (**a.:** *mando*). ‖ Desventaja, minoría (**a.:** *mayoría, ventaja*).

inferir. tr. Deducir, derivar, sacar, concluir, colegir, desprenderse. ‖ Infligir, causar, ocasionar, producir. ‖ Conjeturar, suponer.

infernal. adj. Satánico, demoníaco, luciferino, diabólico, maléfico, endiablado (**a.:** *angelical*). ‖ Desagradable, dañino (**a.:** *bondadoso*).

infértil. adj. Estéril.

infestar. tr. Devastar, saquear. ‖ Invadir, pulular, propagarse. ‖ Apestar, inficionar, plagar, contaminar, contagiar, corromper. ‖ Estragar, perjudicar.

inficionar. tr. Infectar, infestar, contaminar, contagiar. ‖ Emponzoñar, envenenar.

infidelidad. f. Deslealtad, traición, perfidia (**a.:** *fidelidad*).

infiel. adj. Adúltero. ‖ Desleal, traidor, pérfido, perjuro, alevoso (**a.:** *fiel, leal*). ‖ Erróneo, inexacto ‖ Idólatra, animista, gentil, hereje, pagano.

infierno. m. Averno, báratro, gehena, tártaro, érebo, orco. ‖ Perdición. ‖ Antro, abismo. ‖ Alboroto, bulla, escándalo.

infiltrar. tr. Infundir, inculcar, inspirar, imbuir. ‖ Introducir, inyectar. ‖ prnl. Introducirse, entrometerse.

ínfimo, ma. adj. Bajo, vil, ruin, despreciable (**a.:** *superior*). ‖ Mínimo, último.

infinidad. f. Sinnúmero, cúmulo, sinfín, multitud, muchedumbre (**a.:** *escasez*). ‖ Inmensidad, infinito, vastedad, universo, espacio (**a.:** *pequeñez*).

infinitesimal. adj. Minúsculo, microscópico, atómico.

infinito, ta. adj. Ilimitado, inmenso, inconmensurable (**a.:** *finito, limitado*). ‖ Eterno. ‖ pl. Incontables, innumerables. ‖ adv. Excesivamente, muchísimo.

inflación. f. Abundancia, exceso (particularmente de moneda en el mercado). ‖ Inflamiento. ‖ Engreimiento, ensoberbecimiento, vanidad, presunción, soberbia, altivez.

inflado, da. adj. Infatuado.

inflamable. adj. Combustible.

inflamar. tr. y prnl. Encender, incendiar (**a.:** *apagar*). ‖ Enardecer, acalorar, avivar, exasperarse.

inflar. tr. Hinchar, abultar, abombar. ‖ Soplar. ‖ Engreír, envanecer (**a.:** *desinflar, deshinchar*). ‖ prnl. Engreírse, ensoberbecerse, infatuarse.

inflexible. adj. Rígido, resistente (**a.:** *flexible, dúctil*). ‖ Inexorable, inquebrantable, tenaz, obstinado, inconmovible, implacable.

inflexión. f. Dobladura, alabeo, doblez, torcimiento, combadura. ‖ Modulación. ‖ Desinencia, terminación.

infligir. tr. Imponer, aplicar, castigar, causar.

influencia. f. Influjo, preponderancia. ‖ Autoridad, poder, mediación, predominio, muñeca, ascendiente, predicamento. ‖ Valimiento, influjo, privanza, banca, favor.

influir. intr. Ayudar, apoyar, contribuir, mediar, intervenir, pesar.

influjo. m. Influencia.

información. f. Informe, declaración, testimonio, investigación.

informal. adj. y s. Botarate, badulaque, incumplidor.

informalidad. f. Incumplimiento, omisión, olvido (**a.:** *cuidado, observancia*).

informante. m. Expositor, relator. ‖ Delator.

informar. tr. Enterar, publicar, anunciar, avisar, noticiar, enterar, comunicar, participar, revelar. ‖ Denunciar. ‖ Instruir, poner al corriente, poner al tanto. ‖ Dictaminar. ‖ Prevenir, advertir.

informe. m. Información, noticia, aviso, dato, razón. ‖ Dictamen. ‖ Notificación. ‖ pl. Referencias.

informe. adj. Deforme. ‖ Confuso, impreciso, vago, indeterminado.

infortunado, da. adj. Desgraciado, infeliz, desafortunado, desventurado, desdichado. ‖ Aciago, infausto.

infortunio. m. Adversidad, desdicha, desgracia, revés, desventura (a.: *suerte, dicha*).

infracción. f. Trasgresión, quebrantamiento, falta, inobservancia, violación.

infractor, ra. adj. y s. Trasgresor, violador (de una norma), contraventor.

infrangible. adj. Inquebrantable.

infranqueable. adj. Insuperable, insalvable, impracticable, intransitable. ‖ Abrupto, escarpado.

infrecuente. adj. Insólito, raro, desusado (a.: *habitual*).

infringir. tr. Quebrantar, violar, conculcar, transgredir, contravenir (a.: *cumplir, respetar*).

infructífero, ra. adj. Estéril, infecundo, improductivo. ‖ Infructuoso.

infructuoso, sa. adj. Inoperante, inútil, ineficaz, infructífero (a.: *eficaz, fecundo*).

ínfulas. f. y pl. Presunción, fatuidad, vanidad, orgullo, engreimiento, humos.

infundado, da. adj. Inconsistente, descabellado, falso. ‖ Inmotivado, gratuito, injustificado (a.: *motivado, fundado*).

infundio. m. Mentira, cuento, patraña, bulo, embuste (a.: *verdad*).

infundir. tr. Imbuir, comunicar, inspirar, inculcar, infiltrar, animar, impulsar.

infusión. f. Cocimiento, solución.

ingeniar. tr. Trazar, planear, inventar, planificar, idear, discurrir. ‖ prnl. Componérselas, arreglarse, esforzarse, amañarse, apañarse, manejarse.

ingenio. m. Inventiva, imaginación, iniciativa, idea, talento, intuición. ‖ Habilidad, maña, industria, destreza. ‖ Gracia, ocurrencia, chispa. ‖ Máquina, artificio, aparato.

ingenioso, sa. adj. Hábil, habilidoso, listo, industrioso, mañoso, diestro, inventivo. ‖ Gracioso, genial, ocurrente, agudo (a.: *necio, tonto*).

ingénito, ta. adj. Congénito, ínsito, innato, connatural.

ingente. adj. Enorme, colosal, inmenso.

ingenuidad. f. Sinceridad, simplicidad, franqueza, naturalidad, sencillez, candor, credulidad, candidez, inocencia (a.: *astucia, picardía*).

ingenuo, nua. adj. y s. Sincero, crédulo, franco, simple, candoroso, cándido, natural, sencillo, inocente, espontáneo, llano.

ingerir. tr. Tragar, deglutir, comer, beber.

inglés, sa. adj. y s. Británico, anglo.

inglesismo. m. Anglicismo.

ingobernable. adj. Indisciplinado.

ingratitud. f. Desagradecimiento, deslealtad, desconocimiento, egoísmo (a.: *gratitud, agradecimiento*).

ingrato, ta. adj. Desagradecido, descastado, olvidadizo, desleal, egoísta. ‖ Desabrido, desapacible, desagradable, áspero.

ingravidez. f. Imponderabilidad.

ingrávido, da. adj. Ligero, leve, tenue, liviano (a.: *pesado*).

ingrediente. m. Material, sustancia, componente, droga.

ingresar. intr. Entrar, asociarse, afiliarse (a.: *egresar, salir*). ‖ tr. Meter, depositar.

ingreso. m. Entrada (a.: *salida*). ‖ Depósito. ‖ pl. Entradas, ganancias, cobro (a.: *pérdida*).

ingurgitar. tr. Tragar, engullir, ingerir.

inhábil. adj. Desmañado, chapucero. ‖ Inepto, incapaz, torpe, incompetente (a.: *hábil, diestro, capaz*).

inhabilidad. f. Insuficiencia, torpeza, ineptitud, incapacidad, impericia, inexperiencia (a.: *destreza*).

inhabilitar. tr. Imposibilitar, incapacitar. ‖ Descalificar.

inhabitado, da. adj. Yermo. ‖ Deshabitado, despoblado, desierto, solitario.

inhalación. f. Aspiración, absorción, inspiración (**a.:** *exhalación*).

inherente. adj. Propio, consustancial, inseparable, relativo, ínsito, constitutivo.

inhibición. f. Abstención, separación (**a.:** *acción, unión*).

inhibir. tr. Estorbar, prohibir. ‖ prnl. Abstenerse, desentenderse, apartarse, eximirse.

inhospitalario, ria. adj. Cruel, inhumano. ‖ Desabrigado, inhóspito, desierto, inclemente, salvaje, peligroso.

inhóspito, ta. adj. Inhospitalario.

inhumación. f. Sepelio, entierro, sepultura.

inhumano, na. adj. Cruel, feroz, despiadado, inhospitalario, brutal, bárbaro, salvaje.

inhumar. tr. Enterrar, sepultar (**a.:** *exhumar*).

iniciación. f. Principio, inicio, comienzo, instrucción (**a.:** *fin*).

iniciado, da. adj. y s. Adepto, neófito, catecúmeno, afiliado.

iniciador, ra. m. y f. Creador, promotor, introductor.

inicial. adj. Inaugural (**a.:** *final*). ‖ Original, primordial.

iniciar. tr. Comenzar, principiar, incoar, empezar, inaugurar (**a.:** *terminar, finalizar*). ‖ Instruir, enterar, enseñar. ‖ Promover, suscitar.

inicio. m. Principio, iniciación, comienzo. ‖ Origen, fundamento, raíz.

inicuo, cua. adj. Arbitrario, injusto. ‖ Malo, vil, malvado, perverso, ignominioso, cruel, infame.

inimaginable. adj. Infigurable, impensable, inconcebible. ‖ Extraño, sorprendente.

inimitable. adj. Único, excepcional.

ininteligible. adj. Incomprensible, oscuro, incognoscible, indescifrable (**a.:** *inteligible, claro, comprensible*).

iniquidad. f. Arbitrariedad, injusticia (**a.:** *justicia*). ‖ Maldad, infamia.

injerencia. f. Intromisión, entrometimiento.

injerir. tr. Injertar. ‖ Introducir, incluir, meter. ‖ prnl. Entrometerse, inmiscuirse.

injertar. tr. Incluir, inferir, inserir.

injerto. m. Injerencia.

injuria. f. Insulto, ofensa, agravio, afrenta, denuesto, ultraje (**a.:** *alabanza*). ‖ Daño, perjuicio, lesión, deterioro, menoscabo.

injuriar. tr. Denigrar, infamar, agraviar, ofender, denostar, insultar, ultrajar, afrentar (**a.:** *defender*). ‖ Dañar, perjudicar, estropear, menoscabar (**a.:** *favorecer*).

injurioso, sa. adj. Insultante, ofensivo, vejatorio (**a.:** *elogioso*).

injusticia. f. Iniquidad, parcialidad, desafuero, arbitrariedad, atropello (**a.:** *justicia, equidad*).

injusto, ta. adj. Arbitrario, parcial, inmerecido, inicuo (**a.:** *legal*).

inmaculado, da. adj. Impoluto, límpido, limpísimo. ‖ Intachable, impecable. ‖ Puro.

inmarcesible. adj. Inmarchitable, lozano, fresco, perdurable.

inmaterial. adj. Incorpóreo, mental, impalpable, ideal, leve, etéreo, intangible, sutil (**a.:** *material, tangible*).

inmediación. f. Proximidad, vecindad, cercanía. ‖ pl. Contornos, alrededores, afueras, aledaños, proximidades, suburbios.

inmediatamente. adv. Luego, en seguida, de inmediato, seguidamente, incontinenti, prontamente (**a.:** *tarde, después*).

inmediato, ta. adj. Próximo, cercano, lindante, vecino, contiguo, consecutivo, yuxtapuesto. ‖ **de inmediato.** Pronto, rápido.

inmejorable. adj. Óptimo, excelente, perfecto.

inmemorial. adj. Antiquísimo, remoto, prehistórico (**a.:** *moderno*).

inmensidad. f. Infinitud, grandiosidad, vastedad (**a.:** *pequeñez*). ‖ Enormidad, exorbitancia, muchedumbre (**a.:** *escasez*).

inmenso, sa. adj. Ilimitado, inmensurable,

infinito, inconmensurable, innumerable, incontable (**a.:** *limitado*). ‖ Grandioso, desmedido, enorme, colosal (**a.:** *exiguo*).

inmerecido, da. adj. Injusto, arbitrario (**a.:** *merecido*).

inmersión. f. Sumersión, hundimiento.

inmerso, sa. adj. Abismado, sumido, sumergido.

inminente. adj. Inmediato, cercano, próximo (**a.:** *remoto*).

inmiscuir. tr. Mezclar. ‖ prnl. Entrometerse, entrometerse, mezclarse, meterse (**a.:** *desentenderse*).

inmoble. adj. Inmovible, firme, inmóvil, invariable, constante.

inmoderado, da. adj. Excesivo, desenfrenado (**a.:** *moderado, mesurado*).

inmodestia. f. Fatuidad, vanidad, presunción, jactancia (**a.:** *modestia, recato, humildad*).

inmolación. f. Holocausto, sacrificio.

inmolar. tr. y prnl. Sacrificar.

inmoral. adj. Deshonesto, impúdico, obsceno (**a.:** *honesto*).

inmoralidad. f. Deshonestidad, corrupción (**a.:** *decencia*).

inmortal. adj. Imperecedero, sempiterno, perdurable, perpetuo, perenne, eterno (**a.:** *mortal, perecedero*).

inmortalizar. tr. Perpetuar, eternizar (**a.:** *morir*).

inmóvil o **inmovible.** adj. Inmoble, fijo, clavado, quieto, inamovible, inconmovible. ‖ Firme, constante.

inmovilidad. f. Quietud, reposo, inactividad.

inmovilizar. tr. Paralizar, aquietar, detener.

inmueble. m. Finca, casa, vivienda, edificio, construcción.

inmundicia. f. Suciedad, mugre, basura, porquería. ‖ Impureza, deshonestidad, inmoralidad, vicio. ‖ Mierda, excremento, bosta.

inmundo, da. adj. Sucio, mugriento, puerco, asqueroso, repugnante, nauseabundo (**a.:** *aseado, limpio*). ‖ Impuro, deshonesto, impúdico (**a.:** *casto*).

inmune. adj. Exento, libre, inmunizado, inatacable (**a.:** *expuesto*).

inmunidad. f. Exención, liberación (**a.:** *vulnerabilidad*).

inmunizar. tr. Exceptuar, librar. ‖ Vacunar (**a.:** *infectar*).

inmutable. adj. Invariable, inalterable, impasible, imperturbable, constante, inconmovible. impertérrito (**a.:** *inestable, perturbable*).

inmutar. tr. y prnl. Alterar, turbar, desconcertar, perturbar, conmover (**a.:** *tranquilizar*).

innato, ta. adj. Natural, propio, connatural (**a.:** *adquirido, aprendido*).

innecesario, ria. adj. Superfluo, sobrado, prescindible, inútil (**a.:** *necesario, indispensable*).

innegable. adj. Indiscutible, indudable, cierto, irrefutable, axiomático, irrebatible, incuestionable, seguro, irrefragable, evidente (**a.:** *discutible, dudoso*).

innoble. adj. Despreciable, abyecto, bajo, vil, indigno, ruin.

innovación. f. Cambio, renovación, creación, novedad.

innovar. tr. Cambiar, renovar, trasformar (**a.:** *repetir*).

innumerable. adj. Incontable, innúmero, numeroso, incalculable. ‖ Copioso, abundante.

inocencia. f. Sencillez, simplicidad, candor, pureza, ingenuidad (**a.:** *astucia*). ‖ Honradez (**a.:** *culpabilidad*).

inocentada. f. Broma.

inocente. adj. Candoroso, cándido, puro, casto, ingenuo (**a.:** *impuro*). ‖ Honrado, inofensivo (**a.:** *culpable*).

inocular. tr. Contagiar, contaminar. ‖ Vacunar. ‖ Pervertir.

inocuo, cua o **innocuo, cua.** adj. Inofensivo, pacífico (**a.:** *nocivo, perjudicial*). ‖ Anodino, soso.

inofensivo, va. adj. Inocuo, inocente, tranquilo.

inoperante. adj. Ineficaz (**a.:** *eficaz*).

inopia. f. Indigencia, necesidad, escasez, estrechez, pobreza.

inopinado, da. adj. Imprevisto, súbito,

impensado, inesperado, repentino (**a.:** *previsto, esperado*).

inoportuno, na. adj. Intempestivo, importuno, improcedente, extemporáneo, inconveniente, imprevisto, prematuro (**a.:** *oportuno, conveniente*).

inorgánico, ca. adj. Mineral (**a.:** *orgánico, vivo, vegetal*).

inquebrantable. adj. Rígido, tenaz, inalterable, invariable, inmutable, inexorable. ‖ Irrompible.

inquietante. adj. Alarmante, amenazador.

inquietar. tr. y prnl. Desasosegar, desazonar, conturbar, alarmar, agitar, turbar, intranquilizar, perturbar (**a.:** *tranquilizar, calmar*).

inquieto, ta. adj. Travieso, turbulento, bullicioso. ‖ Desasosegado, excitado, agitado, intranquilo (**a.:** *calmado, calmo*).

inquietud. f. Intranquilidad, ansiedad, congoja, agitación, desasosiego, zozobra, desazón (**a.:** *serenidad*). ‖ Alboroto, conmoción (**a.:** *quietud*).

inquilino, na. m. y f. Locatario, arrendatario, ocupante.

inquina. f. Antipatía, ojeriza, aversión, tirria (**a.:** *simpatía, afecto*).

inquirir. tr. Indagar, preguntar, averiguar, pesquisar, investigar. ‖ Preguntar, interrogar (**a.:** *responder*).

inquisición. f. Averiguación, indagación, pesquisa, información, investigación. ‖ Santo Oficio.

inquisidor, ra. adj. y s. Averiguador, investigador, pesquisador.

insaciable. adj. Ambicioso. ‖ Insatisfecho, ávido, hambriento, tragón.

insalubre. adj. Malsano, nocivo, dañoso, dañino, perjudicial (**a.:** *salubre, sano, saludable*).

insania. f. Locura, demencia, vesania, enajenación.

insano, na. adj. Malsano, insalubre (**a.:** *salubre, sano*). ‖ Demente, loco, orate, enajenado, maniático (**a.:** *cuerdo*).

insatisfecho, cha. adj. Descontento. ‖ Insaciable.

inscribir. tr. Grabar, trazar. ‖ tr. y prnl.

Alistar, empadronar, matricular, anotar, apuntar, asentar, registrar.

inscripción. f. Anotación. ‖ Epígrafe, leyenda. ‖ Epigrama. ‖ Epitafio. ‖ Letrero, marbete, rótulo, lema, etiqueta. ‖ Asiento.

inseguridad. f. Debilidad, inconsistencia. ‖ Riesgo, peligro. ‖ Incertidumbre, perplejidad, duda, indecisión, inconstancia, vacilación (**a.:** *certeza, seguridad*). ‖ Inestabilidad (**a.:** *estabilidad*).

inseguro, ra. adj. Movedizo, inestable. ‖ Incierto, mudable, dudoso, variable, indeciso, vacilante, inconstante.

insensatez. f. Desatino, locura, disparate, tontería, dislate (**a.:** *sensatez, prudencia*).

insensato, ta. adj. y s. Necio, fatuo, loco, sin sentido, lelo, memo, majadero, tonto (**a.:** *cuerdo, juicioso, sensato*). ‖ Absurdo, desatinado.

insensibilidad. f. Indiferencia, apatía, impasibilidad, indolencia, pasividad. ‖ Dureza, frialdad (**a.:** *afectividad*).

insensibilizar. tr. Anestesiar, embotar.

insensible. adj. Indiferente, duro, frío, apático, impasible.

inseparable. adj. Inherente, propio. ‖ Íntimo, fiel. ‖ Adjunto, anejo.

inserir. tr. Injertar, insertar.

insertar. tr. Incluir, meter, introducir, intercalar. ‖ Publicar.

inservible. adj. Inútil, inaplicable, desaprovechable (**a.:** *aprovechable, útil*). ‖ Estropeado.

insidia. f. Asechanza, celada, engaño, trampa, perfidia.

insidioso, sa. adj. Capcioso, engañoso, asechante, traidor (**a.:** *franco, leal*).

insigne. adj. Célebre, reputado, famoso, señalado, eximio, ilustre, preclaro, egregio, esclarecido, renombrado, eminente, notable.

insignia. f. Señal, emblema, distintivo, divisa. ‖ Enseña, estandarte, bandera, pendón, pabellón, trofeo, blasón.

insignificancia. f. Nadería, pequeñez, fruslería, minucia.

insignificante. adj. Pequeño, exiguo, mínimo, menudo. ‖ Baladí, irrisorio, mezquino, módico, miserable, despreciable, desdeñable, fútil, trivial (**a.:** *importante*). ‖ Insustancial.

insinuación. f. Sugestión, indirecta, alusión, sugerencia, indicación, inspiración.

insinuar. tr. Sugerir, aludir, indicar, inspirar, apuntar, señalar, soplar. ‖ prnl. Infiltrarse.

insípido, da. adj. Desabrido, insulso, soso, desaborido. *Lo insípido no tiene sabor* (**a.:** *gustoso, sabroso*). ‖ Insustancial, simple, chirle.

insipiente. adj. Ignorante, necio (**a.:** *culto*).

insistencia. f. Instancia, reiteración. ‖ Pertinacia, terquedad, porfía, obstinación.

insistente. adj. Constante, continuo. ‖ Pertinaz, terco, porfiado, obstinado, testarudo, tozudo, machacón, pesado.

insistir. intr. Persistir, porfiar, machacar, importunar, obstinarse, perseverar, reiterar (**a.:** *ceder, cejar, desistir*).

ínsito, ta. adj. Innato, connatural, propio, ingénito, congénito (**a.:** *adquirido*).

insobornable. adj. Incorruptible, íntegro.

insociable. adj. Arisco, hosco, huraño, misántropo (**a.:** *sociable, tratable*).

insolación. f. Tabardillo, asoleamiento, acaloramiento.

insolencia. f. Descaro, atrevimiento, procacidad, desvergüenza, desfachatez. ‖ Insulto, injuria, ofensa, demasía.

insolente. adj. y s. Atrevido, irrespetuoso, descarado, desvergonzado, procaz, descomedido. ‖ Injurioso, insultante, ofensivo. ‖ Arrogante, altanero, orgulloso.

insólito, ta. adj. Desacostumbrado, desusado, inusitado, asombroso, inusual, infrecuente, excepcional, raro, extraño (**a.:** *habitual, usual*).

insoluble. adj. Indisoluble, irresoluble.

insolvente. adj. Desacreditado, pobre (**a.:** *rico*).

insomne. adj. Desvelado (**a.:** *amodorrado*).

insomnio. m. Vigilia, desvelo, vela (**a.:** *modorra*).

insondable. adj. Impenetrable, incognoscible, inescrutable, profundo, indescifrable, incomprensible, oscuro, secreto.

insoportable. adj. Intolerable, enfadoso, insufrible, molesto, inaguantable, pesado, cargante (**a.:** *soportable, llevadero, tolerable*).

insostenible. adj. Inestable. ‖ Indefendible, rebatible, débil, arbitrario, infundado.

inspección. f. Examen, control, reconocimiento, verificación.

inspeccionar. tr. Examinar, controlar, reconocer, comprobar, registrar, investigar, verificar.

inspector, ra. m. y f. Revisor, verificador, controlador, fiscalizador.

inspiración. f. Numen, estro, musa, vena, lira. ‖ Iluminación, arrebato. ‖ Aspiración, inhalación. ‖ Influencia, sugestión, sugerencia.

inspirar. tr. Aspirar (**a.:** *espirar*). ‖ Infundir, soplar, sugerir, iluminar. ‖ Despertar, atraerse.

instable. adj. Inestable, inseguro, variable, precario, cambiante, perecedero, transitorio, vacilante, fluctuante.

instalación. f. Colocación, emplazamiento.

instalar. tr. Colocar, poner, disponer, armar, montar. ‖ Alojar, acomodar, emplazar, establecer, ubicar. ‖ prnl. Establecerse.

instancia. f. Ruego, súplica, petición. ‖ Memorial, solicitud. ‖ Premura. ‖ Impugnación, refutación.

instantáneo, a. adj. Momentáneo, rápido, fugaz (**a.:** *constante, lento*). ‖ Transitorio, pasajero, efímero.

instante. m. Momento, segundo, punto, soplo, tris, santiamén, periquete.

instar. tr. Rogar, suplicar, reclamar, insistir. ‖ Urgir, presionar, apremiar, apurar.

instaurar. tr. Renovar, reponer, restaurar, restablecer. ‖ Establecer, implantar, instituir (**a.:** *abolir, deponer*).

instigar. tr. Azuzar, incitar, inducir, soliviantar, excitar, mover, pinchar, aguijonear, impulsar, promover, provocar (**a.:** *amilanar, disuadir*).

instilar. tr. Infiltrar, infundir.

instintivo, va. adj. Indeliberado, maquinal, involuntario, reflejo, irreflexivo (**a.:** *voluntario, reflexivo, consciente*).

instinto. m. Propensión, inclinación, naturaleza, apetito, tendencia, corazonada (**a.:** *discernimiento*).

institución. f. Establecimiento, fundación. || Entidad, organismo, instituto.

instituir. tr. Crear, establecer, fundar, erigir, instaurar (**a.:** *abolir*).

instituto. m. Corporación, sociedad, academia. || Ordenanza, reglamento, estatuto.

institutriz. f. Aya, educadora, maestra, profesora.

instrucción. f. Enseñanza, educación. || Ilustración, saber, erudición, cultura. || pl. Órdenes, normas, advertencias, preceptos, reglas.

instructivo, va. adj. Aleccionador, ilustrativo, educativo.

instructor, ra. adj. y s. Maestro, monitor.

instruido, da. adj. Culto, docto, ilustrado, leído, erudito, sabedor (**a.:** *ignorante*). || Advertido, aleccionado, avisado, adiestrado.

instruir. tr. Enseñar, educar, adoctrinar, aleccionar, adiestrar, ilustrar, advertir, enterar, informar, cultivar. || Tramitar.

instrumentación. f. Orquestación.

instrumentar. tr. Orquestar.

instrumento. m. Utensilio, aparato, útil, herramienta, ingenio. || Medio. || Documento, escritura.

insubordinación. f. Desobediencia, indisciplina, rebeldía, sublevación (**a.:** *acatamiento, subordinación*).

insuficiencia. f. Incapacidad, ineptitud, torpeza, ignorancia, incompetencia (**a.:** *capacidad, aptitud*). || Escasez, cortedad, falta, penuria (**a.:** *abundancia*).

insuficiente. adj. Escaso, exiguo, falto, poco, pequeño, corto, deficiente.

insuflar. tr. Soplar, henchir, introducir.

insufrible. adj. Inaguantable, insoportable, intolerable (**a.:** *tolerable, soportable*). || Incómodo, molesto.

ínsula. f. Isla.

insular. adj. Isleño.

insulsez. f. Sosera, sosería, desabrimiento, insipidez. || Simpleza, bobería, necedad, estupidez.

insulso, sa. adj. Desabrido, insípido, soso, insubstancial (**a.:** *sustancioso*). || Simple, necio, tonto, inexpresivo, estúpido, zonzo (**a.:** *ocurrente, donoso, ingenioso*).

insultante. adj. Ofensivo, provocativo, afrentoso, injurioso, humillante, ultrajante.

insultar. tr. Agraviar, ofender, denostar, injuriar, afrentar, ultrajar, baldonar (**a.:** *alabar*).

insulto. m. Ofensa, agravio, injuria, ultraje, afrenta. || Dicterio, improperio, denuesto, insolencia (**a.:** *loa*).

insumiso, sa. adj. Rebelde, desobediente.

insuperable. adj. Inmejorable, excelente, óptimo, perfecto, superior. || Invencible. || Insalvable, infranqueable.

insurgente. adj. y s. Insurrecto, sublevado, sedicioso, faccioso, rebelde.

insurrección. f. Rebelión, alzamiento, motín, sublevación, levantamiento, sedición, asonada, chirinada.

insurreccionarse. prnl. Rebelarse, sublevarse, amotinarse, insubordinarse, pronunciarse.

insurrecto, ta. adj. y s. Insurgente, sedicioso, rebelde, sublevado, revolucionario.

insustancial. adj. Anodino, vacuo, insulso, huero, trivial (**a.:** *sustancial*).

insustituible. adj. Irreemplazable, indispensable.

intacto, ta. adj. Íntegro, entero, completo. || Indemne, ileso, incólume. || Intocado, inalterado.

intachable. adj. Irreprochable, íntegro, honrado, probo, cabal, recto (**a.:** *censurable*).

intangible. adj. Intocable. || Impalpable, incorpóreo, inmaterial.

integral. adj. Total, completo, global (**a.:** *parcial*).

integrante. adj. Esencial. ‖ Integral. ‖ adj. y s. Componente.

integrar. tr. Completar, totalizar, componer, formar.

integridad. f. Totalidad. ‖ Probidad, honradez, rectitud. ‖ Virginidad, pureza, castidad. ‖ Perfección, plenitud.

íntegro, gra. adj. Entero, total, completo, cabal. ‖ Honrado, probo, intachable, recto, incorruptible, cabal, justo, puro.

intelecto. m. Entendimiento, mente, inteligencia, razón.

intelectual. adj. Intelectivo, mental, espiritual. ‖ com. Literato, erudito, estudioso.

inteligencia. f. Intelecto, talento, entendimiento, entendederas, razón, mente, juicio. ‖ Comprensión, imaginación, conocimiento, ingenio, intelección. ‖ Acuerdo, unión, trato, armonía, avenencia. ‖ Destreza, sagacidad, habilidad, pericia.

inteligente. adj. Sabio, docto, instruido. ‖ Ingenioso, talentoso, talentudo, sagaz, entendido, listo, lúcido, perspicaz, comprensivo, despierto (**a.:** *negado, tonto*).

inteligible. adj. Comprensible, asequible, claro, fácil, descifrable, legible (**a.:** *ininteligible, incomprensible*).

intemperancia. f. Exceso, desenfreno, destemplanza, inmoderación, incontinencia (**a.:** *moderación, templanza*). ‖ Intolerancia, intransigencia (**a.:** *tolerancia*).

intemperante. adj. Intolerante, intransigente. ‖ Inmoderado.

intempestivo, va. adj. Inoportuno, inopinado, extemporáneo, impertinente (**a.:** *oportuno*).

intención. f. Propósito, mira, designio, intento, proyecto, fin, ánimo, pensamiento, determinación.

intencional. adj. Premeditado, deliberado (**a.:** *inconsciente*).

intendencia. f. Municipalidad. ‖ Dirección, gobierno.

intensidad. f. Fuerza, vigor, energía. ‖ Vehemencia, viveza. ‖ Potencia, volumen (de sonido). ‖ Virulencia, rigor.

intensificar. tr. Aumentar, reforzar, acrecentar (**a.:** *menguar, debilitar*).

intenso, sa. adj. Fuerte, recio, enérgico, virulento. ‖ Vehemente, vivo. ‖ Subido, intensivo, hondo, agudo, profundo. ‖ Penetrante.

intentar. tr. Procurar, probar, pretender, aspirar, tentar, tratar de, proponerse, proyectar (**a.:** *ceder, desistir*).

intento. m. Fin, designio, propósito, proyecto, intención. ‖ Tentativa, intentona, conato.

intercalar. tr. Interponer, interlinear, interpolar, insertar, entremezclar, añadir.

intercambio. m. Canje, trueque, cambio, permuta.

interceder. intr. Mediar, interponerse, abogar, rogar, recomendar, propiciar, componer, avenir.

interceptar. tr. Obstruir, detener, cortar, estorbar, impedir, interrumpir.

intercesión. f. Mediación, intervención, recomendación.

intercesor, ra. adj. Abogado, medianero, mediador, amigable componedor.

interdecir. tr. Prohibir, proscribir, vedar.

interdicción. f. Prohibición, veto, veda. ‖ Interdicto.

interdicto. m. Entredicho, prohibición.

interés. m. Provecho, ganancia, utilidad, beneficio, renta, conveniencia, rédito (**a.:** *pérdida*). ‖ Importancia, valor. ‖ Inclinación, afecto (**a.:** *desinterés, desafecto*). ‖ Atención (**a.:** *desatención*). ‖ m. pl. Bienes, patrimonio, fortuna, capital, peculio.

interesado, da. adj. y s. Codicioso. ‖ Apasionado. ‖ Solicitante.

interesar. tr. Dar parte, asociar. ‖ Cautivar, atraer, impresionar, seducir. ‖ intr. Afectar, atañer, tocar, importar, concernir. ‖ prnl. Estar interesado en, encariñarse por.

interferir. tr. e intr. Interponerse, interrumpir.

interfoliar. tr. Interpaginar.

ínterin. m. Intermedio, intervalo, interinato. ‖ adv. Entretanto, mientras, mientras tanto.

interino, na. adj. Momentáneo, provisional, provisorio, transitorio, temporal (**a.:** *definitivo*).

interior. adj. Interno (**a.:** *exterior, externo*). ‖ Íntimo, intrínseco, recóndito, doméstico (**a.:** *extrínseco*). ‖ m. Ánimo. ‖ Intimidad, fondo, interioridad, fuero interno.

interioridad. f. Interinato. ‖ Intervalo, pausa (**a.:** *continuidad*).

interiormente. adv. Internamente, íntimamente (**a.:** *exteriormente*).

interjección. f. Exclamación.

interlínea. f. Regleta. ‖ Línea blanca.

interlinear. tr. Entrerrenglonar, regletear, interpolar, intercalar.

interlocutor, ra. m. y f. Colocutor, internuncio, dialogador.

intermediar. intr. Interponer, mediar.

intermediario, ria. adj. y s. Mediador. ‖ Proveedor, comerciante, negociante.

intermedio, dia. adj. Medio. ‖ m. Intervalo. ‖ Entreacto, entremés. ‖ Tregua.

interminable. adj. Inacabable, inagotable, eterno. ‖ Lento.

intermisión. f. Interrupción, cesación. dilación.

intermitencia. f. Intermisión, suspensión (**a.:** *continuidad*).

intermitente. adj. Discontinuo, entrecortado, interrumpido, irregular (**a.:** *continuo, incesante*).

internacional. adj. Universal, mundial, cosmopolita.

internar. tr. Introducir, encerrar. ‖ prnl. Adentrarse, penetrar, introducirse, entrar.

interno, na. adj. Interior, íntimo, intrínseco (**a.:** *externo, exterior*). ‖ s. Pensionista, pupilo.

interpaginar. tr. Interfoliar.

interpelar. tr. Requerir, preguntar, interrogar. ‖ Intimar, apostrofar (**a.:** *contestar*).

interpolar. tr. Intercalar, interponer, insertar.

interponer. tr. Intercalar, interlinear, interpolar. ‖ Entablar, iniciar. ‖ prnl. Cruzarse, atravesarse, interferir. ‖ Intervenir, mediar, entrometerse (**a.:** *desentenderse*).

interpretación. f. Exégesis, comentario, hermenéutica, explicación, glosa, traducción.

interpretar. tr. Explicar, exponer, comentar, glosar. ‖ Traducir, descifrar, verter (**a.:** *tergiversar*). ‖ Entender, comprender. ‖ Expresar, representar, ejecutar.

intérprete. m. y f. Comentarista, glosador, exegeta, parafraseador, hermeneuta. ‖ Traductor. ‖ Dragomán, truchimán, trujimán, trujamán. ‖ Actor, artista.

interrogación. f. Pregunta. ‖ Interpelación.

interrogante. adj. Interrogativo. ‖ m. y f. Pregunta, interrogación. ‖ Incógnita.

interrogar. tr. Preguntar, demandar, inquirir, sondear, interpelar (**a.:** *responder, contestar*).

interrogatorio. m. Cuestionario, examen, sondeo.

interrumpir. tr. Suspender, cortar (**a.:** *continuar*). ‖ Interceptar, detener, parar, impedir, obstruir, paralizar.

interrupción. f. Intermisión, detención, interferencia, suspensión, paro, pausa, paréntesis, intervalo.

intersecar. tr. Cortar.

intersección. f. Sección. ‖ Cruce, encuentro.

intersticio. m. Hendidura, grieta, espacio, resquicio, resquebrajadura, rendija.

intervalo. m. Intermedio, interludio, pausa. ‖ Lapso, interrupción, transcurso, ínterin, espacio, distancia, hueco.

intervención. f. Mediación. ‖ Operación quirúrgica. ‖ Injerencia, intromisión. ‖ Inspección, fiscalización.

intervenir. intr. Mezclarse, participar, terciar (**a.:** *abstenerse, desligarse*). ‖ Interponerse, mediar, influir. ‖ tr. Inspeccionar, fiscalizar. ‖ Actuar, entrar en juego. ‖ Operar.

interventor, ra. m. y f. Fiscalizador, inspector.

intestino, na. adj. Interno, interior, civil, doméstico. ‖ m. Tripa, chinchulín.

intimación. f. Conminación, ultimátum, requerimiento, aviso, advertencia, notificación.

intimar. tr. Conminar, ordenar, exhortar, notificar. ‖ Fraternizar, congeniar (**a.:** *enemistarse*). ‖ Introducirse.

intimidad. f. Confianza, familiaridad, amistad, apego.

intimidar. tr. y prnl. Acobardar, asustar, amedrentar, atemorizar, amilanar, arredrar (**a.:** *animar, instigar*).

íntimo, ma. adj. Interior (**a.:** *extraño*). ‖ Profundo, entrañable (**a.:** *desafecto*). ‖ Recóndito, secreto, reservado.

intitular. tr. y prnl. Titular, llamar, denominar.

intocable. adj. Intangible.

intolerable. adj. Inaguantable, insufrible, insoportable, molesto (**a.:** *tolerable, soportable*).

intolerancia. f. Intransigencia, incomprensión, fanatismo (**a.:** *tolerancia, indulgencia, transigencia*).

intolerante. adj. Intransigente, intemperante, fanático.

intoxicación. f. Envenenamiento.

intoxicar. tr. Envenenar, emponzoñar, atosigar, inficionar. ‖ Alcoholizar.

intranquilidad. f. Desasosiego, zozobra, angustia, inquietud (**a.:** *calma, sosiego*).

intranquilizar. tr. y prnl. Inquietar, acongojar, desasosegar, preocupar, perturbar (**a.:** *tranquilizar, serenar*).

intranquilo, la. adj. Agitado, angustiado, inquieto, desasosegado, nervioso.

intransferible. adj. Intransmisible, inalienable (**a.:** *transmisible, endosable*).

intransigente. adj. Intolerante, fanático, intemperante (**a.:** *tolerante*). ‖ Obstinado, pertinaz, testarudo, terco.

intransitable. adj. Impracticable, infranqueable.

intratable. adj. Áspero, desabrido, huraño, misántropo, arisco, insociable, incivil, inconversable (**a.:** *tratable, cortés, sociable*).

intrepidez. f. Ánimo, valor, osadía, valentía, arrojo, denuedo, esfuerzo (**a.:** *cobardía*).

intrépido, da. adj. Valiente, osado, atrevido, arrojado, esforzado, valeroso, decidido. ‖ Irreflexivo.

intriga. f. Manejo, tramoya, enredo, trama, embrollo, maquinación. ‖ Curiosidad. ‖ Chisme.

intrigante. adj. y s. Tramoyista, enredador, embrollón, chismoso, maquinador.

intrigar. intr. Maquinar, confabularse, enredar, tramar, complotar, urdir, conspirar, cabildear.

intrincado, da. adj. Enredado, laberíntico, complicado, confuso, embrolloso, revesado, enrevesado, enmarañado, inextricable, oscuro, difícil (**a.:** *sencillo, fácil*).

intríngulis. m. Dificultad, busilis, complicación, nudo, toque, quid.

intrínseco, ca. adj. Esencial, íntimo, propio, interno, interior, inmanente, ínsito, constitutivo (**a.:** *extrínseco*).

introducción. f. Entrada, principio, comienzo. ‖ Importación, inclusión, infiltración, inspección. ‖ Preparación, disposición. ‖ Prólogo, preámbulo, exordio, prefacio, preliminar, introito (**a.:** *ultílogo, epílogo*).

introducir. tr. Meter, encajar, embutir, inyectar (**a.:** *sacar, extraer*). ‖ Importar (**a.:** *exportar*). ‖ Establecer. ‖ prnl. Entrometerse, inmiscuirse, insinuarse. ‖ Penetrar, internarse (**a.:** *salir*).

introito. m. Introducción, prólogo (**a.:** *epílogo*).

intromisión. f. Entrometimiento, entremetimiento, injerencia, intrusión, oficiosidad, indiscreción.

introspección. f. Introversión, autoanálisis.

intruso, sa. adj. y s. Entrometido, entremetido, indiscreto, extraño (**a.:** *discreto*).

intuición. f. Presentimiento, percepción, vislumbre, visión.

intuir. tr. Entrever, adivinar, presentir, vislumbrar.

intumescencia. f. Tumefacción, inflamación, tumescencia, hinchazón, turgencia.

inundación. f. Avenida, aluvión, desbordamiento, crecida, riada, anegamiento. || Multitud.

inundar. tr. Anegar, encharcar. || Llenar, colmar, desbordar, sumergir.

inurbano, na. adj. Descortés, basto, impolítico, incivil, grosero, ordinario.

inusitado, da. adj. Desacostumbrado, raro, inusual, insólito, extraño, extraordinario, desusado (**a.:** *frecuente, usual, común*).

inútil. adj. Inservible, ineficaz, incapaz, inepto. || Infructuoso, improductivo, ocioso (**a.:** *útil, provechoso*).

inutilidad. f. Ineficacia, infructuosidad, futilidad (**a.:** *eficacia, uso*).

inutilizar. tr. Invalidar. || Incapacitar, inhabilitar, desechar, anular. || Estropear, averiar.

inútilmente. adv. En vano, vanamente, infructuosamente, estérilmente, en balde.

invadir. tr. Irrumpir, entrar, penetrar. || Acometer, maloquear, violentar (**a.:** *evacuar*).

invalidar. tr. Anular, abolir, abrogar, inhabilitar, inutilizar (**a.:** *autorizar, habilitar*).

inválido, da. adj. y s. Baldado, imposibilitado, discapacitado, lisiado, tullido (**a.:** *válido*). || Nulo, desautorizado.

invariable. adj. Inalterable, fijo, inmutable, firme, constante, inconmovible (**a.:** *variable, cambiante, fluctuante*).

invasión. f. Incursión, malón, irrupción, correría, intrusión, entrada (**a.:** *repliegue, retirada*).

invectiva. f. Catilinaria, diatriba, apóstrofe, filípica.

invencible. adj. Invicto. || Indomable, inconquistable, inquebrantable, inexpugnable. || Insalvable, insuperable.

invención. f. Invento, innovación, hallazgo, creación, descubrimiento. || Fábula, ficción. || Mentira, engaño.

inventar. tr. Descubrir, concebir, fraguar, imaginar, fingir, hallar, idear, forjar.

inventariar. tr. Catalogar, registrar.

inventario. m. Descripción, catálogo, relación, repertorio, nomenclador.

inventiva. f. Fantasía, ingenio, imaginación, idea, inspiración.

invento. m. Invención, descubrimiento, hallazgo. || Patraña.

inventor, ra. adj. y s. Creador, descubridor, autor.

inverecundo, da. adj. Desvergonzado, impúdico, descarado (**a.:** *pudoroso*).

invernáculo. m. Estufa, invernadero.

invernal. adj. Hibernal, hiemal (**a.:** *estival*). || Frío, riguroso.

inverosímil o inverisímil. adj. Increíble, improbable, inconcebible, inaudito, inimaginable, imposible (**a.:** *verosímil, real*). || Absurdo, fantástico, fabuloso.

inversión. f. Hipérbaton, trasposición. || Cambio, alteración. || Gasto, colocación.

inverso, sa. adj. Alterado, cambiado, trastornado, invertido, opuesto, contrario (**a.:** *inalterado*).

invertir. tr. Trastornar, alterar, trabucar, cambiar, volver. || Colocar, poner, gastar, emplear. || Destinar, ocupar, emplear.

investidura. f. Cargo, título, dignidad.

investigación. f. Averiguación, examen, indagación, sondeo, pesquisa, búsqueda, exploración.

investigar. tr. Averiguar, inquirir, pesquisar, indagar, escudriñar, buscar.

investir. tr. Conferir, conceder. || Ungir.

inveterado, da. adj. Antiguo, arraigado, habitual, viejo, vetusto (**a.:** *nuevo*).

invicto, ta. adj. Invencible. || Triunfador, victorioso, glorioso (**a.:** *derrotado*).

inviolable. adj. Sagrado. || Irrompible.

invisible. adj. Encubierto, oculto (**a.:** *visible, descubierto*). || Inapreciable (**a.:** *perceptible*).

invitación. f. Convite. || Entrada. || Incitación, estímulo, instigación, ruego.

invitar. tr. Convidar. || Incitar, instar, inducir, estimular.

invocar. tr. Implorar, suplicar, rogar. ||

Apelar, llamar. ‖ Alegar, acogerse, fundarse.

involucrar. tr. Envolver, mezclar, abarcar, implicar (**a.:** *excluir*).

involuntario, ria. adj. Espontáneo, impensado, irreflexivo, instintivo, reflejo, maquinal (**a.:** *voluntario, reflexivo*).

invulnerable. adj. Invencible, inmune. ‖ Inatacable, inexpugnable (**a.:** *indefenso*).

ipecacuana. f. Bejuquillo.

ir. intr. Caminar, moverse, desplazarse, mudarse, acudir, asistir, dirigirse (**a.:** *venir, volver, llegar*). ‖ Abarcar, extenderse. ‖ Sentar. ‖ prnl. Marcharse, encaminarse, partir. ‖ Consumirse, gastarse, derramarse.

ira. f. Indignación, rabia, enojo, irritación, furor, coraje, cólera, furia (**a.:** *humildad*).

iracundo, da. adj. Irascible, furibundo, irritable, colérico, rabioso, bilioso, atrabiliario, violento (**a.:** *tranquilo, plácido*).

irascible. adj. Iracundo.

iridiscente. adj. Irisado, reflectante.

ironía. f. Burla, sarcasmo.

irónico, ca. adj. Burlón, sarcástico, punzante, cáustico, mordaz, socarrón.

irracional. m. Bruto, bestia, animal (**a.:** *persona*). ‖ Absurdo, insensato, ilógico, extraviado, irrazonable, disparatado (**a.:** *racional, coherente*).

irradiación. f. Brillo, centelleo. ‖ Difusión.

irradiar. tr. o intr. Radiar, emitir, difundir, trasmitir. ‖ Esparcir, despedir. ‖ Relumbrar, destellar, resplandecer, centellear, centellar, esplender.

irreal. adj. Fantástico, ilusorio, imaginario, quimérico (**a.:** *real*).

irrealizable. adj. Impracticable, imposible, utópico, quimérico (**a.:** *factible, posible*).

irrebatible. adj. Indiscutible, irrefutable, incuestionable, incontrovertible, indisputable, incontrastable (**a.:** *cuestionable, inseguro*).

irreconciliable. adj. Incompatible, opuesto, antípoda.

irrecusable. adj. Inexcusable, irrechazable.

irreductible. adj. Irreducible, inexpugnable, incoercible.

irreflexivo, va. adj. Alocado, precipitado, imprudente, aturdido, maquinal, atropellado, ligero, impulsivo. ‖ Impremeditado, espontáneo, impensado, instintivo, involuntario, indeliberado (**a.:** *premeditado, voluntario*).

irrefragable. adj. Probado, demostrado, corroborado, incuestionable, establecido (**a.:** *incierto*).

irrefrenable. adj. Incontenible, irresistible, incoercible.

irrefutable. adj. Irrebatible, incontestable, incuestionable, indiscutible, incontrastable.

irregular. adj. Anómalo, anormal. ‖ Desigual, informe, intermitente, discontinuo (**a.:** *regular, rítmico, continuo*). ‖ Asimétrico. ‖ Variable, arbitrario, caprichoso, inconstante, ilícito, injusto (**a.:** *normal, lícito*).

irregularidad. f. Anomalía, asimetría, anormalidad. ‖ Desigualdad, desproporción, discontinuidad, intermitencia. ‖ Arbitrariedad. ‖ Malversación, desfalco, peculado. ‖ Cohecho, soborno.

irreligioso, sa. adj. Impío, ateo, descreído, indiferente, incrédulo, impiadoso (**a.:** *religioso, piadoso, creyente*).

irremediable. adj. Irreparable, incurable, insanable (**a.:** *remediable, reparable*). ‖ Inevitable.

irremisible. adj. Imperdonable (**a.:** *perdonable, remisible*).

irremplazable. adj. Insustituible.

irrenunciable. adj. Indeclinable.

irreparable. adj. Irremediable.

irreprensible. adj. Intachable, irreprochable.

irreprimible. adj. Incontenible, irrefrenable.

irreprochable. adj. Impecable, intachable, perfecto.

irresistible. adj. Arrollador, incontenible. ‖ Intolerable, inaguantable. ‖ Pujante, violento.

irresolución. f. Perplejidad, indeterminación, vacilación, indecisión, duda, titubeo, incertidumbre (a.: *decisión*).

irresoluto, ta. adj. Indeciso, tímido, vacilante, dudoso, titubeante, perplejo (a.: *decidido*).

irrespetuoso, sa. adj. Desatento, descortés, irreverente, grosero, descomedido, desconsiderado, insolente (a.: *respetuoso, considerado*).

irrespirable. adj. Impuro, fétido, mefítico, asfixiante.

irresponsable. adj. Loco (a.: *cuerdo, sensato, responsable*).

irreverente. adj. Irrespetuoso.

irrevocable. adj. Definitivo, fijo, firme (a.: *revocable, anulable*).

irrigación. f. Lavativa, enema, ayuda. || Riego.

irrigar. tr. Regar, rociar, bañar.

irrisión. f. Befa, desprecio, escarnio, mofa, burla (a.: *admiración*). || Ridiculez.

irrisorio, ria. adj. Ridículo, risible. || Insignificante, desestimable, minúsculo (a.: *valioso*).

irritable. adj. Irascible, iracundo, colérico, atrabiliario, susceptible, bilioso. || Anulable.

irritación. f. Ira, berrinche, enfado, enojo, indignación, cólera, rabia (a.: *calma, tranquilidad*). || Comezón. || Anulación, invalidación.

irritante. adj. Exasperante, indignante, enfadoso, enojoso (a.: *amable, interesante*).

irritar. tr. y prnl. Enfadar, enojar, encolerizar, enfurecer, exasperar, sulfurar, trinar (a.: *calmar, apaciguar*). || Excitar, acalorar. || tr. Inflamar, encender.

írrito, ta. adj. Nulo, inválido (a.: *válido*).

irrogar. tr. Causar, ocasionar, acarrear, producir.

irrompible. adj. Indestructible.

irrumpir. intr. Invadir, acometer, atacar.

irrupción. f. Invasión, correría, incursión, intrusión, entrada, acometida, malón, desbordamiento (a.: *contención*).

isla. f. Ínsula, isleta, islote, arrecife (a.: *albufera, laguna, lago*).

islámico, ca. adj. Mahometano, musulmán, agareno, islamita.

islamismo. m. Islam, mahometismo.

islamita. adj. y s. Mahometano, musulmán, islámico, sarraceno, muslime.

isleño, ña. adj. y s. Insular, insulano.

islilla. f. Sobaco.

ismaelita. adj. y s. Árabe, moro, sarraceno, agareno.

isomorfismo. m. Homomorfismo.

israelita. adj. y s. Hebreo, judío.

itálica. adj. Bastardilla, cursiva.

ítem. m. Añadidura, aditamento. || adv. Además, también.

iteración. f. Repetición, reiteración.

iterar. tr. Repetir, reiterar, insistir (a.: *callar, omitir*).

itinerante. adj. Ambulante.

itinerario. m. Ruta, trayecto, camino, recorrido.

izar. tr. Levantar, subir, elevar (a.: *arriar, bajar*).

izquierda. f. Siniestra, zurda, zurdería (a.: *derecha, diestra*). || Babor (a.: *estribor*).

izquierdo, da. adj. Zurdo, siniestro, torcido (a.: *diestro*).

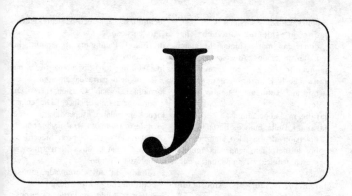

jabalí. m. Puerco montés, puerco salvaje.

jabalina. f. Azagaya, venablo.

jabardear. intr. Pavordear.

jabí. m. Quebracho, quiebrahacha.

jabón. m. Miedo. ‖ Reprimenda. ‖ Adulación.

jabonadura. f. Enjabonado, enjabonadura, fregado. ‖ Amonestación, represión (a.: *encomio, elogio*).

jabonar. tr. Enjabonar.

jaboncillo. m. Jabón de sastre, esteatita.

jabonoso, sa. adj. Saponáceo. ‖ Resbaladizo.

jaca. f. Yegua.

jacarandá. m. Molle, terebinto.

jacarandoso, sa. adj. Donairoso, chistoso, gracioso, alegre, airoso, garboso, desenfadado, sandunguero (a.: *melancólico*).

jaco. m. Rocín, matalón, sotreta, jamelgo, penco.

jacobino. m. Demagogo, revolucionario, racionalista, ateo.

jactancia. f. Vanidad, vanagloria, inmodestia, presunción, petulancia, fatuidad, pedantería, arrogancia. *La jactancia es el lenguaje de la vanidad* (a.: *humildad, modestia*).

jactancioso, sa. adj. Presumido, vanidoso, fanfarrón, presuntuoso, petulante, arrogante, fatuo, orgulloso.

jactarse. prnl. Alabarse, gloriarse, vanagloriarse, pavonearse, preciarse, blasonar, presumir, ufanarse, fanfarronear, alardear, farolear.

jaculatoria. f. Invocación, oración.

jadear. intr. Acezar, resollar, hipar.

jadeo. m. Acezo. resuello.

jaez. m. Índole, calidad. ‖ Estofa, laya, calaña, ralea. ‖ pl. Arreos.

jalbegar. tr. Enjalbegar, encalar, blanquear.

jalea. f. Gelatina.

jaleo. m. Bullicio, fiesta, jarana, bulla, alegría, parranda, diversión, algazara. ‖ Alboroto, desorden, riña. ‖ Intriga, enredo.

jalón. m. Estaca, mojón, hito. ‖ Tirón.

jalonar. tr. Estacar, marcar, alinear, señalar.

jamás. adv. Nunca (a.: *siempre*).

jamelgo. m. Jaco, matalón, penco, rocín.

jamón. m. Pernil.

jangada. f. Almadía, balsa. ‖ Pillería, bribonada, trastada.

japonés, sa. adj. y s. Nipón.

jaque. m. Valentón, bravucón, perdonavidas, matón, matasiete, guapo, fanfarrón, chulo. || Amenaza, peligro.

jaquear. tr. Hostigar, acosar, amenazar.

jaqueca. f. Hemicránea, neuralgia, migraña, cefalea. || Fastidio, molestia.

jarabe. m. Jarope, almíbar.

jarana. f. Bulla, bullicio, fiesta, jolgorio, diversión, alegría, jaleo, algazara. || Alboroto, desorden, pendencia, tumulto, gresca, trifulca. || Trampa, burla, engaño.

jaranero, ra. adj. y s. Alborotador, juerguista.

jarcia. f. Cordelería, cordaje.

jardín. m. Vergel, pensil, parque.

jarrete. m. Corvejón, corva.

jarretera. f. Charretera, liga.

jarrón. m. Florero, búcaro.

jaspeado, da. adj. Veteado.

jaula. f. Cárcel, gayola, cávea.

jauría. f. Traílla.

jefatura. f. Autoridad, superioridad, gobierno, dirección.

jefe, fa. m. y f. Superior, director, patrón, cabeza, capataz, principal. || Guía, conductor, líder, caudillo (**a.:** *subordinado, subalterno*).

jerarquía. f. Orden, grado, rango, categoría.

jerga o jerigonza. f. Galimatías, algarabía, caló, germanía.

jergón. m. Colchón.

jerigonza. f. Jerga, galimatías.

jeringar. tr. Molestar, fastidiar, enfadar, cansar.

jeta. f. Hocico, boca, morro. || Cara.

jícara. f. Pocillo, tacita.

jinete. m. Caballero. || Yóquey, yoqui.

jira. f. Excursión, viaje, paseo.

jirón. m. Desgarrón, siete, andrajo. || Trozo, parte, pedazo, porción.

jocoserio, ria. adj. Tragicómico.

jocosidad. f. Chiste, gracia, broma, agudeza.

jocoso, sa. adj. Festivo, alegre, gracioso, chistoso, divertido, humorístico.

jocundo, da. adj. Jocoso, alegre, gracioso, chistoso.

jofaina. f. Palangana, aguamanil, lavamanos.

jolgorio. m. Holgorio, jarana, fiesta, bulla, bullicio, parranda, alboroto.

jornada. f. Jornal. || Ocasión, suceso, circunstancia, trance, lance. || Día, etapa.

jornal. m. Salario, estipendio.

jornalero, ra. m. y f. Trabajador, obrero, asalariado, operario, peón, bracero.

joroba. f. Giba, corcova. || Impertinencia, molestia, fastidio.

jorobado, da. adj. Corcovado, giboso, contrahecho. || Mortificado.

jorobar. tr. Molestar, fastidiar, jeringar, importunar, mortificar (**a.:** *halagar*).

joven. m. y f. Mozo, pollo, mancebo, efebo, zagal, adolescente, muchacho (**a.:** *viejo*). || adj. Nuevo, reciente, fresco (**a.:** *maduro, viejo, veterano*).

jovial. adj. Alegre, chistoso, divertido, gracioso, risueño, bromista (**a.:** *amargado, triste*).

joya. f. Alhaja, presea.

jubilación. f. Retiro, pensión.

jubilar. tr. Apartar, arrinconar (**a.:** *utilizar*). || Licenciar.

júbilo. m. Alborozo, alegría, felicidad, regocijo, contento, gozo (**a.:** *tristeza, congoja*).

judas. m. Traidor, alevoso, desleal, delator (**a.:** *fiel, leal*).

judicial. adj. Jurídico.

judío, a. adj. y s. Hebreo, israelita.

juego. m. Deporte. || Diversión, recreo, recreación, entretenimiento, pasatiempo. || Funcionamiento, movimiento. || Colección, serie. || Unión, articulación, coyuntura. || **juegos malabares.** Malabarismo.

juerga. f. Parranda, jarana, jolgorio, bullanga, diversión.

juez. m. Árbitro, magistrado.

jugada. f. Treta, ardid, jugarreta, lance, trastada, picardía, faena, partida. || Mano, tirada.

jugador, ra. m. y f. Tahúr, fullero. || Jugueteador.

jugar. intr. Entretenerse, divertirse. ‖ Travesear, juguetear, retozar. ‖ Funcionar, andar, moverse, marchar. ‖ tr., intr. y prnl. Arriesgar, aventurar.

jugarreta. f. Truhanada, trastada, picardía.

juglar. m. Bardo, rapsoda. ‖ Prestidigitador.

jugo. m. Zumo. ‖ Salsa. ‖ Enjundia, sustancia. ‖ Provecho, utilidad, ventaja.

jugoso, sa. adj. Suculento. ‖ Sustancioso, provechoso, fructífero, estimable (a.: *insulso, seco*).

juguete. m. Chiche, trebejo. ‖ Burla.

juguetear. intr. Jugar, retozar, entretenerse.

juguetón, na. adj. Retozón, inquieto.

juicio. m. Discernimiento, razón, entendimiento, inteligencia, criterio (a.: *prejuicio*). ‖ Cordura, seso, tino, prudencia, sensatez, madurez (a.: *insensatez*). ‖ Opinión, apreciación, dictamen, parecer. ‖ Razonamiento, valoración, crítica. ‖ Veredicto, sentencia.

juicioso, sa. adj. Razonable, prudente, cuerdo, sensato, formal, atinado, mesurado, sesudo, maduro (a.: *irreflexivo, insensato*).

julepe. m. Vapuleo, reprimenda (a.: *elogio*). ‖ Tunda, paliza. ‖ Susto, miedo (a.: *valor*).

jumento, ta. m. y f. Asno, burro, borrico, pollino. ‖ Torpe, ignorante.

juncal. adj. Flexible, apuesto, airoso. ‖ m. Juncar, junqueral.

junta. f. Reunión, cónclave, sesión, asamblea. ‖ Unión, empalme, juntura, articulación. ‖ Ensambladura. ‖ Corporación, congregación, asociación.

juntamente. adv. En unión, en compañía, solidariamente, conjuntamente, unidamente. ‖ A la vez, a un tiempo.

juntar. tr. Unir (a.: *separar, desunir*). ‖ Acoplar. ‖ Trabar. ‖ Entornar. ‖ Acopiar, aglomerar, englobar, amontonar, fusionar, reunir. ‖ tr. y prnl. Congregar. ‖ prnl. Acercarse, arrimarse, aproximarse (a.: *alejarse*). ‖ Amancebarse.

junto, ta. adj. Unido, adyacente, cercano, vecino, inmediato, pegado, continuo, próximo (a.: *lejano, separado*). ‖ **junto a.** loc. prep. Cerca de, al lado de. ‖ **junto con.** loc. prep. En compañía de.

juntura. f. Unión, gozne, junta. ‖ Articulación, coyuntura. ‖ Acoplamiento, acopladura, ensambladura, empalme (a.: *separación*). ‖ Atadura, costura.

jura. f. Juramento.

jurado. m. Árbitro, juez, tribunal.

juramentarse. prnl. Conjurarse.

juramento. m. Jura, promesa. ‖ Blasfemia, imprecación, reniego, taco. ‖ Voto, promesa.

jurar. intr. Renegar, blasfemar, maldecir, votar. ‖ tr. Prometer, asegurar, afirmar. ‖ Rendir homenaje.

jurisconsulto. m. Abogado, legista, jurisperito, letrado, jurista. ‖ Picapleitos.

jurisdicción. f. Potestad, dominio, poder, autoridad, fuero. ‖ Distrito, territorio.

jurisperito, ta. m. y f. Jurisconsulto, jurista, abogado.

jurisprudencia. f. Legislación, derecho, jurisprudencia.

jurista. m. y f. Abogado, jurisconsulto, jurisperito.

justa. f. Torneo, liza, certamen, competencia. ‖ Pelea, combate.

justamente. adv. Cabalmente, justo, exactamente, precisamente, ajustadamente.

justicia. f. Equidad, razón, rectitud, ecuanimidad, imparcialidad (a.: *injusticia, arbitrariedad, iniquidad*). ‖ Castigo, pena. ‖ Tribunal. ‖ Juez, magistrado.

justiciero, ra. adj. y s. Justo, recto, equitativo, imparcial, ecuánime.

justificación. f. Apología, defensa, prueba (a.: *acusación, evasiva*).

justificar. tr. Evidenciar, probar, demostrar, acreditar (a.: *pretextar*). ‖ Excusar, exculpar, disculpar, vindicar, defender (a.: *censurar*).

justipreciar. tr. Tasar, valorar, apreciar, estimar, evaluar, preciar (a.: *desestimar*).

justo. adv. Justamente.

justo, ta. adj. Recto, justiciero, equitativo, imparcial (**a.:** *injusto, parcial*). ‖ Legal, legítimo, procedente (**a.:** *ilegítimo, ilegal*). ‖ Ajustado, exacto, puntual, cabal, indiscutible, preciso. ‖ Mismo, preciso.

juventud. f. Adolescencia, mocedad (**a.:** *vejez, ancianidad, senectud*). ‖ Mocerío.

juzgado. m. Tribunal.

juzgar. tr. Arbitrar, sentenciar, dictaminar, fallar. ‖ Creer, estimar, apreciar, opinar, reputar, considerar, conceptuar, conjeturar, valorar, criticar.

L

lábaro. m. Estandarte, enseña, pendón. ‖ La cruz de Cristo.

laberíntico, ca. adj. Confuso, embrollado, enredado, intrincado, difícil, enmarañado, tortuoso, complicado (a.: *sencillo*).

laberinto. m. Dédalo. ‖ Enredo, embrollo, maraña, meandro, confusión, lío, caos.

labia. f. Facundia, verba, verbosidad, locuacidad, pico.

lábil. adj. Resbaladizo, escurridizo, deslizante. ‖ Inestable, inseguro. ‖ Frágil, débil, caduco.

labio. m. Bezo, belfo. ‖ Borde, reborde. ‖ pl. Boca.

labor. f. Trabajo, ocupación, tarea, faena, quehacer, fajina (a.: *ocio, inactividad*). ‖ Labranza. ‖ Obra. ‖ Costura, bordado.

laborar. tr. Labrar, trabajar, laborear. ‖ intr. Gestionar, ocuparse.

laborear. tr. Trabajar. ‖ Labrar, laborar.

laboreo. m. Labranza, cultivo. ‖ Trabajo.

laboriosidad. f. Aplicación, esfuerzo, actividad.

laborioso, sa. adj. Trabajador, activo, aplicado, asiduo, diligente, hacendoso (a.: *holgazán, haragán*). ‖ Trabajoso, penoso, difícil, dificultoso (a.: *sencillo, fácil*).

labrador, ra. m. y f. Agricultor, labriego, cultivador, campesino, paisano, destripaterrones.

labranza. f. Cultivo, agricultura, labor, laboreo.

labrar. tr. Trabajar, hacer, laborar. ‖ Arar, roturar, cultivar, surcar. ‖ Causar, promover, producir, originar. ‖ Esculpir, tallar. ‖ Edificar, construir.

labriego, ga. m. y f. Labrador, agricultor, campesino, destripaterrones.

laca. f. Goma laca, barniz.

lacayo. m. Criado, servidor, sirviente, doméstico. ‖ Adulador, adulón, servil, rastrero (a.: *amo, señor, patrón*).

lacerar. tr. Lastimar, magullar, lesionar, herir, golpear (a.: *acariciar*). ‖ Dañar, vulnerar, perjudicar. ‖ Desgarrar, destrozar, atormentar.

laceria. f. Miseria, estrechez, pobreza (a.: *bienestar*). ‖ Trabajo, pena, fatiga.

lacio, cia. adj. Ajado, marchito, mustio. ‖ Flojo, desmadejado, decaído, descaecido, fláccido, caído (a.: *duro, fuerte, tieso*).

lacónico, ca. adj. Breve, conciso, parco, sucinto, compendioso, sintético, sobrio, seco (**a.:** *elocuente, verboso, detallista*).

laconismo. m. Concisión, brevedad, sobriedad, sequedad, parquedad (**a.:** *verbosidad*).

lacra. f. Marca, huella, cicatriz, señal. || Daño, achaque, defecto. || Vicio.

lacrimoso, sa. adj. Lloroso, lastimoso, lastimero. || Plañidero, afligido, quejumbroso, compungido, triste (**a.:** *contento*).

lactar. tr. Amamantar, alimentar, atetar, criar. || intr. Mamar.

lácteo, a. adj. Lechoso, lacticíneo. || Lechero. || Láctico.

ladear. tr., intr. y prnl. Inclinar, torcer, sesgar.

ladera. f. Vertiente, declive, pendiente, falda.

ladero, ra. adj. Adyacente, lateral.

ladino, na. adj. Astuto, taimado, sagaz, artero, pícaro, zorro (**a.:** *inocente, tonto*).

lado. m. Costado, borde, banda. || Cara, faz. || Aspecto, cariz. || Sitio, lugar, paraje. || Arista. || Ala, flanco. || Anverso, reverso. || Mano, parte.

ladrar. intr. Vociferar, amenazar. || Impugnar, criticar.

ladrido. m. Latido, aullido, gañido. || Difamación, murmuración, censura, calumnia, impostura.

ladrón, na. adj. y s. Caco, hurtador, cleptómano, ganzúa, ratero, salteador, bandolero, bandido. || Cuatrero, carterista, mechera, asaltante.

lagaña. f. Legaña.

lagañoso, sa. adj. Legañoso.

lagarto, ta. m. y f. Astuto, sagaz, pícaro, taimado, artero.

lagotear. tr. Adular.

lagotería. f. Zalamería, adulación.

lágrima. f. Llanto, lloro. || pl. Padecimientos, penas, pesadumbres.

laguna. f. Espacio, hueco, vacío. || Omisión, olvido. || Lago, albufera, estanque, espadaña, charca.

laico, ca. adj. y s. Lego, profano, seglar (**a.:** *religioso*).

laja. f. Lancha, lasca, losa.

lama. f. Cieno, lodo, légamo, fango.

lamentable. adj. Deplorable, atroz, sensible, desastroso. || Lastimoso, triste, doloroso.

lamentación. f. Lamento, clamor, gemido, queja, plañido. || Jeremíada.

lamentar. tr. Deplorar, sentir (**a.:** *celebrar*). || prnl. Quejarse, dolerse, gemir, plañir.

lamento. m. Lamentación, queja, quejido, ay, gemido.

lamentoso, sa. adj. Plañidero. || Quejumbroso.

lamer. tr. Rozar, acariciar. || prnl. Relamerse.

lamido, da. adj. Flaco, chupado, escuálido. || Relamido, atildado, afectado. || Gastado, usado.

lámina. f. Placa, plancha. || Estampa, grabado, ilustración. || Limbo.

lámpara. f. Candil, candelero, quinqué. || Bombilla, lamparilla. || Válvula.

lamparón. m. Mancha.

lampiño, ña. adj. Barbilampiño, imberbe (**a.:** *barbudo, velludo*).

lampo. m. Resplandor, relámpago, destello, fulgor, exhalación.

lana. f. Vellón.

lance. m. Ocasión, percance, accidente, suceso, trance, incidente. || Lanzamiento. || Jugada, suerte. || Contienda, encuentro, riña, duelo, querella. || Episodio, acontecimiento. || **de lance.** loc. adj. De ocasión, de segunda mano.

lancear. tr. Alancear.

lanceta. f. Bisturí, sangradera.

lancha. f. Chalupa, bote, barca, batel, embarcación. || Laja.

landa. f. Llanura.

langosta. f. Acridio, saltamontes.

languidecer. intr. Debilitarse, flojear, extenuarse (**a.:** *fortalecerse*). || Desanimarse, abatirse (**a.:** *animarse*).

languidez. f. Debilidad, extenuación, flaqueza. || Decaimiento, desaliento, abatimiento, flojedad (**a.:** *vitalidad, vigor*).

lánguido, da. adj. Flaco, débil, endeble.

‖ Abatido, postrado, decaído, flojo, desanimado, desalentado.

lanudo, da. adj. Lanoso, velloso, velludo, peludo.

lanza. f. Pica, asta. ‖ Timón, pértiga, vara.

lanzada. f. Lanzazo.

lanzado, da. adj. Impetuoso, fogoso, decidido, arrojado.

lanzar. tr. Arrojar, echar, precipitar, tirar, despedir, escupir, vomitar, disparar. ‖ Proferir, prorrumpir en. ‖ Soltar, expulsar. ‖ Difundir, propalar, irradiar. ‖ Vomitar. ‖ prnl. Abalanzarse, arrojarse, precipitarse.

lápida. f. Losa.

lapidar. tr. Apedrear.

lapidario, ria. adj. Irrebatible, categórico, conciso (**a.:** *conciliador*).

lapislázuli. m. Cianea, lazulita.

lápiz. m. Lapicero, grafito.

lapso. m. Tracto, trecho, espacio. ‖ Curso, período, transcurso.

lapsus. m. Error, equivocación.

laquear. tr. Pulir, barnizar.

lar. m. Hogar, fogón. ‖ Domicilio, casa. ‖ pl. Manes, penates.

lardoso, sa. adj. Grasiento, pringoso, mugriento.

largamente. adv. Ampliamente, holgadamente (**a.:** *escasamente*). ‖ Liberalmente, generosamente, cumplidamente, espléndidamente. ‖ Extensamente, dilatadamente. ‖ Copiosamente, con abundancia.

largar. tr. Aflojar, soltar, liberar (**a.:** *contener, sujetar*). ‖ prnl. Irse, ausentarse, marcharse, escabullirse, escurrirse, picárselas (**a.:** *permanecer*).

largo, ga. adj. Duradero, extenso, amplio, dilatado (**a.:** *breve, corto*). ‖ Abundante, copioso (**a.:** *escaso*). ‖ Liberal, dadivoso (**a.:** *avaro, mezquino, tacaño*). ‖ Astuto, listo. ‖ m. Longitud, largor, largura (**a.:** *anchura, ancho*).

largor. m. Longitud.

larguero. m. Cabezal, barrote.

largueza. f. Longitud, largo, largura. ‖ Liberalidad, generosidad, dadivosidad,

esplendidez (**a.:** *avaricia, ruindad, mezquindad*).

largura. f. Largor, longitud.

larva. f. Gusano.

lasca. f. Laja. ‖ Lonja.

lascivia. f. Lujuria, incontinencia, obscenidad, sensualidad, concupiscencia, lubricidad, libídine, salacidad, impudicia (**a.:** *continencia, pureza*).

lascivo, va. adj. y s. Lujurioso, lúbrico, libidinoso, salaz, sensual, erótico (**a.:** *casto, pudoroso*).

lasitud. f. Desfallecimiento, flojedad, postración, languidez, decaimiento, agotamiento, cansancio, fatiga, debilidad (**a.:** *ardor, vigor*).

laso, sa. adj. Cansado, abrumado, desfallecido. ‖ Macilento, descaecido, flojo (**a.:** *animoso*).

lástima. f. Compasión, conmiseración, pena, misericordia, piedad (**a.:** *ferocidad*). ‖ Quejido, lamento.

lastimar. tr. y prnl. Herir, dañar, perjudicar, lesionar. ‖ tr. Agraviar, ofender, mortificar. ‖ prnl. Dolerse, sentirse, quejarse, condolerse, lamentarse.

lastimero, ra. adj. Plañidero, triste, lúgubre, quejumbroso, lastimoso.

lastimoso, sa. adj. Deplorable, sensible, lamentable, triste, desgarrador (**a.:** *satisfactorio, bueno*).

lastre. m. Estorbo, rémora. ‖ Peso. ‖ Juicio, madurez, sensatez, aplomo, seso.

lata. f. Hojalata. ‖ Tabarra, tostón, fastidio, joroba, molestia. ‖ **dar la lata.** Aburrir, fastidiar, molestar.

latamente. adv. Largamente, ampliamente, extensamente, prolijamente.

latente. adj. Oculto, escondido, encubierto, profundo, recóndito (**a.:** *manifiesto*).

lateral. adj. Ladero, adyacente, colateral, contiguo, vecino.

látex. m. Leche.

latido. m. Ladrido. ‖ Pulsación, palpitación, pulso.

latigazo. m. Guascazo, trallazo, rebencazo, zurriagazo, fustazo, vergajazo.

látigo. m. Vergajo, fusta, azote, zurriago, zurriaga, rebenque, tralla.

latinizar. tr. Romanizar.

latir. intr. Pulsar, palpitar. ‖ Ladrar, gañir.

latitud. f. Ancho, anchura. ‖ Distancia, extensión, amplitud (**a.:** *longitud*).

lato, ta. adj. Dilatado, extendido. ‖ Amplio, extenso (**a.:** *estricto*).

latón. m. Azófar.

latoso, sa. adj. Fastidioso, chinche, pesado, cargante, molesto, pelma (**a.:** *entretenido*).

latrocinio. m. Fraude, estafa, hurto. ‖ Robo, pillaje, rapiña, ladronería.

laudable. adj. Loable, plausible, digno, meritorio (**a.:** *indigno, despreciable*).

laudar. tr. Alabar. ‖ Arbitrar, sentenciar, fallar.

laudatorio, ria. adj. Elogioso, encomiástico, lisonjero, ditirámbico, halagador (**a.:** *ofensivo, injurioso*).

laudo. m. Arbitraje, decisión, fallo, sentencia, veredicto.

lauráceo, a. adj. Lauríneo.

laureado, da. adj. Condecorado, premiado, vencedor (**a.:** *rechazado*).

lauro. m. Laurel. ‖ Premio, corona, galardón, palma, recompensa. ‖ Triunfo, victoria, gloria, alabanza.

lavabo. m. Lavatorio, tocador. ‖ Lavamanos, aguamanil.

lavación. f. Loción. ‖ Lavado, lavaje, ablución.

lavamiento. m. Lavado, lavadura, lavación.

lavanda. f. Lavándula, espliego.

lavar. tr. Limpiar, purificar, higienizar, fregar.

lavativa. f. Ayuda, enema, clister. ‖ Irrigador. ‖ Molestia, incomodidad.

lavatorio. m. Lavamanos, lavabo. ‖ Lavado.

laxante. m. Purgante, laxativo, emoliente (**a.:** *astringente*).

laxar. tr. y prnl. Aflojar, relajar, ablandar, suavizar (**a.:** *fortalecer*). ‖ Purgar.

laxitud. f. Flojera, distensión, atonía. ‖ Relajamiento, blandura, debilidad.

laxo, xa. adj. Flojo, distendido, relajado (**a.:** *tenso*).

laya. f. Calaña, ralea, casta, jaez. ‖ Condición, calidad, clase, especie, linaje.

lazada. f. Lazo, nudo, atadura.

lazareto. m. Leprosería, malatería, dispensario.

lazo. m. Atadura, ligadura, lazada, nudo. ‖ Unión, vínculo, afinidad, conexión. ‖ Impedimento. ‖ Trampa, añagaza, emboscada, asechanza.

lazulita. f. Lapislázuli.

leal. adj. Fiel, adepto, fidedigno, verdadero, confiable, seguro, sincero.

lealtad. f. Fidelidad, adhesión, sinceridad (**a.:** *deslealtad, infidelidad, traición*). ‖ Legalidad, veracidad.

lebrato. m. Lebratón.

lebrillo. m. Barreño.

lebruno, na. adj. Leporino.

lección. f. Lectura. ‖ Enseñanza, ejemplo, escarmiento. ‖ Amonestación, admonición, advertencia, consejo, aviso. ‖ Explicación, conferencia, clase.

lechal. adj. Lactante, mamón.

lechigada. f. Camada, cría, ventregada.

lecho. m. Cama, tálamo. ‖ Cauce, madre, álveo, fondo. ‖ Capa. ‖ Estrato.

lechón. m. Cochinillo. ‖ Cerdo, puerco, chancho.

lechoso, sa. adj. Lácteo, lactescente. ‖ Blanquecino.

lechuguino. m. Petimetre, dandi, gomoso, caballerete, pisaverde, currutaco.

lechuza. f. Búho, coruja, curuja, mochuelo, estrige.

lectura. f. Leída. ‖ Lección.

ledo, da. adj. Plácido, gozoso, alegre, contento, satisfecho, jubiloso, ufano (**a.:** *triste*).

legación. f. Embajada.

legado. m. Herencia, manda. ‖ Emisario, nuncio, representante, embajador, enviado.

legal. adj. Legítimo, reglamentario, lícito, permitido (**a.:** *ilegal, ilícito*). ‖ Fiel, recto, estricto, razonable, justo.

legalidad. f. Legitimidad.

legalizar. tr. Legitimar, formalizar. ‖ Refrendar, autenticar, autorizar, certificar.

légamo. m. Cieno, fango, barro, lodo, limo.

legaña. f. Lagaña.

legañoso, sa. adj. Pitañoso, lagañoso.

legar. tr. Mandar, dejar, donar, testar, traspasar (a.: *desheredar*).

legatario. m. Heredero.

legendario, ria. adj. Leyendario, antiguo, tradicional, proverbial. || Fantástico, quimérico, fabuloso, imaginario.

legible. adj. Leíble, descifrable (a.: *ilegible*).

legión. f. Muchedumbre, multitud, tropel.

legislación. f. Código.

legista. m. o f. Letrado, jurisconsulto.

legitimar. tr. Legalizar, autenticar, certificar, habilitar, justificar.

legítimo, ma. adj. Legal, lícito (a.: *ilegítimo, ilegal, ilícito*). || Equitativo, justo, razonable. || Genuino, puro, auténtico, verdadero, cierto, fidedigno, de ley (a.: *falso, adulterado*).

lego, ga. adj. y s. Seglar, laico (a.: *religioso*). || Converso, confeso. || Ignorante, iletrado, profano (a.: *conocedor, culto, docto*).

legumbre. f. Hortaliza.

leíble. adj. Legible, comprensible, inteligible (a.: *ilegible, indescifrable*).

leída. f. Lectura, ojeada, repaso.

leído, da. adj. Docto, instruido, erudito.

lejanía. f. Lontananza, distancia (a.: *cercanía, proximidad*). || Pasado.

lejano, na. adj. Apartado, alejado, retirado, distanciado, distante, remoto (a.: *cercano, próximo*). || Mediato.

lelo, la. adj. y s. Bobo, embobado, pasmado, mentecato, tonto, simple (a.: *inteligente*).

lema. m. Letrero, título, epígrafe, rótulo, inscripción. || Mote, divisa.

lengua. f. Sinhueso. || Lenguaje, habla, idioma, dialecto. || Jerga, argot, germanía, lunfardo, caló.

lenguaje. m. Lengua, idioma, habla. || Estilo, manera, expresión (a.: *mímica*).

lenguaraz. adj. Deslenguado, zafado, mala lengua, malhablado, insolente, desvergonzado, descarado. || Intérprete.

lenidad. f. Blandura, dulzura, suavidad, benevolencia, condescendencia, benignidad (a.: *rigor, severidad*).

lenificar. tr. Ablandar, suavizar, calmar (a.: *endurecer*).

lenitivo. m. Calmante. || Alivio, bálsamo, consuelo. || Emoliente.

lentamente. adv. Poco a poco, despacito, paulatinamente, despacio, pausadamente, paso a paso, con lentitud.

lente. amb. Lupa, cristal. || Objetivo.

lentes. m. pl. Anteojos, antiparras, espejuelos, gafas, quevedos.

lentitud. f. Tardanza, morosidad, calma, cachaza, flema, parsimonia, pachorra (a.: *prisa, celeridad*).

lento, ta. adj. Tardo, pachorriento, pausado, lerdo, calmoso, flemático, moroso, cachazudo (a.: *rápido, veloz, ligero*). || Suave, moderado, ineficaz.

leña. f. Castigo, paliza, tunda, vapuleo, zurra.

leño. m. Madero, tronco, rama. || Necio.

león. m. Valiente, héroe, bravo.

leonino. adj. Abusivo, oprimente.

leporino, na. adj. Lebruno.

lepra. f. Gafedad, malatía.

leproso, sa. adj. y s. Lazarino, albarazado, elefancíaco.

lerdear. intr. Tardar.

lerdo, da. adj. Pesado, lento, torpe. || Obtuso, rudo, negado.

lesión. f. Herida, contusión. || Daño, perjuicio, menoscabo, detrimento.

lesionar. tr. y prnl. Herir, lastimar (a.: *curar*). || Dañar, perjudicar (a.: *resarcir*).

letal. adj. Mortífero, mortal (a.: *inofensivo, inocuo*).

letanía. f. Retahíla, serie, sarta. || Súplica, plegaria.

letárgico, ca. adj. Soporífero, adormecedor. || Aburrido.

letargo. m. Modorra, somnolencia, adormecimiento, sopor, torpeza, marasmo (a.: *dinamismo*).

letra. f. Lema. || Carta. || Tipo, signo, carácter. || pl. Humanidades. || Ciencia, saber.

letrado, da. adj. Docto, instruido, erudito (a.: *ignaro*). || m. y f. Legista, abogado.

letrero. m. Rótulo, cartel, inscripción, leyenda, etiqueta, título, anuncio.

letrina. f. Retrete, excusado, común.

leucocito. m. Glóbulo blanco.

leudar. tr. Fermentar.

leva. f. Recluta, reclutamiento, alistamiento, enganche. || Excéntrica.

levadura. f. Fermento.

levantado, da. adj. Alto, elevado, eminente, encumbrado, sublime.

levantamiento. m. Sublevación, insurrección, alzamiento, rebelión, sedición (**a.:** *sumisión*).

levantar. tr. Alzar, subir, elevar (**a.:** *bajar*). || Enderezar, erguir. || Construir, edificar, erigir (**a.:** *derribar*). || Vigorizar, esforzar. || Causar, suscitar, provocar, ocasionar, motivar, promover. || Engrandecer, enaltecer, ensalzar, encumbrar, exaltar, elevar, remontarse. || Desmontar, arrancar, separar, recoger (**a.:** *tirar*). || Suprimir, anular. || tr. y prnl. Amotinar, alzar, sublevar. || prnl. Sobresalir, elevarse, resaltar. || Encresparse, irritarse (**a.:** *sosegar*). || Abandonar el lecho (**a.:** *acostarse*).

Levante. m. Este, Oriente, Naciente (**a.:** *Oeste, Occidente, Poniente*).

levantisco, ca. adj. Inquieto, díscolo, indisciplinado, indócil, turbulento, revoltoso, alborotador, rebelde.

levar. intr. Zarpar, desamarrar, partir.

leve. adj. Ligero, liviano, vaporoso, tenue, suave (**a.:** *pesado*). || Nimio, insignificante, exiguo, ínfimo, venial (**a.:** *grave, importante*).

lexema. m. Palabra.

léxico. m. Vocabulario, diccionario, lexicón, glosario.

lexicógrafo, fa. m. y f. Diccionarista, vocabulista.

lexicón. m. Diccionario, léxico, glosario.

ley. f. Regla, uso, norma, precepto, prescripción, mandato, mandamiento. || Religión. || Cariño, amor, afecto, fidelidad, lealtad. || Caridad.

leyenda. f. Fábula, mito, cuento, tradición, ficción, narración. || Inscripción, lema, divisa, mote.

lezna. f. Lesna, alesna, punzón.

lía. f. Hez, poso, sedimento, pie.

liar. tr. Ligar, atar, amarrar (**a.:** *desatar*). || tr. y prnl. Envolver, enredar, enzarzar, mezclar. || prnl. Amancebarse. || **liarlas** o **liárselas.** Morir.

libar. tr. Beber, chupar, catar, sorber.

libelo. m. Panfleto (**a.:** *panegírico*).

libélula. f. Caballito del diablo.

liberación. f. Finiquito, cancelación. || Rescate, redención, emancipación, salvación, manumisión (**a.:** *esclavitud*).

liberal. adj. Generoso, desprendido, espléndido, desinteresado, dadivoso, largo, rumboso, pródigo. || Expedito, pronto.

liberalidad. f. Generosidad, magnanimidad, desinterés, largueza, altruismo, desprendimiento, dadivosidad, esplendidez (**a.:** *avaricia, tacañería, mezquindad*).

liberar. tr. Libertar, manumitir, redimir, rescatar, salvar, emancipar (**a.:** *esclavizar*). || Eximir, librar, franquear, licenciar, dispensar. || Soltar, zafarse (**a.:** *depender, someterse*).

libertad. f. Independencia, emancipación, autodeterminación (**a.:** *dependencia, sometimiento*). || Excarcelación, manumisión, liberación. || Desembarazo, holgura, desenvoltura (**a.:** *encogimiento*). || Facilidad, soltura, destreza. || pl. Osadía, atrevimiento, familiaridad, confianza. || Prerrogativas, privilegios, licencias.

libertar. tr. Soltar, eximir, librar, exonerar, excarcelar, rescatar, liberar (**a.:** *apresar, encerrar*). || Manumitir. || Eximir, redimir, cancelar.

libertario. m. Ácrata, anarquista.

liberticida. m. Tirano, déspota.

libertinaje. m. Desenfreno, relajación (**a.:** *virtud, moralidad*). || Deshonestidad, inmoralidad, impudicia, disipación, corrupción, depravación, licencia.

libertino, na. adj. y s. Licencioso, depravado, desenfrenado, perdido, disoluto, vicioso, disipado, inmoral, corrupto.

liberto, ta. m. y f. Manumiso, exento, horro.

libídine. f. Lascivia, lubricidad, lujuria, sensualidad (**a.:** *continencia, pureza*).

libidinoso, sa. adj. Lascivo, lúbrico, lujurioso, libertino, rijoso (**a.:** *puro, inocente*).

librador, ra. m. y f. Dador, girador, expedidor.

librar. tr. y prnl. Salvar, preservar. ‖ Liberar, soltar, libertar (**a.:** *apresar*). ‖ tr. Eximir, dispensar. ‖ Girar, expedir, extender. ‖ intr. Vacar.

libre. adj. Independiente, emancipado (**a.:** *dependiente*). ‖ Suelto, expedito, libertado, franco, desembarazado. ‖ Liberado, excarcelado. ‖ Dispensado, exento. ‖ Atrevido, osado, desenfrenado, licencioso, disoluto. ‖ Suelto (**a.:** *sujeto*). ‖ Desocupado (**a.:** *ocupado*). ‖ Soltero, célibe. ‖ Inocente.

librería. f. Biblioteca.

libreta. f. Cuaderno, cartilla. ‖ Cartapacio.

libro. m. Volumen, obra. ‖ Tomo, ejemplar. ‖ Libreto, guión, argumento.

licencia. f. Permiso, anuencia, autorización, facultad, consentimiento, venia. ‖ Abuso, osadía, desenfreno, atrevimiento, libertinaje (**a.:** *continencia*).

licenciar. tr. Despedir. ‖ Autorizar, permitir, consentir (**a.:** *prohibir*). ‖ prnl. Graduarse, recibirse.

licencioso, sa. adj. Libre, atrevido. ‖ Disoluto, desenfrenado, libertino (**a.:** *decente, casto*).

liceo. m. Instituto, colegio, escuela, gimnasio.

licitación. f. Subasta, concurso.

licitador. m. Postor, oferente.

lícito, ta. adj. Legítimo, legal, justo, permitido, procedente, debido, autorizado (**a.:** *ilícito, ilegal, prohibido, vedado*).

licuable. adj. Liquidable, licuefactible.

licuación. f. Liquefacción.

licuar. tr. Liquidar, licuefacer, licuecer, fundir, derretir, fluidificar.

licuefacción. f. Licuación, fluidificación.

licurgo. m. Astuto, hábil, mañoso.

lid. f. Combate, pelea, lucha, batalla, liza, contienda, agarrada, pelotera. ‖ Disputa, controversia, discusión (**a.:** *armonía, entendimiento*).

líder. m. Jefe, caudillo (**a.:** *secuaz, seguidor*).

lidiar. intr. Batallar, pelear, reñir, luchar, combatir (**a.:** *pacificar*). ‖ tr. e intr. Torear.

lienzo. m. Tela. ‖ Pintura, cuadro. ‖ Entrepaño. ‖ Pañuelo. ‖ Muro.

liero, ra. adj. y s. Embrollón, intrigante.

liga. f. Unión, mezcla. ‖ Aleación. ‖ Faja, venda. ‖ Correa. ‖ Alianza, coalición, confederación, federación, unión (**a.:** *desunión*). ‖ Visco, engrudo.

ligadura. f. Atadura, dogal. ‖ Sujeción. ‖ Traba, lazo, impedimento, nudo. ‖ Enlace, ligamento.

ligar. tr. Atar, liar, amarrar, sujetar (**a.:** *desatar, soltar*). ‖ Alear, mezclar. ‖ Unir, enlazar, relacionar. ‖ Obligar, trabar, compeler. ‖ prnl. Coligarse, aliarse, confederarse, unirse (**a.:** *desvincularse*).

ligazón. f. Unión, enlace, conexión, trabazón.

ligeramente. adv. Con ligereza, rápidamente. ‖ Levemente, superficialmente.

ligereza. f. Levedad (**a.:** *pesadez*). ‖ Agilidad, prontitud, velocidad, presteza, rapidez, celeridad (**a.:** *lentitud*). ‖ Inconstancia, volubilidad, inestabilidad (**a.:** *firmeza*). ‖ Irreflexión.

ligero, ra. adj. Liviano, leve, ingrávido (**a.:** *pesado*). ‖ Ágil, veloz, pronto, rápido, presuroso, presto, vivo (**a.:** *lento, tardo*). ‖ Inconstante, irreflexivo, imprudente, voluble, versátil, instable (**a.:** *constante, firme*). ‖ **a la ligera.** loc. adv. Ligeramente. ‖ **de ligero.** loc. adv. Irreflexivamente.

lignito. m. Madera fósil.

ligustro. m. Alheña, aligustre.

liliputiense. adj. y m. Pigmeo, enano (**a.:** *gigante*).

limar. tr. Pulir, pulimentar, desbastar. ‖ Corregir, enmendar, retocar, perfeccionar. ‖ Cercenar.

limaza. f. Babosa.

limbo. m. Orla, borde.

liminar. adj. Preliminar, previo, inicial.

limitación. f. Delimitación. || Demarcación, término. || Restricción, límite, cortapisa (**a.:** *libertad, permiso*).

limitado, da. adj. Reducido, escaso, pequeño (**a.:** *amplio, numeroso*). || Restringido, constreñido, acotado, circunscripto, condicionado (**a.:** *limitado*).

limitar. tr. Delimitar, reducir, demarcar, determinar, fijar, señalar, ceñir, deslindar. || Acortar, restringir, cercenar (**a.:** *ampliar*). || intr. Lindar, confinar. || prnl. Ajustarse, ceñirse.

límite. m. Término, borde, confín, lindero, linde, frontera. || Fin, término, final, acabamiento. || Máximo, mínimo.

limítrofe. adj. Confinante, lindante, lindero, colindante, contiguo, aledaño, rayano. || Fronterizo, divisorio, finítimo.

limo. m. Lodo, cieno, fango, barro, légamo.

limosna. f. Socorro, ayuda, caridad, dádiva, donativo.

limosnero. m. Mendigo. || adj. Caritativo.

limoso, sa. adj. Barroso, cenagoso.

limpiabotas. m. Lustrabotas.

limpiachimeneas. m. Deshollinador.

limpiar. tr. Lavar, fregar, asear, bañar, barrer (**a.:** *ensuciar*). || Purificar, depurar, purgar, sonarse. || Hurtar, robar, despojar (**a.:** *devolver*).

límpido, da. adj. Limpio, impoluto. || Claro, terso, puro, cristalino, trasparente (**a.:** *turbio*).

limpieza. f. Aseo, lavado, pulcritud, higiene (**a.:** *suciedad*). || Precisión, destreza, perfección (**a.:** *desmaña*). || Integridad, desinterés, honradez, rectitud, sinceridad. || Pureza, castidad.

limpio, pia. adj. Aseado, impoluto, pulcro (**a.:** *inmundo*). || Puro, depurado, límpido, inmaculado, neto, claro, incontaminado (**a.:** *manchado*). || Libre, desembarazado, despejado (**a.:** *nublado*).

lináceo, a. adj. Líneo.

linaje. m. Ascendencia, descendencia. || Estirpe, alcurnia, abolengo, prosapia. || Casta, raza. || Clase, categoría, condición, especie, calidad, género, laya, índole, naturaleza.

lince. m. Lobo cerval. || adj. Perspicaz, sagaz, listo, avispado, agudo (**a.:** *torpe*).

lindante. adj. Limítrofe, colindante, lindero, medianero (**a.:** *lejano*).

lindar. intr. Limitar, confinar, rayar, colindar.

linde. m. y f. Límite, lindero, término, orilla, confín.

lindero, ra. adj. Limítrofe, lindante, colindante, rayano, confinante. || m. Linde, límite, confín, término.

lindezas. f. pl. Insultos, invectivas, improperios, injurias.

lindo, da. adj. Bonito, precioso, agraciado, mono, gracioso, bello, hermoso (**a.:** *feo*). || Perfecto, primoroso, exquisito, delicado. || **de lo lindo.** loc. adv. Mucho.

línea. f. Término, límite. || Raya, trazo, renglón, rasgo. || Fila, hilera. || Camino, ruta, vía. || Clase, género, especie. || Orientación, tendencia. || Conducta. || Frente.

lineamiento. m. Bosquejo, esbozo.

linfa. f. Agua.

lingote. m. Riel. || Tocho.

lingüística. f. Filología.

linterna. f. Faro, farol.

linyera. m. Vagabundo.

lío. m. Envoltorio, fardo, paquete, atadijo. || Enredijo, maraña. || Embrollo, enredo, intriga. || Barullo, desorden, confusión (**a.:** *orden*). || Amancebamiento.

lioso, sa. adj. Embrollador, liero, enredador. || Enredado, confuso, embrollado.

liquefacción. f. Licuación.

liquidable. adj. Licuable.

liquidación. f. Abaratamiento. || Liquefacción.

liquidar. tr. Condensar, licuar, fundir, derretir. || Saldar, regalar, rebajar. || Realizar, vender. || Acabar, finiquitar, terminar, resolver (a.: *empezar*). || Matar, asesinar.

líquido, da. adj. Fluido. || Neto. || m. Saldo, residuo. || Agua, bebida.

lira. f. Inspiración, estro, numen, musa. || Cítara.

lisiado, da. adj. y s. Baldado, tullido, impedido, mutilado, inválido, discapacitado.

lisiar. tr. y prnl. Lesionar, mutilar, baldar, tullir.

liso, sa. adj. Llano, plano, suave, raso, parejo. || Pulimentado, pulido (a.: *áspero, rugoso*). || Afable, campechano (a.: *desvergonzado, atrevido*).

lisonja. f. Adulación, halago, incienso, jabón (a.: *injuria, insulto*).

lisonjear. tr. Adular, alabar, halagar, incensar (a.: *denostar*). || Agradar, complacer, deleitar, satisfacer (a.: *desagradar*). || prnl. Celebrar, congratularse, alegrarse.

lisonjero, ra. adj. Adulador, halagador, incensador, complaciente. || Agradable, deleitoso, halagüeño, grato, satisfactorio.

lista. f. Cinta, franja, tira. || Enumeración, detalle, relación, catálogo, inventario, registro, repertorio, nómina, retahíla.

listel. m. Listón.

listo, ta. adj. Diligente, expedito, veloz, pronto, activo, ligero (a.: *lento, lerdo*). || Apercibido, preparado, dispuesto, pronto (a.: *desprevenido*). || Inteligente, vivo, sagaz, avisado, despierto, astuto, despabilado (a.: *torpe, tonto*).

listón. m. Listel, filete, cinta. || Tabla. || Barrote, moldura.

lisura. f. Tersura (a.: *aspereza*). || Llaneza, sinceridad, ingenuidad. || Frescura, desvergüenza, desaprensión.

literal. adj. Textual, exacto, fiel, propio, completo (a.: *incompleto, inexacto*).

literato, ta. m. y f. Escritor, poeta, autor, prosista, publicista, intelectual, crítico, comentarista.

literatura. f. Bellas letras, buenas letras, letras humanas, humanidades. || Bibliografía.

litigante. m. y f. Parte.

litigar. tr. e intr. Pleitear, hacer juicio. || intr. Altercar, disputar, debatir, contender, reñir.

litigio. m. Pleito, juicio. || Disputa, contienda, altercado, controversia (a.: *paz*).

litografía. f. Dibujo o grabado en piedra.

litología. f. Petrografía.

litoral. m. Costa, ribera, playa, orilla. || adj. Costero, ribereño.

litosfera. f. Corteza terrestre.

lítote. f. Atenuación (en retórica).

liturgia. f. Culto. || Rito, ritual, ceremonial.

liviano, na. adj. Ligero, leve (a.: *pesado, grave*). || Fácil, tornadizo, inconstante, versátil, voluble. || Lascivo, libertino, deshonesto. || m. Pulmón.

lívido, da. adj. Amoratado, morado. || Pálido.

liza. f. Estadio, palenque, palestra, plaza. || Lid, combate, contienda. || Justa, torneo.

llaga. f. Úlcera, fístula. || Estigma.

llagar. tr. y prnl. Ulcerar.

llama. f. Ardor, pasión. || Llamarada, fulgor, luz.

llamada. f. Llamado, apelación, invocación, llamamiento. || Nota, advertencia. || Señal, ademán.

llamador. m. Aldaba, aldabón, timbre, pulsador.

llamamiento. m. Llamada, llamado. || Convocatoria, citación. || Vocación. || Invitación.

llamar. tr. Dar voces, vocear, chistar. || Nombrar, apellidar, designar, denominar, intitular. || Invocar, implorar. || Convocar, citar. || Atraer, incitar, convidar (a.: *rechazar*).

llamarada. f. Fogarada, llamarón. || Arrebato, rubor.

llamativo, va. adj. Atractivo, vistoso (a.: *sobrio, sencillo*).

llana. f. Badilejo, trulla. || Página, plana.

llanada. f. Llanura, planicie, llano.

llaneza. f. Sencillez, naturalidad, moderación (a.: *afectación*). || Familiaridad, confianza, franqueza.

llano, na. adj. Plano, liso, raso, igual (a.: *desigual, áspero*). || Accesible, campechano, sencillo, tratable. || Familiar, natural (a.: *afectado*). || Claro, obvio, evidente, comprensible, fácil (a.: *oscuro, difícil*). || Grave, paroxítono. || m. Llanura, llanada, planicie. || Rellano.

llanto. m. Lloro, lloriqueo.

llanura. f. Llano, llanada, pampa, planicie, sabana.

llave. f. Clave, pista, dato. || Llavín, picaporte. || Zancadilla.

llegada. f. Arribo, arribada, venida (a.: *ida, marcha, partida*). || Aparición.

llegar. intr. Venir, sobrevenir, arribar (a.: *partir, marchar*). || Alcanzar, durar, tocar. || Conseguir, obtener, lograr. || Extenderse. || Importar, salir. || Subir, ascender. || tr. y prnl. Acercar, arrimar. || Comparecer, presentarse. || Unirse, tocarse, adherirse.

llenar. tr. Ocupar. || Atestar, colmar (a.: *vaciar*). || Rellenar, abarrotar, atestar, atiborrar, embutir (a.: *sacar*). || Cumplir, satisfacer. || prnl. Hartarse, saciarse, henchirse.

lleno, na. adj. Ocupado, henchido, colmado, pleno, repleto, pletórico, rebosante (a.: *vacío, desocupado*). || Abundante (a.: *desprovisto*). || Saciado, harto (a.: *hambriento*).

llevadero, ra. adj. Soportable, sufrible, tolerable, aguantable (a.: *pesado, insufrible*).

llevar. tr. Transportar, acarrear, trasladar (a.: *traer*). || Guiar, encaminar, conducir, manejar, dirigir. || Aguantar, tolerar, sobrellevar, sufrir. || Inducir, incitar, persuadir, impulsar. || Quitar, arrancar, robar. || Lograr, obtener, conseguir. || Tener, traer. || Cobrar. || Exceder, aventajar, superar. || prnl. Usarse, estilarse.

llorar. intr. Lloriquear, lagrimear (a.: *reír*). || tr. Lamentar, deplorar, gimotear, sentir. || Mendigar, suplicar (a.: *regalar*).

lloriquear. intr. Gimotear, llorar, hipar (a.: *reír*). || Mendigar, suplicar (a.: *regalar*).

lloro. m. Llanto.

llorón, na. adj. Quejicoso, berreador, quejumbroso. || f. Plañidera.

lloroso, sa. adj. Lacrimoso.

llover. intr. Diluviar, lloviznar (a.: *escampar*). || Pulular, caer.

llovizna. f. Calabobos, garúa.

lloviznar. intr. Chispear, garuar.

llueca. adj. Clueca.

lluvia. f. Chubasco, aguacero, diluvio, chaparrón, precipitación, borrasca, tormenta. || Multitud, profusión, abundancia, copia.

loa. f. Alabanza, loor, elogio, encomio, ditirambo (a.: *insulto*).

loable. adj. Laudable, encomiable, plausible, meritorio, realzable, elogiable (a.: *reprobable*).

loar. tr. Alabar, elogiar, incensar, celebrar, ensalzar, encomiar, encarecer (a.: *denostar*).

lobanillo. m. Lupia.

lobezno. m. Lobato.

lóbrego, ga. adj. Oscuro, sombrío, tenebroso (a.: *luminoso, claro*). || Lúgubre, triste, melancólico (a.: *alegre*).

lobulado, da. adj. Lobado, ondulado.

locación. f. Arrendamiento, alquiler.

localidad. f. Ciudad, pueblo, población. || Asiento, plaza, butaca, sitio. || Entrada, billete.

localizar. tr. Limitar, determinar, circunscribir. || Situar, fijar, ubicar.

locamente. adv. m. Tontamente, excesivamente.

locatario, ria. m. y f. Inquilino, arrendatario.

loco, ca. adj. y s. Orate, chalado, vesánico, demente, lunático, ido, insano, perturbado, alienado, tocado, enajenado, maniático, chiflado, guillado. || Extravagante, atolondrado, insensato (a.: *cuerdo, lúcido*). || Extraordinario, excesivo.

locomoción. f. Traslación.

locuacidad. f. Verbosidad, verborragia, palabrería, verborrea, facundia, labia, verba (a.: *parquedad*).

locuaz. adj. Hablador, verboso, parlanchín, charlatán (a.: *callado, parco, reservado*).

locución. f. Expresión, frase, giro.

locura. f. Demencia, tema, vesania, paranoia, insania, enajenación, delirio, chifladura (**a.:** *cordura, juicio*). ‖ Disparate, aberración, dislate, desvarío, extravagancia, insensatez. ‖ Entusiasmo, fervor.

locutorio. m. Parlatorio. ‖ Cabina.

lodazal. m. Barrizal, cenagal, fangal.

lodo. m. Barro, fango, limo, cieno. ‖ Deshonra, descrédito.

lógico, ca. adj. Racional, razonado, razonable, natural, normal (**a.:** *ilógico, irracional*). ‖ Natural, justo, legítimo (**a.:** *ilegal, injusto*).

logrado, da. adj. Perfecto.

lograr. tr. Alcanzar, conquistar, obtener, conseguir (**a.:** *perder*).

logrero, ra. m. y f. Usurero, acaparador, especulador.

logro. m. Ganancia, lucro, granjería. ‖ Especulación, usura. ‖ Consecución, obtención (**a.:** *proyecto*).

loma. f. Altura.

lombriz. f. Gusano, verme. ‖ **lombriz solitaria.** Tenia.

lomo. m. Espalda.

loncha. f. Lonja, tajada.

longanimidad. f. Magnanimidad, nobleza, constancia, generosidad, desprendimiento (**a.:** *tacañería*).

longánimo, ma. adj. Magnánimo, generoso, desinteresado, noble, desprendido, constante.

longevo, va. adj. Viejo, anciano.

longitud. f. Largo, largor, largura (**a.:** *latitud, anchura*).

lonja. f. Loncha, raja, rodaja, rebanada, tajada. ‖ Bolsa.

lontananza. f. Lejanía, distancia (**a.:** *cercanía, proximidad*).

loor. m. Alabanza, panegírico, elogio, loa, enaltecimiento, encomio.

loquera. f. Manicomio.

loro. m. Guacamayo, cotorra, cata, perico.

losa. f. Baldosa, laja. ‖ Lápida.

losange. m. Rombo.

lote. m. Parte, porción (**a.:** *conjunto, todo, total*).

lotería. f. Rifa, tómbola.

lozanía. f. Frondosidad, verdor. ‖ Vigor, frescura, robustez, gallardía (**a.:** *ajamiento, debilidad*). ‖ Orgullo, altivez (**a.:** *modestia*).

lozano, na. adj. Vigoroso, frondoso, fresco (**a.:** *marchito, ajado*). ‖ Vigoroso, robusto, sano, airoso, gallardo (**a.:** *enclenque, achacoso*).

lubricar o **lubrificar.** tr. Engrasar.

lubricidad. f. Lujuria, lascivia, impudicia (**a.:** *pureza, continencia*).

lúbrico, ca. adj. Resbaladizo. ‖ Impúdico, obsceno, lascivo, libidinoso, lujurioso.

lucero. m. Venus. ‖ Esplendor, lustre. ‖ pl. Ojos.

luces. f. pl. Cultura, ilustración (**a.:** *ignorancia*).

lucha. f. Contienda, pugilato, pugna, pelea, guerra, riña, reyerta, pendencia, brega, pelotera, cisco, agarrada (**a.:** *paz*). ‖ Discusión, rivalidad, querella, disputa, cuestión, altercado (**a.:** *armonía*). ‖ Controversia, debate. ‖ Combate, batalla, lid.

luchar. intr. Contender, pelear, bregar, combatir, lidiar, batallar (**a.:** *pacificar*).

lucidez. f. Claridad, perspicacia, sagacidad, inteligencia.

lúcido, da. adj. Perspicaz, sagaz, sutil, inteligente (**a.:** *rudo, tonto*).

lucido, da. adj. Brillante, espléndido, resplandeciente (**a.:** *modesto*).

Lucifer. m. El diablo, el demonio, Satán, Satanás, Luzbel, Belcebú.

lucir. intr. Brillar, resplandecer, relucir. ‖ Alumbrar, iluminar. ‖ tr. Enlucir, blanquear. ‖ intr. y prnl. Sobresalir, aventajar, destacarse, descollar. ‖ tr. y prnl. Exhibir, ostentar, mostrar, adornarse.

lucrar. intr. y prnl. Beneficiarse, enriquecerse, ganar (**a.:** *arruinarse*). ‖ tr. Lograr, obtener.

lucrativo, va. adj. Productivo, útil, fructífero, ventajoso, fructuoso, provechoso, beneficioso (**a.:** *perjudicial*).

lucro. m. Ganancia, utilidad, beneficio, provecho, producto, logro (**a.:** *pérdida*).

luctuoso, sa. adj. Funesto, triste, fúnebre,

penoso, lastimoso (a.: *dichoso, risueño*).

lucubración. f. Vela, vigilia (a.: *sueño, irreflexión*).

lucubrar. tr. Velar.

ludibrio. m. Befa, escarnio, burla, mofa, oprobio, desprecio (a.: *aprecio*).

ludir. tr. Estregar, restregar, frotar.

luego. adv. Después, sin dilación, en seguida, inmediatamente, pronto (a.: *antes*). || conj. Por consiguiente, por lo tanto. || **desde luego.** loc. adv. Indudablemente, sin duda.

luengo, ga. adj. Largo (a.: *breve, corto*).

lugar. m. Sitio, punto, paraje. || Espacio. || Ciudad, pueblo, aldea, población, andurrial, villa. || Ocasión, motivo, oportunidad, causa. || Pasaje, texto.

lugareño, ña. adj. y s. Pueblerino, aldeano, rústico, campesino, pajuerano (a.: *ciudadano*).

lúgubre. adj. Fúnebre, funesto, melancólico, tétrico, triste, sombrío, pesimista (a.: *alegre, festivo, luminoso*).

lujo. m. Opulencia, suntuosidad, boato, fausto, ostentación, pompa, magnificencia, esplendidez, rumbo. || Riqueza, abundancia, profusión (a.: *pobreza, humildad*).

lujoso, sa. adj. Opulento, fastuoso, suntuoso, ostentoso, espléndido, rumboso (a.: *pobretón, sencillo*).

lujuria. f. Lascivia, concupiscencia, liviandad, lubricidad, rijosidad, libídine (a.: *castidad, temperancia, pudor*).

lujurioso, sa. adj. Lascivo, concupiscente, liviano, lúbrico, obsceno, libidinoso, sicalíptico, rijoso (a.: *casto*).

lumbre. f. Fuego, brasa (a.: *ceniza*). || Brillo, esplendor, claridad, luz (a.: *tinieblas*).

lumbrera. f. Sabio, genio, notabilidad. || Tragaluz, lucerna, escotilla, claraboya. || pl. Los ojos.

luminaria. f. Lámpara, luz.

luminosidad. f. Luz (a.: *oscuridad*).

luminoso, sa. adj. Brillante, refulgente, resplandeciente, rutilante. || Lúcido, inteligente.

luna. f. Espejo. || Capricho, manía. || **luna llena.** Plenilunio. || **luna nueva.** Novilunio.

lunar. m. Mota, pinta. || Mancha, deshonra. || Tacha, falla, defecto.

lunático, ca. adj. y s. Maniático, maníaco, extraño, raro (a.: *sensato, razonable*).

lusitanismo. m. Portuguesismo, lusismo.

lusitano, na. adj. y s. Portugués.

lustrar. tr. Bruñir, abrillantar, pulir, satinar.

lustre. m. Brillo, tersura, resplandor. || Esplendor, fama, gloria. || Magnificencia. || Nobleza, aristocracia.

lustrina. f. Percalina.

lustro. m. Quinquenio.

lustroso, sa. adj. Reluciente, esplendente, brillante, resplandeciente, rutilante, esplendoroso, luciente, terso, pulido, bruñido (a.: *oxidado, mohoso*).

luto. m. Duelo. || Pena, aflicción, dolor (a.: *alegría*).

luxación. f. Dislocación, torcedura.

luz. f. Lumbre. || Claridad, esplendor (a.: *oscuridad, sombra*). || Indicio. || Esclarecimiento. || Día. || Hueco, abertura, ventana. || pl. Ilustración, cultura. || Inteligencia. || **dar a luz.** Parir, alumbrar. || Publicar. || **sacar a luz.** Descubrir, manifestar. || Manifestarse. || **ver la luz.** Nacer.

luzbel. m. Lucifer, diablo, Satanás.

maca. f. Defecto, imperfección (**a.:** *perfección*). ‖ Daño, deterioro. ‖ Disimulación, engaño, fraude.

macabro, bra. adj. Fúnebre, tétrico, mortuorio (*a.: vital*).

macadán. m. Asfalto, pavimento.

macana. f. Garrote, porra, cachiporra. ‖ Broma, chanza, camelo. ‖ Disparate, mentira. ‖ Trastada.

macanear. intr. Mentir. ‖ Fantasear.

macanudo, da. adj. Excelente, extraordinario, óptimo.

macareo. m. Pororoca.

macarrónico, ca. adj. Grotesco, defectuoso (**a.:** *serio, perfecto*).

macarse. prnl. Podrirse, estropearse.

macedonia. f. Mezcla, mezcolanza, revoltijo.

macerar. tr. Ablandar, exprimir, estrujar.

maceta. f. Tiesto. ‖ Pote.

machacar. tr. Quebrantar, moler, majar, pulverizar, triturar, destruir, cascar, destrozar. ‖ intr. Porfiar, reiterar, insistir (**a.:** *cejar, desistir*).

machacón, na. adj. Importuno, pesado, plúmbeo, prolijo, insistente, fastidioso, porfiado, matraca, cargante, latoso (**a.:** *discreto, oportuno*).

machaconería. f. Insistencia, porfía, prolijidad, pesadez, matraca, machaquería, machaqueo (**a.:** *discreción*).

machada. f. Valentía, bravura. ‖ Necedad, majadería, sandez.

machete. m. Bayoneta, charrasca, cuchillo.

machihembrar o machimbrar. tr. Ensamblar.

macho. m. Mulo. ‖ Semental (*a.: hembra*). ‖ Machón, pilar. ‖ Mazo. ‖ Yunque. ‖ adj. Fuerte, robusto, vigoroso, viril, valiente (*a.: débil, femenil*).

machón. m. Macho, pilar, pilastra.

machorra. adj. Estéril, infructífera (**a.:** *fecunda*).

machota. f. Marimacho.

machucar. tr. Aplastar, golpear, deformar, magullar.

machucho, cha. adj. Sosegado, prudente, juicioso, sensato, sesudo, reflexivo. ‖ Maduro, mayor, adulto, experimentado, envejecido.

macilento, ta. adj. Demacrado, consumido, flaco, descolorido, pálido, triste. *Macilento se dice del hombre que tiene debilitadas sus fuerzas físicas* (**a.:** *fuerte, gordo, vivaz*).

macillo. m. Martillo.

macizar. tr. Rellenar, solidificar.

macizo, za. adj. Sólido, pesado, relleno, firme. ‖ Compacto, consistente (a.: *hueco*). ‖ Robusto, fuerte (a.: *débil, flaco*).

mácula. f. Mancha, desdoro, tacha (a.: *perfección*). ‖ Engaño, trampa, embuste (a.: *verdad*).

macular. tr. Manchar, ensuciar (a.: *limpiar*). ‖ Deshonrar (a.: *honrar*).

madera. f. Tabla, tablón, listón, viga, astilla, traviesa. ‖ Talento.

maderaje o maderamen. m. Carpintería, enmaderado, armazón.

madero. m. Tronco, poste, leño. ‖ Viga, tablón, tabla.

madre. f. Mamá, mamaíta. ‖ Superiora. ‖ Causa, origen, raíz, principio. ‖ Álveo, lecho, cauce. ‖ Sedimento, heces, solera, lía.

madreña. f. Zueco, almadreña.

madriguera. f. Guarida, cubil, cueva. ‖ Refugio, aguantadero, escondrijo.

madrileño, ña. adj. y s. Matritense.

madrugada. f. Alba, aurora, alborada, amanecer (a.: *anochecer, atardecer*).

madrugador, ra. adj. Mañanero.

madrugar. intr. Mañanear (a.: *trasnochar*). ‖ tr. Adelantarse, anticiparse.

madurar. tr. Estudiar, considerar.

madurez. f. Punto, sazón. ‖ Edad adulta. ‖ Juicio, cordura, sensatez (a.: *inmadurez*).

maduro, ra. adj. Sazonado, en sazón (a.: *verde*). ‖ Juicioso, prudente, sensato, sesudo, sosegado, reflexivo (a.: *inmaduro, irreflexivo*). ‖ Machucho, mayor, hecho, entrado en años.

maestre. m. Superior.

maestría. f. Habilidad, destreza, arte, pericia, industria (a.: *torpeza*). ‖ Autoridad, superioridad.

maestro, tra. m. y f. Pedagogo, preceptor, profesor, instructor, catedrático. ‖ Mentor, consejero, guía. ‖ m. Perito, experto. ‖ adj. Práctico, hábil, ducho, avezado, diestro, adiestrado (a.: *novato*). ‖ Compositor. ‖ Ejecutante.

magdalena. f. Arrepentida, desconsolada.

magia. f. Ocultismo, prestidigitación, encantamiento, sortilegio. ‖ Encanto, hechizo, fascinación, seducción, atractivo, embrujo. ‖ **magia negra.** Brujería, hechicería, nigromancia.

mágico, ca. m. y f. Mago, nigromante, brujo. ‖ adj. Fascinador, encantador, seductor, estupendo, maravilloso, fantástico, asombroso, pasmoso, extraordinario, atrayente.

magín. m. Imaginación, inventiva, fantasía. ‖ Cacumen, inteligencia, mente, caletre, mollera.

magisterio. m. Enseñanza, profesorado.

magistrado. m. Juez, gobernante.

magistral. adj. Admirable, notable. ‖ Grande, importante, magnífico, perfecto, soberbio, superior (a.: *imperfecto*).

magnanimidad. f. Longanimidad, nobleza, grandeza de alma, generosidad (a.: *ruindad*).

magnate. m. Prócer, prohombre. ‖ adj. Rico, acaudalado, ilustre, poderoso, principal.

magnetita. f. Piedra imán, calamita.

magnetizar. tr. Imanar, imantar. ‖ Deslumbrar, fascinar, hipnotizar. ‖ Electrizar, entusiasmar.

magnificar. tr. Alabar, engrandecer, ensalzar, ponderar (a.: *empequeñecer, humillar*).

magnificencia. f. Fastuosidad, esplendidez, ostentación, lujo, pompa, grandeza, opulencia, esplendor, boato, suntuosidad, rumbo. ‖ Generosidad, larguesa.

magnificente. adj. Magnífico.

magnífico, ca. adj. Admirable, magistral, excelente (a.: *tosco, ordinario*). ‖ Soberbio, espléndido, esplendoroso, pomposo, opulento, suntuoso. ‖ Generoso, liberal.

magnitud. f. Tamaño, volumen, grandor, extensión, dimensión (a.: *pequeñez*). ‖ Grandeza, importancia, excelencia, altura, grandiosidad (a.: *minucia*).

magno, na. adj. Grande, importante, extraordinario, excelso.

mago, ga. adj. y s. Nigromante, hechicero, saludador, brujo, encantador, taumaturgo.

magro, gra. adj. Flaco, cenceño, delgado (a.: *gordo, grueso*). || Momio. || Escaso, insuficiente.

maguer. conj. Aunque.

magulladura. f. Contusión, magullamiento, golpe.

magullar. tr. Contundir, pegar, golpear, machucar, maltratar.

mahometano, na. adj. y s. Musulmán, sarraceno, agareno, islamita, muslime. || Islámico, muslímico.

maído. m. Maullido.

majada. f. Aprisco, hato, rebaño. || Excremento.

majadería. f. Tontería, sandez, necedad, estupidez, idiotez, estulticia (a.: *ingeniosidad*). || Imprudencia, indiscreción.

majadero, ra. adj. y s. Necio, tonto, pesado, fastidioso, sandio, pelmazo. || Tonto, bobo, memo.

majar. tr. Machacar, triturar. || Importunar, cansar, molestar, fastidiar.

majestad. f. Grandeza, pompa, esplendor, majestuosidad, magnificencia.

majestuoso, sa. adj. Mayestático, solemne, augusto, imponente, fastuoso.

majeza. f. Guapeza, chulería.

majo, ja. adj. Hermoso, vistoso, guapo. || Simpático, gracioso, agradable. || Ataviado, lujoso. || adj. y m. Bravucón, valentón, matón, chulo.

mal. m. Desgracia, calamidad, ofensa, daño, infortunio, desventura (a.: *ventura*). || Enfermedad, indisposición, dolencia. || Vicio, tara, imperfección (a.: *perfección*).

mal. adv. Malamente, indebidamente, imperfectamente, desacertadamente, incorrectamente (a.: *bien, correctamente*). || Difícilmente. || Insuficientemente, poco. || Desagradablemente. || Equivocadamente.

malabarismo. m. Equilibrios, habilidades, prestidigitación.

malacostumbrado, da. adj. Mimado, consentido, viciado, malcriado, regalado.

malagradecido, da. adj. Desagradecido, ingrato.

malamente. adv. Mal.

malandanza. f. Desgracia, desdicha, desventura, infortunio, malaventura.

malandrín, na. adj. y s. Maligno, malintencionado, perverso, bellaco, ruin, malvado.

malaria. f. Paludismo.

malaventura. f. Desgracia, desventura, percance, infortunio, desdicha, contratiempo (a.: *dicha, fortuna, buenaventura*).

malaventurado, da. adj. Desdichado, infortunado, infeliz (a.: *feliz*).

malbaratar. tr. Malvender. || Malgastar, derrochar, dilapidar, despilfarrar (a.: *administrar, ahorrar*).

malcontento, ta. adj. Descontento, disconforme, disgustado. || Perturbador, revoltoso, rebelde.

malcriado, da. adj. y s. Descortés, grosero, desatento, descomedido, incivil (a.: *educado, fino*). || Consentido, mimado.

maldad. f. Malicia, malignidad, perversidad, vileza, crueldad (a.: *bondad*). || Inmoralidad.

maldecir. tr. Abominar, blasfemar, execrar, condenar, imprecar (a.: *bendecir*). || intr. Denigrar, murmurar, detractar (a.: *alabar*). || Quejarse.

maldiciente. adj. Murmurador, detractor, chismoso, calumniador, difamador, denigrador. || Blasfemo.

maldición. f. Imprecación, execración, blasfemia, anatema. || Juramento, voto, taco, terno, reniego.

maldito, ta. adj. Malvado, perverso. || Condenado, réprobo, endiablado, endemoniado.

maleabilidad. f. Ductilidad, flexibilidad, plasticidad. *La maleabilidad es la propiedad que tienen los metales de extenderse en láminas.*

maleable. adj. Dúctil, elástico, flexible

(a.: *rígido, duro*). ‖ Dócil, obediente, manejable (a.: *rebelde*).

maleante. m. y f. Delincuente. ‖ Perverso, burlador, maligno.

malear. tr. y prnl. Dañar, echar a perder, estropear, podrir (a.: *sanear*). ‖ Viciar, enviciar, pervertir, corromper (a.: *perfeccionar*).

malecón. m. Dique, escollera, espigón, muralla, murallón, terraplén, rompeolas, tajamar.

maledicencia. f. Chismorreo, murmuración, habladuría, rumor. ‖ Difamación, calumnia, detracción (a.: *adulación*).

maleficio. m. Hechizo, aojamiento, daño, embrujamiento, embrujo.

maléfico, ca. adj. Pernicioso, nocivo, perjudicial, dañino (a.: *benéfico*). ‖ s. Hechicero. *Maléfico es el o lo que hace el mal por su naturaleza, que se complace en hacerlo.*

malestar. m. Incomodidad, desasosiego, molestia, inquietud, ansiedad, indisposición, desazón, intranquilidad (a.: *bienestar*).

maleta. f. Valija.

malevolencia. f. Malignidad, rencor, malquerencia, enemistad, mala intención (a.: *benevolencia*).

malévolo, la. adj. y s. Rencoroso, malintencionado, avieso, maligno. ‖ Malicioso, suspicaz.

maleza. f. Maraña, espesura, matorral.

malgastar. tr. Disipar, dilapidar, tirar, malbaratar, despilfarrar, derrochar (a.: *ahorrar*). ‖ Desperdiciar, desaprovechar.

malhablado, da. adj. y s. Desvergonzado, deslenguado, lenguaraz, descarado. ‖ Maldiciente, murmurador.

malhadado, da. adj. Infeliz, infortunado, desgraciado, desdichado, desventurado, desafortunado (a.: *afortunado, dichoso*). ‖ Aciago, funesto.

malhecho, cha. adj. Contrahecho.

malhechor, ra. adj. y s. Delincuente, maleante, criminal, bandolero, salteador, bandido.

malhumorado, da. adj. Adusto, agrio.

malicia. f. Picardía, astucia, mala fe, bellaquería, disimulo, doblez (a.: *ingenuidad*). ‖ Maldad, perversidad, malignidad. ‖ Desconfianza, sospecha, recelo (a.: *confianza*).

maliciar. tr. y prnl. Recelar, sospechar, presumir, conjeturar.

malicioso, sa. adj. y s. Astuto, taimado, bellaco, zorro, solapado.

maligno, na. adj. Solapado, receloso, envidioso, suspicaz. ‖ Pernicioso, perverso, malo (a.: *benigno*). ‖ Malintencionado, taimado, malévolo, ladino, avieso (a.: *bienintencionado, benévolo*).

malintencionado, da. adj. Maligno, perverso, malévolo (a.: *bienintencionado, benévolo*).

malla. f. Vuelta, ligadura. ‖ Tejido. ‖ Rejilla. ‖ Bañador.

malmandado, da. adj. Desobediente, díscolo, indócil, rebelde.

malmeter. tr. Malbaratar, derrochar, malgastar. ‖ Malquistar, desconceptuar, indisponer.

malmirado, da. adj. Desconceptuado, desacreditado, desprestigiado, descalificado (a.: *honorable*). ‖ Descortés, incivil, desatento, inconsiderado (a.: *cortés*).

malo, la. adj. Maligno, malvado, malicioso, indigno, vil, infame, perverso, satánico, bellaco (a.: *bueno, bondadoso*). ‖ Perjudicial, nocivo, dañoso, dañino, pernicioso, nefasto, peligroso (a.: *excelente, benigno*). ‖ Inadecuado, inconveniente. ‖ Desagradable, molesto, fastidioso (a.: *agradable*). ‖ Falso. ‖ Difícil, dificultoso, penoso, trabajoso. ‖ Feo. ‖ Enfermo, achacoso, doliente (a.: *sano*). ‖ Deslucido, viejo, deteriorado, estropeado, gastado (a.: *vistoso*).

malogrado, da. adj. Abortado, frustrado, fallido, fracasado.

malograr. tr. Perder, desaprovechar, desperdiciar (a.: *lograr*). ‖ prnl. Frustrarse, fracasar, abortar (a.: *triunfar*).

maloliente. adj. Fétido, hediondo, sucio, pestilente (a.: *perfumado*).

malón. m. Correría, irrupción.

malparado, da. adj. Maltratado, maltrecho, estropeado (a.: *indemne*).

malquerencia. f. Antipatía, tirria, ojeriza, aversión, inquina, mala voluntad, malevolencia (a.: *amistad, simpatía*).

malquistar. tr. y prnl. Enemistar, indisponer, desavenir (a.: *bienquistar, avenirse*).

malquisto. adj. Desavenido. || Malmirado.

malrotar. tr. Malgastar, despilfarrar.

malsano, na. adj. Insalubre, nocivo, insano (a.: *saludable, salubre*).

malsonante. adj. Inconveniente, grosero. *Malsonante es lo que absolutamente suena mal.* || Disonante.

maltraer. tr. Maltratar, mortificar.

maltratar. tr. Mortificar, injuriar, zaherir, ultrajar. || Menoscabar, estropear, deteriorar, dañar, zamarrear (a.: *acariciar*).

maltrato. m. Insulto, menoscabo, injuria.

maltrecho, cha. adj. Maltratado, malparado, estropeado, derrengado (a.: *indemne*).

malvado, da. adj. y s. Malo, ruin, perverso, vil, maligno (a.: *bueno, cariñoso*).

malvender. tr. Malbaratar, depreciar.

malversación. f. Depreciación. || Peculado, exacción, concusión, desfalco (a.: *honradez*).

malversar. tr. Defraudar.

mama. f. Madre, mamá. || Pecho, seno, teta. || Ubre.

mamá. f. Madre, mama.

mamadera. f. Biberón.

mamado, da. adj. Borracho, ebrio.

mamar. tr. e intr. Lactar, succionar, chupar. || prnl. Embriagarse, emborracharse. || **dar de mamar.** loc. Amamantar.

mamarracho. m. Adefesio, birria, espantajo, esperpento.

mamotreto. m. Armatoste. || Librote.

mampara. f. Bastidor, biombo.

mamporro. m. Coscorrón. || Puñetazo, sopapo, golpe.

mampostería. f. Calicanto, albañilería.

manada. f. Hato, majada, rebaño.

manantial. m. Fontana, fuente, naciente, venero. || Origen, principio, semillero, causa, nacimiento.

manar. intr. Brotar, fluir, nacer, aflorar, surgir (a.: *morir*).

manatí o **manato.** m. Rosmaro, sirenio.

mancar. tr. y prnl. Lisiar, baldar.

mancarrón. m. Jamelgo.

manceba. f. Concubina, barragana, amante, querida, entretenida.

mancebía. f. Burdel, lupanar, prostíbulo. || Mocedad, juventud.

mancebo. m. Joven, muchacho, mozo, zagal (a.: *anciano*). || Célibe, soltero.

mancilla. f. Mancha, afrenta, desdoro, deshonra.

mancillar. tr. Manchar, afrentar, desdorar, deshonrar (a.: *honrar*).

manco, ca. adj. y s. Defectuoso, lisiado, incompleto.

mancomunar. tr. y prnl. Aunar, asociar, unir (a.: *desunir*).

mancha. f. Mácula, tacha. || Deshonra, mancilla, desdoro, baldón. || Boceto, borrón.

manchar. tr. Pringar, ensuciar, emporcar (a.: *limpiar*). || Mancillar, desdorar, deshonrar, enlodar.

manda. f. Legado, donación.

mandadero, ra. m. y f. Recadero, mensajero.

mandado. m. Encargo, comisión, recado.

mandamás. m. Jefe, amo, cabeza (a.: *empleado*). || Mandón.

mandamiento. m. Orden, disposición, mandato. || Ley, precepto, prescripción.

mandar. tr. Ordenar, disponer, determinar, establecer, decretar, preceptuar (a.: *obedecer, acatar*). || Encargar, encomendar, ofrecer (a.: *cumplir*). || Enviar, remitir (a.: *recibir*). || intr. o tr. Regir, dirigir, gobernar, regentear (a.: *acatar*). || Conminar, intimar.

mandatario. m. Gobernante (a.: *ciudadano, súbdito*).

mandato. m. Orden, encargo, disposición, precepto, prescripción, mandamiento. || Gobierno.

mandíbula. f. Quijada.

mandil. m. Delantal.

Mandinga. m. Luzbel, Lucifer, Diablo.

mando. m. Autoridad, gobierno, potestad, dominio. || Mandato, mandamiento, orden. || Dirección, conducción.

mandoble. m. Cuchillada. || Represión.

mandón, na. adj. Prepotente. || s. Capataz, mandamás.

mandria. adj. Apocado, pusilánime, tonto. || Inútil, holgazán, vago.

manducar. tr. e intr. Comer, alimentarse. || Masticar, tragar.

manea. f. Maniota.

manear. tr. Manejar. || Maniatar, pialar.

manecilla. f. Aguja, saetilla. || Abrazadera.

manejable. adj. Dócil. || Manuable, maniobrable, ligero, manual, portátil, transportable.

manejar. tr. Usar, utilizar. || Dirigir, gobernar, administrar (a.: *obedecer*). || Conducir, guiar. || Manipular. || prnl. Desenvolverse, componérselas, amañarse.

manejo. m. Uso, empleo. || Dirección, gobierno, administración. || Maquinación, ardid, intriga, enredo, tejemaneje.

manera. f. Procedimiento, proceder, forma, modo, sistema. || Estilo, factura. || pl. Porte, modales, costumbres, ademanes.

manes. m. pl. Almas, espíritus.

manga. f. Anchura, manguera. || Esparavel. || Portamantas. || Tifón, tromba. || Multitud, nube. || **manga de agua.** Turbión.

mangante. m. Truhán, sablista, tunante, pedigüeño (a.: *caritativo*).

mango. m. Astil, asa. || Puño, manija, empuñadura, asidero.

mangonear. intr. Entrometerse. || Pedir, tirar la manga, rapiñar, sablear.

manguera. f. Manga.

manguero. m. Pedigüeño.

maní. m. Cacahuete.

manía. f. Tema, idea fija, antojo, obsesión (a.: *reflexión*). || Chifladura, locura, extravagancia, rareza. || Antipatía, ojeriza, tirria.

maniático, ca. adj. y s. Loco, lunático, maníaco, chiflado, chalado (a.: *sensato*). || Caprichoso, antojadizo.

manido, da. adj. Sobado, ajado, usado, manoseado, gastado. || Envejecido, vulgar, trasnochado, reiterativo, pasado de moda.

manifestación. f. Declaración, exposición. || Demostración, ejemplo, muestra, prueba. || Expresión, exteriorización. || Aparición, revelación (a.: *ocultamiento*).

manifestar. tr. y prnl. Declarar, expresar, exponer, decir (a.: *callar*). || tr. Mostrar, exhibir, presentar, revelar, descubrir (a.: *ocultar*).

manifiesto, ta. adj. Patente, ostensible, claro, descubierto, visible, notorio, público (a.: *oculto, encubierto*). || Declaración, proclama, escrito, carta abierta.

manija. f. Maniota, traba. || Mango, puño, manubrio, picaporte.

manilargo, ga. adj. Pródigo, derrochador, despilfarrador, manirroto.

manilla. f. Brazalete, pulsera. || Manija, mango, puño. || pl. Esposas.

maniobra. f. Manejo, ardid, intriga, maquinación. || Operación. || pl. Prácticas, ejercicios.

maniobrable. adj. Manejable, operable, manipulable.

maniobrar. tr. e intr. Accionar, manejar, conducir. || intr. Operar, manipular.

maniota. f. Traba, manea.

manipular. tr. Maniobrar, manejar, operar. || Procesar, elaborar. || Evolucionar.

maniquí. m. o f. Modelo. || Muñeco.

manirroto, ta. adj. y s. Pródigo, gastador, malgastador, derrochador, despilfarrador.

manivela. f. Manubrio, cigüeña.

manjar. m. Comestible, alimento. || Deleite, placer.

mano. f. Habilidad, destreza. || Manero, medio. || Poder, mando, facultades. || Manecilla, aguja, saetilla. || Partida, partido. || Baño, capa. || Ayuda, socorro. || Castigo, represión. || Pasada. || Vuelta, vez, turno. || Lado, costado.

manojo. m. Abundancia, copia. ‖ Conjunto. ‖ Haz, hacecillo, puñado.

manopla. f. Guantelete.

manosanta. m. Curandero, ensalmador.

manoseado, da. adj. Ajado, usado (**a.:** *nuevo*). ‖ Manido, vulgar.

manosear. tr. Sobar, tocar, toquetear, ajar.

manotada. f. o **manotazo.** m. Guantada, manotón.

manotón. m. Manotada.

mansalva (a). loc. adv. Sin exponerse, sin peligro. ‖ Sobre seguro.

mansedumbre. f. Apacibilidad, benignidad, dulzura, bondad (**a.:** *cólera, ira*). ‖ Domesticidad. ‖ Docilidad, obediencia.

mansión. f. Detención, parada. ‖ Estancia, permanencia, estadía. ‖ Morada, residencia, casa, vivienda.

manso, sa. adj. Doméstico (**a.:** *indómito, montaraz*). ‖ Apacible, benigno, sumiso, dócil, obediente (**a.:** *rebelde*). ‖ Lento, suave.

manta. f. Tunda, paliza. ‖ Cobija, frazada.

manteca. f. Mantequilla, gordura, grasa, margarina, nata.

mantener. tr. y prnl. Sostener. ‖ Apoyar, defender, amparar (**a.:** *abandonar*). ‖ Sostener, tener. ‖ Sustentar, nutrir, alimentar (**a.:** *ayunar*). ‖ Conservar, proseguir. ‖ prnl. Perseverar, resistir (**a.:** *rendirse*).

mantenimiento. m. Conservación, sostenimiento. ‖ Manutención, sustentación. ‖ Alimento, comida, sustento.

mantequilla. f. dim. Manteca.

mantillo. m. Humus, tierra negra, tierra vegetal.

manto. m. Capa.

mantón. m. Pañolón, chal.

manuable. adj. Manejable.

manual. adj. Manejable, portátil, manuable. ‖ Dócil, manso. ‖ m. Compendio.

manubrio. m. Manivela, manija, cigüeña. ‖ Mango, puño, empuñadura.

manufactura o **manifactura.** f. Obraje. ‖ Fabricación. ‖ Fábrica, planta, factoría.

‖ Artesanía, manualidad. ‖ Obra, producto.

manufacturar. tr. Elaborar, fabricar.

manumisión. f. Emancipación, liberación.

manumiso, sa. adj. Liberto, horro.

manumitir. tr. Liberar, libertar, emancipar (**a.:** *esclavizar*).

manutención. f. Sustentación, mantenimiento, sostenimiento. ‖ Alimento, sustento. ‖ Conservación. ‖ Apoyo, amparo (**a.:** *desamparo*).

manzana. f. Poma. ‖ Bloque, isla.

maña. f. Maestría, destreza, habilidad, arte, mano, buena mano (**a.:** *torpeza*). ‖ Ardid, artimaña, picardía, astucia, artificio, sagacidad. ‖ Capricho, antojo. ‖ Resabio. ‖ **darse maña.** Arreglarse, manejarse.

mañana. m. Futuro, porvenir (**a.:** *ayer, pasado*).

mañanear. intr. Madrugar.

mañanero, ra. adj. Madrugador.

mañero, ra. adj. Sagaz, caprichoso, astuto, mañoso. ‖ Diestro, habilidoso.

mañoso, sa. adj. Hábil, diestro, habilidoso, industrioso (**a.:** *torpe, inhábil*). ‖ Caprichoso, antojadizo, mañero.

mapa. m. Carta. ‖ Plano, planisferio, mapamundi, croquis.

mapuche. adj. Araucano.

maqueta. f. Modelo plástico.

maquiavélico, ca. adj. Avieso, maligno, pérfido, malintencionado. ‖ Astuto, engañoso, traidor, falaz, falso.

maquillar. tr. Embellecer, acicalar (**a.:** *lavar*).

máquina. f. Artefacto, ingenio, aparato. ‖ Locomotora. ‖ Tramoya. ‖ Vehículo. ‖ Abundancia, copia.

maquinación. f. Trama, complot, intriga, asechanza, conjura (**a.:** *ingenuidad*).

maquinal. adj. Automático, instintivo, espontáneo, mecánico (**a.:** *reflexivo, voluntario*).

maquinar. tr. Fraguar, urdir, tramar, intrigar.

mar. m. o f. Piélago, océano, ponto, charco. ‖ Abundancia, copia, cantidad, sinfín.

maraña. f. Maleza, matorral. ‖ Lío, enredo, embrollo.

marasmo. m. Inmovilidad, apatía, paralización, suspensión, detención (**a.:** *actividad, dinamismo*). ‖ Apatía, atonía.

maravilla. f. Portento, prodigio, milagro. ‖ Admiración, asombro, pasmo.

maravillar. tr. y prnl. Admirar, asombrar, pasmar, sorprender.

maravilloso, sa. adj. Prodigioso, portentoso, milagroso. ‖ Admirable, extraordinario, fantástico, asombroso, pasmoso, estupendo (**a.:** *común, vulgar*).

marbete. m. Rótulo, etiqueta.

marca. f. Lema, seña, distintivo, nombre. ‖ Huella, vestigio, señal, indicio, estigma. ‖ Talla, medida. ‖ Margen, confín, frontera, mojón, límite. ‖ Distrito, provincia, señorío.

marcar. tr. Anotar, apuntar. ‖ Determinar, fijar, prescribir, aplicar, destinar. ‖ Indicar, señalar. ‖ Representar. ‖ Resaltar. ‖ Puntear.

marcial. adj. Militar, castrense, guerrero, bélico (**a.:** *civil*). ‖ Varonil, bizarro, gallardo (**a.:** *tímido, cobarde*).

marco. m. Cerco, cuadro, guarnición. ‖ Fondo. ‖ Recuadro. ‖ Configuración.

marcha. f. Velocidad, celeridad, paso. ‖ Curso, desenvolvimiento, funcionamiento, tendencia. ‖ Procedimiento, sistema, método. ‖ Partida (**a.:** *llegada*).

marchar. intr. Caminar, andar, funcionar, moverse (**a.:** *parar, detenerse*). ‖ Desarrollarse, desenvolverse. ‖ prnl. Irse, huir, ausentarse, partir, alejarse (**a.:** *llegar*).

marchitar. tr. y prnl. Ajar, enmustiar, secar (**a.:** *florecer*). ‖ Enflaquecer, decaer, debilitar, envejecer (**a.:** *remozar, rejuvenecer*).

marchito, ta. adj. Mustio, agostado, ajado, seco, deslucido (**a.:** *verde, lozano*). ‖ Decaído, debilitado (**a.:** *vigoroso*).

mareaje. m. Rumbo, derrota.

marear. tr. e intr. Molestar, fastidiar, incomodar, enfadar, cansar. ‖ Aturdirse, atontarse. ‖ Envanecerse, engreírse.

marejada. f. Oleaje. ‖ Agitación, excitación (**a.:** *calma*).

mareo. m. Vértigo, vahído. ‖ Enfado, molestia. ‖ Ajetreo, agitación, trajín.

marfileño, ña. adj. Ebúrneo.

margen. m. y f. Orilla, borde, ribera. ‖ m. Apostilla, acotación. ‖ Ocasión, oportunidad, motivo, pretexto. ‖ Ganancia. ‖ Límite. ‖ Holgura, espacio.

marginar. tr. Acotar, apostillar. ‖ Prescindir, dejar de lado, preterir, relegar.

maricón. m. Marica, afeminado. ‖ Invertido, sodomita, homosexual.

maridaje. m. Unión, analogía, vínculo, consorcio, conformidad (**a.:** *diversidad*). ‖ Contubernio. ‖ Semejanza, paralelismo.

marido. m. Esposo, consorte, cónyuge.

mariguana o **marihuana.** f. Cáñamo índico, grifa.

marimorena. f. Alboroto, camorra, bronca, pelotera, pendencia, contienda, riña.

marina. f. Costa, litoral. ‖ Náutica, navegación. ‖ Armada.

marinero, ra. adj. Marino, marítimo, pelágico. ‖ m. Marino.

marino, na. adj. Marítimo, náutico, naval. ‖ m. Hombre de mar, navegante, nauta.

marioneta. f. Títere, fantoche, muñeco.

mariposa. f. Lamparilla. ‖ Palomilla.

mariposear. intr. Vagar. ‖ Variar.

marital. adj. Conyugal, matrimonial.

marítimo, ma. adj. Marino, naval, náutico.

marmita. f. Cacerola, olla.

marmóreo, a. adj. Marmoleño, de mármol.

marmota. m. y f. Dormilón. ‖ Zonzo (**a.:** *vivo, despierto*).

maroma. f. Cuerda, soga.

marquesina. f. Pabellón, cobertizo.

marquetería. f. Ebanistería. ‖ Taracea. ‖ Ataujía, incrustación, damasquinado, embutido.

marrajo, ja. adj. Astuto, taimado, artero, malicioso, ladino, malintencionado. ‖ m. Tiburón.

marranada. f. Indecencia, cochinada. ‖ Desaire.

marrano, na. m y f. Cerdo, puerco, cochino, gorrino. ‖ adj. Bajo, vil, despreciable. ‖ Asqueroso, sucio.

marrar. tr. e intr. Errar, fallar (**a.:** acertar). ‖ Equivocarse (**a.:** atinar).

marras. adv. Antaño. ‖ **de marras.** loc. adv. Consabido.

marrón. adj. Castaño.

marroquí. m. Tafilete.

marrullero, ra. adj. Astuto, taimado.

marsupial. adj. Didelfo.

martillar o **martillear.** tr. Golpear, machacar, batir, clavetear. ‖ tr. Oprimir, atormentar.

martilleo. m. Golpeteo.

martillero. m. Rematador.

martinete. m. Mazo.

martingala. f. Cábala. ‖ Ardid, artimaña, treta, artificio.

martirio. m. Tormento, tortura, muerte, sufrimiento, suplicio (**a.:** consolación). ‖ Ajetreo, fatigas (**a.:** alivio).

martirizar. tr. Atormentar, torturar, matar. ‖ tr. y prnl. Mortificar, atormentar, afligir (**a.:** resignarse).

mas. conj. Pero.

masa. f. Pasta. ‖ Conjunto, concurrencia, reunión. ‖ Volumen. ‖ Totalidad, suma. ‖ Aglomeración.

mascar. tr. Masticar, comer, rumiar. ‖ Mascullar.

máscara. f. Careta, antifaz, carátula. ‖ Disfraz. ‖ Pretexto, velo, tapujo, excusa. ‖ m. y f. Enmascarado.

mascarada. f. Farsa, ficción, engaño. ‖ Comparsa.

mascota. f. Amuleto, talismán.

masculino, na. adj. Varonil, enérgico, viril (**a.:** femenino, delicado).

mascullar. tr. e intr. Rezongar, murmurar, farfullar, musitar (**a.:** vociferar). ‖ Mascar, masticar.

masón, na. adj. y s. Francmasón.

masonería. f. Francmasonería.

masticar. tr. Mascar. ‖ Cavilar, rumiar.

mástil. m. Mango. ‖ Mastelero. ‖ Árbol, asta, palo, tallo, poste.

mastique. m. Almáciga.

masturbación. f. Onanismo.

mata. f. Arbusto, planta, matorral.

matacandelas. m. Apagavelas, apagador.

matadero. m. Penuria, ajetreo.

matador, ra. adj. y s. Homicida, criminal, asesino. ‖ m. Espada, torero.

matadura. f. Herida, llaga.

matafuego. m. Extintor, extinguidor.

matalón, na. adj. Mancarrón, jamelgo, matalote, penco, rocín.

matanza. f. Degollina, hecatombe, mortandad, carnicería.

matar. tr. Despachar, despenar, exterminar, ejecutar, inmolar, sacrificar, asesinar (**a.:** resucitar, reavivar). ‖ Aniquilar. ‖ Saciar, satisfacer. ‖ Apagar, atenuar, rebajar (**a.:** avivar). ‖ Moderar. ‖ Extinguir, sofocar, apagar. ‖ Fastidiar, abrumar, molestar, agobiar. ‖ prnl. Esforzarse, afanarse (**a.:** descansar). ‖ Suicidarse.

matarife. m. Carnicero, tablajero.

matasanos. m. Curandero, mediquillo, saludador.

matasiete. m. Valentón, bravucón, matón.

mate. adj. Amortiguado, opaco, apagado, sin brillo (**a.:** brillante).

mate. m. Calabaza, infusión, hierba del Paraguay.

matemático, ca. adj. Exacto, justo, preciso, puntual, seguro, clavado.

materia. f. Material, sustancia (**a.:** espíritu). ‖ Pus, podre. ‖ Asunto, motivo, cuestión, tema, objeto. ‖ Asignatura, disciplina. ‖ Causa, ocasión, razón, motivo.

material. adj. Físico, corpóreo, visible (**a.:** inmaterial, espiritual). ‖ Tangible, sensible, palpable. ‖ m. Ingrediente, componente. ‖ Materia, sustancia. ‖ Pertrechos, instrumental.

materializar. tr. y prnl. Concretar, realizar, cristalizar.

materno, na. adj. Maternal, uterino.

matinal. adj. Matutino (**a.:** vespertino).

matiz. m. Colorido, gama, gradación. ‖ Tono, tonalidad.

matizar. tr. Colorear, graduar (**a.:** desteñir).

matón. m. Bravucón, valentón, pendenciero, guapo, matasiete, fanfarrón (a.: *bonachón*).

matorral. m. Maleza, maraña, espesura.

matrero. m. Cimarrón, ladino, montaraz, indómito.

matrícula. f. Registro, lista, padrón. || Patente.

matricular. tr. Inscribir, registrar, alistar.

matrimonial. adj. Conyugal, marital, nupcial.

matrimonio. m. Casamiento, enlace, boda, nupcias, himeneo, desposorio. || Pareja, consortes, cónyuges.

matriz. f. Útero, seno, claustro materno, madre. || Molde, troquel. || Tuerca. || adj. Principal, original.

matrona. f. Partera, comadrona.

matufia. f. Engaño, trampa (a.: *veracidad*).

matute. m. Contrabando, alijo. || Timba, garito.

matutino, na. adj. Matinal, mañanero (a.: *vespertino, nocturno*).

maula. adj. Holgazán, haragán (a.: *diligente*). || Traidor, traicionero. || Tramposo. || Cobarde (a.: *valiente*).

maullar. intr. Mayar.

maullido. m. Maúllo, miau.

mausoleo. m. Panteón, sepulcro, tumba.

máxima. f. Sentencia, apotegma, pensamiento, axioma, aforismo, adagio, moraleja, dicho, proverbio, refrán. || Regla, precepto, principio, norma.

máxime. adv. Principalmente, sobre todo, mayormente, más aún.

máximo o máximum. m. Límite, extremo (a.: *mínimo, mínimum*). || adj. Mayor, enorme, inmenso, superlativo, supremo, sumo, superior.

mayestático, ca. adj. Majestuoso, solemne, augusto, imponente, principesco.

mayólica. f. Loza.

mayor. m. Jefe, superior, cabeza, primogénito, principal. || adj. Importante. || pl. Antepasados, antecesores, ascendientes, abuelos, progenitores.

mayorazgo. m. Primogenitura.

mayoría. f. Generalidad, pluralidad (a.: *minoría, excepción*). || Mayor edad, mayor parte, mayoridad (a.: *menor edad, minoridad*).

mayormente. adv. Principalmente, máxime, especialmente.

maza. f. Cachiporra, mazo, porra.

mazacote. m. Guisote. || adj. Latoso, pesado.

mazdeísmo. m. Parsismo, zoroastrismo.

mazmorra. f. Celda, calabozo, prisión, cárcel, gayola.

mazo. m. Conjunto, paquete. || Mallo, martinete, martillo, maza, porra, clava.

mazorca. f. Panoja, espiga, choclo.

mazorral. adj. Grosero, tosco, rudo, basto.

meada. f. Micción.

meadero. m. Letrina, urinario, mingitorio, excusado.

meandro. m. Recodo, curva, recoveco, sinuosidad (a.: *recta*).

mear. intr. Orinar.

mecánico, ca. adj. Maquinal, automático.

mecanismo. m. Artefacto, dispositivo, maquinaria, máquina, artificio, ingenio.

mecanografía. f. Dactilografía.

mecanográfico, ca. adj. Dactilográfico.

mecanógrafo, fa. m. y f. Dactilógrafo, tipiador.

mecedor. m. o **mecedora.** f. Balancín, hamaca, columpio, cuna.

mecenas. m. Protector, patrocinador, padrino, favorecedor, benefactor, bienhechor.

mecer. tr. y prnl. Acunar, cunar, cunear, balancear, columpiar, hamacar. || tr. Agitar, mover.

mecha. f. Pabilo, torcida. || Mechón.

mechero. m. Encendedor.

mechón. m. Bucle, rizo, mecha, guedeja.

medalla. f. Galardón, premio, distinción.

medallón. m. Guardapelo.

médano o medaño. m. Duna.

media. f. Calceta, calcetín, escarpín. || Mitad, promedio.

mediacaña. f. Moldura.

mediación. f. Arbitraje, buenos oficios, intervención (a.: *inhibición*).

mediador, ra. adj. y s. Árbitro, intercesor, intermediario, componedor, medianero, tercero.

medianero, ra. adj. Mediador, mediero, intermediario, intermedio.

medianía. f. Mediocridad, término medio (**a.:** *inferioridad, superioridad*).

mediano, na. adj. Mediocre, intermedio, razonable, regular. ‖ f. Altura, perpendicular (en el triángulo).

mediante. prep. Por medio de.

mediar. intr. Interceder, intervenir, terciar. ‖ Interponerse (**a.:** *inhibirse*). ‖ Ocurrir, sobrevenir, presentarse. ‖ Pasar, transcurrir. ‖ Promediar.

medicación. f. Tratamiento.

medicamento. m. Medicina, fármaco, remedio, droga, específico, brebaje, pócima, ungüento, vacuna (**a.:** *veneno, tóxico*).

medicina. f. Remedio, medicamento.

medición. f. Medida, mensuración.

médico, ca. m. y f. Facultativo, galeno, doctor.

medida. f. Medición. ‖ Dimensión, tamaño, magnitud. ‖ Grado, intensidad. ‖ Disposición, prevención, providencia. ‖ Cordura, mesura, moderación, prudencia.

medidor. m. Contador.

medio. m. Mitad, centro, corazón, interior (**a.:** *extremo*). ‖ Arbitrio, diligencia, recurso, manera, procedimiento, modo, método, camino, forma, vía, conducto. ‖ Círculo, ambiente, esfera. ‖ Médium. ‖ Arbitrio, expediente, recurso. ‖ pl. Bienes, caudal, fortuna, posibles.

medio, dia. adj. Imperfecto, ordinario, incompleto. ‖ Intermedio. ‖ Mediocre.

mediocre. adj. Mediano, común, regular, vulgar, trivial, adocenado (**a.:** *excelente, óptimo*).

Mediodía. m. Sur (**a.:** *Norte, Septentrión*).

medioevo. m. Medievo, Edad Media.

medir. tr. Mensurar, calcular. ‖ Evaluar, estimar. ‖ Comparar, confrontar, verificar. ‖ Reflexionar. ‖ tr. y prnl. Moderar, controlar, frenar (**a.:** *excederse*).

meditabundo, da. adj. Pensativo, absorto, caviloso, cogitabundo, abstraído.

meditar. tr. e intr. Pensar, considerar, reflexionar, discurrir, proyectar, sopesar, ponderar, cavilar, rumiar (**a.:** *improvisar*). *Meditar es considerar con profundidad una cosa en la imaginación.*

meditativo, va. adj. Pensativo, meditabundo.

medrar. intr. Crecer, desarrollarse (**a.:** *debilitarse*). ‖ Prosperar, florecer, progresar (**a.:** *arruinarse*).

medro. m. Mejora, mejoramiento.

medroso, sa. adj. y s. Miedoso, temeroso, cobarde, pusilánime, tímido, receloso (**a.:** *audaz, decidido*). ‖ Pavoroso, terrorífico.

médula o **medula.** f. Meollo, centro, esencia, sustancia. ‖ Tuétano, caracú.

medular. adj. Esencial, fundamental.

medusa. f. Aguamala, aguamar.

mefistofélico, ca. adj. Diabólico, perverso, endemoniado.

mefítico, ca. adj. Fétido, insalubre, hediondo, pestilente.

megáfono. m. Altavoz, altoparlante.

mejilla. f. Carrillo, moflete.

mejor. adj. Preferible, superior (**a.:** *inferior, peor*). ‖ adv. Antes. ‖ **a lo mejor.** loc. adv. Posiblemente.

mejora. f. Aumento, progreso, adelanto. ‖ Perfeccionamiento, mejoramiento. ‖ Puja. ‖ Mejoría, alivio.

mejoramiento. m. Mejora, medro, progreso, aumento, mejoría (**a.:** *estancamiento*).

mejorar. tr. Prosperar, aumentar. ‖ Robustecer, acrecentar, perfeccionar. ‖ Pujar. ‖ intr. y prnl. Restablecerse, convalecer, aliviarse (**a.:** *empeorar*). ‖ Abonanzar. ‖ Medrar, adelantar, ascender, prosperar (**a.:** *retroceder*).

mejoría. f. Mejora, mejoramiento, restablecimiento, alivio (**a.:** *recaída*). ‖ Perfeccionamiento, ventaja.

mejunje. m. Menjunje, mezcla, brebaje, pócima, potingue. ‖ Chanchullo, componenda. ‖ Cosmético, medicamento.

melancolía. f. Añoranza, tristeza, morriña, nostalgia (a.: *alegría*). || Depresión, desaliento.

melancólico, ca. adj. Triste, nostálgico, mohíno, mustio, apesadumbrado, afligido.

melifluo, flua. adj. Dulce, suave, delicado, tierno. || Meloso, empalagoso, dulzón.

melindre. m. Remilgo, dengue, repulgo, afectación.

melindroso, sa. adj. Dengoso, remilgado, afectado, ñoño.

mella. f. Hueco, hendedura. || Menoscabo, merma. || Deterioro.

mellar. tr. Desportillar, romper. || Menoscabar, dañar. || Mancillar.

mellizo, za. adj. Gemelo.

melocotón. m. Durazno.

melodioso, sa. adj. Melódico, armonioso. || Dulce, suave, grato, agradable (a.: *inarmónico, disonante*).

melodrama. m. Drama.

melomanía. f. Musicomanía.

melómano, na. m. y f. Musicómano, filarmónico, diletante.

melón, na. adj. Bobo, lelo, necio, majadero.

meloso, sa. adj. Melifluo. || Dulzón, empalagoso, almibarado. || Suave.

membrana. f. Tela, piel, tímpano. || Himen.

membrete. m. Logotipo, marca, símbolo.

membrudo, da. adj. Robusto, corpulento, fornido, fuerte, recio, vigoroso. *Membrudo refiere la fuerza a los miembros y a los músculos* (a.: *débil, endeble, enclenque*).

memo, ma. adj. Bobo, tonto, lelo, zonzo.

memorable. adj. Recordable, inolvidable, memorando. || Célebre, famoso, notable, glorioso. || Importante.

memorando, da. adj. Memorable, recordable. || m. Agenda.

memorar. tr. Recordar, evocar, rememorar (a.: *olvidar*).

memoria. f. Retentiva (a.: *amnesia*). || Recuerdo, recordación, reminiscencia (a.: *olvido*). || Informe. || Tesis. || pl. Expresiones, recuerdos, saludos.

memorial. m. Instancia, petición, solicitud, demanda. || Memoria, escrito, relación.

memorialista. m. y f. Pendolista, historiador, historiógrafo, cronista. || Redactor, amanuense.

menaje. m. Ajuar, moblaje, mobiliario.

mención. f. Cita, referencia, recuerdo.

mencionar. tr. Citar, mentar, nombrar, recordar (a.: *callar, omitir*).

mendaz. adj. Mentiroso, falaz, embustero (a.: *veraz*).

mendicante. adj. y s. Mendigo, pordiosero, indigente, pobre (a.: *pudiente*).

mendicidad. f. Pordiosería, mendicación.

mendigar. tr. e intr. Pordiosear, pedir, limosnear (a.: *dar*).

mendigo, ga. m. y f. Pordiosero, mendicante.

mendrugo. m. Corrusco, zoquete. || Tonto, torpe, tarugo, bobo.

menear. tr. y prnl. Mover. || tr. Activar, agitar, remover, sacudir, revolver. || prnl. Apresurarse, apurarse, manejarse.

meneo. m. Vapuleo, paliza, tunda. || Reprimenda. || Contoneo, baile, ajetreo, movimiento, agitación, conmoción (a.: *quietud*).

menester. m. Falta, necesidad (a.: *sobra*). || Empleo, ocupación, profesión, trabajo, quehacer.

menesteroso, sa. adj. y s. Indigente, mendigo, necesitado, pobre, miserable (a.: *rico, pudiente*).

mengano. m. Fulano, perengano, zutano.

mengua. f. Disminución, merma, decrecimiento, falta, carencia (a.: *exceso, aumento*). || Deterioro, detrimento, menoscabo. || Pobreza, necesidad, escasez, estrechez (a.: *riqueza*). || Descrédito, menoscabo, deshonra, desdoro (a.: *honor*).

menguado, da. adj. Desdichado, infausto, desgraciado. || Cobarde, apocado, pusilánime (a.: *valiente*). || Tacaño, miserable, ruin, mezquino (a.: *liberal, generoso*). || Bobo, necio (a.: *sagaz*).

menguante. m. Bajamar (a.: *pleamar*). || Decadencia, declinación.

menguar. tr. e intr. Disminuir, decrecer, consumirse, mermar, amenguar, aminorar (**a.:** *aumentar, crecer*).

menor. adj. Inferior (**a.:** *mayor*). ‖ m. o f. Menor de edad. ‖ **al por menor** o **por menor.** loc. adv. Al detalle, al menudeo.

menos. adv. Excepto, salvo.

menoscabar. tr. Disminuir, acortar, reducir (**a.:** *aumentar, acrecentar*). ‖ Deteriorar, dañar, deslucir, perjudicar. ‖ Desprestigiar, desacreditar (**a.:** *acreditar*).

menoscabo. m. Merma, mengua. ‖ Deterioro, perjuicio, detrimento, daño, quebranto. ‖ Desdoro, descrédito.

menospreciar. tr. Desdeñar, desairar, despreciar. ‖ Subestimar, desestimar (**a.:** *apreciar*). ‖ Relegar, rebajar.

menospreciativo, va. adj. Despreciativo, despectivo.

menosprecio. m. Desprecio, desdén, desaire (**a.:** *aprecio, estima*).

mensaje. m. Recado, misiva, encargo, nota.

mensajero, ra. m. y f. Recadero, mandadero, botones, propio. ‖ Enviado, correo.

menstruación. f. Menstruo, período, regla, mes.

mensualidad. f. Mes, sueldo, mesada, salario, emolumento, estipendio, honorarios, soldada.

ménsula. f. Repisa, rinconera.

mensura. f. Medida.

mensurar. tr. Medir.

menta. f. Hierbabuena.

mentado, da. adj. Conocido, célebre, acreditado, famoso.

mentalidad. f. Cabeza, capacidad, conocimiento.

mentar. tr. Nombrar, citar, mencionar, recordar (**a.:** *callar, olvidar*).

mente. f. Inteligencia, magín, intelecto, imaginación, entendimiento, razón, pensamiento, espíritu. ‖ Designio, propósito, intención, voluntad.

mentecatez. f. Necedad, simpleza, majadería, insensatez, imbecilidad, idiotez.

mentecato, ta. adj. y s. Necio, bobo, tonto,

fatuo, idiota, imbécil, estúpido (**a.:** *sagaz*).

mentir. intr. Engañar, bolacear, macanear. ‖ tr. Fingir, aparentar, simular.

mentira. f. Bola, trola, cuento, bulo, embuste, infundio, invención, boleto, engaño, patraña, bolazo, embeleco, embrollo, macana, paparrucha, fraude, falsedad, falacia, engañifa (**a.:** *verdad, veracidad*). ‖ Selenosis.

mentiroso, sa. adj. y s. Embustero, calumniador, mendaz, mintroso, bolacero, macaneador (**a.:** *sincero, veraz*). ‖ Aparente, engañoso, engañador, fingido (**a.:** *real, verdadero*).

mentís. m. Desmentida, denegación, refutación, desaprobación, reprobación.

mentón. m. Barbilla.

mentor. m. Maestro, instructor, guía, consejero, inspirador, consultor, preceptor, ayo.

menú. m. Minuta, carta.

menudear. intr. Soler, acostumbrar, repetirse.

menudencia. f. Pequeñez, bagatela, minucia, nimiedad, nadería, insignificancia, fruslería.

menudo, da. adj. Pequeño, chico, minúsculo (**a.:** *grande*). ‖ Insignificante, exiguo (**a.:** *valioso*). ‖ Suelto (dicho del dinero) ‖ Estrecho, angosto. ‖ **a menudo.** loc. adv. Frecuentemente.

meollo. m. Seso. ‖ Médula, tuétano, cacumen. ‖ Sustancia, enjundia, miga. ‖ Sensatez, entendimiento, intelecto, juicio, caletre, magín.

mequetrefe. m. Tarambana, botarate, badulaque, entrometido.

meramente. adv. Solamente, únicamente, puramente, simplemente.

mercachifle. m. Buhonero, mercader, traficante, comerciante.

mercader, ra. m. y f. Comerciante, traficante, negociante, tratante, mercachifle.

mercadería. f. Mercancía, género, artículo.

mercado. m. Feria, contratación, tráfico.

mercancía. f. Género, artículo, mercadería.

mercantil. adj. Comercial, mercante.

mercar. tr. Comprar, adquirir, comerciar, negociar, traficar, vender.

merced. f. Dádiva, don, regalo. || Beneficio, favor (**a.:** *pago*). || Premio, recompensa, galardón (**a.:** *castigo*). || **a merced de.** loc. prep. A voluntad de, al arbitrio de. || **merced a.** loc. prep. Por, gracias, a.

mercenario, ria. adj. y s. Asalariado, jornalero (**a.:** *voluntario*).

mercurio. m. Azogue, hidrargirio.

merecedor, ra. adj. Digno, acreedor, meritorio (**a.:** *indigno*).

merecidamente. adv. Dignamente, justamente (**a.:** *inmerecidamente*).

merecido, da. adj. Justo, condigno.

merecimiento. m. Mérito, bondad, estimación, aprecio (**a.:** *injusticia*).

meridiano, na. adj. Patente, clarísimo (**a.:** *oscuro, confuso*).

meridional. adj. Austral, antártico, sureño (**a.:** *septentrional, boreal*).

meritísimo, ma. adj. Dignísimo, virtuosísimo.

mérito. m. Merecimiento, estimación (**a.:** *demérito, desmerecimiento*). || Valor, valía, virtud.

meritorio, ria. adj. Alabable, laudable, loable, plausible. || Digno, acreedor, condigno. || m. Aprendiz.

merluza. f. Pescada, pescadilla. || Borrachera, embriaguez.

merma. f. Disminución, mengua, pérdida, menoscabo, quebranto, decrecimiento. || Sisa, substracción.

mermar. intr. Disminuir, menguar, consumirse, aminorarse, decrecer (**a.:** *aumentar*). || tr. Reducir, sisar, quitar.

mermelada. f. Jalea.

mero, ra. adj. Puro, simple, solo. || Insignificante, trivial, baladí.

merodear. intr. Vagar, vagabundear.

mes. m. Mensualidad, mesada. || Menstruación, menstruo, período, regla.

mesa. f. Comida, alimento. || Meseta, planicie. || Altar, ara. || Presidencia.

mesada. f. Mensualidad, mes, paga.

mesar. tr. y prnl. Arrancar, tirar.

mesenterio. m. Redaño, entresijo.

meseta. f. Descansillo, descanso, rellano. || Altiplanicie, planicie, mesa.

mesías. n. p. Jesucristo.

mesón. m. Hostería, hostal, posada, venta, parador, albergue.

mesonero, ra. m. y f. Posadero, ventero, hostelero.

mesozoico, ca. adj. Secundario.

mester. m. Arte, oficio, menester, ministerio (de uso poético).

mestizo, za. adj. y s. Cruzado, híbrido (**a.:** *puro*).

mesura. f. Gravedad, seriedad, compostura (**a.:** *ostentación*). || Reverencia, consideración, cortesía (**a.:** *descortesía*). || Moderación, comedimiento, prudencia, circunspección, formalidad, discreción (**a.:** *imprudencia*).

mesurado, da. adj. Moderado, módico (**a.:** *desmesurado*) || Prudente, discreto, sensato, circunspecto, comedido, formal, cauteloso.

meta. f. Término, final, llegada. || Fin, propósito, objetivo, designio, intento, finalidad, objeto. || Portería, arco, valla.

metafísico, ca. adj. Abstruso, oscuro, difícil.

metáfora. f. Figura, imagen, símil, alegoría, tropo.

metálico. m. Dinero.

metamorfosear. tr. y prnl. Trasformar, trasmutar, convertir, cambiar, desfigurar, trastrocar (**a.:** *permanecer*).

metamorfosis. f. Trasformación, trasmutación, mudanza, conversión, cambio.

metano. m. Gas de los pantanos.

metaplasmo. m. Figura de dicción.

metátesis. f. Trasposición.

metempsicosis o metempsícosis. f. Trasmigración.

meteorito. m. Aerolito.

meter. tr. Causar, ocasionar, promover, producir. || tr. y prnl. Ensartar, introducir, insertar, incluir, mechar, encajar (**a.:** *sacar*). || Comprometer, enredar, mezclar. ‖ prnl. Entrometerse, inmiscuirse.

meterete. m. Entrometido.

meticuloso, sa. adj. Minucioso, exacto, escrupuloso, prolijo (a.: *despreocupado*). ‖ Medroso, pusilánime, temeroso (a.: *valiente*).

metódico, ca. adj. Sistemático, regular. ‖ Arreglado, ordenado, cuidadoso.

metodizar. tr. Ordenar, sistematizar, regularizar, normalizar.

método. m. Procedimiento, norma, sistema, regla, orden. ‖ Hábito, costumbre.

métrica. f. Versificación.

metro. m. Norma, modelo.

metrópoli. f. Capital.

metropolitano, na. adj. Arzobispal.

mezcla. f. Mixtura, mezcolanza, compuesto, mixtión, amalgama. ‖ Argamasa, mortero. ‖ Aleación, liga, combinación. ‖ Promiscuidad, revoltijo, batiburrillo.

mezclable. adj. Miscible.

mezclar. tr. y prnl. Juntar, unir, entremezclar, incorporar, agregar, mixturar, ligar (a.: *separar, desunir*). ‖ Complicar, comprometer, enredar, meter. ‖ tr. Desordenar, revolver, ordenar. ‖ prnl. Entrometerse, inmiscuirse, meterse, entremeterse, injerirse (a.: *separarse*).

mezcolanza o mescolanza. f. Batiburrillo, baturrillo, revoltijo, fárrago. ‖ Mezcla, promiscuidad, heterogeneidad.

mezquinar. tr. Escatimar, cicatear.

mezquindad. f. Pobreza, estrechez, miseria, escasez (a.: *riqueza*). ‖ Cicatería, roñería, tacañería, avaricia, sordidez (a.: *generosidad*).

mezquino, na. adj. Avaro, tacaño, ruin, amarrete, sórdido (a.: *liberal, dadivoso*). ‖ Pequeño, escaso, diminuto, exiguo.

miaja. f. Migaja, miga, cacho, pedazo, trozo. ‖ Pizca.

mico, ca. m. y f. Mono, simio. ‖ Monigote.

micra. f. Micrón.

microbio. m. Microorganismo, bacilo, bacteria.

microgameto. m. Espermatozoide, espermatozoo, zoospermo.

micrón. m. Micra.

microscópico, ca. adj. Minúsculo, pequeñísimo (a.: *colosal, grandísimo*).

miedo. m. Temor, espanto, julepe, pánico, pavor, terror (a.: *valor*). ‖ Recelo, aprensión (a.: *audacia*). ‖ Cobardía.

miedoso, sa. adj. y s. Medroso, timorato, pusilánime, cobarde, aprensivo, temeroso, receloso, asustadizo (a.: *valeroso, osado*).

miembro. m. Extremidad. ‖ Componente, integrante, órgano, parte, elemento. ‖ Pene, falo.

mientras. adv. En tanto, entre tanto, mientras tanto.

miga. f. Migaja, partícula, miaja. ‖ Molledo. ‖ Enjundia, entidad, meollo, sustancia.

migaja. f. Miga, partícula, miaja. ‖ pl. Sobras, restos.

migración. f. Emigración, éxodo (a.: *inmigración*).

migraña. f. Jaqueca, cefalea, hemicránea.

milagro. m. Prodigio. ‖ Maravilla, portento.

milagroso, sa. adj. Portentoso, prodigioso, maravilloso (a.: *normal, natural*). ‖ Extraordinario, pasmoso, maravilloso, asombroso, admirable, estupendo (a.: *corriente*). ‖ Sobrenatural.

milano. m. Azor.

milenario. adj. Antiquísimo. ‖ Milésimo.

milicia. f. Ejército, tropa.

militar. m. Soldado, combatiente, miliciano, guerrero (a.: *civil, paisano*).

millonario, ria. adj. y s. Potentado, rico, poderoso, acaudalado, ricachón.

mimado, da. adj. Malcriado, consentido, malacostumbrado.

mimar. tr. Halagar, acariciar. ‖ Consentir, malcriar.

mimbreño, ña. adj. Flexible.

mimético, ca. adj. Imitativo.

mímica. f. Imitación, gesticulación.

mimo. m. Caricia, halago, cariño, condescendencia, complacencia. ‖ Delicadeza, cuidado. ‖ Pantomima, parodia.

mimodrama. m. Pantomima, mimo.

mimoso, sa. adj. Delicado, regalón, consentido, melindroso.

mina. f. Criadero, filón, minero, venero, pozo, yacimiento. ‖ Galería, excavación, túnel. ‖ Bicoca, ganga, sinecura.

minar. tr. Socavar. ‖ Debilitar, consumir, extenuar, debilitar, destruir.

minarete. m. Alminar, torre.

mingitorio. m. Urinario.

miniatura. f. Reducción.

minimizar. tr. Subestimar, menospreciar.

mínimo, ma. adj. Minucioso, escrupuloso. ‖ Ínfimo, imperceptible, menudo, minúsculo, exiguo, pequeñísimo. ‖ m. Mínimum (a.: *máximo, máximum*).

mínimum. m. Mínimo.

minino. m. Gato, michino.

minio. m. Óxido de plomo.

ministerial. adj. Gubernamental.

ministerio. m. Empleo, profesión, cargo, función, ocupación, oficio. ‖ Sacerdocio, apostolado. ‖ Misión, uso, destino. ‖ Gabinete, gobierno. ‖ Cartera. ‖ Menester.

minorar. tr. y prnl. Acortar, aminorar, disminuir, reducir. *Minorar es reducir a menos una cosa.* ‖ Atenuar, mitigar, paliar, amortiguar.

minoría. f. Minoridad, menor edad. ‖ Oposición.

minoridad. f. Minoría (de edad), menor edad (a.: *mayoría, mayor edad*).

minucia. f. Pequeñez, bagatela, menudencia, nimiedad, nadería, insignificancia.

minucioso, sa. adj. Nimio, escrupuloso, puntilloso, meticuloso, concienzudo, cuidadoso, prolijo. ‖ Pormenorizado.

minúsculo, la. adj. Mínimo, ínfimo.

minusvalorar. tr. Subestimar, minimizar.

minuta. f. Borrador. ‖ Anotación, apunte, apuntación. ‖ Compendio, extracto, resumen. ‖ Bosquejo, esbozo. ‖ Cuenta. ‖ Menú. ‖ Lista, rol, nómina.

minutero. m. Manecilla, aguja, saeta.

mira. f. Intención, designio, propósito, ánimo. ‖ Objetivo, finalidad.

mirabel. m. Girasol.

mirada. m. Ojeada, vistazo.

mirado, da. adj. Visto, notado, considerado, examinado. ‖ Cauto, circunspecto, cuidadoso, reflexivo (a.: *atropellado*). ‖ Atento, respetuoso, considerado.

mirador. m. Balcón, galería, terraza.

miramiento. m. Delicadeza, atención, comedimiento, cortesía, respeto, deferencia, consideración (a.: *desconsideración*). ‖ Cuidado, precaución, cautela.

mirar. tr. Observar, examinar, contemplar. ‖ intr. Amparar, defender, proteger, velar por, cuidar de. ‖ Atender, observar, reparar, fijarse (a.: *desatender*). ‖ Orientarse.

mirasol. m. Girasol.

miríada. f. Multitud.

mirífico, ca. adj. Admirable, hermoso, maravilloso.

mirilla. f. Ventanilla, miradero, rejilla.

mirón, na. adj. y s. Curioso.

mirto. m. Arrayán.

misántropo. m. Huraño, insociable, arisco, intratable (a.: *simpático, optimista*).

misceláneo, a. adj. Mixto, vario. ‖ Mezclado, revuelto. ‖ f. Mezcla, revoltijo.

miserable. adj. Desdichado, mísero, infeliz. ‖ Indigente, pobre. ‖ adj. y s. Mezquino, avariento, avaro, tacaño, cicatero, amarrete. ‖ Perverso, abyecto, canalla, infame, vil.

miseria. f. Pobreza, indigencia, escasez, estrechez (a.: *riqueza, fortuna*). ‖ Desgracia, infortunio, desventura, desdicha (a.: *ventura, dicha*). ‖ Insignificancia. ‖ Mezquindad, tacañería, ruindad (a.: *generosidad*).

misericordia. f. Conmiseración, piedad, compasión, lástima, caridad (a.: *inhumanidad, impiedad*). ‖ Clemencia, indulgencia, perdón (a.: *condena*).

misericordioso, sa. adj. Compasivo, caritativo, piadoso, humano, indulgente.

mísero, ra. adj. Pobre, menesteroso, indigente, necesitado. || Desdichado, desventurado, desgraciado, infeliz, miserable (a.: *dichoso, feliz*). || Abatido, desanimado. || Avaro, mezquino, tacaño (a.: *generoso*). || Exiguo (a.: *grande, espacioso*).

misérrimo, ma. adj. Paupérrimo, pobrísimo.

misión. f. Cometido, comisión, encargo. || Función, gestión, ministerio. || Embajada.

misiva. f. Carta, esquela, billete.

mismo, ma. adj. Igual, semejante, idéntico (a.: *diferente, distinto*). || Propio, exacto.

misterio. m. Secreto, enigma, arcano. || Reserva, sigilo, incógnita.

misterioso, sa. adj. Oculto, recóndito, sibilino, secreto, oscuro, arcano, enigmático. || Incomprensible, indescifrable, hermético, esotérico (a.: *claro, asequible*).

místico, ca. adj. y s. Piadoso, contemplativo (a.: *ateo*).

mitad. f. Medio (a.: *doble, duplo*).

mítico, ca. adj. Fabuloso, mitológico, legendario.

mitigar. tr. y prnl. Moderar, paliar, calmar, aplacar, suavizar, templar (a.: *agravar, exacerbar, enconar*).

mitin. m. Reunión, concentración.

mito. m. Leyenda, fábula, saga, ficción (a.: *historia*).

mitosis. f. Cariocinesis.

mixtificación. f. Engaño, adulteración, superchería, truco (a.: *realidad*).

mixtión. f. Mezcla, mixtura.

mixto, ta. adj. Misceláneo, vario, mezclado. || m. Cerilla, fósforo.

mixtura. f. Mezcla, mezcolanza, mixtión, compuesto, amalgama. || Poción.

mixturar. tr. Mezclar, incorporar, amalgamar (a.: *separar*).

mobiliario. m. Moblaje.

moblaje. m. Mobiliario, mueblaje.

mocedad. f. Juventud, adolescencia (a.: *vejez, senectud*).

mochila. f. Morral, zurrón.

mocho, cha. adj. Romo (a.: *agudo*). || Esquilado, pelado.

moción. f. Proposición, propuesta. || Movimiento.

moco. m. Mucosidad, flema.

mocoso, sa. m. y f. Niño, chico, arrapiezo, chiquillo, muchacho.

moda. f. Uso, boga, usanza, novedad (a.: *desuso, antigüedad*). || **de moda.** loc. adj. Actual, moderno. || **pasado de moda.** loc. adj. Antiguo, anticuado.

modales. m. pl. Maneras, ademanes, educación, modos, principios.

modalidad. f. Característica, modo, manera, particularidad, peculiaridad.

modelar. tr. Esculpir. || Moldear, formar.

modelo. m. Dechado, muestra, tipo, patrón (a.: *remedo*). || Original (a.: *copia, imitación*). || Ejemplo, prototipo, paradigma. || Configuración. || m. y f. Maniquí.

moderación. f. Sobriedad, templanza, morigeración, temperancia (a.: *gula*). || Cordura, modestia, mesura, sensatez, circunspección, comedimiento, prudencia (a.: *indiscreción*).

moderado, da. adj. Módico (a.: *abusivo*). || Templado, tibio. || Sobrio, morigerado, parco, continente, mesurado. || Cuerdo, sensato.

moderar. tr. y prnl. Templar, atemperar, calmar, aplacar, morigerar, refrenar, suavizar, mitigar. || tr. Disminuir, aminorar (a.: *aumentar*).

modernizar. tr. Actualizar, innovar, renovar, remozar, restaurar (a.: *envejecer*).

moderno, na. adj. Actual, novísimo, reciente, nuevo (a.: *antiguo*).

modestia. f. Humildad, sencillez (a.: *inmodestia, vanidad*). || Pudor, recato, decoro, decencia, honestidad. || Escasez.

modesto, ta. adj. Sencillo, humilde, recatado, tímido (a.: *jactancioso*).

módico, ca. adj. Moderado, escaso, limitado, reducido (a.: *abundante*). || Barato, económico (a.: *costoso, caro*).

modificación. f. Variación, cambio, reforma, transformación, mudanza. || Enmienda, rectificación, corrección.

modificar. tr. Cambiar, variar, alterar, mudar, trasformar, reformar, corregir, enmendar, rectificar (**a.:** *mantener, ratificar, conservar*).

modismo. m. Idiotismo. ‖ Giro, locución.

modo. m. Manera, tenor, forma, modalidad, guisa. ‖ Cortesía, circunspección. ‖ pl. Ademanes, modales. ‖ **a modo de.** loc. prep. Como, a manera de.

modorra. f. Amodorramiento, sopor, somnolencia, letargo (**a.:** *insomnio*).

modoso, sa. adj. Cortés, educado, urbano. ‖ Mesurado, circunspecto, discreto, prudente (**a.:** *indiscreto*). ‖ Respetuoso, atento, considerado (**a.:** *irrespetuoso*).

módulo. m. Canon, medida.

mofa. f. Burla, befa, escarnio (**a.:** *aplauso*).

moflete. m. Carrillo.

mofletudo, da. adj. Carrilludo.

mogote. m. Cerro, montículo.

mohín. m. Gesto, mueca.

mohína. f. Enojo, enfado, despecho (**a.:** *contento*).

mohíno, na. adj. Triste, mustio, melancólico (**a.:** *alegre*). ‖ Disgustado, airado, enfadado, enojado (**a.:** *satisfecho*).

moho. m. Orín, cardenillo, herrumbre, óxido.

mohoso, sa. adj. Enmohecido. ‖ Herrumbroso, oxidado (**a.:** *pulido*). ‖ Rancio, descompuesto.

mojadura. f. Remojón, caladura, empapamiento.

mojar. tr. y prnl. Embeber, impregnar. ‖ tr. Empapar, bañar, regar, calar, ensopar, humedecer, rociar (**a.:** *secar*).

mojicón. m. Bollo, sopapo, trompada, puñetazo, cachete, castañazo (**a.:** *caricia, mimo*). ‖ Bizcocho.

mojigato, ta. adj. y s. Timorato, gazmoño. ‖ Santurrón.

mojón. m. Hito, poste, coto.

molde. m. Forma, horma, matriz, cuño, troquel.

moldear. tr. Vaciar, fundir. ‖ Configurar, plasmar.

mole. adj. Blando, suave, muelle, mullido, mórbido, fofo.

mole. f. Corpulencia, bulto, volumen, masa (**a.:** *brizna, partícula*).

moler. tr. Pulverizar, molturar, machacar, desmenuzar, triturar. ‖ Molestar, fastidiar, fatigar, cansar (**a.:** *entretener*). ‖ Maltratar, mortificar.

molestar. tr. y prnl. Importunar, fastidiar, contrariar, enfadar, desagradar (**a.:** *divertir*). ‖ tr. Estorbar, jorobar, incomodar, sobar, perturbar, mortificar, impacientar, cansar.

molestia. f. Cansancio, fatiga. ‖ Fastidio, disgusto, desagrado, enfado. ‖ Inquietud, incomodidad, desazón, malestar. ‖ Estorbo, dificultad, impedimento.

molesto, ta. adj. Cansador, fatigoso, oneroso. ‖ Embarazoso, incómodo. ‖ Enfadoso, pesado, latoso, enojoso, fastidioso, cargante, desagradable. ‖ Ofendido, resentido, incómodo.

molicie. f. Blandura, ocio, regalo, comodidad.

molido, da. adj. Cansado, rendido, fatigado (**a.:** *fresco, descansado*). ‖ Maltrecho, malparado, deshecho. ‖ Triturado, pulverizado.

molienda. f. Moltura, moledura. ‖ Molimiento, molestia, cansancio, fatiga. ‖ Molino.

molificar. tr. Ablandar, suavizar (**a.:** *endurecer*).

molimiento. m. Molienda. ‖ Cansancio, fatiga, molestia.

molinete. m. Torniquete, molinillo.

mollar. adj. Blando (**a.:** *duro, sólido*).

mollera. f. Cacumen, caletre, sesera, seso.

moltura. f. Molienda, moledura.

momentáneo, a. adj. Pasajero, instantáneo, breve, transitorio (**a.:** *duradero*). ‖ Provisional (**a.:** *permanente*).

momento. m. Instante, segundo, soplo, punto. ‖ Oportunidad, ocasión, coyuntura.

momo. m. Mueca, gesto. ‖ Carnaval.

mona. f. Borrachera, tranca, embriaguez, ebriedad, curda.

monacal. adj. Monástico, conventual, claustral.

monacato. m. Monaquismo.

monada. f. Monería. || Halago, mohín, zalamería, arrumaco. || Encanto, primor.

monaguillo. m. Monacillo, monago, acólito.

monarca. m. Rey, soberano (a.: *súbdito, vasallo*).

monasterio. m. Convento, abadía, claustro.

monástico, ca. adj. Monacal, conventual.

monaural o monoaural. adj. Monofónico.

monda. f. Peladura, mondadura, cáscara.

mondadientes. m. Escarbadientes, palillo.

mondadura. f. Monda, cáscara.

mondar. tr. Pelar, descascarar. || Podar. || Pelar, rapar.

mondongo. m. Barriga, abdomen, panza, vientre.

moneda. f. Dinero, plata, pecunia, cuartos, guita.

monedero. m. Portamonedas.

monería. f. Monada, gracia. || Zalamería.

monetario, ria. adj. Pecuniario. || Numismático.

monigote. m. Muñeco, pelele, títere. || Mamarracho, adefesio, esperpento. || Ignorante.

moni. m. Dinero, pecunia, guita.

monja. f. Religiosa.

monje. m. Anacoreta, eremita, ermitaño. || Fraile, religioso.

mono, na. adj. Delicado, lindo, bonito, gracioso. || m. y f. Simio, mico, antropoide. || m. Monigote, pelele.

monoaural. adj. Monaural, monofónico.

monocromo, ma. adj. Unicolor (a.: *policromo*).

monografía. f. Descripción.

monograma. m. Cifra, logotipo.

monólogo. m. Soliloquio, aparte (a.: *diálogo, conversación*).

monomanía. f. Paranoia, manía, tema, obsesión, idea fija. || Chifladura, locura.

monomaníaco, ca. adj. y s. Maníaco, obsesivo, paranoico.

monopolio. m. Exclusiva (a.: *competencia*).

monopolizar. tr. Acaparar, centralizar (a.: *distribuir*).

monotonía. f. Uniformidad, invariabilidad, igualdad, regularidad, isocronismo, isomorfismo.

monótono, na. adj. Uniforme, igual, regular, invariable. || Aburrido, tedioso.

monovalente. adj. Univalente.

monstruo. m. Engendro, fenómeno, espantajo.

monstruoso, sa. adj. Antinatural, teratológico (a.: *natural*). || Enorme, colosal, excesivo, fenomenal (a.: *normal*). || Execrable, aborrecible, nefando, abominable. || Cruel, inhumano (a.: *bondadoso*). || Disparatado, desproporcionado.

monta. f. Total, monto, suma. || Valor, importancia, estimación.

montacargas. m. Ascensor.

montaje. m. Montura, armazón. || Ajuste, disposición, acoplamiento.

montante. m. Banderola. || Importe, monto, cuantía. || f. Flujo, pleamar.

montaña. f. Monte, cumbre, cerro, pico (a.: *llanura, pampa, sabana*).

montañismo. m. Alpinismo, andinismo.

montañoso, sa. adj. Montuoso, montoso.

montar. tr., intr y prnl. Subir (a.: *bajar, descender*). || tr. e intr. Cabalgar, jinetear. || intr. Alcanzar, ascender, elevarse, importar, sumar. || tr. Armar, disponer. || Establecer, instalar. || Engastar, engarzar. || Amartillar, armar. || Poner en escena, escenificar.

montaraz. adj. Montés, salvaje, agreste, bravío, cerril, indómito (a.: *doméstico, manso*). || Tosco, grosero, rústico. || Arisco, huraño.

monte. m. Bosque. || Montaña, pico, cerro. || pl. Cadena, macizo, cordillera.

montería. f. Cinegética. || Caza mayor.

montés. adj. Montaraz, salvaje. || Silvestre.

montículo. m. Promontorio.

montón. m. Cúmulo, parva, pila. || Montonera, multitud, sinnúmero, tropel, infinidad. || **del montón**. loc. adj. Adocenado, vulgar.

montonera. f. Montón, multitud. || Horda, turba.

montuoso, sa. adj. Montañoso (**a.:** *llano*).

montura. f. Cabalgadura, caballería. || Arreos, arneses, guarniciones. || Armadura, armazón. || Montaje.

monumental. adj. Magnífico, majestuoso, grandioso. || Colosal, gigantesco, enorme, fenomenal, descomunal (**a.:** *minúsculo*).

moño. m. Rodete, castaña. || Presunción, vanidad. || Copete, penacho. || Lazo.

moquete. m. Mojicón, sopapo, bofetada, cachetada, tortazo, revés.

mora. f. Dilación, tardanza, demora, retraso (**a.:** *adelanto*). || Zarzamora.

morada. f. Casa, domicilio, residencia, vivienda, hogar. || Estancia, estada, estadía, permanencia.

morado, da. adj. Cárdeno.

morador, ra. m. y f. Habitante, poblador, residente. || Inquilino, vecino.

moral. adj. Ético (**a.:** *inmoral*). || f. Ética.

moraleja. f. Enseñanza, lección.

moralidad. f. Honradez, integridad (**a.:** *amoralidad, inmoralidad.*) || Moraleja.

morar. intr. Habitar, residir, vivir. || Anidar.

moratoria. f. Plazo, prórroga (**a.:** *cumplimiento*).

mórbido, da. adj. Blando, delicado, muelle, suave (**a.:** *áspero, duro*). || Morboso, malsano, enfermizo (**a.:** *sano*).

morbo. m. Enfermedad, afección, padecimiento, mal.

morboso, sa. adj. Malsano, insalubre. || Enfermizo.

mordacidad. f. Dicacidad, virulencia, causticidad, aspereza, acritud (**a.:** *alabanza, suavidad*).

mordaz. adj. Cáustico, corrosivo, venenoso, mordiente. || Picante, áspero. || Acre, punzante, incisivo, zaheridor, dicaz, sarcástico.

mordaza. f. Censura.

mordedura. f. Dentellada, mordisco, bocado (**a.:** *beso*).

morder. tr. Mordiscar, mordisquear, dentellear, tarascar. || Corroer, mordiscar. || Murmurar, criticar, difamar, desacreditar, satirizar.

mordida. f. Coima.

mordiente. m. Cáustico.

mordisco. m. Dentellada. || Mordedura, bocado.

moreno, na. adj. y s. Negro, mulato, morocho, negruzco, bronceado, tostado, atezado.

moretón. m. Cardenal, equimosis.

moribundo, da. adj. y s. Agonizante, desahuciado. || Mortecino.

morigerado, da. adj. Moderado, comedido, templado, mesurado, parco, sobrio (**a.:** *desenfrenado, glotón*).

morigerar. tr. y prnl. Moderar, templar.

morir. intr. y prnl. Fallecer, acabar, expirar, fenecer, espichar, finar, diñarla (**a.:** *nacer*). || Perecer, sucumbir (**a.:** *brotar, nacer, surgir*). || intr. Extinguirse, apagarse. || Cesar, terminar (**a.:** *comenzar*). || prnl. Desvivirse, perecerse, pirrarse.

morisqueta. f. Burla, broma. || Mueca, mohín, visaje.

moro, ra. adj. Mauritano. || adj. y s. Mahometano, musulmán, sarraceno, morisco, agareno, berberisco.

morondanga (de). loc. adj. Sin valor, despreciable, insignificante.

morosidad. f. Lentitud, demora, tardanza, dilación (**a.:** *rapidez, celeridad*).

moroso, sa. adj. Lento, tardo, calmoso (**a.:** *diligente*) || Mal pagador, negligente (**a.:** *cumplidor*).

morral. m. Mochila, bolsa, talego, saco.

morralla. f. Chusma, gentuza, canalla.

morriña. f. Añoranza, tristeza, murria, nostalgia.

morro. m. Hocico, jeta. || Peñasco.

morrocotudo, da. adj. Monumental, colosal, formidable, fenomenal. || Importantísimo, grande. || Difícil, complicado.

morrudo, da. adj. Hocicudo, jetudo, jetón. || Fuerte, fortachón.

mortaja. f. Sudario.

mortal. adj. Perecedero, fatal (**a.:** *in-*

mortal). || Letal, mortífero (**a.:** *vivificante*). || Fatigoso, abrumador, penoso (**a.:** *leve*). || Decisivo, concluyente. || m. Persona, hombre, humano, criatura (**a.:** *deidad, divinidad*).

mortandad. f. Hecatombe, carnicería, degollina, matanza.

mortecino, na. adj. Débil, agonizante, exangüe, sin vigor.

mortero. m. Almirez. || Argamasa, mezcla. || Cañón.

mortífero, ra. adj. Mortal, letal.

mortificar. tr. y prnl. Atormentar, afligir, apesadumbrar (**a.:** *complacer*). || tr. Agraviar, ofender, molestar, humillar (**a.:** *enaltecer*).

mortuorio, ria. adj. Fúnebre.

moruno, na. adj. Moro, sarraceno, mahometano.

mosca. f. Perilla. || Dinero, caudal. || Desazón, inquietud.

moscardón. m. Moscón. || Avispón, abejón.

mosqueado, da. adj. Moteado. || Vapuleado. || Resentido, molesto, disgustado, picado.

mosquear. tr. Azotar, vapulear. || prnl. Resentirse, sentirse, moscarse, picarse, amostazarse, disgustarse.

mosquito. m. Cínife, mosco, violero.

mostacho. m. Bigote.

mosto. m. Vino.

mostrar. tr. Asomar, aparecer, abrirse. || Indicar, señalar, designar. || Enseñar, exhibir, descubrir, presentar, ostentar, revelar, exponer (**a.:** *ocultar*). || tr. y prnl. Demostrar, evidenciar, manifestar, patentizar. || Explicar, enseñar, demostrar, probar.

mostrenco, ca. adj. Mesteño, público. || Ignorante, bruto, torpe, zote, zoquete (**a.:** *inteligente, sagaz*).

mota. f. Pinta, lunar, mancha. || Hilacha, nudillo.

mote. m. Lema, emblema, divisa, empresa. || Apodo, alias, sobrenombre, remoquete.

motejar. tr. Zaherir, apodar, tachar, tildar, criticar, censurar.

motín. m. Asonada, alzamiento, sedición, chirinada, rebelión, revuelta, pronunciamiento, tumulto.

motivar. tr. Causar, determinar, originar. || Apoyar, basar, fundamentar.

motivo. m. Móvil, motivación, fundamento, razón, causa. || Tema, asunto.

moto. f. Motocicleta.

motriz. adj. f. Motora.

movedizo, za. adj. Movible, móvil (**a.:** *fijo*). || Inseguro, inestable (**a.:** *firme, seguro*). || Inconstante, veleidoso, tornadizo, voluble.

mover. tr. y prnl. Mudar, trasladar. || Menear, agitar. || tr. Activar. || Inducir, incitar, estimular, empujar, persuadir. || Causar, originar, provocar, suscitar, ocasionar. || Conmover, afectar, alterar, emocionar (**a.:** *tranquilizar, aquietar*). || Levantar, promover. || prnl. Apresurarse, apurarse, menearse. || Ajetrearse, atarearse.

movible. adj. Móvil, movedizo (**a.:** *fijo*). || Variable, voluble, mudable.

móvil. adj. Movedizo, movible (**a.:** *fijo*). || Inestable, inseguro (**a.:** *firme, seguro*). || m. Motivo, causa, razón (**a.:** *finalidad*).

movimiento. m. Circulación, actividad. || Pronunciamiento, alzamiento, levantamiento, sublevación (**a.:** *tranquilidad*). || Alteración, cambio, conmoción, perturbación (**a.:** *calma*). || Arranque, arrebato, rapto. || Agitación, ajetreo, trajín (**a.:** *quietud, inmovilidad*). || Tiempo. || Meneo. || Desplazamiento, curso, movilización, marcha.

moza. f. Azafata, criada. || Chica, muchacha.

mozalbete. m. Mozo, mocito, muchacho, joven, mozuelo.

mozo, za. m. y f. Joven, mancebo, muchacho, zagal. || Célibe, soltero, mancebo. || Criado, sirviente, servidor, bracero, jornalero.

mucamo, ma. m. y f. Criado, camarero, sirviente, servidor, mozo.

muchachada. f. Chiquillería, niñada, niñería. || Mocerío.

muchacho, cha. m. y f. Mozo, joven, adolescente, mancebo. ‖ Niño, chico, chiquillo, gurí, rapaz. ‖ Criado, doméstico, servidor, sirviente.

muchedumbre. f. Multitud, concurrencia, gentío, caterva, tropel, turba. ‖ Abundancia, copia, profusión, plétora (a.: *escasez*).

mucho. adv. Abundantemente, copiosamente, demasiado, bastante (a.: *algo, poco*). ‖ Sobremanera, en extremo, excesivamente.

mucho, cha. adj. Numeroso, bastante (a.: *poco, apenas, algo*).

muda. f. Remuda. ‖ Cambio, mudanza, paso, tránsito.

mudable. adj. Inestable, variable, instable (a.: *invariable*). ‖ Inconstante, voluble, veleidoso, tornadizo, versátil.

mudanza. f. Cambio, traslado. ‖ Mutación, alteración, variación (a.: *estabilidad*). ‖ Inconstancia, veleidad, volubilidad.

mudar. tr. e intr. Cambiar, alterar, variar. ‖ Convertir, modificar, trasformar. ‖ tr. Mutar, trasladar, remover (a.: *consolidar*). ‖ prnl. Alterar, variar. ‖ Trasladar, cambiar. ‖ Irse, marcharse.

mudo, da. adj. y s. Callado, silencioso, taciturno.

muebles. m. pl. Efectos, enseres, moblaje.

mueca. f. Visaje, contorsión, gesto, mohín, morisqueta.

muela. f. Rueda de molino, volandera. ‖ Molar.

muelle. adj. Blando, delicado, suave, tierno. ‖ Cómodo, placentero, confortable. ‖ Voluptuoso, sensual. ‖ m. Resorte. ‖ Embarcadero, andén, dique.

muerte. f. Defunción, fallecimiento, expiración, deceso, óbito, tránsito (a.: *nacimiento*). ‖ Homicidio, asesinato. ‖ Término, fin. ‖ Destrucción, ruina, aniquilación, aniquilamiento. ‖ **de mala muerte.** loc. adj. Pobre, insignificante. ‖ Despreciable, baladí.

muerto, ta. adj. y s. Difunto, extinto,

finado (a.: *vivo*). ‖ Víctima, occiso. ‖ Exánime, inerte, exangüe (a.: *animado*). ‖ Acabado, inactivo, inerte. ‖ Apagado, mortecino, seco.

muesca. f. Entalladura. ‖ Corte.

muestra. f. Señal, indicio, prueba. ‖ Modelo, espécimen, dechado. ‖ Ejemplo, demostración. ‖ Fragmento, trozo, porción.

muestrario. m. Colección, selección.

mugir. intr. Bramar.

mugre. f. Porquería, roña, pringue, suciedad (a.: *limpieza*).

mujer. f. Fémina. ‖ Esposa, señora. ‖ Dama, matrona. ‖ Hembra (a.: *hombre, varón*).

mujeriego, ga. adj. Femenino, mujeril, femenil. ‖ Calavera.

mujeril. adj. Femenino, femenil.

muladar. m. Estercolero, basurero, albañal.

muletilla. f. Bordón, estribillo.

mullir. tr. Ablandar, esponjar, ahuecar.

multa. f. Sanción, castigo, pena (a.: *bonificación, premio*).

multicopista. s. Copiador, policopista, mimeógrafo.

multimillonario, ria. adj. y s. Archimillonario, acaudalado (a.: *pobrete*).

múltiple. adj. Vario, diverso, complejo.

multiplicar. tr. y prnl. Aumentar, acrecentar. ‖ intr. y prnl. Propagar, reproducir, proliferar. ‖ prnl. Afanarse, esforzarse.

multitud. f. Infinidad, sinnúmero, sinfín. ‖ Gentío, público, pueblo, muchedumbre. ‖ Masa, turba, vulgo.

mundanal o **mundano, na.** adj. Terrenal, terreno. ‖ Frívolo. ‖ Sociable.

mundial. adj. Universal. ‖ Internacional. ‖ General (a.: *nacional*).

mundillo. m. Mundo, ámbito, círculo.

mundo. m. Cosmos, creación, universo, orbe. ‖ La Tierra, planeta. ‖ Globo terráqueo, esfera terrestre. ‖ Humanidad, género humano. ‖ Astro. ‖ Experiencia. ‖ Ámbito, círculo, mundillo, esfera. ‖ Baúl.

mundología. f. Tacto, diplomacia.

munición. f. Pertrechos, provisiones, bastimento.

municipal. adj. Comunal, local, urbano.

municipio. m. Ayuntamiento, municipalidad, comuna, concejo, ciudad.

munificencia. f. Esplendidez, generosidad, liberalidad, largueza (a.: *tacañería*).

muñeca. f. Pepona. || Maniquí. || Influencia, habilidad.

muñeco. m. Mequetrefe, chisgarabís. || Monigote, títere, pelele.

muñequear. tr. Apoyar, influir.

muralla. f. Muro, cerca, paredón. || Fortificación.

murar. tr. Amurallar, cercar, fortificar.

muriático. adj. Clorhídrico.

múrice. m. Púrpura.

murmullo. m. Susurro, bisbiseo (a.: *clamor, grito*). || Rumor.

murmuración. f. Chisme, habladuría.

murmurar. intr. Susurrar. || intr. y tr. Rezongar, refunfuñar. || Censurar, criticar, despellejar.

muro. m. Pared, medianera, tapia. || Muralla, paredón, pirca.

murria. f. Tristeza, esplín, melancolía, tedio, morriña.

musa. f. Inspiración, numen, vena. || pl. Castálidas, pegásides, piérides, helicónides.

musculatura. f. Carnadura, encarnadura.

música. f. Armonía, melodía.

musical. adj. Melodioso, melódico, armónico.

musitar. intr. y tr. Susurrar, bisbisar, mascullar, cuchichear.

muslime. adj. Mahometano, musulmán.

muslo. m. Pernil.

mustio, tia. adj. Marchito, lacio, ajado (a.: *fresco, terso*). || Melancólico, triste, decaído, mohíno, lánguido.

musulmán. adj. Mahometano, morisco, muslime, islamita, agareno, moro.

mutación. f. Mudanza, alteración, cambio, variación (a.: *permanencia, estabilidad*). || Metamorfosis.

mutar. tr. y prnl. Mudar, trasformar, cambiar. || tr. Remover, mudar.

mutilación. f. Amputación, ablación, cercenamiento.

mutilado, da. adj. Roto, trunco, incompleto. || Lisiado, inválido, imposibilitado. || Eunuco.

mutilar. tr. Amputar, cortar, cercenar.

mutis. m. Salida, retirada (a.: *entrada, aparición*).

mutismo. m. Silencio, mudez (a.: *locuacidad, bullicio*).

mutual. adj. Mutuo, recíproco.

mutuamente. adv. Recíprocamente.

mutuo, tua. adj. Recíproco, mutual, solidario (a.: *personal*).

muy. adv. Bastante, demasiado, harto, asaz (a.: *poco, apenas*).

nacarado, da o **anacarado, da.** adj. Nacarino, nacáreo. *Brillo nacarado.*

nacencia. f. Nacimiento. || Bulto, tumor.

nacer. intr. Brotar, germinar, salir. || Fluir, manar, surgir. || Despuntar, aparecer, asomar (**a.:** *desaparecer*). || Originarse, formarse. || Arrancar, partir, salir. || Derivarse, proceder, provenir. || Deducirse, seguirse, inferirse.

nacido, da. adj. Connatural, congénito, innato, nativo. || Natural, originario, oriundo.

naciente. m. Este, Oriente, Levante (**a.:** *Oeste, Occidente, Poniente*). || adj. Incipiente, inicial, nuevo, reciente (**a.:** *final*).

nacimiento. m. Linaje, estirpe, familia. || Cuna, principio, inicio, origen (**a.:** *fin*). || Belén. || Natividad.

nación. f. País, Estado. || Patria, pueblo. || Nacionalidad, ciudadanía. || Nacimiento, origen.

nacional. adj. Patrio. || Natural, oriundo (**a.:** *extranjero, foráneo*).

nacionalidad. f. Ciudadanía.

nacionalismo. m. Patriotismo.

nacionalizar. tr. Estatificar. || prnl. Naturalizarse.

nacionalsocialismo. m. Nazismo.

nada. f. Cero, ninguna cosa (**a.:** *todo, totalidad*).

nadar. intr. Flotar, sobrenadar (**a.:** *hundirse*). || Abundar, rebosar.

nadería. f. Bagatela, pequeñez, nonada, fruslería, insignificancia (**a.:** *joya*).

nahuatlismo. m. Aztequismo.

naipe. m. Baraja, carta.

nalga. f. Anca, grupa, cuadril. || pl. Asentaderas, posaderas, posas, culo, trasero.

nalguear. intr. Anadear.

nana. f. Pupa.

nao. f. Nave, barco, navío, bajel.

narciso. m. Presumido, marica.

narcótico, ca. adj. y m. Estupefaciente, somnífero, soporífero (**a.:** *excitante*).

narcotizar. tr. Aletargar, adormecer (**a.:** *despabilar*).

narigón, na. adj. y s. Narigudo, narizudo, narizón, narizotas.

nariz. f. Naso, ñata, napia, trompa.

narración. f. Relato, cuento, relación, exposición.

narrador, ra. adj. y s. Relator.

narrar. tr. Relatar, contar, referir.

nasa. f. Cesta, cesto. || Panera.

nasal. adj. Gangoso. || Narigudo.

nata. f. Crema. ‖ pl. Natillas.

natal. adj. Nativo.

natillas. f. pl. Natas.

Natividad. n. p. f. Navidad, nacimiento.

nativo, va. adj. y s. Natural, nacido, originario, oriundo, indígena, autóctono, nato (**a.:** *extranjero, foráneo*). ‖ adj. Innato, congénito, connatural.

natural. adj. Fresco. ‖ Abierto, espontáneo. ‖ Llano, sencillo, familiar, franco, sincero (**a.:** *artificioso, complicado*). ‖ Lógico, normal, comprensible. ‖ Inherente. ‖ Propio. ‖ Común, habitual, normal, regular, acostumbrado, corriente (**a.:** *extraño*). ‖ Condición, índole, complexión, naturaleza, carácter, genio, temperamento. ‖ Aborigen, indígena, nativo (**a.:** *extranjero, forastero*).

naturaleza. f. Condición, natural, calidad, índole, natura, instinto, carácter. ‖ Esencia. ‖ Genio, temperamento. ‖ Sexo.

naturalidad. f. Sencillez, franqueza, ingenuidad, llaneza, sinceridad, espontaneidad (**a.:** *afectación, extravagancia*).

naturalismo. m. Realismo.

naturalizar. tr. Aclimatar, habituar, adaptar. ‖ prnl. Nacionalizarse

naufragar. intr. Zozobrar, hundirse, irse a pique (**a.:** *flotar*). ‖ Fracasar, frustrarse, malograrse (**a.:** *triunfar*).

naufragio. m. Zozobra, hundimiento, desastre, siniestro. ‖ Desgracia, pérdida, fracaso (**a.:** *éxito, triunfo*).

náusea. f. Arcada, basca. ‖ Asco, repugnancia (**a.:** *apetencia*). ‖ Aversión.

nauseabundo, da. adj. Asqueroso, repelente, repugnante, inmundo, repulsivo (**a.:** *aromático, fragante*).

nauta. m. Marino, navegante.

náutica. f. Navegación, marina.

náutico, ca. adj. Naval, marítimo, marinero, naviero.

navaja. f. Cuchillo. ‖ Colmillo.

naval. adj. Náutico, marítimo, naviero (**a.:** *aéreo, terrestre*).

nave. f. Navío, barco, buque, nao, bajel, embarcación.

navegante. m. y f. Nauta. ‖ Navegador.

naveta. f. Navecilla. ‖ Gaveta.

Navidad. n. p. f. Natividad.

naviero, ra. adj. Naval, náutico.

navío. m. Nave, embarcación.

neblina. f. Niebla, bruma.

nebulosidad. f. Nubosidad, celaje, niebla.

nebuloso, sa. adj. Nublado, nuboso, brumoso (**a.:** *diáfano*). ‖ Tétrico, sombrío. ‖ Oscuro, confuso, problemático, borroso, incomprensible (**a.:** *claro, nítido*).

necedad. f. Estupidez, estulticia, simpleza, tontería, disparate, bobada, desatino, sandez, majadería, imbecilidad (**a.:** *ingenio, sabiduría*).

necesario, ria. adj. Fatal, inevitable (**a.:** *accidental*). ‖ Forzoso, obligatorio, preciso, indispensable, inexcusable, imprescindible (**a.:** *innecesario, superfluo, prescindible*).

necesidad. f. Fatalidad. ‖ Obligación, exigencia, urgencia. ‖ Pobreza, penuria, miseria, escasez, indigencia. ‖ Apuro, ahogo, aprieto. ‖ pl. Privaciones. ‖ **por necesidad.** loc. adv. Necesariamente, forzosamente.

necesitado, da. adj. Pobre, menesteroso, indigente. ‖ Falto, escaso.

necesitar. tr. e intr. Precisar, hacer falta. urgir.

necio, cia. adj. y s. Tonto, badulaque, sandio, simple, bobo, estúpido, imbécil, ignorante, babieca, mentecato, zopenco, majadero (**a.:** *ingenioso, lúcido*). ‖ Presumido, vanidoso, presuntuoso. ‖ Obstinado, terco, testarudo, tozudo.

necrología. f. Obituario.

necrópolis. f. Cementerio, camposanto.

necropsia o **necroscopia.** f. Autopsia.

néctar. m. Ambrosía, licor.

nefando, da. adj. Abominable, execrable, infame, indigno, aborrecible (**a.:** *honorable*).

nefasto, ta. adj. Triste, aciago, funesto, ominoso, desgraciado (**a.:** *afortunado*).

nefrítico, ca. adj. Renal.

negación. f. Denegación, negativa, rechazo, repulsa (**a.:** *afirmación, aseveración, aceptación*).

negado, da. adj. y s. Incapaz, torpe, incompetente, inepto (a.: *apto, hábil*).

negar. tr. Denegar, rehusar (a.: *aceptar*). ‖ Prohibir, vedar, impedir. ‖ Ocultar, disimular. ‖ prnl. Excusarse, rehusar (a.: *incluirse*).

negativa. f. Negación, oposición, denegación, repulsa (a.: *asentimiento*).

negligencia. f. Descuido, desidia, apatía, incuria, dejadez, indolencia, abandono, omisión (a.: *cuidado, atención, esmero*).

negligente. adj. y s. Gandul, dejado, desidioso, descuidado, indolente, omiso (a.: *activo, solícito, cuidadoso*).

negociación. f. Convenio, concierto, trato, negocio.

negociado. m. Negocio. ‖ Componenda.

negociante. m. y f. Comerciante, mercader, negociador, traficante (a.: *cliente*).

negociar. intr. Comerciar, traficar, tratar. ‖ tr. Ajustar, acordar. ‖ Descontar. ‖ Gestionar.

negocio. m. Asunto, empleo, ocupación, agencia. ‖ Comercio, tráfico, especulación. ‖ Negociación, trato, convenio, transacción. ‖ Tienda, almacén, despacho, local. ‖ Utilidad, beneficio, interés, ganancia.

negrear o negrecer. intr. y prnl. Ennegrecer.

negrero. m. Despótico, cruel.

negro, gra. adj. y s. Prieto. ‖ Moreno, trigueño, bruno, oscuro (a.: *blanco, claro*). ‖ adj. Triste, infausto, melancólico, sombrío, aciago, desventurado, infeliz (a.: *alegre, feliz, venturoso*).

negrura. f. Oscuridad (a.: *claridad*). ‖ Maldad (a.: *bondad*).

nene, na. m. y f. Crío, chiquillo, criatura.

nenúfar. m. Ninfea.

neófito, ta. s. Catecúmeno. ‖ Novato.

neolatino, na. adj. Romance, románico.

neroniano, na. adj. Cruel, sanguinario.

nervio. m. Fuerza, energía, vitalidad, vigor, eficacia (a.: *flaqueza*). ‖ Espíritu, ánimo. ‖ pl. Nerviosismo.

nerviosismo. m. Nerviosidad, nervios.

nervioso, sa. adj. Excitable, impre-

sionable, irritable (a.: *tranquilo, impasible*). ‖ Vigoroso, fuerte, enérgico (a.: *suave*).

nervudo, da. adj. Robusto.

neto, ta. adj. Nítido. ‖ Puro, limpio, claro.

neumático. m. Cámara, cubierta.

neumonía. f. Pulmonía.

neurasténico, ca. adj. y s. Neurótico, nervioso.

neutral. adj. y s. Imparcial, indiferente (a.: *aliado, parcial*).

neutralizar. tr. Contrarrestar, debilitar (a.: *apoyar, intervenir*).

neutro, tra. adj. Imparcial, neutral.

nevada. f. Nevasca, nevazón, nevisca, ventisca.

nevado, da. adj. Blanco, níveo.

nevera. f. Heladera, refrigerador.

nevero. m. Glaciar, helero.

nexo. m. Vínculo, unión, nudo, lazo, enlace (a.: *desunión*).

nicho. m. Hueco, cavidad. ‖ Hornacina. ‖ Sepultura.

nicotismo. m. Tabaquismo.

nidal. m. Nido, ponedero. ‖ Guarida, escondrijo, escondite.

nidificar. intr. Anidar.

nido. m. Nidal. ‖ Casa, morada, hogar, patria. ‖ Guarida, refugio, madriguera, cubil. ‖ Origen, semillero, manantial.

niebla. f. Bruma, neblina, calima, calina, calígine. ‖ Oscuridad, confusión (a.: *claridad, diafanidad*).

nigromancia o nigromancía. f. Magia, brujería, hechicería.

nigromante. m. y f. Mago, brujo, hechicero, nigromántico.

nimbo. m. Aureola, corona, halo.

nimiedad. f. Pequeñez, insignificancia, minucia, puerilidad. ‖ Prolijidad, minuciosidad (a.: *sencillez*). ‖ Demasía, exceso.

nimio, mia. adj. Pequeño, insignificante. ‖ Prolijo, minucioso, escrupuloso. ‖ Tacaño. ‖ Exagerado, excesivo.

ninfa. f. Crisálida. ‖ Beldad, hermosura.

ninfea. f. Nenúfar.

niña. f. Pupila. ‖ Chiquilla, nena (a.: *anciana*).

niñada. f. Chiquillada, puerilidad, niñería.

niñera. f. Chacha, tata.

niñería. f. Niñada, chiquillada, puerilidad. ‖ Pequeñez, insignificancia, tontería.

niñez. f. Infancia, puericia (a.: *ancianidad*).

niño, ña. m. y f. Chico, criatura, crío, párvulo, gurí, mocoso, infante, bebé, chiquillo, pibe, rapaz (a.: *anciano*).

nipón, na. adj. y s. Japonés.

nítido, da. adj. Neto, claro, terso, limpio, puro, resplandeciente.

nitral. m. Salitral, salitrera.

nitrato. m. Azoato.

nítrico. adj. Azoico.

nitro. m. Salitre.

nitrogenado, da. adj. Azoado.

nitrógeno. m. Ázoe.

nivel. m. Altura, igualdad, horizontalidad. ‖ Punto, grado, altura. ‖ Ras. ‖ **a nivel.** loc. adj. Horizontal.

nivelado, da. adj. Horizontal, a nivel.

nivelar. tr. Allanar, aplanar. ‖ tr. y prnl. Equilibrar, igualar, compensar, equiparar, proporcionar (a.: *desequilibrar, desigualar*).

noble. adj. Linajudo, aristócrata, hidalgo (a.: *plebeyo, proletario*). ‖ Digno, preclaro, decente, honroso, caballeroso, estimable (a.: *indigno, despreciable*). ‖ Principal, excelente, aventajado.

nobleza. f. Aristocracia (a.: *pueblo, vulgo*). ‖ Dignidad, caballerosidad, decencia. ‖ Generosidad, hidalguía, magnanimidad (a.: *ruindad*).

noceda. f. o **nocedal.** m. Nogueral.

noche. f. Oscuridad, tinieblas, sombra (a.: *claridad, día, luz*).

nocherniego, ga. adj. Noctámbulo, trasnochador.

noción. f. Idea, concepto, conocimiento, noticia, conciencia. ‖ pl. Rudimentos, elementos.

nocivo, va. adj. Perjudicial, pernicioso, dañoso, dañino, malo (a.: *saludable, beneficioso*).

noctámbulo, la. adj. y s. Noctívago, trasnochador, nocherniego.

nodriza. f. Ama de cría.

nogueral. m. Noceda, nocedal.

nómada o **nómade.** adj. y s. Errante, errabundo (a.: *sedentario*). ‖ Migratorio. ‖ Trashumante, gitano.

nombradía. f. Fama, reputación, notoriedad, celebridad, renombre (a.: *descrédito*).

nombramiento. m. Designación, nominación. ‖ Ascenso, investidura. ‖ Título, diploma, despacho.

nombrar. tr. Mencionar, citar, mentar. ‖ Designar, denominar, llamar, nominar. ‖ Elegir, escoger, designar, proclamar. ‖ Apodar, motejar.

nombre. m. Denominación, designación. ‖ Nombradía, opinión, renombre, fama, reputación, notoriedad. ‖ Apodo, sobrenombre. ‖ Sustantivo.

nómina. f. Lista, relación, rol. ‖ Catálogo, índice, nomenclatura.

nominal. adj. Representativo, figurado, irreal.

nominar. tr. Nombrar, llamar, denominar.

nomo o **gnomo.** m. Enano, geniecillo.

nomon o **gnomon.** m. Reloj de sol.

non. adj. Impar (a.: *par*). ‖ Negación.

nonada. f. Pequeñez, insignificancia, fruslería, nadería, bagatela.

nonio. m. Vernier.

nono, na. adj. Noveno.

nopal. m. Chumbera, tunal, higuera chumba, higuera de tuna.

nopaleda o **nopalera.** f. Tunal.

norma. f. Regla, criterio, guía, precepto, modelo, pauta.

normal. adj. Natural, corriente, acostumbrado, habitual, común, usual (a.: *anormal, inusual*). ‖ Regular (a.: *irregular*). ‖ Lógico, natural.

normalización. f. Estandarización, estandardización, tipificación.

normalizar. tr. y prnl. Regularizar, metodizar, regular, ordenar. ‖ tr. Estandarizar, estandardizar, tipificar.

norte. m. Septentrión (a.: *sur*). ‖ Aquilón, bóreas, cierzo, tramontana. ‖ m.

Meta, objetivo, mira, fin, finalidad. || Rumbo.

norteamericano, na. adj. y s. Estadounidense, yanqui.

nosocomio. m. Hospital.

nostalgia. f. Añoranza, melancolía, tristeza, morriña, saudade (a.: *olvido, serenidad*).

nota. f. Anotación, acotación, señal. || Calificación, concepto. || Apunte, apuntación, apuntamiento. || Fama, crédito, concepto, notoriedad, renombre, nombradía, reputación. || Advertencia, llamada, explicación, comentario, observación. || Apostilla, escolio. || Informe, comunicación.

notable. adj. Valioso, considerable, importante, sobresaliente, estimable, relevante, destacado (a.: *insignificante*). || Grande, distinguido.

notar. tr. Reparar, distinguir, observar, percatarse, ver, advertir, darse cuenta, percibir. || Apuntar, anotar. || Censurar, desacreditar, reprender, tachar, tildar, infamar.

notario, ria. m. y f. Escribano.

noticia. f. Novedad, nueva. || Anuncio, aviso, comunicación. || Noción, idea, conocimiento.

noticiar. tr. Anunciar, avisar, enterar, prevenir, advertir, notificar.

noticiero. m. Informador, informativo.

noticioso, sa. adj. Sabedor, enterado, conocedor, informado (a.: *desconocedor, ignorante*). || Erudito, instruido. || m. Informativo, noticiero, noticiario.

notificación. f. Comunicación, noticia, participación, comunicado, aviso, anuncio.

notificar. tr. Comunicar, participar, manifestar, noticiar, informar, prevenir, anunciar, avisar, trasmitir, hacer saber (a.: *encubrir, ocultar*).

notoriedad. f. Nombradía, fama, popularidad, celebridad, renombre, reputación, predicamento (a.: *descrédito*).

notorio, ria. adj. Público, sabido, conocido (a.: *ignorado, desconocido*). || Cla-

ro, evidente, manifiesto, visible (a.: *confuso*).

novato, ta. adj. y s. Novel, nuevo, novicio, principiante (a.: *antiguo, experto*).

novedad. f. Noticia, primicia, nueva. || Extrañeza, admiración. || Mudanza, innovación, cambio, alteración, variación (a.: *permanencia*).

novel. adj. Novato, aprendiz, principiante, novicio, bisoño.

novela. f. Narración, ficción, cuento, folletín, novelón, relato. || Patraña.

novelero, ra. adj. Inconstante, versátil, veleidoso, voluble, caprichoso, antojadizo. || Chismoso, murmurador, cuentero.

novelesco, ca. adj. Romancesco, fingido, sentimental (a.: *realista*). || Singular, interesante.

noveno, na. adj. Nono.

noviciado. m. Aprendizaje (a.: *experiencia*).

novicio, cia. adj. y s. Nuevo, novato, principiante, inexperto.

novilunio. m. Luna nueva.

novillo, lla. m. y f. Becerro, eral.

novio, via. m. y f. Pretendiente, prometido, futuro. || Desposado.

nubada. f. Aguacero, chubasco. || Abundancia, multitud (a.: *escasez*).

nube. f. Nubarrón. || Velo.

núbil. adj. Casadero.

nublado, da. adj. Nubloso, nuboso, tempestuoso, nebuloso, encapotado, oscuro, anubarrado.

nublar. tr. Enturbiar, empañar. || prnl. Oscurecerse, encapotarse, aborrascarse (a.: *aclarar, despejarse*).

nubosidad. f. Nebulosidad.

nuca. m. Cogote, pescuezo, cerviz.

núcleo. m. Foco, centro. || Grupo. || Carioplasma.

nudillo. m. Artejo.

nudo. m. Trabazón, unión, vínculo, ñudo, lazo, nexo (a.: *desunión*). || Dificultad, enredo, intriga. || Motivo, causa (a.: *consecuencia, resultado*). || Bulto, tumor.

nueva. f. Noticia, novedad.

nuevo, va. adj. Fresco, flamante, moderno, reciente (**a.:** *viejo, usado, antiguo*). ‖ Distinto, diferente, disímil. ‖ adj. y s. Novato, bisoño, novel, novicio, principiante (**a.:** *experto*). ‖ Inédito (**a.:** *conocido*).

nulidad. f. Incapacidad, torpeza, ineptitud (**a.:** *aptitud*).

nulo, la. adj. Írrito, no válido, inválido (**a.:** *válido*). ‖ Incapaz, ineficaz, inepto, inútil, torpe (**a.:** *apto*). ‖ Ilegal, ilegítimo.

numen. m. Musa, estro, inspiración, vena.

numeración. f. Paginación, foliación.

numerar. tr. Contar, enumerar. ‖ Foliar, paginar, marcar.

numerario. m. Efectivo, moneda, dinero. *Le pagaron con numerario.*

número. m. Cifra, guarismo, cantidad. ‖ Categoría, condición, clase.

numeroso, sa. adj. Copioso, considerable, cuantioso, compacto, abundante, profuso, nutrido (**a.:** *escaso, reducido*). ‖ pl. Muchos (**a.:** *pocos*).

nunca. adv. Jamás (**a.:** *siempre*).

nuncio. m. Legado. ‖ Anuncio, señal, augurio.

nupcias. f. pl. Matrimonio, boda, coyunda, casamiento, enlace, himeneo, desposorio, esponsales, casorio (**a.:** *divorcio*).

nutricio, cia. adj. Nutritivo, alimenticio, sustancioso, trófico.

nutrición. f. Alimentación, sustentación, nutrimiento.

nutrido, da. adj. Numeroso, copioso. ‖ Lleno, abundante, denso.

nutrir. tr. y prnl. Alimentar. ‖ Mantener, sostener, sustentar. ‖ tr. Fomentar, vigorizar, fortalecer, robustecer. ‖ Colmar, llenar.

nutritivo, va. adj. Alimenticio, nutricio, vigorizante, sustancioso.

ñandú. m. Avestruz americano.

ñato, ta. adj. Chato, romo (**a.:** *narigón, narizotas*). ‖ f. Nariz.

ñoñería o **ñoñez.** f. Melindre, mojigatería. ‖ Necedad, simpleza, sandez, tontería.

ñoño, ña. adj. Pusilánime, tímido, timorato, remilgado, melindroso (**a.:** *intrépido, resuelto, animoso*). ‖ Caduco, achacoso, chocho. ‖ Soso, insulso, insustancial.

ñudo. m. Nudo.

o. conj. Y.

oasis. m. Refugio, descanso, tregua.

obcecación. f. Ofuscación, ofuscamiento, ceguera, obstinación (**a.:** *comprensión*).

obcecado, da. adj. Ofuscado, enceguecido, obnubilado, obstinado.

obedecer. tr. Acatar, cumplir, observar, ejecutar (**a.:** *desobedecer, desacatar, mandar*). ‖ Ceder, someterse (**a.:** *rebelarse*). ‖ intr. Responder, deberse, prestarse.

obediencia. f. Acatamiento, subordinación, conformidad, disciplina, sujeción. ‖ Docilidad, sumisión.

obediente. adj. Dócil, sumiso, disciplinado, cumplidor, manejable, bienmandado (**a.:** *desobediente, insubordinado, rebelde*). ‖ Complaciente, obsecuente (**a.:** *renuente*).

obelisco. m. Obelo, pilar.

obertura. f. Introducción, preludio.

obesidad. f. Polisarcia, gordura, adiposidad (**a.:** *delgadez, flacura*).

obeso, sa. adj. y s. Grueso, gordo, adiposo, gordinflón.

óbice. m. Obstáculo, inconveniente, dificultad, estorbo, tropiezo, traba, barrera, impedimento, embarazo (**a.:** *posibilidad*).

obispado. m. Diócesis.

obispo. m. Prelado.

óbito. m. Muerte, deceso, defunción, fallecimiento (**a.:** *nacimiento*).

obituario. m. Necrología.

objeción. f. Observación, pero, reparo, tacha, contradicción, oposición, impugnación (**a.:** *aprobación*).

objetar. tr. Replicar, contradecir, oponer, contestar (**a.:** *admitir*). ‖ Controvertir, rebatir, impugnar, refutar (**a.:** *aprobar*).

objetivo, va. adj. Desapasionado, impersonal, justo (**a.:** *interesado, parcial*). ‖ m. Intención, propósito, fin, finalidad, objeto, designio. ‖ Lente.

objeto. m. Cosa. ‖ Intención, fin, intento, propósito, objetivo, finalidad. ‖ Materia, asunto, tema, móvil, motivo.

oblación. f. Ofrenda, sacrificio.

oblicuamente. adv. De refilón, transversalmente, al sesgo, de soslayo, al bies, diagonalmente (**a.:** *perpendicularmente*).

oblicuo, cua. adj. Inclinado, sesgado, trasversal, soslayado (**a.:** *perpendicular*).

obligación. f. Deber, incumbencia, exigencia, necesidad, imposición, carga (**a.:** *derecho*). ‖ Deuda, compromiso.

obligado, da. adj. Forzoso, inevitable. ‖ Impulsado, movido, compelido (**a.:** *voluntario*). ‖ Agradecido, reconocido.

obligar. tr. Forzar, constreñir, imponer, precisar, compeler (**a.:** *eximir, liberar*). ‖ prnl. Comprometerse.

obligatorio, ria. adj. Forzoso, preciso, inevitable, indispensable, impuesto, imprescindible, insoslayable, imperioso, inexcusable, indeclinable, necesario, ineludible (**a.:** *voluntario, espontáneo, libre*).

obliteración. f. Obstrucción, oclusión, obturación.

obliterador. m. Matasellos.

obliterar. tr. y prnl. Cerrar, obstruir, taponar, inutilizar, obturar, ocluir.

oblongo, ga. adj. Alargado, alongado.

obnubilación. f. Ofuscación, obscurecimiento, obcecación, ofuscamiento. (**a.:** *esclarecimiento*).

obnubilar. tr. y prnl. Obcecar, ofuscar.

óbolo. m. Aporte, contribución.

obra. f. Producción, realización. ‖ Trabajo, labor. ‖ Creación, invención, producto, resultado. ‖ Libro, volumen. ‖ Medio, poder, virtud.

obrador. m. Taller, fábrica, obraje. ‖ Estudio.

obraje. m. Fabricación, manufactura, fábrica, obrador.

obrar. intr. Actuar, proceder, portarse, conducirse, comportarse (**a.:** *abstenerse*). ‖ Causar efecto. ‖ Construir, edificar, fabricar. ‖ tr. Hacer, efectuar, ejecutar, realizar. ‖ Defecar.

obrero, ra. m. y f. Operario, trabajador, jornalero, asalariado, peón, bracero (**a.:** *patrón, empresario*).

obsceno, na. adj. Deshonesto, impúdico, pornográfico, sensual, indecente, torpe, sicalíptico, lascivo, lúbrico, libidinoso (**a.:** *decente, honesto, púdico*).

obsecuente. adj. Condescendiente, servil, sumiso, rendido, obediente, dócil (**a.:** *reacio, indisciplinado*).

obsequiar. tr. Agasajar, regalar, halagar, festejar. ‖ Enamorar, requebrar, galantear.

obsequio. m. Regalo, agasajo, atención, fineza, presente. ‖ Rendimiento, diferencia, gentileza, afabilidad.

obsequioso, sa. adj. Rendido, amable, cortés, atento, complaciente, fino, delicado, galante (**a.:** *desatento, descortés*). ‖ Servicial, oficioso.

observación. f. Examen, estudio. ‖ Objeción, reparo, corrección. ‖ Advertencia, aclaración. ‖ Nota, anotación. ‖ Atención, contemplación.

observador, ra. s. Espectador, curioso, mirón.

observar. tr. Examinar, mirar, estudiar. ‖ Advertir, notar, percatarse, reparar. ‖ Cumplir, respetar, acatar, guardar, obedecer (**a.:** *desobedecer, desacatar*). ‖ Atisbar, vigilar, espiar.

obsesión. f. Idea fija, manía, tema. ‖ Preocupación.

obsoleto, ta. adj. Anticuado, desusado.

obstaculizar. tr. Dificultar, impedir (**a.:** *facilitar*).

obstáculo. m. Impedimento, óbice, inconveniente, estorbo, oposición, traba, escollo, rémora, dificultad, embarazo, tropiezo.

obstante (no). loc. conj. Sin embargo, empero. ‖ Aunque.

obstar. intr. Impedir, estorbar, empecer, ser óbice, dificultar. ‖ Oponerse.

obstetricia. f. Tocología.

obstétrico, ca. m. y f. Tocólogo, partero.

obstinación. f. Terquedad, porfía, tenacidad, tesón, pertinacia, testarudez, tozudez, contumacia (**a.:** *docilidad, transigencia*).

obstinado, da. adj. Porfiado, cabezota, pertinaz, terco, tenaz, tozudo, testarudo, perseverante, tesonero, contumaz, cabezudo, cabezón, cabeza dura (**a.:** *inconsecuente*).

obstinarse. prnl. Aferrarse, empeñarse, encalabrinarse, porfiar, emperrarse (**a.:** *ceder, desistir*).

obstrucción. f. Atasco, obstáculo, atolladero, impedimento.

obstruir. tr. Impedir, obstaculizar, estorbar (**a.:** *abrir, despejar*). ‖ Interceptar. ‖

Atascar, ocluir, atorar, tapar, obturar (a.: *abrir*). ‖ prnl. Cerrarse, taponarse. ‖ Opilarse.

obtemperar. tr. Transigir, asentir, aceptar, contemporizar.

obtención. f. Logro, consecución, alcance, adquisición, conquista.

obtener. tr. Conseguir, conquistar, lograr, alcanzar, adquirir, capturar, cazar (a.: *perder*). ‖ Extraer, sacar.

obturación. f. Atasco, oclusión, taponamiento, cierre.

obturar. tr. Tapar, cerrar, cegar, obstruir, atascar, taponar (a.: *destapar, abrir*).

obtuso, sa. adj. Mocho, romo, despuntado (a.: *agudo, puntiagudo*). ‖ adj. y s. Torpe, tonto, tardo, lento, zote, rudo (a.: *listo, despierto*).

obvención. f. Plus, propina, gaje, remuneración, gratificación.

obviar. tr. Soslayar, sortear, eludir, remediar, evitar. ‖ intr. Obstar, oponerse, estorbar.

obvio, via. adj. Evidente, patente, manifiesto, claro, visible, notorio, sencillo, palpable, simple (a.: *difícil, oscuro*).

oca. f. Ganso, ánsar, ánade.

ocasión. f. Coyuntura, asidero, oportunidad. ‖ Causa, motivo, lugar. ‖ Conveniencia, proporción, sazón, tiempo. ‖ Peligro, riesgo.

ocasional. adj. Casual, eventual, accidental (a.: *establecido, determinado*). ‖ Circunstancial.

ocasionar. tr. Causar, motivar, originar, producir. ‖ Provocar, mover, excitar.

ocaso. m. Puesta del sol. ‖ Oeste, Occidente, Poniente (a.: *Este*). ‖ Decadencia, declinación (a.: *apogeo, esplendor*).

occidental. adj. Ponentino, ponentisco.

occidente. m. Ocaso, Poniente, Oeste (a.: *Oriente, Levante, Este*).

occipucio. m. Calodrillo.

océano. m. Mar, piélago, ponto. ‖ Inmensidad.

ochentón, na. adj. y s. Octogenario.

ocio. m. Holganza. ‖ Descanso, inacción, inactividad (a.: *acción, actividad*).

ociosidad. f. Haraganería, pereza, holgazanería, inactividad, gandulería (a.: *actividad, diligencia*).

ocioso, sa. adj. Inactivo, desocupado, parado, desempleado (a.: *ocupado, activo, atareado*). ‖ Holgazán, vago, haragán, gandul (a.: *trabajador, diligente*). ‖ Inútil, baldío, infructuoso (a.: *útil, necesario*).

ocluir. tr. Obturar, cerrar, tapar (a.: *destapar*).

oclusión. f. Cierre, obturación, obstrucción.

octogenario, ria. adj. y s. Ochentón.

oculista. m. y f. Oftalmólogo.

ocultación. f. Encubrimiento, escondimiento. *Ocultación maliciosa.*

ocultamente. adv. Furtivamente, a escondidas, a hurtadillas, a hurto, calladamente, encubiertamente, en secreto (a.: *francamente, abiertamente*).

ocultar. tr. y prnl. Esconder. ‖ tr. Encubrir, tapar, velar (a.: *enseñar, exhibir*). Desaparecer, disimular. ‖ prnl. Emboscarse (a.: *presentarse*).

oculto, ta. adj. Encubierto, escondido, tapado, velado (a.: *visible, expuesto*). ‖ Secreto, recatado, clandestino. ‖ Desconocido, ignorado, incógnito, misterioso (a.: *notorio*).

ocupación. f. Apoderamiento, posesión, toma. ‖ Quehacer, trabajo, faena, tarea, labor. ‖ Profesión, empleo, oficio (a.: *ociosidad*).

ocupado, da. adj. Atareado (a.: *desocupado, ocioso*). ‖ Lleno (a.: *vacío*).

ocupar. tr. Llenar (a.: *vaciar, desocupar*). ‖ Habitar, vivir. ‖ Apoderarse, posesionarse, adueñarse, apropiarse. ‖ Destinar, aplicar, dedicar, emplear. ‖ prnl. Dedicarse, trabajar, ejercer. ‖ Preocuparse, cuidar.

ocurrencia. f. Suceso, caso, acontecimiento. ‖ Ocasión, circunstancia, coyuntura, contingencia. ‖ Salida, agudeza, chiste, gracia.

ocurrente. adj. Agudo, gracioso, ingenioso, chistoso, dicharachero.

ocurrir. intr. Acaecer, acontecer, suceder, pasar, sobrevenir. ‖ Acudir, concurrir.

odiar. tr. Detestar, aborrecer, execrar (**a.:** *amar, querer*).

odio. m. Aversión, repulsión, rabia, inquina, aborrecimiento, ojeriza, malquerencia, encono, animadversión, antipatía, resentimiento, rencor, abominación, fobia (**a.:** *cariño, afecto, amor*).

odioso, sa. adj. Aborrecible, antipático, abominable, detestable.

odómetro. m. Podómetro. ‖ Taxímetro.

odontólogo, ga. m. y f. Dentista.

odorífero, ra u **odorífico, ca.** adj. Aromático, fragante, oloroso, perfumado, aromado.

odre. m. Cuero, bota, corambre.

oeste. m. Occidente, Ocaso, Poniente (**a.:** *Este, Oriente, Levante*).

ofender. tr. Herir, dañar, maltratar. ‖ Agraviar, injuriar, insultar, afrentar, denostar (**a.:** *alabar*). ‖ prnl. Picarse, sentirse, resentirse, enfadarse, amoscarse.

ofensa. f. Afrenta, agravio, insulto, ultraje, injuria (**a.:** *elogio, adulación*).

ofensivo, va. adj. Injurioso, afrentoso, agraviante, insultante, ultrajante, vejatorio. ‖ f. Ataque, arremetida, embestida, acometida, embate.

oferta. f. Ofrecimiento, proposición, propuesta (**a.:** *demanda, solicitud*). ‖ Promesa (**a.:** *aceptación*). ‖ Don, donativo, regalo, dádiva, presente.

oficial. adj. Gubernamental, público, solemne (**a.:** *particular, privado*).

oficiar. intr. Actuar. ‖ tr. Celebrar.

oficinal. adj. Farmacéutico.

oficinista. m. y f. Burócrata, empleado, escribiente, chupatintas.

oficio. m. Ocupación, empleo, actividad, cargo, profesión. ‖ Función, papel. ‖ Comunicado. ‖ Rezo, oración.

oficiosidad. f. Diligencia, solicitud, aplicación (**a.:** *pasividad*). ‖ Entremetimiento, indiscreción, inoportunidad, intromisión (**a.:** *discreción, oportunidad*).

oficioso, sa. adj. Diligente, solícito, cuidadoso (**a.:** *indiferente, displicente*). ‖ Entrometido, inoportuno, importuno, indiscreto (**a.:** *oportuno*). ‖ Mediador,

componedor. ‖ Extraoficial (**a.:** *oficial*).

ofrecer. tr. Brindar, dar, proporcionar (**a.:** *aceptar, recibir*). ‖ Presentar, dar, regalar. ‖ Dedicar, consagrar, ofrendar. ‖ Prometer. ‖ Mostrar, enseñar. ‖ prnl. Ocurrir, sobrevenir, presentarse. ‖ Obligarse, comprometerse (**a.:** *desentenderse*).

ofrecimiento. m. Propuesta, proposición, puja, promesa. ‖ Convite, invitación, ofrenda.

ofrenda. f. Presente, don, sacrificio, oblación. ‖ Dádiva, obsequio, donación.

ofrendar. tr. Ofrecer, donar, dar, obsequiar.

oftalmólogo, ga. m. y f. Oculista.

ofuscación. f. u **ofuscamiento.** m. Obcecación, obnubilación, ceguedad, ceguera.

ofuscar. tr. y prnl. Deslumbrar, cegar, encandilar. ‖ Obcecar, obnubilar, confundir, alucinar, perturbar, trastornar.

oíble. adj. Audible (**a.:** *inaudible*).

oído. m. Oreja.

oír. tr. e intr. Escuchar. ‖ tr. Atender, enterarse, percibir (**a.:** *desoír, desatender*).

ojeada. f. Vistazo, mirada, atisbo.

ojear. tr. Mirar, observar, atisbar, examinar. ‖ Aojar. ‖ Espantar, ahuyentar.

ojeriza. f. Aversión, inquina, manía, rabia, tirria, malquerencia, rencor.

ojival. adj. Gótico.

ojo. m. Abertura, agujero. ‖ Hueco. ‖ Manantial. ‖ Atención, cuidado. ‖ Perspicacia, sagacidad. ‖ pl. Luceros, vista.

ojota. f. Sandalia.

ola. f. Onda. ‖ Oleada, afluencia.

oleaginoso, sa. adj. Aceitoso, oleoso.

óleo. m. Aceite. ‖ Cuadro, pintura. ‖ pl. Extremaunción.

oleoso, sa. adj. Oleaginoso.

oler. tr. Olfatear, husmear, olisquear. ‖ Inquirir, averiguar, indagar. ‖ Presentir, sospechar. ‖ intr. Tener visos, dar sospecha.

olfatear. tr. Husmear, curiosear, oler, oliscar. ‖ Indagar, averiguar, inquirir. ‖ Sospechar, presentir.

olfato. m. Sagacidad. penetración, perspicacia.

olfatorio, ria. adj. Olfativo.

olímpico, ca. adj. Altanero, soberbio, orgulloso (**a.:** *humilde, modesto*). ‖ Imponente, majestuoso, grandioso, soberbio.

oliscar. tr. Olfatear, oler, husmear. ‖ Averiguar, inquirir, indagar. ‖ Curiosear, fisgar.

oliva. f. Olivo. ‖ Aceituna.

olivo. m. Oliva, olivera.

olla. f. Cacerola. ‖ Piñata, marmita. ‖ Cocido, puchero, guiso.

olor. m. Olfato. ‖ Fragancia, aroma, perfume, efluvio, emanación. ‖ Fama, reputación. ‖ Sospecha, barrunto, tufo.

oloroso, sa. adj. Aromático, aromado, fragante, perfumado, odorífico.

olvidadizo, za. adj. Desmemoriado, descuidado, distraído, negligente (**a.:** *cuidadoso*). ‖ Ingrato, desagradecido.

olvidar. tr. y prnl. Descuidar, desatender, preterir, postergar, abandonar, omitir (**a.:** *recordar*). ‖ prnl. Trascordarse.

olvido. m. Descuido, inadvertencia, omisión, negligencia (**a.:** *cuidado*). ‖ Ingratitud (**a.:** *memoria*). ‖ Postergación, relegación. ‖ Desuso (**a.:** *recuerdo*).

ombligo. m. Centro, medio.

omento. m. Redaño, mesenterio, epiplón.

ominoso, sa. adj. Abominable, execrable, vitando, odioso. ‖ Azaroso, trágico, vitando, aciago, funesto.

omisión. f. Olvido, falta, supresión, laguna. ‖ Negligencia, omisión, descuido, incuria, indolencia (**a.:** *atención, cuidado*).

omiso, sa. adj. Negligente, remiso, descuidado, flojo.

omitir. tr. Excluir, dejar, prescindir, saltar. ‖ Prescindir, suprimir. ‖ Callar, olvidar, silenciar (**a.:** *mencionar, citar*).

omnímodo, da. adj. Absoluto, total.

omnipotente. adj. Todopoderoso. ‖ Prepotente, despótico.

omnipresencia. f. Ubicuidad.

omnisapiente. adj. Omnisciente.

omóplato u **omoplato.** m. Escápula, espaldilla, paleta, paletilla.

onanismo. m. Masturbación.

onceno, na. adj. Undécimo.

onda. f. Ola. ‖ Curva, curvatura. ‖ Ondulación, ondulado. ‖ Vibración, sinuosidad, movimiento ondulatorio.

ondear. intr. Ondular. ‖ Flamear.

ondina. f. Ninfa.

ondulación. f. Onda, vibración. ‖ Sinuosidad.

ondular. intr. Ondear. ‖ Flamear. ‖ Serpentear. ‖ Mecerse, columpiarse. ‖ tr. Rizar, ensortijar.

oneroso, sa. adj. Pesado, molesto. ‖ Gravoso, costoso, dispendioso (**a.:** *barato, económico*).

ónix. f. Ónice, ónique.

opaco, ca. adj. Oscuro, sombrío (**a.:** *diáfano*). ‖ Triste, melancólico (**a.:** *entretenido*).

opalino, na. adj. Opalescente.

opción. f. Elección, preferencia (**a.:** *derecho*).

operación. f. Ejecución. ‖ Negociación, especulación. ‖ Maniobras, ejercicios. ‖ Manipulación. ‖ Intervención quirúrgica.

operador, ra. m. y f. Camarógrafo. ‖ Ejecutor. ‖ Manipulador. ‖ Telefonista. ‖ Cirujano. ‖ Negociante, especulador.

operante. adj. Activo, eficaz.

operar. intr. Actuar, obrar. ‖ Negociar, especular. ‖ Maniobrar, manipular. ‖ tr. Obrar, ejecutar, realizar. ‖ Intervenir (quirúrgicamente).

operario, ria. m. y f. Obrero, trabajador.

opimo, ma. adj. Rico, fértil, abundante, feraz, fecundo, fructuoso, fructífero, copioso, cuantioso (**a.:** *escaso, pobre, estéril*).

opinar. intr. Pensar, discurrir, juzgar, dictaminar.

opinión. f. Criterio, parecer, idea, juicio, dictamen, voto, sentir, convencimiento. ‖ Fama, concepto, reputación. ‖ Conjetura, suposición.

opíparo, ra. adj. Copioso, abundante, espléndido.

oponer. tr. y prnl. Enfrentar, contraponer. ‖ prnl. Impugnar, rebatir, contradecir, estorbar, objetar (**a.:** *facilitar*). ‖ Resistir.

oportunamente. adv. A punto, a tiempo, convenientemente.

oportunidad. f. Ocasión, sazón, coyuntura, conveniencia, proporción, tiempo (**a.:** *retraso*). ‖ Congruencia, procedencia, simultaneidad.

oportunista. m. Aprovechador.

oportuno, na. adj. Conveniente, apropiado, pertinente, indicado, congruente, adecuado, acertado (**a.:** *inoportuno, inconveniente*). ‖ Ocurrente, ingenioso. ‖ Favorable, propicio.

oposición. f. Contraste, antagonismo, rivalidad, contradicción, pugna, antítesis, resistencia, obstrucción, negativa (**a.:** *acuerdo, anuencia, conformidad*).

opositor, ra. adj. y s. Rival, antagonista.

opresión. f. Tiranía, dominación, yugo, despotismo, dictadura, sojuzgamiento. ‖ Ahogo, sofocación, fatiga, presión.

opresor, ra. adj. y s. Tirano, dictador, déspota, avasallador, autócrata (**a.:** *libertador*).

oprimir. tr. Apretar, comprimir, agobiar, apretujar, estrujar (**a.:** *soltar, aflojar*). ‖ Sojuzgar, subyugar, sujetar, avasallar, esclavizar, tiranizar (**a.:** *libertar, liberar*).

oprobio. m. Deshonor, deshonra, vilipendio, ignominia, vergüenza, afrenta, deshonor, baldón, infamia (**a.:** *honor, honra*).

oprobioso, sa. adj. Infamante, deshonroso, denigrante.

optar. intr. Elegir, escoger, preferir (**a.:** *abstenerse*). ‖ Aspirar.

óptimo, ma. adj. Inmejorable, perfecto, excelente, bonísimo, excelso, superior, insuperable (**a.:** *pésimo*).

opuesto, ta. adj. Enemigo, antagónico, reacio, refractario, incompatible, hostil, adverso (**a.:** *amigo, favorable*). ‖ Contrario, antitético, contradictorio (**a.:**

afín). ‖ Enfrentado, encontrado, contrapuesto.

opugnar. tr. Asaltar, atacar, combatir. ‖ Impugnar, rebatir, refutar, contradecir, rechazar, oponer.

opulencia. f. Abundancia, riqueza, superabundancia (**a.:** *escasez, miseria*).

opulento, ta. adj. Abundante, copioso. ‖ Acaudalado, rico, pudiente.

opúsculo. m. Folleto.

oquedad. f. Hueco, depresión, vacío. ‖ Vacuidad, insustancialidad.

ora. conj. Ya.

oración. f. Discurso, disertación, razonamiento, alocución. ‖ Plegaria, deprecación, rezo, preces, súplica (**a.:** *blasfemia*).

orador, ra. s. Conferenciante, disertante (**a.:** *oyente*).

oral. adj. Verbal. ‖ Bucal.

orar. intr. Rezar, rogar, implorar, suplicar, deprecar.

orate. m. y f. Loco, demente, alienado (**a.:** *cuerdo*). ‖ Atolondrado.

oratoria. f. Elocuencia.

oratorio. m. Capilla.

orbe. m. Redondez. ‖ Esfera celeste, esfera terrestre, globo terráqueo. ‖ Mundo, universo. ‖ Círculo, órbita.

orbicular. adj. Redondo, circular, esférico.

órbita. f. Ámbito, campo, esfera. ‖ Curva, trayectoria.

orco. m. Infierno, averno, báratro, tártaro.

orden. m. Colocación, disposición, estructuración. ‖ Organización, ordenamiento, sistematización (**a.:** *desorden, desorganización*). ‖ Serie, sucesión. ‖ Mandato, precepto, decreto, disposición, ordenanza. ‖ Regla, método, encauzamiento, encadenamiento, concierto.

ordenación. f. Orden, disposición, colocación. ‖ Mandato, precepto.

ordenador. m. Computador, computadora.

ordenanza. f. Disposición, estatuto, mandato, norma, reglamento. ‖ Subalterno.

ordenar. tr. Arreglar, organizar, acomodar, regularizar, desembrollar, clasificar, coordinar. ‖ Encaminar, dirigir, enderezar. ‖ Mandar, disponer, preceptuar, establecer, prescribir, decretar (**a.:** *desautorizar*).

ordinariez. f. Grosería, descortesía, plebeyez, vulgaridad, incultura.

ordinario, ria. adj. Común, corriente, mediocre, usual, habitual, regular, vulgar, frecuente, acostumbrado (**a.:** *raro, excepcional, extraordinario*). ‖ Bajo, grosero, soez, incivil, plebeyo (**a.:** *distinguido, fino*). ‖ Tosco, basto.

orear. tr. y prnl. Airear, ventilar, secar, ventear. ‖ prnl. Airearse.

orfanato. m. Asilo, hospicio.

orfandad. f. Desamparo, abandono, soledad. *Lloró su orfandad.*

orfebre. m. Orífice.

orgánico, ca. adj. Organizado, viviente, animado (**a.:** *inanimado*). ‖ Biológico, vivo, vegetal, animal.

organismo. m. Ser vivo. ‖ Entidad, institución, corporación, cuerpo.

organización. f. Estructura, conformación, constitución. ‖ Organismo, entidad. ‖ Arreglo, orden, ordenamiento, regulación, disposición, regularización, sistematización.

organizar. tr. Establecer, instituir, constituir. ‖ Ordenar, arreglar, regularizar, sistematizar (**a.:** *desorganizar, desordenar*). ‖ Planear, preparar, disponer.

órgano. m. Conducto, medio. ‖ Portavoz. ‖ Instrumento.

orgía. f. Bacanal, saturnal, comilona, festín. ‖ Desenfreno, libertinaje.

orgullo. m. Altanería, altivez, ínfulas, arrogancia, fatuidad, soberbia, presunción, engreimiento, pedantería, vanidad (**a.:** *humildad, modestia*).

orientación. f. Dirección, guía, consejo, informe.

orientar. tr. Encaminar, aconsejar, dirigir, guiar (**a.:** *desorientar, extraviar*). ‖ Informar, enterar, instruir, imponer.

oriente. m. Este, Levante, Naciente (**a.:** *Oeste, Occidente, Poniente*).

orificio. m. Agujero, abertura, boca. ‖ Perforación, boquete. ‖ Ano.

oriflama. f. Bandera, estandarte, pendón.

origen. m. Comienzo, principio, raíz (**a.:** *fin, término*). ‖ Motivo, causa. ‖ Procedencia, nacimiento, cuna. ‖ Ascendencia, familia, estirpe, linaje. ‖ Fuente, manantial. ‖ Patria, país.

original. adj. Originario (**a.:** *derivado*). ‖ Nuevo. ‖ Auténtico (**a.:** *falso*). ‖ Singular, único, extraño, peculiar, personal, raro, excéntrico (**a.:** *común, vulgar*). ‖ m. Ejemplar, modelo, patrón, tipo.

originalidad. f. Novedad, innovación (**a.:** *plagio*). ‖ Afectación, moda (**a.:** *vulgaridad*).

originar. tr. Causar, motivar, producir, provocar, suscitar, ocasionar, engendrar. ‖ prnl. Provenir, proceder, derivarse, dimanar, seguirse.

originario, ria. adj. Primigenio. ‖ Oriundo, procedente, natural, vernáculo.

orilla. f. Margen, ribera. ‖ Borde, extremo, canto, reborde (**a.:** *centro, interior*).

orillar. tr. Ordenar, arreglar, zanjar, resolver, concluir, solventar. ‖ Sortear, eludir, esquivar.

orillo. m. Cenefa, arista, rebaba. ‖ Orilla.

orín. m. Óxido, herrumbre, robín, verdín, moho. ‖ Orina, pis.

orina. f. Orín, aguas menores, pis, pipí.

orinal. m. Bacín, escupidera, vaso de noche.

orinar. intr. y prnl. Mear.

oriundo, da. adj. Originario, nativo, procedente.

orla. f. Cenefa, festón, fleco. ‖ Borde, contorno.

ornamentación. f. u **ornamento.** m. Adorno, decoración, ornato, atavío, aderezo.

ornamentar. tr. Ornar, decorar, adornar.

ornamento. m. Adorno, decoración, atavío, ornato.

ornar. tr. Adornar, ornamentar, aderezar, ataviar, engalanar.

ornato. m. Adorno, exorno, atavío, gala, ornamento, aparato, pompa.

oro. m. Dinero, riqueza.

orondo, da. adj. Presumido, presuntuoso, satisfecho, ufano, infatuado, hinchado, hueco, esponjado, orgulloso (**a.:** *sencillo, humilde*).

oropel. m. Relumbrón, baratija, apariencia, chuchería.

orquestación. f. Instrumentación.

orquestar. tr. Instrumentar.

orto. m. Aparición, salida, nacimiento (**a.:** *Ocaso*). || Levante, Oriente (**a.:** *Poniente*).

ortodoxo, xa. adj. y s. Adicto, fiel (**a.:** *heterodoxo*).

oruga. f. Gusano (larva).

orujo. m. Hollejo, casca (de la uva). || Terrón (de la aceituna).

orzuelo. m. Divieso.

osadía. f. Atrevimiento, intrepidez, audacia, temeridad, arrojo (**a.:** *cobardía*). || Descaro, desvergüenza, atrevimiento, insolencia (**a.:** *timidez, vergüenza*).

osado, da. adj. Audaz, arriesgado, arrojado, temerario, valiente (**a.:** *cobarde, miedoso*). || Descarado, insolente, desvergonzado, atrevido (**a.:** *vergonzoso, tímido*).

osamenta. f. Esqueleto, restos.

osar. tr. e intr. Arriesgarse, atreverse, aventurarse (**a.:** *temer, retroceder*).

osario. m. Cárcava, sepultura, fosa común.

oscilación. f. Balanceo, vaivén. || Fluctuación. || Vacilación, titubeo.

oscilar. intr. Balancearse, bambolearse. || Fluctuar, vacilar, titubear, variar.

ósculo. m. Beso.

oscurecer u obscurecer. tr. Ofuscar, obnubilar, confundir. || intr. Anochecer. || prnl. Nublarse.

oscuridad u obscuridad. f. Lobreguez, sombra, tinieblas, tenebrosidad (**a.:** *claridad, luminosidad*). || Ofuscación, ofuscamiento. || Confusión, ambigüedad. || Bajeza, humildad.

oscuro, ra u obscuro, ra. adj. Sombrío, tenebroso, lóbrego. || Fosco, fusco (**a.:** *claro, luminoso*). || Confuso, impreciso, incomprensible, inexplicable, ininteligible, turbio (**a.:** *patente, evidente*).

|| Humilde, modesto, desconocido. || Incierto, azaroso, peligroso, sospechoso.

óseo, a. adj. Huesoso, huesudo.

ostensible. adj. Claro, manifiesto, patente, visible, público, evidente.

ostentación. f. Exhibición, manifestación, exteriorización. || Jactancia, vanagloria, alarde (**a.:** *humildad*). || Magnificencia, boato, pompa, aparato, suntuosidad, tren, fastuosidad, lujo (**a.:** *sencillez, modestia*).

ostentar. tr. Mostrar, exhibir, manifestar. || Lucir, jactarse, alardear.

ostentoso, sa. adj. Aparatoso, fastuoso, lujoso, suntuoso, magnífico, espléndido, pomposo (**a.:** *sencillo, sobrio*).

ostracismo. m. Destierro, alejamiento, exilio, extrañamiento, proscripción (**a.:** *repatriación*).

otario, ria. adj. y s. Necio, tonto (**a.:** *vivo, despierto*).

otear. tr. Avizorar, atalayar. || Escudriñar, mirar, observar, registrar.

otero. m. Montículo, cerro, colina (**a.:** *depresión, llano*).

otomana. f. Diván, canapé, sofá.

otoñal. adj. Autumnal (**a.:** *primaveral*).

otorgamiento. m. Consentimiento, concesión, donación (**a.:** *negación, prohibición*). || Estipulación, promesa (**a.:** *privación*).

otorgar. tr. Conceder, dar, consentir, conferir (**a.:** *negar, rehusar*). || Disponer, establecer, ofrecer, prometer, estipular (**a.:** *denegar, expropiar, quitar*).

ovación. f. Aclamación, aplauso, triunfo (**a.:** *abucheo, silbatina*).

oval. adj. Ovalado, aovado.

ovar. intr. Aovar, desovar.

oviducto. m. Trompa de Falopio. || Huevera.

ovillarse. prnl. Acurrucarse, encogerse (**a.:** *estirarse*).

ovillo. m. Enredo, lío, maraña, bola. || Montón.

ovino, na. adj. y s. Lanar, óvido.

ovoide u ovoideo, a. adj. Oval, aovado, ovalado.

óvulo. m. Huevo.

oxidar. tr. y prnl. Herrumbrar, enmohecer.

óxido. m. Herrumbre, moho, orín.

oxítono, na. adj. Agudo.

oyente. m. y f. Asistente. concurrente. ‖ Radioescucha.

pabellón. m. Bandera. ‖ Dosel, palio. ‖ Tienda, carpa. ‖ Protección, patrocinio.

pabilo o pábilo. m. Mecha, torcida.

pábulo. m. Alimento, pasto, sustento, comida. ‖ Fomento. ‖ Ocasión, tema, motivo.

paca. f. Fardo, lío, bala, bulto.

pacato, ta. adj. Tímido, bonachón, apocado, pusilánime, timorato (**a.:** *audaz, osado, belicoso*).

pacer. intr. Pastar, pastorear, apacentar, ramonear.

pachorra. f. Apatía, indolencia, calma, flema, tardanza, cachaza (**a.:** *prisa, celeridad*).

paciencia. f. Tolerancia, aguante, sufrimiento, mansedumbre, conformidad, resignación (**a.:** *furor, intolerancia, desesperación*). ‖ Calma, flema, sosiego, tranquilidad, perseverancia. ‖ Flema, espera, lentitud, tardanza (**a.:** *impaciencia*).

paciente. adj. Resignado, tolerante, sufrido, manso. ‖ Calmoso, pacienzudo. ‖ m. o f. Enfermo, doliente.

pacificación. f. Apaciguamiento, sosiego, tranquilidad. ‖ Concordia, armonía, paz.

pacificador, ra. adj. Mediador.

pacificar. tr. Apaciguar, reconciliar, poner paz, calmar, dar la paz, serenar (**a.:** *excitar, irritar, exacerbar*). ‖ prnl. Calmarse, aquietarse, tranquilizarse.

pacífico, ca. adj. Quieto, manso, sosegado, tranquilo, sereno, reposado, apacible (**a.:** *rebelde, belicoso*).

pacotilla. f. Baratija. ‖ Desecho.

pactar. tr. Estipular, tratar, negociar, convenir, concertar, ajustar. ‖ intr. Contemporizar, transigir.

pacto. m. Estipulación, convenio, concierto, ajuste. ‖ Tratado, componenda, contrato, acuerdo, negociación, trato (**a.:** *diferendo, desacuerdo*).

padecer. tr. Sufrir, soportar, aguantar, pasar, tolerar (**a.:** *gozar*).

padecimiento. m. Enfermedad, dolencia, achaque (**a.:** *salud*). ‖ Sufrimiento, dolor, pena (**a.:** *placer, gozo*).

padre. m. Papá. ‖ Autor, creador, inventor. ‖ pl. Progenitores, antepasados, ascendientes, abuelos, mayores (**a.:** *descendientes*).

padrillo. m. Semental.

padrinazgo. m. Apadrinamiento. ‖ Protección, apoyo, patrocinio, favor.

padrino. m. Protector, valedor, patrocinador, bienhechor, favorecedor.

padrón. m. Empadronamiento, nómina, registro, censo, catastro. ‖ Patrón, dechado, muestra, modelo. ‖ Baldón, deshonra.

paga. f. Pagamento, pago. ‖ Sueldo, jornal, soldada, estipendio, honorarios, remuneración, salario. ‖ Satisfacción, recompensa, retribución, compensación.

pagano, na. adj. Gentil, idólatra (**a.:** *cristiano*). ‖ Ateo, incrédulo, descreído (**a.:** *creyente*).

pagar. tr. e intr. Abonar, cancelar, satisfacer (**a.:** *adeudar, cobrar*). ‖ tr. Saldar, amortizar. ‖ Costear, financiar, sufragar. ‖ Retribuir, recompensar. ‖ Expiar, purgar. ‖ prnl. Ufanarse, jactarse.

página. f. Carilla, plana. ‖ Suceso, lance, episodio.

pago. m. Reintegro, pagamento, remuneración, paga. ‖ Satisfacción, premio, recompensa.

pago. m. Aldea, pueblo, lugar.

país. m. Nación, patria. ‖ Región, territorio, provincia, comarca, terruño, tierra. ‖ Paisaje.

paisaje. m. Panorama, vista.

paisano, na. m. y f. Coterráneo, connacional, compatriota. ‖ Campesino, aldeano. ‖ Civil (**a.:** *militar, soldado*).

paja. f. Desecho, broza, rastrojo, hojarasca. ‖ Brizna. ‖ Sobrante.

pajar. m. Almiar, hórreo.

pajarera. f. Jaula.

pájaro. m. Ave, pajarillo, avecilla.

pajuerano, na. s. Provinciano (**a.:** *capitalino*).

pala. f. Raqueta. ‖ Capellada. ‖ Astucia, artificio. ‖ Volandera. ‖ Zapa, achicador.

palabra. f. Vocablo, voz, verbo, dicción, término, expresión. ‖ Habla. ‖ Promesa, compromiso. ‖ pl. Pasaje.

palabrería. f. o **palabrerío.** m. Locuacidad, charlatanería, verborrea, labia, palabreo, facundia, cháchara, parloteo, palique (**a.:** *mutismo*).

palabrota. f. Ajo, taco, grosería, procacidad, terminajo.

palaciego, ga. adj. Cortesano, palatino, palaciano.

palacio. m. Mansión (**a.:** *cuchitril, choza, rancho*).

paladar. m. Cielo de la boca. ‖ Gusto, sabor, sensibilidad.

paladear. tr. Saborear, gustar, degustar.

paladín. m. Campeón, héroe. ‖ Defensor, sostenedor, adalid.

paladino, na. adj. Claro, evidente, patente, público (**a.:** *confuso*).

palanca. f. Barra, pértiga, alzaprima. ‖ Influencia, apoyo, valimiento.

palangana o **palancana.** f. Jofaina.

palanquear. tr. Apoyar, proteger, ayudar.

palatino, na. adj. Palaciego, áulico, cortesano.

palenque. m. Estacada, cerca, cercado, valla. ‖ Palestra, liza, arena.

paleozoico, ca. adj. Primario (en geología).

palestra. f. Palenque, liza, arena. ‖ Circo, estadio.

paleta. f. Palustre. ‖ Badil, badila. ‖ Omóplato, paletilla, espaldilla.

paletilla. f. Omóplato, paleta. ‖ Palmatoria.

paleto, ta. adj. Rústico, zampatortas, tosco, palurdo, cerril, zafio.

paliar. tr. Encubrir, excusar, disimular, cohonestar, disculpar. ‖ Mitigar, suavizar, dulcificar, calmar, atenuar, aliviar (**a.:** *aumentar, exacerbar*).

paliativo, va. adj. Calmante, sedante, analgésico, lenitivo, atenuante (**a.:** *excitante*).

palidecer. intr. Empalidecer (**a.:** *ruborizarse, enrojecer*).

palidez. f. Palor, amarillez, decoloración (**a.:** *colorido*).

pálido, da. adj. Amarillento, macilento (**a.:** *sano*). ‖ Descolorido, desvaído (**a.:** *vivo, intenso*). ‖ Descolorido, apagado, inexpresivo (**a.:** *colorido, expresivo*).

palillo. m. Mondadientes, escarbadientes.

palinodia. f. Retractación.

palique. m. Conversación, parloteo, charla, cháchara (**a.:** *mutismo, silencio*).

paliza. f. Tunda, felpa, zurra, soba, vapuleo (**a.:** *caricia*).

palizada. f. Estacada, empalizada, cerca.

palma. f. Palmera. || Gloria, triunfo. || pl. Aplausos, palmadas.

palmar. m. Palmeral. || adj. Palmario.

palmar. intr. Morir, espichar.

palmario, ria. adj. Claro, patente, evidente, manifiesto, notorio, palpable (**a.:** *confuso, oscuro, dudoso*).

palmatoria. f. Candelero.

palmear. intr. Palmotear, aplaudir (**a.:** *abuchear*).

palmeta. f. Férula.

palmito. m. Rostro. || Talle, cuerpo, figura.

palmo. m. Cuarta.

palmotear. intr. Aplaudir (**a.:** *silbar*).

palo. m. Vara, garrote, tranca. || Báculo, cayado, bastón. || Mástil, árbol. || Golpe, bastonazo, garrotazo (**a.:** *caricia*). || Madera, leño.

palomero, ra. adj. Colombófilo.

palpable. adj. Tangible (**a.:** *inmaterial*). || Patente, claro, manifiesto, palmario, evidente (**a.:** *confuso, oscuro, dudoso*).

palpar. tr. Tocar, tentar. *Palpar se dice particularmente de la mano.*

pálpebra. f. Párpado.

palpitación. f. Latido, pulsación, pulso.

palpitar. tr. Latir. || Vivir. || Estremecerse.

pálpito. m. Presentimiento, barrunto, corazonada (**a.:** *certeza*).

palto. m. Aguacate.

paludismo. m. Malaria.

palurdo, da. adj. Rústico, zafio, tosco, grosero (**a.:** *culto, refinado, fino*).

palustre. m. Llana, paleta.

palustre. adj. Cenagoso, pantanoso.

pamema. f. Pamplina, bagatela, tontería, nadería.

pampa. f. Llanura (**a.:** *montaña, serranía*).

pamplina. f. Tontería, bulo, futesa, nadería, simpleza, pamema (**a.:** *agudeza*).

pan. m. Sustento, alimento.

panacea. f. Curalotodo, remedio, medicamento, droga.

panadería. f. Tahona.

panadero, ra. m. y f. Tahonero.

panamá. m. Jipijapa.

pancarta. f. Cartel.

pancho, cha. adj. Tranquilo, flemático, calmo. || Satisfecho.

pancista. m. Egoísta (**a.:** *altruista*).

pandear. intr y prnl. Torcerse, encorvarse, combarse, alabearse.

pandemónium. m. Algarabía, griterío, bulla, confusión.

pandilla. f. Liga, unión. || Patota, gavilla, caterva, banda.

panegírico. m. Apología, elogio, loa, alabanza, encomio (**a.:** *diatriba, catilinaria*).

panel. m. Painel.

pánfilo, la. adj. Pausado, cachazudo, calmoso, lento, tardo (**a.:** *diligente*). || Tonto, bobo, pazguato.

panfleto. m. Libelo.

paniaguado. m. Allegado, favorecido, predilecto. || Servidor, asalariado.

pánico. m. Terror, pavor, espanto, miedo, pavura, susto.

panoja. f. Panocha, mazorca, racimo.

panoplia. f. Armadura.

panorama. m. Vista, espectáculo. || Paisaje, horizonte.

pantalla. f. Mampara, biombo, talón. || Tulipa. || Visera. || Encubridor (**a.:** *espía*).

pantano. m. Tremedal, lodazal, ciénaga. || Embalse. || Atolladero, estorbo, atasco, dificultad, embarazo, atascadero, obstáculo.

pantanoso, sa. adj. Encharcado, cenagoso.

pantomima. f. Mimodrama. || Simulación, ficción, imitación, remedo.

panza. f. Vientre, barriga, tripa, abdomen, herbario.

panzada. f. Hartazgo, atracón, tripada (**a.:** *hambre*).

panzón, na. adj. Panzudo.

panzudo, da. adj. Panzón, barrigón, gordo, barrigudo (**a.:** *flaco*).

pañales. m. pl. Cuna. || Niñez, infancia.

paño. m. Tapiz, colgadura. || Lienzo, tela. || Enlucido. || pl. Vestiduras.

pañol. m. Compartimiento.

pañolón. m. Mantón.

papa. m. Sumo Pontífice, Santo Padre, Pastor Universal, Vicario de Cristo.

papa. f. Patata. || Papilla.

papá. m. Padre.

papada. f. Sobarba.

papado. m. Pontificado, papazgo.

papal. adj. Pontificio, pontifical, vaticano.

papalina. f. Borrachera, embriaguez.

papamoscas. m. y f. Papanatas.

papanatas. m. y f. Papamoscas, papahuevos, simple, crédulo, bobalicón, tontaina, tonto, bobo, pánfilo, pazguato (a.: *astuto, incrédulo, sagaz*).

paparrucha. f. Cuento, falsedad, bulo, embuste, bola (a.: *verdad*). ||Majadería, tontería.

papel. m. Periódico, diario. || Carta, documento, credencial. || Manuscrito. || Impreso. || Representación, carácter. || Encargo. || Personajes, parte. || Pliego.

papeleta. f. Cédula.

papelón, na. adj. Papelero, farolero, farolón. || m. Fantoche. || Ridículo, plancha.

papera. f. Bocio. || Parotiditis. || pl. Escrófulas, lamparones.

papilla. f. Gachas.

papo. m. Buche.

paquebote. m. Buque, embarcación.

paquete. m. Envoltorio, atado, lío, bulto. || adj. Elegante, presumido (a.: *mamarracho*).

par. adj. Igual, semejante, equivalente (a.: *impar, único, singular*). || m. Pareja, yunta (a.: *uno*).

para. prep. A, hacia. || conj. A fin de.

parabién. m. Felicitación, enhorabuena, pláceme, congratulación (a.: *pésame*).

parabrisas. f. Guardabrisa.

parada. f. Pausa, detención. || Estación, etapa, parador, estacionamiento. || Pausa, silencio. || Desfile. || Formación. || Quite. || Apuesta.

paradero. m. Término, fin, final. || Estación, escala, apeadero, alto, pausa.

paradigma. m. Modelo, ejemplo.

paradisíaco, ca o **paradisiaco, ca.** adj. Edénico, delicioso, celestial, maravilloso, feliz, encantador, perfecto, empíreo, glorioso (a.: *infernal*).

parado, da. adj. Remiso, tímido, corto. || Desocupado, ocioso, inactivo, cesante (a.: *ocupado, activo*). || Detenido, estacionado, inmóvil, estancado (a.: *andante, móvil, oscilante*). || Derecho, de pie. || Engreído.

parador. m. Mesón, posada, hostal, hostería, venta.

parafrasear. tr. Glosar, explicar, comentar.

paráfrasis. f. Amplificación, en literatura. || Comentario, glosa, explicación, exégesis, interpretación.

parafuego. m. Cortafuego, raya.

paragolpes. m. Parachoques.

parágrafo. m. Párrafo.

paraíso. m. Edén, cielo, empíreo. || Gallinero, cazuela, galería.

paraje. m. Lugar, sitio, parte, punto, pago.

paralelismo. m. Correspondencia, semejanza, comparación, equidistancia (a.: *desigualdad*).

paralelo, la. adj. Correspondiente, semejante, equidistante, correlativo. || m. Comparación, cotejo, parangón.

parálisis. f. Envaramiento, entumecimiento.

paralítico, ca. adj. Impedido, tullido, baldado, perlático, parapléjico.

paralización. f. Detención, inmovilización.

paralizar. tr. y prnl. Tullir, imposibilitar. || Entumecer, agarrotar. || Detener, impedir, entorpecer (a.: *mover, movilizar*).

paralogismo. m. Sofisma.

páramo. m. Erial, puna, desierto (a.: *vergel*).

parangón. m. Paralelo, cotejo, comparación, semejanza (a.: *diversidad*).

parangonar. tr. Cotejar, comparar, relacionar, confrontar, equiparar (a.: *diferenciar*).

paranoia. f. Locura, monomanía (a.: *cordura*).

paranoico, ca. adj. Monomaníaco, maníaco.

parapetarse. prnl. Resguardarse, defenderse, protegerse, abroquelarse, atrincherarse, cubrirse.

parapeto. m. Antepecho, pretil, baranda. || Trinchera, barricada. || Reparo.

parar. tr., intr. y prnl. Detener, frenar, interrumpir, contener, sujetar, inmovilizar (a.: avanzar, andar). || intr. Terminar, acabar, concluir, cesar (a.: empezar, seguir). || Habitar, hospedarse, alojarse, vivir. || Estacionar. || tr. Detener, atajar, sujetar. || prnl. Mejorar, enriquecerse.

parásito. m. Gorrón, vividor.

parasol. m. Sombrilla.

parca. f. Muerte.

parcela. f. Porción, pizca (a.: total).

parche. m. Emplasto, bizma, cataplasma || Remiendo, retoque, pegote. || Tambor, caja.

parcial. adj. Incompleto, fragmentario, fraccionario (a.: completo, total) || Partidario, secuaz. || Apasionado, arbitrario, injusto (a.: imparcial, justo).

parcialidad. f. Bando, bandería, partido, fracción. || Preferencia, favoritismo, inclinación. || Desigualdad, injusticia, arbitrariedad (a.: justicia, equidad).

parco, ca. adj. Corto, escaso, pobre, exiguo, insuficiente (a.: abundante). || Sobrio, frugal, moderado, templado, mesurado (a.: exagerado, desmesurado, glotón).

pardo, da. adj. Mulato, obscuro, terroso.

pareado, da. adj. Dístico. || Apareado.

parecer. m. Opinión, dictamen, entender, juicio. || Aspecto.

parecer. intr. Aparecer, manifestarse, presentarse, mostrarse. || prnl. Asemejarse, semejarse (a.: diferenciarse). || Opinar, creer, juzgar, estimar, pensar.

parecido, da. adj. Semejante, similar, análogo, afín, parejo, tal (a.: distinto, diferente, disímil). || m. Semejanza, similitud, analogía (a.: desigualdad).

pared. f. Muro, paredón, tabique, tapia, muralla, murallón, medianera.

pareja. f. Yunta, casal, par. || Compañero o compañera.

parejero. m. Flete, pingo.

parejo, ja. adj. Igual, par, parecido, semejante (a.: distinto, desigual, desparejo). || Liso, llano, plano (a.: áspero, escabroso).

paremia. f. Proverbio, refrán, adagio, sentencia. Gustaba de paremias.

parentela. f. Familia, parientes.

parentesco. m. Consanguinidad, agnación. || Vínculo, lazo, unión, conexión, semejanza, afinidad.

parhilera. f. Cumbrera, hilera.

paria. m. y f. Esclavo, ilota, apátrida, desheredado, siervo, golfo, plebeyo, pelagatos.

paridad. f. Paralelismo. || Igualdad, semejanza, identidad, similitud (a.: diversidad).

pariente, ta. m. y f. Deudo, allegado, familiar (a.: extraño). || adj. Semejante, parecido.

parigual. adj. Igual, parecido, semejante.

parihuela. f. Camilla, angarillas.

paripé. m. Ficción, simulación, engaño.

parir. intr. y tr. Alumbrar, dar a luz. || tr. Producir, causar. || Crear.

parisiense. adj. Parisino, parisién.

parlamentar. intr. Hablar, dialogar, platicar, conversar, charlar. || Conferenciar, tratar. || Capitular, pactar.

parlamento. m. Asamblea legislativa, congreso. || Plática, conversación, charla, alocución, arenga.

parlanchín, na. adj. Hablador, charlatán, palabrero, gárrulo.

parlar. intr. Charlar, hablar, parlotear (a.: callar).

parloteo. m. Charla, cháchara, palique.

paro. m. Desempleo, desocupación. || Huelga. || Interrupción, suspensión, cesación, pausa, descanso (a.: trabajo).

parodia. f. Imitación, remedo (a.: naturalidad).

paronomasia o paronomasia. f. Agnominación, aliteración.

parotiditis. f. Paperas.

paroxismo. m. Exacerbación, exaltación,

excitación, exasperación, irritación (**a.:** *placidez*).

paroxítono, na. adj. Grave, llano.

parpadear. intr. Pestañear. ‖ Titilar.

parpadeo. m. Centelleo. ‖ Guiñada, guiño, pestañeo.

párpado. m. Pálpebra.

parque. m. Bosque, jardín, cercado, coto. ‖ Depósito, arsenal, almacén.

parquear. tr. Aparcar, estacionar.

parquedad. f. Moderación, sobriedad, frugalidad (**a.:** *exceso*). ‖ Parsimonia, cachaza.

parra. f. Vid.

párrafo. m. Parágrafo.

parral. m. Emparrado.

parranda. f. Holgorio, jolgorio, fiesta, jarana, juerga, jaleo, diversión.

parroquia. f. Feligresía. ‖ Clientela. ‖ Iglesia, templo.

parroquiano, na. m. y f. Feligrés. ‖ Cliente.

parsimonia. f. Economía, ahorro, sobriedad, frugalidad, moderación, parquedad (**a.:** *exceso, derroche*). ‖ Circunspección, templanza, moderación, morigeración, prudencia (**a.:** *fervor*). ‖ Calma, cachaza, lentitud (**a.:** *agilidad, rapidez*).

parsismo. m. Mazdeísmo, zoroastrismo.

parte. f. Fracción, fragmento, pedazo, trozo, porción (**a.:** *todo, conjunto, totalidad*). ‖ Participación. ‖ Litigante. ‖ Sitio, lugar, paraje, lado, punto. ‖ Facción, partido. ‖ Papel, personaje. ‖ m. Notificación, aviso, comunicación, despacho.

partero, ra. m. y f. Tocólogo, obstetra. ‖ f. Comadre, comadrona, matrona.

partición. f. Reparto, división, partimiento, repartimiento, fraccionamiento.

participación. f. Aviso. ‖ Parte, porción.

participar. intr. Tener parte, intervenir. ‖ Colaborar, contribuir, cooperar, tomar parte. ‖ Compartir. ‖ tr. Notificar, comunicar, noticiar, informar, avisar (**a.:** *ocultar, silenciar*).

partícipe. adj. Participante, aparcero, copartícipe. ‖ cómplice.

partícula. f. Corpúsculo. ‖ Átomo, molécula. ‖ Pizca, grano, migaja, gota, ápice. ‖ Afijo, nexo (en gramática).

particular. adj. Propio, exclusivo, privativo, peculiar, personal, privado. ‖ Especial, singular, extraordinario, raro, extraño, excepcional (**a.:** *general, común*). ‖ m. Asunto, materia, punto. ‖ **en particular.** loc. adv. Separadamente, especialmente.

particularidad. f. Singularidad, rareza, característica, idiosincrasia, peculiaridad. ‖ Pormenor, circunstancia, detalle, rasgo.

particularizar. tr. Detallar, concretar, especificar, precisar. ‖ Individualizar, personalizar (**a.:** *generalizar*). ‖ prnl. Caracterizarse, distinguirse, singularizarse.

partida. f. Éxodo, salida, ida, marcha, arrancada (**a.:** *llegada, venida*). ‖ Cuadrilla, facción, pandilla, banda. ‖ Anotación, registro, asiento. ‖ Partido, mano. ‖ Remesa, envío, cantidad, porción. ‖ Muerte (**a.:** *nacimiento*).

partidario, ria. adj. Secuaz, adicto, parcial, adepto, prosélito, simpatizante, banderizo (**a.:** *enemigo, antagonista*).

partido. m. Bando, facción, bandería, parcialidad. ‖ Resolución, determinación, decisión. ‖ Provecho, ventaja, utilidad. ‖ Favor, amparo, protección, ayuda. ‖ Departamento, distrito, territorio. ‖ Partida, mano. ‖ Trato, convenio. ‖ Competición. ‖ adj. Fraccionado, dividido, cortado, despedazado, fragmentado, roto.

partidor. m. Fraccionador, repartidor, distribuidor.

partir. tr. Dividir, fraccionar, seccionar, rajar, abrir, hender, cortar, quebrar, fracturar, romper. ‖ Repartir, distribuir (**a.:** *sumar*). ‖ intr. Salir, marcharse, irse (**a.:** *llegar*). ‖ Arrancar, empezar.

parto. m. Alumbramiento, parición.

parva. f. Montón, cúmulo.

parvedad. f. Pequeñez, escasez, tenuidad, poquedad, cortedad, exigüidad (**a.:** *abundancia*).

párvulo, la. m. y f. Niño, chico. || adj. Inocente, sencillo. || Humilde, cuitado.

pasable. adj. Pasadero, soportable, tolerable, admisible, aceptable (a.: *insoportable, intolerable, insufrible*).

pasada. f. Trastada.

pasadero, ra. adj. Pasable, tolerable. || Pasarela, puente.

pasadizo. m. Pasillo, corredor, callejón, pasaje, portillo.

pasado, da. adj. Estropeado, descompuesto, gastado, pocho, podrido (a.: *sano*). || Pretérito, antiguo, anterior, remoto. || Lejano. || m. Antigüedad, ayer. || m. pl. Antepasados, ascendientes.

pasador. m. Cerrojo, pestillo. || Colador, filtro, coladero. || Aguja, broche, imperdible.

pasaje. m. Billete, boleto. || Trozo, fragmento. || Paso, angostura, travesía. || Pasadizo.

pasajero, ra. adj. Concurrido, transitado. || Breve, fugaz, efímero, transitorio, momentáneo, perecedero (a.: *duradero, permanente*). || m. y f. Viajero, caminante, transeúnte.

pasamano. m. Baranda, barandal. || Crujía.

pasaportar. tr. Despedir, destituir, echar. || Asesinar, dar muerte, matar, liquidar.

pasaporte. m. Pase, salvoconducto. || Licencia, permiso. || **dar el pasaporte.** loc. Pasaportar, liquidar.

pasar. intr. Transitar, trasladarse (a.: *quedarse, permanecer*). || Andar, ir. || Transcurrir. || Suceder, acaecer, ocurrir, acontecer. || tr. Cruzar, vadear, atravesar. || Sobrepujar, superar, exceder, aventajar, aprobar. || Padecer, sufrir, soportar, tolerar. || Disimular, callar, dispensar, olvidar, perdonar. || Cesar, acabarse (a.: *durar*). || Llevar, conducir, trasladar. || Cerner, filtrar, colar. || Tragar, deglutir. || Tirar, mantenerse, vivir. || Enviar, trasmitir, transferir. || prnl. Estropearse, pudrirse, corromperse. || Exagerar, excederse.

pasarela. f. Puentecillo.

pasatiempo. m. Entretenimiento, juego, diversión, solaz, distracción. || Acertijo, rompecabezas, solitario.

pase. m. Permiso, salvoconducto, licencia, autorización.

pasear. intr. y prnl. Andar, vagar, deambular, callejear, airearse, asolearse, rondar. || Tomar aire, dar una vuelta.

paseo. m. Excursión, caminata.

pasible. adj. Susceptible.

pasillo. m. Corredor, galería, pasadizo.

pasión. f. Padecimiento, sufrimiento. || Vehemencia, entusiasmo, ardor, calor, fanatismo. || Amor, cariño. || Afición, inclinación, apasionamiento (a.: *desapego, indiferencia*).

pasividad. f. Indiferencia, inacción, apatía, abulia (a.: *actividad, inquietud*).

pasivo, va. adj. Inactivo, jubilado, ocioso (a.: *activo, dinámico*). || Indiferente, quieto. || m. Debe.

pasmar. tr. y prnl. Enfriar, helar, aterir. || Inmovilizar, paralizar. || Asombrar, maravillar, sorprender, admirar.

pasmarote. m. Embobado, alelado, atontado, pasmón.

pasmo. m. Espasmo, enfriamiento, aterimiento, contracción. || Tétanos. || Asombro, admiración, suspensión, aturdimiento, estupefacción.

pasmón. m. Necio. || Pasmarote.

pasmoso, sa. adj. Asombroso, maravilloso, sorprendente, prodigioso, estupendo, portentoso (a.: *vulgar*).

paso. m. Marcha. || Huella, pisada, rastro. || Gestión, diligencia. || Progreso, avance, ascenso. || Senda, vereda, camino, pasaje. || Trance, lance, dificultad. || Giro, mudanza.

pasquín. m. Cartel, pancarta. || Diarucho, libelo, panfleto.

pasta. f. Masa. || Empaste. || Argamasa. || Dinero.

pastar. tr. Pastorear, apacentar. || intr. Pacer.

pastel. m. Chanchullo, embrollo, manejo, fullería. || Bollo, torta, empanada.

pastelería. f. Confitería, dulcería.

pastilla. f. Tableta, comprimido, grajea, píldora.

pasto. m. Pastura, forraje, hierba. ‖ Pábulo, alimento, pienso, heno. ‖ Fomento, incentivo, pábulo.

pastor, ra. m. y f. Vaquero, boyero, porquerizo, ovejero, cabrero. ‖ m. Prelado, eclesiástico, predicador.

pastoral. f. Égloga. ‖ Encíclica. ‖ adj. Pastoril, bucólico.

pastorear. tr. Apacentar, pastar.

pastoril. adj. Bucólico. ‖ Campestre, agropecuario, pecuario.

pastoso, sa. adj. Espeso, viscoso. ‖ Gangoso.

pata. f. Pierna.

patada. f. Puntapié. ‖ Coz. ‖ Huella, pisada.

patalear. intr. Patear, pernear.

pataleta. f. Desmayo, convulsión, soponcio, patatús.

patán. m. Aldeano, palurdo. ‖ Tosco, rústico, grosero, ordinario, torpe, zafio (a.: *cortés, delicado*).

patata. f. Papa.

patatús. m. Pataleta, desmayo, soponcio.

patear. intr. Patalear, cocear. ‖ Trajinar, andar (a.: *descansar*). ‖ tr. Censurar, reprobar.

patente. adj. Claro, visible, evidente, manifiesto, palpable, notorio, perceptible (a.: *dudoso, confuso*). *Lo patente se ofrece a nuestra vista y consideración como un hecho.* ‖ f. Título.

patentizar. tr. Mostrar, exponer, aclarar, exhibir, hacer patente, evidenciar, probar, demostrar (a.: *ocultar*).

paterno, na. adj. Paternal, bondadoso, comprensivo (a.: *filial, maternal*).

patético, ca. adj. Conmovedor, emocionante, enternecedor, triste, doloroso. ‖ Tierno, sentimental.

patibulario, ria. adj. Feroz, horripilante, siniestro.

patíbulo. m. Cadalso.

patidifuso, sa. adj. Patitieso, sorprendido (a.: *indiferente*).

patín. m. Esquí, trineo.

pátina. f. Lustre, barniz.

patinar. intr. Resbalar, deslizarse, esquiar (a.: *tropezar*).

patio. m. Platea. ‖ Impluvio.

patitieso, sa. adj. Atónito, sorprendido, patidifuso, turulato, estupefacto, suspenso, pasmado, admirado, boquiabierto. ‖ Desmayado.

pato. m. Ánade, ánsar. ‖ adj. Seco, sin dinero (a.: *rico, forrado*).

patochada. f. Disparate, despropósito, sandez, zafiedad, majadería, dislate, bobada, gansada (a.: *agudeza*).

patota. f. Pandilla.

patraña. f. Mentira, embuste, cuento, infundio, engaño (a.: *verdad, realidad*).

patria. f. Suelo natal, país, nación.

patricio. m. Prócer, noble (a.: *plebeyo*).

patrimonio. m. Herencia, sucesión. ‖ Bienes, hacienda, propiedad, heredad.

patrocinar. tr. Proteger, amparar, defender, favorecer, apoyar, recomendar, apadrinar, auspiciar (a.: *perseguir, atacar*).

patrocinio. m. Protección, amparo, auxilio (a.: *inseguridad, desamparo*). ‖ Favor, apoyo, ayuda, padrinazgo, patronato. *El patrocinio se refiere siempre a los favores que la amistad dispensa a la desgracia.*

patrón, na. m. y f. Patrono, protector, defensor. ‖ Amo, señor. ‖ Jefe, principal. ‖ m. Modelo, regla, dechado, muestra, pauta.

patronato. m. Patrocinio.

patronímico. adj. y m. Apellido.

patrono, na. m. y f. Defensor, protector. ‖ Patrón, dueño, amo, señor.

patrulla. f. Partida, piquete, cuadrilla, ronda, guardia.

patrullar. intr. Rondar, vigilar.

paulatinamente. adv. Poco a poco, lentamente, pausadamente, despacio.

paulatino, na. adj. Pausado, calmoso, lento, tardo, moroso (a.: *rápido*).

paupérrimo, ma. adj. Pobrísimo, misérrimo (a.: *riquísimo*).

pausa. f. Detención, paréntesis, interrupción, intervalo, alto, parada (a.: *continuación*). ‖ Silencio (en música). ‖ Lentitud, tardanza, calma, cachaza (a.: *rapidez, diligencia*).

pausado, da. adj. Tardo, calmoso, flemático, cachaciento, pachorriento (**a.:** *rápido*). || Paulatino, lento, monótono.

pauta. f. Modelo, patrón, molde, dechado. || Regla, norma, guía. || Raya.

pautado. m. Regulado, normalizado. || Rayado.

pautar. tr. Regular, reglar, normalizar.

pavada. f. Necedad, tontería, ñoñez, simpleza, sosería, insulsez, bobada (**a.:** *gracia, ingenio*).

pavimentar. tr. Solar, adoquinar, asfaltar, enlosar, empedrar.

pavimento. m. Suelo, firme, solado, afirmado, piso, adoquinado, entarimado, enladrillado, embaldosado.

pavo, va. m. y f. Gallipavo. || adj. Incauto, simple, estúpido, necio, soso (**a.:** *sagaz, inteligente, chistoso*).

pavón. m. Pavo real.

pavonearse. prnl. Farolear. || Presumir, blasonar, vanagloriarse, jactarse, engreírse, alardear.

pavor. m. Espanto, temor, pánico, miedo, pavura (**a.:** *audacia, valor*).

pavoroso, sa. adj. Espantoso, terrorífico, temible, aterrador, terrífico, espeluznante (**a.:** *atractivo, fascinante*).

pavura. f. Pavor, temor.

payasada. f. Bufonada, extravagancia, farsa (**a.:** *drama*).

payaso. m. Bufón, gracioso, titiritero.

paz. f. Tranquilidad, calma, sosiego, quietud, serenidad (**a.:** *intranquilidad, inquietud, agitación*). || Concordia, armonía, acuerdo, unión, neutralidad.

pazguato, ta. adj. Bobo, tonto, papanatas. || Mojigato, gazmoño.

peal o **pial.** m. Manea, maniota.

peana o **peaña.** f. Pedestal, basa, tarima, plataforma.

peatón. m. Transeúnte, peón, viandante, caminante (**a.:** *automovilista, ciclista*).

pebeta. f. Niña, chica, muchacha, joven.

pebete. m. Chico, niño.

pebetero. m. Sahumador, incensario.

pecado. m. Culpa, falta (**a.:** *inocencia, virtud*).

pecar. intr. Faltar. || Excederse, enviciarse.

pecera. f. Acuario.

pechar. intr. Pedir, sablear (**a.:** *dar*). || Empujar.

pecho. m. Seno, busto, tórax, mama, teta, pechuga (**a.:** *espalda*). || Interior, corazón. || Intención. || Valor, esfuerzo, ánimo, coraje, fortaleza, constancia. || Tributo, contribución, impuesto, gabela.

pechuga. f. Pecho.

pecíolo o **peciolo.** m. Rabillo, rabo, pezón.

pécora. f. Res. || Astuto, pícaro, vicioso.

pectoral. adj. Torácico.

pecuario, ria. adj. Ganadero.

peculado. m. Malversación.

peculiar. adj. Propio, privativo, exclusivo, distintivo, característico, particular (**a.:** *común, corriente, vulgar, imitado*).

peculiaridad. f. Singularidad, característica, particularidad.

peculio. m. Dinero, caudal, patrimonio, capital, bienes, hacienda.

pecunia. f. Dinero, moneda.

pecuniario, ria. adj. Monetario, crematístico.

pedagogía. f. Didáctica.

pedagógico, ca. adj. Docente, didáctico.

pedagogo, ga. m. y f. Maestro, profesor, educador, mentor. || m. Ayo.

pedante. adj. Presumido, afectado, sabihondo, petulante, purista, jactancioso, vanidoso, fanfarrón, hinchado (**a.:** *modesto, sencillo*).

pedazo. m. Trozo, parte, porción, tajada, fracción, fragmento, cacho. || pl. Añicos, trizas.

pederasta. m. Sodomita, invertido.

pedernal. m. Cuarzo, piedra de chispa, sílex. || Dureza.

pedestal. m. Base, basa, plataforma, plinto. || Peana, podio || Fundamento, apoyo.

pedestre. adj. Vulgar, común, ramplón, ordinario, adocenado, chabacano (**a.:** *original, inspirado*).

pedicuro, ra. m. y f. Callista.

pedido. m. Encargo, comisión. || Petición, solicitud.

pedigüeño, ña. Pidón, pedidor, sablista, manguero, mendigo, pordiosero (**a.:** *dadivoso, donante*).

pedimento. m. Instancia, solicitud, petición.

pedir. tr. Solicitar, reclamar, recabar, requerir, demandar, exigir, rogar, mendigar, suplicar, impetrar, implorar (**a.:** *dar, proporcionar*). || Desear, apetecer, querer. || Poner precio.

pedregal. m. Pedriscal, canchal, pedroche, pedrera, peñascal.

pedrera. f. Cantera.

pedrería. f. Joyería.

pedrisca. f. o **pedrisco.** m. Granizo. || Granizada.

pedúnculo. m. Rabillo, rabo, pezón, cabillo, pedículo.

pega. f. Burla, chasco, engaño. || Estorbo, obstáculo, dificultad. || Zurra, paliza. || **de pega.** loc. adj. Falso, fingido.

pegadizo, za. adj. Contagioso. || Pegajoso, viscoso, glutinoso, cohesivo. || Postizo, artificial, añadido. || Gorrón, vividor.

pegado. m. Parche, emplasto.

pegajoso, sa. adj. Glutinoso, pegadizo, viscoso. || Contagioso. || Sobón. || Pegadizo, gorrón. || Meloso, empalagoso. *Lenguaje pegajoso.*

pegar. tr. Adherir, aglutinar, conglutinar, soldar (**a.:** *despegar, arrancar*). || Unir, juntar, sujetar. || Arrimar, adosar. || tr. y prnl. Comunicar, contagiar, contaminar, trasmitir. || intr. Golpear, castigar, maltratar. || tr./intr. Dar, asestar, propinar. || Prender. || Chocar. || prnl. Aficionarse, inclinarse. || Armonizar, convenir, sentar.

pegote. m. Emplasto, bizma. || Parche. || Gorrón, vividor, parásito, pegajoso, pegadizo.

peinado. m. Tocado.

peinar. tr. Desenmarañar, desenredar, cardar.

peje. m. Pez.

pejiguera. f. Fastidio, dificultad, molestia, incomodidad, lata (**a.:** *facilidad*).

pelada. f. Calva, calvicie.

pelado, da. adj. Calvo (**a.:** *peludo*). || Limpio, solo. || Pato, seco (**a.:** *adinerado*). || Escueto (**a.:** *detallado*).

peladura. f. Mondadura.

pelafustán, na. m. y f. Pelagatos, cualquiera, holgazán, maula.

pelagatos. m. Pelafustán, cualquiera, pobretón (**a.:** *personaje*).

pelaje. m. Calaña, categoría, ralea. || Índole, laya.

pelambrera. f. Pelambre. || Calvicie, alopecia.

pelar. tr. Rapar. || Depilar. || Desplumar. || Descascarar, descortezar, mondar, descascarillar. || Despellejar, desollar. || Criticar, murmurar. || Despojar, desvalijar. || Esquilar, trasquilar. || Robar.

peldaño. m. Grada, escalón.

pelea. f. Combate, batalla, lucha, escaramuza, contienda, riña, reyerta, trifulca, pelotera (**a.:** *paz*). || Ajetreo, fatiga, agobio, trabajo. (**a.:** *holgorio*).

peleador, ra. adj. Pendenciero, buscapleitos.

pelear. intr. Batallar, combatir, luchar, reñir, contender. || Disputar, enemistarse, regañar. || Esforzarse, afanarse (**a.:** *ociar*). || prnl. Enemistarse, desavenirse.

pelechar. intr. Restablecerse, mejorar, medrar (**a.:** *arruinarse*).

pelele. m. Monigote, muñeco.

peliagudo, da. adj. Dificultoso, difícil, intrincado, arduo, enrevesado, complicado, embarullado (**a.:** *fácil*). || Mañoso, hábil (**a.:** *torpe*).

película. f. Cutícula. || Hollejo, pellejo. || Filme, cinta.

peligro. m. Riesgo, inseguridad, exposición (**a.:** *inmunidad, seguridad, garantía*).

peligroso, sa. adj. Expuesto. || Aventurado, arriesgado (**a.:** *seguro, confiable*). || Temible, dañino (**a.:** *inofensivo, inocuo*). || Indeseable, turbulento (**a.:** *decente, tranquilo*).

pelleja. f. Pellejo, piel.

pellejo. m. Piel, cuero, pelleja. || Odre. || Hollejo.

pellizco. m. Tornisćón (**a.:** *caricia*). || Pizca, migaja, porción, trocito.

pelma o **pelmazo.** m. Cargante, pesado, inoportuno, molesto, fastidioso. || Cachaciento, pachorrudo (**a.:** *diligente*).

pelo. m. Cabellera, cabello. || Pelusa, vello, bozo. || Brizna, filamento. || Minucia, nimiedad.

pelón, na. adj. Motilón. || Pobre, indigente, pelado.

pelotera. f. Riña, contienda, disputa, reyerta, gresca, pendencia, trifulca, pelea, revuelta, querella (**a.:** *jarana*).

peluca. f. Reprensión, reprimenda, admonición.

peludo, da. adj. Piloso, mechudo, velludo (**a.:** *lampiño*). || m. Armadillo.

peluquería. f. Barbería.

pelusa. f. Vello, pelusilla. || Tamo. || Envidia, celos.

pena. f. Castigo, penitencia, corrección, correctivo, penalidad, sanción. || Dolor, aflicción, pesar, sentimiento, pesadumbre, sufrimiento, duelo, congoja, angustia (**a.:** *alegría, gozo*). || Lástima. || Dificultad, trabajo, penalidad, esfuerzo, fatiga (**a.:** *descanso*).

penachera. f. o **penacho.** m. Copete, airón, cresta, moño, cimera. || Vanidad, presunción.

penado, da. m. y f. Presidiario, condenado, recluso, preso (**a.:** *liberado*). || adj. Penoso. || Trabajoso, dificultoso.

penal. adj. Punitivo. || Presidio, penitenciaría, cárcel, prisión.

penalidad. f. Sinsabor, congoja, desventura, calamidad, desgracia, adversidad || Castigo, sanción, pena, condena, multa, correctivo (**a.:** *recompensa*).

penar. tr. Sancionar, multar, castigar. || intr. Padecer, sufrir, soportar, tolerar. || Afligirse, apesadumbrarse (**a.:** *alegrarse*).

penates. m. pl. Lares.

penco. m. Jamelgo, rocín, matungo.

pendencia. f. Pelea, contienda, reyerta, riña, gresca, trifulca, camorra, altercado (**a.:** *armonía, concordia*)

pendenciero, ra. adj. Buscapleitos, camorrista, belicoso, peleador, altercador, pugnaz (**a.:** *pacífico*).

pender. intr. Suspender, colgar. || Depender. || Cernerse.

pendiente. m. Arete, zarcillo, arracada. || f. Cuesta, declive, inclinación, bajada, rampa, repecho. || adj. Indeciso, suspenso. || Suspendido. || Empinado, escarpado (**a.:** *nivelado*).

péndola. f. Péndulo (del reloj). || Pluma (de ave).

pendolista. m. y f. Memorialista, escribiente, calígrafo.

pendón. m. Estandarte, insignia, bandera, enseña.

pene. m. Falo.

penetración. f. Perspicacia, agudeza, talento, sutileza, inteligencia, sagacidad (**a.:** *estupidez, simpleza*). || Incursión, invasión (**a.:** *retirada*).

penetrante. adj. Profundo, hondo (**a.:** *superficial*). || Agudo, alto, chillón, estridente (**a.:** *bajo, sordo, débil*). || Perspicaz, sagaz, agudo, sutil.

penetrar. intr. Introducirse, meterse, entrar (**a.:** *salir*). || tr. Pasar, traspasar. || Afectar. || tr. o intr. Comprender, entender, alcanzar, enterarse, descifrar, descubrir, adivinar.

penitencia. f. Confesión. || Pena, expiación, castigo, corrección (**a.:** *perdón, premio*). || Mortificación, arrepentimiento, contrición, pesar (**a.:** *gozo*).

penitenciaría. f. Cárcel, correccional, penal.

penoso, sa. adj. Trabajoso, difícil, dificultoso, fatigoso (**a.:** *fácil, sencillo*). || Aflictivo, doloroso, triste (**a.:** *alegre, feliz*).

pensamiento. m. Juicio, mente, raciocinio, entendimiento, inteligencia. || Idea, designio, plan, proyecto, intención. || Sentencia, proverbio, apotegma, máxima, dicho. || Trinitaria.

pensar. tr. e intr. Razonar, discurrir, cavilar, especular, considerar, reflexionar, meditar, juzgar. || tr. Creer, opinar, imaginar, figurarse, suponer. || Inventar, proyectar, idear, imaginar, concebir.

pensativo, va. adj. Meditabundo, preocupado, absorto, ensimismado, caviloso, reconcentrado (**a.:** *despreocupado*).

pensión. f. Pupilaje, hospedaje, casa de huéspedes. ‖ Asignación, subvención, renta. ‖ Beca.

pensionado. m. Internado. ‖ Jubilado, subvencionado.

penuria. f. Escasez, miseria, estrechez, pobreza, carestía, necesidad, indigencia (**a.:** *abundancia, riqueza, solvencia*).

peña. f. Roca, risco, peñasco, peñón. ‖ Círculo, corro, club, tertulia.

peñasco. m. Risco, peñón, peña, roca.

peñascoso, sa. adj. Riscoso, rocoso, pedregoso.

peón. m. Peatón. ‖ Jornalero, bracero (**a.:** *capataz*). ‖ Infante. ‖ Trompo, peonza.

peonza. f. Trompo, perinola.

peoría. f. Agravación, recaída, empeoramiento (**a.:** *mejoría*).

pepita. f. Carozo, simiente.

pepona. f. Muñeca.

pequeñez. f. Nimiedad, bagatela, fruslería, menudencia, minucia, insignificancia, nadería, nonada (**a.:** *trascendencia, grandor*). ‖ Mezquindad, tacañería, ruindad, bajeza, miseria, vileza (**a.:** *grandeza*). ‖ Infancia, niñez (**a.:** *vejez*).

pequeño, ña. adj. Parvo, exiguo, escaso, reducido, limitado, corto (**a.:** *extenso, espacioso*). ‖ Chico, minúsculo, diminuto (**a.:** *colosal, grande*). ‖ Bajo, mezquino, ruin, innoble. ‖ m. y f. Chico, párvulo, niño. (**a.:** *adulto*).

peralte. m. Desnivel, elevación.

percance. m. Contratiempo, avería, accidente, daño, contrariedad, revés, peripecia.

percatarse. prnl. Advertir, reparar, notar, darse cuenta, observar, enterarse, conocer, considerar (**a.:** *ignorar, desconocer*).

percepción. f. Conocimiento, idea, representación, sensación, sentimiento, impresión, noción. ‖ Discernimiento, inteligencia, penetración. ‖ Recaudación, percepción.

perceptible. adj. Apreciable, visible, sensible.

percibir. tr. Cobrar, recibir, recaudar. ‖ Ver, notar, darse cuenta, distinguir, descubrir, divisar, advertir. ‖ Entender, comprender, conocer, concebir, aprehender (**a.:** *ignorar, desconocer*).

percudir. tr. Deslucir, ajar, deslustrar, manosear, maltratar, deteriorar.

percusor. m. Percutor.

percutir. tr. Golpear, herir, batir.

perder. tr. Extraviar (**a.:** *encontrar, hallar*). ‖ Desperdiciar, malgastar, disipar (**a.:** *aprovechar*). ‖ Malograr. ‖ Deslucir. ‖ tr. e intr. Perjudicar, dañar. ‖ intr. Desteñir, perderse, desorientarse (**a.:** *orientarse*). ‖ Confundirse. ‖ Naufragar, zozobrar, irse a pique. ‖ Viciarse, corromperse, frustrarse, pervertirse (**a.:** *salvarse*). ‖ Desaparecer, desvanecerse.

perdición. f. Ruina, destrucción, daño, pérdida (**a.:** *salvación*). ‖ Disipación, libertinaje, desenfreno, depravación, deshonestidad.

pérdida. f. Daño, merma, menoscabo, perjuicio, ruina, quebranto, baja, extravío, detrimento (**a.:** *beneficio, ganancia, utilidad, provecho*).

perdido, da. adj. Vicioso, calavera, libertino, perdulario (**a.:** *virtuoso*). ‖ Extraviado, desorientado (**a.:** *encaminado*).

perdón. m. Remisión, indulto, absolución, gracia, amnistía, clemencia (**a.:** *condena*). ‖ Indulgencia, dispensa.

perdonar. tr. Absolver, remitir. ‖ Dispensar, exceptuar, eximir. ‖ Indultar, amnistiar, condonar.

perdonavidas. m. Fanfarrón, matasiete, valentón, guapo, chulo, bravucón, matón.

perdulario. m. Vicioso, calavera. ‖ Abandonado, descuidado.

perdurable. adj. Eterno, inmortal, imperecedero, perpetuo, perenne (**a.:** *perecedero*). ‖ Duradero, permanente.

perdurar. intr. Durar, subsistir, mantenerse, permanecer, persistir (**a.:** *extinguirse, fenecer, morir*).

perecedero, ra. adj. Pasajero, transitorio, breve, caduco, fugaz, efímero, temporal (a.: *imperecedero, perdurable, inmortal*).

perecer. intr. Morir, fallecer, fenecer, acabar, extinguirse, sucumbir. || Hundirse, arruinarse. || prnl. Desear, apetecer, ansiar, anhelar, desvivirse, pirrarse.

peregrinación. f. Romería.

peregrino, na. m. y f. Romero, caminante, viajero. || adj. Raro, extraño, singular, insólito, sorprendente, extraordinario, maravilloso (a.: *común, vulgar*).

perengano, na. m. y f. Fulano, mengano, zutano.

perenne. adj. Perpetuo, continuo, permanente, incesante, perdurable (a.: *perecedero, efímero*). || Vivaz.

perennidad. f. Perdurabilidad, perpetuidad (a.: *mortalidad*).

perennizar. tr. Eternizar, perpetuar.

perentoriedad. f. Apremio, urgencia, apuro, vehemencia (a.: *lentitud, moratoria*).

perentorio, ria. adj. Concluyente, decisivo, terminante, definitivo, determinante (a.: *dubitativo*). || Urgente, apremiante (a.: *breve, fugaz*).

pereza. f. Galbana, gandulería, haraganería, holgazanería, descuido, dejadez, ociosidad, poltronería, desidia, negligencia, vagancia, indolencia, molicie, apatía, cachaza, pachorra (a.: *diligencia, actividad*).

perezoso, sa. adj. Holgazán, indolente, remolón, poltrón, gandul, haragán, vago, tumbón, dejado, negligente, desidioso (a.: *trabajador*).

perfección. f. o **perfeccionamiento.** m. Mejora (a.: *imperfección, defecto*). || Excelencia, primor, madurez, sazón. || Belleza, hermosura, gracia, atractivo.

perfeccionar. tr. y prnl. Mejorar, acabar, pulir, retocar, refinar, embellecer, completar (a.: *viciar*). || prnl. Progresar, prosperar, adelantar.

perfecto, ta. adj. Acabado, cabal, cumplido, excelente, impecable, inimitable, intachable, ideal, completo (a.: *defectuoso, deficiente, imperfecto*).

perfidia. f. Deslealtad, infidelidad, traición, felonía (a.: *lealtad*).

pérfido, da. adj. Desleal, traidor, perjuro, fementido, infiel, felón, alevoso, insidioso (a.: *fiel, veraz, recto*).

perfil. m. Contorno, silueta. || Rasgo, carácter.

perfilar. tr. Afinar. || prnl. Aderezarse, emperifollarse, componerse, arreglarse, maquillarse, acicalarse.

perforación. f. Agujero, pozo, horadamiento.

perforado. m. Taladrado, horadado, agujereado.

perforadora. f. Sonda. || Taladradora, agujereadora.

perforar. tr. Horadar, agujerear, taladrar, trepar.

perfumar. tr. Sahumar, embalsamar. || Aromatizar, aromar.

perfume. m. Aroma, fragancia, esencia, efluvio (a.: *hedor, fetidez*). || Esencia, bálsamo. || Olor, vaho, tufo.

pergamino. m. Piel, vitela. || Título.

pergeñar. tr. Bosquejar, esbozar. || Arreglar, combinar, disponer, preparar.

pergeño. m. Apariencia, aspecto, traza, figura, disposición.

pericia. f. Destreza, habilidad, maestría, práctica, experiencia, conocimiento, competencia, suficiencia (a.: *impericia, inhabilidad, torpeza*).

periclitar. intr. Decaer, declinar. || Peligrar.

periferia. f. Circunferencia, contorno, perímetro (a.: *centro*). || Alrededores, afueras, aledaños, suburbios (a.: *núcleo*).

perifollos. m. pl. Arrequives, adornos, atavíos.

perífrasis. f. Circunloquio, circunlocución, rodeo.

perilla. f. Pera, barbilla.

perillán, na. m. y f. Pícaro, astuto, bellaco, taimado, tuno, bribón.

perímetro. m. Contorno.

perínclito, ta. adj. Grande, heroico.

periódico, ca. adj. Regular, rítmico, habitual. || m. Diario, rotativo, boletín, revista, gaceta, semanario, quincenario, mensuario, bimensuario.

periodismo. m. Prensa.

período o periodo. m. Fase, etapa, lapso, época. || Ciclo. || Menstruación, regla. || Cláusula, frase, párrafo. || Intervalo, lapso, parte. || Fase, grado.

peripatético, ca. adj. Aristotélico. || Extravagante, ridículo.

peripecia. f. Incidente, lance, suceso, accidente, acaecimiento, episodio (a.: *normalidad*).

periplo. m. Circunnavegación.

peripuesto, ta. adj. Ataviado, acicalado, atildado, emperejilado, compuesto, arreglado, endomingado.

periquete (en un). loc. adv. Enseguida, inmediatamente, de inmediato.

peristilo. m. Propileo, columnata, galería.

perito, ta. adj. Experimentado, experto, práctico, competente, sabio, entendido, hábil, diestro, conocedor, técnico (a.: *inepto, inexperto, incapaz, desconocedor*).

perjudicar. tr. Dañar, lesionar, damnificar. || Menoscabar, deteriorar (a.: *ayudar*).

perjudicial. adj. Dañino, lesivo, dañoso, nocivo, malo, pernicioso (a.: *beneficioso, útil, provechoso*).

perjuicio. m. Daño, detrimento, lesión, menoscabo, mal, quebranto, deterioro, daño, pérdida (a.: *bien, utilidad, favor*).

permanecer. intr. Estar, subsistir, continuar, seguir, mantenerse, estabilizarse; quedarse (a.: *alterarse, modificarse, irse*).

permanencia. f. Estancia, estadía. || Perseverancia, inmutabilidad, estabilidad, firmeza, persistencia (a.: *inconstancia, mudanza, inestabilidad*).

permanente. adj. Estable, fijo, firme, inalterable, invariable, inmutable (a.: *transitorio, variable*). || Durable, duradero, perdurable, persistente.

permiso. m. Autorización, consentimiento, licencia, venia, beneplácito, anuencia, aquiescencia, concesión, privilegio (a.: *prohibición, desautorización*). || Pase, patente.

permitido, da. adj. Lícito, legal, legítimo.

|| Consentido, tolerado (a.: *ilegal, ilícito*).

permitir. tr. Autorizar, facultar, dejar, aprobar, acceder, consentir, tolerar, sufrir, aguantar (a.: *denegar, prohibir*).

permuta o permutación. f. Cambio, trueque, canje, intercambio (a.: *retención*).

permutar. tr. Cambiar, intercambiar, canjear, conmutar, trocar.

pernicioso, sa. adj. Dañino, dañoso, malo, nocivo, perjudicial (a.: *beneficioso, favorable, bueno*).

pernil. m. Jamón, anca, nalgada. || Pernera.

pernio. m. Gozne.

perno. m. Roblón, remache.

pernoctar. intr. Trasnochar.

pero. conj. Mas, aunque, empero. || m. Dificultad, obstáculo, estorbo (a.: *facilidad*). || Defecto (a.: *perfección*)

peroración. f. Discurso, charla, oración, lección. || Epílogo, conclusión.

perorar. intr. Discursear, declamar, charlar, hablar (a.: *callar, escuchar*).

perorata. f. Charla, peroración, razonamiento, discurso, alocución. || Conversación.

perpendicular. adj. Normal, vertical.

perpetrar. tr. Cometer, consumar (un delito).

perpetuamente. adv. Siempre, perdurablemente, perennemente, eternamente.

perpetuar. tr. Eternizar, inmortalizar (a.: *acabar, morir*).

perpetuidad. f. Perennidad, inmortalidad.

perpetuo, tua. adj. Imperecedero, perenne, inacabable, perdurable, inmortal, infinito, eterno, permanente, duradero, sempiterno (a.: *transitorio, efímero, temporal*). || Vitalicio. || Imborrable, indeleble. || f. Siempreviva.

perplejidad. f. Hesitación, duda, confusión, vacilación, irresolución, indecisión, incertidumbre, indeterminación (a.: *decisión, despreocupación, evidencia*).

perplejo, ja. adj. Irresoluto, indeciso, fluctuante, confuso, dudoso, desorientado, vacilante.

perrería. f. Jauría, traílla. || Trastada, villanía, vileza, canallada, jugarreta, deslealtad.

perro. m. Chucho, can, gozque, pichicho.

perro, rra. adj. Vil, despreciable, malvado, malo, indigno. || m. Engaño. || f. Obstinación, porfía, tema. || Borrachera.

persa. adj. Persiano, pérsico, iranio, iraní.

persecución. f. Seguimiento, acosamiento, hostigamiento, importunación, instancia.

perseguir. tr. Acosar, estrechar, seguir, acorralar, hostigar (a.: *huir, escapar*). || Importunar, molestar, fastidiar, apremiar. || Oprimir. || Pretender, solicitar, pedir, buscar, procurar.

perseverancia. f. Firmeza, tesón, tenacidad, constancia (a.: *inconstancia*). || Persistencia, insistencia, asiduidad, empeño.

perseverar. intr. Persistir, obstinarse, insistir, continuar, mantenerse (a.: *ceder, renunciar*). || Perdurar, permanecer, subsistir.

persiana. f. Celosía.

persignar. tr. y prnl. Signar, santiguar.

persistencia. f. Constancia, perseverancia, insistencia, obstinación, tenacidad.

persistir. intr. Insistir, perseverar, obstinarse, mantenerse, continuar, seguir. || Perdurar, durar, subsistir, permanecer (a.: *desistir*).

persona. f. Alma, individuo, hombre, mujer, semejante, ser humano, vida (a.: *cosa, objeto*).

personaje. m. Figura, personalidad. || Persona. || Actor, protagonista.

personal. adj. Particular, privado, peculiar, individual, privativo, propio (a.: *general, colectivo*). || m. Cuerpo, elenco. || Dotación

personalidad. f. Individualidad. || Personaje, persona. || Carácter, sello, distintivo.

personalmente. adv. m. En persona.

personarse. prnl. Presentarse, comparecer, apersonarse.

personificar. tr. Encarnar, representar.

perspectiva. f. Paisaje, panorama. || Posibilidad, probabilidad, contingencia. || Apariencia, aspecto, faceta.

perspicacia. f. Agudeza, sutileza, penetración, sagacidad (a.: *estupidez*).

perspicaz. adj. Agudo, sutil, penetrante, sagaz, lince (a.: *necio, tonto*).

persuadir. tr. y prnl. Convencer, inculcar, inclinar, inducir, mover, decidir (a.: *disuadir*).

persuasión. f. Convencimiento, convicción. || Captación, juicio. || Atracción, incitación.

persuasivo, va. adj. Convincente, suasorio.

pertenecer. intr. Corresponder. || Competer, incumbir, tocar, atañer, concernir.

perteneciente. adj. Correspondiente. || Referente, relativo, concerniente, tocante.

pertenencia. f. Propiedad, dominio, posesión.

pértiga. f. Caña, vara, palo.

pértigo. m. Lanza (del carro).

pertinacia. f. Obstinación, terquedad, tenacidad, contumacia, tozudez, testarudez. || Persistencia, duración.

pertinaz. adj. Terco, obstinado, tenaz, testarudo, contumaz, recalcitrante (a.: *resignado*). || Duradero, persistente, prolongado).

pertinente. adj. Perteneciente, concerniente, relativo, referente. || Oportuno, a propósito, adecuado (a.: *inadecuado, impropio, inconveniente*).

pertrechar. tr. y prnl. Preparar, disponer. || Abastecer, proveer, aprovisionar.

pertrechos. m. pl. Utensilios, trebejos. || Provisiones, munición, víveres.

perturbación. f. Alteración, desarreglo, desorden, trastorno, turbación, confusión, desconcierto. || Inquietud, desasosiego.

perturbado, da. adj. Alienado, loco, demente, enajenado, insano, conturbado.

perturbar. tr. Alterar, turbar, desordenar, trastornar, desarreglar. || Alborotar, inquietar, intranquilizar.

perversidad. f. o **perversión.** m. Maldad, perfidia, malignidad, corrupción, vicio, depravación, libertinaje, protervia (a.: *honestidad, bondad*).

perverso, sa. adj. Malo, malvado, inicuo, depravado, disoluto, corrompido, vicioso, protervo (a.: *virtuoso, bueno*).

pervertir. tr. Enviciar, prostituir, viciar, malear, maliciar, bastardear, corromper, estragar, depravar (a.: *regenerar, enmendar*).

pesada. f. Ponderación, peso.

pesadez. f. Pesantez, gravedad, peso, pesadumbre. ‖ Impertinencia, importunidad, terquedad, lata, molestia. ‖ Cargazón. ‖ Obesidad, gordura. ‖ Trabajo, fatiga, molestia. ‖ Cachaza, flema (a.: *nerviosidad*).

pesado, da. adj. Grave, ponderoso (a.: *leve*). ‖ Tardo, lento, calmoso, cachazudo, torpe (a.: *ágil*). ‖ Molesto, enfadoso, enojoso, cargante, fastidioso, tedioso, latoso, aburrido (a.: *entretenido*). ‖ Duro, áspero, insufrible, dañoso, penoso, ofensivo.

pesadumbre. f. Pesadez, pesantez, gravedad, peso. ‖ Desazón, disgusto, molestia, pena, pesar, dolor, preocupación (a.: *felicidad*).

pésame. m. Condolencia (a.: *enhorabuena*).

pesantez. f. Pesadez, gravedad, gravitación.

pesar. m. Sentimiento, dolor, pena, aflicción, pesadumbre (a.: *júbilo, gozo*). ‖ Arrepentimiento, remordimiento. ‖ intr. Abrumar. ‖ Apenar, fastidiar, apesadumbrar. ‖ tr. Examinar, considerar (a.: *descuidar*). ‖ Pensar, evaluar, valorar, valuar.

pesaroso, sa. adj. Afligido, entristecido, apenado (a.: *contento*). ‖ Arrepentido, sentido.

pescante. m. Serviola. ‖ Escotillón (en el teatro).

pescar. tr. Lograr, alcanzar, conseguir. ‖ Agarrar, pillar, coger, atrapar, tomar.

pescuezo. m. Cuello, cogote, cerviz.

pésimo, ma. adj. Detestable, malísimo (a.: *óptimo*).

peso. m. Pesantez, pesadez, gravedad. ‖

Entidad, sustancia, importancia (a.: *nimiedad*). ‖ Pesadumbre, carga, preocupación. ‖ Eficacia, fuerza

pesquis. m. Cacumen, caletre, ingenio, agudeza, perspicacia, penetración.

pesquisa. f. Investigación, averiguación, información, indagación, búsqueda, busca. *La pesquisa fracasó.*

pesquisante. m. Detective, investigador.

pestaña. f. Orilla, reborde.

pestañear. intr. Parpadear. ‖ Vivir.

peste. f. Epidemia, plaga (a.: *salubridad*). ‖ Hedor, hediondez, fetidez, pestilencia, mal olor, tufo (a.: *aroma, fragancia*).

pestífero, ra. adj. Contagioso, dañino, pernicioso (a.: *saludable*). ‖ Pestilente, hediondo, fétido, apestoso.

pestilencia. f. Peste. ‖ Hediondez, fetidez, hedor, tufo.

pestilente. adj. Pestífero.

pestillo. m. Pasador, cerrojo. ‖ Picaporte.

petaca. f. Cigarrera, pitillera, tabaquera.

petardo. m. Estafa, sablazo, engaño, fraude, trampa. ‖ Cohete, bomba, rompeportones.

petate. m. Lío, atado. ‖ Bártulos, equipaje. ‖ adj. Embustero, embaucador.

petición. f. Pedido, ruego, solicitud, demanda, súplica. ‖ Reclamación.

petigrís. f. Ardilla.

petimetre. m. Lechuguino, gomoso, dandi, pisaverde, currutaco, mequetrefe.

petiso, sa. adj. y s. Bajo, pequeño (a.: *grandote*).

petitorio. m. Petición.

pétreo, a. adj. Pedregoso, rocoso.

petrificar. tr. y prnl. Fosilizar. ‖ Inmovilizar, pasmar. ‖ Endurecer, solidificar.

petrografía. f. Litología.

petroso, sa. adj. Pedregoso.

petulancia. f. Presunción, fatuidad, envanecimiento, engreimiento, vanidad, jactancia, pedantería (a.: *humildad, modestia*). ‖ Insolencia, atrevimiento, osadía, descaro, viveza (a.: *educación, cortesía*).

petulante. adj. Engreído, fatuo, vanidoso, presuntuoso, pedante, presumido. ‖ Insolente, descarado.

pez. m. Peje. || Pescado.

pezón. m. Rabillo, pedúnculo, botón, mamelón. || Tetilla.

pezuña o pesuña. f. Uña, casco.

piadoso, sa. adj. Compasivo, misericordioso, humano, benigno, caritativo (**a.:** *inhumano, cruel*). || Religioso, devoto, pío (**a.:** *irreligioso, impío*).

pialar. tr. Manear, manganear, apealar.

piar. intr. Clamar, llamar.

piara. f. Manada.

pibe. m. y **piba.** f. Chico, chica; niño, niña, joven.

pica. f. Garrocha, vara.

picadura. f. Pinchazo, punzada. || Picada, mordedura, picotazo. || Caries.

picaflor. m. Colibrí.

picajoso, sa. adj. Susceptible, quisquilloso, puntilloso.

picana. f. Aguijada.

picante. adj. Mordaz, satírico, picaresco, punzante. || Acerbo, acre, cáustico.

picapedrero. m. Cantero.

picapleitos. m. Pleitista, pleiteador, abogado (desp.). || Trapisondista.

picaporte. m. Pestillo.

picar. tr. Pinchar, punzar. || Varear. || Picotear. || Seguir, perseguir. || Cortar, partir, desmenuzar, moler. || Mover, incitar, aguijar, excitar, estimular, espolear, aguijonear, inquietar, provocar. || Calar, perforar. || tr. e intr. Escocer. || Enojar, provocar. || prnl. Carcomerse, apollarse. || Cariarse. || Avinagrarse. || Pudrirse, agriarse, fermentar. || Sentirse, ofenderse, agraviarse, resentirse. || Preciarse, alabarse, jactarse, vanagloriarse.

picardear. intr. Retozar, travesear, juguetear.

picardía. f. Maldad, bajeza, bribonada, ruindad, vileza. || Bellaquería, astucia, disimulo. || Travesura, chasco. || pl. Denuestos, insultos.

picaresco, ca. adj. Atrevido, verde, picante (**a.:** *púdico, honesto*).

pícaro, ra. adj. y s. Bajo, ruin. || Pillo, villano, bribón, granuja, vil, desvergonzado, sinvergüenza. || Astuto, tunante, taimado, enredador, malicioso.

picazón. f. Hormigueo, picor, comezón, prurito. || Enojo, disgusto.

pichicho. m. Perro.

pichincha. f. Bicoca, ganga, bolada.

picnic. m. Excursión, paseo.

pico. m. Punta. || Cúspide, cresta, cima, cumbre. || Montaña (**a.:** *valle*). || Boca, lengua, labia, facundia, locuacidad.

picor. m. Escozor. || Picazón.

picotada. f. o **picotazo.** m. Picada, picazo.

picotear. tr. Picar.

picudo, da. adj. Hocicudo (**a.:** *ñato*).

pie. m. Base. || Planta. || Poso, hez, sedimento (**a.:** *nata*). || Ocasión, motivo. || Pata, pezuña. || Metro (en literatura).

piedad. f. Compasión, lástima, misericordia, caridad, conmiseración (**a.:** *saña, crueldad, inhumanidad*). || Devoción (**a.:** *impiedad*).

piedra. f. Roca, peña. || Granizo, pedrisco. || Sillar. || Cálculo. || Adoquín, laja.

piel. f. Pelleja, pellejo. || Hollejo. || Cutis, tez, dermis. || Cuero. || Cáscara, corteza.

piélago. m. Mar, océano, ponto. || Muchedumbre, sinnúmero.

piérides. f. pl. Musas.

pierna. f. Pata, gamba. || Muslo. || Zanca.

pieza. f. Parte, trozo, pedazo (**a.:** *conjunto*). || Objeto, utensilio. || Moneda. || Habitación, cuarto, aposento, estancia. || Mueble. || Composición, obra.

pifia. f. Error, fallo, equivocación, desacierto, plancha, torpeza, indiscreción (**a.:** *acierto, tino, atención*).

pifiar. intr. Errar, equivocarse, fallar, desacertar, marrar (**a.:** *acertar; dar*).

pigmento. m. Colorante, tinte.

pigmeo, a. s. Liliputiense, enano (**a.:** *gigante*). || adj. Diminuto, pequeño (**a.:** *ciclópeo*).

pignorar. tr. Empeñar, hipotecar, prendar (**a.:** *desempeñar*).

pigricia. f. Pereza, negligencia, haraganería, holgazanería, desidia, descuido.

pijotero, ra. adj. Molesto, fastidioso, cargante.

pila. f. Cúmulo, montón, rimero. || Revoltijo. ‖ Fuente. ‖ Parroquia. ‖ **pila ató-mica.** Reactor nuclear.

pilar. m. Mojón, hito. ‖ Columna, pilastra.

pilchas. f. pl. Ropa, vestido, traje.

píldora. f. Comprimido, gragea.

pileta. f. Piscina, natatorio, alberca. ‖ Pila.

pillada. f. Pillería, picardía.

pillaje. m. Depredación, hurto, despojo, rapiña, robo, saqueo, latrocinio.

pillar. tr. Hurtar, robar, sustraer, rapiñar, saquear (**a.:** *devolver*). ‖ Agarrar, coger, aprehender, apresar, atrapar, descubrir, sorprender, cazar, prender, pescar (**a.:** *soltar*).

pillería o **pillada.** f. Bellaquería, trastada, tunantada, picardía, jugarreta, bribonada.

pillete. m. Granuja, ratero.

pillo, lla. adj. Granuja, pillastre, tunante, pícaro, taimado, bribón, sinvergüenza (**a.:** *decente*). ‖ Sagaz, astuto, ladino, listo (**a.:** *honesto, íntegro*).

piloso, sa. adj. Peludo, velludo (**a.:** *lampiño*).

pilotear o **pilotar.** intr. Manejar, dirigir, gobernar, conducir, guiar.

piloto. m. Aviador, conductor, guía. ‖ Mentor, maestro.

piltrafa. f. Residuo.

pimiento. m. Ají, chile, morrón.

pimpante. adj. Orondo, rozagante, garboso.

pimpollo. m. Brote, retoño, renuevo, vástago. ‖ Capullo, botón. ‖ Niña, niño, joven.

pinabete. m. Abeto.

pináculo. m. Apogeo, cima, cumbre, plenitud (**a.:** *abismo*).

pinar. m. Pineda, pinada, pinatar.

pincel. m. Brocha.

pincelada. f. Toque, trazo, brochazo. ‖ Descripción, explicación.

pincelar. tr. Pintar.

pinchadura. f. Pinchazo, punzada.

pinchar. tr. Picar, punzar, clavar. ‖ Aguijonear, azuzar, mover, incitar, estimular. ‖ Provocar, irritar, enojar (**a.:** *disuadir*).

pinchazo. m. o **pinchadura.** f. Picadura,

punzadura, punzada. ‖ Punción. ‖ Reventón.

pinche. m. Aguijón, espina, punzón. ‖ Aprendiz, cadete, galopín.

pincho. m. Aguijón, aguja, espina, punzón, púa.

pindonguear. intr. Callejear, vagar, pendonear.

pineda. f. Pinar.

pingajo o **pingo.** m. Andrajo, harapo, jirón, guiñapo, arrapiezo.

pingo. m. Caballo, flete. ‖ Harapo.

pingüe. adj. Craso, mantecoso, gordo, grasoso, grasiento. ‖ Abundante, fértil, copioso, cuantioso (**a.:** *escaso, exiguo*).

pinjante. adj. Colgante, pendiente. ‖ m. Arete.

pinta. f. Mota, lunar. ‖ Aspecto, traza, facha. ‖ Peca. ‖ pl. Tifus.

pintar. tr. Teñir, colorear, colorar, pintarrajear. ‖ Describir, representar. ‖ Exagerar, ponderar, engrandecer (**a.:** *rebajar*). ‖ intr. Significar, valer, importar. ‖ prnl. Maquillarse.

pintarrajear. tr. Embadurnar.

pintiparado, da. adj. Parecido, semejante, similar. ‖ Igual, análogo, afín. ‖ Adecuado, apropiado, oportuno, exacto.

pintojo, ja. adj. Manchado.

pintor, ra. m. y f. Acuarelista, pastelista, fresquista, templista, paisajista, retratista, miniaturista, escenógrafo, decorador.

pintoresco, ca. adj. Típico, expresivo. ‖ Estrafalario, chocante, extravagante.

pintura. f. Descripción, representación. ‖ Cuadro, lienzo, tela, fresco, tabla.

pío, a. adj. Devoto, piadoso (**a.:** *impío*). ‖ Benigno, misericordioso, compasivo (**a.:** *duro, inhumano*).

piocha. f. Piqueta, pico, zapapico.

piojoso, sa. adj. Miserable, mezquino, tacaño, agarrado (**a.:** *generoso*). ‖ Pobretón. ‖ Sucio (**a.:** *aseado, pulcro*).

piola. f. Cordel, hilo.

pipa. f. Cachimba. ‖ Cuba, barrica, tonel, bocoy, candiota. ‖ Espoleta. ‖ Zampoña, pipiritaña. ‖ Pepita, simiente.

pique. m. Resentimiento, desazón (**a.:**

dulzura). || Rivalidad, emulación. || Disgusto, enfado, desagrado. || Arranque.

piqueta. f. Piocha, pico, zapapico.

piquete. m. Grupo, pelotón.

pira. f. Hoguera, fogata.

piragua. f. Bote, canoa, chalupa.

piramidal. adj. Colosal, extraordinario (**a.:** *corriente*).

pirata. adj. Pirático. || m. Corsario, filibustero. || Ladrón, pillo, explotador, despiadado.

pirita. f. Marcasita.

piropear. tr. Requebrar, echar flores, decir flores, lisonjear, galantear (**a.:** *maldecir*).

piropo. m. Lisonja, requiebro, alabanza, galantería, flor, alabo.

piroxilina. f. Algodón pólvora.

pirriarse. prnl. Perecerse, desear, anhelar, desvivirse.

pirueta. f. Cabriola, voltereta.

pis. m. Orina.

pisada. f. Huella, rastro. || Patada.

pisar. tr. Hollar. || Pisotear, apisonar. || Conculcar, infringir, quebrantar. || Atropellar, humillar, despreciar (**a.:** *respetar*).

pisaverde. m. Gomoso, petimetre, lechuguino, presumido, currutaco.

piscina. f. Pileta, estanque, natatorio, alberca.

piscolabis. m. Refrigerio, tentempié, refracción, colación (**a.:** *ayuno, comilona*).

piso. m. Suelo, tierra, pavimento (**a.:** *techo, firmamento*). || Suela. || Casa, apartamento, departamento.

pisotear. tr. Pisar, apisonar. || Humillar, escarnecer, despreciar, maltratar. || Conculcar, atropellar, infringir, quebrantar.

pista. f. Huella, rastro, indicio, vestigio, signo, señal. || Autopista. || Cancha.

pistilo. m. Gineceo.

pisto. m. Mezcolanza, revoltijo. || **darse pisto.** Darse importancia, envanecerse.

pistón. m. Émbolo.

pita. f. Henequén, agave. || Abucheo, rechifla.

pitanza. f. Comida, manduca, condumio.

|| Sustento, alimento, subsistencia, manutención, ración.

pitañoso, sa. adj. Legañoso.

pitar. intr. Silbar, abuchear, chiflar (**a.:** *ovacionar*). || Fumar.

pitillera. f. Cigarrera.

pitillo. m. Cigarrillo, pito.

pítima. f. Borrachera, embriaguez, curda, chispa, mona.

pito. m. Silbato, chifle. || Pitillo, cigarrillo.

pitón. m. Pitorro. || Renuevo, retoño, brote. || Cuerno.

pitonisa. f. Adivina, profetisa, hechicera.

pitorreo. m. Burla, rechifla, guasa, mofa.

pituita. f. Moco, mucosidad.

pizarra. f. Esquisto. || Encerado, pizarrón.

pizca. f. Nonada, ápice, brizna, minucia, menudencia, partícula.

placa. f. Lámina, plancha, chapa. || Insignia, condecoración. || Clisé, película.

pláceme. m. Felicitación, congratulación, enhorabuena, parabién.

placentero, ra. adj. Agradable, encantador, grato, gozoso, ameno, alegre (**a.:** *desagradable, enojoso*).

placer. m. Contento, goce, gozo, satisfacción, agrado, beneplácito (**a.:** *fastidio, desagrado*). || Gusto, deleite, delicia (**a.:** *pena, sufrimiento, dolor*). || Entretenimiento, diversión. || intr. Agradar, gustar.

placidez. f. Sosiego, calma, tranquilidad, serenidad, apacibilidad, quietud, mansedumbre. || Agrado, gusto.

plácido, da. adj. Tranquilo, sereno, sosegado, quieto, apacible (**a.:** *intranquilo, irritado*). || Grato, deleitoso, placentero, ameno.

plafón. m. Sofito. || Rosetón.

plaga. f. Calamidad, desgracia, azote. || Úlcera, llaga. || Peste, epidemia. || Contratiempo, infortunio. || Abundancia, copia, multitud, diluvio (**a.:** *escasez*).

plagiar. tr. Copiar, fusilar. || Imitar, remedar. || Secuestrar, raptar.

plagiario, ria. s. Imitador, copista, ladrón. || Raptor.

plagio. m. Calco, copia, imitación (**a.:** *original*). || Rapto.

plan. m. Designio, proyecto, propósito, intento, idea, intención, programa. || Piso, planta. || Nivel, altitud. || Diseño, apunte, minuta, síntesis, borrador. || Intriga, maquinación.

plana. f. Página, carilla, cara, haz. || Llana, palustre.

plancha. f. Chapa, placa, lámina, tabla. || Papelón, pifia, coladura (**a.:** *acierto, tino*).

planchar. tr. Alisar, estirar, desarrugar (**a.:** *plegar, arrugar*).

planear. tr. Planificar, proyectar. || Esbozar, trazar, idear, disponer, organizar. || Concebir, inventar, imaginar, fraguar.

planeta. m. Satélite, astro.

planetoide. m. Asteroide.

planicie. f. Llanura, sabana, llanada, llano, planada. || Meseta (**a.:** *montaña, serranía*).

planificar. tr. Planear, proyectar, organizar.

plano, na. adj. Llano, liso, raso, igual, chato (**a.:** *ondulado, desigual*). || m. Mapa. || Nivel, altura. || **de plano.** loc. adv. Enteramente, completamente, rotundamente.

planta. f. Vegetal (**a.:** *animal*). || Plantación, plantío. || Plano, proyecto, diseño. || Plan, programa. || Piso. || Fábrica.

plantación. f. Plantío, sembrado, plantel, vivero, cultivo. || Trasplante.

plantar. tr. Asentar, colocar. || Fundar, instituir, establecer, colocar. || Hincar, clavar. || Dar, encajar, asestar, propinar, plantificar. || Abandonar, dejar, birlar, chasquear. || Decir, largar. || prnl. Llegar, trasladarse (**a.:** *irse, marcharse*). || Empacarse, pararse (**a.:** *correr*).

plante. m. Huelga, paro.

plantear. tr. Proponer, sugerir, exponer (**a.:** *rectificarse*). || Planear, proyectar, trazar.

plantel. m. Criadero, plantío, vivero, plantación.

plantilla. f. Patrón. || Plan, planta. || Suela.

plantío. m. Vivero, plantación.

plantón. m. Centinela, guardia. || Espera.

plañidero, ra. adj. Lloroso, lastimero, quejumbroso, gemebundo.

plañir. intr. Gemir, llorar, sollozar. || Quejarse, lamentarse.

plasmar. tr. Crear, formar, moldear, modelar. || Concretar, materializar.

plasta. f. Masa, pasta.

plástico, ca. adj. Dúctil, blando, muelle, moldeable (**a.:** *rígido, duro*).

plata. f. Dinero, riqueza, guita, bienes (**a.:** *miseria, pobreza*).

plataforma. f. Tarima, estrado, tribuna, tablado. || Apariencia, pretexto.

platal. m. Dineral.

plátano. m. Banano, platanera. || Banana.

plática. f. Conversación, coloquio, palique, charla (**a.:** *gritería*). || Sermón, discurso.

platicar. intr. Conversar, charlar, hablar, conferenciar, departir, discursear (**a.:** *callar*). || Discurrir, predicar.

plato. m. Platillo. || Comida, manjar, vianda. || Fuente, bandeja, escudilla.

platónico, ca. adj. Espiritual, ideal, desinteresado. || Honesto, casto, puro.

platudo, da. adj. Adinerado, acaudalado, rico.

plausible. adj. Laudable, loable, meritorio (**a.:** *despreciable*). || Atendible, aceptable, admisible, recomendable, justificado (**a.:** *injustificado*).

playa. f. Ribera.

plaza. f. Mercado. || Espacio, sitio, lugar. || Ocupación, oficio, empleo, puesto. || Fortificación, fortaleza. || Plazuela, plazoleta, arena, ágora. || Ciudad, población.

plazo. m. Término, tiempo, vencimiento. || Cuota. || Aplazamiento, prórroga, respiro, moratoria.

plazoleta. f. Plazuela.

pleamar. f. Marea alta (**a.:** *bajamar*).

plebe. f. Vulgo, turba, chusma, populacho, gentuza.

plebeyo, ya. adj. Ordinario, grosero, vulgar.

plebiscito. m. Votación, referendo.

plegar. tr. Doblar, plisar, arrugar, fruncir (a.: *desplegar, extender*). ‖ prnl. Doblarse, doblegarse, someterse, ceder (a.: *rebelarse*). ‖ Unirse (a.: *separarse*).

plegaria. f. Oración, rezo. ‖ Deprecación, súplica, ruego, rogativa (a.: *blasfemia*).

pleitear. tr. Litigar, querellar (a.: *avenirse*).

pleitesía. f. Acatamiento, acuerdo, concierto, sumisión (a.: *rebeldía*).

pleitista. adj. Litigante, pleiteador, embrollón, picapleitos.

pleito. m. Litigio, causa, litis. ‖ Controversia, diferencia, querella, disputa, altercado, discusión, pendencia.

plenamente. adv. Enteramente, completamente, íntegramente (a.: *parcialmente*).

plenario, ria. adj. Completo, total. ‖ Pleno, entero. ‖ Íntegro.

plenilunio. m. Luna llena.

plenitud. f. Totalidad, plétora, integridad (a.: *parte*). ‖ Apogeo, perfección.

pleno, na. adj. Entero, completo. ‖ Lleno, atiborrado, atestado (a.: *vacío*). ‖ Íntegro. ‖ Plenario, junta, reunión.

pleonasmo. m. Redundancia. ‖ Elipsis.

plétora. f. Superabundancia, abundancia, exceso, exuberancia, demasía, profusión, plenitud (a.: *carencia, escasez*).

pletórico, ca. adj. Lleno, repleto, superabundante.

pliego. m. Hoja. ‖ Carta, oficio, memorial.

pliegue. m. Doblez, plegadura, repliegue, dobladillo, frunce, tabla.

plinto. m. Basa, base, basamento.

plomada. f. Sonda.

plombagina o **plumbagina.** f. Grafito.

pluma. f. Péndola, cálamo, estilo, estilográfica.

plumada. f. Plumazo, peñolada. ‖ Carácter, letra, rasgo.

plumaje. m. Plumero. ‖ Penacho, cresta, copete, plumazón.

plumbagina. f. Plombagina, grafito.

pluralidad. f. Multiplicidad (a.: *singularidad*). ‖ Variedad, diversidad.

plus. m. Sobresueldo, gratificación, extra, propina (a.: *quita*).

plutonismo. m. Vulcanismo.

pluvioso, sa. adj. Lluvioso.

población. f. Vecindario, habitantes. ‖ Ciudad, localidad, villa, pueblo, aldea, poblado, lugar.

poblado. m. Población, localidad, pueblo, aldea, villa.

poblador, ra. m. y f. Habitante, morador.

poblar. tr. Colonizar (a.: *emigrar*). ‖ Llenar.

pobre. adj. Indigente, necesitado, menesteroso, proletario, miserable (a.: *acaudalado, rico*). ‖ Escaso, desvalido, corto, falto (a.: *abundante*). ‖ Infeliz, desdichado, triste (a.: *dichoso*). ‖ Humilde, modesto. ‖ m. y f. Mendigo, pordiosero.

pobrete, ta. adj. Pobre. ‖ Desventurado, cuitado, desdichado.

pobreza. f. Necesidad, escasez, indigencia, inopia, estrechez, penuria, miseria.

pobrísimo, ma. adj. Paupérrimo (a.: *riquísimo, multimillonario*).

pocho, cha. adj. Marchito, podrido. ‖ Pálido. ‖ Triste, abatido.

pocilga. f. Chiquero, zahúrda, cuchitril. ‖ Tugurio, tabuco.

pocillo. m. Jícara.

pócima. f. Brebaje, poción, cocimiento.

poco. adv. No suficiente, insuficientemente, escaso, limitado, reducido.

poco, ca. adj. Escaso, limitado, corto, exiguo (a.: *mucho, suficiente*). ‖ m. Pizca, gota (a.: *sinfín, infinidad*).

podagra. f. Gota (enfermedad).

podar. tr. Mondar, mochar, cortar, desmochar. ‖ Suprimir, expurgar. ‖ Cercenar.

poder. m. Dominio, imperio, autoridad, potestad, mando, facultad, jurisdicción. ‖ Fuerza, vigor, poderío, superioridad, pujanza, capacidad, potencia, energía. ‖ Eficacia. ‖ Posesión, tenencia. ‖ Autorización, facultad, poder. ‖ Albedrío, arbitrio (a.: *sumisión*).

poder. intr. Ser factible, ser posible. ‖ Conseguir, lograr, obtener.

poderío. m. Potencia, poder, señorío, potestad, mando, jurisdicción, imperio. ‖ Fuerza, vigor, empuje, autoridad. ‖ Riquezas, bienes.

poderoso, sa. adj. Potente, fuerte, vigoroso, enérgico (a.: *débil*). ‖ Eficaz, activo. ‖ Rico, acaudalado, pudiente, adinerado (a.: *pobre, mísero*). ‖ Excelente, magnífico (a.: *mediocre, insignificante*).

podio. m. Pedestal.

podómetro. m. Cuentapasos, odómetro.

podre. f. Pus, materia, podredumbre, putrefacción.

podrido, da. adj. Descompuesto, pútrido, corrompido, pocho, pasado (a.: *sano*). ‖ Viciado, corrupto.

podrir. tr. y prnl. Pudrir.

poema. m. Poesía, composición poética.

poeta. m. Vate, aedo, trovador, bardo. ‖ Poetastro, rimador (a.: *prosista*).

poético, ca. adj. Lírico (a.: *prosaico*).

poetizar. intr. y tr. Embellecer, idealizar.

polaina. f. Sobrecalza.

polea. f. Garrucha, aparejo, trocla.

polémica. f. Discusión, disputa, controversia (a.: *acuerdo*).

polemizar. intr. Debatir, disputar, controvertir (a.: *convenir*).

polichinela. m. Títere, muñeco. ‖ Pulchinela.

policía. m. Agente, vigilante, polizonte. ‖ f. Cortesía, aseo (a.: *descortesía, deseo*).

policíaco, ca. adj. Policial.

policlínica. f. Consultorio, sanatorio.

policromo, ma. adj. Multicolor (a.: *monocromo*).

poliomielitis. f. Parálisis infantil.

polipasto. m. Aparejo, polea, polispasto, poleame.

política. f. Tacto, diplomacia, sagacidad, circunspección, habilidad. ‖ Cortesía, urbanidad, finura (a.: *tosquedad, grosería*).

político, ca. adj. Cortés, urbano, ceremonioso, atento, fino (a.: *descortés*).

póliza. f. Contrato, documento.

polizonte. m. Policía, agente, vigilante, alguacil, sabueso.

polla. f. Gallina. ‖ Muchacha.

pollera. f. Falda.

pollino, na. m. y f. Asno, burro. ‖ Bodoque, burro, ignorante.

pollo, lla. m. y f. Polluelo, cría, pichón. ‖ Joven, muchacho, señorito, mocito, mozalbete, jovenzuelo, pimpollo.

polo. m. Extremo, borne. ‖ Centro, fundamento.

poltrón, na. adj. Perezoso, flojo, haragán, holgazán, gandul, vago, tumbón (a.: *diligente, activo*).

poltronería. f. Holgazanería, haraganería, gandulería, pereza, flojedad, flojera (a.: *actividad*).

polución. f. Contaminación (a.: *purificación*).

poluto, ta. adj. Sucio, contaminado.

polvareda. f. Escándalo, trifulca, pelotera. ‖ Polvo.

polvo. m. Tierra, ceniza.

polvoriento, ta. adj. Polvoroso, pulverulento.

poma. f. Manzana. ‖ Pomo, perfumador.

pomada. f. Crema, ungüento. ‖ Betún.

pomo. m. Frasco.

pompa. f. Fausto, suntuosidad, solemnidad, magnificencia, ostentación, vanidad, aparato, grandeza, boato, esplendor. ‖ Bambolla, pomposidad (a.: *modestia, sencillez*). ‖ Burbuja, ampolla.

pomposo, sa. adj. Ostentoso, magnífico, rumboso, suntuoso, aparatoso (a.: *sencillo*). ‖ Rimbombante, altisonante, grandilocuente (a.: *sobrio, mesurado*). ‖ Hueco, vano, ampuloso, vanidoso, hinchado, enfático, inflado, presuntuoso. *Orador, pomposo.*

pómulo. m. Malar.

ponchada. f. Cantidad (a.: *pizca*).

ponderación. f. Atención, reflexión, moderación, circunspección. ‖ Exageración, encarecimiento. ‖ Equilibrio, compensación.

ponderado, da. adj. Equilibrado, sensato, mesurado, prudente.

ponderar. tr. Contrapesar, compensar, equilibrar, medir, pesar. ‖ Exagerar, encarecer, abultar, alabar (a.: *desmerecer, denigrar*).

ponderativo, va. adj. Exagerativo, extremoso.

ponedero, ra. adj. Ponedor. || m. Nidal, incubadora.

ponencia. f. Informe, dictamen, propuesta.

poner. tr. Colocar, depositar, situar, ubicar (**a.:** *sacar, quitar*). || Apostar, exponer, jugar. || Contribuir. || Acomodar, adaptar, meter (**a.:** *eliminar*). || Disponer, arreglar, preparar (**a.:** *desarreglar*). || Establecer, instalar, montar. || Oponer. || Mostrar, exponer, presentar. || Representar, hacer, dar. || Agregar, añadir. || intr. Asignar, dar. || prnl. Trasponerse, ocultarse. || Trasladarse, ir. || Vestirse, ataviarse. || Mancharse, ensuciarse.

poniente. m. Oeste, Occidente, Ocaso (**a.:** *Este, Oriente*).

pontificado. m. Papado.

pontífice. m. Papa, obispo, arzobispo.

ponto. m. Mar, piélago.

ponzoña. f. Veneno, tósigo, tóxico.

ponzoñoso, sa. adj. Venenoso, tóxico. || Dañoso, nocivo, perjudicial.

populacho. m. Chusma, turba, plebe, gentuza, vulgo.

popular. adj. Vulgar, común. || Admirado, estimado.

popularidad. f. Renombre, fama, predicamento, aplauso, favor, auge (**a.:** *desprestigio*).

popularizar. tr. Divulgar, vulgarizar, propagar. || Afamar, acreditar.

populoso, sa. adj. Poblado, frecuentado (**a.:** *solitario, despoblado*).

poquedad. f. Escasez, cortedad, miseria. || Timidez, pusilanimidad, cobardía, apocamiento. || Nimiedad, nonada, bagatela, fruslería.

porche. m. Soportal, cobertizo. || Portal, pórtico, atrio, vestíbulo.

porción. f. Pedazo, trozo, parte, fracción, fragmento, ración, cacho. || Sinnúmero, muchedumbre, montón, multitud.

pordiosear. intr. Mendigar, limosnear, pedir limosna.

pordiosero, ra. m. y f. Mendigo, mendicante, mendigante, pobre (**a.:** *acaudalado*).

porfía. f. Discusión, disputa, contienda. || Terquedad, testarudez, insistencia, empeño, obstinación, tozudez.

porfiado, da. adj. Insistente, tozudo, machacón, obstinado, terco, testarudo, inapeable.

porfiar. intr. Discutir, disputar, altercar. || Insistir, machacar, obstinarse, importunar (**a.:** *ceder, desistir*).

pormenor. m. Detalle, particularidad, nimiedad, menudencia.

pornografía. f. Obscenidad (**a.:** *honestidad*).

pornográfico, ca. adj. Licencioso, verde, impúdico (**a.:** *inocente, casto*).

poro. m. Intersticio. || Orificio.

poroto. m. Alubia, fríjol.

porque. conj. Pues.

porqué. m. Causa, razón, motivo, móvil. || Finalidad.

porquería. f. Suciedad, roña, inmundicia, mugre, basura. || Canallada, trastada, jugada. || Grosería, desatención, descortesía. || Chuchería, bagatela.

porra. f. Clava, maza. || Cachiporra. || Macana. || Vanidad, presunción, jactancia.

porrada. f. Porrazo. || Necedad, disparate, dislate, estupidez.

porrazo. m. Trastazo, golpe, golpazo. || Costalada.

porrillo (a). loc. adv. En abundancia, abundantemente, copiosamente.

porro. m. Puerro.

porrón. m. Botijo.

portada. f. Frontis, fachada, frente, frontispicio. || Carátula.

portadilla. f. Anteportada.

portal. m. Zaguán, pórtico, vestíbulo. || Soportal.

portamonedas. m. Monedero, bolsa, cartera.

portar. tr. Llevar, traer, trasportar. || prnl. Conducirse, proceder, comportarse. || Lucirse.

portátil. adj. Movible, trasportable (**a.:** *fijo, inmóvil*).

portaviandas. m. Fiambrera.

portavoz. m. Vocero, corifeo. || Cabecilla, líder. || Altavoz, bocina, micrófono.

porte. m. Trasporte, acarreo. || Aspecto, continente, apariencia, presencia, aire. || Capacidad, tamaño, grandeza.

portear. tr. Trasportar, conducir, llevar, acarrear.

portento. m. Maravilla, prodigio, milagro.

portentoso, sa. adj. Maravilloso, admirable, prodigioso, asombroso, singular, milagroso, pasmoso, grandioso, estupendo, extraño (**a.:** *insignificante, vulgar, natural*).

portería. f. Arco, meta, valla.

portero, ra. m. Guardameta, arquero, guardavalla.

pórtico. m. Porche, atrio, portal.

portillo. m. Postigo. || Abertura, abra, paso. || Mella, desportilladura.

portón. m. Contrapuerta.

portorriqueño, ña. adj. Puèrtorriqueño, boricua, borinqueño.

portugués, sa. adj. Lusitano, luso.

porvenir. m. Futuro, mañana.

pos (en). loc. adv. Detrás, después de (**a.:** *delante*).

posada. f. Fonda, mesón, parador, hostal, hostería. || Alojamiento, hospedaje, albergue.

posaderas. f. pl. Nalgas, asentaderas, trasero, culo.

posadero, ra. m. y f. Mesonero, hostelero, ventero, huésped.

posar. intr. Asentarse, descansar, reposar. || prnl. Sedimentarse, depositarse (**a.:** *removerse*). || Alojarse, aposentarse (**a.:** *marcharse*).

pose. f. Actitud, postura. || Afectación.

poseedor, ra. m. y f. Dueño, propietario, tenedor. || Habiente.

poseer. tr. Tener, haber, gozar, disfrutar (**a.:** *carecer*).

poseído, da. adj. Poseso.

posesión. f. Tenencia, goce, disfrute. || Propiedad, finca, dominio.

posesionar. tr. Dar posesión, instalar, investir. || prnl. Tomar posesión, adueñarse, apoderarse.

poseso, sa. adj. Endemoniado, poseído, espiritado.

posibilidad. f. Probabilidad, eventualidad, contingencia. || Aptitud. || pl. Medios, caudal, hacienda.

posible. adj. Factible, hacedero, realizable (**a.:** *imposible, irrealizable*). || Potencial, virtual. || m. pl. Recursos, medios, bienes.

posición. f. Postura, actitud. || Situación, disposición. || Emplazamiento. || Estado, condición, categoría.

positivista. adj. y s. Utilitario, pancista.

positivo, va. adj. Cierto, verdadero, seguro, indudable (**a.:** *inseguro, problemático, dudoso*). || Real, efectivo, tangible, manifiesto. || Práctico, utilitario, pragmático, provechoso.

posma. adj. Cachazudo, pesado, flemático, calmoso.

poso. m. Sedimento, heces. || Descanso, quietud.

posponer. tr. Aplazar, diferir, postergar, relegar, retrasar, rezagar (**a.:** *anteponer, preferir*).

posta. f. Tajada, trozo. || Correo, estafeta.

postema. f. Absceso. || m. y f. Pesado, molesto, impertinente.

postergar. tr. Aplazar, diferir, relegar, posponer (**a.:** *ascendiente*).

posterior. adj. Siguiente, subsiguiente, ulterior, venidero, zaguero (**a.:** *anterior*).

posteriormente. adv. Después, a continuación, detrás, por último.

postigo. m. Contrapuerta. || Portillo. || Contraventana.

postín. m. Vanidad, presunción. || Importancia, pisto (con el verbo *dar*). || Alardeo, fachenda. || Boato, lujo, elegancia.

postizo, za. adj. Pegadizo, sobrepuesto, añadido. || Falso, ficticio, artificial (**a.:** *verdadero, natural*). || m. Parche, remiendo, pegote, agregado.

postor. m. Licitador, licitante, pujador.

postración. f. Abatimiento, descaecimiento, decaimiento, desfallecimiento, aplanamiento, desánimo, extenuación, debilidad (a.: *actividad, vigor*). || Humillación.

postrar. tr. Rendir, derribar, humillar, abatir (a.: *levantar, ensalzar*). || Debilitar, extenuar, aplanar (a.: *fortalecer*). || prnl. Arrodillarse, prosternarse (a.: *erguirse*).

postrero, ra. adj. Último, posterior, postrimero, zaguero, postre (a.: *primero*). || Final, póstumo.

postrimerías. f. pl. Acabamiento, declinación, ocaso, final, fin (a.: *principio*). || Novísimos.

postrimero, ra. adj. Último, postrero (a.: *primero*).

postulado. m. Principio, supuesto.

postulante. m. y f. Aspirante, pretendiente, candidato.

postular. tr. Pedir, pretender, solicitar, proponer.

postura. f. Posición, colocación, actitud, figura, situación. || Apuesta. || Ajuste, trato, convenio.

potabilidad. f. Pureza.

potable. adj. Bebible. || Soportable, tolerable.

potaje. m. Mezcolanza. || Brebaje. || Caldo, sopa, guiso.

pote. m. Maceta, tiesto. || Tarro, vasija.

potencia. f. Fuerza, fortaleza, reciedumbre, vigor, energía (a.: *debilidad*). || Poder, poderío, pujanza, potencial. || Estado, nación.

potencial. adj. Posible, probable, condicional. || m. Potencia, poder, poderío (a.: *impotencia*). || Aptitud, capacidad, posibilidad.

potentado. m. Rico, pudiente, adinerado, poderoso, acaudalado, opulento (a.: *pobre*). || Monarca, soberano, tirano (a.: *vasallo*).

potente. adj. Poderoso, fuerte, enérgico, vigoroso (a.: *débil, endeble*). || Eficaz, pujante. || Grande, desmesurado, gigantesco, abultado.

potestad. f. Poder, autoridad, dominio, facultad, jurisdicción, imperio.

potestativo, va. adj. Facultativo, voluntario.

potingue. m. Brebaje, pócima, mejunje, bebedizo.

potra. f. Yegua. || Hernia.

potrear. tr. Molestar, mortificar, incomodar. || Saltar, brincar, retozar.

potro. m. Caballo, pingo. || Tormento.

poza. f. Charca, lagunajo.

pozo. m. Hoyo, excavación. || Cisterna.

práctica. f. Destreza, maña, pericia, habilidad (a.: *torpeza*). || Experiencia (a.: *teoría*). || Costumbre, uso, hábito, praxis. || Modo, método, procedimiento. || Rutina, ejercicio.

practicable. adj. Transitable (a.: *impracticable, intransitable*). || Posible, hacedero, realizable (a.: *imposible, irrealizable*).

practicar. tr. Ejercitar, ejercer. || Usar.

práctico, ca. adj. Experimentado, diestro, experto, perito, versado, conocedor, avezado (a.: *inhábil, inexperto*). || m. baquiano, baqueano.

pradera. f. Prado.

pravedad. f. Iniquidad, perversidad, maldad, inmoralidad, corrupción.

praxis. f. Práctica.

preámbulo. m. Prólogo, proemio, prefacio, introducción, introito, exordio (a.: *epílogo*).

prebenda. f. Sinecura, enchufe, acomodo. || Ventaja, canonjía, ganga (a.: *desventaja*).

precario, ria. adj. Inestable, instable, transitorio, inseguro (a.: *estable*).

precaución. f. Prevención, cautela, caución, reserva, cuidado, tiento (a.: *irreflexión*).

precaver. tr. y prnl. Prevenir, prever, evitar, guardarse.

precavido, da. adj. Prudente, circunspecto, previsor, cauto (a.: *imprudente, imprevisor*). || Sagaz, cauteloso, desconfiado, receloso (a.: *prevenido*).

precedencia. f. Primacía, superioridad (a.: *inferioridad*). || Anterioridad (a.: *posterioridad*). || Anteposición.

precedente. adj. Antecedente, anterior, previo, precitado (a.: *consiguiente, posterior ulterior*).

preceder. tr. Anteceder, adelantarse, aventajar (**a.:** *retrasarse, seguir*).

preceptiva. f. Teoría literaria.

precepto. m. Mandato, orden, mandamiento, disposición. ‖ Instrucción, regla, norma. ‖ Prescripción.

preceptor, ra. m. y f. Mentor, instructor, maestro, ayo.

preceptuar. tr. Disponer, mandar, ordenar, reglamentar, prescribir.

preces. f. pl. Plegarias, oraciones, rezos, súplicas, ruegos, impetraciones.

preciado, da. adj. Estimado, apreciado, caro, costoso, precioso, valioso. ‖ Presumido, vano, engreído, jactancioso.

preciar. tr. Apreciar, estimar, valuar (**a.:** *despreciar*). ‖ prnl. Gloriarse, alabarse, jactarse, presumir, vanagloriarse, envanecerse.

precinto. m. Fleje, zuncho.

precio. m. Valor, importe, coste, costo. ‖ Mérito, estimación, importancia. ‖ Pérdida, sufrimiento.

preciosidad. f. Preciosura. ‖ Belleza, encanto, hermosura (**a.:** *fealdad*).

precioso, sa. adj. Excelente, magnífico, primoroso, estimable, apreciable, exquisito (**a.:** *vulgar*). ‖ Valioso, costoso (**a.:** *barato*). ‖ Hermoso, bello, encantador (**a.:** *feo*). ‖ Gracioso, ingenioso, agudo, festivo.

precipicio. m. Despeñadero, derrumbadero, barranco, abismo, sima.

precipitación. f. Prisa, aceleración, fogosidad, apresuramiento. ‖ Atolondramiento, aturdimiento, arrebato, imprudencia, irreflexión (**a.:** *tino, prudencia*).

precipitado, da. adj. Apresurado, atropellado, impetuoso, irreflexivo, alocado. ‖ m. Sedimento.

precipitar. tr. Arrojar, tirar, lanzar, empujar, despeñar, derrumbar (**a.:** *contener*). ‖ Acelerar, apresurar, atropellar (**a.:** *detener*). ‖ prnl. Arrojarse, echarse, lanzarse, abalanzarse, tirarse (**a.:** *sentarse*).

precisamente. adv. Justamente, exactamente. ‖ Expresamente, ex profeso. ‖ Cabalmente, rotundamente, terminantemente.

precisar. tr. Fijar, determinar, concretar, definir, delimitar (**a.:** *vacilar*). ‖ Forzar, obligar, constreñir. ‖ tr. e intr. Requerir, necesitar.

precisión. f. Exactitud, concisión, claridad. ‖ Determinación, limitación, necesidad, requisito. ‖ Puntualidad, regularidad (**a.:** *tardanza, irregularidad*).

preciso, sa. adj. Necesario, indispensable, inexcusable, forzoso, obligatorio, imprescindible (**a.:** *voluntario, libre*). ‖ Exacto, estricto, cierto, determinado, definido, puntual, fijo, claro, conciso (**a.:** *impreciso, inexacto*).

precito, ta o **prescito, ta.** adj. Réprobo, condenado.

preclaro, ra. adj. Esclarecido, ilustre, conspicuo, insigne, afamado, famoso, célebre (**a.:** *desconocido, vulgar*).

preconcebido, da. adj. Premeditado, deliberado, prejuzgado, madurado, meditado, pensado.

preconizar. tr. Encomiar, elogiar, ponderar, ensalzar, alabar. ‖ Patrocinar, auspiciar.

precoz. adj. Temprano, prematuro, adelantado, anticipado (**a.:** *retrasado, atrasado, tardío, retardado*).

predecesor, ra. m. y f. Antecesor (**a.:** *sucesor*). ‖ Ascendiente, antepasado, progenitor, mayor. ‖ Precursor, guía.

predecir. tr. Anunciar, pronosticar, presagiar, adivinar, augurar, vaticinar, profetizar.

predestinación. f. Sino, hado, destino (**a.:** *incertidumbre*).

predestinado, da. adj. Elegido, señalado.

predestinar. tr. Preelegir.

prédica. f. Sermón, plática, predicación. ‖ Perorata, discurso.

predicar. tr. Evangelizar, sermonear. ‖ Reprender, amonestar. ‖ Exhortar.

predicción. f. Pronóstico, presagio, vaticinio, augurio, adivinación, profecía, anuncio.

predilección. f. Preferencia, inclinación, favoritismo (**a.:** *antipatía*).

predilecto, ta. adj. Preferido, favorito, privado, elegido.

predio. m. Heredad, hacienda, propiedad, tierra, finca, posesión.

predisponer. tr. y prnl. Atraer, inclinar. || Prevenir. || Propender, preparar, destinar.

predisposición. f. Propensión, afición, inclinación, tendencia, vocación (**a.:** *repelencia*).

predominar. tr. Prevalecer, preponderar, imperar, dominar (**a.:** *someterse*). || Sobresalir, descollar.

predominio. m. Superioridad, señorío, preponderancia, dominación, poder, dominio, influjo, imperio, autoridad, ascendiente (**a.:** *sumisión*).

preeminencia. f. Privilegio, exención, prerrogativa, preponderancia, superioridad, supremacía.

preeminente. adj. Elevado, sublime, alto, superior, sobresaliente, destacado (**a.:** *inferior, secundario*). || Honorífico, honroso, egregio.

prefacio. m. Preámbulo, preludio, prólogo, proemio, exordio, introducción (**a.:** *epílogo, desenlace*).

prefecto. m. Gobernador. || Inspector.

preferencia. f. Primacía, prioridad, superioridad. || Inclinación, predilección, prelación, privanza. || Parcialidad, propensión (**a.:** *odio*).

preferible. adj. Mejor, superior, deseable, predilecto (**a.:** *inferior, detestable*).

preferido, da. adj. Escogido, seleccionado. || m. y f. Favorito, predilecto.

preferir. tr. Anteponer, escoger, elegir, distinguir (**a.:** *posponer, relegar*).

pregón. m. Edicto, proclama.

pregonar. tr. Divulgar, publicar, proclamar, anunciar, vocear (**a.:** *callar, ocultar*). || Alabar, encomiar (**a.:** *censurar*).

pregonero, ra. adj. Voceador, anunciador.

pregunta. f. Interrogación, demanda, inquisición (**a.:** *respuesta*).

preguntar. tr. Interrogar, demandar, inquirir (**a.:** *responder, contestar*).

prejuicio. m. Parcialidad, prevención.

prelación. f. Preferencia, antelación, an-

ticipación. || Preferencia (**a.:** *postergación*).

preliminar. m. Anterior (**a.:** *final*).

preludio. m. Introducción, preámbulo, principio, comienzo, obertura, entrada (**a.:** *conclusión, epílogo*).

prematuro, ra. adj. Precoz, temprano, anticipado. || Inmaduro, verde.

premeditado, da. adj. Deliberado, preconcebido, preparado, rumiado (**a.:** *improvisado*).

premiar. tr. Recompensar, gratificar, galardonar, remunerar (**a.:** *condenar, sancionar, multar*).

premio. m. Galardón, remuneración, recompensa (**a.:** *castigo*). || Prima, aumento, sobreprecio (**a.:** *rebaja*).

premioso, sa. adj. Apremiante. || Estricto, severo, rígido (**a.:** *blando*). || Ajustado, apretado. || Dificultoso, pausado (**a.:** *diligente*). || Gravoso, molesto.

premisa. f. Proposición. || Indicio, señal.

premonición. f. Presentimiento, presagio.

premura. f. Aprieto, apremio, apuro, prisa, perentoriedad, urgencia, instancia (**a.:** *lentitud, tardanza*).

prenda. f. Garantía, fianza. || Cualidad, virtud (**a.:** *defecto*). || Alhaja, mueble.

prendarse. prnl. Aficionarse, enamorarse, encariñarse (**a.:** *enemistarse*).

prender. tr. Asir, agarrar, coger, sujetar. || Detener, capturar, apresar, aprisionar, aprehender, encarcelar (**a.:** *soltar*). || Enganchar, enredar. || intr. Arraigar, encepar, agarrar. || tr. y prnl. Encender, inflamarse, arder (**a.:** *apagarse*).

prendimiento. m. Prisión, captura, arresto, detención, apresamiento (**a.:** *liberación*).

prensa. f. Compresor. || Imprenta. || Periodismo, diarios.

prensar. tr. Comprimir, apretar.

preñado, da. adj. Lleno, cargado (**a.:** *vacío*).

preñez. f. Embarazo, gestación, gravidez.

preocupación. f. Cuidado, obsesión, inquietud, aprensión (**a.:** *despreocupación*).

preocupar. tr. y prnl. Desvelar, inquietar,

perturbar, obsesionar (**a.:** *tranquilizar*). || prnl. Encargarse, ocuparse.

preparación. f. Apresto, organización, aprontamiento.

preparado. m. Preparación. || Medicamento, fármaco, remedio. || adj. Experimentado, entrenado, dispuesto, aprestado, prevenido, pronto (**a.:** *espontáneo, impensado*).

preparar. tr. y prnl. Disponer, arreglar, aprestar, alistar, acondicionar, aderezar, elaborar, organizar, aparejar, prevenir (**a.:** *olvidar*).

preparativo, va. adj. Preparatorio. || m. pl. Aprestos, preparación, disposiciones, prevenciones.

preparatorio, ria. adj. Preparativo.

preponderancia. f. Superioridad, prestigio, supremacía, predominio, preeminencia, prevalencia.

preponderante. adj. Influyente, predominante, sobresaliente, aventajado (**a.:** *subalterno*).

preponderar. intr. Prevalecer, predominar, influir, sobresalir.

prerrogativa. f. Privilegio, excepción, ventaja, facultad, inmunidad (**a.:** *desventaja, inferioridad*).

presa. f. Botín. || Captura, aprehensión. || Represa, dique, embalse. || Acequia, canal. || Porción, tajada.

presagiar. tr. Predecir, anunciar, pronosticar, vaticinar, augurar, adivinar, profetizar.

presagio. m. Señal, indicio. || Pronóstico, augurio, vaticinio, agüero. || Premonición, presentimiento.

presbicia. f. Hipermetropía.

presbítero. m. Sacerdote, clérigo.

prescindir. intr. Descartar, desechar, excluir, privarse, eliminar. || Omitir, silenciar, callar (**a.:** *incluir, preferir*).

prescribir. tr. Ordenar, mandar, preceptuar, disponer. || Recetar. || intr. Caducar, extinguirse.

presencia. f. Aspecto, figura, facha, apariencia, traza, pinta, disposición. || Asistencia (**a.:** *ausencia, inasistencia*).

presenciar. tr. Asistir. || Ver, contemplar.

presentable. adj. Limpio, aseado.

presentación. f. Exhibición, manifestación, revelación (**a.:** *ocultación*). || Asistencia, comparecencia. || Preámbulo.

presentar. tr. Mostrar, exhibir, exponer. || Regalar, ofrecer, ofrendar. || prnl. Acudir, comparecer, personarse, apersonarse (**a.:** *faltar, huir*).

presente. adj. Actual (**a.:** *pasado, futuro*). || m. Regalo, obsequio. || **al,** o **de presente.** loc. adv. Ahora.

presentimiento. m. Corazonada, pálpito, barrunto, vislumbre, sospecha, premonición, telepatía (**a.:** *constatación*).

presentir. tr. Barruntar, sospechar, antever, maliciar, palpitar (**a.:** *cotejar, comprobar*).

preservación. f. Protección, salvaguardia, defensa.

preservar. tr. Proteger, defender, resguardar, salvaguardar, salvar, amparar (**a.:** *descuidar, exponer, desamparar*).

preservativo, va. adj. Preventivo, tuitivo, tutelar. || m. Profiláctico, condón.

presidencia. f. Jefatura.

presidente, ta. s. Director, jefe.

presidiario. m. Penado, preso, recluso.

presidio. m. Cárcel, prisión.

presidir. tr. Dirigir, gobernar, regir, mandar.

presión. f. Compresión (**a.:** *depresión*). || Apremio, coacción (**a.:** *abandono*).

preso, sa. adj. y s. Recluso, presidiario, prisionero, penado, cautivo (**a.:** *libre, liberado*).

prestación. f. Servicio. || Renta, tributo.

prestamente. adv. Prontamente, velozmente, rápidamente.

préstamo. m. Empréstito. || Anticipo, adelanto.

prestancia. f. Gallardía, distinción, porte.

prestar. tr. Fiar (**a.:** *cobrar*). || Suministrar, facilitar (**a.:** *exigir*). || prnl. Avenirse, allanarse, ofrecerse, brindarse (**a.:** *negarse*).

presteza. f. Prontitud, diligencia, rapidez (**a.:** *lentitud*).

prestidigitador, ra. m. y f. Ilusionista, jugador de manos, escamoteador.

prestigio. m. Ascendiente, autoridad, reputación, crédito, influencia (a.: *desprestigio, descrédito*). ‖ Engaño, ilusión, fascinación.

prestigioso, sa. adj. Influyente, renombrado, reputado, famoso (a.: *descalificado*).

presto, ta. adj. Pronto, ligero, rápido, diligente (a.: *lento*). ‖ Aparejado, preparado, dispuesto, listo. ‖ adv. t. Luego, al instante, prontamente, brevemente.

presumido, da. adj. Vago, ostentoso, vanidoso, fatuo, jactancioso, presuntuoso (a.: *humilde, sencillo*).

presumir. tr. Sospechar, conjeturar, maliciar, suponer, figurarse. ‖ intr. Jactarse, vanagloriarse, alardear.

presunción. f. Suposición, conjetura, sospecha (a.: *desconocimiento*). ‖ Vanidad, orgullo, fatuidad, engreimiento, petulancia, jactancia, presuntuosidad, pedantería, arrogancia (a.: *modestia*).

presunto, ta. adj. Supuesto, probable.

presuntuoso, sa. adj. Engreído, petulante, presumido, vano, fantasioso.

presupuesto. m. Cálculo, cómputo. ‖ Suposición, hipótesis.

presuroso, sa. adj. Apresurado (a.: *lento, pesado*).

pretencioso, sa o **pretensioso, sa.** adj. Presuntuoso, presumido. (a.: *sencillo, modesto, humilde*).

pretender. tr. Pedir, aspirar, solicitar. ‖ Procurar, intentar (a.: *desistir*). ‖ Ambicionar, aspirar (a.: *renunciar*).

pretendido. adj. Supuesto.

pretendiente. adj. Aspirante, solicitante.

pretensión. f. Aspiración, demanda, exigencia (a.: *conformidad*). ‖ Vanidad, presunción. ‖ Solicitud (a.: *renuncia*).

preterición. f. Posposición, postergación, olvido (a.: *preferencia, recuerdo*).

pretérito, ta. adj. Pasado, remoto, caduco, lejano (a.: *futuro*).

pretexto. m. Excusa, disculpa, motivo. ‖ Subterfugio, salida, asidero.

pretil. m. Antepecho, baranda, barandilla.

prevalecer. intr. Vencer, sobresalir, predominar, ganar, preponderar, dominar, descollar, aventajar (a.: *perder*). ‖ Crecer, aumentar.

prevalerse. prnl. Aprovecharse, servirse, valerse.

prevaricar. intr. Delinquir.

prevención. f. Preparativo, disposición, medida, providencia. ‖ Precaución, previsión. ‖ Desconfianza, recelo. ‖ Advertencia.

prevenido, da. adj. Previsor. ‖ Receloso, advertido (a.: *confiado, desprevenido*). ‖ Dispuesto, preparado.

prevenir. tr. y prnl. Preparar, disponer, aprestar. ‖ tr. Prever, precaver, impedir, evitar (a.: *descuidar*). ‖ Avisar, advertir, aconsejar, notificar, informar, noticiar (a.: *olvidar*). ‖ Impresionar, preocupar.

prever. tr. Prevenir, precaver. ‖ Conjeturar, sospechar, barruntar.

previo, via. adj. Anterior, adelantado, anticipado (a.: *posterior, subsiguiente*). ‖ Preliminar.

previsión. f. Perspectiva, precaución, presentimiento (a.: *irreflexión*).

previsor, ra. adj. Precavido, cauto, prudente (a.: *atropellado, confiado*).

prez. f. Fama, gloria, honor, honra.

prieto, ta. adj. Oscuro, negro. ‖ Apretado, ceñido, ajustado. ‖ Agarrado, avaro, mezquino, tacaño.

prima. f. Premio, sobreprecio. ‖ Cuota.

primacía. f. Prioridad. ‖ Superioridad, excelencia, preeminencia, supremacía (a.: *desventaja, inferioridad*).

primario, ria. adj. Primordial, primitivo, primero, fundamental (a.: *secundario, accesorio*). ‖ m. Paleozoico.

primate. m. Prócer.

primaveral. adj. Vernal. ‖ Fresco, nuevo, alegre, joven, vital.

primeramente. adv. Previamente (a.: *finalmente*).

primerizo, za. adj. Nonato, novicio, principiante. ‖ f. Primípara.

primero, ra. adj. Primordial, primitivo, primario, prístino. ‖ Inicial, precedente, principal. ‖ adv. Primeramente. antes, previamente. preferentemente. ‖ Excelente, sobresaliente (**a.:** *mediocre*).

primigenio, nia. adj. Primitivo. originario. *Teorías primigenias.*

primitivo, va. adj. Primordial, primigenio, prístino, originario, primario, primero (**a.:** *derivado*). ‖ Anciano, viejo (**a.:** *joven, antiguo*). ‖ Prehistórico (**a.:** *actual*). ‖ Tosco (**a.:** *culto*). ‖ Salvaje, aborigen.

primo, ma. adj. Primero. ‖ Primoroso, excelente. ‖ m. o f. Cándido, ingenuo, simple, incauto, bobalicón.

primogenitura. f. Mayorazgo, progenitura.

primor. m. Cuidado, delicadez, finura, esmero, maestría, excelencia, habilidad, destreza, perfección (**a.:** *cursilería*). ‖ Artificio, maña.

primordial. adj. Primitivo, original, primero, primario, fundamental, principal, capital, básico (**a.:** *accesorio, secundario*).

primoroso, sa. adj. Delicado, excelente, perfecto, fino, hermoso. ‖ Diestro, hábil, experimentado, habilidoso.

principal. adj. Primero, importante, esencial, fundamental, capital, primordial (**a.:** *accesorio, secundario*). ‖ Ilustre, esclarecido, distinguido, noble. ‖ m. Jefe, director, gerente (**a.:** *subordinado*).

principalísimo. adj. Fundamental, preponderante.

principalmente. adv. Primeramente, ante todo, máxime, sobre todo, especialmente, fundamentalmente.

principesco, ca. adj. Espléndido, magnífico. ‖ Generoso.

principiante, ta. adj. y s. Aprendiz, cadete, novato, novicio, inexperto, pinche (**a.:** *avezado*).

principiar. tr. e intr. Comenzar, empezar, emprender, iniciar (**a.:** *acabar, terminar*).

principio. m. Comienzo, inicio, iniciación (**a.:** *fin, término*). ‖ Origen, génesis, causa. ‖ Fundamento, base. ‖ Norma, precepto, regla (**a.:** *anarquía*). ‖

Encabezamiento. ‖ pl. Nociones, rudimentos.

pringar. tr. Empringar, engrasar, untar. ‖ Manchar, ensuciar. ‖ Desacreditar, deshonrar, denigrar, infamar.

pringoso, sa. adj. Grasiento, pringado, untado, pringón, aceitoso, oleoso. ‖ Sucio, mugriento. ‖ Fastidioso, pesado.

pringue. m. o f. Grasa, unto. ‖ Mugre, suciedad.

prioridad. f. Precedencia, anterioridad (**a.:** *posterioridad*). ‖ Superioridad, primacía, preeminencia, preferencia.

prisa. f. Prontitud, rapidez, celeridad, presteza, brevedad, apresuramiento (**a.:** *lentitud*). ‖ Urgencia, premura, apremio, ansia. ‖ **a o de prisa.** loc. adv. Aprisa, rápidamente. ‖ **darse prisa.** Apresurarse.

prisión. f. Aprehensión, prendimiento, captura, detención. ‖ Reclusión, encierro. ‖ Cárcel, presidio, penitenciaria, gayola. ‖ Cautiverio, cautividad.

prisionero, ra. m. y f. Cautivo, preso, recluso, detenido.

prístino, na. adj. Antiguo, primero, primitivo, original, primigenio.

privación. f. Falta, carencia (**a.:** *profusión*). ‖ Despojo, expoliación, usurpación, desposeimiento (**a.:** *devolución, reintegro*). ‖ pl. Estrecheces, penurias (**a.:** *opulencia*).

privado, da. adj. Familiar, personal, particular, privativo (**a.:** *público*). ‖ Falto, carente. ‖ m. y f. Valido, favorito.

privanza. f. Valimiento, favor, preferencia, predilección.

privar. tr. Despojar, expropiar, desposeer, usurpar, expoliar, quitar (**a.:** *devolver*). ‖ Prohibir, vedar, impedir (**a.:** *conceder, permitir*). ‖ prnl. Renunciar, abstenerse (**a.:** *tener, gozar*).

privativo, va. adj. Propio, exclusivo, personal, particular, individual (**a.:** *común, general*).

privilegiado, da. adj. Preferido, afortunado, predilecto, elegido, favorito. ‖ Extraordinario, excelente, excepcional.

privilegio. m. Prerrogativa, exención, fuero, ventaja, prebenda. ‖ Concesión, franquicia, preferencia.

pro. m. Provecho, ventaja, utilidad.

probabilidad. f. Verosimilitud.

probable. adj. Verosímil, creíble, presumible (a.: *improbable*). ‖ Demostrable. ‖ Factible, aceptable, admisible.

probado, da. adj. Ducho, avezado, experimentado, sufrido.

probadura. f. Gustación, prueba, cata.

probar. tr. Experimentar, examinar, tantear, ensayar. ‖ Gustar, paladear, catar. ‖ Acreditar, demostrar, justificar, evidenciar. ‖ Intentar, tratar, procurar. ‖ intr. Ir, sentar.

probatura. f. Ensayo, tentativa, prueba, experimento.

probidad. f. Integridad, honradez, bondad, rectitud, moralidad, decencia (a.: *deshonor*).

problema. m. Dificultad, cuestión, complicación, rompecabezas, asunto (a.: *facilidad*).

problemático, ca. adj. Dudoso, dubitable, incierto, inseguro (a.: *seguro, cierto*). ‖ Cuestionable, ambiguo, discutible. ‖ Confuso.

probo, ba. adj. Íntegro, honrado, recto, escrupuloso, equitativo, justo, moral (a.: *deshonesto*).

procacidad. f. Desvergüenza, descaro, desfachatez, insolencia, atrevimiento, grosería.

procaz. adj. Desvergonzado, deslenguado, grosero, atrevido, fresco, descarado, zafado. ‖ Indecoroso, indecente.

procedencia. f. Origen, principio, fuente, comienzo, raíz, génesis (a.: *destino*).

procedente. adj. Oportuno. ‖ Originario, proveniente.

proceder. m. Comportamiento, conducta, costumbre. ‖ intr. Venir, dimanar, provenir, nacer, seguirse, originarse, derivarse (a.: *resultar*). ‖ Portarse, comportarse, actuar, conducirse, obrar. ‖ Corresponder.

procedimiento. m. Método, sistema, manera, forma, medio, modo. ‖ Actuación, tramitación.

proceloso, sa. adj. Borrascoso, tormentoso, tempestuoso, agitado, riguroso, inclemente (a.: *calmo*).

prócer. adj. Alto, eminente, elevado, noble, ínclito, insigne. ‖ Majestuoso, imponente. ‖ m. Prohombre. ‖ Magnate, primate, optimate.

proceridad. f. Aristocracia, nobleza, distinción (a.: *indignidad, bajeza*). ‖ Lozanía, vigor, pujanza (a.: *debilidad*).

procesado, da. adj. Acusado, inculpado, reo.

procesar. tr. Encausar, enjuiciar.

procesión. f. Hilera, fila, desfile, comitiva, séquito, teoría.

proceso. m. Trascurso, desarrollo. ‖ Procedimiento. ‖ Causa, juicio, litigio, pleito.

proclama. f. Bando, pregón, alocución.

proclamar. tr. Publicar, divulgar, pregonar, anunciar (a.: *callar, ocultar*). ‖ Declarar, promulgar. ‖ Aclamar, elegir, nombrar.

proclive. adj. Inclinado (a.: *extraño, ajeno*).

procrear. tr. Engendrar, generar, reproducir.

procurar. tr. Pretender, intentar, tratar. ‖ prnl. Facilitar, proporcionar.

prodigalidad. f. Derroche, despilfarro, larguez, liberalidad, generosidad, dispendio (a.: *ahorro*). ‖ Abundancia, copia, multitud, profusión (a.: *escasez*).

prodigar. tr. Disipar, desperdiciar, dilapidar, derrochar, malgastar, despilfarrar. ‖ prnl. Esforzarse, empeñarse, multiplicarse (a.: *contenerse*).

prodigio. m. Portento, maravilla, milagro.

prodigioso, sa. adj. Maravilloso, asombroso, extraordinario, pasmoso, portentoso, sobrenatural, milagroso (a.: *vulgar*). ‖ Excelente, primoroso, admirable, exquisito, estupendo, magnífico.

pródigo, ga. adj. Malgastador, manilargo, manirroto, disipador, gastador, derrochador, despilfarrador (a.: *tacaño*). ‖ Generoso, dadivoso, liberal (a.: *interesado*).

pródromo. m. Síntoma.

producción. f. Producto, obra, creación. ‖ Elaboración, fabricación.

producir. tr. Engendrar, procrear. ‖ Crear, elaborar. ‖ Fructificar. ‖ Rentar, redituar, rendir. ‖ Fabricar, hacer, manufacturar. ‖ Originar, provocar, ocasionar, causar, motivar (a.: *resultar*). ‖ prnl. Explicarse, manifestarse, comportarse.

productivo, va. adj. Fructífero, fecundo, feraz, fértil (a.: *improductivo, infecundo*). ‖ Lucrativo, remunerativo, provechoso.

producto. m. Producción. ‖ Beneficio, fruto, utilidad, provecho, rédito, lucro, rendimiento, renta. ‖ Efecto, resultado, consecuencia.

proemio. m. Prólogo, introducción, prefacio, preámbulo, exordio (a.: *epílogo, ultílogo*).

proeza. f. Hazaña, heroicidad (a.: *cobardía*).

profanación. f. Sacrilegio, violación, irreverencia, escarnio (a.: *piedad, respeto*).

profanar. tr. Violar. ‖ Deshonrar, deslucir, desacreditar, mancillar, prostituir (a.: *venerar*).

profano, na. adj. Secular, laico, civil, seglar, mundano, terreno, mundanal, terrenal (a.: *sagrado, religioso*). ‖ Irreverente. ‖ Ignorante, lego, indocto.

profecía. f. Predicción, vaticinio, presagio, pronóstico, precognición. ‖ Augurio, conjetura.

proferir. tr. Pronunciar, articular, decir, exclamar, expresar, prorrumpir (a.: *callar*).

profesar. tr. Sentir, creer. ‖ Ejercer, desempeñar, practicar. ‖ Enseñar.

profesión. f. Carrera, empleo, oficio, ocupación, actividad, tarea, ministerio, arte (a.: *pasividad*). ‖ Creencia, religión.

profesor, ra. m. y f. Catedrático, maestro.

profeta. m. Vidente, adivino, augur, agorero, vaticinador, vate.

profetisa. f. Sibila, pitonisa.

profetizar. tr. Anunciar, adivinar, augurar, pronosticar, predecir, vaticinar. ‖ Conjeturar, presagiar, prever, presumir.

proficuo, cua. adj. Provechoso, útil, ventajoso, favorable.

profiláctica. f. Higiene. ‖ Profilaxis.

profilaxis. f. Prevención, profiláctica, preservación (a.: *contagio, infección*).

prófugo, ga. adj. y s. Fugitivo, desertor, evadido.

profundidad. f. Hondura, penetración. ‖ Precipicio, hondonada, pozo (a.: *elevación, altura*).

profundizar. tr. Penetrar, ahondar, calar. ‖ Analizar, examinar, indagar (a.: *desestimar*).

profundo, da. adj. Hondo, insondable, recóndito (a.: *superficial, somero*). ‖ Penetrante, intenso. ‖ Difícil, oscuro (a.: *asequible*). ‖ Extenso, vasto. ‖ m. Profundidad, hondura. ‖ Infierno.

profusión. f. Abundancia, plétora, copia, exuberancia, riqueza, multitud, acopio, caudal (a.: *escasez, carencia, defecto*).

profuso, sa. adj. Abundante, copioso, cuantioso, exuberante, abundoso, nutrido, superfluo.

progenie. f. Casta, familia, generación, progenitura, linaje, estirpe, abolengo.

progenitor. m. Padre. ‖ Antepasado, ascendiente (a.: *descendiente, hijo*).

progenitura. f. Progenie, familia, ascendencia, linaje. ‖ Primogenitura.

programa. m. Declaración. ‖ Planificación, plan, proyecto.

programar. intr. Planificar, planear.

progresar. intr. Adelantar, ascender, subir, perfeccionarse (a.: *retrasar, retroceder*). ‖ Prosperar, mejorar, medrar (a.: *desmejorar, empeorar*).

progresión. f. Aumento, progreso.

progresivo, va. adj. Gradual, creciente, floreciente.

progreso. m. Avance, adelanto, adelantamiento. ‖ Perfeccionamiento, evolución, desarrollo (a.: *retroceso*). ‖ Prosperidad, aumento, mejora.

prohibición. f. Negativa, veto.

prohibido, da. adj. Vedado, ilícito, ilegal.

prohibir. tr. Impedir, vedar, negar, privar, proscribir (a.: *permitir*).

prohijar. tr. Adoptar, ahijar.

prohombre. m. Prócer.

prójimo. m. Semejante. || Individuo.

prole. f. Hijos, descendencia, linaje, familia.

prolegómeno. m. Introducción, prefacio, prólogo, preámbulo (a.: *ultílogo*).

prolepsis. f. Anticipación (en literatura).

proletario, ria. m. y f. Obrero, jornalero, asalariado, trabajador (a.: *capitalista*). || Plebeyo, vulgar, pobre (a.: *burgués*).

prolífico, ca. adj. Fecundo (a.: *estéril*). || Fructífero.

prolijidad. f. Redundancia, superfluidad (a.: *concisión*).

prolijo, ja. adj. Largo, detallado, extenso, dilatado, difuso (a.: *conciso*). || Minucioso, meticuloso, cuidadoso, esmerado (a.: *desprolijo, descuidado*). || Pesado, molesto.

prólogo. m. Proemio, prefacio, introducción, advertencia, preámbulo, exordio (a.: *epílogo, conclusión, ultílogo*).

prolongación. f. Alargamiento, continuación (a.: *acortamiento*). || Cola.

prolongar. tr. Alargar, extender, prorrogar (a.: *acortar*).

promedio. m. Media aritmética.

promesa. f. Promisión. || Oferta, ofrecimiento. || Voto, ofrenda. || Augurio, señal, indicio, presagio.

prometedor, ra. adj. Promisorio.

prometer. tr. Ofrecer, obligarse. || Asegurar, afirmar. || Augurar. || prnl. Consagrarse.

prometido, da. m. y f. Novio, pretendiente, futuro. || Propuesto, ofrecido.

prominencia. f. Saliente, elevación, eminencia (a.: *depresión, llanura*). || Bulto, hinchazón, protuberancia.

prominente. adj. Saliente, abultado, turgente (a.: *bajo*). || Ilustre, destacado.

promiscuidad. f. Mezcla, confusión, hacinamiento, mezcolanza (a.: *aislamiento*).

promisión. f. Promesa.

promisorio, ria. adj. Prometedor.

promoción. f. Hornada, pléyade, generación. || Incitación, movilización (a.:

cese, paralización). || Publicidad, propaganda, difusión, divulgación.

promotor, ra. adj. Promovedor, iniciador, suscitador, animador. || Propagandista, difusor, publicitario.

promover. tr. Suscitar, iniciar, mover, impulsar (a.: *paralizar*). || Elevar, levantar. || Difundir, divulgar.

promulgar. tr. Decretar (a.: *derogar*). || Publicar, divulgar, propalar, difundir.

pronosticar. tr. Predecir, presagiar, augurar, adivinar, vaticinar.

pronóstico. m. Predicción, vaticinio, adivinación. || Augurio, conjetura.

prontamente. adv. Pronto, enseguida. || Rápidamente, aceleradamente.

prontitud. f. Velocidad, rapidez, celeridad, presteza, diligencia, actividad, ligereza (a.: *lentitud*). || Viveza, precipitación (a.: *parsimonia, pereza*).

pronto, ta. adj. Veloz, rápido, acelerado, ligero, vivo. || Dispuesto, preparado, aparejado, listo. || m. Arrebato, arranque. || adv. Presto, prontamente, aprisa. || Temprano.

prontuario. m. Resumen, compendio, sinopsis, vademécum, epítome (a.: *ampliación*). || Registro.

pronunciación. f. Dicción, articulación.

pronunciamiento. m. Rebelión, alzamiento, levantamiento, sublevación, insurrección, cuartelada (a.: *lealtad*). || Sentencia.

pronunciar. tr. Articular, proferir, decir. || tr. y prnl. Dictaminar, resolver. || prnl. Rebelarse, amotinarse, sublevarse, levantarse, alzarse. || Acentuarse.

propaganda. f. Difusión, divulgación. || Anuncio, aviso, publicidad.

propagandista. adj. y s. Divulgador, propagador. || Apóstol, misionero.

propagar. tr. y prnl. Multiplicar, reproducir. || Difundir, extender, publicar, divulgar, esparcir (a.: *callar*).

propalar. intr. Cundir, trascender, ramificarse (a.: *limitarse*).

propalar. tr. Difundir, divulgar, esparcir, propagar, extender. || Publicar, trasmitir.

proparoxítono, na. adj. Esdrújulo.

propasarse. prnl. Excederse, extralimitarse, abusar (**a.:** *frenarse, contenerse*). || Descomedirse, insolentarse.

propender. intr. Tender, inclinarse.

propensión. f. Inclinación, predisposición, tendencia, proclividad, afición (**a.:** *desgano, oposición*).

propiciar. tr. Calmar, aplacar, favorecer (**a.:** *irritar*).

propicio, cia. adj. Benigno, favorable, benévolo (**a.:** *desfavorable*). || Dispuesto, oportuno, apropiado.

propiedad. f. Dominio, pertenencia, goce, disfrute, posesión. || Finca, heredad, predio. || Cualidad, peculiaridad, carácter, atributo, semejanza. || Naturalidad, realidad.

propietario, ria. m. y f. Dueño, amo, patrón, heredero, terrateniente.

propina. f. Gratificación, plus, sobrepaga.

propinar. tr. Administrar, dar. || Asestar, maltratar, pegar, descargar, planificar, encajar.

propincuo, cua. adj. Allegado, cercano, próximo.

propio, pia. adj. Característico, exclusivo, peculiar, personal, particular (**a.:** *ajeno, extraño*). || Conveniente, adecuado, pertinente, oportuno, indicado, a propósito (**a.:** *impropio, inadecuado*). || Natural, real. || Mismo.

proponer. tr. Ofrecer, plantear, sugerir (**a.:** *aceptar*). || Exponer, presentar. || prnl. Intentar, procurar, determinarse (**a.:** *desentenderse*).

proporción. f. Correspondencia, armonía, conformidad, relación (**a.:** *desproporción, desequilibrio*). || Oportunidad, ocasión, conveniencia, coyuntura, sazón. || pl. Dimensiones, escala, tamaño.

proporcionado, da. adj. Adecuado, idóneo, útil, apto, provechoso, conveniente. || Proporcional, equilibrado, armonioso (**a.:** *inadecuado, desmesurado*).

proporcionar. tr. Facilitar, suministrar, proveer, procurar (**a.:** *quitar*). || Ajus-

tar, equilibrar, adecuar (**a.:** *desequilibrar*).

proposición. f. Enunciación, propuesta, propósito. || Ofrecimiento, oferta. || Oración, frase, sentencia.

propósito. m. Intento, intención, ánimo. || Objetivo, fin, mira, motivo. || **a propósito.** loc. adj. Adecuado, conveniente. || loc. adv. De propósito. || **de propósito.** loc. adv. Adrede, a propósito.

propuesta. f. Proposición, moción, proyecto, idea, plan, oferta, invitación.

propugnar. tr. Apoyar, defender, sustentar, abogar, sostener, proteger, amparar (**a.:** *atacar, rebatir, desvirtuar*).

propulsar. tr. Empujar, impeler, impulsar, mover.

propulsión. f. Impulso, impulsión, lanzamiento.

prorrata. f. Cuota, escote.

prórroga. f. Aplazamiento, demora, suspensión, moratoria. || Prolongación, continuación.

prorrogar. tr. Aplazar, diferir, suspender, demorar, dilatar (**a.:** *activar, apurar*). || Proseguir, continuar, extender (**a.:** *acortar*).

prosaico, ca. adj. Vulgar, insulso, ordinario, pedestre, adocenado, común, ramplón (**a.:** *elevado, lírico, poético*).

prosapia. f. Linaje, estirpe, casta, alcurnia, abolengo, ascendencia.

proscribir. tr. Desterrar, expatriar, expulsar (**a.:** *amparar*). || Vedar, prohibir (**a.:** *tolerar, permitir*).

proscripción. f. Destierro, extrañamiento, deportación, expatriación, exilio, expulsión, ostracismo (**a.:** *repatriación*). || Prohibición, exclusión, interdicción.

prosecución. f. Continuación, prolongación.

proseguir. tr. Seguir, continuar, insistir (**a.:** *detener, interrumpir*).

prosélito. m. Secuaz, partidario, sectario, satélite, adepto (**a.:** *traidor*). || Converso.

prosodia. f. Fonética, ortología, fonología.

prosopopeya. f. Personificación (en literatura). ‖ Afectación, pompa, presunción, aparato, ampulosidad, ostentación, tiesura.

prosperar. intr. Progresar, adelantar, mejorar, medrar, enriquecerse, pelechar (**a.:** *arruinarse, empeorar, fracasar*).

prosperidad. f. Bienestar, adelanto, auge, progreso, fortuna, suerte, medro, esplendor (**a.:** *decadencia, ruina, indigencia*).

próspero, ra. adj. Favorable, propicio, feliz, venturoso (**a.:** *adverso*). ‖ Rico, floreciente, afortunado (**a.:** *ruinoso*).

prosternarse. prnl. Postrarse, arrodillarse, humillarse.

prostíbulo. m. Burdel, lupanar, serrallo, mancebía.

prostituir. tr. Deshonrar, envilecer, corromper, degradar, pervertir (**a.:** *ennoblecer, regenerar*).

prostituta. f. Ramera, meretriz, buscona, puta.

protagonista. m. y f. Actor, actriz, héroe, heroína.

protección. f. Amparo, favor, defensa, auxilio, valimiento, resguardo, refugio, salvaguarda (**a.:** *desamparo*). ‖ Patrocinio, apoyo, sostén, ayuda, socorro (**a.:** *inseguridad*).

protector, ra. adj. y s. Defensor, favorecedor, bienhechor, tutor, valedor, patrocinador, padrino, mecenas.

proteger. tr. Amparar, defender, escudar, resguardar, salvaguardar, respaldar, preservar (**a.:** *desamparar*). ‖ Apoyar, favorecer. ‖ Apadrinar, auspiciar, patrocinar. ‖ Ayudar, cobijar, sostener. ‖ prnl. Parapetarse, atrincherarse (**a.:** *atacar*).

protegido, da. m. y f. Recomendado, ahijado.

proteico, ca. adj. Cambiante, versátil.

protervo, va. adj. Perverso, malvado, malo, procaz. ‖ Obstinado, rebelde, contumaz, pertinaz.

protesta. f. Desaprobación, reprobación, reparo (**a.:** *aprobación*). ‖ Abucheo, pataleo, silba, rechifla (**a.:** *aplauso*).

protestar. intr. Reclamar, quejarse. ‖ Contestar, refutar, oponerse, negarse, indignarse (**a.:** *resignarse*). ‖ Abuchear, silbar, patalear (**a.:** *ovacionar, aplaudir*).

protocolar. tr. Protocolizar, archivar. ‖ adj. Ceremonial.

protocolo. m. Registro. ‖ Ceremonia, ritual, formalidad, etiqueta.

prototipo. m. Ejemplo, dechado, modelo (**a.:** *imitación*). ‖ Arquetipo.

protuberancia. f. Prominencia, elevación, bulto, abultamiento, turgencia, convexidad, joroba.

provecho. m. Ganancia, beneficio, lucro, utilidad, fruto, ventaja (**a.:** *inutilidad, daño, perjuicio*). ‖ **de provecho.** loc. adj. Útil, adecuado.

provechoso, sa. adj. Beneficioso, útil, remunerativo, conveniente, fructífero, ventajoso, fructuoso, lucrativo, redituable, productivo.

provecto, ta. adj. Antiguo. ‖ Maduro, viejo.

proveedor, ra. m. y f. Abastecedor, aprovisionador, provisor, suministrador.

proveeduría. f. Despensa, almacén, mercado.

proveer. tr. Suministrar, abastecer, pertrechar, surtir, aprovisionar, equipar, proporcionar (**a.:** *requisar*). ‖ Disponer, prevenir. ‖ intr. Subvenir.

proveído. m. Resolución. ‖ adj. Resuelto.

provenir. intr. Nacer, originarse, descender, proceder, emanar, dimanar, venir, derivar (**a.:** *resultar*).

proverbial. adj. Axiomático. ‖ Sabido, conocido, notorio, usual, acostumbrado, tradicional.

proverbio. m. Sentencia, adagio, máxima, refrán, paremia, aforismo, apotegma.

providencia. f. Disposición, medida, prevención, provisión, precaución. ‖ Resolución. ‖ Dios. ‖ Destino, suerte.

providencial. adj. Milagroso, afortunado, feliz. *Ayuda providencial.*

providente. adj. Próvido. ‖ Previsor, prudente, cauto, sagaz (**a.:** *irreflexivo*).

próvido, da. adj. Providente, diligente, prevenido, cuidadoso. ‖ Propicio, benévolo, favorable.

provisión. f. Precaución. || Proveído. || Reserva, acopio, surtido, almacenamiento. || pl. Vituallas, víveres, existencias, suministro, abastecimiento.

provisional. adj. Interino, momentáneo, accidental, temporal, transitorio, pasajero, provisorio (**a.:** *definitivo, permanente*).

provocación. f. Incitación, excitación, instigación. || Desafío, reto.

provocar. tr. Excitar, incitar, inducir, mover, estimular (**a.:** *tranquilizar*). || Irritar, hostigar, impacientar, retar, enojar (**a.:** *apaciguar*). || Causar, producir, ocasionar, motivar, suscitar (**a.:** *evitar*). || intr. Vomitar, arrojar, devolver.

proxenetismo. m. Alcahuetería, lenocinio.

proximidad. f. Cercanía, inmediación, vecindad, propincuidad, contigüidad (**a.:** *lejanía*). || pl. Aledaños, alrededores, contornos.

próximo, ma. adj. Cercano, vecino, lindante, inmediato, contiguo, junto, propincuo (**a.:** *alejado, distante*).

proyectar. tr. Lanzar, arrojar, despedir. || Idear, concebir, inventar, planear, planificar, trazar. || Forjar, urdir, maquinar.

proyectil. m. Bala, balín, saeta, flecha, perdigón, torpedo, bomba.

proyecto. m. Designio, plan, idea, intención, pensamiento, concepción (**a.:** *realización, obra*). || Croquis, boceto, bosquejo, diseño.

proyector. m. Reflector, linterna mágica.

prudencia. f. Cordura, mesura, juicio, seso, discernimiento, aplomo, sabiduría, sensatez, buen sentido (**a.:** *insensatez*). || Moderación, tino, circunspección, serenidad, cautela, previsión, discreción, tacto (**a.:** *imprudencia, indiscreción, temeridad*).

prudente. adj. Cauto. || Moderado, juicioso, mesurado, discreto, reservado, circunspecto (**a.:** *atolondrado*). || Sensato, cuerdo.

prueba. f. Razón, argumento, demostración. || Justificación, testimonio, probanza. || Indicio, señal, evidencia, muestra. || Ensayo, comprobación, experien-

cia, experimento. || Cata, gustación. || Desgracia, infortunio (**a.:** *dicha, felicidad*).

prurito. m. Comezón, picor, picazón. || Afán, empeño, deseo, anhelo. || Manía.

prusiato. m. Cianuro.

psique o **sique.** f. Alma.

psiquiatra o **psiquíatra.** com. Alienista.

psíquico, ca o **síquico, ca.** adj. Anímico.

psitacismo o **sitacismo.** m. Memorismo.

ptialismo o **tialismo.** m. Salivación.

púa. f. Aguijón, pincho, espina, aguja. || adj. Ladino, astuto, sagaz.

pubertad. f. Pubescencia. || Adolescencia.

pubis o **pubes.** m. Verija, vedija.

publicación. f. Impreso, diario, periódico, revista, hoja, folleto, libro. || Artículo, noticia, información. || Anuncio, aviso. || Divulgación.

publicar. tr. Divulgar, pregonar, difundir, anunciar, propagar, propalar. || Promulgar, proclamar, manifestar. || Editar.

publicidad. f. Propaganda, difusión, divulgación, radiodifusión. || Notoriedad. || Anuncio, aviso, cartel.

publicista. m. Periodista, escritor. || Avisador, anunciante.

público, ca. adj. Notorio, conocido, patente, manifiesto, sabido, común, visto (**a.:** *privado, reservado*). || m. Gente, concurrencia, asistentes, espectadores, oyentes, auditorio. || Clientela.

puchero. m. Cocido. || Olla, marmita.

puches. amb. pl. Gachas.

pucho. m. Colilla.

pudendo, da. adj. Torpe, vergonzoso.

pudibundo, da. adj. Pudoroso.

pudicicia. f. Pudor, recato, honestidad (**a.:** *desvergüenza, impudor*).

púdico, ca. adj. Honesto, casto, pudoroso, recatado (**a.:** *impúdico, inmoral*).

pudiente. adj. Acaudalado, opulento, rico, potentado, poderoso (**a.:** *pobre, indigente*).

pudor. m. Honestidad, castidad, recato, vergüenza, decoro (**a.:** *erotismo, deshonestidad, desvergüenza, impudicia*). || Modestia.

pudoroso, sa. adj. Púdico, recatado (**a.:** *deshonesto, impúdico*).

pudrir o **podrir.** tr. y prnl. Corromper, descomponer. ‖ Fastidiar, molestar, exasperar (**a.:** *entretener*).

pueblerino, na. adj. Lugareño, aldeano.

pueblo. m. Población, poblado, lugar, aldea, villa, villorrio. ‖ Ciudad. ‖ Nación, raza. ‖ Gente. ‖ Público. ‖ Vecindario, vecinos. ‖ Plebe, vulgo.

puente. m. Viaducto, pasarela, pontón.

puerco, ca. m. y f. Cerdo, cnancho, cochino. ‖ adj. Sucio. ‖ Ruin, venal.

puericultura. f. Pediatría.

pueril. adj. Infantil, aniñado. ‖ Iluso, ingenuo, candoroso, inocente, cándido. ‖ Infundado, fútil, baladí, anodino.

puerilidad. f. Niñería, niñada, candor, inocencia, ingenuidad. ‖ Insignificancia, futilidad, trivialidad, nimiedad, bagatela.

puerto. m. Fondeadero. ‖ Amparo, refugio.

puertorriqueño, ña. adj. Portorriqueño, boricua, borinqueño.

pues. conj. Entonces. ‖ Puesto que, ya que, por tanto, luego, en vista de que, en razón de que.

puesta. f. Postura, apuesta. ‖ Ocaso (**a.:** *naciente, salida*).

puesto, ta. adj. Vestido, arreglado, ataviado. ‖ Resuelto, empeñado, determinado. ‖ m. Punto, sitio, lugar, paraje, espacio. ‖ Empleo, colocación, cargo, plaza. ‖ Tenderete.

púgil. m. Boxeador, luchador.

pugilato. m. Boxeo, lucha, pelea.

pugna. f. Pelea, lucha, porfía, lid, contienda (**a.:** *tregua*). ‖ Oposición, hostilidad, rivalidad, antagonismo (**a.:** *conciliación*).

pugnar. intr. Pelear, luchar, contender. ‖ Esforzarse, porfiar.

pugnaz. adj. Belicoso, guerrero.

puja. f. Mejora, aumento. ‖ Subasta.

pujante. adj. Fuerte, vigoroso, potente, poderoso, brioso, ardoroso (**a.:** *débil, endeble*).

pujanza. f. Fuerza, brío, potencia, poder,

vigor, fortaleza, impulso, energía, ánimo (**a.:** *debilidad*).

pujar. tr. e intr. Licitar, aumentar. ‖ Empujar, forcejear, forzar, compeler, esforzarse.

pujo. m. Ansia, deseo. ‖ Conato, intento, esfuerzo.

pulchinela. m. Polichinela.

pulcritud. f. Aseo, limpieza (**a.:** *desaliño, descuido*). ‖ Esmero, escrupulosidad, cuidado, atildamiento, finura.

pulcro, cra. adj. Aseado, limpio. ‖ Cuidadoso, esmerado.

pulido, da. adj. Alisado, bruñido, terso (**a.:** *opaco*). ‖ Agraciado, primoroso.

pulimentar. tr. Bruñir, pulir, esmerilar, abrillantar, alisar, lustrar. ‖ Componer, adornar, refinar, desbastar, perfeccionar.

pulimento. m. Pulido.

pulir. tr. Pulimentar, alisar, lustrar, abrillantar, bruñir (**a.:** *ensuciar*). ‖ Adornar, aderezar, componer, acicalar. ‖ Perfeccionar, instruir, refinar.

pulla. f. Burla, chanza, chacota, mofa, broma, indirecta.

pulmón. m. Bofe.

pulmonía. f. Neumonía.

pulpa. f. Carne. ‖ Médula, tuétano.

pulpejo. m. Talón.

púlpito. m. Ambón, plataforma.

pulsación. f. Latido, pulso, palpitación.

pulsar. tr. Tocar, tañer. ‖ Sondear, tantear. ‖ Examinar. ‖ intr. Latir, palpitar.

pulsera. f. Brazalete, manilla, esclava, ajorca.

pulso. m. Seguridad, firmeza, tiento, tino. ‖ Latido, palpitación, pulsación. ‖ Cuidado, tacto, discreción.

pulular. intr. Abundar, multiplicarse, bullir, hormiguear (**a.:** *escasear*). ‖ Nacer, originarse, provenir.

pulverizador. m. Atomizador, vaporizador.

pulverizar. tr. Triturar, desintegrar, moler. ‖ Destruir, deshacer (**a.:** *reconstruir*).

pulverulento, ta. adj. Polvoriento, polvoroso.

puna. f. Páramo, soroche.

punción. f. Incisión, punzada.

pundonor. m. Honor, honra, puntillo, honrilla, prez, amor propio (**a.:** *bajeza, deshonor*).

pundonoroso, sa. adj. Puntilloso, caballeroso, susceptible, delicado, puntoso (**a.:** *apático*).

punible. adj. Penable, castigable.

punición. f. Castigo, sanción (**a.:** *premio*).

punitivo, va. adj. Punible, penal.

punta. f. Pico, cima, promontorio. || Cabo, espolón, espigón. || Clavo, punzón. || Pitón, asta. || Pezón. || Pucho. || Extremo (**a.:** *centro, medio*). || Agudeza. || Algo, un poco (**a.:** *mucho*).

puntada. f. Punzada. || Alusión, indirecta.

puntal. Fundamento, soporte, apoyo, estribo, sostén, tentempié.

puntapié. m. Patada.

puntear. tr. Compulsar, marcar, señalar.

puntera. f. Capellada. || Puntapié.

puntería. f. Acierto, destreza, ojo.

puntero, ra. adj. y s. Delantero (**a.:** *zaguero*). || m. Vara.

puntiagudo, da. adj. Agudo, aguzado, acuminado (**a.:** *romo, embotado*).

puntilla. f. Encaje.

puntillo. m. Pundonor.

puntilloso, sa. adj. Puntoso, pundonoroso, quisquilloso, susceptible. || Meticuloso, minucioso.

punto. m. Puntada. || Sitio, lugar, localidad, puesto, paraje. || Parada. || Instante, segundo, momento. || Cuestión, tema, asunto, situación, materia. || Ocasión, sazón. || Pundonor. || Grado, intensidad. || Quid. || Jugador, tanto.

puntoso, sa. adj. Pundonoroso, puntilloso, susceptible.

puntual. adj. Cumplidor, diligente. || Exacto, regular, preciso. || Cierto, indudable, indubitable, seguro. || Conforme, conveniente, adecuado.

puntualidad. f. Regularidad, diligencia, exactitud, cuidado, precisión (**a.:** *inexactitud, irregularidad*).

puntualizar. tr. Detallar, pormenorizar,

recalcar, precisar, concretar, formalizar, delimitar, especificar.

puntualmente. adv. Exactamente, regularmente.

punzada. f. Puntada, pinchazo.

punzante. adj. Mordaz, satírico, hiriente, pungente, incisivo. || Agudo, penetrante, picante, doloroso.

punzar. tr. Picar, pinchar, pungir. || Zaherir, aguijonear, clavar.

punzón. m. Buril.

puñada. f. Puñetazo, trompada, moquete, puñete.

puñado. m. Puño. || Manojo, porción, grupo, montón.

puñal. m. Cuchillo, daga.

puñalada. f. Cuchillada, navajazo. || Pesadumbre.

puñetazo. m. Trompada, piña, puñada, tortazo (**a.:** *caricia*).

puño. m. Puñado. || Empuñadura. || Mango, manija. || Manillar. || pl. Fuerza, valor.

pupa. f. Daño, nana, dolor (**a.:** *caricia, mimo*).

pupilaje. m. Casa de huéspedes, pensión, hospedaje.

pupilo, la. m. y f. Huésped, pensionista. || f. Niña del ojo. || Ramera.

pupitre. m. Escritorio.

puramente. adv. Castamente, con pureza, pulcramente. || Meramente, únicamente, estrictamente, solamente, simplemente.

pureza. f. Castidad, virginidad, inocencia (**a.:** *deshonestidad*). || Casticismo, puridad.

purgar. tr. Limpiar, depurar, purificar. || Expiar, satisfacer, pagar.

puridad. f. Pureza. || Reserva, secreto.

purificador, ra. adj. Purificante. || Detersivo, detergente.

purificar. tr. Purgar, sanear, depurar, limpiar, refinar, filtrar, expurgar (**a.:** *enturbiar, contaminar*). || Acrisolar, acendrar.

purismo. m. Casticismo.

purista. adj. Casticista.

puritano, na. adj. Austero, rígido, recto, severo, inflexible. || Mojigato.

puro, ra. adj. Casto, virginal, honesto (**a.:** *deshonesto*). ‖ Libre, exento, depurado, limpio, purificado, sano, acendrado, acrisolado (**a.:** *sucio, impuro, contaminado, viciado*). ‖ Correcto, depurado, castizo. ‖ Mero, solo, simple (**a.:** *mezclado, compuesto*). ‖ Íntegro, moral, recto.

púrpura. adj. Encarnado, rojo.

purpurado. m. Cardenal.

purpúreo, a. adj. Encarnado, rojo, púrpura.

purulencia. f. Supuración.

purulento, ta. adj. Virulento, ponzoñoso.

pus. m. Materia, podre, podredumbre, humor.

pusilánime. adj. Medroso, miedoso, tímido, apocado, temeroso, encogido, cobarde, corto (**a.:** *decidido, audaz, resuelto*).

pústula. f. Postilla, vejiguilla.

puta. f. Ramera.

putativo, va. adj. Existimativo.

putrefacción. f. Podredura, podredumbre, pudrimiento, corrupción, descomposición, pudrición. ‖ Descomposición, fermentación.

putrefacto, ta. adj. Pútrido, podrido, pocho, descompuesto, infecto, corrompido, corrupto (**a.:** *sano, profiláctico*).

pútrido, da. adj. Putrefacto, corrompido, nauseabundo, fétido, repugnante.

puya. f. Púa, pica, punta. ‖ Garrocha.

quebracho. m. Jabí, quiebrahacha.

quebrada. f. Quebradura, quiebra, angostura, cañón, portillo.

quebradizo, za. adj. Frágil, rompible, delicado, vidrioso, rompedero (**a.:** *duro, resistente*). ‖ Enfermizo. ‖ Perecedero, caduco.

quebrado, da. adj. Fallido (**a.:** *solvente*). ‖ Herniado, potroso. ‖ Quebrantado, debilitado. ‖ Desigual, accidentado, áspero, abrupto, escabroso, fragoso (**a.:** *llano*). ‖ Roto. ‖ m. Fracción.

quebradura. f. Fractura, rotura, hendidura, grieta, abertura. ‖ Quebrada. ‖ Hernia.

quebrantahuesos. m. Halieto, pigargo.

quebrantamiento. m. Violación, infracción (**a.:** *cumplimiento*).

quebrantar. tr. y prnl. Quebrar, hender, agrietar, rajar, cascar, romper. ‖ tr. Machacar, moler, triturar. ‖ Violar, violentar, profanar, forzar. ‖ Conculcar, contravenir, infringir, vulnerar, trasgredir, traspasar, desobedecer, incumplir. ‖ Fatigar, molestar. ‖ Debilitar (**a.:** *endurecer*). ‖ prnl. Resentirse.

quebranto. m. Daño, pérdida, perjuicio, detrimento, deterioro (**a.:** *beneficio, ganancia*). ‖ Aflicción, pena, dolor, desaliento, desánimo, decaimiento, descaecimiento, flojera (**a.:** *ánimo, voluntad*). ‖ Compasión, piedad.

quebrar. tr. y prnl. Romper, cascar, rajar, quebrantar. ‖ Doblar, torcer, desviar. ‖ Ceder, flaquear. ‖ prnl. Herniarse.

quedar. intr. Resultar. ‖ Subsistir. ‖ Acabar, cesar. ‖ Faltar, restar, sobrar. ‖ Convenir, acordar (**a.:** *diferir*). ‖ intr. y prnl. Estar, detenerse, permanecer (**a.:** *marcharse, irse, ausentarse*). ‖ Retener (**a.:** *devolver*).

quedo, da. adj. Quieto (**a.:** *inquieto*). ‖ Suave, silencioso (**a.:** *bullicioso*). ‖ adv. Silenciosamente, quedamente, suavemente, en voz baja, despacio.

quehacer. m. Ocupación, trabajo, oficio, tarea, faena, empleo, actividad (**a.:** *ocio, pasividad*).

queja. f. Lamento, lamentación, quejido, gemido (**a.:** *carcajada, risa*). ‖ Resentimiento, desazón, descontento, disgusto (**a.:** *contento*). ‖ Querella, acusación.

quejarse. prnl. Lamentarse, gemir, dolerse (**a.:** *reírse*). ‖ Reclamar. ‖ Querellarse.

quejido. m. Gemido, lamento, queja, lamentación. *Quejido lastimero.*

quejoso, sa. adj. Gemebundo, descontento, dolido, disgustado, resentido (**a.:** *contento, feliz, satisfecho*).

quejumbroso, sa. adj. Lastimero.

quema. f. Cremación. || Incendio, fuego, quemazón, combustión.

quemado, da. adj. Enfadado, enojado, resentido. || Escarmentado. || Abrasado, incinerado.

quemar. tr., intr. y prnl. Abrasar, incendiar, incinerar. || Impacientar, desazonar, escarmentar, irritar, enfadar, enojar. || Derrochar, consumir, malgastar. || Solivantar.

quemazón. f. Quema, incendio. || Liquidación.

quena. f. Caramillo, flauta.

querella. f. Discordia, riña, pendencia, reyerta, cuestión, contienda, pelea, altercado (**a.:** *paz, concordia*). || Acusación, reclamación, queja, litigio (**a.:** *acuerdo*). || Lamento, quejido.

querellar. tr. y prnl. Reñir, pleitear, pelear, disputar (**a.:** *amistarse*).

querencia. f. Inclinación, tendencia, afecto. || Hogar. || Establo.

querer. m. Amor, cariño, afecto, estima. || tr. Determinar, resolver, decidir (**a.:** *desistir*). || Desear, pretender, apetecer, ambicionar, procurar, requerir, intentar. || Proponerse, empeñarse, antojarse. || Amar, apreciar, adorar, estimar (**a.:** *odiar*). || Exigir, requerir, pedir.

querido, da. f. Amante, amado. || Apreciado, caro, estimado.

querubín. m. Ángel, serafín, querube. || Beldad, hermosura (**a.:** *fealdad*).

quevedos. m. pl. Antiparras, anteojos, lentes.

quid. m. Esencia, porqué, razón, busilis, toque, clave.

quídam. m. Cualquiera, sujeto.

quiebra. f. Hendedura, fractura, rotura, grieta. || Bancarrota, batacazo, fracaso (**a.:** *éxito*).

quiebro. m. Esguince, contoneo, regate. || Gorgorito, trino, gorjeo.

quienquiera. pron. indef. Cualquiera.

quietismo. m. Inacción.

quieto, ta. adj. Quedo, inactivo, inmóvil, parado, estático, detenido. || Tranquilo, calmado, manso, reposado, pacífico, sosegado (**a.:** *agitado*).

quietud. f. Descanso, inmovilidad, inacción, inercia, inactividad (**a.:** *actividad, dinamismo*). || Calma, tranquilidad, reposo, sosiego, paz.

quijada. f. Mandíbula.

quijote. m. Iluso, soñador. || Hidalgo.

quijotismo. m. Hidalguía, caballerosidad (**a.:** *realismo*). || Orgullo, engreimiento.

quimera. f. Ilusión, ficción, imaginación, fantasía, fábula, utopía, delirio, desvarío, sueño (**a.:** *realidad*). || Discordia, disputa, gresca, riña, pendencia, trifulca, cuestión.

quimérico, ca. adj. Imaginario, fantástico, irreal, fabuloso, fingido, soñado, ilusorio, imposible, irrealizable (**a.:** *real*).

quimerista. adj. Iluso, fanteador, novelero. || Pendenciero, camorrista, camorrero, buscapleitos.

quincuagenario, ria. adj. Cincuentón.

quincuagésimo, ma. adj. Cincuentésimo.

quinquenio. m. Lustro.

quinqué. m. Lámpara.

quinta. f. Finca. || Reclutamiento, remplazo.

quintaesencia. f. Extracto, esencia. || Refinamiento.

quintaesenciar. tr. Refinar, apurar, extractar, alambicar, depurar, sutilizar.

quintañón, na. adj. Centenario.

quinto. m. Recluta, soldado, conscripto.

quisicosa. f. Sutileza, problema, dificultad.

quisquilloso, sa. adj. Reparón, sentido, susceptible, delicado, picajoso, puntilloso (**a.:** *apático, inalterable*).

quiste. m. Tumor.

quita. f. Rebaja. || Liberación, remisión, perdón.

quitamanchas. m. Sacamanchas.

quitar. tr. Libertar, desembarazar, librar. || Redimir, cancelar. || Sacar, eliminar, apartar, separar, extirpar, desembarazar, remover, suprimir (**a.:** *poner, co-locar*). ‖ Hurtar, robar, escamotear, despojar. ‖ tr. o intr. Impedir, estorbar, obstar. ‖ pml. Apartarse, irse (**a.:** *acercarse*).

quitasol. m. Parasol, sombrilla.

quite. m. Parada, lance, quiebro (en esgrima).

quito, ta. adj. Libre, exento.

quizá o **quizás.** adv. Acaso, tal vez, posiblemente (**a.:** *ciertamente, seguramente*).

R

rabia. f. Hidrofobia. ‖ Ira, enfado, enojo. cólera, coraje, furia, furor (**a.:** *tranquilidad, serenidad*). ‖ Antipatía, aversión.

rabiar. intr. Encolerizarse, irritarse, enfurecerse. ‖ Desear, ansiar. ‖ **a rabiar.** loc. adv. Mucho, excesivamente.

rabieta. f. Enojo, pataleo. berrinche, llorera. ‖ Sofoco, sofocón.

rabión. m. Rápido (de un río).

rabioso, sa. adj. Hidrófobo. ‖ Colérico, enojado, airado, furioso, encolerizado, furibundo (**a.:** *sereno*). ‖ Vehemente, irascible, desmedido, violento.

rabo. m. Cola. ‖ Pecíolo, pedúnculo, pezón, rabillo.

rabona. f. Inasistencia, falta.

racha. f. Ráfaga, ramalazo.

racial. adj. Étnico.

raciocinar. intr. Razonar, discurrir, pensar, reflexionar.

raciocinio. m. Razonamiento, reflexión, argumento, discurso. ‖ Razón, entendimiento, juicio (**a.:** *presentimiento, intuición*).

ración. f. Porción, medida, cupo. parte (**a.:** *conjunto, todo*).

racional. adj. Razonable, justo, lógico (**a.:** *irracional, ilógico*). ‖ Plausible, procedente. ‖ Comprensible, fundado.

racionar. tr. Distribuir, repartir.

radiación. f. Propagación, irradiación. ‖ Fulgor (**a.:** *opacidad*).

rada. f. Bahía, ensenada, caleta, abrigo, fondeadero.

radián. m. Radiante.

radiante. adj. Irradiante. emisor. ‖ Brillante, esplendente, resplandeciente, refulgente, rutilante, luminoso, coruscante (**a.:** *opaco, apagado*). ‖ Satisfecho, alegre, contento (**a.:** *triste*). ‖ m. Radián.

radiar. intr. Irradiar. ‖ Emitir, difundir, trasmitir. ‖ Rutilar, refulgir, resplandecer. ‖ Apartar, separar.

radical. adj. Completo, total. ‖ Extremado, excesivo (**a.:** *ecléctico*). ‖ Enérgico, drástico. ‖ m. Raíz (en gramática).

radicar. intr. y prnl. Arraigar, afincarse, establecerse, permanecer (**a.:** *ausentarse*). ‖ intr. Estar, encontrarse, hallarse. ‖ Consistir, estribar, residir.

radio. m. Rayo. ‖ Alcance, distancia.

radio. f. Radiodifusión. ‖ Emisora, radiotelefonía. ‖ m. Sector, zona. ‖ Radiograma. ‖ amb. Receptor, aparato (de radio).

radiodirigir. tr. Teledirigir, radioguiar. *Radiodirigir un cohete.*

radioemisor, ra. adj. Emisor.

radiofonía. f. Radiotelefonía.

radiofuente. f. Radiofoco.

radiograma. m. Radiotelegrama.

radioguiar. tr. Radiodirigir.

radioindicador. m. Trazador.

radioyente. com. Radioescucha.

raedera. f. Raspador, rasqueta.

raedura. f. Raimiento, raspamiento, raspadura, limadura.

raer. tr. Raspar.

ráfaga. f. Racha. ‖ Destello. ‖ Ramalazo, dolor, punzadura. ‖ Torbellino, ciclón.

rahez. adj. Vil, despreciable, bajo, rastrero.

raído, da. adj. Usado, gastado, ajado, deslucido (a.: *nuevo*).

raigambre. f. Consistencia, firmeza, seguridad, estabilidad.

raigón. m. Raíz

raíl o rail. m. Carril, riel, vía.

raíz. f. Raicilla, raigón. ‖ Origen, fuente, principio, fundamento, comienzo. ‖ Radical (en gramática).

raja. f. Fisura, hendedura, hendidura, rendija, abertura, grieta, resquebrajadura. ‖ Rebanada, tajada.

rajar. tr. y prnl. Hender, partir, cascar, abrir, resquebrajar, agrietar. ‖ intr. y prnl. Desistir, desdecirse, acobardarse, amilanarse.

ralea. f. Casta, linaje, raza. ‖ Especie, clase, calidad, género, extracción, cepa, cuna. ‖ Calaña, estofa.

rallador. m. Desmenuzador.

ralladura. f. Limadura.

rallar. intr. Fastidiar, incomodar. ‖ Desmenuzar, triturar.

ralo, la. adj. Claro, disperso, espaciado (a.: *tupido, espeso*).

rama. f. Ramal, ramificación, bifurcación, derivación. ‖ Línea. ‖ División, ramo. ‖ Brazo, gajo, vástago.

ramal. f. Rama, ramificación. ‖ Sección, tramo. ‖ Cabestro, ronzal, dogal.

ramera. f. Prostituta, meretriz, buscona.

ramificación. f. Rama, ramal. ‖ Consecuencia, derivación. ‖ Bifurcación.

ramificarse. prnl. Subdividirse, bifurcarse, dividirse (a.: *unirse*). ‖ Esparcirse, extenderse, propagarse.

ramillete. m. Ramo. ‖ Selección.

ramo. m. Ramillete, manojo. ‖ Parte, sector, sección.

rampa. f. Pendiente, declive, talud, repecho. *Se deslizó por la rampa.*

ramplón, na. adj. Tosco, vulgar, pedestre, adocenado, chabacano (a.: *distinguido*). ‖ Grotesco, extravagante, estrafalario.

rancio, cia. adj. Viejo, añejo. ‖ Antiguo. ‖ Anticuado, vetusto, obsoleto.

rancho. m . Choza, cabaña, albergue. ‖ Comida (de la tropa).

randa. f. Encaje. ‖ Granuja, pillo, bribón.

rango. m. Jerarquía, clase, categoría, calidad.

ranura. f. Estría, canal, acanaladura (a.: *resalto, relieve*).

rapapolvo. m. Reconvención, reprensión, reprimenda, bronca, regaño.

rapaz. adj. Ladrón, cleptómano, ladronzuelo, rapiñador (a.: *generoso, dadivoso*).

rapaz, za. m. y f. Chico, muchacho, niño, mocoso, chicuelo, chiquitín.

rapidez. f. Celeridad, ligereza, prontitud, presteza, apresuramiento, velocidad (a.: *lentitud*).

rápido, da. adj. Veloz, impetuoso, pronto, acelerado, presuroso, apresurado, precipitado, raudo, ligero.

rapiña. f. Hurto, robo, pillaje, expoliación, saqueo.

rapiñar. intr. Robar.

raposa. f. Zorra, vulpeja.

rapsoda. m. Bardo, juglar, aedo, vate, poeta.

raptar. tr. Secuestrar, robar, plagiar (a.: *recobrar, recuperar*).

rapto. m. Arrebato, arranque, impulso. ‖ Secuestro (a.: *rescate*). ‖ Éxtasis, trasporte, arrobamiento, enajenación, enajenamiento (a.: *desvanecimiento*).

raptor. m. Ladrón, secuestrador.

raqueta. f. Pala, paleta.

raquis. m. Columna vertebral, espina dorsal. || Astil. || Raspa.

raquítico, ca. adj. Flaco, desmedrado, endeble, débil (a.: *fornido, fuerte, sano*). || Exiguo, mezquino, escaso, corto, miserable (a.: *generoso*).

raquitis. f. Raquitismo.

raramente. adv. Rara vez.

rareza. f. Anomalía (a.: *costumbre*). || Extravagancia, singularidad, ridiculez, excentricidad, curiosidad (a.: *vulgaridad*). || Escasez (a.: *abundancia*).

rarificar. tr. y prnl. Enrarecer, rarefacer.

raro, ra. adj. Extraño, extraordinario, inusitado, singular, excepcional, insólito (a.: *común, corriente, usual*). || Extravagante, estrambótico, excéntrico, estrafalario. || Escaso, ralo (a.: *abundante*).

ras. m. Igualdad, nivel.

rasar. tr. Nivelar, igualar (a.: *desnivelar*). || Arrasar, devastar.

rascador. m. Rasqueta.

rascar. tr. Arañar, rasguñar. || Raspar, raer.

rasgadura. f. Rasgón, rotura.

rasgar. tr. y prnl. Desgarrar, romper (a.: *coser*). || tr. Rasguear, tañer.

rasgo. m. Trazo. || Carácter, cualidad, propiedad, peculiaridad, atributo, característica, nota. || pl. Facciones.

rasgón. m. Rotura, desgarro, desgarrón, rasgadura.

rasguñar. tr. Rascuñar, arañar, rascar. || Tantear, esbozar, bosquejar.

rasguño. m. Arañazo. || Apuntamiento, tanteo, esbozo, bosquejo.

raso, sa. adj. Plano, llano, liso (a.: *abrupto, escarpado*). || Despejado, claro, pelado.

raspa. f. Reprimenda.

raspadura. f. Limadura, raspado.

raspar. tr. Raer, arañar, rascar. || Rasar, rozar. || Hurtar, quitar.

rastra. f. Rastrillo, rastro. || Ristra, sarta. || Rastro, vestigio, señal, pista, huella. || **a la rastra, a rastra o a rastras.** loc. adv. Arrastrando. || De mal grado, de mala gana.

rastreador, ra. m. y f. Batidor, baqueano, explorador.

rastrear. intr. Averiguar, buscar, indagar, olfatear, perseguir.

rastrero, ra. adj. Bajo, vil, despreciable, indigno (a.: *digno, noble*). || Rasante.

rastrillo. m. Rastro, rastra.

rastro. m. Rastra, rastrillo. || Indicio, huella, pista, señal, vestigio.

rasurar. tr. Afeitar, rapar.

rata. f. Laucha. || Rabona.

ratear. tr. Prorratear. || Hurtar.

ratería. f. Hurto, sisa.

ratero, ra. m. y f. Caco, ladrón, gato.

ratificación. f. Confirmación, aprobación (a.: *rectificación*).

ratificar. tr. Reafirmar, refirmar, certificar, confirmar, corroborar, aprobar, convalidar (a.: *rectificar, enmendar*).

rato. m. Instante, momento.

ratón. m. Laucha.

raudal. m. Abundancia, copia, cantidad. || Inundación.

raudo, da. adj. Rápido, veloz (a.: *lento, pausado*). || Violento, precipitado.

raya. f. Línea, trazo. || Guión. || Término, confín, límite, linde, frontera. || Cortafuego, parafuego.

rayado. m. Renglonadura.

rayano, na. adj. Lindante, vecino, confinante, limítrofe (a.: *mediato*). || Fronterizo. || Cercano (a.: *distante*).

rayar. intr. Limitar, lindar, confinar. || tr. Borrar, tachar. || Subrayar. || Acercarse, parecerse. || Distinguirse, sobresalir.

rayita. f. Tilde, virgulilla.

rayo. m. Centella, exhalación, chispa, relámpago. || Radio. || Lince, pólvora.

rayuela. f. Infernáculo, tejo.

raza. f. Casta, linaje, progenie, estirpe. || Ralea. || Pueblo, clan, tribu. || Especie, género.

razia. f. Correría, incursión.

razón. f. Entendimiento, juicio, discurso, raciocinio, intelecto, criterio (a.: *instinto, pasión*). || Prueba, argumento, demostración. || Motivo, porqué, causa, móvil. || Justicia, equidad, rectitud, verdad, derecho (a.: *injusticia*). || Recado,

mensaje. ‖ Orden, método. ‖ Cuenta, relación, cómputo. ‖ **dar razón.** Notificar, informar. ‖ **razón social.** Sociedad.

razonable. adj. Arreglado, justo, justificado, legítimo, comprensible (**a.:** *injustificado, arbitrario*). ‖ Mediano, regular, moderado. ‖ Prudente, inteligente, sensato. ‖ Plausible, fundado, lógico.

razonamiento. m. Argumento, demostración, raciocinio, discurso, reflexión (**a.:** *sutileza, contradicción*).

razonar. intr. Discurrir, pensar, raciocinar, argüir, argumentar, aducir. ‖ Explicar, justificar. ‖ Hablar, discutir, exponer.

reacción. f. Oposición, resistencia (**a.:** *sometimiento, pasividad*).

reaccionar. intr. Protestar (**a.:** *conformarse*). ‖ Rebelarse (**a.:** *adaptarse*).

reaccionario, ria. adj. y s. Retrógrado (**a.:** *innovador, progresista*).

reacio, cia. adj. Desobediente, indócil, remiso, rebelde, renuente.

reactor, ra. adj. Reactivo. ‖ m. Reactancia. ‖ **reactor nuclear.** Pila atómica.

reafirmar. tr. y prnl. Confirmar, corroborar, ratificar, refirmar (**a.:** *rectificarse*).

real. adj. Verdadero, existente, auténtico, positivo, efectivo, cierto, tangible, verídico (**a.:** *imaginario, irreal*). ‖ Regio, suntuoso. ‖ Magnífico, espléndido. ‖ Bonísimo. ‖ m. Campamento.

realce. m. Relieve. ‖ Lustre, brillo, estimación, lujo, grandeza, lucimiento, esplendor.

realeza. f. Soberanía.

realidad. f. Existencia, efectividad (**a.:** *fantasía*). ‖ Verdad, sinceridad, naturalidad. ‖ **en realidad.** loc. adv. Realmente, efectivamente.

realimentación. f. Reacción.

realismo. m. Precisión, naturalismo, objetivismo.

realizable. adj. Hacedero, factible, posible (**a.:** *irrealizable, imposible*).

realización. f. Ejecución. ‖ Venta.

realizar. tr. y prnl. Hacer, efectuar, ejecutar. ‖ tr. Vender.

realmente. adv. Efectivamente, positivamente, verdaderamente, ciertamente, indudablemente.

realzar. tr. Levantar, destacar, elevar. ‖ Enaltecer, ensalzar, engrandecer, exaltar (**a.:** *menoscabar, desprestigiar*).

reanimar. tr. y prnl. Restablecer, fortalecer, reconfortar. ‖ Animar, alentar, consolar, vivificar (**a.:** *desalentar, desanimar*).

reanudar. tr. Proseguir, continuar, seguir, renovar (**a.:** *interrumpir, suspender*).

reaparecer. intr. Resurgir.

reata. f. Correa, cuerda.

reavivar. tr. y prnl. Vivificar, reanimar.

rebaba. f. Reborde.

rebaja. f. Descuento, deducción, disminución, reducción, bonificación (**a.:** *aumento, incremento*).

rebajar. tr. Disminuir, descontar, deducir, reducir, restar (**a.:** *aumentar*). ‖ tr. y prnl. Humillar, abatir, degradar, envilecer. ‖ Minorar, atenuar, minimizar (**a.:** *avivar*). ‖ Menospreciar.

rebalsa. f. Embalse.

rebalsar. intr. Embalsar, represar.

rebanada. f. Raja, tajada.

rebaño. m. Manada, hato, tropa. ‖ Grey, feligresía.

rebasar. tr. Sobrepasar, exceder, colmar (**a.:** *faltar*). ‖ Pasar, trasponer. ‖ prnl. Extralimitarse (**a.:** *comedirse*).

rebatir. tr. Rechazar, contrarrestar (**a.:** *corroborar*). ‖ Impugnar, refutar, confutar.

rebato. m. Alarma, conmoción.

rebelarse. prnl. Sublevarse, levantarse, insurreccionarse, indisciplinarse, insubordinarse, alzarse, amotinarse. ‖ Resistirse, oponerse, desobedecer (**a.:** *someterse*).

rebelde. adj. Sublevado, insurgente, amotinado, insurrecto, revoltoso, faccioso, sedicioso. ‖ Desobediente, insumiso, indócil, indisciplinado, reacio, recalcitrante, indómito, díscolo, indomable (**a.:** *dócil, sumiso*). ‖ Contumaz.

rebeldía. f. Desobediencia, indocilidad, insubordinación, levantamiento, indisciplina (**a.:** *subordinación, acatamiento*). ‖ Contumacia.

rebelión. f. Alzamiento, sublevación, insurrección, levantamiento, sedición.

rebenque. m. Látigo, talero.

reblandecer. tr. y prnl. Ablandar, lentecer.

reborde. m. Cornisa, saliente.

rebosadero. m. Aliviadero. ‖ Desaguadero, desagüe.

rebosar. intr. y prnl. Derramarse, desbordarse, rebasar. ‖ Abundar, sobreabundar, redundar, exceder, cundir.

rebotar. intr. Botar, picar, saltar. ‖ Rechazar.

rebote. m. Rechazo, retroceso, bote, salto.

rebozar. tr. y prnl. Arrebozar, embozar, cubrir, empanar, envolver, bañar.

rebozo. m. Simulación, excusa, pretexto. ‖ Embozo.

rebrotar. intr. Retoñar, apimpollarse.

rebrote. m. Retoño, renuevo, hijuelo, vástago.

rebullir. intr. Agitarse, alborotar (**a.:** *aquietarse*).

rebuscado, da. adj. Afectado, estudiado, amanerado, forzado (**a.:** *sencillo, natural*).

rebuscar. tr. Escudriñar, escrutar, explorar, registrar, inquirir.

rebuznar. intr. Roznar.

rebuzno. m. Roznido.

recabar. tr. Alcanzar, lograr, obtener, conseguir. ‖ Pedir, solicitar.

recado. m. Mensaje, misiva, encargo. ‖ Regalo, presente. ‖ Montura, apero. ‖ Útiles.

recaída. f. Reincidencia.

recalada. f. Arribo.

recalcar. tr. Insistir, repetir, acentuar, subrayar, machacar.

recalcitrante. adj. Terco, reacio, obstinado, pertinaz, reincidente (**a.:** *arrepentido*).

recapacitar. intr. y tr. Reflexionar, recordar, rememorar, meditar.

recapitulación. f. Compendio, revisión, síntesis, resumen, sumario.

recapitular. tr. Resumir, sintetizar, compendiar, condensar, extractar.

recargado, da. adj. Barroco, rococó, churrigueresco. ‖ Exagerado (**a.:** *aligerado*).

recargo. m. Sobreprecio, aumento, gravamen (**a.:** *disminución*).

recatado, da. adj. Circunspecto, cauto, precavido. ‖ Honesto, modesto, pudoroso.

recatar. tr. y prnl. Encubrir, ocultar, esconder, tapar (**a.:** *exhibir, mostrar*).

recato. m. Cautela, reserva, circunspección (**a.:** *jactancia*). ‖ Honestidad, modestia, pudor, decoro, compostura (**a.:** *impudor*).

recaudación. f. Colecta, cuestación. ‖ Cobro, cobranza, percepción.

recaudador. m. Cobrador.

recaudar. tr. Cobrar, percibir, recolectar (**a.:** *cancelar, pagar*).

recaudo. m. Recaudación, cobro, cobranza. ‖ Precaución, cuidado.

recelar. tr. e intr. Desconfiar, sospechar, maliciarse, temer.

recelo. m. Desconfianza, barrunto, sospecha, miedo, temor, aprensión, escama (**a.:** *confianza*).

receloso, sa. adj. Desconfiado, suspicaz, temeroso, aprensivo.

recensión. f. Reseña, crítica.

recentar. tr. Leudar.

recepción. f. Recibimiento, recibo, acogida. ‖ Admisión, aceptación.

receptáculo. m. Recipiente, vasija, envase. ‖ Acogida, asilo, refugio.

receptar. tr. Acoger, recibir. ‖ Ocultar, esconder, encubrir.

receptor, ra. adj. y s. Recibidor, aceptador, recipiente.

receptoría. f. Cobranza, tesorería.

receso. m. Separación, apartamiento, desvío. ‖ Interrupción, suspensión, cesación, vacación, descanso.

receta. f. Prescripción, fórmula.

recetar. tr. Formular, prescribir, ordenar.

recetario. m. Formulario. ‖ Farmacopea.

rechazar. tr. Rebotar, expulsar, repeler. ‖ Negar, refutar, denegar, impugnar, desestimar (**a.:** *admitir, aceptar*). ‖ Rehusar, impugnar, recusar (**a.:** *aceptar, ratificar*).

rechazo. m. Rebote.

rechifla. f. Burla, pitorreo. || Silbatina (**a.:** *ovación, aplauso*).

rechinar. intr. Crujir, chirriar, estridular, chillar.

rechoncho, cha. adj. Regordete, gordo, retaco, achaparrado.

reciamente. adv. Fuertemente, vigorosamente, violentamente.

recibidor. m. Recibimiento, antesala. || Vestíbulo, recibimiento.

recibimiento. m. Recepción, acogida, recibo, bienvenida, acogimiento. || Recibidor, antesala. || Admisión.

recibir. tr. Tomar, aceptar (**a.:** *entregar, dar*). || Admitir, acoger. || Cobrar, percibir. || Incorporar. || prnl. Graduarse, revalidarse.

recibo. m. Recepción, acogida, recibimiento. || Comprobante, vale, resguardo.

recidiva. f. Repetición, recaída.

reciedumbre. f. Robustez, fuerza, fortaleza, vigor, reciura (**a.:** *debilidad*).

reciente. adj. Nuevo, fresco, flamante. || Moderno, actual (**a.:** *antiguo, viejo*).

recientemente. adv. Recién, últimamente.

recinto. m. Circuito, perímetro, ámbito, espacio.

recio, cia. adj. Fuerte, robusto, vigoroso (**a.:** *débil, endeble*). || Grueso, gordo, abultado, corpulento. || Áspero, acre (**a.:** *suave*). || Penoso, duro. || Fuerte, intenso. || Riguroso, severo. || Impetuoso, veloz.

recipiente. m. Receptáculo, envase, vasija, vaso.

reciprocidad. f. Correspondencia, mutualidad.

recíproco, ca. adj. Mutuo, mutual.

recital. m. Concierto.

recitar. tr. Declamar, decir. || Referir, contar.

recitativo. m. Recitado.

reclamación. f. Exigencia, reclamo, requerimiento, pretensión, protesta. || Petición, demanda, solicitud, pedido.

reclamar. intr. Oponerse. || tr. Exigir, demandar, requerir, peticionar, solicitar (**a.:** *desistir*).

reclamo. m. Señuelo, cebo, espejismo. || Atractivo, aliciente, incentivo. || Propaganda, publicidad, anuncio. || Reclamación.

reclinar. tr. y prnl. Recostar, apoyar.

recluir. tr. y prnl. Encerrar, confinar, aprisionar, internar, encerrar (**a.:** *libertar*). || Retener.

reclusión. f. Encierro, prisión. || Aislamiento, apartamiento, retiro, recogimiento.

recluso, sa. adj. Preso, presidiario, prisionero, cautivo, detenido, confinado.

recluta. f. Reclutamiento, alistamiento, leva, enganche. || m. Conscripto, quinto.

reclutamiento. m. Conscripción, quinta. || Alistamiento, leva.

reclutar. tr. Alistar, enganchar, enrolar (**a.:** *licenciar*). || Reunir.

recobrar. tr. Recuperar, rescatar, reconquistar (**a.:** *perder*). || prnl. Compensarse, indemnizarse, resarcirse, desquitarse (**a.:** *conservar*). || Restablecerse, recuperarse, reponerse (**a.:** *empeorar*). || Volver en sí.

recodo. m. Recoveco, sinuosidad, meandro, vuelta, ángulo, curva, esquina.

recogedor. m. Rastra. || Pala.

recoger. tr. Cosechar, recolectar, acopiar. || Juntar, reunir, congregar. || Acoger, dar asilo. || Almacenar, guardar, acumular (**a.:** *esparcir*). || Captar. || Levantar, desmontar. || prnl. Refugiarse, encerrarse, retirarse (**a.:** *salir*). || Abstraerse, ensimismarse, incomunicarse, reconcentrarse, concentrarse, abismarse.

recogimiento. m. Aislamiento. || Recolección, acopio.

recolección. f. Cosecha, acopio, recogida. || Cobranza, recaudación. || Recopilación, resumen, compendio.

recolectar. tr. Cosechar, recoger (**a.:** *tirar*). || Reunir, juntar.

recolector. m. Recaudador, cobrador. || Cosechero.

recomendable. adj. Estimable, meritorio, digno, elogiable.

recomendación. f. Consejo, advertencia. || Encargo, instancia, pedido. || Influencia, cuña, palanca. || Alabanza, elogio.

recomendar. tr. Encomendar, encargar, confiar (a.: *desconfiar*). || Aconsejar, advertir. || Alabar, elogiar (a.: *acusar*).

recompensa. f. Premio, galardón. || Remuneración, propina, retribución. || Compensación, resarcimiento (a.: *sanción, castigo*).

recompensar. tr. Compensar, indemnizar. || Retribuir, remunerar. || Premiar, galardonar.

recomponer. tr. Reparar, arreglar, rehacer.

reconcentrado, da. adj. Reservado.

reconcentrar. tr. y prnl. Reunir, juntar, concentrar, centralizar. || prnl. Ensimismarse, abstraerse, embeberse, enfrascarse (a.: *distraerse*).

reconciliar. tr. y prnl. Conciliar, amistar (a.: *separar, enemistar*).

reconcomio. m. Prurito, afán, deseo, anhelo. || Recelo, sospecha, inquietud, suspicacia, aprensión (a.: *confianza, tranquilidad*).

recóndito, ta. adj. Escondido, oculto, reservado, misterioso, secreto, arcano, íntimo. || Profundo, hondo (a.: *cognoscible*).

reconfortar. tr. Reanimar, confortar.

reconocer. tr. Distinguir, conocer, identificar (a.: *desconocer*). || Mirar, registrar, examinar, explorar, inspeccionar. || Auscultar, tantear. || Confesar, aceptar, admitir, convenir, conceder. || Agradecer (a.: *olvidar*).

reconocido, da. adj. Agradecido, obligado, deudor. || Admitido, aceptado. || Examinado, registrado.

reconocimiento. m. Agradecimiento, gratitud. || Examen, exploración, inspección, registro. || Confesión.

reconquistar. tr. Recobrar, recuperar, rescatar (a.: *perder*).

reconstituir. tr. Reorganizar, reconstruir, rehacer, restablecer, reintegrar, fortalecer.

reconstituyente. m. Tónico, reconfortante, analéptico.

reconstruir. tr. Reedificar, rehacer, restaurar (a.: *destruir*).

reconvención. f. Admonición, recriminación, amonestación, reprensión, regaño, reproche, cargo, rapapolvo, sermón, reprimenda (a.: *aplauso, elogio*).

reconvenir. tr. Censurar, reprender, reñir, regañar, reprochar, amonestar, corregir, recriminar, sermonear.

recopilación. f. Compendio, resumen. || Colección, compilación, antología.

recopilar. tr. Compendiar, resumir, condensar (a.: *ampliar*). || Compilar, coleccionar, recoger.

recordable. adj. Memorable, memorando.

recordación. f. Memoria, reminiscencia, recuerdo, evocación, rememoración, remembranza (a.: *olvido*).

recordar. tr. Memorar, retener, rememorar, acordarse, evocar (a.: *olvidar*). || Despertar. || Recapacitar. || Parecerse, asemejarse.

recorrido. m. Trayecto, itinerario. || Reprensión, reprimenda, reconvención.

recortar. tr. Cortar, podar, cercenar (a.: *añadir*).

recorte. m. Retazo, retal. || Poda. || pl. Recortaduras, sobrantes.

recoser. tr. Zurcir. || Remendar.

recostar. tr. y prnl. Reclinar, apoyar, acostar, inclinar.

recova. f. Soportal.

recoveco. m. Recodo, meandro, vuelta, sinuosidad. || Escondite, escondrijo, rincón.

recreación. f. Recreo, solaz, entretenimiento, expansión, esparcimiento, pasatiempo, diversión, distracción (a.: *labor, tarea*).

recrear. tr. Entretener, distraer, alegrar, deleitar, solazar, regocijar (a.: *aburrir*). || prnl. Gozar, deleitarse, complacerse, divertirse (a.: *entristecerse*).

recreativo, va. adj. Entretenido, ameno, divertido.

recrecer. tr. e intr. Aumentar, acrecentar. || prnl. Reanimarse.

recreo. m. Recreación, distracción, diversión, solas, esparcimiento, divertimiento (**a.:** *tedio, hastío*). || Expansión, asueto, descanso (**a.:** *trabajo*).

recriminación. f. Reconvención, represión, reproche (**a.:** *elogio*). || Acusación.

recriminar. tr. Reprochar, reñir, reprender, reconvenir, sermonear (**a.:** *felicitar*).

recrudecimiento. m. Recrudescencia, agravación, agravamiento, empeoramiento. || Incremento.

rectamente. adv. Directamente (**a.:** *sinuosamente*). || Honorablemente (**a.:** *aviesamente*).

rectangular. adj. Cuadrilongo.

rectángulo. m. Cuadrilongo.

rectificación. f. Corrección, enmienda, modificación.

rectificar. tr. y prnl. Corregir, modificar, mejorar, enmendar (**a.:** *ratificar, corroborar, confirmar*). || tr. Purificar, redestilar. || Contradecir, refutar, rebatir.

rectitud. f. Integridad, honorabilidad, honestidad, honradez, probidad (**a.:** *venalidad*). || Justicia, equidad, imparcialidad.

recto, ta. adj. Derecho, directo (**a.:** *torcido*). || Justo, justiciero, imparcial, equitativo, severo (**a.:** *injusto, parcial*). || Honorable, íntegro, honrado, probo (**a.:** *deshonesto, venal*).

rector, ra. m. y f. Director, superior.

recua. f. Reata.

recuadrar. tr. Cuadricular, encuadrar.

recubrimiento. m. Revestimiento.

recubrir. tr. Revestir.

recuento. m. Arqueo, inventario.

recuerdo. m. Memoria, conmemoración, rememoración, remembranza, reminiscencia, recordación (**a.:** *olvido*). || Regalo, presente. || pl. Memorias, expresiones, saludos.

reculada. f. Retroceso, retirada.

recular. intr. Retrogradar, ciar, retroceder (**a.:** *avanzar*). || Ceder, transigir, desistir, claudicar.

recuperación. f. Desempeño, rescate, retroventa (**a.:** *devolución, recaída*).

recuperar. tr. Recobrar, rescatar, reconquistar (**a.:** *perder*). || prnl. Recobrarse, mejorar, restablecerse, reponerse, convalecer (**a.:** *empeorar, recaer*).

recurrir. intr. Acudir, apelar, acogerse.

recurso. m. Medio, procedimiento, trámite, arbitrio, expediente (**a.:** *desamparo*). || Memorial, solicitud, escrito, petición, instancia. || Apelación. || Astucia, ingenio. || pl. Bienes, hacienda, medios, posibles, fortuna, capital.

recusar. tr. Rechazar, repeler, rehusar. || Excluir, tachar, declinar (**a.:** *autorizar, nombrar*).

red. f. Redecilla. || Engaño, ardid, lazo, asechanza.

redactar. tr. Escribir, componer. || Librar, extender.

redaño. m. Mesenterio. || pl. Fuerzas, brío, valor.

redargüir. tr. Rebatir, refutar, contradecir (**a.:** *aprobar*).

rededor. m. Contorno, derredor, redor. || **al, o en, rededor.** loc. adv. Alrededor.

redención. f. Liberación, rescate (**a.:** *esclavitud*).

redentor. m. Jesucristo. || Salvador, libertador.

redicho, cha. adj. Afectado, pedante, rebuscado, amanerado.

redimir. tr. y prnl. Librar. || tr. Rescatar, salvar, liberar, libertar. || Cancelar, eximir.

rédito. m. Interés, utilidad, beneficio, renta, rendimiento, provecho (**a.:** *pérdida, quebranto*).

redituar. tr. Producir, rendir, rentar.

redivivo, va. adj. Aparecido, resucitado.

redoblar. tr. Duplicar, doblar. || Aumentar, acrecentar, intensificar. || Repetir, reiterar.

redomado, da. adj. Ladino, astuto, taimado. || Consumado, perfecto.

redondamente. adv. Rotundamente, categóricamente, terminantemente, claramente, absolutamente.

redondel. m. Círculo. || Circunferencia. || Ruedo, arena.

redondez. f. Curvatura, esfericidad.

redondo, da. adj. Circular. || Esférico. ||

Rollizo. || Claro, rotundo, categórico, terminante. || Completo, perfecto.

reducción. f. Disminución, merma, rebaja, descuento (a.: *aumento, exageración*). || Doma, sujeción.

reducible. adj. Reductible.

reducido, da. adj. Estrecho, pequeño, escaso, limitado, corto (a.: *amplio, vasto*). || Disminuido, mermado (a.: *agrandado*).

reducir. tr. Disminuir, aminorar, mitigar, achicar, acortar, decrecer, menguar (a.: *aumentar, exacerbar*). || Resumir, compendiar, abreviar. || Sujetar, someter, dominar, domeñar (a.: *rebelarse*). || Convertir. || prnl. Moderarse, restringirse. || Resumirse, resolverse.

reducto. m. Blocao, fortificación.

redundancia. f. Exceso, sobra, demasía, plétora, abundancia, superabundancia. || Pleonasmo, repetición. || Superfluidad (a.: *concisión*).

redundante. adj. Repetido, ampuloso.

redundar. intr. Rebosar, exceder, sobrar, derramarse. || Resultar, causar, parar, refluir, acarrear.

reduplicar. tr. Redoblar, duplicar, reiterar, repetir.

reedición. f. Reimpresión.

reedificar. tr. Reconstruir, rehacer.

reeditar. tr. Reimprimir.

reemplazar o **remplazar.** tr. Representar. || Reponer, cambiar (a.: *mantener*). || Relevar. || Reintegrar.

reemplazo o **remplazo.** m. Sustitución, cambio, reposición. || Relevo, suplencia. || Reintegro.

reencuentro. m. Refriega, choque.

reestreno. m. Reposición.

refacción o **refección.** f. Colación, bocadillo, piscolabis, tentempié. || Arreglo, reparación, compostura, restauración.

refajo. m. Faldellín, enagua, saya.

referencia. f. Narración, relación, informe, relato. || Semejanza, dependencia. || Cita, alusión, mención. || Remisión. || pl. Informes.

referendo o **referéndum.** m. Plebiscito.

referente. adj. Relativo, concerniente, tocante.

referir. tr. Contar, narrar, reseñar, relatar (a.: *callar*). || Remitir. || Atribuir, adjudicar. || tr. y prnl. Relacionar, aplicar. || prnl. Aludir, mencionar, citar.

refilón (de). loc. adv. De soslayo, al sesgo, oblicuamente. || De pasada.

refinación. f. Depuración, purificación.

refinado, da. adj. Exquisito, fino, distinguido, primoroso (a.: *ordinario, vulgar*). || Consumado, perfecto, extremado. || Cruel, taimado, malvado.

refinamiento. m. Esmero, cuidado, exquisitez (a.: *abandono, desaliño*). || Ensañamiento, encarnizamiento, crueldad, saña. || Afectación (a.: *naturalidad*).

refinar. tr. Perfeccionar, pulir, acabar, depurar, expurgar. || Clarificar.

refino. m. Refinación, refinadura.

refirmar. tr. Confirmar, ratificar, reafirmar, corroborar (a.: *rectificar*).

refitolero, ra. adj. Entrometido, cominero.

reflectar. intr. Reflejar.

reflector, ra. adj. Reflectante, reflexivo. || m. Telescopio. || Proyector. || Espejo, faro.

reflejar. tr. y prnl. Reflectar, reverberar. || Manifestar, evidenciar, patentizar, mostrar.

reflejo, ja. adj. Reflexivo (en gramática). Automático, involuntario (a.: *premeditado, voluntario*). || m. Brillo, destello. || Representación, imagen.

reflexión. f. Meditación, vacilación, recogimiento, reconcentración, introspección (a.: *despreocupación*). || Advertencia, consejo. || Consideración, examen.

reflexionar. intr. y tr. Pensar, considerar, cavilar, meditar, rumiar.

reflexivo, va. adj. Reflejo. || Juicioso, especulativo, ponderado, prudente (a.: *fatuo, necio*).

refluir. intr. Resultar, redundar, refundir.

reflujo. m. Bajamar.

refocilar. tr. y prnl. Recrear, alegrar, deleitar, regodearse, solazarse.

refocilo. m. Regodeo, refocilación, diversión.

reforma. f. Corrección, innovación, perfeccionamiento, restauración (a.: *empeoramiento*).

reformar. tr. Rehacer. ‖ Reparar, restaurar, arreglar, remendar, recomponer. ‖ Cambiar, modificar, variar (a.: *persistir*). ‖ Reordenar, reorganizar. ‖ prnl. Corregirse, enmendarse, rectificarse.

reformatorio. m. Correccional.

reforzar. tr. Aumentar, acrecentar. ‖ Fortalecer, consolidar, robustecer, vigorizar, alentar, reanimar, afianzar, asegurar (a.: *debilitar*).

refractar. tr. y prnl. Refringir.

refractario, ria. adj. Opuesto, rebelde, contrario (a.: *sumiso*). ‖ Incombustible (a.: *combustible, inflamable*).

refractivo, va. adj. Refringente.

refrán. m. Proverbio, máxima, sentencia, aforismo, adagio.

refregar. tr. Estregar, friccionar, restregar, frotar.

refrenar. tr. Frenar, sofrenar, contener, sujetar (a.: *soltar, estimular*). ‖ tr. y prnl. Moderar, reprimir, reportar (a.: *desatar*). ‖ prnl. Aguantarse, soportar.

refrendar. tr. Autenticar, legalizar, formar (a.: *desaprobar*).

refrescar. tr. Enfriar, atemperar, refrigerar (a.: *calentar*). ‖ Renovar, reproducir. ‖ prnl. Ventilarse. ‖ refrescar la memoria. loc. fig. Recordar, hacer recordar.

refresco. m. Refrigerio. ‖ Sorbete.

refriega. f. Encuentro, escaramuza, pelea, choque, combate, contienda, riña (a.: *tregua*).

refrigeración. f. Congelación, enfriamiento.

refrigerador, ra. adj. y s. Heladera, nevera. ‖ Refrigerante.

refrigerar. tr. Congelar, refrescar, helar, enfriar (a.: *calentar, caldear*).

refrigerio. m. Piscolabis, bocadillo, tentempié, refacción, refresco. ‖ Alivio, confortación, consuelo.

refringente. adj. Refractivo.

refringir. tr. y prnl. Refractar.

refucilo. m. Relámpago.

refuerzo. m. Ayuda, socorro. subsidio (a.: *desamparo*).

refugiarse. prnl. Ampararse, acogerse, cobijarse, guarecerse, resguardarse, asilarse. ‖ Ocultarse, esconderse (a.: *salir*).

refugio. m. Protección, amparo, asilo, resguardo, abrigo.

refulgente. adj. Brillante, resplandeciente, radiante, rutilante, luciente, luminoso, fulgente, fulgurante, esplendente.

refulgir. intr. Brillar, resplandecer, relumbrar, lucir, fulgurar, rutilar, rielar (a.: *apagarse*).

refundir. tr. Reformar, rehacer. ‖ intr. Redundar, resultar.

refunfuñar. intr. Rezongar, murmurar, gruñir, mascullar.

refutación. f. Impugnación (a.: *confirmación*).

refutar. tr. Impugnar, rebatir, redargüir, contradecir, objetar.

regadera. f. Rociadera. ‖ Reguera, acequia.

regadizo, za. adj. Regable, irrigable.

regalado, da. adj. Delicado, sabroso, deleitoso. ‖ Obsequiado (a.: *comprado*). ‖ Barato, gratis, gratuito (a.: *costoso*).

regalar. tr. Donar, obsequiar, dar (a.: *quitar*). ‖ Halagar, festejar, deleitar, agasajar (a.: *aburrir*). ‖ tr. y prnl. Derretir. licuar, destilar, chorrear.

regalía. f. Privilegio, prerrogativa. ‖ Gratificación, sobresueldo.

regaliz o regaliza. s. Orozuz.

regalo. m. Fineza, dádiva, presente, obsequio. ‖ Ofrenda, donativo, donación. ‖ Placer, gusto, deleite. ‖ Comodidad, descanso, conveniencia.

regalón, na. adj. Mimado, consentido. ‖ Comodón.

regañar. tr. Reprender, sermonear, reconvenir, reñir, amonestar (a.: *alabar*). ‖ intr. Pelearse, disputar, indisponerse, enemistarse, romper, malquistar (a.: *pacificar*).

regaño. m. Amonestación. ‖ Reprimenda, regañina, reprensión, reproche, sermoneo.

regañón, na. adj. Gruñón, rezongón, reprochón. *Abuelo regañón.*

regar. tr. Esparcir, derramar, diseminar. ‖ Salpicar, rociar, irrigar, mojar.

regate. m. Esguince, gambeta, escorzo, quiebro. ‖ Efugio, escape, pretexto.

regatear. tr. Mercar. ‖ Escatimar. ‖ Ahorrar, economizar.

regato. m. Arroyuelo. ‖ Reguera, acequia.

regatón. m. Contera, virola, casquillo.

regazo. m. Falda, enfaldo. ‖ Amparo, consuelo.

regenerar. tr. y prnl. Reformar, corregir (a.: *corromper*). ‖ Restaurar (a.: *destrozar, destruir*).

regentar. tr. Gobernar, dirigir, regir.

regiamente. adv. Suntuosamente, ricamente, espléndidamente (a.: *pobremente*).

régimen. m. Gobierno, dirección, administración. ‖ Tratamiento. ‖ Sistema, regla.

regio, gia. adj. Real, majestuoso. ‖ Suntuoso, magnífico, espléndido, grandioso.

región. f. Comarca, territorio, país.

regir. tr. Dirigir, gobernar, mandar, reglamentar (a.: *obedecer*). ‖ Guiar, conducir (a.: *someterse*).

registrar. tr. Mirar, examinar, escudriñar, reconocer, revolver, inspeccionar. ‖ Anotar, inscribir, apuntar, asentar, matricular.

registro. m. Inspección, examen, busca, búsqueda. ‖ Protocolo, padrón, matrícula, archivo. ‖ Tesitura, extensión, repertorio. ‖ Índice.

regla. f. Pauta, guía, modelo, patrón. ‖ Norma, precepto, canon, razón, medida. ‖ Constitución, ley, estatuto, reglamento. ‖ Método, procedimiento. ‖ Menstruación, mes, período, menstruo.

reglado, da. adj. Sobrio, parco, templado, moderado. ‖ Reglamentado, preceptuado, ordenado.

reglamentar. tr. Ordenar, sistematizar, regular (a.: *desordenar*).

reglamento. m. Estatuto, regla, ordenanza.

regleta. f. Interlínea.

regletear. tr. Interlinear, entrerrenglonar.

regocijado, da. adj. Alegre, divertido, contento, gozoso, risueño, alborozado, jubiloso.

regocijar. tr. Alegrar, contentar, festejar, divertir, alborozar, animar (a.: *entristecer*). ‖ prnl. Recrearse, deleitarse, gozar, alborozarse.

regocijo. m. Alegría, dicha, júbilo, alborozo, gozo, satisfacción, contento (a.: *melancolía, pena*). ‖ Festejo, celebración.

regodearse. prnl. Complacerse, divertirse, deleitarse, refocilarse, regocijarse.

regodeo. m. Refocilo, algazara, júbilo, regocijo, alborozo, jolgorio. ‖ Diversión, fiesta.

regordete, ta. adj. Rechoncho, gordo, retaco, barrigudo.

regresar. intr. Volver, retornar, tornar, reintegrarse (a.: *irse, marchar*).

regresión. f. Retroceso (a.: *avance*).

regreso. m. Vuelta, retorno. ‖ Repatriación.

regüeldo. m. Eructo.

reguera. f. Canal, reguero, acequia, conducto.

regulado, da. adj. Ordenado, medido, pautado, normalizado, reglado.

regular. adj. Regulado, regularizado, ordenado. ‖ Ajustado, exacto, medido, arreglado, razonable, metódico, cadencioso. ‖ Mediano, mediocre, moderado, corriente (a.: *excelente*). ‖ Natural, normal (a.: *anormal, caprichoso*). ‖ Uniforme (a.: *irregular, arrítmico*). ‖ adv. Regularmente, no bien. ‖ tr. Ajustar, reglar, regularizar, ordenar, normalizar, normalizar, pautar (a.: *desarreglar*).

regularidad. f. Puntualidad, disciplina, exactitud. ‖ Normalidad, naturalidad. ‖ Periodicidad, uniformidad (a.: *irregularidad*).

regularizar. tr. Regular, reglar, ajustar, uniformar, ordenar, metodizar, normalizar (a.: *revolucionar*).

rehabilitar. tr. Restituir, restablecer. ‖

Reivindicar, reinstalar, reponer (**a.:** *degradar*).

rehacer. tr. Reformar. ‖ Reconstruir, reedificar. ‖ Reponer, restaurar, reparar, renovar, recomponer, restablecer. ‖ prnl. Fortalecerse, recuperarse, vigorizarse, recobrarse. ‖ Serenarse, tranquilizarse, reponerse (**a.:** *descomponerse*).

rehén. m. Garantía, prenda.

rehuir. tr. Evitar, esquivar, eludir, soslayar, sortear (**a.:** *afrontar*). ‖ Rehusar, excusar, rechazar.

rehusar. tr. Declinar, negarse, renunciar, recusar, rechazar, repudiar (**a.:** *aceptar*). ‖ Denegar, negar, desestimar (**a.:** *admitir*).

reidor, ra. adj. Alegre, optimista, burlón.

reimprimir. tr. Reeditar, reproducir.

reinante. adj. Actual, existente, dominante.

reinar. intr. Dominar, regir, gobernar. ‖ Predominar, prevalecer.

reincidencia. f. Recaída, reiteración.

reincidir. intr. Recaer, reiterar, repetir (**a.:** *escarmentar*).

reintegrar. tr. Restituir, devolver, retornar, tornar (**a.:** *quitar, robar*). ‖ tr. y prnl. Reponer, reincorporar. ‖ prnl. Indemnizarse, resarcirse, cobrarse (**a.:** *perder*).

reintegro. m. Reintegración, restitución, devolución. ‖ Pago, paga.

reír. tr. Celebrar. ‖ intr. Sonreír. ‖ prnl. Burlarse, chancearse, mofarse (**a.:** *llorar*).

reiteración. f. Insistencia, repetición, frecuencia.

reiterar. tr. Repetir, reproducir, reincidir, iterar, insistir.

reiterativo, va. adj. Frecuentativo, repetitivo. ‖ Iterativo.

reivindicar. tr. Recuperar, vindicar. ‖ Reclamar, exigir.

reja. f. Verja, enrejado.

rejilla. f. Malla. ‖ Celosía.

rejo. m. Punta, aguijón, pincho. ‖ Raicilla, raicita, radícula.

rejuvenecer. tr. y prnl. Remozar, reverdecer, vigorizar. ‖ tr. Renovar, restaurar, modernizar.

relación. f. Relato, descripción, narración, referencia. ‖ Lista, enumeración, catálogo, nómina, rol. ‖ Conexión, contacto, correspondencia, enlace, trabazón, vínculo, lazo, nexo, unión. ‖ Amistad, trato, afinidad, parentesco, vinculación. ‖ Comunicación, informe. ‖ Parlamento. ‖ pl. Amistades, amigos.

relacionar. tr. Contar, narrar, referir, relatar. ‖ tr. y prnl. Enlazar, trabar, encadenar, conectar, ligar (**a.:** *desunir*). ‖ Comunicar. ‖ prnl. Tratarse, corresponderse, visitarse (**a.:** *aislarse*). ‖ Atañer, concernir.

relaciones. f. pl. Amorío, noviazgo.

relajación. f. Laxitud, relajamiento, alivio (**a.:** *tensión*). ‖ Hernia. ‖ Depravación (**a.:** *virtud*).

relajado, da. adj. Flojo, laxo (**a.:** *fuerte*). ‖ Libertino, vicioso, disoluto, depravado, corrompido.

relajar. tr. y prnl. Aflojar, ablandar, laxar, distender. ‖ prnl. Corromperse, estragarse, enviciarse, malearse (**a.:** *ennoblecerse*).

relajo. m. Degradación, libertinaje, envilecimiento, corrupción. ‖ Desorden, desbarajuste.

relamerse. prnl. Jactarse, regodearse.

relamido, da. adj. Afectado, repulido, atildado, amanerado, estirado, almidonado.

relámpago. m. Fulguración, centella, refucilo, exhalación, fucilazo. ‖ Resplandor, lampo.

relapso, sa. adj. Reincidente.

relatar. tr. Contar, referir, exponer, narrar, describir (**a.:** *callar, enmudecer*).

relativamente. adv. Acerca de, en cuanto a.

relativo, va. adj. Referente, concerniente, atinente, tocante, respectivo (**a.:** *distinto*). ‖ Dependiente (**a.:** *absoluto*).

relato. m. Narración, cuento, relación, referencia, fábula, historia. ‖ Descripción, informe, exposición.

relegación. f. Confinamiento, destierro. ‖ Apartamiento, postergación.

relegar. tr. Desterrar, confinar, deportar. ‖

Apartar, arrinconar, posponer, postergar, desechar, rechazar (**a.:** *preferir, admitir*).

releje. m. Carrilada, carrilera, rodada, rodera.

relente. m. Sereno, rocío (**a.:** *sequedad*).

relevante. adj. Sobresaliente, notable, excelente, superior, óptimo, eximio, descollante, destacado.

relevar. tr. Exaltar, enaltecer, engrandecer, realzar (**a.:** *desprestigiar*). || Absolver, perdonar, eximir, dispensar, excusar (**a.:** *acusar*). || Destituir, exonerar, reemplazar, deponer (**a.:** *aceptar*). || Mudar, cambiar, sustituir, remover (**a.:** *adoptar*).

relevo. m. Sustitución, cambio, reemplazo. || Turno, remuda.

relieve. m. Saliente, prominencia, realce, bulto. || Mérito, renombre. || pl. Sobras, residuos, restos.

religión. f. Creencia, fe (**a.:** *impiedad, laicismo*).

religiosamente. adv. Puntualmente, exactamente, fielmente, escrupulosamente. || Fervorosamente, piadosamente (**a.:** *indiferentemente*).

religiosidad. f. Devoción, piedad, fervor, unción, fe (**a.:** *irreligiosidad, impiedad*). || Escrupulosidad, exactitud, precisión, puntualidad.

religioso, sa. adj. Creyente, devoto, fiel. || Exacto, minucioso, puntual. || m. Fraile, monje. || f. Monja.

reliquia. f. Residuo, sobrante, resto. || Vestigio, indicio, huella.

rellano. m. Descansillo, meseta, descanso.

rellenar. tr. Henchir. || Embutir. || Atestar, atiborrar, saciar, llenar (**a.:** *vaciar, desocupar*).

relleno, na. adj. Repleto, harto, saturado, rebosante, abarrotado, pleno, colmado.

reluciente. adj. Brillante, pulido, resplandeciente, rutilante, relumbrante (**a.:** *opaco, desaseado*).

relucir. intr. Brillar, lucir, resplandecer, relumbrar. || Sobresalir, descollar.

reluctante. adj. Desobediente, remiso, renuente, rebelde.

relumbrar. intr. Resplandecer, refulgir, rutilar, brillar, relucir.

relumbrón. m. Destello. || Oropel, ostentosidad, apariencia.

remachar. tr. Roblonar. || Recalcar, afianzar, reforzar, confirmar, robustecer.

remache. m. Roblón, perno.

remanente. m. Residuo, resto, sobrante, sedimento, sobra.

remar. intr. Bogar. || Luchar, bregar.

rematadamente. adv. Completamente, totalmente, absolutamente, enteramente.

rematador, ra. m. y f. Subastador, martillero.

rematar. tr. e intr. Acabar, concluir, terminar, finalizar. || Subastar.

remate. m. Fin, cabo, punta, término, extremidad, conclusión, final (**a.:** *comienzo*). || Subasta.

remedar. tr. Imitar, contrahacer, fingir, parodiar, copiar, simular, burlarse.

remediar. tr. Reparar, corregir, enmendar, subsanar (**a.:** *agravar*). || Socorrer, auxiliar, aliviar, ayudar, asistir (**a.:** *desamparar*). || Evitar, impedir.

remedio. m. Reparación, corrección, enmienda. || Medicamento, medicina, fármaco. || Recurso, auxilio, refugio, ayuda, consuelo.

remedo. m. Imitación, parodia, copia.

remembranza. f. Recuerdo, evocación, rememoración, reminiscencia, recordación (**a.:** *olvido*).

rememorar. tr. Recordar, evocar, acordarse.

remendar. tr. Reparar, componer, zurcir, arreglar. || Corregir, enmendar. || Recoser, repasar.

remero, ra. m. y f. Remador. || m. Galeote.

remesa. f. Remisión, envío.

remesar. tr. Enviar, expedir, mandar, remitir.

remiendo. m. Compostura, arreglo, reparación, parche, zurcido.

remilgado, da. adj. Melindroso, afectado, repulido, relamido (**a.:** *sencillo, natural*).

remilgo. m. Afectación, melindre (**a.:** *naturalidad*).

reminiscencia. f. Recuerdo, memoria, recordación, rememoración, remembranza.

remirado, da. adj. Cauto, prudente, circunspecto, reflexivo. ‖ Melindroso, timorato.

remisión. f. Envío, remesa, expedición (**a.:** *retención*). ‖ Referencia. ‖ Perdón, absolución, indulto (**a.:** *condena*). ‖ Descuido (**a.:** *cuidado*).

remiso, sa. adj. Flojo, irresoluto, tímido. ‖ Dejado, tardo, lento, remolón (**a.:** *expeditivo*). ‖ Renuente, reacio.

remitir. tr. Enviar, mandar, remesar, expedir (**a.:** *retener*). ‖ Referir, hacer referencia. ‖ Disminuir o cesar (un síntoma). ‖ Perdonar, exculpar (**a.:** *condenar*). ‖ Diferir, aplazar, posponer, suspender. ‖ prnl. Atenerse, ajustarse, ceñirse.

remo. m. Brazo. ‖ Pata, pierna. ‖ Ala.

remoción. f. Desplazamiento. ‖ Exclusión, eliminación, destitución (**a.:** *inclusión, nombramiento*).

remojar. tr. Empapar, ensopar. ‖ Convidar, celebrar.

remojón. m. Mojadura, baño, empapamiento.

remolacha. f. Betarraga.

remolcar. tr. Arrastrar, acarrear (**a.:** *despedir*).

remolino. m. Vorágine, torbellino, vórtice. ‖ Alboroto, jaleo, confusión, desorden, disturbio.

remolón, na. adj. Flojo, perezoso, holgazán, indolente, remiso, haragán (**a.:** *activo*).

remolonear. intr. Holgazanear (**a.:** *trabajar*).

remontar. tr. y prnl. Subir. ‖ tr. Elevar, encumbrar, enaltecer, engrandecer (**a.:** *bajar, humillar*).

remoquete. m. Apodo, mote, sobrenombre. ‖ Pulla. ‖ Puñetazo, mojicón.

rémora. f. Estorbo, lastre, embarazo, obstáculo, dificultad, impedimento (**a.:** *facilidad, prisa*).

remorder. intr. Pesar. ‖ prnl. Recomerse, concomerse, reconcomerse.

remordimiento. m. Pesar, arrepentimiento (**a.:** *obstinación*).

remoto, ta. adj. Distante, apartado, lejano, alejado, retirado (**a.:** *cercano, próximo*).

remover. tr. y prnl. Trasladar, mudar, mover. ‖ Conmover, alterar (**a.:** *tranquilizar*). ‖ Quitar, apartar. ‖ tr. Extirpar, arrancar, extraer. ‖ Activar, mover, agitar, menear. ‖ Revolver. ‖ Destituir, deponer, exonerar (**a.:** *nombrar*).

remozar. tr. y prnl. Rejuvenecer, reverdecer (**a.:** *envejecer*). ‖ Renovar, restaurar. ‖ Vivificar, robustecer.

rempujón. m. Empujón.

remudar. tr. Remplazar, relevar, sustituir. ‖ Trasplantar. ‖ tr. y prnl. Mudar, cambiar, variar.

remuneración. f. Sueldo, paga, retribución, gratificación, recompensa. ‖ Honorarios.

remunerador, ra. adj. Beneficioso, retributivo.

remunerar. tr. Pagar, retribuir. ‖ Premiar, recompensar.

remunerativo, va. adj. Remunerador. ‖ Provechoso, productivo (**a.:** *perjudicial*).

renacer. intr. Resucitar, retoñar.

renal. adj. Nefrítico.

rencilla. f. Disputa, riña, cuestión, pique (**a.:** *paz, tranquilidad*).

renco, ca. adj. y s. Rengo.

rencor. m. Resentimiento, encono, ojeriza, aborrecimiento (**a.:** *cariño, simpatía*).

rencoroso, sa. adj. Vengativo, resentido.

rendibú. m. Acatamiento, agasajo, obsequiosidad.

rendición. f. Capitulación, sometimiento, entrega (**a.:** *defensa*). ‖ Rendimiento, utilidad.

rendido, da. adj. Sumiso, subyugado (**a.:** *rebelde*). ‖ Obsequioso, galante. ‖ Cansado, agotado, fatigado (**a.:** *fresco*).

rendija. f. Grieta, hendidura, abertura, raja, fisura, hendija, resquicio.

rendimiento. m. Cansancio, fatiga, laxitud. ‖ Sumisión, acatamiento. ‖ Utilidad, ganancia, beneficio, rédito, provecho (**a.:** *quebranto, ruina*).

rendir. tr. y prnl. Vencer, subyugar, someter, sujetar, dominar, domeñar (**a.:** *resistir*). ‖ Cansar, fatigar. ‖ prnl. Someterse, entregarse, capitular. ‖ tr. Producir, rentar, redituar. ‖ Dar, ofrecer, ofrendar. ‖ Traspasar.

renegado, da. adj. y s. Apóstata. ‖ Descastado.

renegar. tr. Detestar, abominar, aborrecer (**a.:** *amar*). ‖ intr. Abjurar, negar, apostatar (**a.:** *perseverar*). ‖ Blasfemar, jurar, maldecir (**a.:** *bendecir*). ‖ Refunfuñar, regañar, gruñir.

renglón. m. Línea.

renglonadura. f. Rayado.

rengo, ga. adj. y s. Cojo, renco, paticojo.

renguear. intr. Cojear, renquear.

reniego. m. Juramento, terno, taco, blasfemia, maldición.

renombrado, da. adj. Célebre, reputado, famoso, afamado, acreditado (**a.:** *ignorado, obscuro*).

renombre. m. Fama, celebridad, gloria, nombradía, reputación, notoriedad.

renovación. f. Rejuvenecimiento, reforma, restauración, trasformación (**a.:** *conservación, mantenimiento*).

renovar. tr. Restablecer, reanudar. ‖ Reemplazar, reponer, sustituir, trocar, cambiar. ‖ Reiterar, repetir. ‖ Remozar, restaurar, reformar.

renquear. intr. Renguear, cojear.

renta. f. Rendimiento, utilidad, beneficio. ‖ Rédito, interés. ‖ Arrendamiento, alquiler.

rentar. tr. Producir, redituar, rendir.

rentero, ra. adj. Tributario. ‖ m. y f. Locatario, arrendatario. ‖ Colono.

renuente. adj. Indócil, remiso, reacio (**a.:** *obediente, dócil*).

renuevo. m. Brote, vástago, retoño. ‖ Renovación.

renuncia. f. Dimisión, abdicación. ‖ Dejación, resignación, abandono, desistimiento (**a.:** *asistencia*).

renunciar. tr. e intr. Dimitir, abdicar. ‖ Abandonar, ceder, prescindir, desistir.

renuncio. m. Mentira, embuste, engaño, patraña. ‖ Contradicción, falta, oposición.

reñido, da. adj. Encarnizado, disputado. ‖ Peleado.

reñidor, ra. adj. Pendenciero.

reñir. intr. Contender, disputar, pelear, luchar, atacarse. ‖ Desavenirse, romper, enemistarse, indisponerse, querellarse (**a.:** *amistarse*). ‖ tr. Reprender, amonestar, reconvenir, sermonear, increpar (**a.:** *disculpar*).

reo, a. m. y f. Acusado, inculpado, incurso, criminoso, procesado. ‖ Vago, atorrante.

repantigarse. prnl. Arrellanarse, acomodarse.

reparación. f. Compostura, refacción, arreglo, remiendo. ‖ Corrección, enmienda. ‖ Desagravio, satisfacción, explicación, descargo. ‖ Indemnización, resarcimiento, compensación.

reparar. tr. Arreglar, componer, remendar, restaurar, recomponer, rehacer (**a.:** *descomponer, desarreglar*). ‖ Corregir, enmendar, subsanar, remediar. ‖ Desagraviar, satisfacer (**a.:** *lesionar*). ‖ Resarcir, indemnizar, compensar. ‖ Recuperar, recobrar. ‖ intr. Notar, advertir, percibir, percatarse, observar. ‖ Atender, mirar, considerar, reflexionar, pensar. ‖ Contenerse, reportarse.

reparo. m. Compostura, reparación, arreglo, restauración. ‖ Defensa, abrigo, resguardo. ‖ Protección, abrigo. ‖ Advertencia, nota, objeción, observación. ‖ Dificultad, objeción, inconveniente, obstáculo, traba (**a.:** *facilidad*).

reparón, na. adj. Criticón, chinche.

repartición. f. Dependencia. ‖ Repartimiento, reparto, división, partición, distribución.

repartir. tr. Partir, dividir, prorratear, distribuir (**a.:** *acumular*).

reparto. m. Partición, prorrateo, repartición, distribución, repartimiento.

repasar. tr. Remendar, recoser. ‖ Releer. ‖ Planchar. ‖ Verificar, retocar.

repasata. f. Reconvención, regaño, reprensión, sermón, reprimenda, rapapolvo.

repaso. m. Revisión.

repecho. m. Cuesta, pendiente, subida.

repelente. adj. Repulsivo, repugnante.

repeler. tr. Rechazar, excluir (a.: *atraer*). ‖ Contradecir, objetar, repudiar, refutar, argüir, rebatir. ‖ tr. o intr. Repugnar.

repente. m. Improvisación. ‖ Arrebato, impulso. ‖ **de repente.** loc. adv. De pronto, súbitamente.

repentino, na. adj. Pronto, impensado, súbito, imprevisto, inesperado, inopinado, brusco (a.: *premeditado*).

repentista. com. Improvisador.

repentizar. tr. e intr. Improvisar.

repercusión. f. Resonancia, eco, tornavoz. ‖ Consecuencia, trascendencia, efecto, resultado.

repercutir. intr. Resonar. ‖ Reflejar, reverberar. ‖ Repeler, refundir. ‖ Trascender.

repertorio. m. Compilación, colección, recopilación.

repetición. f. Iteración, reiteración, insistencia. ‖ Ritornelo, estribillo. ‖ Epanáfora, anáfora. ‖ Reincidencia. ‖ Recidiva. ‖ Muletilla.

repetir. tr. Reproducir, rehacer, menudear, iterar, reiterar, reincidir, bisar, binar, redoblar.

repisa. f. Ménsula, rinconera.

repleción. f. Hartura, saciedad (a.: *hambre*).

replegarse. prnl. Retroceder (a.: *adelantar*).

repleto, ta. adj. Lleno, relleno, colmado, henchido, preñado, pleno, atiborrado (a.: *vacío*). ‖ Harto, ahíto, saciado (a.: *hambriento*). ‖ Pletórico.

réplica. f. Objeción (a.: *aprobación*). ‖ Contestación, respuesta.

replicar. tr. Argüir, objetar, argumentar, contradecir (a.: *asentir*). ‖ Contestar, reponer, responder (a.: *preguntar, interrogar*). ‖ Impugnar.

replicato. m. Objeción, réplica.

replicón, na. adj. Replicador, respondón.

repliegue. m. Pliegue, doblez. ‖ Retirada, retroceso.

repoblar. tr. Replantar.

repollo. m. Col.

repolludo, da. adj. Rechoncho, retaco, achaparrado.

reponer. tr. Restablecer, reinstaurar, rehabilitar, restaurar. ‖ Replicar, contestar, responder (a.: *callar*). ‖ Reemplazar, sustituir. ‖ Devolver, restituir (a.: *quitar*). ‖ prnl. Mejorarse, recobrarse, recuperarse, restablecerse (a.: *debilitarse*). ‖ Serenarse, tranquilizarse, rehacerse (a.: *intranquilizarse*).

reportar. tr. Traer. ‖ Llevar. ‖ Alcanzar, conseguir, obtener, lograr. ‖ prnl. Refrenarse, moderarse, contenerse, reprimirse, sosegarse.

reporte. m. Información, noticia.

reposado, da. adj. Sosegado, quieto, tranquilo, calmoso, sereno (a.: *intranquilo, nervioso*). ‖ Descansado. ‖ Sensato, prudente.

reposar. intr. Descansar (a.: *ajetrearse*). ‖ Dormir. ‖ Sosegarse, aquietarse (a.: *moverse*). ‖ Yacer. ‖ prnl. Posarse, depositarse, sedimentarse.

reposición. f. Reestreno. ‖ Restitución. ‖ Restablecimiento.

reposo. m. Descanso. ‖ Sueño (a.: *vela, vigilia*). ‖ Sosiego, quietud, tranquilidad, serenidad, paz, calma (a.: *desasosiego, inquietud*).

reprender. tr. Corregir, amonestar, reñir, reconvenir, censurar, reprochar, regañar, retar, sermonear, increpar, recriminar (a.: *encomiar, halagar*).

reprensible. adj. Censurable, reprobable, reprochable, criticable, vituperable.

reprensión. f. Reprimenda, reconvención, sermón, amonestación, corrección (a.: *felicitación*).

represa. f. Presa, embalse.

represalia. f. Desquite, venganza, revancha (a.: *recompensa*).

represar. tr. Estancar, embalsar. ‖ Detener, contener, reprimir.

representación. f. Símbolo, idea, imagen,

muestra, efigie, figura, retrato (a.: *realidad*). ‖ Personificación, sustitución, reemplazo. ‖ Autoridad, dignidad, carácter.

representante. com. Comisionista, corredor. ‖ Lugarteniente, sustituto, testaferro. ‖ Actor, comediante.

representar. tr. Figurar, reproducir. ‖ Simbolizar, encarnar, interpretar (a.: *crear*). ‖ Sustituir, reemplazar (a.: *negarse, eludir*). ‖ Aparentar, parecer. ‖ Significar, suponer. ‖ Implicar. ‖ prnl. Imaginarse, figurarse.

representativo, va. adj. Característico.

represión. f. Contención, detención, freno (a.: *libertad*).

reprimenda. f. Reconvención, amonestación, regaño, reproche, represión, rapapolvo.

reprimir. tr. Comprimir. ‖ tr. y prnl. Contener, refrenar, sujetar, dominar, moderar (a.: *azuzar, incitar, instigar*).

reprobable. adj. Censurable, incalificable, criticable, reprensible, reprochable, repudiable, vituperable, condenable.

reprobación. f. Condenación, reprensión, censura, desaprobación, reproche, reparo.

reprobar. tr. Desaprobar, criticar, censurar, desechar, condenar, rechazar, corregir, fustigar (a.: *aprobar*). ‖ Reconvenir, tachar, enrostrar. ‖ Abuchear, sisear, patear, gritar, silbar (a.: *aplaudir*).

réprobo, ba. adj. y s. Precito, condenado.

reprochar. tr. Reconvenir, afear, echar en cara, recriminar (a.: *disculpar*). ‖ Censurar, desaprobar (a.: *aprobar*).

reproche. m. Reconvención, reparo, censura, tacha.

reproducción. f. Calco, copia. ‖ Fecundación, proliferación.

reproducir. tr. Imitar, copiar, reimprimir, representar. ‖ tr. y prnl. Repetir, reiterar. ‖ Propagar, multiplicar. ‖ prnl. Procrear, engendrar.

reproductor. m. Padrillo, semental.

reptar. intr. Arrastrarse, deslizarse (a.: *caminar, erguirse*).

reptil. m. Ofidio. ‖ Pérfido, rastrero, servil.

repudiable. adj. Recusable. ‖ Desechable, rechazable.

repudiar. tr. Desechar, rechazar, repeler (a.: *aceptar, admitir*). ‖ Rehusar.

repuesto, ta. adj. Restablecido, sustituido, renovado. ‖ Aliviado, mejorado. ‖ m. Recambio, accesorio, pieza, complemento.

repugnancia. f. Oposición, incompatibilidad. ‖ Antipatía, aversión, repulsión, renuencia (a.: *atracción*). ‖ Asco, repulsión, náusea.

repugnante. adj. Asqueroso, nauseabundo, sucio, repulsivo, repelente, inmundo (a.: *limpio*). ‖ Incompatible (a.: *simpático, compatible*).

repugnar. tr. Contradecir, negar. ‖ tr. o intr. Rehusar, repeler, rechazar (a.: *atraer, simpatizar*). ‖ intr. Asquear.

repulgo. m. Dobladillo, borde. ‖ Recelo, inquietud. ‖ Afectación, melindres, remilgos.

repulido, da. adj. Acicalado, peripuesto.

repulir. tr. Acicalar, adornar, componer, engalanar, emperifollar.

repulsa. f. Desaire, desprecio, rechazo. ‖ Reprimenda. ‖ Negativa, denegación.

repulsar. tr. Desechar, desdeñar, despreciar, repeler, rechazar. ‖ Denegar, negar. ‖ Desaprobar, censurar.

repulsión. f. Repulsa, rechazo (a.: *atracción*). ‖ Asco, repugnancia, aversión.

repulsivo, va. adj. Repugnante, repelente, desagradable, asqueroso, sucio (a.: *limpio, agraciado*).

reputación. f. Fama, honra, nombradía, notoriedad, renombre, gloria (a.: *desprestigio*).

reputar. tr. Estimar, juzgar, conceptuar. ‖ Apreciar, justipreciar.

requebrar. tr. Piropear, galantear, lisonjear, cortejar, enamorar, festejar, halagar.

requechos. m. pl. Sobras, restos, desechos.

requemarse. prnl. Resentirse, escocerse, consumirse. ‖ Afligirse, dolerse.

requerimiento. m. Intimación, aviso, conminación. ‖ Exigencia, demanda. ‖ Pedido, petición.

requerir. tr. Intimar, notificar, conminar. ‖ Solicitar, pedir, demandar. ‖ Necesitar, pretender, precisar. ‖ Inducir, persuadir, convencer.

requesón. m. Cuajada, yogur, ricota.

requiebro. m. Piropo, flor, halago, lisonja, alabanza, terneza, galantería (a.: *insulto*).

requilorios. m. pl. Perifollos, adornos, atavíos. ‖ Requisitos, formalidades. ‖ Futilezas, nimiedades.

requisa. f. Revista, inspección, recuento. ‖ Confiscación, incautación.

requisar. tr. Decomisar, incautarse, confiscar, comisar.

requisición. f. Comiso, decomiso, embargo, confiscación.

requisito. m. Formalidad, condición, circunstancia.

res. f. Cabeza (de ganado).

resabiar. tr. y prnl. Enviciar, corromper, malear. ‖ prnl. Disgustarse, molestarse.

resabio. m. Dejo, deje. ‖ Vicio, mala costumbre (a.: *virtud*). ‖ Desazón.

resaltar. intr. Sobresalir, abultar, destacarse, distinguirse, descollar, proyectarse (a.: *confundirse*). ‖ Rebotar.

resalte o resalto. m. Saliente, relieve, moldura (a.: *grieta, ranura*).

resarcimiento. m. Reparación, indemnización, compensación, recompensa.

resarcir. tr. Indemnizar, compensar, desagraviar, reparar (a.: *dañar, agraviar*). ‖ prnl. Desquitarse, reintegrarse (a.: *perder*).

resbaladizo, za. adj. Escurridizo, lábil, resbaloso.

resbalar. intr. y prnl. Escurrirse, deslizarse, patinar.

resbalón. m. Traspié. ‖ Desliz, error, equivocación.

resbaloso, sa. adj. Resbaladizo.

rescatar. tr. Librar, liberar, libertar, redimir (a.: *encarcelar*). ‖ Recobrar, recuperar (a.: *perder*).

rescate. m. Liberación, redención.

rescindir. tr. Abolir, anular, invalidar, cancelar, revocar (a.: *convalidar, confirmar*).

rescoldo. m. Brasa. ‖ Recelo, escrúpulo, escozor.

resecar. tr. y prnl. Secar.

resentido, da. adj. Ofendido, molesto, disgustado.

resentimiento. m. Animosidad, resquemor, antipatía, tirria (a.: *afinidad*). ‖ Disgusto, enojo, enfado.

resentirse. prnl. Sentirse, enojarse, picarse, agraviarse, ofenderse, disgustarse, enfadarse (a.: *contentarse*). ‖ Debilitarse, flaquear (a.: *fortalecerse*).

reseña. f. Descripción, nota, crítica. ‖ Narración. ‖ Resumen. ‖ Revista, inspección.

reserva. f. Ahorro, previsión, economía (a.: *despilfarro*). ‖ Circunspección, recato, discreción, comedimiento. ‖ Cautela, prudencia. ‖ Sigilo, secreto. ‖ Restricción, condición, salvedad. ‖ Custodia, protección, defensa, guarda (a.: *desamparo*).

reservado, da. adj. Circunspecto, comedido, discreto, cauteloso, cauto, prudente (a.: *indiscreto, imprudente*). ‖ Secreto, confidencial. ‖ Callado, taciturno, silencioso (a.: *locuaz*).

reservar. tr. Guardar, conservar, retener, economizar. ‖ Exceptuar, relevar, dispensar (a.: *cumplir*). ‖ Encubrir, ocultar, callar, silenciar, omitir (a.: *publicar*). ‖ prnl. Precaverse, resguardarse (a.: *confiar*).

resfriado. m. Resfrío, constipado, enfriamiento, catarro, romadizo.

resfriarse. prnl. Acatarrarse, constiparse.

resfrío. m. Constipado, resfriado, catarro, enfriamiento, constipación, romadizo.

resguardar. tr. y prnl. Proteger, amparar, defender, preservar (a.: *descuidar, desamparar*). ‖ Cobijar, abrigar. ‖ Salvaguardar (a.: *desamparar*).

resguardo. m. Amparo, defensa, protección, seguridad. ‖ Reparo. ‖ Guardia, custodia. ‖ Recibo, cupón, comprobante, talón. ‖ Contraseña.

residencia. f. Casa, habitación, domicilio, techo, morada, nido, vivienda. ‖ Mansión.

residir. intr. Habitar, vivir, alojarse, morar, parar, domiciliarse (a.: *ausentarse, vagar*). ‖ Consistir, radicar, estribar.

residuo. m. Resto, restante, sobrante, sobras. ‖ Diferencia, resta. ‖ pl. Desperdicios, basura, restos, desechos.

resignación. f. Conformidad, sufrimiento, sumisión, paciencia, tolerancia, conformismo (a.: *rebeldía*).

resignar. tr. Entregar, dimitir, renunciar. ‖ prnl. Conformarse, avenirse, allanarse, condescender, someterse (a.: *resistirse*).

resinar. tr. Sangrar.

resinífero, ra. adj. Resinoso.

resistencia. f. Oposición, rechazo, obstrucción, renuencia. ‖ Fortaleza, firmeza, solidez, aguante, fuerza, vigor, energía. ‖ Resistor. ‖ Defensa.

resistente. adj. Fuerte, firme, tenaz, duro, persistente (a.: *endeble*). ‖ Sólido, robusto, vigoroso.

resistir. tr. Aguantar, soportar, sostener, sufrir, tolerar. ‖ Rebelarse, oponerse, rechazar (a.: *someterse*). ‖ Negarse, rehusar. ‖ Luchar, forcejear, bregar.

resistor. m. Resistencia.

resolución. f. Ánimo, brío, valor, determinación, arrestos, arrojo, empuje, osadía, audacia, guapeza, atrevimiento, decisión, denuedo (a.: *cobardía, irresolución*). ‖ Actividad, prontitud, diligencia, viveza, presteza, rapidez. ‖ Providencia, fallo, dictamen, decreto.

resolver. tr. Dilucidar, aclarar. ‖ Solucionar, ventilar, solventar, zanjar. ‖ tr. y prnl. Determinar, decidir. ‖ Deshacer, disolver. ‖ prnl. Reducirse, resumirse.

resollar. intr. Respirar. ‖ Resoplar, bufar, jadear.

resonancia. f. Repercusión, divulgación, eco, notoriedad (a.: *olvido*). ‖ Hipertono, armónico.

resonante. adj. Retumbante, sonoro. ‖ Ruidoso, rimbombante.

resonar. intr. Repercutir, retumbar

resorte. m. Muelle. ‖ Cuerda, espiral, elástico. ‖ Influencia. ‖ Medio, recurso.

respaldar. tr. Proteger, amparar, escudar. ‖ Garantizar, avalar, asegurar, garantir, apoyar. ‖ m. Respaldo.

respaldo. m. Espalda, respaldar, espaldera. ‖ Vuelta, envés, dorso. ‖ Garantía, apoyo.

respectar. defect. Atañer. concernir, tocar.

respectivo, va. adj. Correspondiente, atinente, referente, concerniente.

respecto. m. Razón, relación, proporción. ‖ **con respecto a o de,** o **respecto a o de.** loc. prep. En relación con, referente a.

respetabilidad. f. Autoridad, dignidad, representación (a.: *indignidad*).

respetable. adj. Honorable, calificado, estimable, caracterizado. ‖ Considerable, importante, tremendo, imponente (a.: *común, vulgar*).

respetar. tr. Acatar, honrar, reverenciar. ‖ Obedecer, cumplir (a.: *desacatar, desobedecer*).

respeto. m. Consideración, deferencia, miramiento (a.: *irreverencia*). ‖ Aprecio, estima. ‖ Tolerancia, indulgencia. ‖ Obediencia, acatamiento, sumisión (a.: *desacato*).

respetuoso, sa. adj. Atento, deferente, cortés, reverente, educado.

réspice. m. Reproche, rapapolvo, filípica, sermón, andanada, bufido.

respingo. m. Rezongo, gruñido. ‖ Sobresalto.

respiración. f. Aliento, resuello, resoplido. ‖ Jadeo, acezo. ‖ Ventilación.

respiradero. m. Abertura, tronera.

respirar. intr. y tr. Resollar, alentar, aspirar. ‖ intr. Descansar, tranquilizarse, calmarse. ‖ Vivir. ‖ Hablar.

respiro. m. Descanso, alivio, reposo, sosiego, calma (a.: *trajín*). ‖ Prórroga.

resplandecer. intr. Lucir, refulgir, relucir, brillar, cabrillear, rielar, rutilar, esplender, relumbrar, fulgurar, reverberar. ‖ Sobresalir, destacarse, aventajar, descollar.

resplandeciente. adj. Refulgente, luminoso, radiante, reluciente, esplendente, centelleante, rutilante, fulgente, brillante.

resplandor. m. Lustre, brillo, destello, refulgencia, fulgor, esplendor. ‖ Luz.

responder. tr. Contestar, reponer (a.: *preguntar, interrogar*). ‖ intr. Replicar, retrucar. ‖ Garantizar, responsabilizarse, salir fiador, abonar, pagar, garantir, satisfacer. ‖ Corresponder. ‖ Reaccionar.

respondón, na. adj. y s. Insolente, rezongón.

responsabilidad. f. Obligación, deber (a.: *irresponsabilidad*). ‖ Culpabilidad. ‖ Compromiso. ‖ Garantía.

responsable. adj. Culpable. ‖ Comprometido, obligado. ‖ Consciente, juicioso. ‖ s. Fiador, garante. ‖ Encargado.

responsorio. m. Responso, rezo. ‖ Reprimenda.

respuesta. f. Contestación (a.: *pregunta*). ‖ Réplica, refutación.

resquebrajar. tr. y prnl. Hender, agrietar, rajar, cuartear.

resquemor. m. Escozor. ‖ Resentimiento, rencor, desazón.

resquicio. m. Hendidura, abertura, grieta. ‖ Coyuntura, ocasión, oportunidad, pretexto.

resta. f. Sustracción (a.: *suma, adición*). ‖ Resto, residuo, diferencia.

restablecer. tr. Reponer, rehabilitar, restaurar, reparar, restituir, reinstaurar (a.: *inhabilitar*). ‖ prnl. Curarse, mejorar, convalecer, recobrarse, recuperarse, sanar, reponerse (a.: *enfermar, decaer*).

restablecimiento. m. Curación (a.: *recaída*). ‖ Restauración, renovación.

restallar. intr. Chasquear, estallar. ‖ Crujir.

restante. m. Residuo, resto, remanente, excedente.

restañar. tr. Detener, estancar, parar. ‖ Cauterizar.

restar. tr. Quitar, disminuir, deducir, cercenar, mermar, sacar, rebajar, sustraer (a.: *agregar, añadir*). ‖ intr. Faltar, quedar.

restaurador, ra. adj. y s. Renovador.

restaurante. adj. Reconstituyente, reparador, fortificante. ‖ m. Fonda.

restaurar. tr. Recuperar, restablecer, recobrar. ‖ Reparar, renovar, componer, recomponer. ‖ Reinstaurar. ‖ Remozar, renovar.

restitución. f. Devolución. ‖ Reposición.

restituir. tr. Devolver, reintegrar, reponer, retornar, restablecer, rehabilitar (a.: *quitar, exonerar*). ‖ tr. y prnl. Rehabilitar, reponer. ‖ Tornar, volver, regresar (a.: *marchar*).

resto. m. Diferencia, resta. ‖ Sobrante, residuo, remanente, saldo. ‖ Rastro, vestigio. ‖ pl. Desperdicio, sobras. ‖ Ruinas.

restorán. m. Restaurante.

restregar. tr. Estregar, frotar, refregar.

restricción. f. Limitación, reducción. ‖ Impedimento, barrera, cortapisa (a.: *abuso*).

restricto, ta. adj. Limitado, reducido, ceñido, preciso, definido, restringido (a.: *abusivo, ilimitado*).

restringir. tr. Reducir, limitar, acortar, ceñir, circunscribir, cercenar, coartar (a.: *ampliar*). ‖ Apretar, restriñir, astreñir, constreñir.

resucitar. intr. Revivir, renacer, resurgir (a.: *morir*). ‖ tr. Restablecer, renovar, restaurar, reponer. ‖ Reavivar, reanimar, vivificar, vitalizar.

resudar. intr. y prnl. Sudar, trasudar, rezumar.

resuelto, ta. adj. Decidido, audaz, osado, determinado, denodado, animoso (a.: *irresoluto, apocado, temeroso*). ‖ Pronto, diligente, expedito, activo.

resuello. m. Aliento, respiración, resoplido. *Quedó sin resuello.*

resulta. f. Resultado, efecto, consecuencia. ‖ **de resultas.** loc. adv. Por consecuencia, por efecto.

resultado. m. Efecto, consecuencia, fruto, secuela, resulta (a.: *causa, origen*).

resultar. intr. Nacer, originarse. ‖ Seguirse, deducirse, inferirse, dimanar, derivarse, proceder. ‖ Convenir, aprovechar. ‖ Redundar.

resumen. m. Compendio, epítome, recapitulación, sumario, síntesis, breviario (**a.:** *ampliación, desarrollo*). ‖ **en resumen.** loc. adv. En suma, resumiendo.

resumir. tr. Abreviar, compendiar, reducir, sintetizar, condensar (**a.:** *ampliar, explicar*). ‖ prnl. Reducirse, resolverse (**a.:** *acrecentarse*).

resurgimiento. m. Reaparición, renacimiento.

resurgir. intr. Reaparecer, resucitar, renacer. ‖ Recobrarse, reanimarse, recuperarse, reponerse, convalecer.

resurtida. f. Rechazo, rebote.

resurtir. intr. Retroceder, rebotar.

retaguardia. f. Zaga (**a.:** *avanzada*).

retahíla. f. Sarta, serie, rosario.

retal. m. Retazo, desperdicio, sobrante.

retar. tr. Desafiar, provocar. ‖ Reprender, reprochar, amonestar.

retardar. tr. Atrasar, retrasar, diferir, demorar, aplazar, posponer (**a.:** *adelantar*). ‖ Detener, frenar.

retardo. m. Retraso, dilación, demora, tardanza, morosidad.

retazo. m. Retal, recorte. ‖ Pedazo, trozo.

retemblar. intr. Estremecerse, temblar, trepidar.

retén. m. Repuesto, prevención.

retener. tr. Conservar, guardar, reservar. ‖ Recordar, memorizar (**a.:** *olvidar*). ‖ Detener, entretener. ‖ Arrestar (**a.:** *liberar, soltar*). ‖ Estancar.

retentiva. f. Memoria (**a.:** *olvido*).

reticencia. f. Omisión, tapujo.

rético. m. Retorromano, ladino, romanche.

retícula. f. Trama. ‖ Cuadrícula. ‖ Retículo.

reticulado, da. adj. Reticular, cuadriculado, tramado.

retículo. m. Retícula (en óptica).

retintín. m. Tonillo, sonido.

retirado, da. adj. Apartado, alejado, remoto, distante, lejano, separado (**a.:** *cercano*). ‖ Solitario, aislado. ‖ f. Retroceso, repliegue (**a.:** *avance*).

retirar. tr. Apartar, separar, alejar (**a.:** *acercar*). ‖ Sacar, quitar (**a.:** *poner*). ‖ prnl.

Recogerse. ‖ Retraerse (**a.:** *exhibirse*). ‖ Jubilarse. ‖ Retroceder. ‖ Aislarse, apartarse.

retiro. m. Jubilación. ‖ Retraimiento, soledad, recogimiento, aislamiento, encierro (**a.:** *compañía*). ‖ Refugio, encierro, clausura, reclusión. ‖ Extracción (**a.:** *depósito*).

reto. m. Desafío, provocación. ‖ Amenaza. ‖ Reprimenda, regaño, reprensión, rapapolvo.

retobado, da. adj. Indómito, rencoroso, obstinado, terco, taimado. ‖ Respondón.

retocar. tr. Perfeccionar, corregir. ‖ Restaurar, reparar.

retoñar. intr. Rebrotar, brotar. ‖ Reproducirse, revivir (**a.:** *secarse*).

retoño. m. Hijuelo, botón, renuevo, vástago. ‖ Hijo (**a.:** *padre, madre*).

retoque. m. Corrección. ‖ Amago.

retorcer. tr. Torcer, combar, enroscar, torsionar, corcovar (**a.:** *enderezar*).

retorcido, da. adj. Sinuoso. ‖ Maquiavélico.

retorcimiento. m. Contorsión, torcijón, retorsión, retorcedura. ‖ Alabeo. ‖ Sinuosidad.

retórica. f. Oratoria. ‖ Rebuscamiento, afectación. ‖ pl. Sofisterías, circunloquios, palabrerío.

retornar. intr. Regresar, volver, tornar (**a.:** *partir, ausentarse, irse*). ‖ tr. Devolver, restituir, reintegrar (**a.:** *retener*).

retorno. m. Vuelta, regreso, retroceso (**a.:** *ida, marcha*). ‖ Devolución, restitución. ‖ Cambio, trueque, permuta, canje. ‖ Recompensa, retribución.

retorsión. m. Retorcimiento.

retortijón. m. Retorcijón, retorcimiento.

retozar. intr. Brincar, juguetear, corretear, jugar, travesear, potrear.

retozón, na. adj. Juguetón, alegre, saltarín.

retractar. tr. Revocar. ‖ prnl. Desdecirse, abjurar, rectificarse (**a.:** *ratificar, validar*).

retraer. tr. Disuadir. ‖ prnl. Acogerse, guarecerse, refugiarse. ‖ Retirarse, huir, re troceder (a.: *permanecer*). || Apartarse, alejarse, aislarse.

retraído, da. adj. Solitario, aislado. || Corto, tímido, reservado.

retraimiento. m. Retiro, aislamiento, apartamiento, alejamiento (a.: *sociabilidad*). || Retiro, refugio, escondite. || Cortedad, timidez, reserva (a.: *audacia*).

retrasar. tr. Diferir, retardar, dilatar, aplazar, demorar, posponer (a.: *acelerar*). || tr. o intr. Atrasar (a.: *adelantar*). || prnl. Rezagarse, demorarse. || Endeudarse (a.: *pagar, cumplir*).

retraso. m. Atraso, retardo, demora, dilación.

retratar. tr. Describir. || Fotografiar. || Imitar, copiar. || Representar.

retrato. m. Fotografía, foto, imagen, efigie. || Descripción.

retreparse. prnl. Recostarse.

retrete. m. Excusado, común, letrina, evacuatorio, servicio.

retribución. f. Pago, paga, recompensa, remuneración, gratificación, premio.

retribuir. tr. Remunerar, pagar, corresponder, recompensar (a.: *adeudar*). || Premiar, galardonar.

retroacción. f. Retroactividad. || Retroceso, regresión.

retroceder. intr. Recular. || Rebotar, refluir. || Retrogradar, desandar, replegarse, cejar, ciar (a.: *avanzar, adelantar*). || Ceder, desistir, renunciar. || Retrotraerse, remontarse.

retroceso. m. Reculada, contramarcha, rechazo, rebote, retracción. || Regresión, regreso, vuelta, retorno. || Recrudecimiento, recrudescencia, empeoramiento (a.: *mejora*).

retrógrado, da. adj. y s. Reaccionario, cavernícola (a.: *progresista, innovador*).

retruécano. m. Conmutación, juego de palabras.

retumbante. adj. Ostentoso, rimbombante, pomposo, campanudo. || Estruendoso, resonante.

retumbar. intr. Resonar, atronar, retronar.

reuma o **reúma.** m. Reumatismo.

reunión. f. Grupo, rueda, peña.

reunir. tr. Juntar, agrupar, amontonar, recoger, allegar, congregar, unir. || Acopiar, aglomerar. || Coleccionar, compilar, recopilar (a.: *separar, desunir, dispersar, esparcir*). || prnl. Encontrarse, verse.

reválida. f. Revalidación, ratificación, confirmación.

revalidar. tr. Convalidar, confirmar, ratificar. || prnl. Graduarse, recibirse.

revancha. f. Desquite.

revelación. f. Descubrimiento, manifestación, declaración. || Publicación, difusión. || Acusación, soplo. || Indicio, señal.

revelar. tr. Descubrir. || Manifestar, exteriorizar, patentizar, publicar, mostrar, confesar, exhibir (a.: *ocultar, callar*). || Franquearse. || Transparentarse, reflejarse (a.: *disimular*).

revenirse. prnl. Acedarse, avinagrarse, agriarse. || Consumirse. || Retractarse, ceder.

reventar. intr. Abrirse, brotar, estallar, explotar. || Romper. || Rabiar. || Morir. || tr. Aplastar, molestar, fastidiar. || tr. y prnl. Cansar, fatigar.

reventón. m. Estallido, explosión, pinchazo. || Cansancio, fatiga. || Apuro, aprieto, dificultad, ahogo.

rever. tr. Revisar, examinar.

reverberación. f. Reflejo, refracción, destello (a.: *opacidad*).

reverberar. intr. Resplandecer, reflejar, reflectar.

reverbero. m. Cocinilla, infiernillo.

reverdecer. intr. y tr. Verdecer, verdear. || Renovarse, rejuvenecerse, vigorizarse.

reverencia. f. Respeto, veneración (a.: *ofensa*). || Acatamiento, devoción. || Inclinación, saludo.

reverenciar. tr. Acatar, venerar, honrar, respetar.

reverente. adj. Respetuoso. || Piadoso.

reverso. m. Revés, dorso, envés (a.: *anverso, derecho*). || Cruz (a.: *cara*).

revés. m. Contrahaz. || Reverso, dorso,

envés. ‖ Infortunio, desgracia, desastre, percance, accidente, contratiempo.

revesado, da. adj. Intrincado, difícil, embrollado, enrevesado, enmarañado (**a.:** *fácil*). ‖ Travieso, revoltoso, enredador.

revestimiento. m. Recubrimiento. ‖ Envoltura. ‖ Sobrecubierta. ‖ Enlucido, revoque.

revestir. tr. y prnl. Cubrir, enlucir, revocar. recubrir. ‖ prnl. Vestirse, cubrirse. ‖ Afectar, simular, engreírse.

revisar. tr. Rever, examinar, repasar, inspeccionar.

revisión. f. Control, inspección, revista, examen.

revisor. m. Examinador, inspector.

revista. f. Inspección, revisión, examen. ‖ Desfile, parada. ‖ Reseña. ‖ Periódico. ‖ **pasar revista.** Revistar.

revistar. tr. Pasar revista, controlar, inspeccionar, examinar.

revivir. intr. Resucitar, resurgir, renacer. ‖ tr. Evocar, recordar.

revocar. tr. Anular, derogar, abolir (**a.:** *promulgar*). ‖ Apartar, retraer, disuadir (**a.:** *cumplir*). ‖ Enlucir, enjalbegar.

revolcar. tr. Derribar, pisotear, vencer, apabullar. ‖ Reprobar, suspender. ‖ prnl. Restregarse.

revoltijo. m. Revoltillo, fárrago, confusión, enredo, embrollo, mescolanza (**a.:** *orden*).

revoltoso, sa. adj. Travieso, perturbador, enredador, inquieto. ‖ s. Alborotador, rebelde, sedicioso, insurgente.

revolución. f. Giro, vuelta, rotación. ‖ Sedición, motín, rebelión, asonada, alboroto, revuelta, conmoción, insurrección, sublevación, alzamiento, levantamiento (**a.:** *orden, disciplina, paz*).

revolver. tr. Agitar, mezclar, menear, remover. ‖ Desordenar, alterar, mezclar, desorganizar, trastornar (**a.:** *ordenar*). ‖ Inquietar, perturbar. ‖ Encizañar, enemistar. ‖ Escarbar, remover. ‖ prnl. Moverse, girar. ‖ Encapotarse, aborrascarse.

revoque. m. Enlucido, enjalbegamiento.

revuelco. m. Revolcón.

revuelo. m. Revoloteo, agitación, conmoción (**a.:** *calma*).

revuelta. f. Alboroto, disturbio, tumulto, asonada, sedición, insurrección, motín, algarada. ‖ Riña, pendencia. ‖ Vuelta, mudanza.

revuelto, ta. adj. Desordenado, desarreglado. ‖ Intrincado, abstruso. ‖ Trastornado, perturbado. ‖ Agitado, tumultuoso, turbulento. ‖ Inquieto, revoltoso, enredador, travieso.

rey. m. Monarca, soberano. ‖ Zar, cha.

reyerta. f. Contienda, trifulca, altercado, pendencia, gresca, riña, lucha, disputa, bronca.

rezagar. tr. Atrasar, diferir, suspender, retardar. ‖ prnl. Retrasarse, quedarse atrás (**a.:** *adelantarse*).

rezar. tr. e intr. Orar, pedir. ‖ intr. Refunfuñar, gruñir.

rezo. m. Oración, plegaria, preces.

rezongar. intr. Refunfuñar, gruñir, murmurar, mascullar.

rezongón, na. adj. Gruñón.

rezumar. tr., intr. y prnl. Exudar, sudar, resudar, trazumar.

riachuelo. m. Arroyo.

riada. f. Avenida, inundación, crecida.

ribera. f. Margen, orilla, costa, borde. ‖ Vega, huerta.

ribete. m. Asomo, indicio.

ricamente. adv. Primorosamente, opulentamente.

ricino. m. Cherva, palmacristi.

rico, ca. adj. y s. Acomodado, millonario, acaudalado, pudiente, potentado, opulento (**a.:** *pobre, indigente*). ‖ adj. Abundante, fecundo, opulento, copioso, fértil, exuberante (**a.:** *estéril*). ‖ Gustoso, sabroso, apetitoso, exquisito. ‖ Lujoso, fastuoso, suntuoso.

ridiculez. f. Extravagancia (**a.:** *elegancia*).

ridiculizar. tr. Burlarse, parodiar, caricaturizar (**a.:** *encomiar*).

ridículo, la. adj. Risible, irrisorio (**a.:** *elegante, costoso*). ‖ Escaso, corto, mezquino (**a.:** *abundante*). ‖ Extravagante, estrafalario, grotesco (**a.:** *maravilloso*). ‖ Nimio. ‖ Ñoño, pazguato, remilgado.

riego. m. Irrigación, regadío.

riel. m. Carril, rail, raíl, vía.

rielar. intr. Brillar, carillear, relumbrar, reflejar.

rienda. f. Sujeción, freno. ‖ pl. Gobierno, mando, dirección.

riente. adj. Alegre, risueño.

riesgo. m. Peligro, contingencia, albur (a.: *seguridad*).

riesgoso, sa. adj. Aventurado, peligroso (a.: *seguro*).

rifa. f. Sorteo, tómbola.

rifar. tr. y prnl. Sortear.

rifle. m. Carabina, fusil.

rigidez. f. Tiesura, endurecimiento, inflexibilidad. ‖ Rigor, dureza, severidad, aspereza, austeridad (a.: *blandura, tolerancia*).

rígido, da. adj. Tieso, inflexible, tenaz, tirante, endurecido, inquebrantable (a.: *flexible*). ‖ Riguroso, duro, severo, austero, estricto, áspero, estrecho (a.: *tolerante*). ‖ Inexpresivo.

rigor. m. Severidad, dureza, inclemencia, rudeza, rigidez, aspereza (a.: *afabilidad, tolerancia*). ‖ Exactitud, precisión (a.: *imprecisión*). ‖ Intensidad. ‖ Rigurosidad, crudeza (a.: *suavidad*). ‖ **de rigor.** loc. adj. Indispensable, obligado. ‖ Consabido.

riguroso, sa. adj. Áspero, glacial, acre, rudo, inclemente, severo, rígido, austero, implacable, inflexible, estricto, inexorable (a.: *tolerante, suave, benevolente*). ‖ Extremado, inclemente, crudo, cruel. ‖ Exacto, preciso. ‖ Escrupuloso, minucioso.

rijoso, sa. adj. Lujurioso, sensual.

rima. f. Asonancia, consonancia.

rimar. tr. Versificar, asonantar, consonantar.

rimbombante. adj. Aparatoso, resonante, campanudo, retumbante. ‖ Ostentoso, espectacular, pomposo. ‖ Grandilocuente, altisonante, hinchado, enfático.

rimero. m. Montón, cúmulo, pila, pilada.

rincón. m. Ángulo, esquina, recodo. ‖ Escondite, escondrijo, recoveco.

rinconera. f. Repisa, ménsula.

ringlera. f. Fila, hilera, ristra, sarta, serie.

riña. f. Pendencia, quimera, trifulca, pelotera, reyerta, pelea, contienda, lucha, gresca (a.: *concordia*). ‖ Discusión, disputa, agarrada, cuestión, altercado, querella.

río. m. Afluencia, abundancia.

riqueza. f. Bienestar, holgura, fortuna, opulencia, abundancia (a.: *pobreza, miseria*). ‖ Abundancia, copia, profusión (a.: *carencia*). ‖ Lujo, suntuosidad, ostentación, esplendidez.

risa. f. Risita, carcajada, risotada. ‖ Hilaridad.

risco. m. Peñasco, peñón.

riscoso, sa. adj. Enriscado, escabroso, peñascoso.

risible. adj. Ridículo, irrisorio, cómico, grotesco, chocarrero (a.: *trágico*).

risotada. f. Carcajada.

ristra. f. Sarta, fila, hilera, serie.

risueño, ña. adj. Carialegre, jocoso, jocundo, riente, alegre, jovial, festivo (a.: *lloroso, triste*). ‖ Agradable, placentero, deleitable. ‖ Próspero, propicio, favorable (a.: *desfavorable*).

rítmico, ca. adj. Acompasado, cadencioso, armonioso (a.: *arrítmico*).

ritmo. m. Cadencia, armonía, compás. ‖ Metro, verso. ‖ Marcha, paso. ‖ Medida, proporción, regularidad, equilibrio.

rito. m. Ceremonia, costumbre, regla. ‖ Ritual, liturgia.

ritornelo o retornelo. m. Repetición, estribillo.

ritual. m. Liturgia, rito. ‖ Ceremonial, protocolo, etiqueta. ‖ adj. Habitual.

rival. com. Émulo, competidor, contrincante. ‖ Adversario, enemigo, contrario, antagonista.

rivalidad. f. Emulación, competencia. ‖ Enemistad, pugna, antagonismo.

rivalizar. tr. Competir, contender, desafiar, emular, disputar.

rizar. tr. Ondular, ensortijar, encrespar (a.: *estirar*).

rizo. m. Onda, bucle.

rizoma. m. Raíz.

rizópodo. adj. Sarcodario.

rizoso, sa. adj. Ondulado, ensortijado, rizado.

roa. f. Roda.

robar. tr. Afanar, hurtar, defraudar, pillar, rapiñar, despojar, saquear, estafar, sustraer, sisar, birlar, timar, desvalijar, escamotear, limpiar (a.: *donar, regalar*). || Atraer.

robín. m. Orín, óxido, herrumbre, moho.

roblón. m. Remache, perno.

roblonar. tr. Remachar.

robo. m. Hurto, sisa, latrocinio. || Pillaje, saqueo, rapiña. || Estafa, fraude, timo. || Desfalco, sustracción.

robustecer. tr. y prnl. Fortalecer, fortificar, consolidar, vigorizar, tonificar, entonar (a.: *debilitar*).

robustez. f. Reciedumbre, fortaleza, vigor, reciura, pujanza.

robusto, ta. adj. Fuerte, vigoroso, membrudo, recio. || Sano, saludable. || Grueso, gordo.

roca. f. Peña, peñasco, risco, piedra.

roce. m. Rozamiento, fricción, frotamiento, ludimiento, rozadura. || Trato, comunicación, frecuentación, relación.

rociada. f. Rocío. || Salpicadura. || Reprensión, rapapolvo, reprimenda.

rociar. tr. Salpicar, asperjar (a.: *secar*).

rocín. m. Jamelgo, penco, matalón, sotreta, mancarrón, caballejo, rocinante. || Ignorante, zafio, tosco, zote, rudo (a.: *inteligente*).

rocoso, sa. adj. Peñascoso, pedregoso, roqueño.

rodada. f. Costalada. || Carril, carrilada, lendel, carrilera, rodera.

rodado. m. Vehículo, carruaje.

rodaja. f. Tajada.

rodaje. m. Filmación.

rodar. intr. Girar, voltear, caer, rotar. || Errar, vagabundear (a.: *radicarse*). || tr. Filmar.

rodear. tr. Cercar, circuir, acordonar, circundar, circunvalar. || Desviarse. || Volver. || Divagar.

rodeo. m. Desviación, zigzag, desvío (a.: *recta*). || Circunloquio, perífrasis, evasión, ambages, efugio, evasiva, subterfugio (a.: *concisión, claridad*). || Escarceo, divagación.

rodera. f. Rodada.

rodete. m. Coca, moño.

rodilla. f. Rótula. || **de rodillas.** loc. adv. De hinojos.

rodillo. m. Rulo, cilindro, rollo.

rodrigón. m. Puntal, estaca. || Tutor.

roer. tr. Corroer, carcomer, gastar, desgastar. || Remorder, afligir, pesar, desazonar (a.: *entretener*).

rogación. f. Petición, rogativa.

rogar. tr. Pedir, solicitar, orar, suplicar, implorar, impetrar (a.: *conceder*).

rogativa. f. Súplica, rezo.

roído, da. adj. Carcomido. || Corto, despreciable, escaso, exiguo. || Tacaño, avaro, amarrete, mezquino.

rojo, ja. adj. Colorado, escarlata, carmesí, encarnado, granate.

rol. m. Nómina, lista.

roldana. f. Rodaja.

rollizo, za. adj. Gordo, fornido, robusto. || m. Durmiente.

rollo. m. Cilindro, columna. || Discurso, exposición. || Trenza.

romadizo. m. Coriza, catarro, resfrío.

romana. f. Balanza.

romance. adj. Románico, neolatino. || m. Amorío. || Novela. || Poema, poesía.

romancesco, ca. adj. Novelesco. || Romántico.

románico, ca. adj. Neolatino.

romanizar. tr. Latinizar.

romanticismo. m. Novelería, sentimentalismo, fantasía (a.: *realidad*).

romántico, ca. adj. Sentimental, pasional. || Romancesco, novelesco.

romanza. f. Aria.

romería. f. Peregrinación, peregrinaje. || Fiesta.

romero, ra. adj. Peregrino. || m. Rosmarino.

romo, ma. adj. Obtuso (a.: *puntiagudo, agudo*). || Torpe, rudo, boto, tosco, porro, zoquete, tardo (a.: *listo*). || Chato, mocho.

rompecabezas. m. Acertijo, enigma.

rompehuelgas. com. Esquirol.

rompenueces. m. Cascanueces.

rompeolas. m. Malecón, escollera.

romper. tr. y prnl. Quebrar, quebrantar, fracturar, cascar, partir. || tr. Despedazar, destrozar (**a.:** *componer*). || Interrumpir. || Desbaratar, vencer. || intr. Reventar, estallar. || Brotar. || intr. o tr. Comenzar, empezar, principiar.

rompiente. f. Escollo, rompeolas, arrecife, bajo.

rompimiento. m. Rompedura, rotura, ruptura. || Rotura, fractura, quebradura. quiebra. || Desavenencia, ruptura, discordia (**a.:** *avenencia*).

roncería. f. Tardanza, lentitud, remolonería, morosidad. || Embeleco, engaño, zalamería.

ronco, ca. adj. Afónico, enronquecido, bronco (**a.:** *chillón*).

roncha. f. Rueda, rodaja, bajada, raja, rebanada. || Cardenal, moretón, equimosis.

ronda. f. Vuelta, convite. || Patrulla, guardia.

rondar. intr. y tr. Patrullar, vigilar (**a.:** *dormir*). || Cortejar, galantear, importunar. || Amenazar.

ronquera. f. Afonía, enronquecimiento, carraspera.

ronzal. m. Cabestro, dogal, camal.

roña. f. Herrumbre, orín. || Sarna. || Porquería, mugre, suciedad (**a.:** *limpieza, aseo*). || Astucia (**a.:** *ingenuidad*). || Tirria, ojeriza. || com. Tacaño, mezquino.

roñería. f. Roñosería, tacañería, mezquindad, roña, avaricia (**a.:** *largueza, desinterés*).

roñoso, sa. adj. Oxidado, herrumbroso, mohoso. || Sarnoso. || Puerco, mugriento, sucio, cochino, desaseado. || Avaro, mezquino, agarrado, miserable, tacaño, amarrete, cicatero.

ropa. f. Vestido, ropaje, traje, vestimenta, indumentaria. || Tela.

ropaje. m. Vestido, vestidura, ropa.

ropavejero, ra. adj. y s. Trapero, prendero.

roquedo. m. Roca, peña, peñasco.

roqueño, ña. adj. Rocoso, peñascoso.

rorro. m. Bebé, nene, crío.

rosario. m. Sarta, serie, retahíla. || Letanía.

roscar. tr. Aterrajar.

rosmaro. m. Manatí.

rostro. m. Cara, faz, semblante, fisonomía.

rotación. f. Giro, vuelta, revolución.

rotatorio, ria. adj. Giratorio, circulatorio.

roto, ta. adj. Quebrado. || Andrajoso, harapiento, desharrapado, zaparrastroso. || Licencioso, libertino.

rótula. f. Choquezuela.

rótulo. m. Letrero, inscripción, leyenda, cartel, rotulata. || Marbete, etiqueta. || Epígrafe, rúbrica, título, encabezamiento.

rotundo, da. adj. Preciso, terminante, claro, perentorio, concluyente, decisivo, total, definitivo, categórico, contundente (**a.:** *impreciso, evasivo*).

rotura. f. Ruptura, rompimiento, rompedura. || Fractura, quebradura.

roturar. tr. Arar, labrar.

rozadura. f. Roce, rozamiento. || Escoriación, arañazo. || Raspadura.

rozagante. adj. Vistoso. || Ufano, contento, satisfecho.

rozamiento. f. Roce, fricción. || Disensión, desavenencia, disgusto, disentimiento, desacuerdo.

rozar. tr. e intr. Acariciar, frotar. || Raer, raspar. || prnl. Tratarse, relacionarse (**a.:** *aislarse, retraerse*).

rozno. m. Borrico, pollino, asno, burro.

rubicundo, da. adj. Rubio, rojizo.

rubio, bia. adj. Dorado, bermejo.

rubor. m. Sonrojo. || Empacho, vergüenza, timidez, bochorno, sofoco (**a.:** *desenfado, cinismo*).

ruborizar. tr. y prnl. Avergonzar, abochornar, sofocar. || prnl. Sonrojarse, enrojecer.

ruboroso, sa. adj. Abochornado, rojo, avergonzado.

rúbrica. f. Epígrafe, título, rótulo. || Firma, rasgo.

rubricar. tr. Suscribir, firmar, signar, refrendar. *Rubricar un pacto.*

rubro. m. Título, rótulo.

rucio. m. Asno, burro.

rudeza. f. Tosquedad, brusquedad, aspereza. ‖ Descortesía, grosería, desconsideración (a.: *cortesía*). ‖ Torpeza (a.: *habilidad*). ‖ Rigor, severidad, rigidez (a.: *afabilidad*). ‖ Crudeza.

rudimentario, ria. adj. Embrionario, elemental, primitivo, primario.

rudimento. m. Embrión, principio. ‖ pl. Nociones, abecé, principios.

rudo, da. adj. Tosco, basto, rústico, burdo, ordinario (a.: *pulido*). ‖ Descortés, bruto, grosero (a.: *educado*). ‖ Torpe, romo, porro, obtuso (a.: *inteligente*). ‖ Impetuoso, brusco, violento, áspero, fuerte. ‖ Severo, riguroso, cruel, duro (a.: *blando, amable*).

rueda. f. Disco. ‖ Corro, círculo. ‖ Rodaja, loncha. ‖ Turno, vez, tanda.

ruedo. m. Contorno, límite, término. ‖ Redondel, círculo.

ruego. m. Súplica, petición, solicitud, instancia. ‖ Oración, prez, jaculatoria.

rufián. m. Granuja, perverso, pillo, bellaco, bribón (a.: *caballero*). ‖ Alcahuete.

rugido. m. Bramido, grito, estruendo.

rugir. intr. Bramar.

rugosidad. f. Aspereza (a.: *tersura, suavidad*). ‖ Arruga.

rugoso, sa. adj. Arrugado, áspero.

ruido. m. Estrépito, estridencia, escándalo, fragor (a.: *silencio*). ‖ Alboroto, batifondo, jaleo. ‖ Discusión, riña, altercado, bullicio (a.: *tranquilidad*).

ruidoso, sa. adj. Estrepitoso, estruendoso, fragoroso, escandaloso.

ruin. adj. Malo, vil, bajo, despreciable, infame (a.: *digno*). ‖ Mezquino, avariento, tacaño, roñoso, miserable, amarrete (a.: *generoso*). ‖ Desmedrado, enclenque, insignificante, flojo, débil (a.: *alto, fuerte*).

ruina. f. Decadencia, perdición, destrucción, destrozo, caimiento, asolamiento (a.: *apogeo*). ‖ Bancarrota, fracaso, quiebra (a.: *éxito*). ‖ pl. Restos, escombros.

ruindad. f. Villanía, avilantez, bajeza, indignidad, infamia, vileza, envilecimiento (a.: *nobleza, dignidad*). ‖ Mezquindad, avaricia, tacañería, roñería (a.: *generosidad*). ‖ Pequeñez, insignificancia.

ruinoso, sa. adj. Desmantelado, arruinado. ‖ Costoso, caro (a.: *barato*).

rumbo. m. Dirección, derrota, senda, camino, ruta. ‖ Pompa, boato, magnificencia, aparato, ostentación, suntuosidad (a.: *sencillez*). ‖ Generosidad, liberalidad, dadivosidad, esplendidez. ‖ Comportamiento.

rumboso, sa. adj. Pomposo, lujoso, magnífico (a.: *sencillo, sobrio*). ‖ Desprendido, liberal, generoso, desinteresado, pródigo (a.: *mezquino*).

rumiar. tr. Reflexionar, estudiar, meditar, cavilar. ‖ Refunfuñar, rezongar.

rumor. m. Runrún, chisme, murmuración. ‖ Murmullo, susurro (a.: *gritería*).

rumorearse. prnl. Sonar, murmurarse, susurrarse.

runfla. f. Muchedumbre. ‖ Colección.

runrún. m. Rumor, murmuración.

ruptura. f. Rompimiento, rotura, desavenencia (a.: *unión, avenencia*).

rural. adj. Campesino, agrario, campestre (a.: *urbano*). ‖ Tosco, rústico, basto, insulto, zafio (a.: *fino, distinguido*).

rusticidad. f. Tosquedad (a.: *pulimiento*). ‖ Grosería, ordinariez (a.: *educación*). ‖ Incultura (a.: *cultura*).

rústico, ca. adj. Campesino, rural. ‖ Tosco, grosero, rudo, zafio (a.: *fino, educado*). ‖ m. Aldeano, campesino.

ruta. f. Camino, derrota, dirección, rumbo, itinerario, vía, derrotero. ‖ Recorrido, trayecto. ‖ Comportamiento, conducta.

rutilante. adj. Refulgente, fúlgido, resplandeciente, brillante, fulgurante (a.: *apagado, oscuro*).

rutilar. intr. Resplandecer, rielar, brillar, relumbrar, refulgir, titilar, fulgurar.

rutina. f. Costumbre, usanza, hábito.

rutinario, ria. adj. Rutinero. ‖ Habitual, frecuente, tradicional, acostumbrado (a.: *desusado*).

sábalo. m. Alosa.

sabana. f. Llanura (a.: *serranía*).

sabandija. f. Bicho. || Granuja, travieso, golfo.

sabedor, ra. adj. Consciente, enterado, instruido, conocedor.

saber. m. Sabiduría, conocimiento, erudición, sapiencia, ilustración. || tr. Conocer, entender (a.: *ignorar, desconocer*). || intr. Parecerse.

sabiamente. adv. Cuerdamente, prudentemente, sensatamente.

sabidillo, lla. adj. Sabelotodo, sabihondo.

sabido, da. adj. Leído, instruido. || Consabido, notorio, corriente.

sabiduría. f. Cordura, juicio, seso (a.: *irreflexión*). || Sapiencia, saber, conocimiento (a.: *ignorancia*). || Experiencia.

sabiendas (a). loc. adv. Deliberadamente. *Mentía a sabiendas.*

sabio, bia. adj. Cuerdo, prudente. || Docto, erudito, entendido, sapiente, ilustrado.

sablazo. m. Estocada, mandoble. || Pedido, pechazo, mangazo.

sablear. intr. Pechar.

sablista. com. Pechador, mangante, manguero.

sabor. m. Sapidez, gusto (a.: *insipidez*). || Embocadura.

saborear. tr. Paladear, degustar. || prnl. Relamerse.

sabotaje. m. Deterioro, daño, desperfecto.

sabroso, sa. adj. Gustoso, apetitoso, rico, sápido, exquisito, delicioso (a.: *insípido, soso, desabrido*). || Suculento, sazonado. || Malicioso, picante.

saca. f. Extracción. || Saco, costal, talega, bolsa.

sacaclavos. m. Arrancaclavos, desclavador.

sacacorchos. m. Tirabuzón, descorchador.

sacadinero o sacadineros. m. Sacacuartos.

sacamanchas. m. Quitamanchas.

sacapuntas. m. Afilalápices.

sacar. tr. Extraer, extirpar, arrancar, quitar (a.: *poner*). || Conseguir, ganar, obtener, alcanzar, lograr. || Exceptuar, excluir, librar (a.: *incluir*). || Deducir, inferir, colegir. || Descifrar, hallar. || Resolver, solucionar, averiguar, descubrir. || Elegir, sortear. || Mostrar, asomar. || Producir, crear, imitar, copiar, inventar. || Descubrir, desenterrar. || Mencionar, nombrar.

sacarosa. f. Azúcar.

sacerdocio. m. Presbiterado, clero.

sacerdotal. adj. Eclesiástico, clerical.

sacerdote. m. Cura, presbítero, padre, pastor, pope, clérigo, rabino (**a.:** *lego, seglar*).

sachar. tr. Escardar, desherbar, desyerbar.

saciar. tr. y prnl. Hartar, satisfacer, empachar, llenar.

saciedad. f. Hartura, hartazgo, atracón, panzada (**a.:** *apetito, hambre*).

saco. m. Chaqueta, americana. ‖ Saqueo. ‖ Bolsa, talega, costal.

sacrificar. tr. Inmolar, matar. ‖ tr. y prnl. Renunciar, resignarse. ‖ Arriesgarse, exponerse.

sacrificio. m. Inmolación, holocausto, misa. ‖ Renunciamiento, desinterés, abnegación.

sacrilegio. m. Profanación (**a.:** *veneración*).

sacro, cra. adj. Sagrado.

sacudida, da. adj. Áspero, intratable, indócil. ‖ Desenfadado, resuelto. ‖ f. Sacudimiento, conmoción, sacudón, terremoto, sacudidura. ‖ Estremecimiento, temblor, alteración, convulsión, remezón (**a.:** *quietud*).

sacudimiento. m. Sacudida. ‖ Agitación, zarandeo (**a.:** *inmovilidad*).

sacudir. tr. Agitar, mover, remover, zarandear (**a.:** *inmovilizar*). ‖ Zurrar, golpear, pegar, zamarrear (**a.:** *acariciar*). ‖ tr. y prnl. Arrojar, apartar, rechazar, librarse. ‖ Alterar, emocionar. ‖ prnl. Sacarse, quitarse.

saeta. f. Flecha, dardo. ‖ Manecilla, saetilla, brújula. ‖ Copla.

saetilla. f. Manecilla, aguja.

saga. f. Leyenda. ‖ Adivina, bruja.

sagacidad. f. Astucia, perspicacia, agudeza, olfato, sutileza, penetración (**a.:** *bobería*). ‖ Socarronería, cazurrería.

sagaz. adj. Astuto, lince, avisado, perspicaz, agudo, vivo (**a.:** *tonto*). ‖ Prudente, previsor.

sagitaria. f. Saetilla.

sagitario. m. Saetero, arquero.

sagrado, da. adj. Sacro, santo, sacrosanto (**a.:** *profano, secular, mundano*). ‖ Venerable, respetable, venerando. ‖ m. Asilo, refugio.

sagrario. m. Tabernáculo.

sahumador. m. Pebetero.

sahumar. tr. Incensar. ‖ Aromatizar, perfumar.

saín. m. Grasa, grosura.

sal. f. Gracia, donosura, salero, garbo, donaire. ‖ Agudeza, gracejo, ingenio.

sala. f. Salón, pieza, aposento, habitación. ‖ Aula.

salacidad. f. Lubricidad, lascivia (**a.:** *pureza, honestidad*).

salado, da. adj. Salino, salobre. ‖ Agudo, chistoso, ocurrente, gracioso, donoso, ingenioso, saleroso. ‖ Sabroso (**a.:** *soso, desabrido*).

salar. tr. Sazonar.

salario. m. Remuneración, paga, jornal, soldada, sueldo, estipendio, honorario. ‖ Emolumento, derechos.

salaz. adj. Lascivo, lujurioso, libidinoso.

saldar. tr. Liquidar, abonar, pagar, satisfacer (**a.:** *deber*).

saldo. m. Pago. ‖ Diferencia, resto. ‖ Retal.

salero. m. Gracia, chispa, donaire, sal, garbo, donosura.

saleroso, sa. adj. Garboso, gracioso, agudo, ingenioso, chistoso, ocurrente, donoso (**a.:** *soso*).

salida. f. Escapatoria, evasiva, pretexto, recurso, efugio, subterfugio, solución. ‖ Despacho, demanda, venta. ‖ Saliente. ‖ Fin, término. ‖ Excursión, paseo. ‖ Agudeza, chiste, ocurrencia (**a.:** *sosería*). ‖ Orto (**a.:** *ocaso*). ‖ Éxodo (**a.:** *entrada*). ‖ Fuga, huida (**a.:** *llegada*).

salidizo. m. Saledizo, voladizo.

saliente. m. Oriente, Levante, Este (**a.:** *Oeste, Poniente*). ‖ Resalto, resalte, relieve, prominencia. ‖ adj. Visible, aparente, prominente (**a.:** *invisible*).

salífero, ra. adj. Salino.

salino, na. adj. Salado.

salir. intr. Nacer, brotar, surgir, manar, proceder. ‖ Desembarazarse, librarse, libertarse, escapar. ‖ Aparecer, emerger manifestarse, mostrarse, descubrirse. ‖ Resultar. ‖ Partir, alejarse, irse (**a.:** *llegar*). ‖ Parecerse, asemejarse. ‖ Desaparecer, borrarse. ‖ Provenir, extraerse. ‖ Sobresalir. ‖ Costar, importar. ‖ intr. y prnl. Destaparse, descolgarse. ‖ prnl. Apartarse, excederse. ‖ Derramarse, escaparse.

salitral. adj. Salitroso. ‖ Salitrera, nitral.

salitre. m. Nitro,

salitrera. f. Salitral, nitral.

salitroso, sa. adj. Nitroso.

salivación. f. Sialismo, ptialismo, tialismo.

salivadera. f. Escupidera.

salivazo. m. Escupitajo, salivajo.

salmonete. m. Trilla.

salón. m. Sala. ‖ Aula.

salpicadura. f. Salpicón, rociadura, salpique. ‖ pl. Consecuencias.

salpicar. tr. o intr. Esparcir, rociar, asperjar.

salpimentar. tr. Adobar, sazonar. ‖ Amenizar.

salpullido. m. Sarpullido, erupción.

saltabanco o saltabancos. m. Saltimbanqui, charlatán. ‖ Prestidigitador.

saltamontes. m. Langosta, cigarrón.

saltar. intr. Brincar, botar. ‖ Sobresalir, resaltar, destacarse. ‖ Lanzarse, abalanzarse. ‖ Estallar, romperse, quebrarse. ‖ Picarse, resentirse. ‖ tr. Omitir, pasar por alto (**a.:** *recordar*). ‖ intr. y prnl. Desprenderse, soltarse.

salteador. m. Bandido, asaltante, bandolero, atracador (**a.:** *guardián, policía*).

saltear. tr. Asaltar, atracar. ‖ Acometer. ‖ Sorprender.

salto. m. Brinco, bote, pirueta. ‖ Ascenso. ‖ Despeñadero, precipicio. ‖ Cambio, variación. ‖ Omisión, olvido, falta. ‖ Discontinuidad. ‖ **salto de agua.** Catarata, cascada.

salubre. adj. Saludable, sano, salutífero.

salubridad. f. Sanidad, salud.

saludable. adj. Sano, salubre, salutífero (**a.:** *enfermizo, insalubre, malsano*). ‖ Beneficioso, provechoso (**a.:** *nocivo*). ‖ Fresco, fuerte.

saludador, ra. adj. y s. Curandero, chamán, ensalmador.

saludo. m. Salutación. ‖ Recibimiento, acogida. ‖ Salva.

salva. f. Bienvenida, saludo. ‖ Descarga. ‖ Promesa, juramento.

salvación. f. Salud. ‖ Salvamento (**a.:** *perdición*).

salvado. m. Afrecho.

salvador, ra. adj. y s. Protector, defensor. ‖ m. Redentor, Jesucristo.

salvaguardar. tr. Defender, amparar, proteger.

salvaguardia o salvaguarda. f. Salvoconducto. ‖ Amparo, defensa, garantía. ‖ Custodia. ‖ Pase.

salvajada. f. Atrocidad, barbaridad, brutalidad, bestialidad.

salvaje. adj. Silvestre. ‖ Montés, arisco, montaraz, cerril, bravío. ‖ Inculto, selvático, agreste, montuoso, áspero (**a.:** *cultivado*). ‖ Brutal, bruto, feroz, bárbaro, insociable, atroz (**a.:** *civilizado*).

salvajismo. m. Vandalismo, barbarie (**a.:** *civilización*). ‖ Brutalidad (**a.:** *educación, bondad*). ‖ Incultura (**a.:** *cultura*).

salvar. tr. Librar, liberar (**a.:** *condenar*). ‖ Evitar, soslayar, pasar. ‖ Vencer, superar, rebasar. ‖ Exceptuar, excluir (**a.:** *perder*). ‖ Exculpar, evitar.

salvedad. f. Advertencia, observación. ‖ Descargo, excusa, disculpa, limitación (**a.:** *inclusión*). ‖ Garantía, seguridad.

salvo, va. adj. Ileso, indemne. ‖ Libre, seguro. ‖ Exceptuado, omitido. ‖ adv. Excepto, menos, fuera de.

salvoconducto. m. Pasaporte, salvaguardia, salvaguarda, pase, permiso.

sambenito. m. Difamación, descrédito, deshonra.

sanalotodo. m. Curalotodo, panacea.

sanamente. adv. Higiénicamente. ‖ Razonablemente, sinceramente.

sanar. tr. e intr. Curar, restablecer, recobrarse, reponerse, mejorar (**a.:** *enfermar, desmejorar*).

sanatorio. m. Clínica.

sanción. f. Confirmación, asentimiento, autorización, aprobación. ‖ Pena, castigo, punición, penalidad (**a.:** *recompensa*).

sancionar. tr. Aprobar, ratificar, convalidar, homologar (a.: *invalidar*). || Castigar, penar (a.: *recompensar*).

sandez. f. Despropósito, estupidez, necedad, vaciedad, majadería, tontería.

sandio, dia. adj. y s. Simple, estulto, necio, tonto, bobo, majadero, estúpido, idiota.

sandunga. f. Gracia, gracejo, sal, donaire, salero, garbo.

saneamiento. m. Higiene, purificación, limpieza. || Remedio, arreglo.

sanear. tr. Higienizar, limpiar, purificar (a.: *infectar, ensuciar*). || Componer, remediar (a.: *descomponer*).

sangrar. tr. Sajar. || Desaguar. || Sisar, hurtar.

sangre. f. Linaje, familia, parentesco.

sangría. f. Extracción. || Sangradura, desangramiento. || Pérdida, gasto. || Refresco.

sangriento, ta. adj. Sanguinolento, sangrante. || Sanguinario, feroz, vengativo, despiadado. || Cruento.

sanguinario, ria. adj. Feroz, cruel, vengativo, inhumano.

sanguinolento, ta. adj. Sangriento.

sanidad. f. Salubridad, salud (a.: *infección*).

sano, na. adj. Saludable, higiénico (a.: *malsano, insalubre*). || Robusto, lozano. || Entero, ileso, completo, indemne. || Recto, sincero, bienintencionado (a.: *malo*).

santiamén (en un). loc. adv. Enseguida, rápidamente, pronto.

santificar. tr. Canonizar. || Disculpar, justificar.

santiguar. tr. y prnl. Persignar, signar, hacer cruces.

santo, ta. adj. Virtuoso, inocente (a.: *perverso*). || Venerable, inviolable. || Sacro, sacrosanto, sagrado. || Bendito. || m. Onomástico. || Viñeta, grabado, ilustración. || **santo y seña.** loc. Consigna.

santuario. m. Templo, capilla, ermita, iglesia, oratorio.

santurrón, na. adj. Beato, mojigato, gazmoño.

saña. f. Encono, furor, rencor, crueldad, ensañamiento (a.: *dulzura, piedad*).

sápido, da. adj. Sabroso (a.: *insípido*).

sapiencia. f. Sabiduría, saber (a.: *ignorancia*).

sapiente. adj. Sabio, sabedor.

saponáceo, a. adj. Jabonoso.

saquear. tr. Pillar, depredar, robar, atracar, despojar, devastar.

saqueo. m. Saco, despojo, saqueamiento, pillaje, atraco, robo.

sarcasmo. m. Burla, befa, dicacidad, escarnio, ironía, mordacidad (a.: *delicadeza, humor*).

sarcástico, ca. adj. Burlón, irónico, mordaz, venenoso, cáustico.

sarcófago. m. Sepulcro, mausoleo, sepultura, tumba.

sargentona. f. Mandona.

sarna. f. Roña.

sarnoso, sa. adj. Roñoso.

sarraceno, na. adj. Agareno, árabe, ismaelita. || Mahometano, musulmán.

sarracina. f. Matanza. || Contienda, riña.

sarro. m. Limosidad, tártaro. || Saburra. || Roya.

sarta. f. Rastra, ristra, horco. || Serie, retahíla, sartal, rosario.

Satán o Satanás. m. Diablo, Luzbel, Lucifer.

satánico, ca. adj. Demoníaco, diabólico. || Perverso, malvado (a.: *angelical*).

satanismo. m. Perversidad, maldad.

satélite. m. Dependiente. || Prosélito, secuaz.

satinado, da. adj. Terso, lustroso (a.: *áspero*).

sátira. f. Diatriba, crítica (a.: *alabanza*).

satírico, ca. adj. Mordaz, irónico, cáustico, punzante, burlón.

satirizar. tr. Criticar, zaherir, motejar.

sátiro. m. Lascivo, lujurioso, lúbrico, libidinoso.

satisfacción. f. Pago, reparación, indemnización (a.: *deuda*). || Desagravio, descargo, disculpa, excusa (a.: *insulto, agravio*). || Gusto, contento, placer, agrado, complacencia (a.: *desagrado*). || Cumplimiento, obser-

vancia. || Presunción, vanagloria (**a.:** *humildad*).

satisfacer. tr. Pagar, saldar, indemnizar, compensar, reparar. || Desagraviar. || Saciar, hartar, llenar, colmar. || Cumplir, desempeñar. || Remediar. || Gustar, complacer, contentar, convencer. || prnl. Desquitarse, vengarse.

satisfactorio, ria. adj. Grato, agradable, halagador, lisonjero. || Bueno, convincente. || Favorable. || Próspero, solvente.

satisfecho, cha. adj. Presumido, vanidoso, engreído. || Complacido, contento (**a.:** *insatisfecho, disconforme*). || Saciado, harto, lleno (**a.:** *hambriento*).

saturar. tr. Saciar, hartar (**a.:** *apetecer*). || tr. y prnl. Colmar, llenar (**a.:** *vaciar*).

saudade. f. Soledad, nostalgia, añoranza.

savia. f. Jugo. || Vigor, energía, sangre.

saya. f. Falda, pollera, halda (**a.:** *pantalones*).

sayo. m. Vestido, vestidura. || Capote, casaca.

sayón. m. Verdugo.

sazón. f. Punto, madurez. || Ocasión, oportunidad, coyuntura, tiempo (**a.:** *inoportunidad*). || Gusto, sabor. || **a la sazón.** loc. adv. Entonces, en aquella ocasión.

sazonar. tr. Condimentar, salpimentar, aliñar, aderezar. || Madurar, perfeccionar.

sebo. m. Gordura, grasa, unto.

seca. f. Sequía (**a.:** *humedad, lluvia*).

secadero. m. Tendedero.

secamente. adv. Ásperamente, acremente, agriamente (**a.:** *cortésmente*).

secante. adj. Enfadoso, fastidioso, molesto, pesado (**a.:** *entretenido*).

secar. tr. Resecar, desecar, agostar, marchitar (**a.:** *florecer*). || Enjugar, orear (**a.:** *mojar*). || Fastidiar, molestar, cansar, aburrir (**a.:** *entretener*). || prnl. Enflaquecer, apergaminarse, adelgazar (**a.:** *engordar*). || Embotarse, insensibilizarse.

sección. f. Cortadura, corte. || Sector, parte, grupo, división, fracción, departamento, dependencia (**a.:** *totalidad*). || Intersección.

seccionar. tr. Fraccionar, cortar, dividir, partir.

secesión. f. Separación (**a.:** *unión*).

seco, ca. adj. Agostado, marchito, reseco, muerto, desecado (**a.:** *verde*). || Árido, estéril (**a.:** *fecundo*). || Áspero, desabrido, adusto, intratable (**a.:** *afable, cortés*). || Lacónico. || Flaco, enjuto, magro, delgado, chupado (**a.:** *gordo*). || Inexpresivo, escueto. || Riguroso, estricto, categórico. || Cortado, pato (**a.:** *adinerado*).

secretar. tr. Segregar, expeler, excretar.

secreto. m. Arcano, incógnita, misterio. || Sigilo, reserva.

secreto, ta. adj. Oculto, recóndito, escondido, ignorado, clandestino (**a.:** *público, manifiesto*). || Callado, sigiloso, reservado.

sectario, ria. adj. y s. Secuaz, fanático (**a.:** *transigente, comprensivo*).

sector. m. Parte, sección, grupo (**a.:** *total, todo*).

secuaz. adj. y s. Partidario, seguidor, prosélito, parcial, adepto (**a.:** *rival, enemigo*).

secuela. f. Consecuencia, resulta, corolario (**a.:** *causa*).

secuencia. f. Serie, sucesión, consecuencia.

secuestrar. tr. Embargar. || Raptar, plagiar (**a.:** *rescatar*).

secuestro. m. Rapto (**a.:** *rescate*). || Embargo, incautación (**a.:** *liberación*).

secular. adj. Seglar, temporal (**a.:** *religioso*). || Centenario (**a.:** *reciente*).

secundar. tr. Ayudar, cooperar, coadyuvar, apoyar, auxiliar, colaborar (**a.:** *sabotear*).

secundario, ria. adj. Segundo. || Accesorio (**a.:** *principal, esencial*). || Mesozoico.

sed. f. Deseo, gana, anhelo, ansia, necesidad (**a.:** *hidrofobia*).

sedante. adj. Sedativo, calmante (**a.:** *excitante*).

sedar. tr. Calmar, apaciguar, sosegar.

sede. f. Diócesis, obispado. || Asiento, trono, silla.

sedentario, ria. adj. Inmóvil (a.: *nómade, ambulante*). ‖ Poltrón (a.: *movedizo*).

sedente. adj. Sentado.

sedicente. adj. Pretenso, pretendido.

sedición. f. Alzamiento, sublevación, rebelión, insurrección, insubordinación, pronunciamiento, tumulto, motín.

sedicioso, sa. adj. y s. Sublevado, rebelde, faccioso, insurrecto, amotinado, insubordinado (a.: *sumiso*).

sediento, ta. adj. Deseoso, ansioso.

sedimentar. tr. y prnl. Depositar, precipitar, asentarse (a.: *fluir*).

sedimento. m. Poso, solada, suelo. ‖ Precipitado. ‖ Hez, lías, pie. ‖ Sedimentación, madre, sarro.

sedoso, sa. adj. Suave, liso, asedado.

seducción. f. Fascinación, captación, engatusamiento, soborno (a.: *repulsión*).

seducir. tr. Atraer, cautivar, engatusar, encantar, fascinar, halagar (a.: *desilusionar*). ‖ Persuadir, arrastrar. ‖ Engañar, corromper.

segar. tr. Cortar, guadañar. ‖ Cercenar, frustrar, malograr.

seglar. adj. Secular, laico (a.: *religioso*). ‖ Lego, civil.

segmentar. tr. Dividir, fraccionar.

segmento. m. Parte, porción, pedazo, fracción, trozo.

segregación. f. Separación, secesión (a.: *unificación*).

segregar. tr. Separar, seccionar, dividir (a.: *unir*). ‖ Secretar, excretar, expeler (a.: *absober*). ‖ Emanar, exhalar.

seguida (en). loc. adv. Inmediatamente, al punto.

seguidamente. adv. Consecutivamente, sin interrupción. ‖ Inmediatamente, en seguida, a continuación.

seguido, da. adj. Continuo, sucesivo, consecutivo, incesante (a.: *discontinuo*). ‖ Ulterior, subsiguiente. ‖ adv. Seguidamente, a continuación. ‖ Derecho.

seguir. tr. Suceder (a.: *preceder, anteceder*). ‖ Perseguir, acosar (a.: *dejar*). ‖ Acompañar, escoltar (a.: *abandonar*). ‖ Imitar, copiar (a.: *inventar, crear*). ‖ Continuar, proseguir (a.: *iniciar*). ‖ Profesar, practicar. ‖ Estudiar, cursar. ‖ prnl. Inferirse, deducirse, originarse, derivarse, proceder.

según. prep. Conforme a, con arreglo a, a juzgar por, de acuerdo con, como, siguiendo a. ‖ conj. subord. En cuanto a, medida que.

segundo, da. adj. Secundario, accesorio. ‖ Favorable, propicio. ‖ m. Ayudante, auxiliar.

segur. f. Hoz, hacha.

seguridad. f. Certeza, certidumbre (a.: *inseguridad, desconfianza, incertidumbre*). ‖ Protección, defensa. ‖ Confianza, tranquilidad. ‖ Fianza, aval, garantía, caución. ‖ Aplomo, firmeza.

seguro, ra. adj. Cierto, infalible, indudable, indubitable. ‖ Positivo. ‖ Tranquilo. ‖ Firme, fijo, estable. ‖ De confianza, de fiar. ‖ m. Salvoconducto. ‖ Seguridad, garantía, certeza.

seísmo. m. Sismo, sacudimiento, temblor de tierra, terremoto.

seleccionar. tr. Escoger, elegir, preferir.

selectas. f. pl. Analectas, antología, crestomatía, florilegio.

selecto, ta. adj. Escogido, elegido. ‖ Atractivo, atrayente, excelente, primoroso.

sellar. tr. Timbrar, estampillar, lacrar. ‖ Cerrar, tapar, cubrir (a.: *abrir*). ‖ Concluir, acabar, terminar.

sello. m. Timbre, estampilla. ‖ Marca, señal. ‖ Carácter, impronta, peculiaridad.

selva. f. Floresta, bosque, jungla, espesura (a.: *prado, pradera*).

selvático, ca. adj. Agreste, tosco, rústico.

semanal. adj. Hebdomadario, semanario.

semanario, ria. adj. Semanal, hebdomadario. ‖ m. Hebdomadario.

semántica. f. Semasiología.

semblante. m. Cara, rostro, faz, fisonomía. ‖ Aspecto, apariencia.

semblanza. f. Analogía, parecido (a.: *diferencia, disparidad*). ‖ Biografía.

sembradío. m. Plantío, labrantío.

sembrar. tr. Plantar, seminar, sementar. ‖ Desparramar, esparcir, diseminar (a.: *recoger, cosechar*). ‖ Divulgar, publicar, difundir, propagar (**a.:** *ocultar*). ‖ Originar, causar.

semejante. adj. Similar, parecido, análogo, idéntico, parejo, igual (**a.:** *desemejante, distinto, diferente*). ‖ m. Prójimo.

semejanza. f. Parecido, similitud, analogía, afinidad (**a.:** *desigualdad*).

semejar. intr. y prnl. Parecerse, asemejarse.

semen. m. Esperma, simiente, lecha.

semental. m. Padre, padrillo.

sementera. f. Siembra. ‖ Sembrado. ‖ Semillero.

semibreve. f. Redonda.

semicírculo. m. Hemiciclo. ‖ Anfiteatro.

semiesfera. f. Hemisferio.

semiesférico, ca. adj. Hemisférico.

semilla. f. Simiente. ‖ Causa, germen, origen. ‖ Grano, pepita.

semillero. m. Seminario, sementera, sementero, vivero. ‖ Origen, principio, fuente, manantial. ‖ Almácigo.

semita. m. Hebreo, judío.

sempiterno, na. adj. Eterno, infinito, perpetuo, interminable, perdurable (**a.:** *finito, perecedero*).

sencillez. f. Llaneza, simplicidad, naturalidad (**a.:** *afectación*). ‖ Sinceridad, franqueza, candidez, ingenuidad (**a.:** *soberbia*). ‖ Facilidad. ‖ Sobriedad, austeridad.

sencillo, lla. adj. Comprensible, fácil (**a.:** *complicado, complejo*). ‖ Llano, natural, afable (**a.:** *altivo, ceremonioso*). ‖ Sincero, cándido, ingenuo, franco, espontáneo. ‖ Sobrio. ‖ m. Monedas, suelto.

senda. f. Sendero, camino, trocha, vereda. ‖ Vía, procedimiento, método, modo.

sendero. m. Senda, vereda.

sendos. adj. Respectivos.

senectud. f. Vejez, ancianidad (**a.:** *juventud*). ‖ Decrepitud, vetustez (**a.:** *fortaleza*).

senil. adj. Caduco, viejo, provecto, anciano (**a.:** *juvenil, infantil*).

seno. m. Concavidad, hueco, sinuosidad. ‖ Interior. ‖ Pecho, mama, teta. ‖ Matriz, claustro materno, útero. ‖ Regazo.

‖ Ensenada, bahía, golfo. ‖ Amparo, protección.

sensación. f. Percepción. ‖ Emoción, impresión, excitación (**a.:** *apatía*).

sensacional. adj. Extraordinario, impresionante, chocante (**a.:** *común, vulgar*).

sensatez. f. Prudencia, discreción, juicio, cordura, circunspección (**a.:** *locura, imprudencia*).

sensato, ta. adj. Sesudo, prudente, cuerdo, juicioso, discreto, circunspecto, razonable (**a.:** *insensato, alocado, imprudente*). ‖ Cauto, reflexivo, moderado.

sensibilidad. f. Compasión, humanidad.

sensible. adj. Impresionable, sensitivo (**a.:** *insensible*). ‖ Perceptible, apreciable, manifiesto, patente, ostensible (**a.:** *imperceptible*). ‖ Lamentable, doloroso, lastimoso, deplorable. ‖ Emotivo, excitable, susceptible.

sensitivo, va. adj. Sensible, impresionable. *Carácter sensitivo.*

sensual. adj. Deleitoso, sibarítico. ‖ Voluptuoso, lúbrico, rijoso, lujurioso, lascivo (**a.:** *casto*). ‖ Epicúreo.

sensualidad. f. Voluptuosidad, lubricidad, sensualismo, lujuria, lascivia.

sentado, da. adj. Juicioso, sesudo, quieto, sosegado, asentado, reposado. ‖ Sésil.

sentar. tr. Asentar, anotar, afirmar. ‖ Allanar, aplanar, igualar. ‖ Establecer, suponer. ‖ intr. Convenir, cuadrar. ‖ Caer, ir. ‖ prnl. Posarse, sedimentarse. ‖ Estabilizarse.

sentencia. f. Máxima, aforismo, apotegma, refrán, adagio, proverbio. ‖ Fallo, decisión, resolución, juicio, dictamen, veredicto (**a.:** *indulto*).

sentenciar. tr. Fallar, decidir, resolver. ‖ Condenar, sancionar. ‖ Arbitrar.

sentencioso, sa. adj. Grave, solemne. ‖ Pedante, pretencioso. ‖ Proverbial.

sentido. m. Significación, significado, acepción. ‖ Criterio, juicio, opinión. ‖ Discernimiento, aptitud, juicio, entendimiento. ‖ Razón, finalidad. ‖ Dirección.

sentido, da. adj. Susceptible, quisquilloso, picajoso. ‖ Dolido, resentido.

sentimental. adj. Romántico, tierno, sensible.

sentimiento. m. Afecto, afección, emoción, impresión. ‖ Pena, pesar, tristeza, disgusto, aflicción, dolor (a.: *alegría, gozo*). ‖ Pasión (a.: *pasividad*).

sentina. f. Sumidero, albañal, cloaca.

sentir. m. Opinión, dictamen, juicio, parecer. ‖ tr. Experimentar, percibir, advertir, notar. ‖ Afligirse, deplorar, dolerse, lamentarse, conmoverse. ‖ Juzgar, opinar. ‖ Presentir, barruntar. ‖ prnl. Amoscarse, alterarse, mosquearse, picarse, escocerse, resentirse, requemarse, agraviarse. ‖ Padecer. ‖ Hallarse, estar, encontrarse. ‖ Agrietarse, rajarse.

seña. f. Nota, indicio, señal, signo. ‖ Gesto, ademán. ‖ Anticipo, señal. ‖ Vestigio, huella. ‖ pl. Dirección, domicilio.

señal. f. Marca, nota. ‖ Signo, pista, indicio. ‖ Hito, mojón. ‖ Imagen, representación. ‖ Vestigio, huella, rastro, jalón, seña. ‖ Asterisco, llamada. ‖ Anticipo, avance, adelanto. ‖ Aviso, comunicación, anuncio. ‖ Cicatriz, costurón.

señaladamente. adv. Especialmente, singularmente. ‖ Claramente.

señalado, da. adj. Insigne, ilustre, afamado, famoso. ‖ Notable, extraordinario. ‖ Anunciado, predicho. ‖ Marcado, indicado.

señalar. tr. Marcar, determinar, fijar. ‖ Indicar, aludir, designar, mencionar. ‖ Mostrar, apuntar. ‖ Rubricar, firmar. ‖ Apuntar, tantear. ‖ prnl. Destacarse, distinguirse, evidenciarse, singularizarse, significarse.

señero, ra. adj. Solo, aislado, solitario. ‖ Único, incomparable, impar.

señor, ra. m. y f. Amo, patrón, dueño, propietario (a.: *servidor, criado, empleado*). ‖ f. Esposa, mujer. ‖ adj. Importante, notable. ‖ m. Dios. ‖ Patrono, patricio, noble.

señorear. tr. Dominar, gobernar, mandar, imperar, someter, sujetar. ‖ Sobresalir, descollar, dominar. ‖ tr. y prnl. Apode-

rarse, adueñarse, avasallar, gobernar, esclavizar.

señorial. adj. Majestuoso, noble, señoril, rico, pomposo (a.: *villano, noble*).

señorío. m. Mando, potestad, dominio. ‖ Distinción, mesura, gravedad. ‖ Territorio.

señuelo. m. Añagaza, reclamo. ‖ Atractivo, carnada, cebo, espejuelo. ‖ Engaño, estafa, trampa, treta, fullería.

separación. f. Distancia, espacio. ‖ Disociación, desglose, desmembración. ‖ Desvinculación, divorcio, repudio. ‖ Segregación, secesión (a.: *unión, vínculo*). ‖ Destitución, expulsión.

separadamente. adv. Con separación, por separado, aparte, aisladamente (a.: *juntamente*).

separado, da. adj. Aislado, distanciado (a.: *contiguo, adyacente*).

separado (por). loc. adv. Separadamente, con separación.

separar. tr. Apartar, alejar (a.: *aproximar*). ‖ Dividir, desunir, disgregar, apartar (a.: *juntar, unir*). ‖ Destituir, deponer. ‖ Distinguir, diferenciar. ‖ prnl. Desistir, retirarse. ‖ Distanciarse, divorciarse.

separata. f. Tirada aparte, sobretiro, aparte.

separatista. adj. y s. Secesionista, unionista.

sepelio. m. Entierro, inhumación.

sepia. f. Jibia.

septenario. adj. Semanal.

septentrión. m. Norte (a.: *Sur*).

septentrional. adj. Boreal, ártico, Norte (a.: *meridional, Sur, austral*). ‖ Nórdico, norteño.

séptimo, ma. adj. Septeno.

septuagenario, ria. adj. y s. Setentón.

septuagésimo, ma. adj. Setentavo. ‖ Setenta.

sepulcro. m. Sepultura, sarcófago, tumba, túmulo.

sepultar. tr. Enterrar, inhumar. ‖ Ocultar, esconder (a.: *exhibir*). ‖ prnl. Sumergirse, ocultarse, encubrirse.

sepultura. f. Tumba, hoyo, huesa, fosa,

hoya. sepulcro, túmulo, mausoleo. || Catacumbas.

sepulturero. m. Enterrador.

sequedad. f. Aspereza, descortesía, dureza, desabrimiento (**a.:** *suavidad, cortesía*). || Aridez, sequía, seca (**a.:** *humedad*).

sequía. f. Seca, sequedad.

séquito. m. Acompañamiento, cortejo, comitiva (**a.:** *soledad*). || Comparsa, corte. || Convoy.

ser. intr. Estar. || Existir, vivir. || Servir, aprovechar. || Suceder, ocurrir, acontecer. || Pertenecer, tocar. || m. Ente, esencia, existencia, naturaleza (**a.:** *nada*). || Estimación, precio.

seráfico, ca. adj. Bondadoso. || Angélico, puro, santo, virtuoso. || Humilde, pobre.

serafín. m. Ángel. || Beldad, hermosura.

serenar. tr. y prnl. Sosegar, calmar, templar, tranquilizar, consolar, apaciguar, aquietar (**a.:** *intranquilizar, alterar*). || prnl. Aclarar, despejarse, desencapotarse, escampar, abonanzar.

serenidad. f. Sangre fría, entereza, impavidez. || Tranquilidad, sosiego, calma (**a.:** *impaciencia, ansiedad*). || Quietud, placidez.

sereno. m. Relente.

sereno, na. adj. Claro, despejado (**a.:** *borrascoso*). || Apacible, sosegado, tranquilo, reposado, calmo, aplomado. || Impávido, templado, inmutable, inalterable (**a.:** *alterado, turbado*).

serie. f. Cadena, retahíla, sucesión. || Colección, catálogo, conjunto. || **fuera de serie.** loc. adj. Sobresaliente, excepcional.

seriedad. f. Gravedad, formalidad, severidad (**a.:** *humor*). || Circunspección, solemnidad.

serio, ria. adj. Grave, circunspecto, sensato, formal, mesurado, sentado, reflexivo (**a.:** *bromista, informal*). || Importante, respetable, considerable (**a.:** *fútil*). || Severo, ceñudo, adusto. || Real, positivo, verdadero, efectivo.

sermón. m. Amonestación, reprimenda, represión, reconvención, regaño. || Homilía.

sermonear. intr. Predicar. || tr. Amonestar, regañar, reprender, retar, reconvenir.

serosidad. f. Secreción, humor (**a.:** *sequedad*).

serpentear. intr. Zigzaguear.

serpiente. f. Sierpe, culebra, víbora, ofidio.

serrallo. m. Harén.

serranía. f. Sierra (**a.:** *llanura, planicie*).

serrar. tr. Aserrar, serruchar.

serrería. f. Aserradero.

serrín. m. Aserrín.

servible. adj. Utilizable, útil, aprovechable (**a.:** *inservible*).

servicial. adj. Complaciente, diligente, oficioso, solícito, cumplido, atento, obsequioso (**a.:** *egoísta*).

servicio. m. Utilidad, provecho. || Ayuda, favor, gracia, beneficio (**a.:** *trastada*). || Servidumbre, asistencia. || Cubierto, vajilla. || Retrete. || Lavativa, ayuda, clister.

servidor, ra. m. y f. Criado, lacayo, sirviente, doméstico, fámulo, ordenanza (**a.:** *patrón*).

servidumbre. f. Esclavitud. || Criado, servicio. || Sujeción, yugo, vasallaje (**a.:** *dominio*). || Carga, gravamen, obligación.

servil. adj. Bajo, humilde (**a.:** *señorial*). || Rastrero, obsecuente, abyecto (**a.:** *respetable*).

servilismo. m. Abyección, adulación, bajeza, envilecimiento. || Sumisión (**a.:** *orgullo, dignidad*).

servir. intr. Aprovechar, valer, ser útil (**a.:** *estorbar*). || intr. o tr. Trabajar, prestar, servicio, asistir. || tr. Cortejar, galantear, adorar (**a.:** *despreciar*). || prnl. Emplear, utilizar. || Dignarse, tener a bien.

sesentón, na. adj. y s. Sexagenario.

sesera. f. Cerebro. || Inteligencia. || Meollo, mollera, seso.

sesgar. tr. Ladear, inclinar, soslayar. || Nesgar. || Orzar.

sesgo, ga. adj. Torcido, oblicuo. ‖ m. Oblicuidad. ‖ Rumbo, orientación. ‖ **al sesgo.** loc. adv. Oblicuamente, al bies.

sesión. f. Reunión, conferencia (**a.:** *dispersión*).

seso. m. Encéfalo, sesera, cerebro. ‖ Cordura, madurez, juicio, discreción, sensatez, discernimiento (**a.:** *locura, irreflexión*).

sesteadero. m. Sestero, sestil.

sesudo, da. adj. Prudente, discreto, sensato, juicioso, cuerdo, maduro (**a.:** *necio*). ‖ Inteligente, reflexivo.

seta. f. Hongo.

setentón, na. adj. y s. Septuagenario.

seto. m. Valla, estacada, cercado, vallado, cerco.

seudo o **pseudo.** adj. Supuesto, presunto, falso, pretendido.

severidad, f. Inexorabilidad, rigor, dureza, rigidez, aspereza (**a.:** *flexibilidad*). ‖ Exactitud, puntualidad (**a.:** *informalidad*). ‖ Gravedad, seriedad.

severo, ra. adj. Rígido, áspero, riguroso, inflexible, inexorable, exigente (**a.:** *benevolente, tolerante*). ‖ Exacto, puntual. ‖ Grave, serio.

sevillano, na. adj. y s. Hispalense.

sexagenario, ria. adj. y s. Sesentón.

sexagésimo, ma. adj. Sesentavo.

sexagonal. adj. Hexagonal.

sexángulo. m. Hexágono.

sexto, ta. adj. Seisavo, seiseno.

sialismo. m. Ptialismo, tialismo, salivación.

sibarita. adj. y s. Epicúreo, refinado, sensual (**a.:** *morigerado*).

sibila. f. Adivina, pitonisa. ‖ Bruja.

sibilino, na. o **sibilítico, ca.** adj. Misterioso, ininteligible, oscuro, confuso.

sicalíptico, ca. adj. Pornográfico.

sicario. m. Esbirro, asesino.

sicofanta o **sicofante.** m. Calumniador, impostor, detractor.

sideral o **sidéreo, a.** adj. Astral, astronómico.

siembra. f. Sementera, sembrado. ‖ Diseminación.

siempre. adv. Perpetuamente, constantemente, invariablemente, eternamente (**a.:** *nunca, jamás, temporalmente*).

sierpe. f. Serpiente.

sierra. f. Cordillera. ‖ Serreta, serrucho.

siervo, va. m. y f. Esclavo, servidor, sirviente, criado (**a.:** *amo, señor, patrón*).

siesta. f. Resistero. ‖ Sueño, reposo.

siete. m. Desgarrón.

sífilis. f. Gálico, lúes, avariosis.

sigilar. tr. Sellar, estampillar. ‖ Callar, encubrir, ocultar, esconder.

sigilo. m. Reserva, silencio, secreto. ‖ Sello, lacre.

sigla. f. Abreviatura, acrónimo, símbolo. ‖ Inicial.

siglo. m. Centuria. ‖ Mundo. ‖ Época.

signar. tr. Firmar, rubricar. ‖ Señalar, designar. ‖ tr. y prnl. Persignar, santiguar.

signatario, ria. adj. y s. Firmante, rubricante, infrascripto.

signatura. f. Firma, rúbrica. ‖ Marca, señal.

significación. f. Significado, sentido, acepción. ‖ Importancia, trascendencia.

significado, da. adj. Conocido, reputado, notable, notorio, importante. ‖ m. Significación, sentido.

significante. adj. Significativo, importante.

significar. tr. Denotar, designar, indicar. ‖ Equivaler, representar. ‖ Manifestar, decir, declarar. ‖ intr. Valer, importar. ‖ prnl. Distinguirse, destacarse.

significativo, va. adj. Representativo, revelador (**a.:** *insignificante, inexpresivo*).

signo. m. Señal, vestigio, indicio, síntoma. ‖ Hado, destino, sino. ‖ Abreviatura. ‖ Huella, marca, pista.

siguiente. adj. Ulterior, consecutivo, posterior, subsiguiente (**a.:** *anterior, precedente*).

silabario. m. Abecedario.

silba. f. Pita, rechifla, abucheo, pitada, siseo (**a.:** *ovación*).

silbar. intr. o tr. Pitar, rechiflar, abuchear, chiflar, sisear, reprobar.

silbato. m. Pito.

silbido. m. Pitido, silbo.

silenciar. tr. Callar, omitir (**a.:** *charlar*). ‖ Acallar, enmudecer.

silencio. m. Callada, mutismo (**a.:** *voz, grito*). ‖ Pausa, calma (**a.:** *estruendo, ruido*).

silenciosamente. adv. Calladamente. ‖ Secretamente, disimuladamente.

silencioso, sa. adj. Callado, mudo, reservado, silente, taciturno.

silente. adj. Silencioso, tranquilo, sosegado, callado.

sílex. m. Pedernal.

sílfide. f. Ninfa.

silla. f. Asiento, trono. ‖ Montura.

silo. m. Hórreo, troj, granero.

silueta. f. Perfil, contorno, croquis, trazo.

silvestre. adj. Campestre, selvático (**a.:** *urbano*). ‖ Montaraz, rudo, inculto, rústico (**a.:** *culto*).

sima. f. Abismo, precipicio. ‖ Depresión, fosa.

simbólico, ca. adj. Alegórico, figurado (**a.:** *real*).

simbolizar. tr. Representar, alegorizar, figurar. ‖ Personificar, encarnar.

símbolo. m. Emblema, alegoría, representación, signo, imagen, figura (**a.:** *realidad*).

simetría. f. Armonía, proporción (**a.:** *asimetría*). ‖ Conformidad.

simiente. f. Semilla, germen, semen.

símil. adj. Semejante, parecido. ‖ m. Comparación, semejanza.

similar. adj. Semejante, parecido, afín, análogo (**a.:** *distinto, diferente*).

similitud. f. Semejanza, analogía, parecido (**a.:** *desemejanza*).

simio. m. Mono.

simpatía. f. Afinidad, inclinación, apego (**a.:** *antipatía*). ‖ Atractivo, atracción, gracia, agrado. ‖ Analogía, conformidad (**a.:** *disonancia*).

simpático, ca. adj. Amable, agradable, atractivo (**a.:** *antipático, repulsivo*).

simpatizar. intr. Congeniar, amistar, aficionarse, aquerenciarse (**a.:** *enemistarse*).

simple. adj. Sencillo, elemental, esencial, fundamental, primordial (**a.:** *complejo, compuesto, complicado*). ‖ Bobo, tonto, mentecato, necio. ‖ Ingenuo, incauto, inocente, manso (**a.:** *astuto*).

simplemente. adv. Sencillamente, cándidamente. ‖ Absolutamente, sin condición, estrictamente.

simpleza. f. Bobería, necedad, mentecatez, estupidez (**a.:** *argucia, picardía*).

simplicidad. f. Sencillez, candidez, candor, ingenuidad (**a.:** *heterogeneidad, picardía*).

simplón, na. adj. Ingenuo, sencillo, incauto. ‖ Tonto, mentecato.

simulación. f. Disimulo, fingimiento, apariencia, simulacro, doblez, hipocresía, falsedad (**a.:** *verdad, sinceridad*). ‖ Fraude, imitación, representación.

simulacro. m. Imagen, ilusión. ‖ Representación, maniobra, simulación.

simulado, da. adj. Imitado, fingido, falso, afectado (**a.:** *real, verdadero*).

simular. tr. Fingir, aparentar. ‖ Desfigurar, disfrazar. ‖ Imitar, representar, figurar (**a.:** *crear, realizar*).

simultáneo, a. adj. Sincrónico, coetáneo, coexistente, isócrono. ‖ Concomitante, coincidente.

sin. prep. Además de, fuera de.

sinalefa. f. Enlace, trabazón.

sinceramente. adv. Francamente, ingenuamente.

sincerar. tr. y prnl. Descargar, exculpar, justificar. ‖ Abonar, defender.

sinceridad. f. Franqueza, ingenuidad, sencillez, veracidad (**a.:** *hipocresía, simulación*). ‖ Espontaneidad.

sincero, ra. adj. Franco, abierto. ‖ Veraz, verdadero. ‖ Sencillo, leal, recto, natural (**a.:** *doble, falso, solapado*).

sincopar. tr. Abreviar, acortar. ‖ Compendiar, resumir.

síncope. m. Desmayo, colapso, desvanecimiento.

sincronía. f. Sincronismo, simultaneidad.

sincrónico, ca. adj. Simultáneo. ‖ Isócrono.

sindicar. tr. Acusar, incriminar, delatar. ‖ prnl. Asociarse, afiliarse, agremiarse.

síndrome. m. Síntoma.

sinecura. f. Prebenda, ganga, momio, canonjía, enchufe.

sin embargo. loc. conj. No obstante, aunque, empero.

sinfín. m. Infinidad, sinnúmero. ‖ Abundancia, cúmulo, pluralidad, montón.

sinfonía. f. Armonía.

singular. adj. Solo, impar, único (a.: *plural*). ‖ Extraordinario, original, raro, excepcional, especial, extraño, excelente (a.: *común, vulgar, corriente*).

singularidad. f. Particularidad, distinción, anomalía, rareza.

singularizarse. prnl. Distinguirse, particularizarse, señalarse, destacarse, caracterizarse, diferenciarse, sobresalir (a.: *confundirse, vulgarizarse*).

singularmente. adv. Separadamente. ‖ Especialmente.

siniestro, tra. adj. Zurdo, izquierdo (a.: *diestro, derecho*). ‖ Avieso, perverso, malintencionado, maligno. ‖ Infeliz, infausto, funesto, aciago (a.: *alegre, feliz*). ‖ m. Catástrofe, desastre, incendio. ‖ f. Izquierda, zurda.

sinnúmero. m. Sinfín, multitud, montón, cúmulo, infinidad.

sino. m. Hado, destino, suerte, fatalidad, estrella, ventura, predestinación.

sínodo. m. Concilio, junta.

sinónimo, ma. adj. y m. Igual, equivalente, semejante (a.: *contrario, antónimo*).

sinopsis. f. Compendio, síntesis, resumen, sumario. ‖ Esquema.

sinrazón. f. Atropello, desafuero, iniquidad, injusticia (a.: *justicia*).

sinsabor. m. Pesar, desazón, pena, desabrimiento, contrariedad, disgusto, pesadumbre. ‖ Insipidez.

síntesis. f. Resumen, extracto, compendio, suma, sinopsis, recapitulación, epítome (a.: *análisis, descomposición*).

sintetizar. tr. Resumir, abreviar, compendiar (a.: *desarrollar, ampliar*). ‖ Recapitular, extractar.

síntoma. m. Señal, indicio, síndrome, signo. ‖ Indicación, barrunto.

sinuosidad. f. Recodo, seno (a.: *rectitud*).

sinuoso, sa. adj. Ondulado, tortuoso, meandroso, quebrado, anfractuoso (a.: *derecho, recto*). ‖ Retorcido (a.: *directo*).

sinventura. f. Desventura, desgracia (a.: *ventura, felicidad*).

sinvergüenza. adj. y s. Bribón, desvergonzado, tunante, pillo, caradura, desfachatado, pícaro.

sique o psique. f. Alma.

síquico, ca. o psíquico, ca. adj. Anímico.

sirena. f. Náyade, ondina. ‖ Pito, silbato.

sirga. f. Maroma, cable, cuerda. ‖ Remolque.

siríaco, ca. adj. y s. Sirio.

sirviente, ta. m. y f. Criado, doméstico, lacayo, servidor, fámulo, mucamo, dependiente (a.: *patrón, patrono, amo, señor*).

sisar. tr. Sustraer, hurtar, defraudar (a.: *aumentar*).

sisear. intr. Abuchear, silbar (a.: *ovacionar, aplaudir*).

sismo. m. Seísmo, terremoto.

sistema. m. Método, plan, norma, procedimiento, medio. ‖ Teoría, técnica, doctrina. ‖ Régimen.

sistemático, ca. adj. Metódico, regular, ordenado (a.: *arbitrario*).

sistematizar. tr. Metodizar, normalizar, reglamentar.

sitial. m. Sede, trono, asiento, solio.

sitiar. tr. Asediar, cercar, bloquear. ‖ Acorralar, rodear.

sitio. m. Lugar, paraje, parte, punto, espacio, puesto. ‖ Asedio, cerco, bloqueo. *El sitio de Troya.*

sito, ta. adj. Situado.

situación. f. Posición, ubicación, disposición, colocación, emplazamiento. ‖ Estado, postura, constitución. ‖ Cargo, empleo.

situar. tr. y prnl. Colocar, poner, emplazar, ubicar, instalar (a.: *sacar, desacomodar*).

soasar. tr. Asar, dorar.

soba. f. Sobadura, manoseo. ‖ Vapuleo, paliza, tunda, zurra, aporreamiento.

sobaco. m. Axila, islilla.

sobado, da. adj. Ajado, manoseado.

sobar. tr. Manosear. || Golpear, pegar, vapulear. || Ajar. || Molestar, fastidiar.

soberano, na. m. y f. Emperador, rey, monarca, señor. || adj. Elevado, supremo, egregio. || Grande. || Independiente. || Excelente, insuperable (a.: *insignificante, pésimo*).

soberbia. f. Engreimiento, presunción, orgullo, arrogancia, humos, altivez, elación, ínfulas, altanería, vanidad, fatuidad (a.: *humildad, modestia*). || Cólera, ira (a.: *abatimiento*).

soberbio, bia. adj. Orgulloso, altivo, engreído, arrogante, altanero. || Grandioso, magnífico, suntuoso, admirable, espléndido (a.: *sencillo*). || Violento, iracundo, arrebatado (a.: *manso*).

sobón. m. Empalagoso, fastidioso. || Holgazán.

sobornable. adj. Venal, corrompido, vendido.

sobornar. tr. Corromper, untar, cohechar, comprar.

soborno. m. Cohecho, venalidad, coima, compra.

sobra. f. Sobrante, exceso, demasía (a.: *déficit*). || pl. Residuos, desechos, relieves, restos, desperdicios.

sobrado, da. adj. Bastante, excesivo, demasiado. || Atrevido, audaz. || m. Desván, zaquizamí.

sobrante. adj. Excedente, restante. || m. pl. Sobras, restos, desperdicios.

sobrar. tr. Exceder, superar, sobrepujar. || intr. Rebasar, holgar (a.: *faltar, escasear*). || Quedar, restar. || Aventajar, sobrepasar.

sobre. m. Cubierta. || Sobrescrito. || prep. Encima (a.: *debajo*). || Acerca de, con respecto a, de. || Además de. || Por encima de.

sobreabundancia. f. Superabundancia, plétora, exceso.

sobrecalentar. tr. Recalentar.

sobrecarga. f. Sobrepeso, excedente, exceso.

sobrecielo. m. Dosel. || Toldo.

sobrecincha. f. o **sobrecincho.** m. Sifué.

sobrecoger. tr. y prnl. Sorprender, pasmar, admirar. || Intimidar, aterrorizar, aterrar, espantar, asustar, acoquinar, acobardar (a.: *tranquilizar*).

sobredicho, cha. adj. Antedicho, susodicho.

sobrellevar. tr. Sufrir, soportar, tolerar, aguantar (a.: *rebelarse*).

sobremanera. adv. Excesivamente, muchísimo.

sobrenadar. intr. Flotar.

sobrenatural. adj. Milagroso, prodigioso (a.: *natural, real, explicable*).

sobrenombre. m. Alias, apodo, mote, calificativo.

sobrentendido, da. o **sobreentendido, da.** adj. Tácito, supuesto, implícito.

sobreparto. m. Puerperio.

sobrepasar. tr. Superar, pasar, rebasar, aventajar, exceder.

sobrepeso. m. Sobrecarga.

sobrepoblación. f. Superpoblación.

sobreponer. tr. Superponer, añadir, aplicar (a.: *quitar*). || prnl. Dominarse, contenerse (a.: *irritarse*). || Mejorarse (a.: *desmejorarse*).

sobreprecio. m. Recargo (a.: *rebaja*). || Prima, premio.

sobreproducción. f. Superproducción.

sobrepuesto, ta. adj. Superpuesto.

sobrepujar. tr. Exceder, superar, aventajar, sobrepasar.

sobresalir. intr. Descollar, campar, dominar, prevalecer, destacarse, señalarse, distinguirse, sobrepasar, sobrepujar, aventajar (a.: *confundirse, empequeñecerse*).

sobresaltar. tr. y prnl. Asustar, sorprender, turbar, intranquilizar (a.: *tranquilizar*).

sobresalto. m. Susto, temor, intranquilidad, inquietud. || Turbación, conturbación, sorpresa, presentimiento.

sobrestante. m. Capataz, encargado.

sobresueldo. m. Plus, gratificación.

sobretensión. f. Sobrevoltaje.

sobretiro. m. Separata.

sobretodo. m. Abrigo, gabán.

sobrevenir. intr. Suceder, acontecer, ocurrir, acaecer.

sobreviviente. m. o f. Superviviente, supérstite.

sobrexceder o **sobreexceder.** tr. Exceder, sobrepujar, aventajar.

sobriedad. f. Frugalidad, parquedad. || Temperancia, mesura, moderación, morigeración (a.: *inmoderación, gula, destemplanza*). || Sencillez, austeridad. || Concisión, brevedad (a.: *charlatanería*).

sobrio, bria. adj. Moderado, morigerado. || Frugal, parco. || Sencillo, austero. || Conciso, breve.

socaliña. f. Ardid, treta, habilidad, maña.

socapa. f. Excusa, pretexto. || Apariencia, disimulo, astucia.

socarrar. tr. y prnl. Chamuscar, requemar.

socarrón, na. adj. Burlón, guasón. || Astuto, taimado, solapado, bellaco.

socavar. tr. Minar, excavar.

sociable. adj. Afable, educado, tratable, comunicativo (a.: *insociable, huraño*).

sociedad. f. Asociación, agrupación, corporación, círculo, peña, casino, ateneo, gremio, sindicato. || Compañía, empresa.

socio, cia. m. y f. Asociado, consocio.

socolor. m. Excusa, pretexto.

socorrer. tr. Ayudar, favorecer, auxiliar, amparar, defender, asistir (a.: *desamparar, descuidar*).

socorro. m. Ayuda, donación, auxilio, amparo, asistencia, subvención, limosna. || Apoyo, defensa, refuerzo (a.: *abandono*).

sodomía. f. Pederastia, homosexualidad.

sodomita. m. Pederasta, marica, homosexual.

soez. adj. Bajo, grosero, indecente, vil (a.: *fino, educado*).

sofisma. m. Paralogismo.

sofisticar. tr. Falsificar, adulterar, tergiversar, falsear.

soflama. f. Perorata, discurso, arenga, proclama. || Rubor, bochorno.

sofocar. tr. y prnl. Ahogar, asfixiar (a.: *respirar*). || Avergonzar, abochornar. || tr. Acosar, importunar. || Apagar, extinguir, reprimir (a.: *encender*).

sofoco. m. Sofocación, acaloramiento. || Rubor, bochorno, vergüenza. || Sofocón.

sofocón. m. Disgusto, desazón. || Sofoco.

sofrenada. f. Represión, sacudida.

sofrenar. tr. Refrenar, contener, atajar, detener, reprimir. || Reprender, increpar.

soga. f. Cuerda.

sojuzgar. tr. Sujetar, avasallar, dominar, someter, subyugar, oprimir (a.: *emancipar, liberar*).

solado. m. Pavimento, piso, suelo.

solamente. adv. m. Sólo, únicamente (a.: *conjuntamente*).

solapado, da. adj. Disimulado, astuto, taimado, falso, ladino, artero, bellaco (a.: *franco, sincero*).

solapar. tr. Ocultar, encubrir, esconder, fingir, disimular.

solar. adj. Febeo. || m. Estirpe, linaje. || Descendencia. || Casa, terreno. || tr. Pavimentar.

solaz. m. Esparcimiento, expansión, recreación, ocio, recreo, diversión, entretenimiento. || Descanso, consuelo.

solazarse. prnl. Recrearse, distraerse, entretenerse, divertirse, expansionarse, esparcirse, alegrarse (a.: *aburrirse, trabajar*).

soldada. f. Sueldo, salario, estipendio, emolumentos.

soldado. m. Militar. || Recluta, conscripto. || Partidario, defensor.

soldadura. f. Enmienda, corrección.

soldar. tr. Unir, pegar (a.: *despegar*). || Componer, enmendar.

solemne. adj. Formal, grave, válido, firme. || Majestuoso, fastuoso, grandioso, imponente, ceremonioso (a.: *austero, sencillo*). || Crítico, interesante (a.: *vulgar*).

solemnidad. f. Aparato, etiqueta, fausto, gala, pompa (a.: *sencillez*). || Protocolo, fiesta.

solemnizar. tr. Conmemorar, celebrar, festejar. || Engrandecer, glorificar, encarecer.

soler. intr. Acostumbrar, estilar.

solera. f. Madre, lía. || Fondo, suelo. || Antigüedad.

solfa. f. Música. || Paliza, zurra, tunda.

solicitante. m. y f. Pretendiente, aspirante. || Suplicante, demandante, solicitador.

solicitar. tr. Pretender, pedir, requerir (a.: *conceder*). || Atraer, invitar, tentar. || Procurar, buscar, gestionar (a.: *proponer*).

solícito, ta. adj. Diligente, atento, cuidadoso, afanoso, activo, esmerado, afectuoso.

solicitud. f. Diligencia, atención, cuidado, afán. || Instancia, demanda, petición, memorial.

solidario, ria. adj. Asociado, unido, junto.

solidez. f. Consistencia, estabilidad, resistencia, firmeza, fortaleza (a.: *fragilidad, inconsistencia*).

sólido, da. adj. Fuerte, resistente, duro, consistente, denso (a.: *débil*). || Estable, firme. || Macizo, compacto, denso. || m. Cuerpo.

soliloquio. m. Monólogo.

solio. m. Trono, sitial, sede.

solípedo, da. adj. Équido.

solitario, ria. adj. Desamparado, desierto, deshabitado, despoblado, abandonado. || Solo, único, señero. || Retirado, aislado, apartado. || m. Anacoreta, ermitaño. || f. Tenia.

soliviantado, da. adj. Rebelde, hostil, revoltoso. || Inquieto, perturbado, desasosegado (a.: *apaciguado*).

soliviantar. tr. Incitar, inducir, sublevar, rebelar, alborotar, amotinar (a.: *someter, aquietar*). || Exasperar, indignar, irritar.

sollozar. intr. Gimotear, gemir, llorar (a.: *reír*).

sólo. adv. Solamente, únicamente.

solo, la. adj. Único. || Singular, señero. || Solitario, aislado. || Desierto, deshabitado, despoblado. || Huérfano, abandonado, desamparado.

solomillo. m. Filete, lomo.

soltar. tr. y prnl. Desatar, desasir, desunir,
desligar, desenganchar, desprender (a.: *agarrar, sujetar, asir*). || Libertar, liberar (a.: *encarcelar, atrapar, prender*). || Asestar, pegar (a.: *acariciar*). || prnl. Destaparse, salirse, descolgarse.

soltería. f. Celibato (a.: *matrimonio*).

soltero, ra. adj. Célibe, libre, mancebo, mozo (a.: *casado*).

soltura. f. Agilidad, destreza, facilidad, prontitud, desenvoltura. || Desembarazo, libertad, desgarro, descaro. || Elocuencia, labia.

soluble. adj. Disoluble. || Resoluble.

solución. f. Disolución. || Desenlace, fin, término, terminación (a.: *comienzo*). || Arreglo. || Resolución, resultado. || **solución de continuidad.** Suspensión, interrupción.

solucionar. tr. Resolver, arreglar, componer, satisfacer (a.: *complicar*).

solvencia. f. Responsabilidad, honorabilidad (a.: *irresponsabilidad*). || Bienes (a.: *insolvencia*).

solventar. tr. Resolver, solucionar, zanjar. || Liquidar, pagar, saldar (a.: *adeudar*).

solvente. adj. Disolvente. || Responsable, pudiente.

somanta. f. Tunda, paliza.

somático, ca. adj. Corporal.

sombra. f. Oscuridad, penumbra (a.: *claridad, luz*). || Espectro, fantasma, aparición. || Ignorancia, oscuridad, confusión. || Ayuda, defensa, favor. || Atisbo, vislumbre, indicio. || Semejanza, parecido, apariencia. || Tristeza, pesimismo. || Mancha, mácula, defecto, imperfección (a.: *perfección*). || Suerte, fortuna.

sombrilla. f. Quitasol, parasol, guardasol.

sombrío, a. adj. Umbrío, sombreado, umbroso (a.: *claro, luminoso*). || Triste, apenado, melancólico, taciturno, tétrico, pesimista (a.: *alegre, optimista*).

somero, ra. adj. Superficial, insustancial (a.: *esmerado, prolijo*). || Sucinto, ligero, sumario.

someter. tr. Sujetar, esclavizar, rendir, avasallar, reducir, dominar, subyugar (a.: *rebelarse*). || Supeditar, subordinar. || Encomendar, encargar, confiar, exponer.

|| prnl. Ceder, resignarse, rendirse, obedecer, entregarse (a.: *resistir*).

sometimiento. m. Sumisión, acatamiento, resignación.

somnífero, ra. adj. y m. Hipnótico, narcótico, soporífero (a.: *excitante*). || Dormitivo, letárgico.

somnolencia. f. Adormecimiento, modorra, sopor, letargo, pesadez (a.: *vivacidad*).

son. m. Sonido. || Tenor, modo, manera, estilo. || Rumor, noticia, fama. || Excusa, pretexto.

sonado, da. adj. Famoso, célebre, afamado, renombrado (a.: *ignorado*). || Ruidoso, sensacional.

sonajero. m. Cascabelero.

sonante. adj. Sonoro.

sonar. intr. Mencionarse, acordarse, citarse. || Pronunciarse. || Parecer, semejar, aparentar. || Impresionar. || tr. Tocar, tintinear, tañer. || prnl. Susurrarse, decirse, rumorearse (a.: *callar*).

sonda. f. Sondeo. || Plomada. || Tienta, catéter.

sondear o **sondar.** tr. Tantear, rastrear. || Sonsacar, averiguar, inquirir.

sonido. m. Son (a.: *silencio*). || Fonema. || Ruido, eco, tañido, vibración. || Noticia, rumor, fama.

sonoro, ra. adj. Sonante, vibrante, sonoroso (a.: *sordo*). || Resonante, ruidoso. || Armonioso, eufónico.

sonriente. adj. Risueño (a.: *melancólico*).

sonrojar. tr. y prnl. Avergonzar, ruborizar, abochornar, sofocar (a.: *palidecer*).

sonrojo. m. Vergüenza, bochorno, sofoco. || Rubor.

sonsacar. tr. Sondear, averiguar, sacar.

sonsonete. m. Retintín, tonillo. || Cantilena.

soñador, ra. m. y f. Iluso, imaginativo (a.: *realista*).

soñar. tr. e intr. Fantasear, imaginar, divagar, ensoñar. || intr. Anhelar, desear, acariciar, ambicionar, codiciar.

sopa. f. Caldo.

sopapo. m. Bofetón, bofetada, cachetada, cachete.

sopetón (de). loc. adv. Inopinadamente.

soplado, da. adj. Pulido, acicalado. || Estirado, envanecido, engreído, entonado.

soplamocos. m. Bofetón, sopapo, trompada.

soplar. tr. Inflar (a.: *aspirar*). || Hurtar, quitar, birlar (a.: *regalar*). || Sugerir, apuntar, inspirar (a.: *callar*). || Acusar, delatar, denunciar. || prnl. Engreírse, envanecerse (a.: *humillarse*).

soplo. m. Soplido. || Delación, denuncia. || Momento, instante, tris.

soplón, na. adj. y s. Delator, acusón, acusador, denunciante (a.: *encubridor*).

soponcio. m. Desmayo, patatús, desvanecimiento.

sopor. m. Adormecimiento, modorra, somnolencia, sueño, pesadez, sueñera (a.: *insomnio*).

soporífero, ra. adj. y m. Somnífero, hipnótico. || Aburrido, tedioso.

soportable. adj. Tolerable, sufrible, llevadero, aguantable (a.: *insoportable, intolerable*).

soportal. m. Porche, pórtico.

soportar. tr. Sostener. || Aguantar, sobrellevar, resistir, sufrir, tolerar (a.: *irritarse*).

soporte. m. Apoyo, sostén, estribo, sustentáculo.

sor. f. Hermana, sóror, monja.

sorber. tr. Absorber, aspirar, chupar (a.: *escupir*). || Tragar, succionar, mamar.

sorbete. m. Helado.

sorbo. m. Buche. || Chupada. || Trago.

sordamente. adv. Secretamente, ocultamente (a.: *abiertamente, claramente*). || Sigilosamente, calladamente, silenciosamente (a.: *ruidosamente*).

sordera. f. Sordez.

sordidez. f. Indecencia, impureza (a.: *decencia*). || Mezquindad, cicatería, avaricia, miseria, ruindad (a.: *generosidad, largueza, liberalidad*). || Suciedad. || Pobreza, miseria (a.: *riqueza*).

sórdido, da. adj. Sucio (a.: *limpio*). || Impuro, indecente. || Avaro, mezquino, ruin, miserable, tacaño (a.: *pródigo*).

sordo, da. adj. Callado, silencioso (**a.:** *ruidoso*). ‖ Apagado, amortiguado (**a.:** *chillón*). ‖ Insensible, indiferente (**a.:** *afectado*).

sorgo. m. Zahína.

sorna. f. Lentitud, calma, pachorra. ‖ Disimulo, bellaquería. ‖ Ironía, mordacidad. *Hablaba con sorna.*

soroche. m. Puna.

sorprendente. adj. Peregrino, extraño, desusado, extraordinario, chocante, raro. ‖ Admirable, maravilloso.

sorprender. tr. y prnl. Admirar, asombrar, maravillar. ‖ tr. Descubrir, atrapar, pillar, coger, pescar.

sorprendido, da. adj. Asombrado, estupefacto.

sorpresa. f. Asombro, sobresalto, admiración, extrañeza, estupor.

sortear. tr. Rifar. ‖ Evitar, eludir, esquivar, soslayar, escabullirse (**a.:** *caer*).

sorteo. m. Rifa, jugada.

sortija. f. Anillo.

sortilegio. m. Embrujo, hechizo, hechicería, encantamiento, maleficio. ‖ Adivinación.

sosedad. f. Sosería, insulsez. ‖ Insipidez.

sosegado, da. adj. Tranquilo, reposado, quieto, pacífico, manso, sereno (**a.:** *inquieto, nervioso*).

sosegar. tr. y prnl. Tranquilizar, calmar, pacificar, serenar, apaciguar, aplacar, aquietar (**a.:** *irritar*). ‖ intr. y prnl. Descansar, reposar, aquietarse (**a.:** *velar*).

sosera o **sosería.** f. Zoncería, insulsez, insipidez, sosedad (**a.:** *agudeza, gracia*).

sosiego. m. Quietud, serenidad, tranquilidad, reposo, calma, descanso, placidez, paz (**a.:** *agitación, nerviosidad*).

soslayar. tr. Evitar, eludir, esquivar, rehuir, sortear, pasar por alto.

soslayo, ya. adj. Oblicuo, sesgo. ‖ **al soslayo.** loc. adv. Oblicuamente. ‖ **de soslayo.** loc. adv. Al soslayo, oblicuamente. ‖ De largo, por encima.

soso, sa. adj. Desabrido, insulso, insípido (**a.:** *sabroso*). ‖ Inexpresivo, pavo.

sospecha. f. Desconfianza, recelo, malicia (**a.:** *confianza, fe*). ‖ Indicio, presunción, conjetura, suposición, barrunto.

sospechar. tr. Barruntar, presumir, conjeturar, suponer. ‖ intr. Desconfiar, recelar, maliciar, temer, dudar (**a.:** *creer, confiar*).

sostén. m. Soporte, sustentáculo, base. ‖ Protección, defensa, amparo, apoyo. ‖ Sustento, mantenimiento, manutención. ‖ Corpiño.

sostener. tr. y prnl. Sustentar, mantener (**a.:** *rebatir*). ‖ Proteger, apoyar, defender, amparar. ‖ Afirmar, apoyar (**a.:** *contradecir*). ‖ Alimentar, sustentar. ‖ Sujetar, agarrar. ‖ Continuar.

sostenido, da. adj. Continuo, constante, ininterrumpido (**a.:** *discontinuo*).

sostenimiento. m. Sostén, soporte, apoyo. ‖ Manutención, mantenimiento, sustento.

sotabanco. m. Ático, desván, buhardilla (**a.:** *sótano*).

sótano. m. Subsuelo (**a.:** *desván*).

soterrar. tr. Enterrar, sepultar, inhumar. ‖ Ocultar, guardar.

soto. m. Arboleda, bosquecillo.

sotreta. adj. Defectuoso, inútil.

suasorio, ria. adj. Persuasivo, convincente.

suave. adj. Liso, pulido, fino (**a.:** *áspero*). ‖ Blando, muelle. ‖ Dulce, agradable, grato. ‖ Tranquilo, apacible, quieto, reposado (**a.:** *irritable*). ‖ Lento, moderado (**a.:** *raudo*). ‖ Dócil, manso (**a.:** *brusco, desapacible*).

suavidad. f. Blandura, lenidad. ‖ Lisura. ‖ Finura, delicadeza, dulzura (**a.:** *grosería*).

suavizar. tr. Pulir, alisar, pulimentar. ‖ Moderar, mitigar, calmar, apaciguar, templar (**a.:** *exacerbar*).

suba. f. Alza.

subalterno, na. adj. Inferior, subordinado, dependiente, secundario (**a.:** *jefe, superior*).

subasta. f. Licitación, puja, remate.

subastar. tr. Licitar, rematar.

subcutáneo, a. adj. Hipodérmico.

súbdito, ta. adj. Vasallo.

subentender. tr. y prnl. Sobrentender.

suberoso, sa. adj. Corchoso, acorchado.

subestimar. tr. Menospreciar, desestimar.

subida. f. Ascenso, ascensión, elevación (a.: *descenso, caída, bajada*). ‖ Cuesta, pendiente, repecho. ‖ Alza, suba, aumento, encarecimiento (a.: *disminución, rebaja*).

subido, da. adj. Vivo, intenso. ‖ Elevado, caro, excesivo, alto (a.: *barato*). ‖ Fino, acendrado.

subir. intr. Ascender, elevar (a.: *descender, bajar*). ‖ Cabalgar, montar. ‖ Crecer, aumentar (a.: *disminuir*). ‖ Importar, sumar. ‖ tr. Remontar, trepar. ‖ Encimar, levantar, enarbolar, alzar, izar, elevar (a.: *arriar*). ‖ tr. e intr. Aumentar, encarecer (a.: *abaratar*).

súbito. adv. Repentinamente, de repente, súbitamente.

súbito, ta. adj. Inopinado, subitáneo, repentino, impensado, imprevisto (a.: *previsto, esperado*). ‖ Precipitado, impetuoso, violento, impulsivo (a.: *manso*). ‖ **de súbito.** loc. adv. Súbitamente, de repente.

subjetivo, va. adj. Personal (a.: *objetivo*).

sublevación. f. o **sublevamiento.** m. Levantamiento, motín, alzamiento, sedición, subversión, rebelión, tumulto, asonada, revuelta, revolución, insurrección, pronunciamiento (a.: *sumisión, sometimiento*).

sublevar. tr. y prnl. Amotinar, insurreccionar, levantar, alzar (a.: *obedecer*). ‖ Airar, indignar, excitar (a.: *complacer*).

sublimar. tr. Engrandecer, enaltecer, ensalzar, exaltar (a.: *humillar*). ‖ Alambicar, volatilizar.

sublime. adj. Excelso, elevado, sobrehumano, eminente.

submúltiplo, pla. adj. y m. Divisor, factor.

subordinación. f. Sujeción, sumisión, dependencia, acatamiento, respeto, obediencia (a.: *desacato, rebeldía*).

subordinado, da. adj. Supeditado, dependiente, inferior, subalterno, sujeto (a.:

superior). ‖ Obediente, sometido, sumiso.

subrayar. tr. Destacar, recalcar.

subrepticio, cia. adj. Oculto, furtivo, tortuoso, encubierto, ilícito (a.: *autorizado*).

subrogar. tr. Sustituir, remplazar.

subsanar. tr. Remediar, corregir, enmendar, reparar, compensar, resarcir (a.: *ratificar*). ‖ Disculpar, excusar (a.: *reiterar*).

subscribir o **suscribir.** tr. Firmar. ‖ Convenir, acordar, acceder. ‖ tr. y prnl. Adherir. ‖ Abonar.

subscriptor, ra o **suscritor, ra.** m. y f. Abonado, firmante.

subsidiario, ria. adj. Accesorio (a.: *principal*).

subsidio. m. Socorro, auxilio, ayuda. ‖ Subvención. ‖ Contribución, impuesto.

subsiguiente. adj. Subsecuente.

subsistencia. f. Permanencia, estabilidad (a.: *inestabilidad*). ‖ Mantenimiento, sostenimiento, conservación (a.: *desnutrición*). ‖ Vida.

subsistir. intr. Permanecer, durar, conservarse, perdurar, mantenerse. ‖ Vivir, existir.

substancia o **sustancia.** f. Materia. ‖ Ser, esencia, entidad, naturaleza (a.: *inexistencia*). ‖ Razón, fundamento. ‖ Juicio, madurez. ‖ Meollo, médula, miga. ‖ Estimación, importancia.

substancial o **sustancial.** adj. Importante, esencial, concreto, fundamental. ‖ Substancioso.

substancioso, sa o **sutancioso, sa.** adj. Valioso, estimable, substancial. ‖ Nutritivo, alimenticio, substancial. ‖ Jugoso, apetitoso, sabroso, suculento.

substantivo o **sustantivo.** m. Nombre.

substitución o **sustitución.** f. Remplazo, relevo, suplencia.

substituir o **sustituir.** tr. Remplazar, suplir, relevar. ‖ Cambiar.

substitutivo, va o **sustitutivo, va.** adj. Sucedáneo.

substituto, ta o **sustituto, ta.** adj. Suplente, remplazante.

substracción o sustracción. f. Resta (a.: adición). ‖ Robo, hurto. ‖ Separación.

substraer o sustraer. tr. Apartar, separar, deducir, extraer, quitar (a.: aumentar). ‖ Hurtar, robar (a.: dar). ‖ Restar (a.: sumar).

subsuelo. m. Sótano (a.: desván, altillo).

subterfugio. m. Efugio, escapatoria, excusa, pretexto, evasiva (a.: exigencia).

subterráneo. m. Bóveda, túnel, subsuelo.

suburbio. m. Arrabal, afueras (a.: centro).

subvención. f. Ayuda, auxilio, socorro, subsidio.

subvenir. intr. Ayudar, socorrer, auxiliar. ‖ Costear, sufragar.

subversión. f. Alteración, trastorno, perturbación, desorden, destrucción (a.: orden). ‖ Sublevación, insurrección, revolución, motín (a.: disciplina).

subversivo, va. adj. Sedicioso, revolucionario.

subvertir. tr. Trastornar, alterar, revolver, destruir, perturbar.

subyugar. tr. Dominar, someter, esclavizar, avasallar, sujetar, sojuzgar.

succión. f. Chupada, mamada, libación.

succionar. tr. Chupar, absorber, libar, mamar, sorber (a.: escupir).

sucedáneo, a. adj. Sustitutivo.

suceder. intr. Remplazar, sustituir (a.: confirmar). ‖ Heredar (a.: legar). ‖ Descender, proceder, provenir. ‖ Ocurrir, acaecer, pasar, acontecer. ‖ Seguir (a.: preceder).

sucedido. m. Suceso, caso, hecho,

sucesión. f. Continuación, decurso, serie, prosecución. ‖ Herencia. ‖ Descendencia, prole (a.: ascendencia).

sucesivo, va. adj. Siguiente (a.: precedente, anterior).

suceso. m. Ocurrencia, novedad, acontecimiento, acaecimiento, evento, sucedido, lance, trance, hecho, caso. ‖ Resultado, éxito. ‖ Circunstancia, accidente, percance, coyuntura.

sucesor, ra. m. y f. Continuador (a.: predecesor). ‖ Heredero, descendiente (a.: ascendiente, antepasado).

suciedad. f. Inmundicia, mugre, porquería, basura, roña, desaseo (a.: limpieza, aseo, pureza).

sucinto, ta. adj. Breve, compendioso, extractado, somero, resumido (a.: amplio, largo). ‖ Ceñido, conciso, sintético.

sucio, cia. adj. Manchado, desaseado, mugriento, roñoso, inmundo, puerco, mugroso, cochino (a.: aseado, pulcro). ‖ Obsceno, deshonesto, impuro. ‖ Vil, soez, innoble. ‖ Turbio, confuso. ‖ Tramposo.

sucucho. m. Rincón. ‖ Cuchitril, tabuco, cuartucho.

suculento, ta. adj. Jugoso, sustancioso, nutritivo, sabroso.

sucumbir. intr. Caer, ceder, someterse, rendirse (a.: resistir). ‖ Perecer, expirar, morir, fallecer (a.: vivir).

sucursal. f. Filial, agencia, dependencia.

sudadera. f. o **sudadero.** m. Sudario. ‖ Bajera, abajera.

sudar. intr. y tr. Traspirar, resudar, trasudar. ‖ Exudar, destilar, segregar. ‖ intr. Rezumar, exudar.

sudario. m. Sudadero. ‖ Mortaja, sábana.

sudor. m. Traspiración, sudación, resudor, trasudor. ‖ Exudación. ‖ Trabajo, fatiga, afán, pena.

sudorífero, ra. o **sudorífico, ca.** adj. Sudatorio, diaforético.

suegro, gra. m. y f. Padre político, madre política.

sueldo. m. Remuneración, salario, jornal, estipendio, mensualidad, emolumento, haberes, paga.

suelo. m. Solar, terreno, campo. ‖ Mundo, tierra. ‖ Piso, superficie, pavimento (a.: techo). ‖ País, territorio. ‖ Entarimado. ‖ Asiento, poso.

suelto, ta. adj. Ligero, veloz. ‖ Expedito, ágil, diestro, desembarazado (a.: pesado, torpe). ‖ Libre (a.: preso). ‖ Atrevido. ‖ Desatado, desenganchado. ‖ Separado, solo (a.: acompañado). ‖ Flojo, holgado. ‖ Fácil, corriente, llano. ‖ Esponjoso. ‖ m. Artículo, gacetilla. ‖ Monedas.

sueño. m. Dormida. ‖ Adormecimiento, somnolencia, sopor (**a.:** *desvelo*). ‖ Ensueño. ‖ Quimera, ilusión, fantasía, divagación. ‖ Anhelo, desiderátum.

suerte. f. Fortuna, azar, potra, ventura (**a.:** *infortunio*). ‖ Destino, hado, estrella, sino, acaso, casualidad, sombra. ‖ Chiripa, chamba. ‖ Clase, género, especie. ‖ Condición, estado, situación. ‖ Manera, modo.

suficiencia. f. Capacidad, aptitud, competencia, habilidad, idoneidad (**a.:** *ineptitud, incapacidad*). ‖ Pedantería, vanidad, presunción, engreimiento. ‖ Bienestar (**a.:** *escasez*).

suficiente. adj. Bastante, conveniente, asaz, preciso (**a.:** *exiguo, insuficiente*). ‖ Capaz, apto, competente, idóneo (**a.:** *inepto*). ‖ Pedante, engreído (**a.:** *discreto*).

sufragar. tr. Costear, pagar, satisfacer, subvenir. ‖ Ayudar, auxiliar, favorecer. ‖ Votar.

sufragio. m. Dictamen, voto. ‖ Ayuda, favor, auxilio, socorro, protección.

sufrido, da. adj. Pasible, paciente, manso, resignado, tolerante.

sufrimiento. m. Padecimiento, pena, dolor, tormento, tortura, martirio, dolencia. ‖ Paciencia, estoicismo, conformidad, tolerancia, resignación, aguante (**a.:** *intolerancia, goce*).

sufrir. tr. e intr. Padecer, penar (**a.:** *gozar*). ‖ Resignarse, conformarse (**a.:** *rebelarse*). ‖ tr. Permitir, aguantar, soportar, tolerar, consentir. ‖ Sostener, sobrellevar, resistir, soportar. ‖ Experimentar.

sugerencia. f. Sugestión, inspiración, insinuación, sugerimiento.

sugerir. tr. Aconsejar, incitar, insinuar, inspirar. ‖ Recordar, evocar, apuntar.

sugestión. f. Sugerencia, insinuación. ‖ Atractivo, sortilegio, fascinación, hechizo.

sugestivo, va. adj. Atractivo, llamativo, fascinante.

suicidarse. prnl. Eliminarse, matarse.

sui géneris. loc. adv. Excepcional, original, especial, particular.

suizo, za. adj. y s. Esguízaro, helvético, helvecio.

sujeción. f. Sumisión, esclavitud, sometimiento, subordinación, dependencia, obediencia (**a.:** *libertad, insubordinación*). ‖ Atadura, contención, traba, ligadura, unión (**a.:** *desunión*).

sujetar. tr. Someter, sojuzgar, dominar, avasallar, encadenar, subyugar (**a.:** *rebelarse*). ‖ Agarrar, asir, trabar, acogotar (**a.:** *soltar*). ‖ prnl. Ajustarse, ceñirse.

sujeto, ta. adj. Expuesto, propenso. ‖ Subyugado, supeditado, sometido. ‖ Fijo, inmóvil, firme, seguro, estable. ‖ m. Individuo, prójimo, persona, tipo. ‖ Asunto, tema, materia.

sulfurar. tr. y prnl. Irritar, encolerizar, enfurecer, indignar, enojarse (**a.:** *calmar*).

suma. f. Adición, agregado (**a.:** *resta*). ‖ Total. ‖ Compendio, recopilación, sumario, resumen. ‖ Colección, conjunto, reunión. ‖ **en suma.** loc. adv. Resumiendo.

sumar. tr. Adicionar, añadir, agregar (**a.:** *restar*). ‖ Totalizar, ascender a, elevarse a, llegar a, montar a, importar. ‖ Recopilar, compendiar. ‖ prnl. Adherirse, agregarse.

sumario, ria. adj. Breve, sucinto, abreviado, conciso, resumido (**a.:** *extenso*). ‖ m. Compendio, resumen, suma, epítome, extracto, índice.

sumergible. adj. y m. Submarino.

sumergir. tr. y prnl. Hundir (**a.:** *emerger, flotar*). ‖ prnl. Abismarse, abstraerse, sumirse. ‖ Naufragar.

sumersión. f. Inmersión, zambullida, hundimiento, chapuzón, baño.

sumidero. m. Desagüe, alcantarilla, desaguadero, cloaca, escurridero, albañal.

suministrador, ra. adj. Abastecedor, proveedor, surtidor, aprovisionador, equipador.

suministrar. tr. Proporcionar, facilitar, proveer, aprovisionar, surtir, abastecer, prestar, facilitar (**a.:** *privar, quitar*). ‖ Guarnecer.

suministro. m. Provisión, víveres, abastecimiento.

sumir. tr. y prnl. Sumergir, hundir, abismar (**a.:** *surgir*). ‖ prnl. Abstraerse.

sumisión. f. Obediencia, sometimiento, acatamiento, subordinación, vasallaje, sujeción (**a.:** *rebelión, desacato*).

sumiso, sa. adj. Obediente, dócil, manejable, bienmandado. ‖ Rendido, subyugado, avasallado, sujeto, sometido (**a.:** *rebelde*).

súmmum. m. Colmo, máximo, sumo.

sumo, ma. adj. Supremo, altísimo, superlativo, máximo, enorme, mucho (**a.:** *ínfimo*). ‖ **a lo sumo.** loc. adv. A lo más, al mayor grado. ‖ Si acaso, cuando más.

suntuosidad. f. Magnificencia, pompa, esplendor, riqueza, esplendidez, lujo, fausto, boato (**a.:** *sencillez*).

suntuoso, sa. adj. Magnífico, rico, esplendoroso, espléndido, costoso, lujoso, ostentoso, regio, fastuoso, pomposo (**a.:** *pobre, miserable*).

supeditar. tr. Dominar, oprimir, subyugar, avasallar, sojuzgar, someter, subordinar, sujetar (**a.:** *libertar*).

superabundancia. f. Sobreabundancia, plétora, exuberancia.

superación. f. Mejoramiento, ganancia, vencimiento.

superar. tr. Sobrepujar, exceder, pasar, aventajar, ganar, vencer.

superávit. m. Residuo, ganancia, utilidades, exceso, sobra (**a.:** *déficit, pasivo*).

superchería. f. Engaño, dolo, mentira, fraude, impostura, simulación (**a.:** *verdad*).

superficial. adj. Somero, ligero (**a.:** *profundo*). ‖ Insustancial, frívolo, aparente, fútil, trivial, vacuo (**a.:** *grave*). ‖ Exterior (**a.:** *interior*).

superficie. f. Área, extensión. ‖ Latitud, espacio. ‖ Cara, plano, faceta, faz.

superfluidad. f. Exceso, derroche, sobra, demasía. ‖ Redundancia.

superfluo, flua. adj. Innecesario, redundante, inútil, sobrante, excesivo (**a.:** *útil, necesario*).

superior. adj. Excelente, bonísimo, mejor, óptimo. ‖ Elevado, encumbrado, eminente, sobresaliente.

superior, ra. m. y f. Prior, director, rector, jefe.

superlativo, va. adj. Sumo, supremo.

supernumerario, ria. adj. Excedente.

superponer. tr. Sobreponer, aplicar. ‖ Añadir, incorporar.

superstición. f. Credulidad, fetichismo, cábala.

supersticioso, sa. adj. y s. Crédulo, idólatra.

supérstite. adj. Sobreviviente, superviviente. *Cónyuge supérstite.*

supervisión. f. Inspección, control.

superviviente. m. y f. Sobreviviente, supérstite.

suplantar. tr. Sustituir. ‖ Falsificar.

suplementario, ria. adj. Accesorio, adicional, complementario.

suplemento. m. Complemento, agregado, aditamento, apéndice, anexo, añadido.

suplente. adj. Sustituto, remplazante.

súplica. f. Ruego, imploración, deprecación, petición. ‖ Demanda, impetración, memorial, solicitud, instancia.

suplicar. tr. Rogar, pedir, instar, implorar, impetrar, demandar, deprecar (**a.:** *atender, conceder*).

suplicio. m. Tormento, martirio, tortura, castigo, cadalso. ‖ Dolor, padecimiento, sufrimiento (**a.:** *alivio*).

suplir. tr. Completar, integrar, suplementar. ‖ Remplazar, sustituir. ‖ Disimular.

suponer. tr. Presumir, creer, imaginarse, conjeturar, figurarse, opinar, pensar, sospechar. ‖ intr. Implicar, importar, significar.

suposición. f. Hipótesis, postulado, supuesto, presunción, sospecha, conjetura (**a.:** *comprobación, certeza*). ‖ Calumnia, difamación, falsedad, impostura (**a.:** *verdad*).

supremacía. f. Dominio, preponderancia, superioridad, preeminencia, prioridad, hegemonía.

supremo, ma. adj. Sumo, altísimo. || Insuperable, superlativo, superior. || Último, decisivo, culminante.

supresión. f. Elisión (a.: *agregado*). || Anulación, exterminio, eliminación.

suprimir. tr. Derogar, anular, abolir, eliminar (a.: *autorizar*). || Quitar, omitir, callar (a.: *dar*). || Extinguir, exterminar, liquidar, extirpar. || Cercenar, disolver (a.: *incluir*). || Borrar, tachar.

supuesto, ta. adj. Hipotético, conjetural, presunto. || Pretendido, seudo, sedicente, fingido. || Falso, apócrifo. || m. Suposición, hipótesis.

supuración. f. Purulencia, humor, pus.

supurar. tr. Correr, segregar, madurar.

suputar. tr. Computar, calcular.

sur. m. Mediodía, austro (a.: *septentrión, Norte*). || adj. Meridional, austral, antártico (a.: *boreal, septentrional*).

surcar. tr. Navegar, atravesar, andar. || Cortar, hender.

surco. m. Carril, cauce, estela. || Estría, hendidura, canal. || Arruga, pliegue.

surgidero. m. Fondeadero, ancladero, abra.

surgir. intr. Brotar, manar, surtir. || Elevarse, alzarse, salir, levantarse. || Fondear. || Aparecer, revelarse, manifestarse (a.: *desaparecer, ocultarse*).

surrealismo. m. Superrealismo, sobrerrealismo, suprarrealismo.

surrealista. adj. Superrealista.

surtido, da. adj. Mezclado, variado. || m. Colección, conjunto, muestrario, repertorio, mezcla.

surtidor. m. Saltadero, surtidero.

surtir. tr. Proveer, aprovisionar, suministrar, entregar, abastecer. || intr. Brotar, surgir, manar.

surto, ta. adj. Fondeado, anclado.

susceptible. adj. Capaz, dispuesto, apto (a.: *incapaz*). || Quisquilloso, puntilloso, sensible, delicado (a.: *apático*).

suscitar. tr. Promover, motivar, levantar, provocar, causar, originar, ocasionar, motivar, acarrear.

susodicho, cha. adj. Antedicho, citado, mencionado, sobredicho, aludido.

suspender. tr. Colgar (a.: *arriar*). || Detener, diferir, interrumpir, parar (a.: *impulsar*). || Desaprobar, reprobar, aplazar, dar calabazas, colgar, revocar (a.: *aprobar*). || Admirar, embelesar, maravillar, asombrar, pasmar.

suspensión. f. Detención, parada, tregua, interrupción, cesación, pausa. || Admiración, pasmo, embeleso, asombro. || Éxtasis, rapto. || Colgamiento.

suspenso, sa. adj. Absorto, enajenado, admirado, atónito, pasmado, maravillado. || Indeciso, perplejo, desconcertado. || Reprobado (a.: *aprobado*). || m. Calabazas, cate.

suspicacia. f. Desconfianza, recelo, prevención, escama, sospecha, malicia, escrúpulo (a.: *confianza, sinceridad*).

suspicaz. adj. Receloso, desconfiado, mal pensado, escamado (a.: *candoroso, confiado, crédulo*).

suspirar. intr. Desear, anhelar, apetecer, ansiar, querer.

sustentáculo. m. Apoyo, sostén, sustentación, soporte.

sustentar. tr. y prnl. Sostener, aguantar, soportar. || Mantener, conservar, alimentar. || tr. Defender, amparar, apoyar, apuntalar.

sustento. m. Alimento, mantenimiento, sostenimiento, manutención. || Sostén, apoyo.

susto. m. Sobresalto, temor, espanto, alarma, pavor.

susurrar. intr. Murmurar, musitar (a.: *vociferar, gritar*). prnl. Rumorear, runrunear, sonar.

susurro. m. Murmullo, runrún, rumor, cuchicheo (a.: *gritería, vocerío*).

sutil. adj. Delgado, delicado, vaporoso, tenue, fino (a.: *recargado*). || Agudo, ingenioso, avispado, perspicaz.

sutileza. f. Perspicacia, ingenio, agudeza, penetración, ingeniosidad. || Argucia, habilidad.

sutilizar. tr. Adelgazar, atenuar. || Limar, pulir, afinar, perfeccionar. || Teorizar, profundizar, alambicar.

sutura. f. Costura, juntura, soldadura.

taba. f. Astrágalo ‖ pl. Piernas, pies.

tabalear. intr. Tamborilear, tamborear, repiquetear.

tabaquera. f. Petaca, cigarrera, pitillera.

tabaquería. f. Cigarrería, estanco.

tabaquero, ra. adj. Tabacalero, cigarrero.

tabaquismo. m. Nicotismo.

tabardillo. m. Insolación. ‖ Tifus.

tabarra. f. Lata, tostón, fastidio, matraca, pesadez.

taberna. f. Bodegón, boliche, cantina, pulpería.

tabernáculo. m. Sagrario, sanctasanctórum.

tabernario, ria. adj. Grosero, soez, vil, bajo.

tabes. f. Consunción, extenuación.

tabicar. tr. Obstruir, cerrar, tapar, murar, emparedar.

tabique. m. Pared.

tabla. f. Índice, lista. ‖ Cuadro. ‖ Bancal, terraza. ‖ Lámina, plancha. ‖ pl. Escenario. ‖ Empate. ‖ Valla, barrera.

tablado. m. Plataforma, tribuna, tarima, andamio. ‖ Estrado, tinglado. ‖ Lámina, plancha. ‖ Patíbulo, cadalso.

tableta. f. Pastilla, píldora, comprimido.

tabuco. m. Cuartucho, desván, cuchitril,

tugurio, zahurda, buharda, chiribitil, buhardilla.

taburete. m. Banquillo, alzapiés, peana, banqueta, escabel.

tacañería. f. Mezquindad, ruindad, sordidez, cicatería, avaricia, miseria, roñería (a.: *generosidad*).

tacaño, ña. adj. y s. Miserable, agarrado, ruin, mezquino, roñoso, cicatero, avaro, amarrete (a.: *dadivoso, gastador, generoso*).

tacha. f. Falta, defecto, imperfección, tilde (a.: *perfección*). ‖ Mancha, descrédito, mácula, mancilla (a.: *honor*).

tachar. tr. Borrar, testar, suprimir, eliminar. ‖ Culpar, censurar, tildar, notar, motejar, reprochar, acusar.

tachón. m. Enmienda, tachadura, raya.

tachonar. tr. Clavetear.

tácito, ta. adj. Sobrentendido, implícito, secreto, supuesto (a.: *claro, explícito*). ‖ Callado, silencioso, reservado, taciturno.

taciturno, na. adj. Reconcentrado, reservado, silencioso (a.: *locuaz*). ‖ Triste, melancólico, pesaroso, apesadumbrado (a.: *alegre, optimista*).

taco. m. Tarugo, bloque, tapón. ‖ Palabrota, reniego, grosería, terno, voto, juramento, maldición. || Enredo, embrollo, lío. || Botador. || Refrigerio, piscolabis, trago.

tacómetro. m. Cuentavueltas.

tactación. f. Tacto.

táctica. f. Habilidad, método, tacto, tiento, sistema, diplomacia. || Estrategia.

tacto. m. Tiento, habilidad, juicio, táctica, delicadeza. || Discreción, tino, prudencia, maña, destreza, acierto (a.: *indiscreción*). || Palpación, toque, exploración.

tahalí. m. Tiracol, charpa.

tahona. f. Horno. || Panadería.

tahúr, ra. adj. y s. Jugador, timbero. || Fullero, tramposo.

taimado, da. adj. y s. Astuto, ladino, bellaco, pícaro, hipócrita, tunante, zorro, disimulado (a.: *ingenuo*).

taimería. f. Marrullería, picardía, malicia, astucia, bellaquería (a.: *sinceridad*).

tajada. f. Borrachera, embriaguez, curda. || Porción, parte, trozo, rebanada, posta. *Tajada de queso.*

tajadera. f. Cortafrío, cortahierro.

tajamar. m. Espolón, cabo, escollera, malecón.

tajante. adj. Concluyente, categórico, terminante, contundente, concreto, cortante.

tajar. tr. Cortar, dividir, partir, hender, rebanar.

tajo. m. Filo, corte, herida, cuchillada. || Tarea, faena. || Acantilado, despeñadero, escarpa, precipicio, sima.

tal. adj. Semejante, igual. || adv. Así, de esta manera, de esta suerte.

tala. f. Billalda, billarda.

talabarte. m. Cinturón.

taladrar. tr. Horadar, agujerear, perforar, barrenar (a.: *taponar*). || Penetrar, desentrañar.

taladro. m. Broca, barrena, trépano, berbiquí. || Perforación, trepanación.

tálamo. m. Lecho, cama.

talante. m. Humor, ánimo, disposición. || Gusto, voluntad, deseo. || Estilo, modo, son, manera.

talar. tr. Cortar, segar, desmontar. || Arrasar, destruir, devastar, arruinar. || Cercenar.

talega. f. Dinero, caudal. || Bolsa, morral, bolso.

talego. m. Saco, morral, bolsa. || Talega.

talento. m. Inteligencia, entendimiento, ingenio, caletre, capacidad, genio (a.: *estupidez*). || Habilidad, aptitud (a.: *incapacidad*).

talismán. m. Amuleto, mascota, fetiche.

talla. f. Escultura. || Estatura, altura, alzada. || Marca. || Talladura. || Impuesto.

talladura. f. Entalladura.

tallar. tr. Entallar, cincelar, labrar, esculpir. || Tasar, valuar, valorar, apreciar, evaluar. || Medir.

talle. m. Cintura. || Figura, planta, proporción, traza, apariencia.

taller. m. Obrador, fábrica, manufactura, oficina, laboratorio. || Aula, escuela.

tallo. m. Tronco, estípite, troncho, caña. || Renuevo, retoño, vástago, brote, pimpollo, esqueje.

talludo, da. adj. Crecido, espigado, alto, medrado. || Maduro (a.: *verde*).

talón. m. Calcañar, calcáneo, pulpejo. || Recibo, resguardo, cupón, libranza.

talud. m. Rampa, declive.

tamaño, ña. adj. Semejante, tal. || m. Magnitud, volumen, dimensión, grandor, corpulencia, medida.

tambalear. intr. y prnl. Oscilar, trastabillar, vacilar, bambolear, zangolotear (a.: *inmovilizarse*).

también. adv. Asimismo, así, de la misma manera, además, igualmente, todavía (a.: *tampoco*).

tambo. m. Vaquería.

tambor. m. Parche, caja, atabal, tamboril, timbal. || Cilindro. || Lata, tanque. || Tamiz.

tamboril. m. Atabal, timbal, tamborín, tamborino.

tamborilear. intr. Tabalear, tamborear. || Alardear, divulgar.

tamiz. m. Criba, harnero, cernedor, cedazo, zaranda.

tamo. m. Pelusa, pelusilla.

tampón. m. Almohadilla.

tanda. f. Turno, alternativa, vez. ‖ Capa, tonga, tongada. ‖ Conjunto, partida, sarta, cantidad, grupo.

tangente. adj. Tocante, vecino.

tangible. adj. Palpable, tocable (a.: *intangible, impalpable*). ‖ Cierto, asequible (a.: *incierto*). ‖ Material, real, sensible, perceptible (a.: *inmaterial*).

tanque. m. Aljibe, estanque, depósito.

tantear. tr. Ensayar, pulsar, probar. ‖ Comparar, parangonar. ‖ Explorar, sondear, examinar, considerar. ‖ Bosquejar, esbozar.

tanteo. m. Ensayo, prueba, examen, exploración, tienta, sondeo.

tanto. m. Unidad. ‖ Punto.

tañer. tr. Tocar, pulsar, puntear, rasguear. ‖ Repicar, doblar, redoblar. ‖ intr. Tabalear.

tañido. m. Toque, son, campaneo, sonido, repique, repiqueteo.

tapa. f. Tapadera. ‖ Cubierta, cobertura, capa. ‖ Compuerta. ‖ Encurtido. ‖ Bocadillo.

tapaboca o **tapabocas.** f. Bufanda.

tapadera. f. Tapa, tapador. ‖ Alcahuete, encubridor, pantalla (a.: *espía, acusador*).

tapado. m. Abrigo.

tapar. tr. Cubrir, ocultar (a.: *descubrir*). ‖ Cerrar, obstruir, taponar, obturar, atascar, atorar (a.: *abrir*). ‖ Abrigar, arropar (a.: *destapar*). ‖ Disimular, encubrir. ‖ prnl. Embozarse, arrebujarse.

tapera. f. Choza (a.: *mansión, palacio*).

tapia. f. Valla, cerca, pirca, muro, tapial, pared, paredón, vallado.

tapiar. tr. Cercar, murar, cerrar.

tapicería. f. Cortinaje, colgadura, palio, dosel, tapiz.

tapioca. f. Mañoco, mandioca.

tapiz. m. Colgadura. ‖ Alfombra.

tapizar. tr. Entapizar, forrar, guarnecer.

tapón. m. Corcho, obturador.

taponar. tr. Obturar, tapar, obstruir, atascar, atorar.

tapujarse. prnl. Embozarse.

tapujo. m. Enredo, intriga. ‖ Reserva, pretexto, disimulo, rodeos, embozo, fingimiento, simulación (a.: *averiguación*).

taquigrafía. f. Estenografía.

taquígrafo, fa. m. y f. Estenógrafo.

taquilla. f. Casillero. ‖ Papelero, armario. ‖ Recaudación. ‖ Boletería.

tarabilla. f. Matraca. ‖ Telera.

taracea. f. Marquetería, embutido, damasquinado, incrustación.

taracear. tr. Ataracear, incrustar, adornar, embutir.

tarambana. adj. y s. Aturdido, botarate, zascandil, irreflexivo, alocado.

tararear. tr. e intr. Canturrear.

tarasca. f. Dragón, sierpe.

tarascada. f. Mordisco, dentellada, mordedura. ‖ Exabrupto, brusquedad, ofensa, desaire.

tarascón. m. Mordisco, bocado, mordedura.

tardanza. f. Demora, dilación, retraso, lentitud, retardo, cachaza, pachorra (a.: *ligereza, rapidez*).

tardar. intr. Demorarse, retrasarse, detenerse (a.: *apurarse, apresurarse*).

tarde. adv. Tardíamente, a deshora (a.: *temprano*). ‖ Anochecer, crepúsculo (a.: *mañana*).

tardío, a. adj. Retrasado, rezagado, moroso (a.: *prematuro*). ‖ Pausado, lento, despacioso, tardo, cachazudo, pachorriento (a.: *ligero*).

tardo, da. adj. Lento, tardío, despacioso, pausado, perezoso. ‖ Rudo, torpe, boto (a.: *precoz*).

tarea. f. Trabajo, labor, obra, faena, quehacer, ocupación (a.: *descanso, ocio*). ‖ Afán, cuidado (a.: *pasividad*).

tarifa. f. Arancel, coste, costo, tasa.

tarifar. intr. Enemistarse, reñir, pelearse. ‖ Tasar.

tarima. f. Plataforma, peana, estrado, tablado, entarimado.

tarjeta. f. Ficha, cédula. ‖ Papeleta. ‖ Etiqueta, rótulo.

tarquín. m. Cieno, limo, lodo, fango, barro, lama, légamo.

tarro. m. Lata, bote. ‖ Suerte.

tarta. f. Pastel.

tartajear. intr. Tartamudear.

tartajoso, sa. adj. Tartamudo.

tartamudear. intr. Tartajear. || Balbucir, farfullar.

tartamudo, da. adj. y s. Tartajoso, farfalloso, balbuciente.

tártaro. m. Infierno, averno, orco, báratro. || Sarro.

tartera. f. Fiambrera. || Tortera.

tarugo. m. Taco, zoquete, cuña. || Adoquín.

tasa. f. Tasación, precio, evaluación, valor, valoración. || Medida, norma, regla, pauta.

tasación. f. Evaluación, valoración, tasa, justiprecio.

tasajo. m. Charque, cecina. || Tajada, pedazo, lonja.

tasar. tr. Estimar, apreciar, valuar, valorar, evaluar. || Limitar, restringir, graduar, regular, reducir, medir, metodizar, ordenar.

tasca. f. Taberna, figón, bodegón.

taumatúrgico, ca. adj. Maravilloso, sobrenatural, milagroso, prodigioso, mágico.

tauromaquia. f. Toreo, lidia.

taxativo, va. adj. Concreto, limitado. || Categórico, preciso, concluyente.

taxímetro. m. Odómetro, taxi.

taza. f. Pocillo, jícara.

té. m. Infusión. || Cha.

tea. f. Antorcha, hacha.

teatro. m. Coliseo. || Farándula. || Escena, escenario, candilejas, tablas.

teca. f. Relicario.

techado. m. Techo.

techo. m. Techado, techumbre, tejado, cielo raso (a.: *piso*). || Casa, vivienda, domicilio, hogar. || Cobertizo, tinglado.

techumbre. f. Techo, techado, tejado.

tecla. f. Palanca, pulsador.

teclear. intr. Tamborilear, repiquetear. || Intentar, probar. || Dactilografiar, mecanografiar.

técnica. f. Habilidad, pericia, maña.

técnico, ca. m. y f. Perito (a.: *inexperto*).

tedio. m. Aburrimiento, molestia, hastío, repugnancia, fastidio, esplín, desgana, desgano (a.: *afán, pasatiempo*).

tedioso, sa. adj. Enfadoso, molesto, pesado, fastidioso (a.: *ameno*).

tegumento. m. Membrana, telilla.

tejado. m. Techo, techumbre, techado. || Azotea (a.: *sótano, subsuelo*).

tejar. m. Tejería.

tejavana. f. Cobertizo, tinglado.

tejemaneje. m. Destreza, habilidad. || Chanchullo, intriga.

tejer. tr. Entretejer, labrar. || Maquinar, enredar, armar, tramar, urdir. || Cavilar, meditar, discurrir.

tejido. m. Trama, urdimbre, textura, tela.

tejo. m. Infernáculo, rayuela. || Tejuelo. || Cospel, disco.

tejuelo. m. Tejo.

tela. f. Paño, lienzo, tejido, trapo, género. || Telaraña. || Materia, asunto, tema. || Embuste, maraña, enredo. || Dinero, caudal. || Membrana, nata.

telecontrol. m. Telemando, telegobierno, teledirección.

teledirección. f. Radioconducción.

telefonear. tr. Comunicar, hablar.

telegobierno. m. Teledirección, telecontrol.

teleimpresor. m. Teletipo.

teleología. f. Finalismo.

teleológico, ca. adj. Finalista.

telerreceptor. m. Radio, televisor.

teletipo. m. Teleimpresor, télex.

televidente. m. y f. Telespectador.

telilla. f. Nata.

tema. m. Asunto, materia, objeto, sujeto, argumento, cuestión. || Manía, idea fija. || Antipatía. || Porfía, contumacia, obstinación. || Proyecto, motivo, propósito, idea. || Hecho, cosa.

tembladal. m. Tremedal.

tembladera. f. Tremedal. || Temblor, tembleque.

temblador, ra. adj. Tembloroso, trémulo, temblón. || m. y f. Cuáquero.

temblar. intr. Estremecerse, temblequear, trepidar, retemblar, tremer, tiritar.

tembleque. adj. Tembloroso. || m. Temblor, tembladera.

temblequear. intr. Temblar.

temblor. m. Tembladera. ‖ Terremoto, sismo. ‖ Escalofrío, estremecimiento, convulsión (**a.:** *serenidad, valor*).

tembloroso, sa. adj. Temeroso, trémulo, tembleque.

temer. tr. Amedrentarse, asustarse, tener miedo (**a.:** *envalentonarse*). ‖ tr. y prnl. Recelar, dudar, sospechar (**a.:** *confiar, creer*).

temerario, ria. adj. Audaz, arriesgado, imprudente, intrépido, osado, arrojado, irreflexivo (**a.:** *prudente, cobarde, temeroso*). ‖ Infundado, inmotivado.

temeridad. f. Imprudencia, atrevimiento, osadía, audacia, arrojo (**a.:** *cautela*).

temeroso, sa. adj. Miedoso, pusilánime, medroso, cobarde, irresoluto (**a.:** *valiente, valeroso*). ‖ Temible, terrífico, aterrador, terrible, espantoso (**a.:** *maravilloso*). ‖ Receloso, desconfiado.

temible. adj. Formidable, terrorífico, espantoso, aterrador, tremebundo, inquietante, horrendo (**a.:** *atrayente*). ‖ Peligroso.

temor. m. Miedo, julepe, cobardía, timidez. ‖ Recelo, aprensión, sospecha, presunción (**a.:** *confianza*). ‖ Pavor, pánico, espanto (**a.:** *valor, arrestos*).

temoso, sa. adj. Tenaz, insistente, obstinado, porfiado, terco, testarudo.

témpano. m. Tímpano. ‖ Timbal.

temperamento. m. Carácter, índole. ‖ Temperie. ‖ Temple. ‖ Complexión.

temperancia. f. Templanza, moderación.

temperar. tr. y prnl. Templar, calmar, atemperar, aliviar, moderar, sosegar.

temperatura. f. Calor. ‖ Fiebre. ‖ Clima.

temperie. f. Temperatura.

tempestad. f. Temporal, tormenta, ciclón, borrasca, huracán (**a.:** *bonanza*).

tempestivo, va. adj. Oportuno, adecuado (**a.:** *intempestivo, inoportuno*).

tempestuoso, sa. adj. Tormentoso, borrascoso, proceloso, inclemente (**a.:** *sereno, apacible*).

templado, da. adj. Morigerado, continente, sereno, mesurado, moderado. ‖ Sobrio, frugal, parco. ‖ Tibio (**a.:** *hela-do, abrasador*). ‖ Valiente, decidido, impávido (**a.:** *atropellado*). ‖ Afinado.

templador. m. Afinador.

templanza. f. Moderación, morigeración, continencia, temperancia, sobriedad, frugalidad (**a.:** *exceso, intemperancia*).

templar. tr. y prnl. Moderar, suavizar, atemperar, entibiar, atenuar, mitigar, amortiguar. ‖ Apaciguar, sosegar, aplacar (**a.:** *irritar*). ‖ tr. Afinar, entonar (**a.:** *desafinar*).

temple. m. Humor, índole, genio, carácter, talante. ‖ Temperatura. ‖ Entereza, arrojo, valor, valentía, impavidez.

templete. m. Pabellón, glorieta, quiosco.

templo. m. Iglesia, capilla, basílica, oratorio, santuario, catedral. ‖ Mezquita. ‖ Pagoda. ‖ Sinagoga.

temporada. f. Época, estación, período.

temporal. adj. Temporario, transitorio, fugaz, efímero, finito, pasajero, perecedero (**a.:** *perpetuo, duradero, permanente*). ‖ Secular, seglar, laico, profano. ‖ m. Tempestad, tormenta, borrasca (**a.:** *bonanza*).

temporario, ria. adj. Temporal, transitorio, precario.

tempranero, ra. adj. Madrugador, mañanero.

temprano, na. adj. Anticipado, prematuro, tempranero, precoz, adelantado (**a.:** *tardío, retrasado*). ‖ adv. Tempranamente, pronto (**a.:** *tarde*).

tenacidad. f. Firmeza, resistencia, fuerza. ‖ Perseverancia, constancia, tesón, porfía, obstinación, testarudez (**a.:** *inconstancia*).

tenacillas. f. pl. Pinzas. ‖ Rizador.

tenaz. adj. Persistente, pertinaz. ‖ Fuerte, duro, resistente, sólido, firme (**a.:** *endeble*). ‖ Perseverante, constante, empeñoso, porfiado, obstinado, terco, testarudo (**a.:** *inconstante*).

tenaza. f. Alicate, pinza, sacaclavos.

tendal. m. Toldo. ‖ Tendedero, tenderete.

tendedero. m. Secador, tendal.

tendencia. f. Propensión, inclinación, disposición.

tendencioso, sa. adj. Adicto, fanático. || Propenso.

tender. tr. Extender, alargar, desplegar, desdoblar (a.: *encoger*). || Esparcir, diseminar. || intr. Propender, inclinarse, tirar a. || prnl. Tumbarse, acostarse, estirarse, echarse (a.: *levantarse*). || Descuidarse, abandonarse (a.: *preocuparse*).

tenebroso, sa. adj. Sombrío, tétrico, negro, oscuro, lóbrego, lúgubre (a.: *alegre, luminoso*). || Confuso, ininteligible, abstruso.

tenedor. m. Poseedor.

tener. tr. Haber, poseer (a.: *carecer*). || Contener, incluir, comprender, guardar. || tr. y prnl. Sostener, sujetar, mantener, resistir, asir (a.: *soltar*). || tr. Estimar, apreciar, valorar, considerar. || Juzgar, reputar. || prnl. Dominarse, contenerse.

tenia. f. Solitaria.

tenor. m. Contenido, texto, estilo.

tenorio. m. Galanteador, mujeriego.

tensar. tr. Atirantar, estirar, tesar.

tensión. f. Impaciencia, intranquilidad. || Tirantez, tiesura. || Presión (de los gases). || Rigidez, tiesura (a.: *blandura*).

tenso, sa. adj. Tirante, estirado, rígido, tieso (a.: *laxo, relajado, flojo*).

tentación. f. Seducción, instigación, incitación (a.: *aversión*).

tentador, ra. adj. Apetecible, agradable, atrayente, seductor, incitador (a.: *desagradable, repelente*).

tentar. tr. Palpar, tocar. || Ensayar, intentar, examinar, procurar, tantear, emprender, probar, experimentar. || Inducir, seducir, incitar, mover, instigar, acicatear, provocar.

tentativa. f. Intento, ensayo, tanteo, prueba, experimento.

tentempié. m. Refrigerio, piscolabis, bocadillo.

tenue. adj. Delgado, fino. || Sutil, leve, vaporoso, ligero, delicado (a.: *denso, pesado*).

tenuidad. f. Delgadez, fragilidad (a.: *gordura*). || Sutileza, fragilidad (a.: *resistencia*).

teñir. tr. Colorear, colorar, entintar. || Matizar.

teoría. f. Procesión, desfile. || Doctrina, ciencia, hipótesis, especulación, suposición, proposición (a.: *demostración, práctica*).

teórico, ca. adj. Especulativo (a.: *práctico*). || Hipotético, imaginario.

tepe. m. Césped.

terapeuta. m. Médico.

terapia. f. Terapéutica.

tercería. f. Arbitraje, mediación.

tercero, ra. adj. Terciario, tercio. || Medianero, mediador. || m. y f. Alcahuete.

terceto. m. Trío.

terciar. intr. Interponerse, mediar, intervenir. || prnl. Venir bien, ser oportuno.

terco, ca. adj. Porfiado, cabezudo, testarudo, tozudo, tenaz, obstinado, pertinaz, temoso, irreducible, contumaz (a.: *transigente*). || Voluntarioso, constante, tesonero (a.: *abúlico*).

tergiversar. tr. Desfigurar, trabucar, falsear, deformar (a.: *interpretar, explicar*).

terliz. m. Cotí, cutí, cotín.

termal. adj. Caliente. *Aguas termales.*

termas. f. pl. Caldas, baños, balneario.

terminación. f. Conclusión, fin, término, final, cabo, extremo (a.: *comienzo, iniciación*). || Desenlace, remate, extinción.

terminal. adj. y f. Final, último (a.: *inicial*).

terminante. adj. Categórico, concluyente, decisivo, preciso, definitivo, claro, rotundo, perentorio (a.: *ambiguo, indeciso*).

terminar. tr. e intr. Acabar, concluir (a.: *empezar, iniciar*). || Rematar. || Finalizar, cesar, caducar. || Ultimar. || Finiquitar, liquidar (a.: *inaugurar*).

término. m. Fin, terminación, extremo, final, conclusión, extinción. || Mojón, meta, hito. || Límite, confín, linde, raya, demarcación, frontera. || Circunscripción. || Plazo. || Palabra, voz, vocablo, expresión.

termorregulador. m. Termostato.

terne. adj. Valentón. || Perseverante, terco, obstinado. || Fuerte, robusto, sano.

ternero. m. Becerro, novillo.

terneza. f. Ternura. || Requiebro, piropo, flor.

ternilla. f. Cartílago.

ternilloso, sa. adj. Cartilaginoso.

terno. m. Juramento, maldición, reniego, palabrota, taco. || Traje.

ternura. f. Terneza, dulzura, bondad, cariño, delicadeza, afecto (a.: *desafecto, dureza, hosquedad*). || Piropo, requiebro (a.: *grosería*).

terquedad. f. Testarudez, tozudez, obstinación, pertinancia, porfía, contumacia (a.: *arrepentimiento, comprensión, condescendencia*).

terrado. m. Azotea, terraza.

terráqueo, a. adj. y s. Terrestre.

terrateniente. com. Hacendado, latifundista. || Granjero.

terraza. f. Azotea, terrado (a.: *subsuelo, sótano*).

terremoto. m. Sismo, temblor, temblor de tierra, sacudimiento, seísmo, sacudida, remezón.

terreno, na. adj. Terrenal, terrestre (a.: *celestial*). || m. Suelo, tierra, solar. || Ámbito, dominio, campo.

térreo, a. adj. Terroso.

terrestre. adj. Terreno. || Telúrico. || Terrenal.

terrible. adj. Espantoso, horrible, aterrador, terrífico, terrorífico. || Intratable, violento, áspero (a.: *suave*). || Tremendo, atroz, desmesurado.

terrífico, ca. adj. Terrorífico.

territorio. m. Región, comarca. || Jurisdicción, término.

terror. m. Espanto, pánico, miedo, horror, pavor.

terrorífico, ca. adj. Terrífico, pavoroso, aterrador, terrible, espantoso, apocalíptico, horrible, horripilante.

terroso, sa. adj. Térreo.

tersar. tr. Abrillantar. || Bruñir, pulir, limpiar.

terso, sa. adj. Limpio, resplandeciente,

bruñido, pulido, liso, pulimentado. || Puro, fluido.

tersura. f. Limpidez, lisura, resplandor (a.: *aspereza*). || Fluidez (a.: *dureza*).

tertulia. f. Reunión.

tesar. tr. Atirantar (a.: *aflojar*).

tesis. f. Memoria, disertación, exposición. || Proposición, postulado (a.: *hipótesis*).

tesitura. f. Humor, temple, actitud, disposición.

teso, sa. adj. Tenso, tirante, estirado, tieso.

tesón. m. Perseverancia, constancia, inflexibilidad, empeño, voluntad, firmeza (a.: *renuncia*).

tesonero, ra. adj. Perseverante, tenaz, constante, firme (a.: *inconstante*).

tesoro. m. Erario, fisco. || Dineral, platal.

testa. f. Cabeza. || Inteligencia, entendimiento, sensatez, capacidad. || Anverso, frente.

testamentario, ria. m. y f. Albacea, cabezalero. || adj. Sucesorio.

testar. tr. Tachar.

testarazo. m. Cabezazo. || Golpe, porrazo.

testarudez. f. Terquedad, obstinación, tozudez, porfía, pertinacia (a.: *condescendencia*).

testarudo, da. adj. y s. Obstinado, terco, temoso, tozudo, porfiado, pertinaz, cabezón.

testera. f. o **testero.** m. Frente, fachada.

testificar. tr. Testimoniar, atestiguar, deponer, explicar. || Afirmar, aseverar, asegurar, certificar.

testimoniar. tr. Testificar, atestiguar (a.: *impugnar*). || Asegurar, aseverar, certificar.

testimonio. m. Atestación, declaración, aseveración, deposición, certificación (a.: *refutación*).

testuz. amb. Frente. || Nuca.

teta. f. Mama, ubre, pezón. || Pecho, seno.

tetilla. f. Tetina, pezón.

tetrágono. m. Cuadrilátero.

tetrasílabo, ba. adj. Cuatrisílabo.

tétrico, ca. adj. Sombrío, fúnebre, melancólico, triste (a.: *optimista, alegre*).

texto. m. Cita, pasaje, escrito.

textual. adj. Literal, exacto, idéntico (**a.:** *apócrifo, inexacto*).

textura. f. Contextura, disposición, estructura, tejedura.

tez. f. Piel, cutis, cara, rostro.

tialismo o **ptialismo.** m. Sialismo, salivación.

tiberio. m. Escándalo, jaleo, algarabía, alboroto, confusión.

tibio, bia. adj. Templado. || Flojo, descuidado, negligente (**a.:** *acérrimo*). || Indiferente. || Cálido, suave.

tiempo. m. Duración. || Época. || Estación, temporada, período. || Edad. || Ocasión, oportunidad, espacio, coyuntura, lugar, sazón, momento. || Temporal, tempestad. || Clima, cariz, temperatura.

tienda. f. Toldo, carpa. || Almacén, comercio, despacho, negocio.

tiento. m. Tacto. || Contrapeso. || Pulso, seguridad. || Tentáculo. || Miramiento, consideración, cordura, prudencia, cautela, atención, cuidado, circunspección.

tierno, na. adj. Blando, dócil, flexible (**a.:** *duro*). || Joven, moderno, reciente, fresco (**a.:** *viejo*). || Delicado, amable, afectuoso, cariñoso, dulce (**a.:** *insensible*).

tierra. f. Mundo, globo terráqueo, orbe. || Región, país, territorio, comarca. || Patria, terruño, nación. || Terreno, campo, suelo, superficie, piso. || Mantillo.

tieso, sa. adj. Erguido, firme. || Rígido, yerto (**a.:** *vivo*). || Tenso, tirante, duro, estirado, teso (**a.:** *maleable*). || Ufano. || Orgulloso, engreído, vanidoso. || Obstinado, tozudo, terco, tenaz. || Valiente, animoso, esforzado, decidido. || Grave, mesurado, circunspecto.

tiesto. m. Maceta, macetón.

tiesura. f. Rigidez, inflexibilidad, tensión, dureza (**a.:** *blandura*). || Gravedad, empaque, afectación, envaramiento (**a.:** *naturalidad, sencillez*).

tifón. m. Manga, tromba, huracán (**a.:** *brisa, céfiro*).

tildar. tr. Tachar. || Señalar, censurar, denigrar, motejar (**a.:** *encomiar*).

tilde. m. y f. Acento. || Tacha, nota, mancha, censura (**a.:** *elogio*).

tilín. m. Campanilleo.

timar. tr. Estafar, hurtar. || Engañar.

timba. f. Garito.

timbal. m. Atabal, tímpano, tamboril.

timbalero. m. Atabalero, tamborilero.

timbrar. tr. Sellar, estampillar.

timbre. m. Sello, estampilla. || Marca, señal. || Ejecutoria, blasón. || Llamador.

timidez. f. Cortedad, apocamiento, vergüenza, encogimiento, irresolución, pusilanimidad, embarazo (**a.:** *audacia, resolución*).

tímido, da. adj. Corto, apocado, vergonzoso, cohibido, encogido, timorato, irresoluto, temeroso, pusilánime, indeciso (**a.:** *audaz, decidido*).

timo. m. Estafa, fraude, engaño, dolo, hurto.

timón. m. Pértigo, lanza. || Gobernalle. || Dirección, gobierno, mando. || Telera.

timorato, ta. adj. Tímido.

tímpano. m. Témpano. || Timbal, atabal, tamboril.

tina. f. Tinaja, pila.

tinaja. f. Tina, vasija.

tinglado. m. Cobertizo. || Tablado. || Intriga, maquinación, enredo.

tiniebla. f. Oscuridad, sombra, opacidad (**a.:** *luz, claridad*). || pl. Ignorancia, confusión, oscurantismo.

tino. m. Ojo, puntería, pulso. || Acierto, tacto, destreza, tiento. || Moderación, prudencia, cordura, juicio.

tintar. tr. Teñir.

tintas. f. pl. Matices, tonos.

tinte. m. Teñido, tintura. || Color, colorante. || Tintorería. || Matiz.

tinterillo. m. Oficinista, chupatintas, empleado.

tintura. f. Tinte, teñido, color. || Colorante. || Afeite, cosmético.

tiña. f. Miseria, roña (**a.:** *limpieza*). || Tacañería, avaricia, mezquindad.

tiovivo. m. Caballitos, carrusel, calesita.

tipiador, ra. m. y f. Mecanógrafo, dactilógrafo.

típico, ca. adj. Peculiar, característico (**a.:** *general*).

tipo. m. Arquetipo, espécimen, prototipo. ‖ Modelo, ejemplo, patrón. ‖ Figura, apariencia, talle. ‖ Clase, modalidad. ‖ Individuo, sujeto. ‖ Letra, carácter.

tique. m. Vale, bono, cédula, recibo. ‖ Billete, boleto.

tira. f. Cinta, banda, faja, lista, lonja.

tirabuzón. m. Sacacorchos, descorchador. ‖ Bucle, rizo.

tiracol. m. Tahalí.

tirada. f. Serie. ‖ Edición, impresión. ‖ Tiraje. ‖ **tirada aparte.** Separata, sobretiro.

tirado, da. adj. Caído (**a.:** *erguido*). ‖ Barato (**a.:** *caro*). ‖ Pobre (**a.:** *rico, acaudalado*).

tiraje. m. Tirada.

tiranía. f. Dictadura, autocracia (**a.:** *democracia*). ‖ Despotismo, opresión, abuso, arbitrariedad, absolutismo (**a.:** *liberalismo*).

tiránico, ca. adj. Despótico, dictatorial, abusivo, arbitrario, opresivo (**a.:** *democrático, justo*).

tiranizar. tr. Oprimir, sojuzgar, subyugar, esclavizar, avasallar (**a.:** *libertar*).

tirano, na. m. y f. Dictador, autócrata. ‖ Déspota, opresor.

tirante. adj. Estirado, tenso, tieso (**a.:** *flojo, laxo, relajado*).

tirantez. f. Tensión (**a.:** *distensión*).

tirar. tr. Lanzar, arrojar, echar, despedir (**a.:** *recoger*). ‖ Derribar, volcar, echar abajo, destruir (**a.:** *construir*). ‖ Malgastar, derrochar, despilfarrar, desperdiciar, disipar, malbaratar, dilapidar (**a.:** *ahorrar*). ‖ Trazar, marcar. ‖ Imprimir, estampar. ‖ Pegar, dar. ‖ tr. e intr. Disparar. ‖ intr. Estirar. ‖ Durar, mantenerse. ‖ Atraer, gustar. ‖ Imitar, parecerse. ‖ Tender, inclinarse, propender. ‖ prnl. Arrojarse, acometer, abalanzarse (**a.:** *retroceder*). ‖ Tumbarse, echarse (**a.:** *levantarse*).

tiritar. intr. Temblar.

tiro. m. Disparo. ‖ Estampido, detonación, estallido. ‖ Alcance. ‖ Tramo. ‖ Anchura,

holgura, longitud. ‖ Indirecta, insinuación.

tirria. f. Inquina, ojeriza, tema, antipatía, manía, aversión, odio (**a.:** *simpatía, afecto*).

tísico, ca. adj. y s. Tuberculoso, hético.

tisis. f. Tuberculosis.

titán. m. Gigante, coloso, cíclope (**a.:** *pigmeo*).

titánico, ca. adj. Gigantesco, colosal, ciclópeo, desmesurado, enorme (**a.:** *débil, mínimo, escaso*).

títere. m. Polichinela, fantoche, muñeco, marioneta. ‖ Mequetrefe.

titilar. intr. Centellear, carillear, refulgir.

titiritero, ra. m. y f. Titerista, titerero. ‖ Volatinero, acróbata.

titubear. intr. Vacilar, tambalearse, oscilar. ‖ Balbucear, balbucir. ‖ Dudar, fluctuar (**a.:** *creer, decidir*).

titubeo. m. Vacilación, duda, indecisión (**a.:** *resolución*).

titular. m. Efectivo (**a.:** *suplente*). ‖ tr. Rotular, intitular. ‖ Nombrar, denominar. ‖ prnl. Llamarse.

título. m. Nombre, denominación, designación. ‖ Rótulo, rúbrica, epígrafe, letrero. ‖ Nombramiento ‖ Razón, causa, motivo. ‖ pl. Valores.

tiza. f. Clarión, yeso.

tizne. m. Hollín, suciedad.

tizón. m. Deshonra, baldón, mancha, oprobio.

tizona. f. Espada.

toar. tr. Atoar, remolcar.

toba. f. Sarro. ‖ Tufo, tosca.

tobillo. m. Maléolo.

tocable. adj. Tangible, palpable.

tocado. m. Peinado.

tocado, da. adj. Perturbado, chiflado.

tocar. tr. Tentar, palpar. ‖ Rozar, tropezar. ‖ Ejecutar, interpretar. ‖ Tañer. ‖ intr. Corresponder, pertenecer. ‖ Importar, atañer, concernir. ‖ Lindar, rayar, limitar.

tocayo, ya. m. y f. Homónimo.

tochedad. f. Tosquedad, rudeza. ‖ Tontería, necedad.

tocho, cha. adj. Tosco, inculto. ‖ Tonto, necio, bobo.

tocología. f. Obstetricia.

tocólogo, ga. m. y f. Partero, obstétrico, comadrón.

tocón. m. Muñón.

todavía. adj. Aún, no obstante.

todo, da. adj. Cualquiera. ‖ pl. Cada. ‖ adv. Completamente, enteramente (a.: *nada, parte*). ‖ **con todo.** loc. coord. Sin embargo, no obstante.

todopoderoso, sa. adj. Omnipotente. ‖ m. Dios.

toldo. m. Tendal, entoldado. ‖ Carpa. ‖ Envanecimiento, engreimiento, vanidad.

tole. m. o **tole tole.** loc. m. Jaleo. ‖ Rumor, murmuración, runrún.

tolerable. adj. Soportable, pasable, llevadero, sufrible, aguantable (a.: *intolerable, inaguantable*). ‖ Admisible, permisible.

tolerancia. f. Condescendencia, indulgencia, paciencia, aguante (a.: *intolerancia, intransigencia, fanatismo, tozudez*). ‖ Diferencia, margen.

tolerante. adj. Indulgente, condescendiente, paciente. ‖ Considerado.

tolerar. tr. Consentir, permitir, condescender (a.: *prohibir*). ‖ Soportar, aguantar, resistir, sufrir (a.: *rebelarse*).

tolondro, dra o **tolondrón, na.** adj. Aturdido, desatinado. ‖ m. Chichón.

toma. f. Conquista, ocupación (a.: *entrega*). ‖ Derivación, abertura. ‖ Dosis. ‖ Asunción (a.: *renuncia*).

tomar. tr. Asir, apresar, coger, arrebatar, agarrar (a.: *dejar, soltar*). ‖ Conquistar, apresar, ocupar, requisar, apoderarse, robar, adueñarse (a.: *liberar*). ‖ Cobrar. ‖ Adoptar, contratar, adquirir, emplear (a.: *vender, echar*). ‖ Emprender. ‖ Aceptar, asumir, admitir. ‖ intr. Prender, arraigar. ‖ Recibir. ‖ Dirigirse, tirar, encaminarse. ‖ tr. y prnl. Ingerir, comer, beber. ‖ prnl. Oxidarse, enmohecerse, aherrumbrarse.

tómbola. f. Quermese, rifa, sorteo.

tomo. m. Volumen. ‖ Libro, ejemplar.

tonada. f. Tono, tonalidad. ‖ Canción. ‖ Dejo, deje, acento.

tonalidad. f. Tono, tonada. ‖ Gama, matiz.

tonel. m. Barril, cuba, pipa, barrica.

tonelaje. m. Arqueo.

tonga o **tongada.** f. Fila. ‖ Capa.

tónico, ca. adj. Acentuado. ‖ m. Reconstituyente, vigorizante.

tonificar. tr. Fortificar, reconfortar, reanimar, reconstituir, entonar, vigorizar.

tonillo. m. Sonsonete. ‖ Dejo.

tonina. f. Atún.

tono. m. Carácter, vigor, energía. ‖ Matiz, inflexión, tonada. ‖ Tonalidad, modo. ‖ Tensión, firmeza.

tonsila. f. Amígdala.

tonsurado. m. Clérigo, eclesiástico.

tontada, tontedad o **tontera.** f. Tontería.

tontería. f. Nadería. ‖ Necedad, simpleza, bobada, tontera (a.: *agudeza*). ‖ Insignificancia, bagatela. ‖ Melindre, remilgo.

tonto, ta. adj. y s. Necio, simple, majadero, bobo, mentecato, zopenco (a.: *listo, despierto*).

topar. tr. Chocar, tropezar. ‖ tr., intr. y prnl. Encontrar, hallarse (a.: *desencontrarse*).

tope. m. Parachoque. ‖ Riña, reyerta. ‖ Obstáculo, impedimento, estorbo, encuentro, tropiezo. ‖ Ápice, punta (a.: *basa, pie*).

topetada. f. Topetazo, encontronazo.

tópico. m. Lugar común, trivialidad. ‖ Asunto. ‖ adj. Vulgar, trivial.

toque. m. Pincelada, retoque. ‖ Busilis, quid. ‖ Tañido. ‖ Prueba, ensayo. ‖ Indicación, advertencia.

toquetear. tr. Manosear.

tórax. m. Busto, pecho.

torbellino. m. Remolino, vórtice. ‖ Atropellado, irreflexivo (a.: *prudente, cauteloso*).

torcedura. f. Torcimiento, torsión. ‖ Desviación, distorsión, distensión, luxación.

torcer. tr. y prnl. Retorcer. ‖ Tergiversar (a.: *aclarar*). ‖ Doblar, encorvar, inclinar (a.: *estirar, enderezar*). ‖ Desviar. ‖ prnl. Frustrarse. ‖ Avinagrarse, agriarse, picarse.

torcido, da. adj. Retorcido. ‖ Inclinado, combado. ‖ f. Pabilo, mecha.

torcijón. m. Retorcimiento. ‖ Retortijón.

torear. tr. Lidiar, capear. ‖ Burlarse, molestar.

toreo. m. Tauromaquia.

torero, ra. m. y f. Diestro, toreador, lidiador.

tormenta. f. Borrasca, tempestad, temporal (**a.:** *calma*). ‖ Adversidad (**a.:** *bienandanza*).

tormento. m. Tortura, suplicio, martirio (**a.:** *alivio*). ‖ Angustia, cuita, aflicción, congoja, pena, dolor (**a.:** *consuelo*).

tormentoso, sa. adj. Proceloso, tempestuoso, borrascoso (**a.:** *bonancible*).

tornadizo, za. adj. Inconstante, mudable, voluble, variable, versátil, veleidoso, tornátil (**a.:** *constante, firme, tenaz*).

tornado. m. Huracán.

tornapunta. f. Puntal.

tornar. intr. Volver, regresar, retornar (**a.:** *marcharse, irse*). ‖ tr. Devolver, restituir (**a.:** *quitar*).

tornasol. m. Girasol, mirasol.

tornasolado, da. adj. Irisado, cambiante. *Reflejos tornasolados.*

torneo. m. Justa, certamen, liza, combate, desafío, lid, lucha.

tornero, ra. m. y f. Torneador.

toro. m. Bocel. ‖ Astado.

toronja. f. Pomelo.

torozón. m. Torcijón. ‖ Desazón, inquietud.

torpe. adj. Lento, tardo, pesado (**a.:** *ágil*). ‖ Inhábil, desmañado (**a.:** *hábil, diestro*). ‖ Rudo, zopenco, obtuso, cerrado (**a.:** *astuto*). ‖ Canallesco, vil, infame, indecoroso, deshonroso. ‖ Obsceno, lascivo, impúdico, deshonesto (**a.:** *casto*).

torpedo. m. Tremielga, trimielga.

torpeza. f. Lentitud. ‖ Rudeza, inhabilidad, tosquedad (**a.:** *aptitud*). ‖ Vileza, infamia. ‖ Obscenidad, lascivia.

torrar. tr. Tostar.

torrefacción. f. Tostación.

torrente. m. Multitud, muchedumbre.

torrentera. f. Barranco, quebrada.

tórrido, da. adj. Caluroso, abrasador (**a.:** *gélido, helado*). ‖ Tropical.

torsión. f. Torcedura, torcimiento (**a.:** *enderezamiento*).

torso. m. Tronco.

torta. f. Bofetada, sopapo, tortazo, cachete (**a.:** *caricia*). ‖ Tarta, pastel.

tortuga. f. Galápago.

tortuoso, sa. adj. Sinuoso, laberíntico, torcido, quebrado (**a.:** *derecho, recto*). ‖ Solapado, artero, taimado, astuto, cauteloso (**a.:** *sincero*).

tortura. f. Tormento, suplicio, martirio. ‖ Angustia, sufrimiento, congoja, dolor, pena, aflicción, pesadumbre.

torturar. tr. Martirizar, atormentar (**a.:** *acariciar*). ‖ Angustiar, acongojar, apenar (**a.:** *consolar*).

torvo, va. adj. Fiero, hosco, airado, terrible.

tosco, ca. adj. Basto, rudo, grosero, zafio, inculto, burdo, ordinario (**a.:** *fino, delicado*). ‖ Áspero (**a.:** *pulido*).

tósigo. m. Veneno, ponzoña. ‖ Congoja, angustia.

tosquedad. f. Rudeza, incultura, rusticidad (**a.:** *cultura, educación*).

tostación. f. Torrefacción, tostadura, tostado.

tostar. tr. Torrar. ‖ Asolear, curtir, atezar. ‖ Quemar, calcinar.

total. adj. General, completo, íntegro, universal (**a.:** *parcial, incompleto*). ‖ m. Conjunto, suma, totalidad (**a.:** *parte*).

totalidad. f. Total, conjunto, todo (**a.:** *componente, nada*).

totalizar. tr. Sumar, importar.

totalmente. adv. Completamente, íntegramente, enteramente (**a.:** *parcialmente*).

tóxico, ca. adj. Venenoso, ponzoñoso (**a.:** *inocuo*). ‖ m. Veneno.

tozudo, da. adj. Obstinado, terco, testarudo, porfiado, contumaz (**a.:** *transigente*).

traba. f. Atadura, maniota, manea, ligadura. ‖ Obstáculo, impedimento, inconveniente, estorbo, dificultad, óbice (**a.:** *libertad*).

trabacuenta. m. Yerro, error, equivocación. || Divergencia, controversia, disputa, polémica, discusión.

trabajado, da. adj. Asendereado, rendido, molido, cansado (a.: *descansado, fresco*).

trabajador, ra. adj. Laborioso, aplicado (a.: *haragán*). || m. y f. Obrero, operario, asalariado, jornalero, bracero.

trabajar. intr. Rendir. || Influir, laborar, obrar (a.: *holgar*). || tr. Gestionar. || Hacer, producir.

trabajo. m. Labor, ocupación, tarea, faena (a.: *descanso, ocio*). || Obra, labor, producción. || Esfuerzo, molestia, fatiga (a.: *diversión*). || pl. Penalidades. || Dificultades, apuros.

trabajoso, sa. adj. Difícil, dificultoso, penoso, ímprobo, duro, espinoso (a.: *sencillo, fácil*).

trabar. tr. Unir, enlazar, juntar, coordinar (a.: *separar, soltar*). || Prendar, agarrar, asir (a.: *soltar*). || Entablar, comenzar, dar principio. || Triscar. || prnl. Pelear, contender. || Enredarse. || Balbucir, tartamudear. || Encajarse (a.: *desencajar*).

trabazón. f. Cohesión, conexión, juntura, unión, enlace, sujeción, relación. || Coherencia. || Consistencia.

trabe. m. Viga, madero.

trabucar. tr. Desordenar, revolver, descomponer. || Confundir, trastocar, enredar.

tracción. f. Arrastre, remolque.

tradición. f. Leyenda. || Costumbre, uso (a.: *novedad*).

tradicional. adj. Acostumbrado, usual. || Legendario.

traducción. f. Versión, traslación. || Interpretación.

traducir. tr. Verter, trasladar. descifrar. || Interpretar, aclarar. || Expresar, representar. || Glosar, parafrasear. || Trocar, convertir.

traductor, ra. m. y f. Intérprete.

traer. tr. Acercar, atraer (a.: *llevar*). || Causar, acarrear, ocasionar. || Tener. || Vestir. || Tratar. || Persuadir.

tráfago. m. Ajetreo, tráfico, trajín.

traficante. adj. y s. Negociante, mercader, comerciante.

traficar. intr. Negociar, comerciar, mercadear. || Cambiar, comprar, vender.

tráfico. m. Circulación, tránsito. || Negocio, comercio.

tragaderas. f. pl. Fauces, faringe. || Credulidad (a.: *escepticismo*).

tragaldabas. m. o f. Comilón, tragón (a.: *sobrio*). || Crédulo, cándido.

tragaluz. m. Claraboya, lumbrera, ventanuco.

tragantón, na. adj. y s. Comilón, tragón.

tragar. tr. Devorar, ingerir, engullir, zampar (a.: *vomitar*). || Absorber. || Soportar, tolerar, aguantar (a.: *rechazar*). || Consumir, gastar.

tragedia. f. Catástrofe, desdicha, desgracia, fatalidad, infortunio (a.: *felicidad*). || Drama (a.: *comedia*).

trágico, ca. adj. Desgraciado, infausto, funesto, horrible, siniestro, lastimoso, dramático, aciago, conmovedor, ominoso, desastroso, nefasto.

tragicómico, ca. adj. Jocoserio.

trago. m. Sorbo, bebida. || Disgusto, pena. || Adversidad, infortunio, calamidad, desgracia.

tragón, na. adj. y s. Comilón, glotón, tragantón, tragaldabas.

traición. f. Deslealtad, infidelidad, alevosía, perfidia, felonía (a.: *fidelidad, lealtad*). || Deserción, defección.

traicionar. tr. Delatar, fallar, vender, engañar (a.: *ayudar*). || Desertar, apostatar, defeccionar, abandonar.

traicionero, ra. adj. Traidor.

traído, da. adj. Usado, gastado.

traidor, ra. adj. y s. Desleal, pérfido, perjuro, alevoso, desertor, traicionero, renegado, felón, tránsfuga (a.: *leal, fiel*). || Falso, resabiado, taimado.

traílla. f. Jauría.

traje. m. Vestimenta, ropa, vestido. || Terno. || Ambo.

trajín. m. Ajetreo, tráfago, tránsito, acarreo (a.: *pasividad*).

trajinar. intr. Ajetrearse, trasladar, trasportar (a.: *detenerse, descansar*).

tralla. f. Látigo, fusta. ‖ Cuerda, soga.

trama. f. Intriga, enredo, tramoya, confabulación, maquinación, conjuración, conspiración. ‖ Trabazón, contextura. ‖ Argumento, asunto, intriga.

tramar. tr. Maquinar, forjar, urdir, planear, fraguar. ‖ Conspirar, complotar.

tramitación. f. Gestión, diligencia, trámite (a.: *traba, impedimento*).

tramitar. tr. Gestionar, cursar, diligenciar, negociar (a.: *entorpecer*).

trámite. m. Formalidad, diligencia, tramitación.

tramo. m. Ramal, trecho, parte.

tramoya. f. Intriga, enredo, trama, trampa, engaño, farsa.

trampa. f. Armadijo, celada, insidia. ‖ Ardid, lazo, timo, engaño, estratagema, tramoya.

tramposo, sa. adj. y s. Fullero, sablista, estafador.

tranca. f. Garrote, estaca, palo. ‖ Borrachera.

trance. m. Momento. ‖ Lance, aprieto, brete, compromiso, paso. ‖ **a todo trance.** loc. adv. Resueltamente.

tranco. m. Paso, zancada. ‖ Umbral.

tranquilidad. f. Calma, sosiego, reposo, placidez, quietud, silencio, paz, serenidad (a.: *intranquilidad, inquietud*).

tranquilizante. adj. Tranquilizador. ‖ m. Sedante, calmante.

tranquilizar. tr. y prnl. Calmar, sosegar, sedar, apaciguar, aquietar, serenar, pacificar (a.: *inquietar, turbar*).

tranquilo, la. adj. Quieto, sereno, manso, pacífico, sosegado, reposado, encalmado (a.: *agitado*). ‖ Calmoso, flemático, cachazudo, imperturbable, despreocupado (a.: *perturbador*).

transacción. f. Transigencia, pacto, acomodo, arreglo, concesión, avenencia (a.: *controversia*). ‖ Negocio, trato, convenio, ajuste.

transar. intr. Ceder, transigir, convenir, condescender, ajustar.

transeúnte. m. y f. Viandante, peatón, caminante. ‖ adj. Transitorio.

transformismo. m. Evolucionismo.

transformista. adj. y s. Evolucionista. ‖ Ilusionista.

tránsfuga. m. Desertor, fugitivo.

transición. f. Cambio, mudanza, paso, mutación (a.: *inmutabilidad*).

transido, da. adj. Acongojado, angustiado. ‖ Aterido. ‖ Consumido, fatigado.

transigencia. f. Tolerancia, condescendencia, consentimiento.

transigir. intr. Ceder, acceder, allanarse, contemporizar. ‖ Consentir, condescender (a.: *negarse*).

transitable. adj. Libre, practicable. ‖ Frecuentado.

transitar. intr. Circular, pasar, andar, caminar, marchar, deambular, viajar. *Transitar por la calle.*

tránsito. m. Circulación, tráfico. ‖ Paso. ‖ Muerte, fallecimiento.

transitorio, ria. adj. Temporal, provisional, pasajero, accidental (a.: *permanente*). ‖ Caduco, perecedero (a.: *imperecedero, eterno*). ‖ Fugaz, momentáneo.

transparente o **trasparente.** adj. Traslúcido (a.: *opaco*). ‖ Claro, cristalino, límpido, diáfano.

trapacería. f. Embuste, trampa, enredo (a.: *sinceridad, verdad*).

trapatiesta. f. Alboroto, riña, jaleo.

trapería. f. Ropavejería, prendería.

trapisonda. f. Jaleo, riña. ‖ Embuste, enredo, embrollo, lío, intriga.

trapisondista. m. y f. Enredador, intrigante, embrollón.

trapo. m. Paño, género, tela, bayeta.

trapos. m. pl. Velamen. ‖ Vestidos, ropa.

tráquea. f. Traquearteria.

traqueteo. m. Movimiento, agitación (a.: *quietud*).

traquido. m. Chasquido.

trás. prep. Después de. ‖ Detrás de. ‖ Además de. ‖ Encima de.

trascendencia o **transcendencia.** f. Difusión. ‖ Perspicacia, penetración (a.: *ingenuidad*). ‖ Consecuencia.

trascendentalismo. m. Apriorismo.

trascender o **transcender.** intr. Difundirse. || intr. y tr. Extenderse, comunicarse. || tr. Penetrar, comprender (a.: *ignorar*).

trascordarse. prnl. Confundir, olvidar.

trascribir o transcribir. tr. Trasliterar. || Copiar (a.: *borrar*).

trascripción o transcripción. f. Copia, traslado.

trascurrir o transcurrir. intr. Pasar, deslizarse, correr (a.: *detenerse*).

trascurso o transcurso. m. Paso, decurso, curso. || Lapso.

trasegar. tr. Trasvasar. || Revolver, desordenar, trastornar. || Beber.

trasera. f. Zaga.

trasero. m. Asentaderas, nalga, culo. || adj. Posterior (a.: *delantero*).

trasferir o transferir. tr. Trasladar. || Diferir, retrasar, retardar. || Trasmitir, pasar, trasportar, traspasar. || Ceder, renunciar.

trasfigurar o transfigurar. tr. y prnl. Trasformar, cambiar, mudar, metamorfosear.

trasfixión o transfixión. f. Trasverberación.

trasformación o transformación. f. Cambio, mudanza, metamorfosis (a.: *inmutabilidad*). || Trasmutación.

trasformar o transformar. tr. y prnl. Cambiar, mudar, metamorfosear, trasfigurar (a.: *persistir*). || Convertir.

trasgo. m. Duende, fantasma.

trasgredir o transgredir. tr. Infringir, quebrantar, violar, vulnerar (a.: *acatar, respetar, someterse*).

trasgresión. f. Infracción, violación.

traslación. f. Traslado (a.: *permanencia*). || Metáfora. || Enálage. || Traducción.

trasladar. tr. Llevar, transportar, trasponer (a.: *dejar*). || Mudar, cambiar. || Diferir, aplazar. || Traducir, verter. || Copiar. || prnl. Dirigirse, encaminarse (a.: *quedarse*). || Viajar, acudir.

traslado. m. Traslación. || Copia.

trasliterar o transliterar. tr. Trascribir.

traslúcido, da. adj. Diáfano, trasparente (a.: *opaco*).

traslucir o translucir. tr. y prnl. Trasparentar, revelar, descubrir.

trasmarino, na o transmarino, na. adj. Ultramarino.

trasmigración o transmigración. f. Migración. || Metempsicosis.

trasmisión o transmisión. f. Emisión, difusión. || Trasferencia, traspaso, cesión. || Entrega, envío.

trasmitir o transmitir. tr. Comunicar, enviar, informar (a.: *retener*). || Contagiar. || Trasferir. || Traspasar. || Emitir, difundir.

trasmodulación o transmodulación. f. Diafonía.

trasmundo. m. Ultratumba.

trasmutación o transmutación. f. Trasformación, conversión, mudanza. || Trasformación.

trasmutar o transmutar. tr. y prnl. Trasformar, trocar, convertir, mudar, cambiar.

trasnochado, da. adj. Anticuado, anacrónico. || Demacrado, desmejorado, macilente. || Inoportuno.

trasnochar. intr. Pernoctar.

trasnominación. f. Metonimia.

trasoñar. tr. Imaginar, fantasear.

trasparencia o transparencia. f. Diafanidad, traslucidez, claridad (a.: *opacidad*).

trasparentar o transparentar. tr. y prnl. Revelar, descubrir. || prnl. Traslucirse, percibirse.

traspasar. tr. Atravesar, cruzar, trasponer (a.: *permanecer*). || Infringir, trasgredir, quebrantar, violar. || Ceder, trasmitir, trasferir.

traspaso. m. Cesión, trasferencia (a.: *conservación*). || Aflicción, angustia.

traspié. m. Resbalón, tropezón, tropiezo. || Zancadilla. || Equivocación, desacierto.

traspiración o transpiración. f. Sudor.

traspirar o transpirar. intr. y tr. Sudar. || Rezumar.

trasplantar. tr. Replantar, trasponer. || prnl. Mudarse, trasladarse.

trasponer o transponer. tr. Atravesar, cruzar. || Desaparecer, ocultarse. || prnl. Adormilarse.

trasportar o **transportar.** tr. Trasladar, llevar, conducir. ‖ Portear, acarrear. ‖ Exportar, importar. ‖ prnl. Enajenarse, embelesarse, extasiarse, arrobarse.

trasporte o **transporte.** m. Traslado. ‖ Acarreo, porte. ‖ Enajenación, éxtasis.

trasposición. f. o **transposición.** f. Hipérbaton. ‖ Metátesis.

traspunte. com. Apuntador.

trasquilar. tr. Esquilar.

trastabillar o **trastrabillar.** intr. Tropezar. ‖ Vacilar, tambalearse, titubear. ‖ Tartamudear, tartajear.

trastada. f. Fechoría, bribonada, picardía, tunantada (**a.:** *favor*).

trastazo. m. Golpazo, costalada, porrazo, batacazo.

traste. m. Nalgas, trasero, asentaderas.

trastienda. f. Rebotica. ‖ Cautela, reserva. ‖ Tapujo.

trasto. m. Mueble, cachivache. ‖ Utensilio, herramienta, instrumento. ‖ Bastidor. ‖ pl. Chirimbolos, bártulos, enseres, útiles.

trastornado, da. adj. Ido, chiflado, perturbado (**a.:** *cuerdo*).

trastornar. tr. Trastrocar, revolver, enredar, desordenar. ‖ Turbar, disgustar, conturbar. ‖ tr. y prnl. Perturbar, inquietar (**a.:** *serenar*).

trastrabillar. intr. Trastabillar.

trastrocar o **trastocar.** tr. Confundir, trabucar. ‖ Trocar, mudar, trasformar, cambiar.

trasuntar. tr. Copiar, trascribir. ‖ Compendiar.

trasunto. m. Imagen. ‖ Copia, traslado, imitación, remedo (**a.:** *original*). ‖ Facsímil, calco. ‖ Resumen, síntesis, compendio, extracto.

trasvasar o **transvasar.** tr. Trasegar.

trasverberación o **transverberación.** f. Trasfixión.

trasversal o **transversal.** adj. Lateral, colateral.

tratable. adj. Accesible, afable, cortés, amable, sociable (**a.:** *intratable, huraño, insociable, esquivo*).

tratado. m. Convenio, pacto. ‖ Ajuste,

trato, contrato. ‖ Arreglo, alianza, negociación. ‖ Texto, libro, obra.

tratamiento. m. Procedimiento, sistema, método. ‖ Título. ‖ Trato.

tratante. m. o f. Negociante, comerciante, traficante.

tratar. tr. o intr. Manejar, disponer, usar. ‖ Discurrir, disputar. ‖ Cuidar, asistir, atender. ‖ intr. Negociar, traficar, comerciar. ‖ Versar. ‖ Intentar, procurar, ensayar, pretender (**a.:** *olvidar*). ‖ tr., intr. y prnl. Relacionarse, comunicarse, visitarse, codearse, frecuentar (**a.:** *enemistarse*).

trato. m. Tratamiento. ‖ Acuerdo, convenio, negocio, contrato, pacto, ajuste, tratado. ‖ Roce, amistad, relación, frecuentación (**a.:** *enemistad*).

traumatismo. m. Golpe, lesión.

través. m. Inclinación, desviación, sesgo. ‖ Revés, desgracia, fatalidad. ‖ **de través.** loc. adv. Trasversalmente. ‖ Oblicuamente.

travesear. intr. Retozar, juguetear.

travesía. f. Viaje. ‖ Calle.

travesura. f. Diablura, enredo, picardía, desenfado (**a.:** *formalidad*). ‖ Agudeza, sutileza, ingenio, sagacidad.

travieso, sa. adj. Bullicioso, revoltoso, retozón. ‖ Malicioso. ‖ Agudo, ingenioso. ‖ f. Durmiente, viga.

trayecto. m. Trecho, recorrido, tramo. ‖ Ruta.

traza. f. Trazado, plano, diseño. ‖ Aspecto, apariencia, figura. ‖ Maña, habilidad, recurso.

trazado, da. adj. Conformado. ‖ m. Traza, diseño.

trazador. m. Radioindicador.

trazar. tr. Dibujar, delinear, diseñar. ‖ Idear, proyectar, planear. ‖ Discurrir, disponer.

trazo. m. Línea, raya.

trebejo. m. Utensilio. ‖ pl. Enseres, trastos.

trecho. m. Espacio, distancia. ‖ Recorrido, tramo, trayecto.

trefilado. m. Estirado.

tregua. f. Descanso, pausa, interrupción, suspensión (**a.:** *actividad, lucha*).

tremebundo, da. adj. Horrible, tremendo, espantoso, pavoroso.

tremedal. m. Tembladal, tembladero, cenagal.

tremendo, da. adj. Terrible, espantoso, horrendo, horrible. || Formidable, enorme, colosal, fenomenal (**a.:** *exiguo, pequeño*).

tremolar. intr. Ondear, flamear.

tremolina. f. Alboroto, bulla, trifulca, gresca, confusión, escándalo, batahola, trapatiesta.

trémulo, la. adj. Tembloroso, tembleque, tremulento.

tren. m. Ferrocarril, convoy. || Ostentación, pompa, boato (**a.:** *sencillez*).

trencilla. f. Ribete, galoncillo.

trenzar. tr. Entrenzar, entrelazar, entretejer. || prnl. Enzarzarse.

trepanar. tr. Horadar, taladrar, perforar (**a.:** *obturar*).

trepar. intr. Encaramarse, ascender, subir, escalar, repechar, gatear (**a.:** *bajar*). || tr. Trepanar.

trepidación. f. Vibración. || Temblor, conmoción. || Estremecimiento.

trepidar. intr. Temblar, estremecerse, retemblar, vibrar. || Dudar.

tresdoblar. tr. Triplicar.

treta. f. Dolo, artimaña, artificio, astucia, añagaza, trampa. || Engaño, estratagema.

triar. tr. Elegir, escoger, entresacar, reservar, separar, seleccionar.

tribu. f. Clan.

tribulación. f. Pena, aflicción, amargura, congoja, angustia, tormento, dolor (**a.:** *alegría*). || Adversidad, desgracia, infortunio, desventura (**a.:** *felicidad*).

tribuna. f. Plataforma, estrado. || Cátedra.

tributar. tr. Dedicar, ofrecer, rendir. || Contribuir.

tributario, ria. adj. Vasallo, súbdito, feudatario, dependiente. || Rentero. || Afluente, confluente.

tributo. m. Contribución, impuesto, gabela, carga, gravamen, alcabala, diezmo. || Obsequio, homenaje, pleitesía.

tridente. m. Arpón.

trifulca. f. Alboroto, pelea, tremolina, riña, disputa, bronca, trapatiesta, zipizape, cisco, pelotera.

trigésimo, ma. adj. Trecésimo, tricésimo. || Treintavo.

trillado, da. adj. Abaleado, emparvado. || Manoseado, manido. || Conocido, vulgar, sabido, común (**a.:** *raro, ignorado*).

trinar. intr. Gorjear, cantar. || Rabiar, irritarse, airarse, enfadarse, bufar, patalear.

trinca. f. Ligadura, atadura.

trincar. tr. Quebrantar, quebrar, partir, desmenuzar. || Sujetar, amarrar, encordelar, atar. || Beber, libar, escanciar. || intr. Pairar.

trinchar. tr. Trozar, partir, cortar, dividir. || Disponer, decidir, resolver.

trinchete. m. Chaira.

trino. m. Gorjeo, gorgorito.

trío. m. Terceto.

tripa. f. Intestino. || Vientre, abdomen, barriga, panza, andorga. || Baúl.

tripe. m. Felpa.

triplicar. tr. Tresdoblar.

tripón, na. m. y f. Barrigón, panzón, barrigudo (**a.:** *flaco*).

tripulación. f. Dotación, marinería, gente.

triquiñuela. f. Ardid, argucia, treta, truco. || Subterfugio, chicana, evasiva, rodeo, efugio, artería.

tris. m. Instante, segundo, soplo.

triscar. intr. Retozar, juguetear, brincar, travesear. || Patalear, patear. || tr. Trabar.

triste. adj. Afligido, apenado, abatido, apesadumbrado, melancólico, atribulado, lloroso (**a.:** *alegre, alborozado, contento*). || Funesto, aciago, infortunado, infausto, enojoso, desgraciado (**a.:** *afortunado, feliz*). || Doloroso, mísero, lamentable, deplorable. || Insignificante, insuficiente, ineficaz (**a.:** *valioso*). || Oscuro, sombrío.

tristeza. f. Pena, congoja, pesadumbre, sentimiento, sinsabor, aflicción, melancolía, murria, dolor, desconsuelo, tribulación (**a.:** *alegría, felicidad*).

trituración. f. Molturación, molienda.

triturar. tr. Aplastar, picar, pulverizar, machacar, moler, desmenuzar, quebrantar. || Mascar, masticar. || Maltratar, censurar, criticar.

triunfador, ra. adj. y s. Vencedor, victorioso, invicto, ganador.

triunfal. adj. Victorioso.

triunfante. adj. Triunfador, victorioso, vencedor, ganancioso.

triunfar. intr. Vencer, ganar (**a.:** *fracasar, perder*). || Derrotar, batir, superar.

triunfo. m. Victoria (**a.:** *derrota, revés*). || Éxito (**a.:** *fracaso*). || Lauro, palma, corona, trofeo.

trivial. adj. Elemental, sabido, corriente, común, vulgar. || Frívolo, superficial, ligero, baladí, insignificante, insustancial (**a.:** *trascendente, importante*).

triza. f. Pedazo, fragmento, partícula. || pl. Añicos.

trocamiento. m. Trueque, cambio.

trocar. tr. Canjear, cambiar, permutar. || Vomitar, arrojar, devolver. || Equivocar, trabucar, tergiversar, confundir.

trocha. f. Sendero, vereda, senda, atajo.

trofeo. m. Panoplia. || Triunfo, victoria.

troglodita. adj. Cavernícola.

troj o troje. m. Granero, hórreo, silo.

trola. f. Mentira, patraña, engaño, bola, embuste, cuento.

trolero, ra. adj. y s. Mentiroso, embustero, macaneador.

tromba. f. Manga, tifón, tornado, ciclón, huracán. *Tromba marina*.

trompada. f. Puñetazo, puñete, puñada. || Trompazo, trompis, soplamocos. || Encontrón, encontronazo, choque.

trompazo. m. Trompada. || Porrazo, batacazo, costalada.

trompo. m. Peón, trompa, peonza, perinola.

tronado, da. adj. Estropeado, deteriorado, maltrecho (**a.:** *elegante*). || Empobrecido, fundido, arruinado, pobre (**a.:** *rico, opulento*).

tronar. intr. Arruinarse, quebrar. || Maldecir, jurar. || Despotricar, impugnar, atacar, reñir.

tronco. m. Madero, leño. || Torso. || Insensible.

tronchar. tr. Romper, trozar, partir (**a.:** *arreglar*). || Truncar.

tronera. f. Cañonera, aspillera. || m. y f. Juerguista, parrandero, calavera, perdulario.

tronido. m. Trueno, estruendo. || Boato, tronío, ostentación. || Ruina, bancarrota, quiebra.

trono. m. Solio, sitial. || Monarquía.

tronzar. tr. Romper, partir, quebrantar, despedazar, trozar (**a.:** *reparar*). || Rendir, cansar (**a.:** *descansar*).

tropa. f. Milicia. || Manada, muchedumbre, caterva.

tropel. m. Remolino, agitación. || Prisa, movimiento, tumulto.

tropelía. f. Atropellamiento, atropello, abuso, violencia, ilegalidad, arbitrariedad, exceso, vejación (**a.:** *justicia, legalidad*).

tropezar. intr. y prnl. Topar, chocar, encontrarse. || Advertir, notar. || Equivocarse, errar, trabucarse.

tropezón. m. Choque, encontrón, tropiezo. || Desacierto, equivocación, traspié, desliz. || Impedimento, dificultad, obstáculo.

tropical. adj. Tórrido, ardiente, cálido (**a.:** *frío*). || Ampuloso, exagerado.

trópico, ca. adj. Figurado, traslaticio.

tropiezo. m. Choque, tropezón. || Falta, equivocación, traspié, desacierto, error. || Desliz, falta, yerro (**a.:** *acierto, cumplimiento*). || Obstáculo, inconveniente, dificultad, contratiempo, impedimento.

tropilla. f. Caballada, manada.

tropológico, ca. adj. Traslaticio, trópico.

troquel. m. Cuño, cuadrado, molde.

troquelar. tr. Acuñar.

trotaconventos. f. Celestina, alcahueta, tercera.

trotar. intr. Correr, ajetrearse, cabalgar (**a.:** *detenerse*).

trotón. m. Caballo, flete, corcel, pingo.

trova. f. Poesía, canción.

trovador, ra. m. y f. Poeta o poetisa, felibre, bardo, juglar, trovero.

trozar. tr. Romper, tronchar, tronzar, partir, despedazar.

trozo. m. Pedazo, rebanada, fragmento, partícula, porción, tajada, parte, fracción, cacho (a.: *todo*).

truco. m. Ardid, artimaña, trampa, treta, embeleco, engaño (a.: *verdad, candidez*).

truculento, ta. adj. Atroz, crudo, tremendo, sádico, tremebundo, cruel (a.: *suave, bueno*).

trueno. m. Estruendo, ruido, estampido, tronido (a.: *silencio*).

trueque. m. Cambio, trocamiento, canje, trueco, permuta.

truhán, na. adj. y s. Granuja, pícaro, sinvergüenza, tunante, malicioso, astuto, pillo, bribón, tramposo, estafador. || Bufón.

trujamán. m. Intérprete, truchimán, dragomán.

truncar. tr. Frustrar. || Amputar, mutilar, cortar. || Omitir, callar, saltar. || Interrumpir, quebrar.

trunco, ca. adj. Truncado, cercenado, interrumpido, mutilado, incompleto (a.: *terminado, completo*).

tuberculosis. f. Tisis.

tuberculoso, sa. adj. y s. Tísico.

tubería. f. Cañería.

tubo. m. Caño, cánula, conducto, cañón, canuto.

tuerca. f. Matriz.

tuerto. m. Entuerto, ofensa, insulto, agravio, atropello. || Gacho, torcido.

tuétano. m. Médula, caracú, meollo.

tufo. m. Vaho. || Hedor, olor (a.: *aroma*). || Orgullo, humos, presunción, petulancia, vanidad, soberbia, altivez, altanería (a.: *modestia, humildad*).

tugurio. m. Choza, cabaña, chamizo (a.: *mansión, palacio*). || Cuchitril, tabuco, desván, zaquizamí, chiribitil, cuartucho, cueva.

tulipa. f. Pantalla.

tullido, da. adj. y s. Impedido, lisiado, baldado, inválido, paralítico.

tullir. tr. y prnl. Entullecer, imposibilitar, paralizar.

tumba. f. Sepulcro, nicho, sepultura, panteón, mausoleo. || Tumbo, sacudida. || Voltereta, pirueta.

tumbar. tr. Derribar, abatir, tirar (a.: *construir, levantar, alzar*). || prnl. Echarse, tenderse, acostarse (a.: *yacer, incorporarse*).

tumbo. m. Sacudida, vuelco, caída. || Bandazo, barquinazo.

tumbón, na. adj. y s. Holgazán, poltrón, perezoso, haragán, gandul, vago, indolente (a.: *laborioso, trabajador*).

tumefacción. f. Tumescencia, hinchazón, intumescencia.

tumefacto, ta. adj. Hinchado, edematoso, tumescente (a.: *deshinchado*).

tumor. f. Abultamiento, bulto, tuberiosidad, quiste, excrecencia, dureza, absceso, lipoma.

túmulo. m. Catafalco, mausoleo.

tumulto. m. Motín, revuelta, asonada. || Confusión, batahola, alboroto, agitación (a.: *calma, orden*).

tumultuoso, sa. adj. Turbulento, agitado, ruidoso, alborotado, desordenado, revuelto, tumultuario (a.: *calmo, tranquilo*).

tuna. f. Nopal, chumbera. || Estudiantina.

tunal. f. Nopal, chumbera. || Nopaleda, nopalera.

tunantada. f. Bribonada, picardía, truhanería, trastada, pillada.

tunante, ta. adj. y s. Granuja, tuno, pillo, pícaro, taimado, bribón, astuto, truhán (a.: *honrado, serio, decente*).

tunda. f. Paliza, vapuleo, azotaina, zurra, felpa, somanta, soba (a.: *caricia*).

tundir. tr. Desmotar. || Zurrar, golpear, castigar.

túnel. m. Galería, mina.

tungsteno. m. Volframio.

tunicado, da. adj. Urocordado.

tuno, na. adj. y s. Tunante, astuto, bribón, taimado, pillo, pícaro.

tupé. m. Copete, flequillo. || Atrevimiento, desvergüenza, frescura, descaro, desfachatez, descoco (a.: *educación, vergüenza*).

tupido, da. adj. Espeso, apretado, denso

(**a.:** *ralo*). ‖ Compacto. ‖ Obtuso. (**a.:** *lúcido*).

tupir. tr. y prnl. Espesar, atiborrar, compactar (**a.:** *aflojar*). ‖ Ocluir (**a.:** *destapar*). ‖ prnl. Hartarse (**a.:** *ayunar*).

turba. f. Multitud, muchedumbre, gentío, turbamulta, populacho, horda, plebe, tropel (**a.:** *persona, individuo*). ‖ Carbón.

turbación. f. Alteración, trastorno, perturbación, conturbación, desarreglo, desconcierto (**a.:** *apatía*). ‖ Confusión, desorden (**a.:** *serenidad*).

turbar. tr. y prnl. Alterar, trastornar, desordenar, desarreglar (**a.:** *serenar, calmar*). ‖ Desconcertar, confundir, perturbar, avergonzar, aturdir. ‖ prnl. Cortarse, demudarse, embarazarse, inmutarse, embarullarse (**a.:** *sosegarse*).

túrbido, da. adj. Turbio.

turbio, bia. adj. Turbulento, túrbido. ‖ Confuso, borroso, sospechoso, revuelto, azaroso, difícil, oscuro, embrollado, dudoso (**a.:** *claro, nítido*).

turbión. m. Aguacero, chaparrón, chubasco.

turbopropulsor. m. Turbohélice.

turbulencia. f. Turbiedad. ‖ Disturbio, alteración, agitación, perturbación, desorden, alboroto, revuelta (**a.:** *calma, tranquilidad*).

turbulento, ta. adj. Turbio, túrbido. ‖ Agitado, tumultuoso, confuso, revuelto, alborotado (**a.:** *pacífico*). ‖ Inquieto, tumultuoso, alborotador, revoltoso (**a.:** *pasivo, sumiso*).

turco, ca. adj. y s. Otomano, osmanlí, turquesco.

turgente. adj. Abultado, erecto, hinchado, combado, elevado, prominente, túrgido (**a.:** *deshinchado*).

turíbulo. m. Incensario.

turiferario. m. Turibulario. ‖ Adulador.

turista. com. Paseante, excursionista. *En París abundan los turistas.*

turnar. intr. y prnl. Relevarse, alternar.

turno. m. Vez, tanda. ‖ Sucesión. ‖ Alternativa, orden.

turulato, ta. adj. Pasmado, atónito, estupefacto, alelado, lelo. ‖ Sobrecogido.

tusar. tr. Esquilar, trasquilar, pelar.

tutela. f. Defensa, protección, dirección, amparo, custodia (**a.:** *abandono*). ‖ Tutoría, curatela.

tutelar. tr. Proteger, defender, preservar, resguardar. ‖ adj. Protector, defensor, curador (**a.:** *enemigo*).

tutor, ra. m. y f. Protector, defensor, amparador. ‖ Guardador, administrador. ‖ Curador. ‖ m. Rodrigón, sostén.

tutoría. f. Tutela.

U

ubérrimo, ma. adj. Fecundo, fértil, feraz (**a.:** *infecundo, estéril*). ‖ Abundante, pletórico.

ubicación. f. Situación, posición. ‖ Emplazamiento, colocación.

ubicar. tr. Situar, instalar, colocar. ‖ Hallarse, encontrarse, estar.

ubicuidad o **ubiquidad.** f. Omnipresencia. *Don de ubicuidad.*

ubicuo, cua. adj. Omnipresente.

ubre. f. Mama, teta.

ufanarse. prnl. Jactarse, preciarse, engreírse, pavonearse, gloriarse, envanecerse, vanagloriarse (**a.:** *avergonzarse, humillarse*).

ufano, na. adj. Engreído, fatuo, jactancioso, petulante, presuntuoso, hinchado, presumido, vano, pedante, envanecido (**a.:** *modesto*). ‖ Arrogante, altanero, soberbio, orgulloso (**a.:** *humilde*). ‖ Contento, satisfecho, complacido, orondo, campante, alegre (**a.:** *triste*). ‖ Lozano, fresco.

ujier. m. Portero.

úlcera. f. Llaga, afta, lesión, escara.

ulcerar. tr. y prnl. Llagar, desgarrar, escarar.

ulterior. adj. Posterior, siguiente, subsiguiente, subsecuente, consecutivo (**a.:** *anterior, previo*). ‖ Allende (**a.:** *aquende*).

ulteriormente. adv. Posteriormente, después, luego.

últimamente. adv. Finalmente, por último, en conclusión, en suma. ‖ Recientemente. ‖ Resueltamente.

ultimar. tr. Terminar, concluir, finiquitar, acabar, finalizar, cumplir (**a.:** *iniciar*). ‖ Matar, liquidar, rematar (**a.:** *resucitar*).

ultimátum. m. Exigencia, intimación.

último, ma. adj. Postremo, postrero, postrimero (**a.:** *primero*). ‖ Culminante, supremo, álgido. ‖ Definitivo. ‖ Final, ulterior. ‖ **por último.** loc. adv. Finalmente, después de todo, al cabo, en suma (**a.:** *ante todo, en primer lugar*).

ultra. adv. Además de, más allá de.

ultrajar. tr. Ajar, estropear. ‖ Afrentar, vejar, agraviar, ofender, deshonrar, insultar, injuriar (**a.:** *honrar, desagraviar*). ‖ Despreciar, desdeñar, menospreciar (**a.:** *admirar*). ‖ Humillar, degradar, rebajar.

ultraje. m. Afrenta, baldón, agravio, ofensa, desprecio, insulto, injuria. ‖ Desprecio, mancilla.

ultramarino, na. adj. Transmarino.

ultramontano, na. adj. y s. Reaccionario, retrógrado.

ultranza (a). loc. adv. Resueltamente, decisivamente.

ultratumba. f. Trasmundo.

úlula. f. Autillo.

ulular. intr. Aullar, dar alaridos, clamar, gritar.

umbelífero, ra. adj. Aparasolado.

umbral. m. Entrada (a.: *dintel*). || Comienzo, principio, origen (a.: *término, fin*).

umbrátil. adj. Umbroso, umbrío, sombreado.

umbrío, a. adj. Sombrío, umbroso, umbrátil, oscuro. || f. Follaje, sombra (a.: *claridad, luminosidad*).

unánime. adj. Acorde, concorde, conforme (a.: *disconforme*). || General, total (a.: *parcial*).

unanimidad. f. Totalidad, conformidad (a.: *discrepancia, disconformidad*).

unción. f. Devoción, fervor, recogimiento (a.: *frialdad*). || Extremaunción.

uncir. tr. Enyugar, acoyuntar.

undécimo, ma. adj. Onzavo. || Onceno.

ungir. tr. Untar, embadurnar. || Conferir, investir, proclamar.

ungüento. m. Untura, unto, linimento, pomada.

únicamente. adv. Solamente, sólo, exclusivamente, precisamente.

único, ca. adj. Solo. || Excelente, extraordinario, singular, raro, excepcional, impar (a.: *común, vulgar*).

unicolor. adj. Monocromo (a.: *multicolor, policromo*).

unicornio. m. Monoceronte, rinoceronte.

unidad. f. Singularidad (a.: *pluralidad*). || Conformidad, acuerdo, unión, concordancia (a.: *desunión*). || Cifra, cantidad.

unificar. tr. Aunar, unir, adunar, agrupar, juntar (a.: *dividir, separar*). || Uniformar, igualar.

uniformar. tr. Unificar, igualar, nivelar, equilibrar (a.: *diversificar*).

uniforme. adj. Igual, monótono (a.: *desigual, diferente*). || Homogéneo (a.:

heterogéneo). || Acorde, concorde, exacto, parejo, regular. || Periódico, isócrono, rítmico.

uniformidad. f. Igualdad, monotonía. || Homogeneidad. || Regularidad. || Isocronía.

unión. f. Unidad, acuerdo, concordia, avenencia, conformidad (a.: *desunión, divergencia, desavenencia*). || Alianza, liga, compañía, coalición, federación, confederación (a.: *disidencia, independencia*). || Conexión, relación, vínculo, lazo, encadenamiento (a.: *alejamiento*). || Casamiento, enlace, boda, matrimonio, nupcias, himeneo (a.: *divorcio*). || Liga, mezcla, combinación, fusión, adherencia (a.: *separación*). || Ayuntamiento, cópula.

unir. tr. Juntar, anexar, enlazar, incorporar, trabar, atar (a.: *separar*). || Agregar, asociar, añadir. || Acoplar, soldar, ajustar, ensamblar (a.: *desunir*). || Ligar, relacionar. || tr. y prnl. Fundir, fusionar. || Mezclar, combinar. || Aliar, confederar, federar. || Casar, contraer enlace (a.: *divorciarse*).

unirrefringente. adj. Monorrefringente.

unísono, na. adj. Acorde, conteste, unánime.

univalente. adj. Monovalente.

universal. adj. Mundial, ecuménico. || General, total, común (a.: *parcial, limitado*). || Cosmopolita.

universalidad. f. Generalidad, mayoría.

universo. m. Mundo, cosmos, orbe.

unos, as. adj. Algunos, varios (a.: *muchos*).

untamiento. m. Untadura, untura.

untar. tr. Ungir, embadurnar, manchar. || Sobornar, cohechar, comprar, corromper. || prnl. Pringarse, engrasarse.

unto. m. Grasitud, grasa, gordura. || Dádiva, propina, coima, cohecho.

untuoso, sa. adj. Graso, craso, pingüe, mantecoso, grasiento, pegajoso.

untura. f. Untadura, unción, untamiento. || Ungüento, unto. || Embadurnamiento.

uña. f. Casco, pezuña.

uñazo. m. Arañazo, rasguño, uñada.

uranografía. f. Cosmografía.

uranolito. m. Aerolito, meteorito.

urbanidad. f. Cortesía, comedimiento, finura, atención, educación, amabilidad, cortesanía, afabilidad (a.: *grosería, descortesía*). || Distinción, civilidad, corrección.

urbano, na. adj. Cortés, educado, civil, atento, amable, tratable, cortesano. || Ciudadano, pueblero (a.: *rural*).

urbe. f. Ciudad (a.: *campo*). || Metrópoli, capital (a.: *aldea*).

urdidor. m. o **urdidera.** f. Devanadera.

urdir. tr. Maquinar, conspirar, tramar, fraguar.

urente. adj. Abrasador, quemante, escocedor, ardiente (a.: *templado, fresco*).

urético, ca. adj. Uretral.

urgencia. f. Premura, necesidad, precisión, prisa, apuro, perentoriedad (a.: *dilación, tardanza, lentitud*). || Necesidad, falta, apremio, aprieto.

urgente. adj. Apremiante, necesario, perentorio, imperioso (a.: *aplazable*).

urgir. intr. Apremiar, instar, acuciar, apurar (a.: *retrasar*).

urinario. m. Mingitorio, común, retrete, letrina, servicio, meadero.

urna. f. Arca, caja, vaso, arquita.

urocordado, da. adj. Tunicado.

usado, da. adj. Gastado, ajado, desgastado, viejo, deslucido (a.: *nuevo*). || Práctico, experimentado, ducho, habituado, ejercitado (a.: *inexperto*).

usanza. f. Costumbre, uso, hábito. || Práctica, ejercicio. || Moda.

usar. tr. Utilizar, manejar, emplear, gastar, disfrutar (a.: *desaprovechar*). || intr. Acostumbrar, soler, estilar. || Valerse, servirse. || prnl. Llevarse.

uso. m. Empleo, disfrute, utilización, manejo, destino (a.: *abuso*). || Aplicación, servicio. || Costumbre, moda, usanza, hábito, práctica, estilo (a.: *desuso*). || Usufructo. || Usucapión.

ustión. f. Combustión, ignición.

usual. adj. Acostumbrado, habitual, cómodo, corriente, común, frecuente (a.: *inusual, desusado*).

usufructo. m. Goce, disfrute, aprovechamiento, uso, utilización, provecho, utilidad.

usufructuar. tr. Disfrutar, gozar (a.: *desperdiciar*).

usura. f. Logro, logrería, interés, mohatra, explotación, ganancia (a.: *desinterés, pérdida*).

usurero, ra. adj. y s. Logrero, explotador, prestamista (a.: *altruista, generoso*).

usurpar. tr. Apoderarse, arrogarse, adueñarse, apropiarse. || Detentar. || Invadir. || Quitar, despojar, arrebatar, birlar, expoliar (a.: *dar, restituir*).

utensilio. m. Instrumento, herramienta, artefacto, útil. || pl. Útiles, enseres.

útero. m. Matriz, seno.

útil. adj. Provechoso, beneficioso, lucrativo, fructífero, fructuoso, productivo, conveniente (a.: *inútil, superfluo, innecesario*). || Servible, aprovechable, utilizable, apto, disponible (a.: *inutilizable, inservible*). || Utilidad. || m. Utensilio. || m. pl. Avíos, pertrechos, trastos.

utilidad. f. Provecho, beneficio, rendimiento, producto, fruto, ganancia, lucro (a.: *pérdida*). || Conveniencia (a.: *desventaja*).

utilitario, ria. adj. Interesado, egoísta, aprovechador (a.: *altruista*).

utilizable. adj. Útil, servible, aprovechable, disponible, apto.

utilizar. tr. Emplear, usar, valerse, servirse, aprovechar (a.: *desechar, desaprovechar, abandonar*).

utillaje. m. Herramientas, útiles, aparejos, artefactos, instrumental, maquinaria, equipamiento.

utopía. f. Ilusión, quimera (a.: *realidad*).

utópico, ca. adj. Ilusorio, quimérico, fantástico.

úvula. f. Campanilla, galillo.

vacación. f. Asueto, recreo, holganza, ocio, inacción, descanso (a.: *trabajo*).

vacante. adj. Libre, disponible, desocupado (a.: *contratado*). || Vacío (a.: *lleno, completo*).

vaciado. m. Excavación. || Moldeado.

vaciar. tr. Verter, desocupar (a.: *llenar*). || Moldear. || Ahuecar, cavar. || Aguzar, afilar. || intr. Desaguar, desembocar.

vaciedad. f. Vacuidad. || Necedad, sandez, simpleza, tontería.

vacilación. f. Oscilación, balanceo, vaivén, fluctuación (a.: *firmeza*). || Perplejidad, irresolución, indecisión, duda, incertidumbre, hesitación (a.: *certeza*).

vacilar. intr. Tambalearse, oscilar, balancearse, fluctuar (a.: *afirmarse*). || Dudar, hesitar, titubear (a.: *decidir, creer*). || Balbucir, balbucear.

vacío, a. adj. Desocupado, libre, vacuo (a.: *lleno, repleto*). || Frívolo, fatuo, vano, insustancial (a.: *modesto*). || Ocioso. || m. Hueco, oquedad, concavidad. || Ijada, ijar. || Falta, carencia, ausencia. *Vacío de poder.*

vacuidad. f. Vaciedad, necedad.

vacunar. tr. Inocular.

vacuno, na. adj. y s. Bovino.

vacuo, cua. adj. Vacante. || Vano, insustancial, necio (a.: *sagaz, inteligente*).

vademécum. m. Prontuario, memorando. || Cartapacio.

vado. m. Paso. || Expediente, solución, salida, remedio, recurso.

vagabundo, da. adj. y s. Callejero, errabundo (a.: *casero*). || Holgazán, ocioso, vago, trotamundos (a.: *trabajador*).

vagancia. f. Holgazanería, ociosidad, desocupación, vagabundeo, poltronería, haraganería.

vagar. intr. Errar, vaguear, ociar, pasear, holgazanear. || Divagar.

vagido. m. Gemido, lloro, llanto.

vago, ga. adj. y s. Vacío, desocupado. || Sutil, vaporoso. || Confuso, impreciso (a.: *claro, preciso*). || Haragán, holgazán, vagabundo, tumbón, perezoso. || adj. Indefinido, impreciso, confuso, indeterminado, inconcreto (a.: *definido, preciso, concreto*).

vaguear. intr. Vagar, errar, vagabundear. || Holgazanear, haraganear.

vaguedad. f. Imprecisión, indecisión, indeterminación, indistinción, ambigüedad (a.: *precisión, decisión, claridad*).

vahído. m. Desvanecimiento, desmayo, vértigo, síncope, mareo, colapso.

vaho. m. Aliento. || Exhalación, vapor, emanación, efluvio, hálito. || Tufo.

vaina. f. Funda, envoltura, estuche, cáscara, cubierta. || Contrariedad.

vaivén. m. Balanceo, oscilación, fluctuación, tumbo, vacilación. || Inestabilidad, mudanza (a.: *estabilidad, firmeza*).

vale. m. Boleta, tique, entrada, bono.

valedero, ra. adj. Válido, vigente, firme, obligatorio (a.: *ineficaz*).

valedor, ra. m. y f. Protector, padrino, tutor, bienhechor, patrocinador, favorecedor.

valentía. f. Valor, bravura, intrepidez, coraje, aliento, arrojo, esfuerzo, heroísmo, vigor, ánimo, denuedo, entereza, hombría, impavidez, temple (a.: *cobardía*). || Hazaña, heroicidad.

valentón, na. adj. y s. Bravucón, fanfarrón, matón, guapo, jaque, chulo, matasiete, terne, perdonavidas (a.: *modesto*).

valer. m. Mérito, valía. || intr. Amparar, proteger, auxiliar, patrocinar, apoyar, defender (a.: *abandonar, desamparar*). || Servir, aprovechar, ser útil. || intr. o tr. Costar, equivaler, importar, montar. || tr. Producir, rentar, redituar. || Importar, costar, equivaler. || Prevalecer. || prnl. Utilizar, servirse.

valeroso, sa. adj. Valiente, bravo, esforzado, agalludo, alentado, resuelto, esforzado, animoso, arrojado, temerario, denodado, gallardo (a.: *medroso, irresoluto, temeroso*).

valetudinario, ria. adj. y s. Enfermizo, achacoso, delicado, débil, canijo, enclenque (a.: *joven, sano, fuerte*).

valía. f. Estimación, valor, aprecio, utilidad. || Privanza, valimiento, favor.

validar. tr. Legalizar, homologar, ratificar. || Certificar, confirmar, aprobar.

validez. f. Autenticidad, vigencia, vigor, fuerza (a.: *ineficacia*).

valido. m. Privado, favorito.

válido, da. adj. Firme, vigente, valedero,

legal (a.: *nulo*). || Robusto, fuerte, sano (a.: *enclenque*).

valiente. adj. y s. Intrépido, bravo, valeroso, esforzado, animoso, agalludo, arrojado, resuelto, osado, denodado (a.: *pusilánime, cobarde*). || Valentón, bravucón. || Excesivo, extraordinario.

valija. f. Maleta, saca, maletín.

valimiento. m. Privanza, protección, influencia, ayuda, favor, amparo, apoyo.

valioso, sa. adj. Preciado, meritorio, estimado, apreciado, excelente (a.: *desdeñable*). || Poderoso, eficaz. || Rico, adinerado, acaudalado (a.: *pobre*).

valla. f. Cerca, barrera, cerco, cercado, empalizada, vallado, valladar, estacada (a.: *abertura*). || Obstáculo, impedimento, óbice, estorbo (a.: *facilidad*). || Arco, portería, meta.

valladar. m. Valla, cerca. || Obstáculo, impedimento.

vallado. m. Valla, cerca, cerco.

valle. m. Cuenca.

valor. m. Mérito, aprecio, estimación, valer, valía. || Precio. || Rédito, fruto, producto. || Efectividad, eficacia, poder, virtud. || Significación, alcance, peso, importancia. || Valentía, intrepidez, coraje, arrojo (a.: *cobardía*). || Osadía, insolencia, desvergüenza, atrevimiento, descaro, desfachatez (a.: *vergüenza*). || pl. Títulos, acciones.

valoración. f. Tasación, evaluación, evalúo, justiprecio, avalúo.

valorar. tr. Apreciar, estimar (a.: *desvalorizar, desmerecer*). || Tasar, valuar, justipreciar, valorizar (a.: *depreciar*). || Calibrar, aquilatar.

valorizar. tr. Evaluar, valorar.

valuación. f. Valoración, evaluación. || Justiprecio.

valuar. tr. Tasar, valorar, evaluar.

válvula. f. Lámpara. || Grifo, obturador.

vampiro. m. Murciélago. || Usurero, chantajista.

vanagloria. f. Engreimiento, arrogancia, jactancia, presunción, fatuidad, envanecimiento (a.: *modestia, humildad*).

vanagloriarse. prnl. Jactarse, engreírse,

gloriarse, presumir, preciarse, pavonearse, alabarse, envanecerse (**a.:** *humillarse, rebajarse*).

vanamente. adv. Inútilmente, en vano. || Infundadamente. || Estérilmente (**a.:** *provechosamente*).

vandálico, ca. adj. Brutal, salvaje, destructivo, devastador, asolador.

vándalo, la. m. y f. Bárbaro, salvaje, desalmado, forajido.

vanidad. f. Presunción, ínfulas, vanagloria, pedantería, fatuidad, envanecimiento, orgullo, soberbia (**a.:** *humildad, sencillez*). || Fausto, ostentación, pompa. || Ilusión, ficción, fantasía.

vanidoso, sa. adj. y s. Vano, hueco, envanecido, hinchado, engreído, fatuo, presuntuoso, presumido, alabancioso.

vano, na. adj. Insustancial, aparente, ilusorio, irreal (**a.:** *real*). || Ineficaz, inútil, infructuoso (**a.:** *útil, fructuoso*). || Frívolo, ligero, superficial. || Vanidoso, engreído. || m. Hueco, huero, vacío. || **en vano.** loc. adv. Sin necesidad, sin razón. || Inútilmente.

vapor. m. Vaho, hálito, aliento. || Desmayo, vértigo. || Buque, navío, barco, nave.

vaporizar. tr. y prnl. Evaporar.

vaporoso, sa. adj. Tenue, ligero, etéreo, sutil, delgado.

vapulear. tr. Azotar, zurrar, apalear, golpear (**a.:** *acariciar, halagar*).

vapuleo o vápulo. m. Paliza, tunda, azotaina, zurra, somanta.

vaquero, ra. m. y f. Pastor.

vara. f. Palo. || Bastón de mando. || Escapo. || Pica, puya, pértiga, garrocha.

varar. tr. Botar. || intr. Encallar. || Detenerse, pararse.

variabilidad. f. Inestabilidad, mudanza (**a.:** *estabilidad*).

variable. adj. Inestable, tornadizo, mudable, inconstante, voluble, versátil, veleidoso (**a.:** *invariable, estable, inalterable*). || Movible, alterable, cambiante, oscilante, fluctuante.

variación. f. Alteración, cambio, modifi-

cación, mudanza, mutación, transformación (**a.:** *monotonía*). || Variedad. || Renovación.

variar. intr. Cambiar, alterarse. || Diferir. || tr. Alterar, modificar, cambiar, diversificar, mudar, trasformar, diferenciar, trastrocar.

variedad. f. Multiplicidad, complejidad, pluralidad. || Diversidad, diferencia (**a.:** *semejanza*). || Mudanza, alteración, variación, cambio, modificación, transformación, renovación (**a.:** *estabilidad, permanencia*).

vario, ria. adj. Diferente, distinto, diverso (**a.:** *igual, indistinto*). || Inconstante, mudable, tornadizo, inestable, instable, variable, cambiante (**a.:** *constante*). || Indiferente, indeterminado. || pl. Algunos, múltiples, unos cuantos (**a.:** *muchos*).

variopinto, ta. adj. Multiforme, mezclado, abigarrado, diverso.

varón. m. Hombre, macho. || Caballero, señor.

varona. f. Mujer.

varonil. adj. Viril, masculino (**a.:** *femenino*). || Esforzado, valeroso, firme, resuelto, animoso, enérgico, fuerte (**a.:** *débil, medroso*).

vasallaje. m. Dependencia, sujeción (**a.:** *emancipación*).

vasallo, lla. m. y f. Feudatario, tributario, súbdito (**a.:** *señor*).

vasar. m. Vasera, anaquelería, estantería, anaquel, estante, repisa.

vasco, ca. adj. y s. Éuscaro. || m. Vascuence.

vascuence. adj. y s. Vasco, vascongado, éuscaro, eusquero.

vaso. m. Vasija. || Casco. || Bacín, orinal. || Pote, recipiente, receptáculo. || Cáliz. || Cubilete.

vástago. m. Retoño, renuevo, talluelo, hijuelo, esqueje. || Hijo, descendiente.

vastedad. f. Anchura, inmensidad, grandeza (**a.:** *escasez, pequeñez*).

vasto, ta. adj. Dilatado, ancho, espacioso, extenso, extendido, amplio, anchuroso, inmenso (**a.:** *angosto, pequeño*).

vate. m. Adivino. || Poeta, bardo, trovador, juglar, rapsoda, aedo.

vaticinar. tr. Predecir, pronosticar, profetizar, presagiar, adivinar, augurar, anunciar.

vaticinio. m. Predicción, augurio, pronóstico, adivinación, profecía, agüero.

vaya. f. Burla, broma, chasco.

vecindad. f. Proximidad, contigüidad (a.: *lejanía*). || Vecindario. || Alrededores, cercanías, inmediaciones, contorno.

vecindario. m. Población, vecindad, vecinos, habitantes, almas.

vecino, na. adj. y s. Morador, residente, habitante, convecino. || Cercano, adyacente, próximo, inmediato, lindante, contiguo (a.: *lejano*). || Semejante, análogo, parecido, coincidente.

vedar. tr. Prohibir, negar, impedir, privar (a.: *autorizar, permitir*). || Obstaculizar, acotar, estorbar (a.: *facilitar*).

vedija. f. Vellón, mechón, guedija.

vega. f. Huerta.

vegetal. m. Planta (a.: *animal, mineral*).

vehemencia. f. Impetuosidad, ímpetu, violencia, calor, ardor, fogosidad, fuego, pasión (a.: *flema, indiferencia*). || Viveza, eficacia, intensidad.

vehemente. adj. Ardoroso, impetuoso, efusivo, fogoso, violento, apasionado, ardiente (a.: *apático, frío, indiferente*). || Vivo, intenso, eficaz.

vejamen. m. Afrenta, burla (a.: *alabanza*).

vejar. tr. Maltratar, humillar, escarnecer, avasallar, zaherir, ofender, perseguir, mortificar (a.: *alabar, encomiar, honrar*).

vejestorio. m. Viejo, vejete, decrépito.

vejez. f. Ancianidad, senectud, vetustez, senilidad, decrepitud (a.: *juventud, mocedad*).

vejiga. f. Bolsa, ampolla.

vejiguilla. f. Vesícula, ampolla.

vela. f. Vigilia, vigilancia, trasnochada, velación, velada (a.: *modorra, sueño*). || Candela, cirio, bujía. || Velamen. || Toldo. || **a toda vela.** loc. adj. Rápidamente, con diligencia. || **en vela.** loc. adv. Sin dormir.

velaje o **velamen.** m. Trapo, aparejo.

velar. intr. Cuidar, guardar, vigilar (a.: *dormir, descuidar*). || Pernoctar, trasnochar (a.: *madrugar*). || tr. Asistir. || Ocultar, cubrir, atenuar, disimular, oscurecer, tapar, encubrir.

velatorio. m. Velorio.

veleidad. f. Inconstancia, ligereza, versatilidad, volubilidad. || Capricho, antojo.

veleidoso, sa. adj. Inconstante, antojadizo, mudable, tornadizo, veleta, inestable, versátil, variable, caprichoso, voluble (a.: *constante*).

vello. m. Pelo, pelusa, bozo, pelusilla, flojel.

vellocino. m. Vellón.

vellón. m. Vellocino, tusón. || Mechón, vedija, guedeja.

vellosidad. f. Pubescencia.

velloso, sa. adj. Pubescente, tormentoso. || Velludo.

velludo, da. adj. Peludo, lanudo, piloso, velloso. || m. Terciopelo, felpa.

velo. m. Cortina, manto. || Pretexto, excusa, ficción. || Oscuridad.

velocidad. f. Rapidez, celeridad, ligereza (a.: *lentitud*). || Presteza, prontitud, prisa, premura (a.: *pasividad*).

velorio. m. Velatorio.

veloz. adj. Rápido, acelerado, ligero, raudo. || Pronto, presto, presuroso.

vena. f. Humor, ánimo. || Disposición, facilidad. || Inspiración, estro, numen. || Filón, veta.

venable. adj. Venal.

venablo. m. Dardo, azagaya, jabalina, flecha, saeta.

venado. m. Ciervo.

venal. adj. Vendible, venable. || Sobornable (a.: *incorruptible*).

venático, ca. adj. y s. Maniático, loco.

vencedor, ra. adj. y s. Triunfador, triunfante, ganador, victorioso (a.: *perdedor*).

vencer. tr. Derrotar, rendir, cansar. || Dominar, someter, sujetar, refrenar, subyugar, reprimir. || Superar, salvar, allanar, zanjar, resolver. || Exceder, aventajar. ||

intr. Ganar, triunfar (a.: *perder, resistir*). || Cumplirse. || tr. y prnl. Ladear, torcer, inclinar.

vencimiento. m. Derrota. || Término, plazo.

vendaval. m. Ventarrón, huracán, ráfaga, ventolina (a.: *brisa*).

vender. tr. Expender, despachar (a.: *comprar, adquirir*). || Traspasar, enajenar, alienar. || Traicionar. || prnl. Descubrirse, delatarse.

veneno. m. Ponzoña, tósigo, tóxico, toxina (a.: *contraveneno, antídoto*).

venenoso, sa. adj. Tóxico, ponzoñoso, deletéreo. || Envenenado, malévolo, mordaz, sarcástico.

venera. f. Veneno.

venerable. adj. Respetable, honorable, venerando, reverenciable.

veneración. f. Devoción, respeto, reverencia, acatamiento, admiración, adoración (a.: *desdén, menosprecio*).

venerado, da. adj. Venerable. || Respetado, reverenciado, adorado.

venerando, da. adj. Venerable.

venerar. tr. Reverenciar, honrar, respetar, acatar (a.: *deshonrar, insultar*).

venéreo, a. adj. Sifilítico.

venero. m. Manantial, fuente, venera. || Yacimiento, criadero, mina. || Origen, principio (a.: *fin*).

venganza. f. Vindicta, represalia, satisfacción, revancha, desquite, reparación (a.: *clemencia, perdón*).

vengar. tr. y prnl. Vindicar, desquitarse, resarcir (a.: *perdonar*).

vengativo, va. adj. Rencoroso, vindicativo, vindicador (a.: *indulgente*).

venia. f. Consentimiento, autorización, permiso, licencia, anuencia, aprobación, beneplácito, aquiescencia (a.: *denegación*). || Saludo.

venial. adj. Leve (a.: *grave*).

venida. f. Llegada, arribo. || Regreso, retorno, vuelta (a.: *ida*).

venidero, ra. adj. Futuro (a.: *pasado, pretérito*). || m. pl. Sucesores.

venir. intr. Arribar, aparecer, llegar, regresar (a.: *irse, marcharse*). || Proceder, provenir, dimanar. || Presentarse, personarse, apersonarse. || Advenir, acaecer. || Inferirse, deducirse. || Seguir, suceder. || Acometer. || Sobrevenir, producirse.

venta. f. Despacho, expedición, salida (a.: *compra*). || Parador, hostería, mesón, posada. || Traspaso, enajenación. || **venta pública.** Subasta, almoneda.

ventaja. f. Superioridad, prioridad (a.: *desventaja, inferioridad*). || Ganancia, provecho (a.: *pérdida*). || Delantera.

ventajista. adj. y s. Ganguero, ventajero, aprovechado.

ventajoso, sa. adj. Conveniente, barato, beneficioso, provechoso, útil (a.: *desventajoso, caro, perjudicial*).

ventalla. f. Válvula. || Valva.

ventana. f. Abertura, ventanuco.

ventanillo. m. Mirilla.

ventear. tr. Ventilar, aventar, airear. || Ventosear, peer. || Olfatear, curiosear, indagar, husmear. || prnl. Agrietarse, rajarse, rasgarse.

ventero, ra. m. y f. Posadero, mesonero, huésped.

ventilación. f. Oreo, aireamiento.

ventilar. tr. Airear, orear. || Controvertir, aclarar, dilucidar (a.: *embrollar*).

ventisca. f. Nevisca, nevasca, ventisquero.

ventisquero. m. Nevero, helero, glaciar. || Ventisca.

ventolera. f. Capricho, berretín (a.: *reflexión*). || Torbellino.

ventrudo, da. adj. Obeso, barrigón, panzón (a.: *flacucho*).

ventura. f. Felicidad, dicha, fortuna (a.: *desventura, desgracia, infortunio*). || Suerte, casualidad, porra, azar, contingencia, acaso (a.: *revés*). || Riesgo, peligro. || Suceso, aventura, lance. || **por ventura.** loc. adv. Quizás, acaso.

venturoso, sa. adj. Afortunado, suertudo, feliz, dichoso, contento, satisfecho (a.: *desastroso, infortunado, infeliz*).

venustez o venustidad. f. Hermosura.

ver. tr. Percibir, advertir, darse cuenta, descubrir. || Entender, reconocer, comprender (a.: *ignorar*). || Visar, examinar, ensayar, probar. || Observar, considerar, investigar. || Sospechar, vislumbrar, temer. || prnl. Encontrarse, hallarse. || m. Apariencia, aspecto.

vera. f. Lado, orilla, borde (a.: *centro, medio*). || Cercanía, proximidad.

veracidad. f. Sinceridad, autenticidad, franqueza (a.: *hipocresía*).

veraniego, ga. adj. Estival, estivo (a.: *invernal, hibernal*). || Liviano, ligero, trasparente (a.: *grueso, pesado*).

verano. m. Estío, canícula (a.: *invierno*).

veraz. adj. Sincero, certero, franco (a.: *mentiroso*). || Verdadero, auténtico, verídico (a.: *falaz, falso*).

verba. f. Verbosidad.

verbal. adj. Oral, hablado (a.: *escrito*).

verbalmente. loc. adv. De palabra, hablando.

verbosidad. f. Locuacidad, verba, labia, pico, facundia, cháchara, verborrea, charlatanería (a.: *concisión, laconismo*).

verdad. f. Certeza, certidumbre, realidad. || Veracidad, autenticidad, sinceridad (a.: *mentira, falsedad*). || **de verdad.** loc. adv. De veras. || **faltar a la verdad.** Mentir.

verdadero, ra. adj. Cierto, indiscutible, probado, indudable, indubitable, certero (a.: *engañoso, falso, mítico*). || Real, efectivo, legítimo, positivo. || Veraz, sincero, verídico. || Ingenuo, sincero.

verde. adj. Inmaduro, precoz (a.: *maduro, hecho*). || Lozano, fresco. || Glauco, aceitunado. || Indecente, picante, obsceno. || m. Hierba.

verdear. intr. Reverdecer, verdecer.

verderón. m. Berberecho.

verdín. m. Cardenillo, verdete.

verdinoso, sa. adj. Mohoso.

verdor. m. Verdura, follaje. || Lozanía, energía, vigor, juventud, mocedad, fortaleza (a.: *debilidad, senectud*).

verdugo. m. Vástago, renuevo.

verdugón. m. Equimosis, cardenal, roncha.

verdura. f. Verdor, follaje. || Hortalizas, hojas.

verecundia. f. Vergüenza.

verecundo, da. adj. Vergonzoso, tímido.

vereda. f. Senda, sendero, camino, trocha, atajo. || Acera.

veredicto. m. Fallo, decisión, sentencia, resolución (a.: *revocación*). || Dictamen, juicio, parecer, opinión.

vergel. m. Jardín, pensil. || Huerto, huerta.

vergonzante. adj. Vergonzoso, tímido.

vergonzoso, sa. adj. Tímido, corto, encogido, apocado, verecundo (a.: *audaz, osado*). || Bochornoso, deshonroso, torpe, oprobioso, abyecto, infamante, bajo, vil (a.: *honorable*).

vergüenza. f. Bochorno, rubor, sonrojo, turbación, sofoco, sofocón (a.: *descaro*). || Pudor, pundonor, honrilla, amor propio (a.: *indignidad*). || Encogimiento, empacho, timidez, cortedad, cohibición, confusión, corrimiento. || Deshonor, oprobio, escándalo.

verídico, ca. adj. Verdadero, auténtico, cierto, real, positivo (a.: *falso*). || Veraz, sincero, indubitable, incontrastable.

verificar. tr. Comprobar, contrastar, examinar. || tr. y prnl. Realizar, efectuar, ejecutar.

verja. f. Enrejado, cerca.

verme. m. Gusano, lombriz.

vermífugo, ga. adj. Vermicida, antihelmíntico.

vernáculo, la. adj. Nativo, autóctono, aborigen, indígena, patrio (a.: *extranjero, foráneo*).

vernal. adj. Primaveral.

vernier. m. Nonio, micrómetro, calibre.

verosímil. adj. Creíble, aceptable, posible, admisible, probable (a.: *inverosímil, increíble*).

verraquear. intr. Gruñir. || Berrear, gimotear, llorar.

verruga. f. Papiloma, carnosidad, excrecencia. || Defecto, tacha.

versado, da. adj. Entendido, instruido, competente, conocedor, enterado, práctico, ejercitado, ducho, experimentado, perito, diestro, idóneo, experto (**a.:** *inexperto, incompetente*).

versal. adj. Mayúscula.

versar. intr. Referirse, tratar.

versátil. adj. Inconstante, variable, voluble, mudable, caprichoso, tornadizo, inestable, veleidoso (**a.:** *constante, consecuente*).

versificación. f. Métrica. || Metrificación.

versificar. intr. y tr. Metrificar.

versión. f. Traducción, traslación. || Variante. || Interpretación, explicación, referencia.

versos. m. pl. Poesía.

vértebra. f. Espóndilo.

vertedero. m. Derramadero, sumidero. || Basurero, muladar, basural.

vertedor. m. Achicador.

verter. tr. Derramar, volcar, vaciar, esparcir. || Traducir, trasladar. || intr. Afluir, desaguar, desembocar.

vertical. adj. Erguido, enhiesto. || Normal, perpendicular (**a.:** *horizontal*).

verticalmente. adv. A plomo, perpendicularmente, de pie.

vértice. m. Cúspide, ápice, cumbre. || Coronilla.

vertiente. f. Declive, ladera, falda. || Aspecto, punto de vista. || amb. Tendido.

vertiginoso, sa. adj. Rápido, raudo, veloz, acelerado.

vértigo. m. Mareo, vahído, aturdimiento, desmayo, sopor, desvanecimiento. || Arrebato.

vesania. f. Demencia, locura, furia (**a.:** *cordura, juicio*).

vesánico, ca. adj. y s. Loco, demente, alienado, furioso.

vesicante. adj. Rubefaciente, irritante, escocedor.

vesícula. f. Vejiguilla, ampolla.

vestíbulo. m. Atrio, portal. || Recibimiento, recibidor.

vestido. m. Vestidura, traje, atuendo, vestimenta, indumentaria, ropa, ropaje, indumento.

vestidura. f. Vestido.

vestigio. m. Huella, indicio, rastro, señal. || Memoria. || Resto, residuo, reliquia.

vestimenta. f. Vestido.

vestir. tr. Cubrir, guarnecer. || Adornar, ataviar, exornar (**a.:** *desnudar*). || Encubrir, disimular, disfrazar. || prnl. Revestirse. || Trajearse.

veta. f. Vena, filón, estrato. || Faja, franja, lista.

vetar. tr. Objetar, impugnar.

veteado, da. adj. y s. Estriado, rayado, jaspeado (**a.:** *liso*).

veterano, na. adj. y s. Avezado, antiguo (**a.:** *principiante, novel*). || Ejercitado, diestro, fogueado, ducho, experimentado, avezado (**a.:** *inexperto*).

veto. m. Oposición, negativa. || Prohibición (**a.:** *anuencia*). || Óbice, obstáculo, impedimento.

vetusto, ta. adj. Viejo, antiguo, añejo, arcaico, añoso (**a.:** *reciente, nuevo*). || Ruinoso, arruinado, derruido, destartalado, decrépito.

vez. f. Turno, orden, sucesión, vuelta. || Ocasión, coyuntura.

vía. f. Camino, vereda, sendero, arteria, senda, calle. || Ruta, itinerario. || Carril, riel, raíl. || Procedimiento, modo, método, manera, medio. || Conducto, canal.

viable. adj. Realizable, hacedero, posible, factible (**a.:** *irrealizable*). || Transitable (**a.:** *intransitable*).

vía crucis. loc. m. Calvario, vía sacra. || Padecimiento, sufrimiento.

viaje. m. Excursión, travesía.

viajero, ra. m. y f. Pasajero, caminante. || Turista. || Peregrino.

vianda. f. Comida, manjar, sustento.

viandante. m. y f. Caminante, transeúnte. || Vagabundo, trotamundos, errabundo. || Paseante, andarín. || Viajero.

viático. m. Eucaristía. || Provisión, víveres.

víbora. f. Áspid.

vibración. f. Trepidación, cimbreo. || Onda, ondulación, movimiento ondulatorio. || Oscilación, vacilación, agitación, temblor (**a.:** *quietud*).

viceversa. adv. Inversamente, recíprocamente, al revés, al contrario.

vichar. tr. Espiar.

viciar. tr. y prnl. Corromper, pervertir, dañar, enviciar (**a.:** *enmendar, regenerar*). ‖ tr. Falsear, adulterar. ‖ Falsificar. ‖ prnl. Combarse, alabearse, pandearse.

vicio. m. Falta, imperfección, tacha, defecto (**a.:** *perfección*). ‖ Corrupción, libertinaje, licencia (**a.:** *virtud, honestidad*). ‖ Mimo, consentimiento, condescendencia. ‖ Desviación, alabeo, pandeo. ‖ **de vicio.** loc. adv. Innecesariamente. *Come de vicio.*

vicioso, sa. adj. y s. Disoluto, crápula, disipado, libidinoso, sensual, corrompido, pervertido, perdido. ‖ Mimado, malcriado, mañoso. ‖ Vigoroso, fuerte, lozano (en botánica).

vicisitud. f. Alternativa, mudanza. ‖ Suceso, accidente. ‖ Inestabilidad, inconstancia, albur.

victorear. tr. Vitorear.

victoria. f. Triunfo, éxito, conquista (**a.:** *derrota*). ‖ Dominio, superioridad, ventaja.

victorioso, sa. adj. Vencedor, triunfante, ganador, invicto (**a.:** *fracasado*).

vid. f. Parra.

vida. f. Existencia, vivir, vitalidad, subsistencia (**a.:** *muerte*). ‖ Duración. ‖ Biografía. ‖ Expresión, viveza, vivacidad. ‖ Persona. ‖ Actividad, movimiento, energía. *Es un anciano lleno de vida.*

videncia. f. Clarividencia, penetración, perspicacia.

vidente. m. Profeta (**a.:** *ciego*).

vidriado, da. adj. Vidrioso, quebradizo. ‖ Acristalado.

vidriera. f. Escaparate.

vidrioso, sa. adj. Frágil, quebradizo. ‖ Susceptible, irritable, delicado, sentido. *Carácter vidrioso.*

viejo, ja. adj. y s. Anciano, vejete, vejestorio, provecto (**a.:** *joven*). ‖ Antiguo, vetusto (**a.:** *actual, moderno*). ‖ Estropeado, arruinado, usado, desluci-

do, ajado, acabado, ruinoso (**a.:** *nuevo, impecable*).

viento. m. Aire, brisa, ventarrón. ‖ Vanidad, jactancia. ‖ Rumbo, dirección.

vientre. m. Abdomen, barriga, panza, tripa, mondongo. ‖ Tripas, vísceras, bandullo.

viga. f. Tirante, madero.

vigésimo, ma. adj. y m. Veintavo. ‖ Veinteno.

vigía. f. Atalaya. ‖ m. Centinela, atalaya, guardia, observador, vigilante.

vigilancia. f. Cuidado, atención, observación, celo, custodia, guardia (**a.:** *descuido, desatención, sueño*).

vigilante. adj. Alerta, atento, cuidadoso, guardián (**a.:** *distraído, dormido*). ‖ m. Vigía, guardia, centinela, policía, sereno.

vigilar. tr. Cuidar, atender, controlar, velar, celar, observar (**a.:** *desatender, descuidar*). ‖ Espiar, acechar, atisbar, atalayar (**a.:** *dormir*).

vigilia. f. Vela. ‖ Insomnio, desvelo. ‖ Víspera.

vigor. m. Energía, robustez, fortaleza, fuerza (**a.:** *debilidad*). ‖ Pujanza, vitalidad. ‖ Vigencia. ‖ Ánimo, aliento.

vigorizar. tr. Fortalecer, robustecer, vitalizar, reverdecer, rejuvenecer, remozar. ‖ Animar, esforzar, alentar (**a.:** *desalentar*).

vigoroso, sa. adj. Fuerte, robusto, esforzado, enérgico, eficaz, pujante.

viguería. f. Envigado.

vihuela. f. Guitarra.

vil. adj. Bajo, despreciable, ruin, abyecto, torpe, infame, indigno, malo (**a.:** *noble, digno*). ‖ Traidor, alevoso, infiel, villano (**a.:** *leal*).

vileza. f. Villanía, bajeza, indignidad, ruindad, infamia, maldad (**a.:** *honor*). ‖ Traición, deslealtad, villanía, alevosía (**a.:** *bondad*).

vilipendiar. tr. Denigrar, insultar, denostar. ‖ Despreciar, menospreciar, desdeñar, difamar, baldonar, desacreditar.

villa. f. Quinta. ‖ Pueblo (**a.:** *ciudad*).

villanía. f. Vileza, bajeza, maldad, ruindad, indignidad, infamia (**a:** *honorabilidad*). ‖ Deslealtad, traición, alevosía (**a.:** *decencia, rectitud*).

villano, na. adj. y s. Plebeyo. ‖ Ruin, indigno, infame, bajo, vergonzoso, infiel, desleal, traidor. ‖ Grosero, rústico, descortés, basto. ‖ Aldeano, lugareño.

villorrio. m. Lugar, aldea, poblado.

vilo (en). loc. adv. En suspenso, en zozobra, con inquietud, con intranquilidad. ‖ Colgado, sin apoyo.

vincular. tr. y prnl. Relacionar, emparentar, ligar (**a.:** *desvincular, desligar*). ‖ Atar, sujetar, asegurar (**a.:** *desligar*).

vínculo. m. Lazo, atadura, nexo, ligamen, unión, ligazón.

vindicar. tr. Vengar. ‖ Defender, exculpar. ‖ Reivindicar.

vindicativo, va. adj. Vengativo. ‖ Odioso, rencoroso, irreconciliable.

vindicta. f. Venganza, desquite.

viña. f. Viñedo. *Cuidaba su viña.*

viola. f. Guitarra.

violación. f. Quebrantamiento, atentado, inobservancia, infracción, incumplimiento (**a.:** *respeto, cumplimiento*). ‖ Atropello, conculcación. ‖ Estupro, abuso.

violado, da. adj. Violeta, violáceo, morado.

violar. tr. Infringir, conculcar, trasgredir, quebrantar, vulnerar (**a.:** *respetar, cumplir*). ‖ Profanar. ‖ Forzar, estuprar, deshonrar, violentar. ‖ Ajar, deslucir.

violencia. f. Ímpetu, brutalidad, rudeza, fuerza (**a.:** *calma, serenidad*). ‖ Violación.

violentar. tr. Forzar, atropellar, obligar, violar. ‖ Torcer, retorcer, tergiversar. ‖ prnl. Dominarse, reprimirse, contenerse. ‖ Excitarse, irritarse.

violento, ta. adj. Fuerte, intenso, brusco (**a.:** *débil*). ‖ Iracundo, irascible, irritable, impetuoso, vehemente, arrebatado, fogoso (**a.:** *sereno, pacífico*). ‖ Forzado, duro, penoso. ‖ Torcido, tergiversado.

violón. m. Contrabajo.

viperino, na. adj. Mordaz, hiriente, pérfido, venenoso.

viquingo, ga o **vikingo, ga.** adj. y s. Normando.

virada. f. Viraje, vuelta.

virago. f. Marimacho.

virar. intr. o tr. Girar, volver, torcer. ‖ intr. Evolucionar, cambiar.

virgen. f. Doncella. ‖ adj. Casto, puro. ‖ Íntegro, intacto. ‖ Inculto.

virginal. adj. Puro, intacto, inmaculado, incólume.

virginidad. f. Doncellez, integridad. ‖ Pureza, candor, candidez, castidad, doncellez.

viril. adj. Varonil, masculino (**a.:** *afeminado*). ‖ Vigoroso, fuerte, firme, valiente (**a.:** *débil*).

virola. f. Regatón, contera.

virolento, ta. adj. y s. Varioloso.

virtual. adj. Eventual, posible. ‖ Implícito, sobreentendido, tácito (**a.:** *explícito, expreso*). ‖ Aparente, irreal.

virtud. f. Eficacia, capacidad. ‖ Bondad (**a.:** *maldad*). ‖ Fuerza, vigor, valor (**a.:** *debilidad, cobardía*). ‖ Poder, potestad. ‖ **en virtud de.** loc. prep. A consecuencia de, por resultado de, con arreglo a.

virtuoso, sa. adj. Recto, honesto, honrado, probo, incorruptible, íntegro.

virulencia. f. Violencia, saña, intensidad. ‖ Ponzoña, malignidad, mordacidad, causticidad (**a.:** *bondad, amistad*).

virulento, ta. adj. Ponzoñoso, maligno, venenoso. ‖ Purulento. ‖ Mordaz, violento, sañudo, acre, cáustico.

visaje. m. Mueca, gesto.

víscera. f. Entraña.

viscoso, sa. adj. Pegajoso, mucilaginoso, glutinoso, gelatinoso.

visibilizar. tr. Hacer visible.

visible. adj. Claro, palmario, perceptible, cierto, evidente, patente, manifiesto, ostensible (**a.:** *imperceptible, invisible*). ‖ Importante, notorio, conspicuo, notable, sobresaliente (**a.:** *anónimo, oculto*).

visillo. m. Cortinilla.

visión. f. Vista. ‖ Aparición, espectro, fantasma, alucinación, aparecido (a.: *realidad*). ‖ Quimera, ensueño, fantasía.

visionario, ria. m. y f. Soñador, iluso.

visita. f. Recepción, recibimiento. ‖ Inspección, examen.

visitador, ra. adj. y s. Inspector.

vislumbrar. tr. Entrever, columbrar, divisar, atisbar, distinguir. ‖ Conjeturar, sospechar, barruntar (a.: *conocer, saber*).

vislumbre. m. Reflejo, resplandor. ‖ Atisbo, indicio, conjetura, sospecha, barrunto (a.: *certeza*). ‖ Apariencia, semejanza.

viso. m. Apariencia, aspecto. ‖ Aguas, tornasol. ‖ Figuración, importancia.

víspera. f. Vigilia.

vista. f. Ojo, visión. ‖ Mirada, ojeada, vistazo. ‖ Paisaje, panorama, perspectiva, cuadro. ‖ Perspicacia (a.: *ceguera, ingenuidad*). ‖ Aspecto, apariencia. ‖ Ventana.

vistazo. m. Ojeada.

visto. adj. y m. Advertido, percibido, distinguido, notado. ‖ Corregido, verificado. ‖ **no visto.** Raro, extraordinario (a.: *común, vulgar*).

vistoso, sa. adj. Atractivo, llamativo, lucido (a.: *extravagante*). ‖ Brillante, fastuoso. ‖ Atrayente, sugestivo.

visualidad. f. Vistosidad.

visualizar. tr. Visibilizar.

vital. adj. Fundamental, importantísimo, indispensable, trascendente. ‖ Estimulante, nutritivo, vivificante, tónico.

vitalidad. f. Eficacia, vigor, fuerza (a.: *ineficacia, debilidad*).

vitando, da. adj. Odioso, execrable, abominable, aborrecible (a.: *admirable, excelente*).

vitorear. tr. Aclamar, victorear, ensalzar, dar vivas, aplaudir (a.: *silbar, abuchear*).

vitral. m. Vidriera.

vituallas. f. pl. Víveres, provisiones.

vituperable. adj. Censurable, reprobable, repudiable (a.: *loable*).

vituperar. tr. Censurar, afear, desaprobar, motejar, reprobar, criticar, reprochar, vilipendiar, recriminar (a.: *encomiar, ponderar*). ‖ Difamar, denigrar, desprestigiar.

vituperio. m. Oprobio, reproche, vilipendio, censura, desaprobación (a.: *loa, elogio, alabanza*). ‖ Baldón, mancilla, mancha, ofensa, deshonra, afrenta.

viudal. adj. Vidual.

viudedad. f. Viudez.

vivacidad. f. Eficacia, vigor, actividad, energía, fuerza (a.: *pasividad, indolencia*). ‖ Esplendor, lustre. ‖ Viveza, ingenio, agudeza, sagacidad, listeza (a.: *bobería*).

vivar. m. Coneja, conejar, conejera. ‖ Vivero. ‖ tr. Vitorear, aclamar.

vivaz. adj. Agudo, perspicaz, brillante, ingenioso, listo, sagaz (a.: *adocenado, soso*). ‖ Vigoroso, eficaz, enérgico (a.: *ineficiente*). ‖ Vividor, longevo. ‖ Perenne.

víveres. m. pl. Vituallas, comestibles, provisiones, alimentos, abastecimiento.

vivero. m. Criadero, semillero.

viveza. f. Prontitud, actividad, agilidad, rapidez, dinamismo, celeridad (a.: *lentitud*). ‖ Intensidad, fuerza, esplendor, vivacidad, lustre, brillo. ‖ Agudeza, perspicacia, picardía, listeza. ‖ Ardimiento, energía, ardor, animación, vehemencia, fogosidad (a.: *pachorra*).

vividor, ra. adj. Vivaz. ‖ Laborioso, trabajador. ‖ m. y f. Gorrón, vivillo, parásito.

vivienda. f. Casa, domicilio, morada, habitación, hogar, residencia.

vivificar. tr. Animar, reanimar, tonificar, avivar, reavivar, confortar, alentar, fortalecer, robustecer (a.: *desanimar, enfermar*).

vivir. intr. Existir (a.: *morir*). ‖ Mantenerse, sustentarse. ‖ Permanecer, subsistir, durar, perdurar. ‖ Habitar, residir, morar (a.: *ausentarse*). ‖ tr. Experimentar, sufrir. ‖ Comportarse, conducirse.

vivo, va. adj. Persistente, vivaz, durable (a.: *fugaz*). ‖ Intenso, ardiente, fuerte, enérgico. ‖ Astuto, avispado, listo, perspicaz, sutil, ingenioso (**a.:** *torpe*). ‖ Diligente, listo, ágil, rápido, pronto (**a.:** *remolón, tardo*). ‖ Expresivo, vivaz, llamativo. ‖ m. Borde, orilla, canto. ‖ Cordoncillo, trencilla, filete. ‖ Vividor. ‖ Sobreviviente (**a.:** *difunto*).

vocablo. m. Palabra, término, voz, dicción, expresión, locución.

vocabulario. m. Léxico, diccionario, glosario, tesauro.

vocabulista. m. y f. Diccionarista, lexicógrafo, terminólogo.

vocación. f. Llamamiento, convocación. ‖ Inclinación, afición, propensión.

voceador. m. Pregonero. ‖ Portavoz, vocero. ‖ adj. Vociglero, chillón.

vocear. intr. Vociferar, gritar, llamar, chillar, desgañitarse (**a.:** *callar*). ‖ tr. Pregonar, publicar, difundir. ‖ Aclamar, aplaudir (**a.:** *abuchear*).

vocería. f. o **vocerío.** m. Gritería, algarabía, vocinglería, clamor, grita, bulla (**a.:** *silencio*).

vocero. m. Portavoz. ‖ Voceador, pregonero.

vociferar. intr. Gritar, vocear, desgañitarse (**a.:** *musitar, susurrar*).

vocinglero, ra. adj. Gritón. ‖ Charlatán.

voladizo. m. Salidizo, saledizo, cornisa.

volandera. f. Bola, mentira. ‖ Arandela.

volar. intr. Apresurarse, apurarse, correr, acelerar. ‖ Desaparecer, huir, escapar (**a.:** *aparecer, venir*). ‖ Aletear, revolotear. ‖ Remontarse, levantar vuelo. ‖ Extenderse, propagarse, difundirse (**a.:** *reducirse*). ‖ tr. Irritarse, enfadarse. ‖ intr. y tr. Estallar, explotar, saltar.

volatilizar o **volatizar.** tr. y prnl. Vaporizar, evaporar, gasificar.

volatinero, ra. m. y f. Acróbata, funámbulo, equilibrista, saltimbanqui, volatín, volteador.

volatización. f. Vaporización, evaporación.

volcánico, ca. adj. Ardiente, fogoso. ‖ Apasionado (**a.:** *frío, indiferente*). ‖ Eruptivo.

volcar. tr. y prnl. Tumbar, derribar (**a.:**

sostener). ‖ tr. Verter, derramar. ‖ Inclinar, convencer, persuadir.

volframio. m. Tungsteno.

volitar. intr. Revolotear.

voltario, ria. adj. Inestable, voluble, versátil, tornadizo.

voltear. tr. Trastrocar, mudar, cambiar. ‖ Volcar.

voltereta. f. Cabriola, zapateta, pirueta, tumbo.

volteriano, na. adj. Escéptico, incrédulo (**a.:** *creyente*).

voluble. adj. Inconstante, versátil, tornadizo, mudable, inestable (**a.:** *constante, fiel, invariable*). ‖ Caprichoso, antojadizo.

volumen. m. Tomo, libro. ‖ Bulto, cuerpo, corpulencia, mole. ‖ Tamaño, magnitud, importancia. ‖ Intensidad.

voluminoso, sa. adj. Grande, abultado, corpulento, grueso, obeso, gordo (**a.:** *magro, flaco*).

voluntad. f. Albedrío, libertad. ‖ Intención, deseo, ánimo. ‖ Perseverancia, resolución, firmeza (**a.:** *inconstancia, volubilidad*). ‖ Gana, apetencia, deseo, antojo (**a.:** *abulia, desgano*). ‖ Mandato, disposición, precepto, orden (**a.:** *abulia*). ‖ Consentimiento, aquiescencia, asentimiento, anuencia. ‖ Amor, afecto, afición, cariño, benevolencia (**a.:** *desafecto*).

voluntariamente. adv. Buenamente.

voluntario, ria. adj. Espontáneo, facultativo (**a.:** *obligatorio, forzoso*). ‖ Discrecional, intencional, potestativo.

voluntarioso, sa. adj. Caprichoso, antojadizo. ‖ Dispuesto, deseoso. ‖ Constante, obstinado, persistente, tenaz, testarudo. ‖ Deliberado.

voluptuosidad. f. Sensualidad, sensualismo (**a.:** *templanza*). ‖ Lujuria, placer, concupiscencia (**a.:** *honestidad*).

voluta. f. Espiral.

volver. tr. Invertir. ‖ Dirigir. ‖ Devolver, pagar, restituir. ‖ Traducir. ‖ Corresponder, satisfacer. ‖ tr. y prnl. Convertir, hacer. ‖ intr. y prnl. Regresar, retornar, tornar (a.: *irse*). ‖ Vomitar. ‖ intr. Torcer, girar. ‖ Reiterar, repetir. ‖ Retroceder. ‖ prnl. Acedarse, agriarse, avinagrarse.

vomitar. tr. e intr. Devolver, volver, lanzar, arrojar (a.: *engullir, tragar*). ‖ Provocar. ‖ Proferir, prorrumpir, pronunciar (a.: *callar*). ‖ Revelar, descubrir.

vomitivo, va. adj. y s. Emético.

voracidad. f. Glotonería, avidez, adefagia, bulimia (a.: *desgana, inapetencia*).

vorágine. f. Remolino, torbellino.

voraz. adj. Glotón, ávido, comedor, tragón, comilón. ‖ Violento, destructor, activo, devorador.

vórtice. m. Torbellino, remolino, vorágine.

votación. f. Elección, sufragio.

votar. intr. Jurar, renegar.

voto. m. Promesa. ‖ Súplica, ruego, deprecación, deseo. ‖ Exvoto. ‖ Dictamen, parecer. ‖ Palabrota, ajo, taco, terno, maldición. ‖ Reniego, blasfemia, juramento. ‖ Sufragio, papeleta.

voz. f. Palabra, vocablo, dicción, término, expresión. ‖ Grupo, alarido. ‖ Rumor, opinión, fama. ‖ Cantante.

vuelco. m. Tumbo. ‖ Cambio, giro.

vuelo. m. Amplitud, anchura, desarrollo. ‖ **al vuelo.** loc. adv. Prontamente, ligeramente.

vuelta. f. Rotación, revolución, giro, viraje. ‖ Circunvolución. ‖ Curva, recodo, curvatura. ‖ Regreso, retorno (a.: *ida*). ‖ Conversión. ‖ Vista. ‖ Devolución, recompensa. ‖ Vez, turno, mano, ronda. ‖ Cambio, trastorno. ‖ Retornelo, estribillo. ‖ Dorso, espalda, envés, revés (a.: *cara, frente*).

vulcanita. f. Ebonita.

vulgar. adj. Corriente, común, manido, ordinario, general (a.: *extraordinario, raro*). ‖ Ordinario, trillado, adocenado, ramplón, chabacano, basto (a.: *elegante, fino*). ‖ Plebeyo.

vulgaridad. f. Grosería, ordinariez, chabacanería.

vulgarizar. tr. Divulgar, difundir. ‖ Familiarizar. ‖ prnl. Aplebeyarse.

vulgarmente. adv. Comúnmente, ordinariamente.

vulgo. m. Plebe, gente, pueblo (a.: *aristocracia*). ‖ adv. Vulgarmente, comúnmente.

vulnerable. adj. Sensible, débil, inerme, indefenso, atacable (a.: *invulnerable, fuerte, invencible*).

vulnerar. tr. Herir, lesionar. ‖ Quebrantar, violar, trasgredir, infringir, conculcar, incumplir, contravenir (a.: *cumplir*). ‖ Dañar, perjudicar, lastimar.

vulpeja. f. Zorra, raposa.

ya. adv. Enseguida, luego, inmediatamente. ‖ Finalmente, últimamente. ‖ conj. coord. Ora. ‖ conj. subord. Puesto que, dado que.

yacaré. m. Caimán, cocodrilo.

yacente. adj. Tendido (**a.:** *erguido, vertical*).

yacer. intr. Descansar, reposar, echarse, tenderse, acostarse (**a.:** *levantarse*). ‖ Cohabitar.

yacija. f. Lecho, cama, catre. ‖ Sepultura, fosa, huesa. ‖ Sepulcro, tumba, túmulo, panteón, mausoleo.

yacimiento. m. Criadero. ‖ Venero, placer, mina, cantera, filón.

yaguar. m. Jaguar.

yanqui. adj. y s. Norteamericano, estadounidense.

yantar. m. Comida.

yapa. f. Añadidura, adehala. ‖ **de yapa.** loc. adv. Por añadidura, de propina. ‖ Gratuitamente, sin motivo.

yatagán. m. Alfanje, sable.

yegua. f. Potra, potranca, jaca (**a.:** *caballo*).

yeguada. f. Caballada, tropilla.

yelmo. m. Casco, celada, almete.

yema. f. Botón, gema. ‖ Capullo, retoño, renuevo, brote.

yermo, ma. adj. Despoblado, inhóspito, desierto, inhabitado, deshabitado, solitario (**a.:** *poblado*). ‖ Baldío, páramo, erial (**a.:** *vergel*). ‖ Inculto (**a.:** *fértil, cultivado*).

yerno. m. Hijo político.

yerro. m. Equivocación, error, falta, inadvertencia, descuido (**a.:** *acierto*). ‖ Culpa. ‖ Torpeza (**a.:** *perfección*).

yerto, ta. adj. Rígido, tieso, entumecido, helado, gélido (**a.:** *cálido, flexible*).

yesal o **yesar.** m. Yesera.

yeso. m. Tiza, clarión.

yuca. f. Mandioca.

yugada. f. Yunta.

yugo. m. Coyunda. ‖ Opresión, esclavitud, sujeción, tiranía, servidumbre, atadura (**a.:** *libertad*). ‖ Obligación, obediencia, disciplina.

yugular. tr. Degollar.

yunque. m. Bigornia, tas.

yunta. f. Yugada, par, pareja, casal.

yuxtaponer. tr. Adosar, unir, arrimar, juntar, apoyar (**a.:** *alejar, separar*).

zabida o **zabila.** f. Áloe, acíbar.

zacear. tr. Zalear, ahuyentar, alejar, espantar. ‖ intr. Cecear.

zafar. tr. y prnl. Desembarazar, librar. ‖ prnl. Escaparse, esconderse, huir (**a.:** *encerrarse*). ‖ Excusarse, rehuir, esquivar, evitar.

zafarrancho. m. Destrozo, riza, estropicio. ‖ Riña, reyerta, trifulca, chamusquina.

zafiedad. f. Grosería, ordinariez, tosquedad, rusticidad (**a.:** *cultura, educación, finura*).

zafio, fia. adj. Tosco, grosero, zote, ordinario, rústico, basto, inculto.

zafiro. m. Corindón.

zafra. f. Cosecha.

zaga. f. Trasera (**a.:** *delantera*). ‖ Retaguardia. ‖ **a la zaga, a zaga** o **en zaga.** loc. adv. Detrás, atrás.

zagal, la. m. y f. Muchacho, mozo, joven. ‖ Pastor.

zaguán. m. Portal, atrio, vestíbulo.

zaguero, ra. adj. Posterior (**a.:** *delantero*).

zahareño, ña. adj. Desdeñoso, huraño, esquivo, intratable, arisco.

zaherir. tr. Satirizar, criticar, pinchar, motejar, mortificar, molestar, censurar, reprender (**a.:** *lisonjear, alabar*).

zahína. f. Sorgo, maíz.

zahón. m. Delanteras, perneras.

zahorí. m. Adivino, nigromante.

zahúrda. f. Chiquero, pocilga, cuchitril. ‖ Tugurio, tabuco, cuartucho (**a.:** *mansión*).

zaino, na. adj. Hipócrita, falso, felón (**a.:** *sincero, leal*).

zalagarda. f. Trapatiesta, jaleo, trifulca, reyerta, alboroto, pelotera, pendencia. ‖ Astucia, ardid, manejo, trampa, engaño. ‖ Emboscada, escaramuza, celada.

zalamería. f. Arrumaco, carantoña, mimo, fiesta, halago (**a.:** *riña, pelea*).

zalea. f. Pelleja, vellón.

zalear. tr. Zacear.

zalema. f. Reverencia, saludo, cortesía, fiesta (**a.:** *desprecio*). ‖ Zalamería.

zamarra. f. Chaqueta, chaquetón.

zamarrear. tr. Sacudir, golpear (**a.:** *acariciar*).

zambra. f. Algazara, fiesta, bulla, jaleo, jolgorio, diversión, juerga.

zambullir. tr. y prnl. Zabullir, hundirse, sumergirse (**a.:** *emerger*).

zampa. f. Pilote, estaca. ‖ Valla.

zampabollos. m. Zampatortas.

zampar. tr. Estampar, arrojar. || tr. y prnl. Engullir, tragar, devorar, atiborrarse, embuchar, embaular (a.: *ayunar*).

zampatortas. m. o f. Tragón, comilón, glotón (a.: *sobrio*). || Bobo, necio, memo, torpe (a.: *inteligente*).

zampoña. f. Caramillo, flautilla.

zanca. f. Pata, pierna.

zancada. f. Paso, tranco.

zancadilla. f. Traspié. || Ardid, asechanza, engaño, trampa, celada, treta (a.: *ayuda, auxilio*).

zancudo, da. adj. Patilargo (a.: *paticorto*).

zanganada. f. Impertinencia.

zangandungo, ga. adj. Vago, gandul, holgazán. || Torpe, inhábil.

zanganear. intr. Callejear, vagabundear (a.: *trabajar, afanarse*).

zángano. m. Abejón. || Holgazán, haragán, gandul, vago, remolón, zanguango, tumbón, perezoso (a.: *trabajador, laborioso*).

zangolotear. tr. Zarandear, mover.

zanguango, ga. adj. y s. Holgazán, haragán, perezoso, zángano, gandul, remolón.

zanja. f. Cuneta.

zanjar. tr. Solucionar, resolver, arreglar, dirimir, allanar (a.: *suscitar*).

zapa. f. Pala. || Lija. || Excavación.

zapallo. m. Calabaza.

zapapico. m. Piqueta, pico.

zaparrastroso, sa. adj. Zarrapastroso.

zapateta. f. Brinco, salto, pirueta.

zapatilla. f. Alpargata, chancleta, pantufla.

zaquizamí. m. Desván, buhardilla, cuchitril, cuartucho, tabuco, tugurio, zahúrda (a.: *palacio*).

zarabanda. f. Bulla, griterío, jaleo, alboroto, algazara, jolgorio (a.: *silencio, tranquilidad*).

zaragata. f. Alboroto, gritería, jaleo, bochinche, cisco, camorra, gresca, trifulca, pendencia, remolina, reyerta, tumulto.

zaranda. f. Criba, cedazo, tamiz, cernedor, harnero.

zarandajas. f. pl. Bagatelas, fruslerías, insignificancias, nimiedades, menudencias (a.: *joyas, alhajas*).

zarandear. tr. Mover, sacudir, agitar. || Ajetrear. || prnl. Contonearse.

zarcillo. m. Pendiente, aro, arete, arracada. || Cirro. || Escardillo, almocafre.

zarpa. f. Garra.

zarpar. intr. Levar anclas, marchar, salir (a.: *arribar*).

zarrapastroso, sa. adj. Harapiento, andrajoso, desarrapado, astroso, desharrapado, zaparrastroso, roto, desaliñado, desaseado (a.: *pulcro, elegante*).

zarza. f. Espiño, cambrón, zarzamora.

zascandil. m. Chisgarabís, pícaro, botarate, charlatán, enredador, mequetrefe.

zazo, za o zazoso, sa. adj. Tartajoso, tartamudo.

zigzaguear. intr. Serpentear, culebrear, ondular.

zipizape. m. Jaleo, alboroto, riña, escándalo, pelea (a.: *paz, tranquilidad*).

zócalo. m. Friso, basa, peana.

zoclo. m. Zueco, chanclo.

zollipar. intr. Gimotear, sollozar (a.: *reír*).

zona. f. Faja, lista. || Zoster. || Región, territorio, demarcación.

zoncera. f. Tontería, pavada, sosera.

zonzo, za. adj. y s. Soso, insípido, insulso (a.: *entretenido*). || Tonto, pavo, bobo, necio, sonso.

zoospermo. m. Espermatozoide, espermatozoo.

zopenco, ca. adj. y s. Zoquete, zote, abrutado, bobo, tonto, bruto (a.: *avispado*).

zoquete. m. Mendrugo, corrusco, tarugo, zopenco (a.: *culto*).

zoroastrismo. m. Mazdeísmo, parsismo.

zorra. f. Raposa, vulpeja. || Vagoneta. || Ramera, prostituta. || Borrachera. || adj. Astuta, taimada, solapada (a.: *sincera, franca*).

zorrería. f. Ardid, estratagema, astucia, disimulo.

zorro, rra. adj. Taimado, astuto, ladino. || m. y f. Raposo, vulpeja. || Borrachera, embriaguez, mona. ‖ Vagoneta. ‖ Prostituta, ramera.

zoster. m. Zona, culebrilla.

zote. adj. Zopenco, necio, zoquete, ignorante, rudo (**a.:** *culto, sagaz*).

zozobra. f. Naufragio (**a.:** *salvación*). ‖ Inquietud, sobresalto, intranquilidad, ansiedad, desasosiego, angustia, aflicción, congoja (**a.:** *tranquilidad*).

zozobrar. intr. Naufragar, sumergirse, irse a pique, anegarse, hundirse (**a.:** *emerger, salvarse*). ‖ Fracasar, frustrarse, malograrse, peligrar. ‖ Acongojarse, afligirse (**a.:** *alegrarse, animarse*).

zueco. m. Almadreña, galocha, chanclo.

zulla. f. Excremento.

zumba. f. Bramadera. ‖ Broma, burla, chunga, vaya, guasa. ‖ Tunda.

zumbador. m. Chicharra.

zumbar. intr. Retumbar. ‖ Murmurar, cuchichear. ‖ tr. Burlar, bromear, titear. ‖ Golpear, pegar, propinar.

zumbón, na. adj. Burlón, chancero, guasón, bromista (**a.:** *formal, serio*).

zumo. m. Jugo. ‖ Provecho, utilidad (**a.:** *pérdida*).

zunchar. tr. Reforzar.

zuncho. m. Suncho, aro, grapa, abrazadera, fleje.

zuñido. m. Zumbido.

zupia. f. Escoria, hez, sedimento, poso, lías.

zurcir. tr. Remendar, coser.

zurdo, da. adj. Izquierdo, siniestro (**a.:** *derecho, diestro*).

zurear. intr. Arrullar.

zurra. f. Paliza, tunda, castigo, vapuleo, felpa, leña, azotaina, somanta, soba, solfa, solfeo, tocata.

zurrar. tr. Ablandar, suavizar. ‖ Curtir, adobar, tundir. ‖ Golpear, vapulear, apalear, azotar, cascar, sacudir (**a.:** *acariciar*). ‖ Censurar, fustigar (**a.:** *encomiar, halagar*).

zurriagazo. m. Latigazo (**a.:** *caricia, mimo*).

zurriago. m. Látigo, correa.

zurrón. m. Mochila, macuto, morral, bolsa, saco, talego.

zurrona. f. Ramera, meretriz.

zurrusco. m. Excremento.

zurullo. m. Grumo, coágulo, cuajarón.

zutano, na. m. y f. Fulano, mengano, perengano.